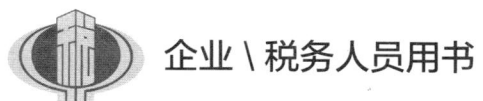 企业＼税务人员用书

房地产企业
税收实务
深度解析与会计处理

许明　范长红 ◎ 编著

立信会计出版社

> **图书在版编目(CIP)数据**
>
> 房地产企业税收实务深度解析与会计处理 / 许明，范长红编著. —上海：立信会计出版社，2019.4
> ISBN 978-7-5429-5960-7
>
> Ⅰ. ①房… Ⅱ. ①许… ②范… Ⅲ. ①房地产企业－税收管理－研究－中国②房地产企业－会计－中国 Ⅳ. ①F812.423②F299.233.3
>
> 中国版本图书馆 CIP 数据核字(2019)第 054722 号

策划编辑　　张巧玲
责任编辑　　张巧玲

房地产企业税收实务深度解析与会计处理

出版发行	立信会计出版社	
地　　址	上海市中山西路 2230 号　　邮政编码　200235	
电　　话	(021)64411389　　传　真　(021)64411325	
网　　址	www.lixinaph.com　　电子邮箱　lxaph@sh163.net	
网上书店	www.shlx.net　　电　话　(021)64411071	
经　　销	各地新华书店	
印　　刷	河北鑫兆源印刷有限公司	
开　　本	787 毫米×1092 毫米　　1/16	
印　　张	33	
字　　数	797 千字	
版　　次	2019 年 4 月第 1 版	
印　　次	2019 年 4 月第 1 次	
书　　号	ISBN 978-7-5429-5960-7/F	
定　　价	89.00 元	

如有印订差错，请与本社联系调换

前　言

　　房地产企业涉及的税收政策相对较多且较为复杂,特别是房地产企业由原缴纳营业税改为缴纳增值税后,不仅是流转税政策变化大,而且影响到房产税、土地增值税、契税、个人所得税、印花税甚至企业所得税等相关税种的变化。加之自2009年至今,财政部及国家税务总局先后下发《财政部　国家税务总局关于公布若干废止和失效的营业税规范性文件的通知》(财税〔2009〕61号)、《税务部门现行有效、失效、废止规章目录》(国家税务总局令第23号)、《国家税务总局关于公布全文失效废止、部分条款失效废止的税收规范性文件目录的公告》(国家税务总局公告2011年第2号)、《国家税务总局关于公布全文失效废止和部分条款废止的税收规范性文件目录的公告》(国家税务总局公告2016年第34号)、《财政部关于公布废止和失效的财政规章和规范性文件目录[第十二批]的决定》(财政部令第83号)、《国家税务总局关于公布失效废止的税务部门规章和税收规范性文件目录的决定》(国家税务总局令第42号)及《国家税务总局关于公布全文失效废止和部分条款失效废止的税收规范性文件目录的公告》(国家税务总局公告2018年第33号)等文件,废止了大量的文件,有的是废止整个文件,有的则是废止文件中的某几个条款,有的是废止文件中的某一句话。如此大规模的文件清理后,针对房地产企业的税收政策到底哪些政策已经失效,哪些政策仍旧继续执行,成为广大税务工作者和纳税人最大的困惑。实务操作中,税务人员与纳税人之间对许多问题的处理也出现了争议。此外,随着《财政部关于印发〈增值税会计处理规定〉的通知》(财会〔2016〕22号)出台,对原有的会计科目体系进行了大幅度的增删或调整,且许多核算的理念已发生了巨大变化,对房地产企业及建安企业的财务人员提出更大的挑战。为此,笔者编写了《房地产企业税收实务深度解析与会计处理》一书,全面归拢了房地产企业目前涉及的有效的税收法律法规,并结合增值税政策变化及实务操作中遇到的难点和疑点,利用大量的案例,尽可能对房地产企业涉及的主要问题进行详细的梳理。笔者结合二十多年的工作和教学经验,通过大量的调研,针对房地产企业关注的重点和难点问题进行细致的剖析。此外,对实际工作中发现的一些特殊业务,在目前国家层面的法律法规没有明确规定的前提下,从法理角度并结合地方性法律法规,提出了自己的意见,以期对读者有所启示。为了便于读者查阅,教材还专门设置了"提示""例题""案例分析"等模块,更加简单、通俗、易懂,特别适合税收基础知识相对匮乏的从业人员阅读。

　　该书在编写时,坚持理论联系实际,具有如下特点:一是时效性强。该书将房地产企业截至 2019 年 3 月 31 日前有效的法律法规进行详细梳理,并注明相关文件的文号,便于读者及时对照查阅;二是操作性强。该书专门设计实务解析模块,对房地产企业目前较为关注的问题进行详细的解析;三是关联性强。在教材的编写中,将与房地产企业业务流程密切相关的建筑业、建筑材料的制造业相关政策也一并解析;四是连贯性强。教材结构设计虽然是按房地产企业涉及的税种设计的,但在具体实务操作的讲解时,为了便于读者融会贯通,将该实务问题涉及的多个税种一并解析,读者可以作为一本工具书使用。

　　需要说明的是,大幅度修订后的《中华人民共和国个人所得税法》已由国家主席令第 9 号颁布生效,本书及时进行了政策跟进并做了详细解读。

　　在教材的编写过程中,参阅了网络上的一些有价值的帖子及《中国税务》等报纸杂志公开发表的文章,由于数量太多,不便一一列举,谨在此一并感谢相关作者。

　　由于编者水平有限,书中难免有疏漏或错误之处,敬请广大读者批评指正。

编　者
2019 年 4 月

目　　录

第1章　房地产企业增值税的涉税政策解析 ··· 1
1.1　房地产增值税纳税人 ··· 1
1.1.1　纳税人的划分原则 ·· 1
1.1.1.1　一般纳税人与小规模纳税人的划分原则 ················· 1
1.1.1.2　一般纳税人年销售额标准的界定原则 ····················· 1
1.1.1.3　超过一般纳税人标准没有办理一般纳税人登记的法律后果 ········ 2
1.1.1.4　一般纳税人的登记规定 ·· 2
1.1.1.5　经营地点发生迁移时一般纳税人资格的衔接 ············ 2
1.1.1.6　承包、承租、挂靠经营纳税人的确定原则 ··············· 3
1.1.2　一般纳税人的资格登记制度 ·· 3
1.1.3　小规模纳税人免征增值税政策 ··· 3
1.1.4　一般纳税人辅导期管理制度 ·· 8
1.1.5　合并纳税与汇总纳税 ·· 9
1.2　房地产企业增值税税率或征收率 ··· 9
1.2.1　一般纳税人增值税税率或征收率 ······································ 9
1.2.1.1　一般计税方法 ·· 9
1.2.1.2　简易计税方法 ·· 9
1.2.1.3　一般计税方法项目与简易计税方法项目的界定原则 ······· 10
1.2.2　小规模纳税人增值税征收率 ·· 10
1.2.3　物业管理收取自来水水费适用税率 ································· 10
1.3　房地产增值税适用范围 ·· 11
1.3.1　适用范围的基本规定 ·· 11
1.3.2　接收烂尾项目 ·· 11
1.4　房地产企业销项税额的确定 ··· 11
1.4.1　增值税暂行条例修订前后销售额概念的变化对纳税的影响 ······· 11
1.4.2　房地产开发企业销售额的计算 ·· 11
1.4.2.1　土地价款的扣除时间 ·· 12
1.4.2.2　准予扣除的土地价款的金额 ·································· 13

  1.4.2.3 准予扣除的土地价款应当取得的票据 ································· 14
  1.4.2.4 一次拿地,分期开发项目如何扣除土地价款 ······················ 14
  1.4.2.5 总机构竞拍的土地交由分支机构开发,土地价款的扣除问题 ······· 14
  1.4.2.6 房地产企业清盘时,尚未出售的开发产品的建筑面积所对应的土地价款扣除问题 ··· 15
  1.4.2.7 土地价款扣除的台账管理要求 ··································· 16
  1.4.2.8 承接烂尾项目继续开发后销售的,是否可以扣除土地价款 ········· 16
 1.4.3 价外费用的概念 ··· 16
1.5 房地产企业进项税额的确定 ·· 16
 1.5.1 进项税额的概念 ··· 16
 1.5.2 进项税额抵扣的凭证 ··· 17
 1.5.3 增值税专用发票相关政策 ··· 17
  1.5.3.1 抵扣时间要求 ··· 17
  1.5.3.2 取得第三方开具专用发票抵扣问题 ······························ 17
  1.5.3.3 丢失增值税专用发票的抵扣程序 ································ 19
 1.5.4 海关进口增值税专用缴款书 ··· 19
  1.5.4.1 没有付款的海关进口增值税专用缴款书抵扣问题 ················· 19
  1.5.4.2 先比对后抵扣 ··· 19
 1.5.5 房地产企业购买花草树木等农产品进项税额抵扣 ····················· 20
 1.5.6 道路、桥、闸通行费进项税额抵扣 ··································· 22
 1.5.7 购进国内旅客运输服务 ··· 23
 1.5.8 加计抵减政策 ··· 24
 1.5.9 增值税期末留抵税额退税制度 ······································· 32
 1.5.10 不得抵扣的进项税额 ·· 34
  1.5.10.1 不得抵扣的基本规定 ·· 34
  1.5.10.2 房地产企业兼营简易计税方法与一般计税方法项目不得抵扣进项税额的计算 ··· 38
  1.5.10.3 停止抵扣进项税额期间的进项税额不允许抵扣 ··················· 39
 1.5.11 不动产进项税额抵扣 ·· 39
  1.5.11.1 购进不动产进项税额抵扣 ······································ 39
  1.5.11.2 租入固定资产进项税额抵扣 ···································· 39
  1.5.11.3 已抵扣进项税额的不动产发生非正常损失或改变用途 ············· 40
  1.5.11.4 不得抵扣进项税额的不动产用于允许抵扣项目 ··················· 40
 1.5.12 逾期增值税扣税凭证抵扣问题 ······································ 41
 1.5.13 房地产企业营改增后常见抵扣项目及比例 ···························· 42

1.6 房地产简易计税方法销售额的计算 ································ 43
1.6.1 房地产企业简易计税方法项目的选择 ··························· 43
1.6.2 简易计税方法计算公式 ·· 44
1.6.3 简易计税方法销售退回、中止和折让 ···························· 44
1.6.4 销售开发产品选择简易计税方法土地价款的扣除 ············· 44
1.6.5 同一老项目中不同类型的开发产品是否可以部分选择一般计税方法,部分选择简易计税方法 ·· 44

1.7 房地产企业增值税预缴 ·· 44
1.7.1 一般纳税人增值税预缴 ··· 44
1.7.1.1 一般计税方法预缴税款计算公式 ······················· 45
1.7.1.2 一般计税方法预缴税款时间 ····························· 45
1.7.1.3 一般纳税人预缴税款后向机构所在地纳税申报时间 ··· 45
1.7.2 小规模纳税人增值税预缴 ·· 45
1.7.2.1 小规模纳税人预缴税款计算公式 ······················· 45
1.7.2.2 小规模纳税人预缴税款的时间 ·························· 45
1.7.2.3 小规模纳税人预缴税款后向机构所在地纳税申报时间 ··· 46
1.7.2.4 房地产企业预缴税率的管理措施 ······················· 46
1.7.3 房地产企业收取的诚意金、认筹金等预缴增值税问题 ········ 46
1.7.4 项目所在地预缴城市维护建设税是否需要在机构所在地补退差额问题 ····· 47

1.8 房地产企业发票管理 ··· 47
1.8.1 房地产企业应当了解的发票规定 ································· 47
1.8.1.1 发票的概念及理解 ·· 47
1.8.1.2 房地产企业取得发票应当注意的事项 ················· 48
1.8.1.3 房地产企业开具发票应当注意的事项 ················· 48
1.8.1.4 "发票使用范围"≠"经营范围" ······················ 48
1.8.1.5 以其他凭证代替发票使用 ······························· 49
1.8.1.6 增值税专用发票申请限额流程简化 ···················· 49
1.8.1.7 建筑业增值税纳税义务发生时间变化对房地产企业取得发票时间的影响 ··· 49
1.8.2 虚开发票 ·· 50
1.8.2.1 虚开普通发票的严重后果 ······························· 50
1.8.2.2 虚开增值税专用发票的严重后果 ······················· 51
1.8.2.3 关于变名开票是否构成虚开发票问题 ················· 52
1.8.3 不同纳税人身份开具发票的规定 ································· 52
1.8.3.1 一般纳税人 ··· 52

            1.8.3.2　小规模纳税人··53
            1.8.3.3　自然人··53
        1.8.4　红字增值税专用发票开具···53
        1.8.5　营改增前后政策的衔接问题··55
            1.8.5.1　营改增前已缴纳营业税没有开具发票问题··55
            1.8.5.2　营改增前已缴纳营业税的商品房发生退房的处理··56
            1.8.5.3　营改增前缴纳营业税后在营改增后交房补交的房款应当缴纳营业税
                    还是增值税··56
            1.8.5.4　营改增前少缴的营业税在营改增后被查的处理··56
            1.8.5.5　2019年4月1日降税后发生销售折让、中止或退回的发票开具问题······················56
            1.8.5.6　税率调整前未开具发票的增值税应税行为在降税后补开发票的税率
                    问题···57
            1.8.5.7　增值税发票税控开票软件升级···57
        1.8.6　增值税纳税义务发生时间···57
        1.8.7　房地产企业代扣代缴增值税义务···58
    1.9　房地产企业涉及的主要增值税业务处理··58
        1.9.1　视同销售行为···58
            1.9.1.1　视同销售的界定···58
            1.9.1.2　视同销售行为增值税计税依据的确定···59
            1.9.1.3　买一赠一行为··59
            1.9.1.4　红线外配建幼儿园等项目··60
            1.9.1.5　无租金对外出租房产···60
        1.9.2　不具有合理商业目的的价格明显偏低或者偏高的税务处理···································60
        1.9.3　混合销售行为与兼营行为···61
            1.9.3.1　混合销售行为··61
            1.9.3.2　兼营行为···62
            1.9.3.3　混合销售行为与兼营行为的区别···63
        1.9.4　不动产租赁···63
        1.9.5　单纯的买地卖地业务···64
        1.9.6　土地使用权租赁业务···64
        1.9.7　甲供材问题···64
            1.9.7.1　甲供材金额不需要作为建筑企业增值税的计税依据··64
            1.9.7.2　对营改增前的甲供材补征营业税问题···65
        1.9.8　理财产品增值税政策···66
        1.9.9　物业公司为业主提供装修服务··67

1.10 房地产企业涉及的增值税优惠政策	67
1.10.1 非经营活动不缴纳增值税	67
1.10.2 养老机构提供的养老服务免征增值税	68
1.10.3 个人销售自建自用住房	68
1.10.4 公共租赁住房经营管理单位出租公共租赁住房免征增值税	68
1.10.5 符合条件的统借统还业务收取的利息免征增值税	68
1.10.6 房改房免征增值税	69
1.10.7 转让土地使用权用于农业生产免征增值税	69
1.10.8 土地使用者将土地使用权归还土地所有者免征增值税	69
1.10.9 企业重组不缴纳增值税	69
1.10.10 个人转让住房免征增值税	69
1.10.11 担保收入免征增值税政策	70
1.10.12 中外合作办学增值税优惠政策	70
1.10.13 增值税小规模纳税人增值税及相关税费优惠政策	71
1.10.14 企业集团内单位之间的资金无偿借贷行为	73
1.11 房地产企业增值税的会计处理与纳税申报案例分析	74
1.11.1 一般纳税人会计科目及专栏设置	74
1.11.2 小规模纳税人会计科目及专栏设置	82
1.12 营改增实务解析及部分省市营改增经典指引	86
1.12.1 将无产权的停车位、地下室、架空层和人防工程等房地产对外出租的增值税问题	86
1.12.2 纳税人将国有土地使用权交由土地收购储备中心收储,取得的补偿收入增值税问题	86
1.12.3 园林绿化的增值税抵扣问题	87
1.12.4 房地产开发企业的售楼处、样板间的进项税额如何抵扣,这些设施如果最后拆除已经抵扣的进项税是否要转出问题	87
1.12.5 房地产开发企业销售自行开发的不动产增值税纳税义务发生时间问题	87
1.12.6 股权转让涉及的不动产是否缴纳增值税问题	87
1.12.7 房地产开发企业自行开发的开发产品转为固定资产后再销售问题	87
1.12.8 房地产开发企业预收款开票问题	88
1.12.9 开发项目中兼有普通住房和别墅时计税方法的选择问题	88
1.12.10 在本市跨区县从事的房地产开发项目,申请办理防伪税控设备及领用发票的地点问题	88
1.12.11 营改增物业管理公司,同时有房屋租赁业务的发票开具问题	88
第2章 房地产企业土地增值税的涉税政策解析	89

2.1 土地增值税纳税义务人、征税范围与税率 ··· 89
2.1.1 土地增值税的纳税义务人 ··· 89
2.1.2 土地增值税征税范围 ··· 90
2.1.3 税率 ··· 90
2.2 土地增值税的特殊政策 ··· 91
2.2.1 房地产交换土地增值税政策 ··· 91
2.2.2 房地产抵押土地增值税政策 ··· 91
2.2.3 合作建房土地增值税政策 ··· 91
2.2.4 地下车位土地增值税政策 ··· 91
2.3 房地产企业土地增值税应税收入的确定 ··· 92
2.3.1 营改增后土地增值税的应税收入确认 ······································ 92
2.3.2 代收费用 ··· 93
2.3.3 土地增值税清算时的收入确认 ··· 94
2.3.4 外币收入的折算 ·· 94
2.3.5 土地增值税的视同销售 ··· 94
2.3.5.1 非直接销售 ·· 94
2.3.5.2 自用房地产 ·· 95
2.3.5.3 拆迁安置房 ·· 95
2.4 房地产企业土地增值税扣除项目金额的确定 ······································· 96
2.4.1 取得土地使用权所支付的金额 ·· 96
2.4.2 开发土地的成本、费用 ·· 96
2.4.3 开发费用 ··· 102
2.4.4 开发税金及附加 ·· 104
2.4.5 加计扣除额 ·· 105
2.4.6 土地增值税扣除项目金额计算时应当注意的几个问题 ·························· 106
2.5 房地产企业销售旧房土地增值税 ··· 108
2.5.1 新建房与旧房的界定 ··· 108
2.5.2 转让旧房准予扣除项目的确定 ·· 109
2.5.3 转让旧房土地增值额的计算方法 ·· 111
2.5.4 转让旧房及建筑物土地增值税计算时应当注意的几个问题 ······················ 112
2.6 土地增值税的优惠政策 ··· 112
2.6.1 普通住宅土地增值税优惠政策 ·· 112
2.6.2 因政府规划原因收回土地使用权土地增值税优惠政策 ·························· 114
2.6.3 公租房房源优惠政策 ··· 114
2.6.4 个人转让自用住房 ·· 114

目 录

- 2.6.5 廉租住房、经济适用住房 ·· 114
- 2.6.6 企业重组 ·· 115
- 2.6.7 企业整体资产出售或整个企业所有权转移土地增值税问题 ············ 117
- 2.7 土地增值税的征收方式 ··· 117
  - 2.7.1 预征 ·· 117
  - 2.7.2 清算 ·· 119
- 2.8 土地增值税的征收管理政策 ··· 130
  - 2.8.1 土地增值税的纳税期限 ·· 130
  - 2.8.2 土地增值税的纳税申报 ·· 130
  - 2.8.3 土地增值税的纳税地点 ·· 146
  - 2.8.4 土地增值税的核定征收 ·· 146
  - 2.8.5 未按规定缴纳土地增值税的法律责任 ····································· 149
  - 2.8.6 征收管理措施 ··· 150
- 2.9 土地增值税的会计处理及营改增后案例分析 ····································· 150
  - 2.9.1 土地增值税的会计处理规定 ·· 150
  - 2.9.2 营改增后土地增值税的案例分析 ··· 151
- 2.10 房地产企业土地增值税的实务解析 ··· 154
  - 2.10.1 企业分立过程中的土地、房屋权属转移土地增值税问题 ············ 154
  - 2.10.2 房地产企业存在银行的按揭贷款保证金作为土地增值税扣除
         项目问题 ··· 154
  - 2.10.3 地下车位"销售"土地增值税问题 ······································· 154
  - 2.10.4 房地产企业取得地方政府返还的土地出让金扣除问题 ·············· 155
  - 2.10.5 房地产企业销售精装修房购置的电视机等扣除问题 ················· 156
  - 2.10.6 房地产开发企业支付的城镇土地使用税列支问题 ···················· 156
  - 2.10.7 售楼处的折旧或租赁费扣除问题 ·· 156
  - 2.10.8 架空层的土地增值税处理 ··· 157

第3章 房地产企业所得税的涉税政策解析 ·· 159

- 3.1 房地产企业所得税预缴政策 ··· 159
  - 3.1.1 房地产企业所得税的预征方法 ··· 159
  - 3.1.2 房地产企业所得税预缴的会计核算 ······································· 160
- 3.2 房地产企业收入总额的确定原则 ··· 160
  - 3.2.1 销售收入的范围 ·· 161
  - 3.2.2 销售收入的确认条件 ·· 161
  - 3.2.3 房地产企业的视同销售行为 ·· 162
  - 3.2.4 开发产品租赁收入 ·· 162

3.3 房地产企业特殊收入政策 ... 162
3.3.1 投资性房地产公允价值变动损益 ... 162
3.3.2 政策性搬迁收入 ... 162
3.3.3 资产(股权)划转 ... 167
3.3.4 非货币资产投资企业所得税政策 ... 170
3.3.5 企业接收政府划拨资产的企业所得税处理 ... 174
3.3.6 企业接收股东划入资产的企业所得税处理 ... 175
3.3.7 混合性投资业务 ... 175
3.3.8 利息收入增值税、企业所得税和会计处理差异分析 ... 176

3.4 房地产企业扣除项目的确定 ... 178
3.4.1 房地产企业成本费用扣除的基本原则 ... 178
3.4.2 房地产企业计税成本的核算 ... 180
3.4.2.1 计税成本的确定原则 ... 180
3.4.2.2 取消房地产开发企业开发产品计税成本对象事先备案制度的后续管理 ... 181
3.4.2.3 开发产品计税成本支出的内容 ... 181
3.4.2.4 企业计税成本核算的一般程序 ... 182
3.4.2.5 共同成本和不能分清负担对象的间接成本的分摊方法 ... 182
3.4.2.6 土地成本、公共配套设施开发成本、借款费用的分摊方法 ... 183
3.4.2.7 非货币交易方式取得土地使用权成本的确定 ... 184
3.4.2.8 预提费用的扣除 ... 184
3.4.2.9 停车场所的成本 ... 184
3.4.2.10 应当取得但未取得合法凭据的计税成本 ... 184
3.4.2.11 计税成本核算的终止日的选择 ... 184

3.5 房地产企业成本费用扣除的具体规定 ... 185
3.5.1 期间费用等 ... 185
3.5.2 已销开发产品计税成本的计算 ... 185
3.5.3 开发产品的维修保养费用 ... 185
3.5.4 设施设备维修基金 ... 186
3.5.5 会所等配套设施费用 ... 186
3.5.6 邮电通讯、学校、医疗设施等成本 ... 186
3.5.7 按揭贷款担保金 ... 186
3.5.8 境外销售费用 ... 186
3.5.9 房地产企业利息支出的特殊扣除政策 ... 186
3.5.10 房地产企业资产损失的特殊扣除政策 ... 190

- 3.5.11 折旧费用 … 190
- 3.5.12 工资薪金 … 190
- 3.5.13 职工福利费 … 193
- 3.5.14 职工教育经费 … 195
- 3.5.15 职工工会经费 … 196
- 3.5.16 业务招待费 … 196
- 3.5.17 广告宣传费 … 197
- 3.5.18 筹建期间发生的业务招待费和广告宣传费 … 198
- 3.5.19 捐赠支出 … 200
- 3.5.20 住房公积金 … 206
- 3.5.21 保险费用 … 206
- 3.5.22 租赁费 … 208
- 3.5.23 劳动保护支出 … 208
- 3.5.24 员工服饰费用 … 209
- 3.5.25 营业机构内部往来费用 … 209
- 3.5.26 担保连带责任支出 … 210
- 3.5.27 棚户区改造支出 … 210
- 3.5.28 股权激励计划相关成本费用的扣除 … 211
- 3.5.29 不得扣除的成本费用 … 215

3.6 企业所得税税前扣除凭证 … 216
- 3.6.1 税前扣除凭证管理办法出台的现实意义 … 217
- 3.6.2 税前扣除凭证的概念及适用范围 … 217
- 3.6.3 确定税前扣除凭证遵循的原则 … 217
- 3.6.4 取得税前扣除凭证的时限要求 … 219
- 3.6.5 税前扣除凭证管理办法强调了证据链的重要性 … 220
- 3.6.6 税前扣除凭证的种类 … 221
- 3.6.7 税前扣除凭证的确定原则 … 221
- 3.6.8 不属于应税项目的境内支出扣除凭证 … 223
- 3.6.9 向境外支出的扣除凭证 … 223
- 3.6.10 不合规发票及不合规其他外部凭证不得作为扣除凭证 … 224
- 3.6.11 税前扣除凭证中的原始凭证分割单 … 224
- 3.6.12 租用办公楼、车间等发生的水电费等税前扣除凭证问题 … 225
- 3.6.13 补开、换开发票 … 225
- 3.6.14 税前扣除凭证的追溯期 … 226
- 3.6.15 税前扣除凭证的衔接办法 … 226

3.6.16　特殊业务税前扣除凭证 ··· 227
　　3.6.16.1　统借统还业务 ··· 227
　　3.6.16.2　ETC通行卡 ·· 227
　　3.6.16.3　企业重组 ·· 227
　　3.6.16.4　铁路运输费用 ·· 227
　　3.6.16.5　暂估入账凭证 ·· 227
　　3.6.16.6　财政票据 ·· 227
　　3.6.16.7　完税凭证 ·· 228
　　3.6.16.8　法院判决书等 ·· 228
　　3.6.16.9　中国人民解放军通用收费票据 ·· 228
　　3.6.16.10　差旅费票据 ·· 229
　　3.6.16.11　会议费票据 ·· 229
　　3.6.16.12　广告宣传费票据 ·· 229
　　3.6.16.13　筹建期间发生的费用票据 ·· 229
　　3.6.16.14　赔偿金票据 ·· 229
　　3.6.16.15　违约金票据 ·· 229
　　3.6.16.16　评估报告 ··· 229
　　3.6.16.17　汽车补充客票 ··· 230
　　3.6.16.18　定额发票 ··· 230
　　3.6.16.19　成品油发票 ·· 230
　　3.6.16.20　税务机关代开的发票 ··· 230
3.7　房地产企业资产的税务处理 ··· 230
　　3.7.1　固定资产的税务处理 ·· 230
　　3.7.2　无形资产的税务处理 ·· 240
　　3.7.3　长期待摊费用的税务处理 ·· 241
　　3.7.4　投资资产的税务处理 ·· 243
　　3.7.5　存货的税务处理 ·· 244
　　3.7.6　资产损失的税务处理 ·· 245
3.8　特定事项的税务处理 ·· 251
　　3.8.1　合作开发 ··· 251
　　3.8.2　企业以投资方式取得的开发产品的税务处理 ··· 251
　　3.8.3　专用设备抵免 ··· 252
　　3.8.4　境外投资者以分配利润直接投资暂不征收预提所得税政策 ······················ 276
　　3.8.5　税金及附加在A105010表的填报注意事项 ·· 278
3.9　房地产开发企业土地增值税清算涉及企业所得税退税有关问题 ···················· 279

3.9.1 不予退税情况 ………………………………………………………… 279
3.9.2 予以退税情况 ………………………………………………………… 279
3.9.3 申请退税报送的资料 ………………………………………………… 279
3.9.4 执行时间及衔接 ……………………………………………………… 280
3.10 关联交易 …………………………………………………………………… 281
3.10.1 关联申报和同期资料管理 …………………………………………… 281
3.10.2 向境外关联方支付费用企业所得税管理 …………………………… 290
3.10.3 特别纳税调整监控管理 ……………………………………………… 292
3.11 一般反避税管理办法 ……………………………………………………… 293
3.12 特别纳税调查调整及相互协商程序管理办法 …………………………… 296
3.13 境外投资报告义务 ………………………………………………………… 305
3.14 房地产企业所得税实务解析 ……………………………………………… 307
3.14.1 今年收到上年度开具的发票且支付上年度的费用税前扣除问题 … 307
3.14.2 职工公寓与职工食堂的折旧会计处理及税务处理问题 …………… 307
3.14.3 房地产企业销售地下车位收入缴纳企业所得税时其成本扣除问题 … 308
3.14.4 样板房的装修费用计入销售费用还是开发成本问题 ……………… 309
3.14.5 地下车库等地下建筑物到底要不要分摊土地成本 ………………… 309
3.14.6 房地产企业所得税汇算清缴时,地下建筑物、阁楼分摊施工成本等问题 … 310

第4章 房地产企业财产税及行为税涉税政策解析 ……………………………… 311
4.1 房地产企业房产税涉税政策解析 ………………………………………… 311
4.1.1 房产税的纳税义务人 ………………………………………………… 311
4.1.1.1 房产税纳税义务人的基本规定 ……………………………… 311
4.1.1.2 房屋产权未确定纳税义务人问题 …………………………… 311
4.1.1.3 购销双方均未取得房屋产权证书期间纳税义务人问题 …… 311
4.1.1.4 个人房产对外出租纳税义务人问题 ………………………… 311
4.1.1.5 以支付修理费抵交房产租金纳税义务人问题 ……………… 312
4.1.1.6 纳税单位与免税单位共用房产纳税义务人问题 …………… 312
4.1.1.7 出租房产免收租金期间纳税义务人问题 …………………… 312
4.1.1.8 无租使用房产 ………………………………………………… 312
4.1.1.9 出典房产 ……………………………………………………… 312
4.1.1.10 融资租赁房产 ………………………………………………… 312
4.1.2 房产税的征税对象 …………………………………………………… 312
4.1.2.1 房产税的征税对象为应税房产 ……………………………… 312
4.1.2.2 具有房屋功能的地下建筑 …………………………………… 313
4.1.2.3 地下人防设施工程缴纳房产税 ……………………………… 313

4.1.3 房产税的征税范围 ... 314
4.1.3.1 征税范围的基本规定 ... 314
4.1.3.2 在开征地区范围之外的工厂、仓库，可否征收房产税 ... 314
4.1.4 房产税的计税依据 ... 314
4.1.4.1 从价征税 ... 314
4.1.4.2 从租征税 ... 317
4.1.5 房地产企业涉及的房产税优惠政策 ... 317
4.1.5.1 基本免税范围 ... 317
4.1.5.2 学校、医院、托儿所、幼儿园自用的房产 ... 317
4.1.5.3 个人所有的居住房屋 ... 318
4.1.5.4 房产税困难减免 ... 318
4.1.5.5 公共租赁住房 ... 318
4.1.5.6 房管部门经营住房 ... 318
4.1.5.7 公园、名胜古迹自用的房产 ... 318
4.1.5.8 毁损不堪居住的房屋和危险房屋 ... 318
4.1.5.9 基建工地的临时性房屋 ... 318
4.1.5.10 房屋大修停用 ... 318
4.1.5.11 农林牧渔业用地和农民居住用房屋及土地 ... 319
4.1.5.12 廉租住房、经济适用住房 ... 319
4.1.5.13 向个人出租用于居住的住房 ... 319
4.1.5.14 体育场馆 ... 319
4.1.5.15 增值税小规模纳税人房产税等减免政策 ... 320
4.1.6 房地产企业房产税的纳税义务发生时间 ... 321
4.1.6.1 新建的房屋纳税义务发生时间 ... 321
4.1.6.2 房产税纳税义务截止时间 ... 321
4.1.7 房产税的纳税期限 ... 321
4.1.8 房地产企业房产税实务解析 ... 321
4.1.8.1 房产评估增值作为房产价值缴纳房产税问题 ... 321
4.1.8.2 集贸市场用房缴纳房产税问题 ... 322
4.1.8.3 房地产企业租赁其他单位的沿街房作为售楼处缴纳房产税问题 ... 322
4.1.8.4 房地产企业将承租的房产转租给他人缴纳房产税问题 ... 322
4.2 房地产企业城镇土地使用税涉税政策解析 ... 322
4.2.1 土地使用税的纳税人 ... 322
4.2.2 土地使用税征税范围的特殊规定 ... 323
4.2.2.1 地下建筑用地 ... 323

		4.2.2.2	集体土地	323

- 4.2.3 土地使用税的计税依据 ……………………………………………… 323
- 4.2.4 土地使用税的税额 …………………………………………………… 323
  - 4.2.4.1 单位税额 …………………………………………………… 323
  - 4.2.4.2 税额的调整权限 …………………………………………… 323
- 4.2.5 房地产企业涉及的土地使用税的优惠政策 ……………………… 324
  - 4.2.5.1 条例规定的免税范围 ……………………………………… 324
  - 4.2.5.2 困难减免 …………………………………………………… 324
  - 4.2.5.3 公共租赁住房 ……………………………………………… 326
  - 4.2.5.4 经营采摘、观光农业 ……………………………………… 326
  - 4.2.5.5 度假村 ……………………………………………………… 326
  - 4.2.5.6 廉租住房、经济适用住房 ………………………………… 327
  - 4.2.5.7 个人出租住房 ……………………………………………… 327
  - 4.2.5.8 城市和国有工矿棚户区改造项目 ………………………… 327
  - 4.2.5.9 物流企业自有或承租大宗商品仓储设施用地城镇土地使用税优惠政策 …………………………………………………… 327
  - 4.2.5.10 房改房 ……………………………………………………… 328
  - 4.2.5.11 企业范围内荒山、林地、湖泊等占地城镇土地使用税有关政策 … 328
- 4.2.6 纳税期限 ……………………………………………………………… 328
- 4.2.7 房地产企业土地使用税的纳税义务发生时间与终止时间 ……… 328
  - 4.2.7.1 新征用的土地纳税义务发生时间和终止时间 …………… 328
  - 4.2.7.2 有偿取得土地使用权纳税义务发生时间 ………………… 329
  - 4.2.7.3 城镇土地使用税纳税义务截止时间 ……………………… 329
  - 4.2.7.4 未能按照合同约定时间交付使用的土地使用税纳税义务发生时间 … 330
  - 4.2.7.5 通过招拍挂方式取得土地 ………………………………… 330
- 4.2.8 房地产企业土地使用税实务解析 ………………………………… 331
  - 4.2.8.1 房地产企业在开发商品房前缴纳土地使用税问题 ……… 331
  - 4.2.8.2 开发小区内的绿地缴纳土地使用税问题 ………………… 331
  - 4.2.8.3 没有过户的土地使用税纳税人问题 ……………………… 331

4.3 房地产企业耕地占用税涉税政策解析 …………………………………… 331
- 4.3.1 耕地占用税的纳税义务人 …………………………………………… 331
  - 4.3.1.1 占用耕地建设农田水利设施 ……………………………… 331
  - 4.3.1.2 未经批准占用应税土地 …………………………………… 332
  - 4.3.1.3 关于纳税人的认定 ………………………………………… 332
- 4.3.2 耕地占用税的征税范围 ……………………………………………… 332

        4.3.2.1　临时占用耕地 ……………………………………………… 332
        4.3.2.2　占用园地、林地等建设建筑物、构筑物或者从事非农业建设 ……… 332
      4.3.3　耕地占用税的计税依据 ………………………………………………… 332
      4.3.4　耕地占用税的适用税额 ………………………………………………… 332
      4.3.5　耕地占用税法规定的免税政策 ………………………………………… 333
      4.3.6　减免耕地占用税后改变用途 …………………………………………… 334
      4.3.7　耕地占用税的征收机关 ………………………………………………… 334
      4.3.8　耕地占用税的纳税义务发生时间 ……………………………………… 334
      4.3.9　耕地占用税涉税信息共享机制和工作配合机制 ……………………… 334
      4.3.10　耕地占用税的征收管理 ………………………………………………… 334
      4.3.11　法律责任 ………………………………………………………………… 334
      4.3.12　耕地占用税法的实施时间 ……………………………………………… 334
  4.4　房地产企业契税涉税政策解析 …………………………………………………… 335
      4.4.1　契税的纳税义务人 ……………………………………………………… 335
        4.4.1.1　土地、房屋权属 ……………………………………………… 335
        4.4.1.2　承受 …………………………………………………………… 335
        4.4.1.3　单位 …………………………………………………………… 335
        4.4.1.4　个人 …………………………………………………………… 335
      4.4.2　契税的征税对象 ………………………………………………………… 335
        4.4.2.1　国有土地使用权出让 ………………………………………… 335
        4.4.2.2　土地使用权转让 ……………………………………………… 335
        4.4.2.3　房屋买卖 ……………………………………………………… 336
        4.4.2.4　房屋赠与 ……………………………………………………… 336
        4.4.2.5　房屋交换 ……………………………………………………… 336
        4.4.2.6　法院裁决房改房权属转移 …………………………………… 336
        4.4.2.7　承受国有土地使用权所应支付的土地出让金 ……………… 336
        4.4.2.8　出售或租赁房屋使用权 ……………………………………… 336
        4.4.2.9　离婚后房屋权属变化 ………………………………………… 336
        4.4.2.10　委托代建房屋 ……………………………………………… 336
      4.4.3　契税的计税依据 ………………………………………………………… 337
        4.4.3.1　国有土地使用权出让、土地使用权出售、房屋买卖 ……… 337
        4.4.3.2　土地使用权赠与、房屋赠与 ………………………………… 338
        4.4.3.3　土地使用权交换、房屋交换 ………………………………… 338
        4.4.3.4　划拨方式取得土地使用权 …………………………………… 338
        4.4.3.5　"招、拍、挂"程序承受国有土地使用权的 ………………… 338

- 4.4.3.6 改变国有土地使用权出让方式 ····· 338
- 4.4.3.7 转让土地使用权同时转让附着物 ····· 338
- 4.4.3.8 以项目换土地等方式承受土地使用权 ····· 338
- 4.4.3.9 精装修房 ····· 339
- 4.4.3.10 房屋附属设施有关契税政策 ····· 339
- 4.4.4 视同转让行为 ····· 339
  - 4.4.4.1 基本规定 ····· 339
  - 4.4.4.2 以房换地 ····· 339
- 4.4.5 契税的税率 ····· 339
- 4.4.6 契税的优惠政策 ····· 339
  - 4.4.6.1 用于办公、教学、医疗、科研和军事设施的土地与房产 ····· 339
  - 4.4.6.2 城镇职工按规定第一次购买公有住房 ····· 340
  - 4.4.6.3 因不可抗力灭失住房而重新购买住房 ····· 340
  - 4.4.6.4 财政部规定的其他减征、免征契税的项目 ····· 340
  - 4.4.6.5 承受荒山、荒沟、荒丘、荒滩土地使用权 ····· 340
  - 4.4.6.6 政府征用土地 ····· 341
  - 4.4.6.7 企业改制 ····· 341
  - 4.4.6.8 事业单位改制 ····· 341
  - 4.4.6.9 公司合并 ····· 341
  - 4.4.6.10 公司分立 ····· 341
  - 4.4.6.11 企业破产 ····· 341
  - 4.4.6.12 资产划转 ····· 342
  - 4.4.6.13 债权转股权 ····· 342
  - 4.4.6.14 划拨用地出让或作价出资 ····· 342
  - 4.4.6.15 公司股权（股份）转让 ····· 342
  - 4.4.6.16 国家作价出资（入股）方式转移国有土地使用权 ····· 342
  - 4.4.6.17 股权变动发生房地产权属更名登记 ····· 343
  - 4.4.6.18 安居房、经济适用房、公租房 ····· 343
  - 4.4.6.19 经营性事业单位 ····· 343
  - 4.4.6.20 继承土地、房屋权属 ····· 343
  - 4.4.6.21 房改房 ····· 343
  - 4.4.6.22 事业单位改制 ····· 344
  - 4.4.6.23 个人首次购买90平方米以下住房 ····· 344
  - 4.4.6.24 以土地、房屋权属抵缴社会保险费 ····· 344
  - 4.4.6.25 社会力量办学 ····· 344

         4.4.6.26 城市和国有工矿棚户区改造项目 ································· 344
         4.4.6.27 房产加名 ·· 344
         4.4.6.28 退房 ··· 345
         4.4.6.29 私立医院 ·· 345
         4.4.6.30 支持农村集体产权制度改革有关税收优惠政策 ················· 345
         4.4.6.31 减免税的程序 ··· 345
      4.4.7 契税纳税义务发生时间 ·· 345
         4.4.7.1 纳税期限 ·· 345
         4.4.7.2 免税土地、房产改变用途 ··· 346
         4.4.7.3 按揭、抵押贷款购买房屋 ··· 346
      4.4.8 契税纳税地点 ··· 346
      4.4.9 房地产企业契税实务解析 ··· 346
         4.4.9.1 购买已经装修的房产契税的计税依据问题 ···················· 346
         4.4.9.2 支付土地出让金后,取得地方政府部分出让金返还,缴纳契税的
               计税依据问题 ··· 346
   4.5 房地产企业印花税涉税政策解析 ·· 346
      4.5.1 房地产企业涉及需要缴纳印花税的合同 ··································· 346
         4.5.1.1 购房合同 ·· 346
         4.5.1.2 土地使用权出让合同 ·· 347
         4.5.1.3 委托代理售房合同 ··· 347
         4.5.1.4 借款合同 ·· 347
         4.5.1.5 财产租赁合同 ·· 348
         4.5.1.6 融资租赁合同 ·· 348
      4.5.2 房地产企业涉及的其他印花税政策 ·· 348
         4.5.2.1 资金账簿 ·· 348
         4.5.2.2 房地产企业其他需要缴纳印花税的凭证 ······················· 348
      4.5.3 房地产企业印花税的优惠政策 ·· 349
         4.5.3.1 金融机构与小型微型企业签订借款合同 ······················· 349
         4.5.3.2 公共租赁住房建设和运营 ··· 349
         4.5.3.3 个人购销住房 ·· 349
         4.5.3.4 廉租住房、经济适用住房和住房租赁 ·························· 349
         4.5.3.5 无息、贴息贷款合同 ··· 349
         4.5.3.6 企业改制 ·· 349
         4.5.3.7 城市和国有工矿棚户区改造项目 ································· 350
         4.5.3.8 个人出租、承租住房 ··· 350

4.5.4 违反印花税政策的罚则 350
4.5.5 印花税管理规程 351
4.5.6 印花税实务解析 353
 4.5.6.1 没有兑现的合同印花税问题 353
 4.5.6.2 合同金额与结算金额不一致时的印花税问题 353
 4.5.6.3 企业与主管部门等签订的租赁承包经营合同印花税问题 353
 4.5.6.4 已缴纳印花税合同的正本遗失印花税问题 353
 4.5.6.5 拆迁补偿费协议印花税问题 353
 4.5.6.6 银行授信合同印花税问题 353
 4.5.6.7 委托贷款合同印花税问题 354
 4.5.6.8 股权投资协议印花税问题 354
 4.5.6.9 建设工程监理合同印花税问题 354
 4.5.6.10 预售合同印花税问题 354

第5章 房地产企业个人所得税涉税政策解析 355
5.1 个人所得税法概述 355
5.1.1 个人所得税的概念 355
5.1.2 个人所得税的征收类型 355
5.1.3 新个人所得税法的主要变化 356
5.2 个人所得税纳税人 358
5.2.1 居民个人及其纳税义务 358
 5.2.1.1 居民个人的界定原则 358
 5.2.1.2 居民个人的纳税义务 358
5.2.2 非居民个人及其纳税义务 360
 5.2.2.1 非居民个人界定原则 360
 5.2.2.2 非居民个人的纳税义务 360
 5.2.2.3 非居民个人纳税义务的豁免 360
5.2.3 所得来源地的确定原则 361
 5.2.3.1 关于工资薪金所得来源地的规定 361
 5.2.3.2 关于数月奖金以及股权激励所得来源地的规定 361
 5.2.3.3 关于董事、监事及高层管理人员取得报酬所得来源地的规定 362
 5.2.3.4 关于稿酬所得来源地的规定 362
 5.2.3.5 所得来源地的特别规定 362
5.2.4 无住所个人工资薪金所得收入额计算 362
 5.2.4.1 无住所个人为非居民个人的情形 362
 5.2.4.2 无住所个人为居民个人的情形 363

   5.2.4.3 无住所个人为高管人员的情形 ································· 364
  5.2.5 无住所个人税款计算 ··· 365
   5.2.5.1 关于无住所居民个人税款计算的规定 ······················· 365
   5.2.5.2 关于非居民个人税款计算的规定 ······························ 365
  5.2.6 无住所个人适用税收协定 ··· 366
  5.2.7 关于无住所个人相关征管规定 ···································· 367
   5.2.7.1 关于无住所个人预计境内居住时间的规定 ·················· 367
   5.2.7.2 关于无住所个人境内雇主报告境外关联方支付工资薪金所得的规定 ··· 369
  5.2.8 于非居民个人和无住所居民个人有关个人所得税政策的衔接 ··· 369
5.3 个人所得税征税对象 ··· 369
  5.3.1 综合所得 ··· 369
   5.3.1.1 综合所得的计税方法 ··· 369
   5.3.1.2 综合所得包括的内容 ··· 369
   5.3.1.3 工资、薪金所得与劳务报酬所得的区分问题 ··············· 370
   5.3.1.4 稿酬所得的征税问题 ··· 370
   5.3.1.5 拍卖文稿所得的征税问题 ······································ 370
   5.3.1.6 董事费征税问题 ·· 370
   5.3.1.7 综合所得应纳税所得额的计算公式 ·························· 371
   5.3.1.8 营销员提成 ··· 371
   5.3.1.9 单位或个人为纳税义务人负担税款的计征办法 ··········· 371
  5.3.2 经营所得 ··· 372
   5.3.2.1 经营所得包括的范围 ··· 372
   5.3.2.2 承包、承租期不足一年如何计征税款的问题 ·············· 372
   5.3.2.3 企业发包(出租)经营的税务处理 ···························· 372
  5.3.3 利息、股息、红利所得 ··· 373
   5.3.3.1 利息、股息、红利所得的概念 ································ 373
   5.3.3.2 派发红股的征税问题 ··· 373
   5.3.3.3 股东取得债务债权形式的股份分红 ·························· 373
   5.3.3.4 资本公积金转增个人股本 ······································ 373
  5.3.4 财产租赁所得 ·· 375
   5.3.4.1 财产租赁所得的概念 ··· 375
   5.3.4.2 财产租赁所得的征税问题 ······································ 375
  5.3.5 财产转让所得 ·· 376
   5.3.5.1 财产转让所得的概念 ··· 376
   5.3.5.2 如何确定转让债权财产原值的问题 ·························· 376

- 5.3.5.3 股票转让所得个人所得税征税办法 ········· 376
- 5.3.5.4 股权转让个人所得税的基本规定 ············ 376
- 5.3.5.5 股权转让过程中取得的违约金收入 ········· 376
- 5.3.5.6 以股权参与上市公司定向增发 ··············· 377
- 5.3.5.7 收回转让的股权 ······························· 377
- 5.3.5.8 终止投资经营收回款项 ······················· 377
- 5.3.5.9 个人投资者收购企业股权后将原盈余积累转增股本个人所得税 ······ 377
- 5.3.5.10 股权转让所得个人所得税管理 ············· 379
- 5.3.6 偶然所得 ··· 383
  - 5.3.6.1 体育彩票中奖所得 ····························· 383
  - 5.3.6.2 社会福利有奖募捐发行收入 ················· 383
  - 5.3.6.3 企业向个人支付的不竞争款项所得 ········· 383
- 5.3.7 难以界定应纳税所得项目的处理 ··················· 383
- 5.3.8 个人所得的形式 ·· 384
- 5.3.9 两个以上个人共同取得同一项目收入的处理 ···· 384
- 5.3.10 同时取得境内所得和境外所得的处理 ··········· 384
- 5.4 个人所得税税率 ·· 384
  - 5.4.1 超额累进税率 ··· 384
  - 5.4.2 比例税率 ··· 385
- 5.5 个人所得税综合所得应纳税所得额的计算 ············ 385
  - 5.5.1 专项扣除 ··· 385
    - 5.5.1.1 专项扣除包括的内容 ·························· 385
    - 5.5.1.2 基本养老保险费、基本医疗保险费、失业保险费、住房公积金 ····· 385
    - 5.5.1.3 生育津贴和生育医疗费 ······················· 386
    - 5.5.1.4 工伤保险 ·· 386
    - 5.5.1.5 异地缴纳社会保险费是否可以免征个人所得税 ······ 386
  - 5.5.2 专项附加扣除 ··· 387
    - 5.5.2.1 六项专项附加扣除项目 ······················· 387
    - 5.5.2.2 专项附加扣除申报与扣除 ···················· 395
    - 5.5.2.3 预扣预缴时专项附加扣除信息的提供 ······ 395
    - 5.5.2.4 扣缴义务人对纳税人提供专项附加扣除信息的处理要求 ···· 396
    - 5.5.2.5 未享受专项附加扣除的后续处理 ··········· 396
    - 5.5.2.6 专项附加扣除报送信息及留存备查资料 ··· 396
    - 5.5.2.7 信息报送方式 ·································· 397
    - 5.5.2.8 专项附加扣除的后续管理 ···················· 397

5.5.2.9　个人所得税专项附加扣除简表 …………………………………………… 398
　　5.5.2.10　个人所得税专项附加扣除信息表填表案例 ………………………… 399
　　5.5.2.11　月工资没有达到5 000元的专项附加扣除信息采集 ……………… 410
　　5.5.2.12　丈夫去世,妻子独自赡养公婆专项附加扣除问题 ………………… 410
　5.5.3　依法确定的其他扣除 ………………………………………………………… 410
　　5.5.3.1　企业年金或职业年金 …………………………………………………… 410
　　5.5.3.2　商业健康保险 …………………………………………………………… 411
　　5.5.3.3　税收递延型商业养老保险 ……………………………………………… 414
　　5.5.3.4　公益慈善事业捐赠扣除 ………………………………………………… 416
　　5.5.3.5　中介费扣除 ……………………………………………………………… 418
　　5.5.3.6　公务交通、通讯补贴收入征税问题 …………………………………… 418
5.6　经营所得应纳税所得额的计算 ……………………………………………………… 421
　5.6.1　经营所得 ………………………………………………………………………… 421
　5.6.2　个体工商户与企业联营而分得的利润 ……………………………………… 421
　5.6.3　投资者兴办两个及以上独资企业 …………………………………………… 421
　5.6.4　个人独资企业和合伙企业对外投资分回利息、股息、红利的征税问题 …… 422
　5.6.5　查账征税改为核定征税方式未弥补完的经营亏损弥补问题 …………… 422
5.7　财产租赁所得 ………………………………………………………………………… 422
　5.7.1　财产租赁所得应纳税所得额的计算 ………………………………………… 422
　5.7.2　房产转租个人所得税 ………………………………………………………… 422
　5.7.3　酒店产权式经营业主在约定时间内提供房产取得的租金收入 ………… 423
　5.7.4　个人出租居民住房 …………………………………………………………… 423
5.8　财产转让所得 ………………………………………………………………………… 423
　5.8.1　财产转让所得的概念 ………………………………………………………… 423
　5.8.2　财产原值的确定方法 ………………………………………………………… 423
　5.8.3　非货币性资产投资 …………………………………………………………… 424
5.9　利息、股息、红利所得和偶然所得应纳税所得额的计算 ………………………… 425
　5.9.1　利息、股息、红利所得和偶然所得应纳税所得额的确定 ………………… 425
　5.9.2　上市公司股息红利差别化个人所得税政策 ………………………………… 425
　5.9.3　退房补偿款 …………………………………………………………………… 426
　5.9.4　投资者借款不还 ……………………………………………………………… 426
5.10　非居民个人应纳税所得额的计算 ………………………………………………… 426
　5.10.1　工资、薪金所得 ……………………………………………………………… 426
　5.10.2　劳务报酬所得、稿酬所得、特许权使用费所得 …………………………… 426
5.11　个人所得税的优惠政策 …………………………………………………………… 426

目 录

5.11.1　免税项目 … 426
5.11.2　减税项目 … 427
5.11.3　储蓄存款利息 … 428
5.11.4　境外所得抵免 … 428
5.11.5　全年一次性奖金 … 429
5.11.6　中央企业负责人取得年度绩效薪金延期兑现收入和任期奖励 … 432
5.11.7　股权激励 … 432
  5.11.7.1　股票期权 … 432
  5.11.7.2　股票增值权所得和限制性股票所得 … 434
  5.11.7.3　股权奖励 … 437
  5.11.7.4　对上市公司股票期权、限制性股票和股权奖励适当延长纳税期限 … 439
  5.11.7.5　个人所得税法修改后有关股权激励优惠政策衔接 … 439
  5.11.7.6　非上市公司股权激励 … 439
5.11.8　企业年金、职业年金 … 440
  5.11.8.1　企业年金、职业年金个人所得税相关政策 … 440
  5.11.8.2　企业年金、职业年金个人所得税衔接办法 … 442
5.11.9　解除劳动关系的一次性补偿收入 … 442
5.11.10　提前退休的一次性补偿收入 … 443
5.11.11　内部退养的一次性补偿收入 … 443
5.11.12　单位低价向职工售房 … 443
5.11.13　种植业、养殖业、饲养业、捕捞业 … 444
5.11.14　个人举报、协查各种违法、犯罪行为而获得的奖金 … 444
5.11.15　代扣代缴税款手续费 … 444
5.11.16　转让家庭生活用房 … 445
5.11.17　高级专家延长离休退休期间的工资、薪金所得 … 445
5.11.18　青苗补偿费收入 … 446
5.11.19　免征个人所得税的补贴、津贴 … 446
5.11.20　误餐补助 … 447
5.11.21　棚户区改造取得的拆迁补偿款 … 447
5.11.22　易地扶贫搬迁个人所得税优惠政策 … 447
5.11.23　住房公积金、医疗保险金、基本养老保险金、失业保险基金个人账户存款利息所得 … 448
5.11.24　企业改组改制过程中个人取得的量化资产 … 448
5.11.25　从基层供销社、农村信用社取得的利息或股息、红利收入 … 448
5.11.26　来源于西藏自治区所得 … 449

- 5.11.27 房改房 ... 449
- 5.11.28 个人转让股票(包括新三板)所得 ... 449
- 5.11.29 促进科技成果转化 ... 450
  - 5.11.29.1 促进科技成果转化有关税收政策 ... 450
  - 5.11.29.2 科技人员取得职务科技成果转化现金奖励有关个人所得税政策 ... 453
- 5.11.30 职工从破产企业取得的一次性安置费收入 ... 455
- 5.11.31 城镇房屋拆迁 ... 455
- 5.11.32 股权分置试点改革 ... 455
- 5.11.33 个人无偿受赠房屋 ... 455
- 5.11.34 个人转让离婚析产房屋的征税问题 ... 456
- 5.11.35 企业促销展业赠送礼品 ... 456
- 5.11.36 地方政府债券利息 ... 456
- 5.11.37 国家自主创新示范区个人所得税优惠政策 ... 457
- 5.11.38 行政和解金 ... 458
- 5.11.39 支持和促进重点群体创业就业有关税收政策 ... 458
- 5.11.40 创业投资企业和天使投资个人有关税收政策 ... 459
- 5.11.41 创业投资企业个人合伙人所得税政策 ... 462
- 5.11.42 涉及外籍个人的个人所得税优惠政策 ... 464
  - 5.11.42.1 外籍个人从外商投资企业取得的股息、红利所得 ... 464
  - 5.11.42.2 外籍专家取得的工资、薪金所得 ... 465
  - 5.11.42.3 外籍个人有关津补贴 ... 465
  - 5.11.42.4 外国来华工作人员个人所得税优惠政策 ... 465
  - 5.11.42.5 外籍个人取得的住房补贴、伙食补贴、搬迁费、洗衣费 ... 466
  - 5.11.42.6 外籍个人取得的境内、外出差补贴 ... 466
  - 5.11.42.7 外籍个人取得的探亲费、语言训练费、子女教育费 ... 466
  - 5.11.42.8 外籍个人取得港澳地区住房等补贴 ... 467
  - 5.11.42.9 广东横琴新区工作的香港、澳门居民个人所得税优惠政策 ... 467
  - 5.11.42.10 平潭综合实验区工作的台湾居民个人所得税优惠政策 ... 467
  - 5.11.42.11 沪港股票市场交易互联互通机制试点个人所得税政策 ... 468
  - 5.11.42.12 内地与香港基金互认有关税收政策 ... 468
  - 5.11.42.13 继续执行内地与香港基金互认有关个人所得税政策 ... 470
  - 5.11.42.14 深港股票市场交易互联互通机制试点有关税收政策 ... 470
  - 5.11.42.15 继续执行沪港股票市场交易互联互通机制有关个人所得税政策 ... 471
  - 5.11.42.16 外籍纳税人在中国几地工作如何确认纳税地点的问题 ... 471

5.12 个人所得税的征收管理 ··· 471
5.12.1 个人所得税的纳税年度 ··· 471
5.12.2 纳税调整 ··· 471
5.12.3 扣缴义务人 ··· 471
5.12.4 纳税人识别号 ··· 472
5.12.5 自行纳税申报 ··· 473
5.12.5.1 应当依法办理纳税申报的情形 ··· 473
5.12.5.2 取得综合所得需要办理汇算清缴的纳税申报 ··· 473
5.12.5.3 取得经营所得的纳税申报 ··· 474
5.12.5.4 取得应税所得,扣缴义务人未扣缴税款的纳税申报 ··· 475
5.12.5.5 取得境外所得的纳税申报 ··· 476
5.12.5.6 因移居境外注销中国户籍的纳税申报 ··· 476
5.12.5.7 非居民个人在中国境内从两处以上取得工资、薪金所得的纳税申报 ··· 476
5.12.5.8 纳税申报方式 ··· 476
5.12.5.9 自行纳税申报的其他有关问题 ··· 477
5.12.6 扣缴义务人扣缴申报 ··· 477
5.12.6.1 扣缴义务人 ··· 477
5.12.6.2 全员全额扣缴申报 ··· 477
5.12.6.3 全员全额扣缴申报的应税所得项目 ··· 477
5.12.6.4 工资、薪金所得的预扣预缴及累计预扣法 ··· 477
5.12.6.5 居民个人劳务报酬所得、稿酬所得、特许权使用费所得的预扣预缴 ··· 479
5.12.6.6 非居民个人劳务报酬所得、稿酬所得、特许权使用费所得的预扣预缴 ··· 479
5.12.6.7 非居民个人达到居民个人条件时的扣缴衔接 ··· 481
5.12.6.8 利息、股息、红利所得,财产租赁所得,财产转让所得或者偶然所得的代扣代缴 ··· 481
5.12.6.9 "按次"代扣代缴时"次"的确定 ··· 481
5.12.6.10 代扣代缴时如何享受税收协定待遇 ··· 481
5.12.6.11 已扣缴税款信息的获取 ··· 481
5.12.6.12 不得擅自更改纳税人信息 ··· 481
5.12.6.13 专项附加扣除信息表等资料的管理要求 ··· 481
5.12.6.14 纳税人拒绝代扣代缴的处理 ··· 481
5.12.6.15 扣缴税款的缴库时限 ··· 482
5.12.6.16 纳税人识别号等基础信息报送 ··· 482

5.12.6.17 扣缴义务人的法律责任 482
5.12.7 汇算清缴期限 482
　5.12.7.1 综合所得的汇算清缴期限 482
　5.12.7.2 经营所得的汇算清缴期限 482
　5.12.7.3 居民个人取得境外所得 482
　5.12.7.4 移居境外 482
　5.12.7.5 委托汇算清缴 482
5.12.8 非居民个人申报期限 482
5.12.9 退税 482
5.12.10 协税 483
5.12.11 外币折算 483
5.12.12 法律责任 483
5.12.13 征收管理措施 483
5.12.14 实施条例的制定权 483
5.12.15 纳税申报及汇算清缴申报地点 484
5.12.16 纳税记录 484

5.13 房地产企业个人所得税实务解析 484
　5.13.1 房地产企业补扣或代为缴纳应扣未扣的个人所得税时,是否需要加收滞纳金 484
　5.13.2 跨省施工的建筑公司如何代扣代缴个人所得税 485
　5.13.3 企业为促销或广告宣传发放的网络红包是否缴纳个人所得税 485
　5.13.4 子女教育专项附加扣除实务解析 486
　　5.13.4.1 外籍个人符合居民个人条件时是否可以享受专项附加扣除 486
　　5.13.4.2 子女高中毕业后出国留学,在高中到本科之间会在国外读一年的语言学校,就读语言学校期间能否享受子女教育专项附加扣除 486
　　5.13.4.3 孩子本科期间保留学籍参军,参军结束后返校继续读本科,参军期间能否继续扣除子女教育支出 486
　　5.13.4.4 子女已经年满15岁但是因为身体残疾生活不能自理,无法接受教育,是否可以享受子女教育专项附加扣除 486
　　5.13.4.5 父母是中国国籍的居民个人,但孩子是外国国籍,孩子在中国境内接受全日制的学历教育,是否可以扣除子女教育支出 487
　　5.13.4.6 我们夫妻有2个孩子,一个在上私立幼儿园,一个已经读国际小学了,我是否可以享受子女教育扣除 487
　　5.13.4.7 再婚之后对方带来的子女是否可以享受子女教育支出专项附加扣除 487
　　5.13.4.8 复读可以扣吗?是否只要有学籍就可以扣 487

目 录

5.13.5 住房贷款利息或住房租金专项附加扣除实务解析 ·············· 487

    5.13.5.1 父母给孩子买的住房,预售合同/销售合同上写的是孩子的名字,但是还款人是父母双方,房子还没有办房产证,这种情况下,父母是否可以扣除住房贷款利息 ·············· 487

    5.13.5.2 婚前男方贷款购买的住房,婚后是否可以由女方享受首套住房贷款利息扣除 ·············· 488

    5.13.5.3 夫妻双方中,一方在北京工作有住房,享受住房贷款利息扣除,另一方在上海工作无房,产生的住房租金是否可以扣除 ·············· 488

    5.13.5.4 夫妻双方婚前分别购买住房发生了首套住房贷款利息支出,婚后能否选择其中一套房子,由双方分别按照50%的比例扣除 ·············· 488

    5.13.5.5 个人在主要工作城市无自有住房,在父母家居住,与父母签订了租赁合同且支付租金,是否可以享受住房租金专项附加扣除 ·············· 488

    5.13.5.6 丈夫在济南市历下区工作,妻子在章丘区工作,夫妻双方在济南无住房,各自租房居住,双方是否可以分别扣除住房租金 ·············· 488

    5.13.5.7 纳税人与其朋友共同购买了一套住房,均享受首套住房贷款利息,如何进行住房贷款利息专项附加扣除 ·············· 488

    5.13.5.8 无租使用的房子,有租赁合同,能否享受住房租金扣除 ·············· 489

    5.13.5.9 个人租赁住房产生租金支出,但工作单位后续会为其报销房屋租金,该情况下是否可以享受住房租金专项附加扣除 ·············· 489

    5.13.5.10 住房租金支出扣除中"主要工作城市"的范围是什么?某市下属县有住房,到该市市区工作的租房支出能否享受扣除 ·············· 489

    5.13.5.11 我们夫妻给儿子在老家的省会,用贷款买了一套房子供他结婚时用,房本写的是我们和儿子共有,是否可以享受住房贷款利息扣除,怎么扣除 ·············· 489

    5.13.5.12 我们单位员工流动性比较大,一年换几个城市租赁住房,或者当年度一直外派并在当地租房子,如何申报住房租金专项附加扣除 ·············· 489

5.13.6 赡养老人专项附加扣除实务解析 ·············· 489

    5.13.6.1 纳税人从小被过继收养,养父再婚,现在养父去世,纳税人照顾养父再婚妻子发生的赡养支出,可否享受赡养老人专项附加扣除 ·············· 489

    5.13.6.2 我家里有两位上了60岁的老人需要赡养,如果要享受扣除,我要报送哪些资料 ·············· 490

    5.13.6.3 独生子女家庭,父母离异后再婚的,如何享受赡养老人专项附加扣除 ·············· 490

5.13.7 大病医疗专项附加扣除实务解析 ·············· 490

    5.13.7.1 丈夫和妻子同时发生大病医疗支出,选择全部由丈夫扣除大病医疗

　　　　　　专项附加扣除时,扣除额是合并计算还是分别计算 ················· 490
　　5.13.7.2　我是去年12月20日入院治疗肠胃炎,今年(2019年)1月5日出院
　　　　　　的,我这种跨年度的医疗费用,如何计算扣除额？是否分两个年度
　　　　　　分别扣除 ·· 490
5.13.8　继续教育专项附加扣除实务解析 ··· 490
　　5.13.8.1　自学考试能否扣除？可以的话从何时开始扣 ························· 490
　　5.13.8.2　同一学历继续教育,扣除时间≤48个月,这个时间从什么时候开始？
　　　　　　接受教育还是2019年1月1日 ··· 490
　　5.13.8.3　假设我在2019年考过的注册会计师,2020年5月之前取得证书,
　　　　　　请问是在2019年汇算清缴期扣还是可以选择在2020年扣 ········· 491
5.13.9　专项附加扣除其他实务解析 ·· 491
　　5.13.9.1　我在实际工作中有两个以上的任职受雇单位,我该怎么去办理专项
　　　　　　附加扣除 ·· 491
　　5.13.9.2　我是单位的财务人员,我们单位该如何获取员工填写的专项附加
　　　　　　扣除信息 ·· 491
　　5.13.9.3　我填报和提交了专项附加扣除信息,但如果没有及时享受到扣除,
　　　　　　应该怎么办 ··· 491
　　5.13.9.4　我在申请专项附加扣除时,为什么还要提供配偶信息 ············· 491
5.13.10　专项附加扣除申报系统实务问题 ·· 491
　　5.13.10.1　如果在"个人所得税"APP的任职受雇信息中发现某公司不是自己
　　　　　　　曾经任职受雇的单位或早已离职的,该如何处理 ··················· 491
　　5.13.10.2　"个人所得税"APP卸载后,数据是否还在 ···························· 491
　　5.13.10.3　个人租赁他人转租的住房,在填写《专项附加扣除信息采集表——住房
　　　　　　　租金支出》中的出租方信息时,填写房主信息还是转租人信息 ······ 492
　　5.13.10.4　注册个人所得税APP时,验证码过了一个多小时才收到,请问是
　　　　　　　什么原因？如何解决 ··· 492
　　5.13.10.5　目前在扣缴客户端导入专项附加扣除信息表时,支持哪些版本的
　　　　　　　Excel表 ··· 492
　　5.13.10.6　赡养老人专项附加扣除中,3个子女均摊2 000元,但是除不尽,
　　　　　　　在填表的时候怎么填写 ·· 492
　　5.13.10.7　住房贷款利息支出采集表中需要填写"房屋证书号码",但现在尚未
　　　　　　　办理房产证,只有房屋代码、合同编号和买卖合同,应该如何处理？
　　　　　　　填写"贷款期限"时,总是提示日期格式不正确 ······················ 492
　　5.13.10.8　电子模板填报完毕后,扣缴义务人应该如何进行导入操作 ······· 492
　　5.13.10.9　专项附加扣除模板是否可以重复多次导入 ·························· 492

5.13.10.10　个人购买住房发生首套住房贷款利息支出,但是由于银行方面的原因放款晚了3个月,在填报《专项附加扣除信息采集表——住房贷款利息支出》中的"首次还款日期"时,应填写实际还款日期还是贷款合同约定的还款日期 ·· 493

5.13.10.11　在个人所得税 APP 中填写住房贷款利息时,贷款合同编号系统默认只能输入数字,编号中有汉字如何处理 ·············· 493

5.13.10.12　自然人在 APP、WEB 端、大厅端分别填报了个人所得税专项附加扣除信息,以哪个为准 ··· 493

5.13.10.13　个税 APP 系统如何下载? 如何进行注册等操作 ················ 493

5.13.10.14　是否个人通过"个人所得税"APP 填报专项附加扣除信息就不用再报给扣缴单位 ····································· 493

5.13.10.15　如果在"个人所得税"APP 的任职受雇信息中发现自己当前任职的单位并不在列表中,该如何处理 ······················ 494

5.13.10.16　个人信息需要填写哪些项目? 是否全部需要填写完整 ·············· 494

附件——棚户区改造有关税收政策 ·· 495

第 1 章 房地产企业增值税的涉税政策解析

1.1 房地产增值税纳税人

根据《财政部 国家税务总局关于全面推开营业税改征增值税试点的通知》(财税〔2016〕36号)第一条规定,在中华人民共和国境内(以下称境内)销售服务、无形资产或者不动产(以下称应税行为)的单位和个人,为增值税纳税人,应当按照本办法缴纳增值税,不缴纳营业税。

1. 单位,是指企业、行政单位、事业单位、军事单位、社会团体及其他单位。
2. 个人,是指个体工商户和其他个人。
3. 销售服务、无形资产或者不动产,是指有偿提供服务、有偿转让无形资产或者不动产。

1.1.1 纳税人的划分原则

1.1.1.1 一般纳税人与小规模纳税人的划分原则

《财政部 国家税务总局关于全面推开营业税改征增值税试点的通知》(财税〔2016〕36号)第三条将纳税人分为一般纳税人和小规模纳税人。

(一) 一般纳税人。

1. 应税行为的年应征增值税销售额(以下称应税销售额)超过500万元的纳税人为一般纳税人。
2. 年应税销售额未超过500万元的纳税人,会计核算健全,能够提供准确税务资料的,可以向主管税务机关办理一般纳税人资格登记,成为一般纳税人。

会计核算健全,是指能够按照国家统一的会计制度规定设置账簿,根据合法、有效凭证核算。

(二) 小规模纳税人。

1. 应税行为的年应征增值税销售额(以下称应税销售额)超过500万元的纳税人为一般纳税人,未超过500万元的纳税人为小规模纳税人。
2. 将以下纳税人视同小规模纳税人。
(1) 年应税销售额超过500万元的其他个人不属于一般纳税人,按小规模纳税人纳税。
(2) 年应税销售额超过500万元但不经常发生应税行为的单位可选择按照小规模纳税人纳税。
(3) 年应税销售额超过500万元个体工商户可选择按照小规模纳税人纳税。

1.1.1.2 一般纳税人年销售额标准的界定原则

根据《增值税一般纳税人资格认定管理办法》(国家税务总局令2010年第22号)及《国家税务总局关于明确〈增值税一般纳税人资格认定管理办法〉若干条款处理意见的通知》(国

税函〔2010〕139号)、《国家税务总局关于全面推开营业税改征增值税试点有关税收征收管理事项的公告》(国家税务总局公告2016年第23号)及《国家税务总局关于增值税一般纳税人登记管理若干事项的公告》(国家税务总局公告2018年第6号)规定,年应税销售额,是指纳税人在连续不超过12个月的经营期(注:含未取得销售收入的月份或季度)内累计应征增值税销售额,包括纳税申报销售额(是指纳税人自行申报的全部应征增值税销售额,其中包括免税销售额和税务机关代开发票销售额)、稽查查补销售额、纳税评估调整销售额。纳税申报销售额、稽查查补销售额和纳税评估调整销售额计入查补税款申报当月(或当季)的销售额,不计入税款所属期销售额。

> **提 示**
>
> 1. 按差额确定增值税销售额的,其应税行为营业额按未扣除之前的营业额计算。
> 2. 试点纳税人及小规模纳税人偶然发生的转让不动产的营业额,不计入应税行为年应税销售额。
>
> 例如,甲企业是一家房地产小规模纳税人,2016年度取得开发产品的销售额450万元,10月份将自己开发的一座办公楼转让给乙企业,取得转让收入(不含税)合计5 000万元。由于转让办公楼不属于经常发生的应税行为,因此,在确定该企业年销售额是否达到一般纳税人标准时,不能包括偶然发生的转让办公楼的销售额5 000万元,因此该企业2016年度不需要向税务机关申请登记为一般纳税人,仍旧按小规模纳税人申报缴纳增值税。

1.1.1.3 超过一般纳税人标准没有办理一般纳税人登记的法律后果

根据《财政部 国家税务总局关于全面推开营业税改征增值税试点的通知》(财税〔2016〕36号)第三十三条的规定,有下列情形之一者,应当按照销售额和增值税税率计算应纳税额,不得抵扣进项税额,也不得使用增值税专用发票:

1. 一般纳税人会计核算不健全,或者不能够提供准确税务资料的。
2. 应当办理一般纳税人资格登记而未办理的。

1.1.1.4 一般纳税人的登记规定

1. 《财政部 国家税务总局关于全面推开营业税改征增值税试点的通知》(财税〔2016〕36号)第五条规定,符合一般纳税人条件的纳税人应当向主管税务机关办理一般纳税人资格登记。具体登记办法由国家税务总局制定。

2. 除国家税务总局另有规定外,一经登记为一般纳税人后,不得转为小规模纳税人。

1.1.1.5 经营地点发生迁移时一般纳税人资格的衔接

根据《国家税务总局关于一般纳税人迁移有关增值税问题的公告》(国家税务总局公告2011年第71号),相关规定如下:

1. 增值税一般纳税人(以下简称纳税人)因住所、经营地点变动,按照相关规定,在工商行政管理部门作变更登记处理,但因涉及改变税务登记机关,需要办理注销税务登记并重新办理税务登记的,在迁达地重新办理税务登记后,其增值税一般纳税人资格予以保留,办理注销税务登记前尚未抵扣的进项税额允许继续抵扣。

2. 迁出地主管税务机关应认真核实纳税人在办理注销税务登记前尚未抵扣的进项税额,填写《增值税一般纳税人迁移进项税额转移单》。

《增值税一般纳税人迁移进项税额转移单》一式三份,迁出地主管税务机关留存一份,交纳税人一份,传递迁达地主管税务机关一份。

3. 迁达地主管税务机关应将迁出地主管税务机关传递来的《增值税一般纳税人迁移进项税额转移单》与纳税人报送资料进行认真核对,对其迁移前尚未抵扣的进项税额,在确认无误后,允许纳税人继续申报抵扣。

1.1.1.6 承包、承租、挂靠经营纳税人的确定原则

《财政部 国家税务总局关于全面推开营业税改征增值税试点的通知》(财税〔2016〕36号)第二条规定,单位以承包、承租、挂靠方式经营的,承包人、承租人、挂靠人(以下统称承包人)以发包人、出租人、被挂靠人(以下统称发包人)名义对外经营并由发包人承担相关法律责任的,以该发包人为纳税人。否则,以承包人为纳税人。

1.1.2 一般纳税人的资格登记制度

《财政部 国家税务总局关于全面推开营业税改征增值税试点的通知》(财税〔2016〕36号)第五条规定,符合一般纳税人条件的纳税人应当向主管税务机关办理一般纳税人资格登记。具体登记办法由国家税务总局制定。

除国家税务总局另有规定外,一经登记为一般纳税人后,不得转为小规模纳税人。

1.1.3 小规模纳税人免征增值税政策

根据《财政部 税务总局关于实施小微企业普惠性税收减免政策的通知》(财税〔2019〕13号)、《国家税务总局关于统一小规模纳税人标准等若干增值税问题的公告》(国家税务总局公告2018年第18号,以下简称"18号公告")及《国家税务总局关于统一小规模纳税人标准有关出口退(免)税问题的公告》(国家税务总局公告2018年第20号)规定,符合条件的一般纳税人,在2019年12月31日前可以选择转登记为增值税小规模纳税人。

上述所称符合条件是指转登记日前连续12个月(以1个月为1个纳税期)或者连续4个季度(以1个季度为1个纳税期)累计销售额未超过500万元的一般纳税人。

> **提 示**
>
> 执行上述政策应当关注如下问题:
>
> 第一个问题:允许转登记为一般纳税人的范围。
>
> 2018年18号公告允许一般纳税人转登记为小规模纳税人时,是不包括营改增纳税人的,但2019年年底前一般纳税人转登记为小规模纳税人的,包括营改增纳税人在内,符合条件均可以转登记为小规模。
>
> 第二个问题:转登记前生产经营期不足12个月的处理。
>
> 转登记前,连续经营期间不足12个月或四个季度的,应当将累计销售额换算为年销售额,看是否超过500万元。
>
> **例题1-1** 甲企业2018年12月份开始生产经营并取得第一笔经营收入,截至2019年5月份,各月收入情况如下表所示:(单位:万元)

月份	12	1	2	3	4
销售额	20	10	50	70	80

如果甲企业2019年5月份向税务机关申请转登记为小规模纳税人,是否符合条件?

首先计算月平均销售额 = (20+10+50+70+80)÷5 = 230÷5 = 46(万元)

再换算为年应税销售额 = 46×12 = 552(万元)

由于计算结果大于500万元,因此,该企业不能转为小规模纳税人。

承上例:

如果改为4月份销售额为50万元,其他条件不变。

月平均销售额 = (20+10+50+70+50)÷5 = 200÷5 = 40(万元)

年应税销售额 = 40×12 = 480(万元),小于500万元。

由于计算结果小于500万元,该企业则可以转登记为小规模纳税人纳税人。

第三个问题:2018年由小规模纳税人转登记为一般纳税人后,2019年是否还能转登记为小规模纳税人。

曾在2018年选择过转登记为小规模纳税人的纳税人,后又登记为一般纳税人的,在2019年符合条件的,仍可选择再次转登记为小规模纳税人。

第四个问题:转登记的次数。

纳税人在2019年内只能选择转登记1次。

第五个问题:转登记为小规模纳税人后对出口退免税的影响。

如果转登记纳税人为出口企业,那么该出口企业在一般纳税人期间出口适用增值税退(免)税政策的货物劳务、发生适用增值税零税率跨境应税行为,在其转登记为小规模纳税人后,仍然可以继续按照现行规定申报和办理退(免)税相关事项。具体事宜仍按照《国家税务总局关于统一小规模纳税人标准有关出口退(免)税问题的公告》(国家税务总局公告2018年第20号)的相关规定执行。即:自转登记日下期起,该转登记纳税人出口货物劳务、服务,应当适用增值税免税政策。

第六个问题:转登记为小规模纳税人后是否还能自行开具增值税专用发票。

关于免税标准提高后新享受政策的小规模纳税人,是否可以继续使用现有税控设备开具发票的问题,根据相关文件规定,免税标准提高后,小规模纳税人自行开具专用发票可以分为以下三种情况:

(1)在免税标准调整前,已经自行开具专用发票的小规模纳税人,在免税标准调整后,可以继续自行开具专用发票。当然,纳税人也可以自愿退出,在缴销专用发票、取消相关票种核定后,向税务机关申请代开。

(2)尚未自行开具专用发票和新成立的住宿业、鉴证咨询业、建筑业、工业,信息传输、软件和技术服务业、租赁和商务服务业,科学研究和技术服务业、居民服务、修理和其他服务业小规模纳税人,在免税标准调整后,如果月销售额超过10万元或季销售额超过30万元的,可以根据需要,自行开具专用发票。

(3)纳税人从一般纳税人转登记为小规模纳税人,在转登记日前已作专用发票票种核定的,可以继续自行开具专用发票。

第七个问题:转登记为小规模纳税人,何时才能按简易计税方法缴纳增值税呢?

《国家税务总局关于统一小规模纳税人标准等若干增值税问题的公告》(国家税务总局公告2018年第18号)明确规定,转登记为小规模纳税人后,在转登记的当月或当季度仍旧按一般纳税人计算缴纳增值税;自转登记日的下期(下月或下一个季度)起开始按简易计税方法计算缴纳增值税。分为四种情况处理:

(1) 原来按月纳税,转登记后仍旧按月纳税。例如,2018年5月申请转登记为小规模纳税人后,5月份仍旧按一般纳税人纳税,符合条件的进项税额仍旧可以抵扣,从6月份开始按简易计税方法纳税。

(2) 原来按月纳税,转登记后改为按季度纳税。应当从转登记为小规模纳税人的下一个季度开始按简易计税方法纳税。例如,2018年5月份申请转登记为小规模纳税人后,5月份和6月份的应纳税增值税额仍旧按一般纳税人在7月份的申报期内纳税,该抵扣的进项税额仍旧可以抵扣,从2018年第三季度开始按简易计税方法纳税。

(3) 原来按季度纳税,转登记后仍旧按季度纳税。例如,2018年5月份申请转登记为小规模纳税人后,2018年二季度仍旧按一般纳税人在7月份申报期内纳税,符合抵扣条件的进项税额仍旧可以抵扣,从2018年第三季度开始按简易计税方法纳税。

(4) 原来按季度纳税,转登记后改为按月纳税。这种情况可以较少,但不一定不存在。例如,2018年5月申请转登记为小规模纳税人后,5月份仍旧按一般纳税人纳税,该抵扣的进项税额仍旧可以抵扣,从6月份开始按简易计税方法纳税。

第八个问题:符合条件的一般纳税人是否一定要转登记为小规模纳税人。

这当然要根据企业的具体情况进行判断。如果纳税人进项税额较大,销项税额抵扣进项税额后计算的应纳增值税额实际税负率低于3%的,应当放弃转登记为小规模纳税人。反之则应当毫不犹豫申请转登记。

下面给大家建设一个模型,仅供参考。

假设某企业含税销售额 $=Y$;增值税税率为 $X\%$,征收率 3%,企业根据经验估计能够抵扣的进项税额 $=T$。

方案一:企业选择小规模纳税人。

$$应当缴纳的增值税 = Y \div (1+3\%) \times 3\%$$

方案二:企业选择一般纳税人。

$$应当缴纳的增值税 = Y \div (1+X\%) \times X\% - T$$

令:

$$Y \div (1+X\%) \times X\% - T = Y \div (1+3\%) \times 3\%$$

分别套入 13%、9%、6% 税率,分别计算 T/Y 的比例,则:

假设一般纳税人税率 13%,计算出 $T/Y=8.6\%$。

也就是说,进项税额占含税销售额的比例为 8.6% 时,该企业选择一般纳税人缴纳增值税和转登记为小规模纳税人缴纳的增值税完全一致,也就是说,8.6% 是一个临界点。

企业在转登记前,应当估算能够取得抵扣凭证并可以抵扣的进项税额占含税销售额的比例。

第一种情况:如果可以抵扣的进项税额占含税销售额的比例远远大于8.6%,则应当放弃转登记为小规模纳税人。

第二种情况:如果可以抵扣的进项税额占销售额的比例远远小于8.6%,则应当及时按规定申请转登记为小规模纳税人。

同样的道理,一般纳税人税率为9%的,临界点$T/Y=5.36\%$;一般纳税人税率为6%的,临界点$T/Y=2.75\%$。

第九个问题:一般纳税人转登记为小规模纳税人的程序。

第一步:申请。

填报《一般纳税人转为小规模纳税人登记表》并提供税务登记证件。(注:原件,但已实行实名办税的纳税人,无需提供税务登记证件)

附件

一般纳税人转为小规模纳税人登记表

纳税人名称		纳税人识别号 (统一社会信用代码)		
法定代表人(负责人、业主)		身份证件种类		联系电话
		身份证件号码		
办税人员		身份证件种类		联系电话
		身份证件号码		
原登记为一般纳税人的生效时间: 年 月 日				
是否为出口企业: 是( ) 否( )				
经营期超过(含)12个月或者4个季度纳税人填写:				
年应税销售额				
经营期不足12个月或者4个季度纳税人填写:				
累计应税销售额		预估年应税销售额		
转为小规模纳税人生效之日: 年 月 1 日				
纳税人(代理人)承诺: 此登记表所填信息是真实、可靠、完整的,纳税人身份转换为自愿进行,已了解相关税收规定并办理完毕相关事项。 <div align="right">法定代表人(签字) 年 月 日</div>				
以下由税务机关填写				
税务机关受理情况	受理人:		受理税务机关(章) 年 月 日	

填表说明:

1. 经营期超过(含)12个月或者4个季度纳税人的年应税销售额,是指本公告第一条所述转登记纳税人在转登记日前连续12个月或者连续4个季度累计应税销售额。

2. 以1个月为1个纳税期的纳税人,如果转登记日前经营期不足12个月,其预估年应税销售额=转登记日前累计应税销售额/转登记日前实际经营的月份×12;以1个季度为1个纳税期的纳税人,如果转登记日前经营期不足4个季度,其预估年应税销售额=转登记日前累计应税销售额/转登记日前实际经营的季度数×4。

3. "转为小规模纳税人生效之日",是指一般纳税人转为小规模纳税人后,转登记日下期首日。

4. 本表一式二份,主管税务机关和纳税人各留存一份。

第二步:受理。

主管税务机关根据下列情况分别作出处理:

(1) 纳税人填报内容与税务登记、纳税申报信息一致的,主管税务机关当场办理完结。

(2) 纳税人填报内容与税务登记、纳税申报信息不一致,或者不符合填列要求的,主管税务机关应当场告知纳税人需要补正的内容。

第十个问题:转登记前尚未申报的进项税额及留抵税额的后续处理。

最初的思路是将已经抵扣的进项税额转出并与未申报的进项税额一起结转到有关资产的成本或直接计入当期的成本费用,在计算企业所得税时扣除。但考虑到增值税的负税人实质上购买方,抵扣进项税额是增值税一般纳税人的一项重要权益,粗暴地转入成本费用,可能会存在下列问题:

第一,如果在转登记为小规模纳税人后,税务机关对其一般纳税人期间的纳税行为进行税务稽查,查补的销售额需要补提销项税额时,这部分销项税额所对应的进项税额按规定是可以抵扣的,如果转入成本费用,就无法得到抵扣。

第二,转登记后的小规模纳税人如果短期内销售额达到500万元以上的,必须恢复一般纳税人身份,那么在转登记前取得的进项税额如果不允许抵扣,显然违背了增值税的基本原理,也损害了纳税人的利益。

第三,如果在一般纳税人期间销售的货物等,在转登记为小规模纳税人后发生退货、折让等,必然要按原适用税率调整转登记当期的应纳增值税额,而不能简单按小规模纳税人的征收率计算冲减,那会造成新的不公平。

基于上述原因,18号公告做出如下规定,将一般纳税人转登记为小规模纳税人前未申报的进项税额和留抵税额结转到"应交税费——待抵扣进项税额"科目。

需要注意的是:

转登记前的留抵税额,直接从"应交税费——应交增值税"科目结转到"应交税费——待抵扣进项税额"科目即可。但尚未申报抵扣的进项税额计入"应交税费——待抵扣进项税额"时,应当履行下列程序:

(1) 转登记日当期已经取得的抵扣凭证(包括增值税专用发票、机动车销售统一发票、收费公路通行费增值税电子普通发票),应当先通过增值税发票选择确认平台进行选择确认或认证后稽核比对相符后才能记入"应交税费——待抵扣进项税额"科目;如果经稽核比对出现异常,应当先按照现行规定进行核查处理。经核查符合抵扣条件的,才能记入"应交税费——待抵扣进项税额"科目。

已经取得的海关进口增值税专用缴款书,经稽核比对相符的,应当自行下载《海关进口增值税专用缴款书稽核结果通知书》;经稽核比对异常的,应当按照现行规定进行核查处理。

(2) 转登记日当期尚未取得的抵扣凭证(包括增值税专用发票、机动车销售统一发票、收费公路通行费增值税电子普通发票),转登记纳税人在取得上述发票以后,由于已经转登记为小规模纳税人,无法自行选择确认或认证,应当持税控设备,由主管税务机关通过增值税发票选择确认平台(税务局端)为其办理选择确认。

尚未取得的海关进口增值税专用缴款书,转登记纳税人在取得以后,经稽核比对相符的,应当由主管税务机关通过稽核系统为其下载《海关进口增值税专用缴款书稽核结果通知书》;经稽核比对异常的,应当按照现行规定进行核查处理。

按《财政部关于印发〈增值税会计处理规定〉的通知》(财会〔2016〕22号)规定,小规模纳税人的增值税核算中,在"应交税费"下设置的明细账只有三个二级科目,即:"应交税费——应交增值税""应交税费——转让金融商品应交增值税""应交税费——代扣代交增值税"。上述三个明细账均为三栏式明细账。并没有设置"应交税费——待抵扣进项税额"科目。建议一般纳税人转登记为小规模纳税人后的企业,增设上述二级科目进行核算。

第十一个问题:转登记前发生的应税行为在转登记后发生销售折让、销售退回或销售中止的后续管理。

18号公告规定,转登记纳税人在一般纳税人期间销售或者购进的货物、劳务、服务、无形资产、不动产,自转登记日的下期起发生销售折让、中止或者退回的,调整转登记日当期的销项税额、进项税额和应纳税额。

房地产企业转登记为小规模纳税人的情况较少,不再举例说明。

1.1.4 一般纳税人辅导期管理制度

根据《国家税务总局关于全面推开营业税改征增值税试点有关税收征收管理事项的公告》(国家税务总局公告2016年第23号)的规定,试点纳税人在办理增值税一般纳税人资格登记后,发生增值税偷税、骗取出口退税和虚开增值税扣税凭证等行为的,主管国税机关可以对其实行6个月的纳税辅导期管理。

根据《增值税一般纳税人纳税辅导期管理办法》(国税发〔2010〕40号)相关规定,对一般纳税人辅导期管理的相关政策总结如下:

(一)房地产企业纳入辅导期管理的情形。

房地产企业一般纳税人具有下列情形之一应当进入辅导期管理:

1. 增值税偷税数额占应纳税额的10%以上并且偷税数额在10万元以上的。
2. 骗取出口退税的。
3. 虚开增值税扣税凭证的。
4. 国家税务总局规定的其他情形。

(二)辅导期管理的程序。

对房地产企业一般纳税人,主管税务机关应自稽查部门作出《税务稽查处理决定书》后40个工作日内,制作、送达《税务事项通知书》告知纳税人对其实行纳税辅导期管理,纳税辅导期自主管税务机关制作《税务事项通知书》的次月起执行。

(三)辅导期管理的具体措施。

1. 辅导期纳税人取得的增值税专用发票抵扣联、海关进口增值税专用缴款书以及运输费用结算单据应当在交叉稽核比对无误后,方可抵扣进项税额。

2. 主管税务机关对辅导期纳税人实行限量限额发售专用发票。

(1)房地产企业专用发票最高开票限额应根据企业实际经营情况重新核定。

(2)辅导期纳税人专用发票的领购实行按次限量控制,主管税务机关可根据纳税人的经营情况核定每次专用发票的供应数量,但每次发售专用发票数量不得超过25份。

辅导期纳税人领购的专用发票未使用完而再次领购的,主管税务机关发售专用发票的份数不得超过核定的每次领购专用发票份数与未使用完的专用发票份数的差额。

3. 辅导期纳税人一个月内多次领购专用发票的,应从当月第二次领购专用发票起,按照上一次已领购并开具的专用发票销售额的3％预缴增值税,未预缴增值税的,主管税务机关不得向其发售专用发票。

预缴增值税时,纳税人应提供已领购并开具的专用发票记账联,主管税务机关根据其提供的专用发票记账联计算应预缴的增值税。

4. 辅导期纳税人按上述规定预缴的增值税可在本期增值税应纳税额中抵减,抵减后预缴增值税仍有余额的,可抵减下期再次领购专用发票时应当预缴的增值税。

纳税辅导期结束后,纳税人因增购专用发票发生的预缴增值税有余额的,主管税务机关应在纳税辅导期结束后的第一个月内,一次性退还纳税人。

(四) 辅导期一般纳税人的会计核算。

辅导期纳税人应当在"应交税费"科目下增设"待抵扣进项税额"明细科目,核算尚未交叉稽核比对的专用发票抵扣联、海关进口增值税专用缴款书以及运输费用结算单据(以下简称增值税抵扣凭证)注明或者计算的进项税额。

辅导期纳税人取得增值税抵扣凭证后,借记"应交税费——待抵扣进项税额"明细科目,贷记相关科目。交叉稽核比对无误后,借记"应交税费——应交增值税(进项税额)"科目,贷记"应交税费——待抵扣进项税额"科目。经核实不得抵扣的进项税额,红字借记"应交税费——待抵扣进项税额"科目,红字贷记相关科目。

(五) 辅导期的终止。

纳税辅导期内,主管税务机关未发现纳税人存在偷税、逃避追缴欠税、骗取出口退税、抗税或其他需要立案查处的税收违法行为的,从期满的次月起不再实行纳税辅导期管理,主管税务机关应制作、送达《税务事项通知书》,告知纳税人;主管税务机关发现辅导期纳税人存在偷税、逃避追缴欠税、骗取出口退税、抗税或其他需要立案查处的税收违法行为的,从期满的次月起按照本规定重新实行纳税辅导期管理,主管税务机关应制作、送达《税务事项通知书》,告知纳税人。

1.1.5　合并纳税与汇总纳税

《财政部　国家税务总局关于全面推开营业税改征增值税试点的通知》(财税〔2016〕36号)第七条规定,两个或者两个以上的纳税人,经财政部和国家税务总局批准可以视为一个纳税人合并纳税。具体办法由财政部和国家税务总局另行制定。

1.2　房地产企业增值税税率或征收率

1.2.1　一般纳税人增值税税率或征收率

1.2.1.1　一般计税方法

根据《财政部　税务总局　海关总署关于深化增值税改革有关政策的公告》(财政部　海关总署　国家税务总局公告2019年第39号)第一条规定,自2019年4月1日起,房地产企业选择一般计税方法缴纳增值税的项目的增值税适用税率为9％。

1.2.1.2　简易计税方法

房地产企业选择简易计税方法缴纳增值税的项目的增值税征收率为5％。

1.2.1.3 一般计税方法项目与简易计税方法项目的界定原则

《国家税务总局关于发布〈房地产开发企业销售自行开发的房地产项目增值税征收管理暂行办法〉的公告》(国家税务总局公告2016年第18号)第八条规定,一般纳税人销售自行开发的房地产老项目,可以选择适用简易计税方法按照5%的征收率计税。一经选择简易计税方法计税的,36个月内不得变更为一般计税方法计税。

房地产老项目,是指:

(一)《建筑工程施工许可证》注明的合同开工日期在2016年4月30日前的房地产项目。

(二)《建筑工程施工许可证》未注明合同开工日期或者未取得《建筑工程施工许可证》,但建筑工程承包合同注明的开工日期在2016年4月30日前的建筑工程项目。

1.2.2 小规模纳税人增值税征收率

房地产小规模纳税人销售不动产适用征收率5%缴纳增值税。

1.2.3 物业管理收取自来水水费适用税率

2016年5月1日全面推开营改增以来,物业公司代收水费如果按13%适用税率缴纳增值税,但其取得的自来水公司开具的增值税专用发票注明的进项税额却是按3%税率开具的,存在着哪怕平价收取,也要负担较高的增值税问题,为此,《国家税务总局关于物业管理服务中收取的自来水水费增值税问题的公告》(国家税务总局公告2016年第54号,以下简称54号公告)规定,提供物业管理服务的纳税人,向服务接受方收取的自来水水费,以扣除其对外支付的自来水水费后的余额为销售额,按照简易计税方法依3%的征收率计算缴纳增值税。

54号公告自发布之日(注:2016年8月19日)起施行,2016年5月1日以后已发生并处理的事项,不再作调整;未处理的,按该公告规定执行。

提 示

执行该文件应当注意几点:

1. 该文件强调向业主"收取"的自来水水费按差额并按照简易计税方法缴纳增值税,对于物业管理单位应当收取而尚未收取的自来水水费原则上不需要计入当期收入申报缴纳增值税,也就是说,该条收入的确认应当遵循"收付实现制"原则,而不是"权责发生制"原则。这与物业管理企业存在应收却无法收取的现状匹配。

2. 该文件没有强调只有物业公司才能执行上述政策,凡提供物业管理服务的纳税人发生上述行为均可以按上述政策执行。问题是,如果企业将房屋或柜台租赁给他人使用,统一结算水费后向各承租方收取,是否也可以按54号公告执行呢?文件不是很明确,但本着税法公平性原则,笔者认为可以参照执行。

3. 纳税人取得自来水公司开具的增值税专用发票注明的进项税额中属于按简易计税方法缴纳增值税部分所对应的进项税额不得抵扣,应当按税法规定计算不得抵扣的进项税额转出;但属于纳税人自用部分可以抵扣。

4. 纳税人为一般纳税人的,可以向付款方按3%征收率开具增值税专用发票;如果属于小规模纳税人,可以向税务机关申请代开专用发票,付款方可以抵扣进项税额。

5. 虽然允许按差额缴纳增值税,但可以向付款方全额开具增值税发票。

1.3 房地产增值税适用范围

1.3.1 适用范围的基本规定

《房地产开发企业销售自行开发的房地产项目增值税征收管理暂行办法》(国家税务总局公告2016年第18号,以下简称18号公告)第二条规定,房地产开发企业销售自行开发的房地产项目,应当按销售自行开发的房地产增值税政策缴纳增值税。

自行开发,是指在依法取得土地使用权的土地上进行基础设施和房屋建设。

1.3.2 接收烂尾项目

18号公告第三条规定,房地产开发企业以接盘等形式购入未完工的房地产项目继续开发后,以自己的名义立项销售的,也按销售自行开发的房地产增值税政策缴纳增值税。

1.4 房地产企业销项税额的确定

$$应纳增值税额 = 销项税额 - 进项税额$$
$$销项税额 = 不含税销售额 \times 适用税率$$

1.4.1 增值税暂行条例修订前后销售额概念的变化对纳税的影响

《国务院关于修改〈中华人民共和国增值税暂行条例〉的决定》(国令第691号)对《中华人民共和国增值税暂行条例》进行了修订,其中第六条修改为:"销售额为纳税人发生应税销售行为收取的全部价款和价外费用,但是不包括收取的销项税额。"这与原暂行条例第六条"销售额为纳税人销售货物或者应税劳务向购买方收取的全部价款和价外费用,但是不包括收取的销项税额。"的表述比较,变化如下:

原暂行条例规定,只有向购买方收取的全部价款和价外费用才需要缴纳增值税,言外之意,向其他第三方收取的价款一律不存在缴纳增值税问题。但修订后的暂行条例取消了"向购买方收取"的前提,就是说,营改增服务(包括销售不动产、建筑服务等)收取的款项只要与该交易有关,不管是向购买方收取还是向第三方收取,一律缴纳增值税。例如,房地产企业按当地政府的要求配建安置房,并按政府指定的低价销售给安置户,然后从当地政府取得价格补偿5 000万元,营改增前是不需要缴纳营业税的,但营改增后应当计入安置房的收入缴纳增值税并向政府部门开具增值税发票。

1.4.2 房地产开发企业销售额的计算

房地产开发企业中的一般纳税人销售自行开发的房地产项目,适用一般计税方法计税,按照取得的全部价款和价外费用,扣除当期销售房地产项目对应的土地价款后的余额计算销售额。销售额的计算公式如下:

销售额＝(全部价款和价外费用－当期允许扣除的土地价款)÷(1＋11％)

当期允许扣除的土地价款按照以下公式计算：

$$\text{当期允许扣除的土地价款} = \left(\text{当期销售房地产项目建筑面积} \div \text{房地产项目可供销售建筑面积}\right) \times \text{支付的土地价款}$$

当期销售房地产项目建筑面积，是指当期进行纳税申报的增值税销售额对应的建筑面积。

房地产项目可供销售建筑面积，是指房地产项目可以出售的总建筑面积，不包括销售房地产项目时未单独作价结算的配套公共设施的建筑面积。例如，配套建设的道路、幼儿园、物业用房、换热站等公共配套设施的建筑面积不需要计入可供销售建筑面积。

> **提 示**
>
> 执行上述政策，需要注意：
>
> 1. 计算公式中，无论"当期销售房地产项目建筑面积"还是"房地产项目可供销售建筑面积"均为实测面积，而不是合同面积。
>
> 2. 当开发产品销售末期，剩余不再销售，而是转作自用或对外出租时，这部分建筑面积视同已经销售，计入分摊当期准予扣除土地价款的建筑面积中，以确保土地价款能够全部扣除。
>
> 3. 房地产企业应当对开发产品与非开发产品作出明确的划分。对外销售的开发产品才能按上述规定差额缴纳增值税；而将开发产品转作自用或出租后，性质上就变为非开发产品，而是企业的固定资产或投资性房地产，在销售时，按销售取得的不动产缴纳增值税，执行《国家税务总局关于发布〈纳税人转让不动产增值税征收管理暂行办法〉的公告》(国家税务总局公告2016年第14号)相关规定，不作为开发产品的销售缴纳增值税。

1.4.2.1 土地价款的扣除时间

《国家税务总局关于土地价款扣除时间等增值税征管问题的公告》(国家税务总局公告2016年第86号)第一条规定，房地产开发企业向政府部门支付的土地价款，以及向其他单位或个人支付的拆迁补偿费用，按照财税〔2016〕140号文件第七、八条规定，允许在计算销售额时扣除但未扣除的，从2016年12月份(税款所属期)起按照现行规定计算扣除。

> **提 示**
>
> 准予扣除土地价款的时间应当是在交房的当月，会计上按规定确认收入实现并计提销项税额时，才能相应扣除土地价款。
>
> 在具体交房时间的辨别上，原则上以《商品房买卖合同》上约定的交房时间为准；若实际交房时间与合同约定时间不一致的，以实际交付时间为准。
>
> 以交房时间作为房地产公司销售不动产纳税义务发生时间，主要是基于以下几点考虑：
>
> 一是可以解决税款预缴时间与纳税义务发生时间不明确的问题。

二是可以解决房地产公司销项税额与进项税额发生时间不一致造成的错配问题(如果按收到房屋价款作为纳税义务发生时间,可能形成前期销项税额大、后期进项税额大、长期留抵甚至到企业注销时进项税额仍然没有抵扣完毕的现象)。

三是可以解决从销售额中扣除的土地价款与实现的收入匹配的问题。

1.4.2.2 准予扣除的土地价款的金额

支付的土地价款,是指向政府、土地管理部门或受政府委托收取土地价款的单位直接支付的土地价款。

《财政部 国家税务总局关于明确金融 房地产开发 教育辅助服务等增值税政策的通知》(财税〔2016〕140号)第七条进一步明确,准予扣除的"向政府部门支付的土地价款",包括土地受让人向政府部门支付的征地和拆迁补偿费用、土地前期开发费用和土地出让收益等。

提 示

执行上述规定,应当注意两点:

(1)土地出让收益是指土地使用者将其所使用的土地使用权转让(含连同地面建筑物一同转让)给第三者时,就其转让土地交易额按规定比例向财政部门缴纳的价款,或土地使用者将其所使用的土地使用权出租(含连同地面建筑物一同出租)给其他使用者时,就其所获得的租金收入按规定比例向财政部门缴纳的价款。如果按合同约定,这部分支付给政府的收益由房地产企业承担的,准予计入土地价款一并在计算增值税销售额时扣除。

(2)文件中的"等"应该包括政府为出让该地块发生的市政建设配套费等前述未提及的其他成本,或者是税务机关认可的其他费用。

对于房地产企业通过"招、拍、挂"等方式取得土地使用权的出让金收据后,按当地政府的相关政策由政府返还给企业的部分是否允许扣除的问题,各地意见不一致。例如,《湖北国税营改增政策执行口径第一辑》明确规定"从政府部门取得的土地出让金返还款,可不从支付的土地价款中扣除";《河北省国家税务局关于全面推开营改增有关政策问题的解答(之二)》第十五条规定"目前符合扣除范围的土地价款只有土地出让金,扣除凭证为省级以上(含省级)财政部门监(印)制的财政票据"等。上述表述虽然不一致,但本质是一样的,即准予按取得的财政部门监制的出让金收据注明的金额扣除,不需要减除返还的金额。但也有部分省市规定,只能按房地产企业实际支付或实际负担的土地价款扣除。有待国务院税务主管部门进一步明确。但根据《国务院关于清理规范税收等优惠政策的通知》(国发〔2014〕62号)第三条第三款规定:"未经国务院批准,各地区、各部门不得对企业规定财政优惠政策。对违法违规制定的与企业及其投资者(或管理者)缴纳税收或非税收入挂钩的财政支出优惠政策,包括先征后返、列收列支、财政奖励或补贴,以代缴或给予补贴等形式减免土地出让收入等,坚决予以取消。"营改增后,地方政府变相返还土地出让金的情况会越来越少。

1.4.2.3 准予扣除的土地价款应当取得的票据

《国家税务总局关于发布〈房地产开发企业销售自行开发的房地产项目增值税征收管理暂行办法〉的公告》(国家税务总局公告2016年第18号)第六条规定,在计算销售额时从全部价款和价外费用中扣除土地价款,应当取得省级以上(含省级)财政部门监(印)制的财政票据。

《财政部 国家税务总局关于明确金融 房地产开发 教育辅助服务等增值税政策的通知》(财税〔2016〕140号)第七条规定,房地产开发企业中的一般纳税人销售其开发的房地产项目(选择简易计税方法的房地产老项目除外),在取得土地时向其他单位或个人支付的拆迁补偿费用也允许在计算销售额时扣除。纳税人按上述规定扣除拆迁补偿费用时,应提供拆迁协议、拆迁双方支付和取得拆迁补偿费用凭证等能够证明拆迁补偿费用真实性的材料。

> **提 示**
>
> 实务操作中,往往还需要提供当地政府规定的拆迁补偿费标准的文件、被拆迁人签字或盖章的收条、收据、银行回单等。通过村委会或镇政府等部门转付给村民或其他被拆迁人的拆迁补偿费,除取得村委会或镇政府等出具的收款收据外,还应当提供被拆迁人签收的明细表,明细表中应当列明被拆迁人的姓名、拆迁协议编号、身份证复印件、联系方式、拆迁补偿费的金额等。

1.4.2.4 一次拿地,分期开发项目如何扣除土地价款

房地产企业一次性购地,分次开发,可供销售建筑面积无法一次全部确定的,按以下顺序计算当期允许扣除分摊土地价款:

第一步:计算出已开发项目所对应的土地出让金。

$$\text{已开发项目所对应的土地出让金} = \text{土地出让金} \times \left(\text{已开发项目占地面积} \div \text{开发用地总面积} \right)$$

第二步:按照以下公式计算当期允许扣除的土地价款。

$$\text{当期允许扣除的土地价款} = \left(\text{当期销售房地产项目建筑面积} \div \text{房地产项目可供销售建筑面积} \right) \times \text{已开发项目所对应的土地出让金}$$

按上述公式计算出的允许扣除的土地价款要按项目进行清算,且其总额不得超过支付的土地出让金总额。

1.4.2.5 总机构竞拍的土地交由分支机构开发,土地价款的扣除问题

先看一个案例。甲房地产企业通过"招、拍、挂"取得土地使用权一块,支付出让金取得出让金收据等,然后设立房地产开发项目公司M公司,在该地块开发房地产项目。但土地证和出让金收据的抬头都在甲企业的名下。M公司在商品房开发完毕进行销售,计算增值税时,是否准予按扣除土地价款后的差额缴纳增值税?

《财政部 国家税务总局关于明确金融 房地产开发 教育辅助服务等增值税政策的通知》(财税〔2016〕140号)第八条规定,自2016年5月1日起,房地产开发企业(包括多个房地产开发企业组成的联合体)受让土地向政府部门支付土地价款后,设立项目公司对该受让土地进行开发,同时符合下列条件的,可由项目公司按规定扣除房地产开发企业向政府部门支付的土地价款。

（一）房地产开发企业、项目公司、政府部门三方签订变更协议或补充合同,将土地受让人变更为项目公司。

（二）政府部门出让土地的用途、规划等条件不变的情况下,签署变更协议或补充合同时,土地价款总额不变。

（三）项目公司的全部股权由受让土地的房地产开发企业持有。

提示

综上所述,项目公司计算增值税时,要想从销售额中扣除土地价款差额缴纳增值税,必须同时具备下列条件:

1. 甲房地产企业与 M 公司确保土地证更名前后是 100%控股关系。
2. 必须由房地产企业、政府部门与项目公司签订"三方协议",将土地使用权更名到 M 公司名下。
3. 财政票据户头必须由国土局更名为 M 公司。

这一点是符合相关法律规定的。国土资源部《招标拍卖挂牌出让国有土地使用权规范(试行)》（国土资发〔2006〕114 号）规定,申请人竞得土地后,拟成立新公司进行开发建设的,应在申请书中明确新公司的出资构成、成立时间等内容。出让人可以根据招拍挂出让结果,先与竞得人签订《国有土地使用权出让合同》,在竞得人按约定办理完新公司注册登记后,再与新公司签订《国有土地使用权出让合同变更协议》;也可以直接与新公司签订《国有土地使用权出让合同》。

根据上述规定处理,在实务操作中面临一定的风险:

一是合作建房带来的风险。甲企业拿地后找第三方出资金合作设立项目公司(M 公司)开发房地产,由于 M 公司并不是甲企业 100%持股,销售时可能面临不允许扣除土地价款,多缴增值税的风险。

二是缴纳增值税的收入确认时间为交付商品房后,因此,在 M 公司全部开发产品交付前,甲企业必须始终持有 M 公司 100% 股权,如果交付前,M 公司吸纳新的股东,持有股份达不到 100%时,也可能面临全部或部分销售额不允许扣除土地价款,而是全额缴纳增值税的风险。

针对上述问题,可以采用资金提供方或新股东通过投资于房地产企业间接持有 M 公司股份的方式规避上述风险,但必须在投资合同中约定,资金提供方或新股东只能分享项目公司的利润,而不是甲房地产企业全部净利润。

1.4.2.6　房地产企业清盘时,尚未出售的开发产品的建筑面积所对应的土地价款扣除问题

《国家税务总局关于土地价款扣除时间等增值税征管问题的公告》(国家税务总局公告2016 年第 86 号)第五条规定,《国家税务总局关于发布〈房地产开发企业销售自行开发的房地产项目增值税征收管理暂行办法〉的公告》(国家税务总局公告 2016 年第 18 号)第五条中,"当期销售房地产项目建筑面积""房地产项目可供销售建筑面积",是指计容积率地上建筑面积,不包括地下车位建筑面积。

根据国家税务总局意见,房地产企业清盘时,尚未出售的开发产品转作物业管理用房或

对外出租的,在计算当期准予扣除的土地价款时,可以从"房地产项目可供销售建筑面积"总额中减除。

上述规定的目的是确保房地产企业能够将土地价款在清盘时得到全部扣除。会计上应当将这部分房产转作"固定资产"或"投资性房地产"。

1.4.2.7 土地价款扣除的台账管理要求

《国家税务总局关于发布〈房地产开发企业销售自行开发的房地产项目增值税征收管理暂行办法〉的公告》(国家税务总局公告2016年第18号)第七条规定,一般纳税人应建立台账登记土地价款的扣除情况,扣除的土地价款不得超过纳税人实际支付的土地价款。

1.4.2.8 承接烂尾项目继续开发后销售的,是否可以扣除土地价款

《国家税务总局关于发布〈房地产开发企业销售自行开发的房地产项目增值税征收管理暂行办法〉的公告》(国家税务总局公告2016年第18号)第三条规定,房地产开发企业以接盘等形式购入未完工的房地产项目继续开发后,以自己的名义立项销售的,属于本办法规定的销售自行开发的房地产项目。由于购买转让方的烂尾项目时取得了不动产增值税专用发票,可以抵扣进项税额,因此,受让方以后销售开发产品时,不允许扣除土地价款按差额缴纳增值税。而在计算土地增值税时,企业实际支付的成本就是开发成本的一部分,可以扣除且可以加计扣除20%。

1.4.3 价外费用的概念

《财政部 国家税务总局关于全面推开营业税改征增值税试点的通知》(财税〔2016〕36号)第三十七条规定,价外费用,是指价外收取的各种性质的收费,但不包括以下项目:

(一) 房地产开发企业代为收取并符合下列规定的政府性基金或者行政事业性收费。

1. 由国务院或者财政部批准设立的政府性基金,由国务院或者省级人民政府及其财政、价格主管部门批准设立的行政事业性收费。

2. 收取时开具省级以上(含省级)财政部门监(印)制的财政票据。

3. 所收款项全额上缴财政。

(二) 以委托方名义开具发票代委托方收取的款项。

> **提 示**
>
> 价外费用缴纳增值税必须同时具备下列条件:
> (1) 必须建立在交易实现的基础上,交易没有实现就不存在缴纳增值税的价外费用。
> (2) 合同约定的违约金等价外费用已经实际收到;合同虽然约定应当收取,但实际上没有收取的,也不存在缴纳增值税问题。也就是说,销售商品房收入缴纳增值税遵循的是权责发生制原则;但价外费用缴纳增值税遵循的是收付实现制原则。

1.5 房地产企业进项税额的确定

1.5.1 进项税额的概念

《财政部 国家税务总局关于全面推开营业税改征增值税试点的通知》(财税〔2016〕36

号)第二十四条规定,进项税额,是指纳税人购进货物、加工修理修配劳务、服务、无形资产或者不动产,支付或者负担的增值税额。

1.5.2　进项税额抵扣的凭证

《财政部 国家税务总局关于全面推开营业税改征增值税试点的通知》(财税〔2016〕36号)第二十五条规定,下列进项税额准予从销项税额中抵扣:

（一）从销售方取得的增值税专用发票(含税控机动车销售统一发票,下同)上注明的增值税额。

（二）从海关取得的海关进口增值税专用缴款书上注明的增值税额。

（三）购进农产品,除取得增值税专用发票或者海关进口增值税专用缴款书外,按照农产品收购发票或者销售发票上注明的农产品买价和13%的扣除率计算的进项税额。计算公式为:

$$进项税额＝买价×扣除率$$

买价,是指纳税人购进农产品在农产品收购发票或者销售发票上注明的价款和按照规定缴纳的烟叶税。

购进农产品,按照《农产品增值税进项税额核定扣除试点实施办法》抵扣进项税额的除外。

（四）从境外单位或者个人购进服务、无形资产或者不动产,自税务机关或者扣缴义务人取得的解缴税款的完税凭证上注明的增值税额。

1.5.3　增值税专用发票相关政策

1.5.3.1　抵扣时间要求

《国家税务总局关于进一步明确营改增有关征管问题的公告》(国家税务总局公告2017年第11号)第十条规定,自2017年7月1日起,增值税一般纳税人取得的2017年7月1日及以后开具的增值税专用发票和机动车销售统一发票,应自开具之日起360日内认证或登录增值税发票选择确认平台进行确认,并在规定的纳税申报期内,向主管国税机关申报抵扣进项税额。

增值税一般纳税人取得的2017年7月1日及以后开具的海关进口增值税专用缴款书,应自开具之日起360日内向主管国税机关报送《海关完税凭证抵扣清单》,申请稽核比对。

1.5.3.2　取得第三方开具专用发票抵扣问题

《国家税务总局关于加强增值税征收管理若干问题的通知》(国税发〔1995〕192号)第一条第三款规定,购进货物或应税劳务支付货款、劳务费用的对象。纳税人购进货物或应税劳务,支付运输费用,所支付款项的单位,必须与开具抵扣凭证的销货单位、提供劳务的单位一致,才能够申报抵扣进项税额,否则不予抵扣。

> **提　示**
>
> 上述政策,民间称为"三流一致"。所谓"三流一致",指资金流(银行的收付款凭证)、票流(发票的开票人和收票人)和物流(或劳务流)相互统一,即收款方、开票方和货物销售

方或劳务提供方必须是同一个法律主体,而且付款方、货物采购方或劳务接收方必须是同一个法律主体,如果三流不一致,将不能对税款进行抵扣。

增值税专用发票管理之所以有上述的抵扣限制性规定,出发点是为了避免增值税管理出现较大的漏洞。例如,甲企业每月销项税额较大,进项税额较小,应纳增值税额就会很大;而同月,乙企业销项税额很小,进项税额很大,就会形成较大的留抵税额,而目前我国的增值税政策不允许留抵税额办理退税。于是,甲企业与乙企业达成协议,由乙企业向甲企业虚开一张增值税专用发票,注明销售额100万元,增值税额16万元。甲企业依据取得专用发票的发票联作如下账务处理:

借:原材料　　　　　　　　　　　　　　　　　　　　　　　　1 000 000
　　应交税费——应交增值税(进项税额)　　　　　　　　　　　160 000
　　贷:应付账款——乙企业　　　　　　　　　　　　　　　　　1 160 000

但甲企业是不可能将上述款项支付给乙企业的,否则,可能血本无归。如果甲企业为了注销"应付账款"账户贷方余额,委托丙企业付款,将款项支付给丙企业,按委托协议及银行付款(收款方为丙企业)注销"应付账款"或乙企业委托丁企业代收款,甲企业将款项支付给丁企业,甲企业依据乙企业委托丁企业代收款协议及银行付款(收款方为丁企业)注销"应付账款",准予抵扣的话,类似虚开专用发票逃避缴纳增值税的行为就会泛滥成灾。

不过也有例外,如《国家税务总局关于增值税一般纳税人期货交易进项税额抵扣问题的通知》(国税发〔2002〕45号)针对期货交易的特点规定,对增值税一般纳税人在商品交易所通过期货交易购进货物,其通过商品交易所转付货款可视同向销货单位支付货款,对其取得的合法增值税专用发票允许抵扣;《国家税务总局关于项目运营方利用信托资金融资过程中增值税进项税额抵扣问题的公告》(国家税务总局公告2010年第8号)也规定,项目运营方利用信托资金融资进行项目建设开发是指项目运营方与经批准成立的信托公司合作进行项目建设开发,信托公司负责筹集资金并设立信托计划,项目运营方负责项目建设与运营,项目建设完成后,项目资产归项目运营方所有。该经营模式下项目运营方在项目建设期内取得的增值税专用发票和其他抵扣凭证,允许其按现行增值税有关规定予以抵扣。

但财税字〔1995〕192号文件是营改增前的政策,文件中提及的"应税劳务"仅限于缴纳增值税的加工修理修配劳务,而不包括营改增劳务(运费除外)。同时,修订后的《增值税暂行条例》第八条规定,纳税人购进货物、劳务、服务、无形资产、不动产支付或者负担的增值税额,为进项税额。因此,购买方购进货物、劳务、服务、无形资产、不动产支付的增值税额是进项税额,其负担的增值税额亦是进项税额,从字面上理解,只要属于购买方支付或负担的进项税额,且属于暂行条例第八条规定的准予抵扣的进项税额,都可以从销项税额中抵扣,不再强调所谓"三流一致"原则。但在目前财税字〔1995〕192号文件仍旧有效的情况下,实务操作中笔者建议,外购货物、外购加工修理修配劳务及外购运输服务,应当尽可能符合"三流一致"要求,避免税务稽查时出现涉税风险。但对于上述三项业务外的其他营改增项目,只要交易真实,取得的抵扣凭证即使不符合"三流一致"条件,也可以抵扣进项税额。例如,对于职工出差过程中取得的住宿费等准予抵扣的增值税专用发票,通常都是以现金或刷个人信用卡付款,而不是企业的对公账户付款。而企业职工是代替企业行使权利和义务,并不需要遵循"三流一致"原则,只要取得合法有效的抵扣凭证,且能够证明业务真实发生,也准予抵扣。

1.5.3.3 丢失增值税专用发票的抵扣程序

《国家税务总局关于简化增值税发票领用和使用程序有关问题的公告》(国家税务总局公告2014年第19号)第三条规定,一般纳税人丢失已开具专用发票的发票联和抵扣联,如果丢失前已认证相符的,购买方可凭销售方提供的相应专用发票记账联复印件及销售方主管税务机关出具的《丢失增值税专用发票已报税证明单》或《丢失货物运输业增值税专用发票已报税证明单》(以下统称《证明单》),作为增值税进项税额的抵扣凭证;如果丢失前未认证的,购买方凭销售方提供的相应专用发票记账联复印件进行认证,认证相符的可凭专用发票记账联复印件及销售方主管税务机关出具的《证明单》,作为增值税进项税额的抵扣凭证。专用发票记账联复印件和《证明单》留存备查。

一般纳税人丢失已开具专用发票的抵扣联,如果丢失前已认证相符的,可使用专用发票发票联复印件留存备查;如果丢失前未认证的,可使用专用发票发票联认证,专用发票发票联复印件留存备查。

一般纳税人丢失已开具专用发票的发票联,可将专用发票抵扣联作为记账凭证,专用发票抵扣联复印件留存备查。

1.5.4 海关进口增值税专用缴款书

1.5.4.1 没有付款的海关进口增值税专用缴款书抵扣问题

《国家税务总局关于增值税一般纳税人取得海关进口增值税专用缴款书抵扣进项税额问题的通知》(国税发〔2004〕148号)规定,纳税人进口货物,凡已缴纳了进口环节增值税的,不论其是否已经支付货款,其取得的海关完税凭证均可作为增值税进项税额抵扣凭证,在规定的期限内申报抵扣进项税额。

1.5.4.2 先比对后抵扣

《国家税务总局 海关总署关于实行海关进口增值税专用缴款书"先比对后抵扣"管理办法有关问题的公告》(海关总署 国家税务总局公告2013年第31号)规定:

(一)自2013年7月1日起,增值税一般纳税人进口货物取得的属于增值税扣税范围的海关缴款书,需经税务机关稽核比对相符后,其增值税额方能作为进项税额在销项税额中抵扣。

(二)纳税人进口货物取得的属于增值税扣税范围的海关缴款书,应按照《国家税务总局关于调整增值税扣税凭证抵扣期限有关问题的通知》(国税函〔2009〕617号)规定,自开具之日起180天内向主管税务机关报送《海关完税凭证抵扣清单》(电子数据),申请稽核比对,逾期未申请的其进项税额不予抵扣。

(三)税务机关通过稽核系统将纳税人申请稽核的海关缴款书数据,按日与进口增值税入库数据进行稽核比对,每个月为一个稽核期。海关缴款书开具当月申请稽核的,稽核期为申请稽核的当月、次月及第三个月。海关缴款书开具次月申请稽核的,稽核期为申请稽核的当月及次月。海关缴款书开具次月以后申请稽核的,稽核期为申请稽核的当月。

（四）稽核比对的结果分为相符、不符、滞留、缺联、重号五种。

相符,是指纳税人申请稽核的海关缴款书,其号码与海关已核销的海关缴款书号码一致,并且比对的相关数据也均相同。

不符,是指纳税人申请稽核的海关缴款书,其号码与海关已核销的海关缴款书号码一致,但比对的相关数据有一项或多项不同。

滞留,是指纳税人申请稽核的海关缴款书,在规定的稽核期内系统中暂无相对应的海关已核销海关缴款书号码,留待下期继续比对。

缺联,是指纳税人申请稽核的海关缴款书,在规定的稽核期结束时系统中仍无相对应的海关已核销海关缴款书号码。

重号,是指两个或两个以上的纳税人申请稽核同一份海关缴款书,并且比对的相关数据与海关已核销海关缴款书数据相同。

（五）税务机关于每月纳税申报期内,向纳税人提供上月稽核比对结果,纳税人应向主管税务机关查询稽核比对结果信息。

对稽核比对结果为相符的海关缴款书,纳税人应在税务机关提供稽核比对结果的当月纳税申报期内申报抵扣,逾期的其进项税额不予抵扣。

（六）稽核比对结果异常的处理。

稽核比对结果异常,是指稽核比对结果为不符、缺联、重号、滞留。

1. 对于稽核比对结果为不符、缺联的海关缴款书,纳税人应于产生稽核结果的180日内,持海关缴款书原件向主管税务机关申请数据修改或者核对,逾期的其进项税额不予抵扣。属于纳税人数据采集错误的,数据修改后再次进行稽核比对;不属于数据采集错误的,纳税人可向主管税务机关申请数据核对,主管税务机关会同海关进行核查。经核查,海关缴款书票面信息与纳税人实际进口货物业务一致的,纳税人应在收到主管税务机关书面通知的次月申报期内申报抵扣,逾期的其进项税额不予抵扣。

2. 对于稽核比对结果为重号的海关缴款书,由主管税务机关进行核查。经核查,海关缴款书票面信息与纳税人实际进口货物业务一致的,纳税人应在收到税务机关书面通知的次月申报期内申报抵扣,逾期的其进项税额不予抵扣。

3. 对于稽核比对结果为滞留的海关缴款书,可继续参与稽核比对,纳税人不需申请数据核对。

（七）纳税人应在"应交税费"科目下设"待抵扣进项税额"明细科目,用于核算已申请稽核但尚未取得稽核相符结果的海关缴款书进项税额。纳税人取得海关缴款书后,应借记"应交税费——待抵扣进项税额"明细科目,贷记相关科目;稽核比对相符以及核查后允许抵扣的,应借记"应交税费——应交增值税(进项税额)"科目专栏,贷记"应交税费——待抵扣进项税额"科目。经核查不得抵扣的进项税额,红字借记"应交税费——待抵扣进项税额"科目,红字贷记相关科目。

1.5.5 房地产企业购买花草树木等农产品进项税额抵扣

根据《财政部 税务总局 海关总署关于深化增值税改革有关政策的公告》(财政部 海关总署 国家税务总局公告2019年第39号)规定,自2019年4月1日起,农产品增值税税率降低到9%。

提示

对房地产企业来讲,从不同渠道购进绿化苗木及取得什么样的票据,同样的支出,可以抵扣的进项税额存在较大的区别。现总结如下:

(1) 从一般纳税人购进,取得9%增值税专用发票,按专用发票注明的税额抵扣;

例如,甲房地产企业2019年4月1日从乙企业(一般纳税人)购买绿化苗木用于小区绿化,支付货款10 900元,取得乙企业开具的增值税专用发票注明销售额10 000元,适用税率9%,增值税900元。专用发票在当月认证抵扣。

会计处理:

借:开发成本——建安成本　　　　　　　　　　　　　　　　　　　　10 000
　　应交税费——应交增值税(进项税额)　　　　　　　　　　　　　　900
　　贷:银行存款　　　　　　　　　　　　　　　　　　　　　　　　10 900

(2) 取得农产品收购发票或销售普通发票(注:仅限于农业生产者销售自产农产品适用免税政策开具的普通发票)、农民专业合作社开具的普通发票,按发票上注明的农产品买价和9%的扣除率计算进项税额。

例如,甲房地产企业2019年4月1日以收购发票从苗木中心收购自养绿化苗木,用于小区绿化,支付给苗木中心货款10 900元。自行填制收购发票上注明的农产品买价为10 900元。

$$可以抵扣的进项税额 = 10\ 900 \times 9\% = 981(元)$$

会计处理:

借:开发成本——建安成本　　　　　　　　　　　　　　　　　　　　9 919
　　应交税费——应交增值税(进项税额)　　　　　　　　　　　　　　981
　　贷:银行存款　　　　　　　　　　　　　　　　　　　　　　　　10 900

综上所述,支付同等货款的情况下,从农业生产者采购农产品抵扣的进项税额比从一般纳税人采购取得专用发票抵扣的进项税额要大。

(3) 从境外进口的,按海关进口增值税专用缴款书注明的增值税抵扣(抵扣税率为9%)。

(4) 从小规模纳税人采购花草树木等农产品,以取得小规模纳税人按3%征收率缴纳增值税的增值税专用发票注明的不含税价格×9%计算进项税额抵扣。

例如,甲房地产企业2019年4月1日从乙企业(小规模纳税人)处购绿化苗木,用于小区绿化,取得乙企业代开的增值税专用发票金额10 582.52元,适用税率3%,税额317.48元。

则甲房地产企业可以抵扣的进项税额 $= 10\ 582.52 \times 9\% = 952.43(元)$

会计处理:

借:开发成本——建安成本　　　　　　　　　　　　　　　　　　　　9 947.57
　　应交税费——应交增值税(进项税额)　　　　　　　　　　　　　　952.43
　　贷:银行存款　　　　　　　　　　　　　　　　　　　　　　　　10 900.00

1.5.6 道路、桥、闸通行费进项税额抵扣

根据《财政部 国家税务总局关于租入固定资产进项税额抵扣等增值税政策的通知》(财税〔2017〕90号)及《交通运输部 国家税务总局关于收费公路通行费增值税电子普通发票开具等有关事项的公告》(交通运输部公告2017年第66号)规定,自2018年1月1日起,纳税人支付的道路、桥、闸通行费,按照以下规定抵扣进项税额:

(一)纳税人支付的道路通行费,按照收费公路通行费增值税电子普通发票(见附件)上注明的增值税额抵扣进项税额。

附件　　　　收费公路通行费增值税电子普通发票票样

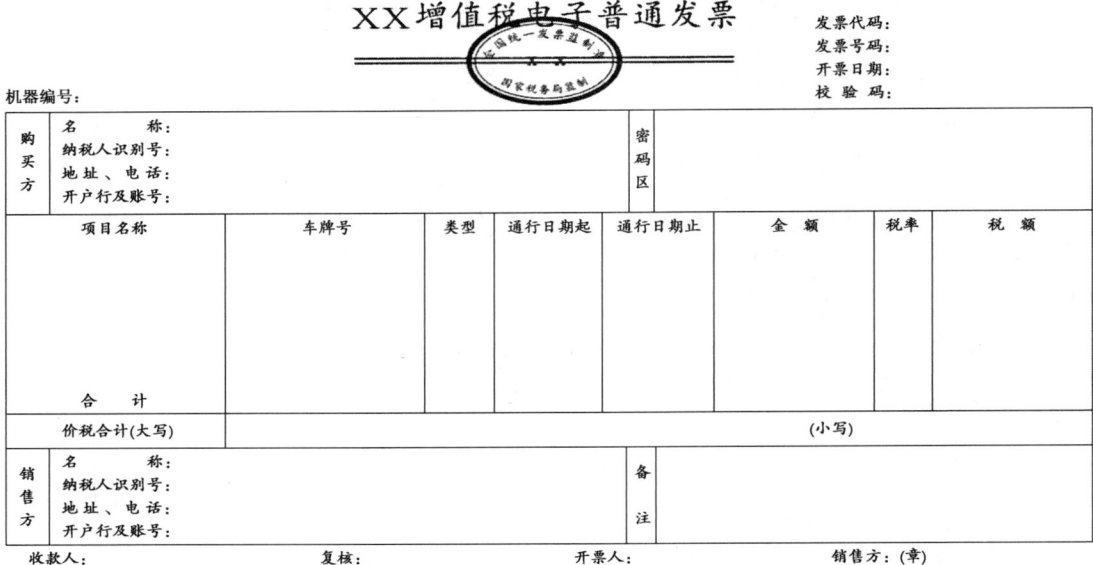

2018年1月1日至6月30日,纳税人支付的高速公路通行费,如暂未能取得收费公路通行费增值税电子普通发票,可凭取得的通行费发票(不含财政票据,下同)上注明的收费金额按照下列公式计算可抵扣的进项税额:

高速公路通行费可抵扣进项税额=高速公路通行费发票上注明的金额÷(1+3%)×3%

2018年1月1日至12月31日,纳税人支付的一级、二级公路通行费,如暂未能取得收费公路通行费增值税电子普通发票,可凭取得的通行费发票上注明的收费金额按照下列公式计算可抵扣进项税额:

一级、二级公路通行费可抵扣进项税额=一级、二级公路通行费发票上注明的金额÷(1+5%)×5%

(二)纳税人支付的桥、闸通行费,暂凭取得的通行费发票上注明的收费金额按照下列公式计算可抵扣的进项税额:

桥、闸通行费可抵扣进项税额=桥、闸通行费发票上注明的金额÷(1+5%)×5%

（三）本通知所称通行费，是指有关单位依法或者依规设立并收取的过路、过桥和过闸费用。

> **提　示**
>
> （1）电子发票"项目名称"填写"经营租赁*代收通行费"等字样或ETC卡充值等，"税率"栏填写"不征税"，"税额"栏填写"＊＊＊"的，属于商业预付卡票据，是在充值时就索取的发票，一律不得抵扣进项税额。
>
> （2）电子发票"项目名称"填写"经营租赁*通行费"等字样，且"税率"栏填写3%或5%，"税额"填写具体税额的，属于ETC卡消费后，客户登录发票服务平台网站www.txffp.com或"票根"APP，凭手机号码、手机验证码免费注册，并按要求设置购买方信息后索取的电子发票。客户如需变更购买方信息，应当于发生充值或通行交易前变更，确保开票信息真实准确。这类发票可以抵扣税额栏记载的增值税。
>
> 为什么会存在上述问题？因为目前的高速公路有财政还贷高速公路及经营性收费公路。前者向付款方开具的财政票据，不能抵扣进项税额，后者则向付款方开具的税务机关监制的发票，按规定可以抵扣。由于在ETC卡消费前，无法划分走的是财政还贷公路还是经营性公路，在充值时索取发票的，只能开具"不征税"发票。在消费后索取发票的，系统会区别不同的高速公路情况向付款方分别开具财政票据和税务机关监制的发票。

1.5.7　购进国内旅客运输服务

根据《财政部　税务总局　海关总署关于深化增值税改革有关政策的公告》（财政部　海关总署　国家税务总局公告2019年第39号）第六条规定，自2019年4月1日起，纳税人购进国内旅客运输服务，其进项税额允许从销项税额中抵扣。

纳税人未取得增值税专用发票的，暂按照以下规定确定进项税额：

1. 取得增值税电子普通发票的，为发票上注明的税额。

2. 取得注明旅客身份信息的航空运输电子客票行程单的，为按照下列公式计算进项税额：

$$航空旅客运输进项税额 = （票价 + 燃油附加费） \div (1 + 9\%) \times 9\%$$

3. 取得注明旅客身份信息的铁路车票的，为按照下列公式计算的进项税额：

$$铁路旅客运输进项税额 = 票面金额 \div (1 + 9\%) \times 9\%$$

4. 取得注明旅客身份信息的公路、水路等其他客票的，按照下列公式计算进项税额：

$$公路、水路等其他旅客运输进项税额 = 票面金额 \div (1 + 3\%) \times 3\%$$

> **提　示**
>
> 1. 取得客票是否可以抵扣，以上述扣税凭证的开具日期为准，开具日期为2019年3月31日之前的不得抵扣；开具日期为2019年4月1日之后的按规定抵扣。

2. 只有国内旅客运输服务取得的凭证才能抵扣。国际运输适用零税率或免税,下游环节不存在抵扣问题。

3. 取得的抵扣凭证必须注明个人的身份信息才能抵扣,手写无效凭证不能抵扣进项税额。但目前仍旧存在部分客票没有注明个人身份,甚至于连姓名都没有的,一律不允许抵扣进项税额,如大部分出租车票、部分机场巴士等。

4. 乘坐飞机取得的行程单中注明的民航基金不能计算抵扣进项税额,因为,民航基金符合不缴纳增值税的相关规定。

5. 即使取得的旅客运输服务的凭证符合抵扣规定,如果属于按规定不得抵扣进项税额的范围,也不允许抵扣进项税额,如用于免税项目等不能抵扣。

6. 必须能够证明出差人员与本企业生产经营活动相关,相关票据才能抵扣进项税额。

7. 用工单位从劳务公司聘用的人员发生的旅客运输服务票据,应当由用工单位按规定抵扣,劳务公司不能抵扣。

8. 会计处理方面,应当将客票的金额扣除抵扣的进项税额后的余额计入相关成本费用科目。

例如,管理部门的李某出差,支付103元的汽车票。

$$准予抵扣的进项税额 = 103 \div 1.03 \times 3\% = 3(元)$$

会计处理如下:

借:管理费用——差旅费	100
应交税费——应交增值税(进项税额)	3
贷:其他应收款——备用金(李某)	103

1.5.8　加计抵减政策

根据《财政部　税务总局　海关总署关于深化增值税改革有关政策的公告》(财政部　海关总署　国家税务总局公告2019年第39号)第七条规定,自2019年4月1日至2021年12月31日,允许生产、生活性服务业纳税人按照当期可抵扣进项税额加计10%,抵减应纳税额(以下称加计抵减政策)。

(一)所称生产、生活性服务业纳税人,是指提供邮政服务、电信服务、现代服务、生活服务(以下称四项服务)取得的销售额占全部销售额的比重超过50%的纳税人。四项服务的具体范围按照《销售服务、无形资产、不动产注释》(财税〔2016〕36号印发)执行。

> **提　示**
>
> 上述"四项服务业"中,可能与房地产企业及建安企业有关的税目解释如下:
>
> (一)现代服务,是指围绕制造业、文化产业、现代物流产业等提供技术性、知识性服务的业务活动。包括研发和技术服务、信息技术服务、文化创意服务、物流辅助服务、租赁服务、鉴证咨询服务、广播影视服务、商务辅助服务和其他现代服务。

1. 研发和技术服务。

研发和技术服务,包括研发服务、合同能源管理服务、工程勘察勘探服务、专业技术服务。

(1) 研发服务,也称技术开发服务,是指就新技术、新产品、新工艺或者新材料及其系统进行研究与试验开发的业务活动。

(2) 合同能源管理服务,是指节能服务公司与用能单位以契约形式约定节能目标,节能服务公司提供必要的服务,用能单位以节能效果支付节能服务公司投入及其合理报酬的业务活动。

(3) 工程勘察勘探服务,是指在采矿、工程施工前后,对地形、地质构造、地下资源蕴藏情况进行实地调查的业务活动。

(4) 专业技术服务,是指气象服务、地震服务、海洋服务、测绘服务、城市规划、环境与生态监测服务等专项技术服务。

2. 信息技术服务。

信息技术服务,是指利用计算机、通信网络等技术对信息进行生产、收集、处理、加工、存储、运输、检索和利用,并提供信息服务的业务活动。它包括软件服务、电路设计及测试服务、信息系统服务、业务流程管理服务和信息系统增值服务。

(1) 软件服务,是指提供软件开发服务、软件维护服务、软件测试服务的业务活动。

(2) 电路设计及测试服务,是指提供集成电路和电子电路产品设计、测试及相关技术支持服务的业务活动。

(3) 信息系统服务,是指提供信息系统集成、网络管理、网站内容维护、桌面管理与维护、信息系统应用、基础信息技术管理平台整合、信息技术基础设施管理、数据中心、托管中心、信息安全服务、在线杀毒、虚拟主机等业务活动。它包括网站对非自有的网络游戏提供的网络运营服务。

(4) 业务流程管理服务,是指依托信息技术提供的人力资源管理、财务经济管理、审计管理、税务管理、物流信息管理、经营信息管理和呼叫中心等服务的活动。

(5) 信息系统增值服务,是指利用信息系统资源为用户附加提供的信息技术服务。它包括数据处理、分析和整合、数据库管理、数据备份、数据存储、容灾服务、电子商务平台等。

3. 文化创意服务。

文化创意服务,包括设计服务、知识产权服务、广告服务和会议展览服务。

(1) 设计服务,是指把计划、规划、设想通过文字、语言、图画、声音、视觉等形式传递出来的业务活动。包括工业设计、内部管理设计、业务运作设计、供应链设计、造型设计、服装设计、环境设计、平面设计、包装设计、动漫设计、网游设计、展示设计、网站设计、机械设计、工程设计、广告设计、创意策划、文印晒图等。

(2) 知识产权服务,是指处理知识产权事务的业务活动。包括对专利、商标、著作权、软件、集成电路布图设计的登记、鉴定、评估、认证、检索服务。

(3) 广告服务,是指利用图书、报纸、杂志、广播、电视、电影、幻灯、路牌、招贴、橱窗、霓虹灯、灯箱、互联网等各种形式为客户的商品、经营服务项目、文体节目或者通告、声明等委托事项进行宣传和提供相关服务的业务活动。包括广告代理和广告的发布、播映、宣传、展示等。

(4) 会议展览服务,是指为商品流通、促销、展示、经贸洽谈、民间交流、企业沟通、国际往来等举办或者组织安排的各类展览和会议的业务活动。

4. 物流辅助服务。

物流辅助服务,包括航空服务、港口码头服务、货运客运场站服务、打捞救助服务、装卸搬运服务、仓储服务和收派服务。

(1) 航空服务,包括航空地面服务和通用航空服务。

航空地面服务,是指航空公司、飞机场、民航管理局、航站等向在境内航行或者在境内机场停留的境内外飞机或者其他飞行器提供的导航等劳务性地面服务的业务活动。包括旅客安全检查服务、停机坪管理服务、机场候机厅管理服务、飞机清洗消毒服务、空中飞行管理服务、飞机起降服务、飞行通讯服务、地面信号服务、飞机安全服务、飞机跑道管理服务、空中交通管理服务等。

通用航空服务,是指为专业工作提供飞行服务的业务活动,包括航空摄影、航空培训、航空测量、航空勘探、航空护林、航空吊挂播洒、航空降雨、航空气象探测、航空海洋监测、航空科学实验等。

(2) 港口码头服务,是指港务船舶调度服务、船舶通讯服务、航道管理服务、航道疏浚服务、灯塔管理服务、航标管理服务、船舶引航服务、理货服务、系解缆服务、停泊和移泊服务、海上船舶溢油清除服务、水上交通管理服务、船只专业清洗消毒检测服务和防止船只漏油服务等为船只提供服务的业务活动。

港口设施经营人收取的港口设施保安费按照港口码头服务缴纳增值税。

(3) 货运客运场站服务,是指货运客运场站提供货物配载服务、运输组织服务、中转换乘服务、车辆调度服务、票务服务、货物打包整理、铁路线路使用服务、加挂铁路客车服务、铁路行包专列发送服务、铁路到达和中转服务、铁路车辆编解服务、车辆挂运服务、铁路接触网服务、铁路机车牵引服务等业务活动。

(4) 打捞救助服务,是指提供船舶人员救助、船舶财产救助、水上救助和沉船沉物打捞服务的业务活动。

(5) 装卸搬运服务,是指使用装卸搬运工具或者人力、畜力将货物在运输工具之间、装卸现场之间或者运输工具与装卸现场之间进行装卸和搬运的业务活动。

(6) 仓储服务,是指利用仓库、货场或者其他场所代客贮放、保管货物的业务活动。

(7) 收派服务,是指接受寄件人委托,在承诺的时限内完成函件和包裹的收件、分拣、派送服务的业务活动。

收件服务,是指从寄件人收取函件和包裹,并运送到服务提供方同城的集散中心的业务活动。

分拣服务,是指服务提供方在其集散中心对函件和包裹进行归类、分发的业务活动。

派送服务,是指服务提供方从其集散中心将函件和包裹送达同城的收件人的业务活动。

5. 租赁服务。

租赁服务,包括融资租赁服务和经营租赁服务。

(1) 融资租赁服务,是指具有融资性质和所有权转移特点的租赁活动。即出租人根据承租人所要求的规格、型号、性能等条件购入有形动产或者不动产租赁给承租人,合同期内租赁物所有权属于出租人,承租人只拥有使用权,合同期满付清租金后,承租人有权按照残值购入租赁物,以拥有其所有权。不论出租人是否将租赁物销售给承租人,均属于融资租赁。

按照标的物的不同,融资租赁服务可分为有形动产融资租赁服务和不动产融资租赁服务。

融资性售后回租不按照本税目缴纳增值税。

(2) 经营租赁服务,是指在约定时间内将有形动产或者不动产转让他人使用且租赁物所有权不变更的业务活动。

按照标的物的不同,经营租赁服务可分为有形动产经营租赁服务和不动产经营租赁服务。

将建筑物、构筑物等不动产或者飞机、车辆等有形动产的广告位出租给其他单位或者个人用于发布广告,按照经营租赁服务缴纳增值税。

车辆停放服务、道路通行服务(包括过路费、过桥费、过闸费等)等按照不动产经营租赁服务缴纳增值税。

水路运输的光租业务、航空运输的干租业务,属于经营租赁。

光租业务,是指运输企业将船舶在约定的时间内出租给他人使用,不配备操作人员,不承担运输过程中发生的各项费用,只收取固定租赁费的业务活动。

干租业务,是指航空运输企业将飞机在约定的时间内出租给他人使用,不配备机组人员,不承担运输过程中发生的各项费用,只收取固定租赁费的业务活动。

6. 鉴证咨询服务。

鉴证咨询服务,包括认证服务、鉴证服务和咨询服务。

(1) 认证服务,是指具有专业资质的单位利用检测、检验、计量等技术,证明产品、服务、管理体系符合相关技术规范、相关技术规范的强制性要求或者标准的业务活动。

(2) 鉴证服务,是指具有专业资质的单位受托对相关事项进行鉴证,发表具有证明力的意见的业务活动。包括会计鉴证、税务鉴证、法律鉴证、职业技能鉴定、工程造价鉴证、工程监理、资产评估、环境评估、房地产土地评估、建筑图纸审核、医疗事故鉴定等。

(3) 咨询服务,是指提供信息、建议、策划、顾问等服务的活动。包括金融、软件、技术、财务、税收、法律、内部管理、业务运作、流程管理、健康等方面的咨询。

翻译服务和市场调查服务按照咨询服务缴纳增值税。

7. 广播影视服务。

广播影视服务,包括广播影视节目(作品)的制作服务、发行服务和播映(含放映,下同)服务。

(1) 广播影视节目(作品)制作服务,是指进行专题(特别节目)、专栏、综艺、体育、动画片、广播剧、电视剧、电影等广播影视节目和作品制作的服务。具体包括与广播影视节目和作品相关的策划、采编、拍摄、录音、音视频文字图片素材制作、场景布置、后期的剪辑、翻译(编译)、字幕制作、片头、片尾、片花制作、特效制作、影片修复、编目和确权等业务活动。

(2) 广播影视节目(作品)发行服务,是指以分账、买断、委托等方式,向影院、电台、电视台、网站等单位和个人发行广播影视节目(作品)以及转让体育赛事等活动的报道及播映权的业务活动。

(3) 广播影视节目(作品)播映服务,是指在影院、剧院、录像厅及其他场所播映广播影视节目(作品),以及通过电台、电视台、卫星通信、互联网、有线电视等无线或者有线装置播映广播影视节目(作品)的业务活动。

8. 商务辅助服务。

商务辅助服务,包括企业管理服务、经纪代理服务、人力资源服务、安全保护服务。

(1) 企业管理服务,是指提供总部管理、投资与资产管理、市场管理、物业管理、日常综合管理等服务的业务活动。

(2) 经纪代理服务,是指各类经纪、中介、代理服务。包括金融代理、知识产权代理、货物运输代理、代理报关、法律代理、房地产中介、职业中介、婚姻中介、代理记账、拍卖等。

货物运输代理服务,是指接受货物收货人、发货人、船舶所有人、船舶承租人或者船舶经营人的委托,以委托人的名义,为委托人办理货物运输、装卸、仓储和船舶进出港口、引航、靠泊等相关手续的业务活动。

代理报关服务,是指接受进出口货物的收、发货人委托,代为办理报关手续的业务活动。

(3) 人力资源服务,是指提供公共就业、劳务派遣、人才委托招聘、劳动力外包等服务的业务活动。

(4) 安全保护服务,是指提供保护人身安全和财产安全,维护社会治安等的业务活动。包括场所住宅保安、特种保安、安全系统监控以及其他安保服务。

9. 其他现代服务。

其他现代服务,是指除研发和技术服务、信息技术服务、文化创意服务、物流辅助服务、租赁服务、鉴证咨询服务、广播影视服务和商务辅助服务以外的现代服务。

(二)生活服务。

生活服务,是指为满足城乡居民日常生活需求提供的各类服务活动。它包括文化体育服务、教育医疗服务、旅游娱乐服务、餐饮住宿服务、居民日常服务和其他生活服务。

1. 文化体育服务。

文化体育服务,包括文化服务和体育服务。

(1) 文化服务,是指为满足社会公众文化生活需求提供的各种服务。它包括:文艺创作、文艺表演、文化比赛,图书馆的图书和资料借阅,档案馆的档案管理,文物及非物质遗产保护,组织举办宗教活动、科技活动、文化活动,提供游览场所。

(2) 体育服务,是指组织举办体育比赛、体育表演、体育活动,以及提供体育训练、体育指导、体育管理的业务活动。

2. 教育医疗服务。

教育医疗服务,包括教育服务和医疗服务。

(1) 教育服务,是指提供学历教育服务、非学历教育服务、教育辅助服务的业务活动。

学历教育服务,是指根据教育行政管理部门确定或者认可的招生和教学计划组织教学,并颁发相应学历证书的业务活动。它包括初等教育、初级中等教育、高级中等教育、高等教育等。

非学历教育服务,包括学前教育、各类培训、演讲、讲座、报告会等。

教育辅助服务,包括教育测评、考试、招生等服务。

(2) 医疗服务,是指提供医学检查、诊断、治疗、康复、预防、保健、接生、计划生育、防疫服务等方面的服务,以及与这些服务有关的提供药品、医用材料器具、救护车、病房住宿和伙食的业务。

3. 旅游娱乐服务。

旅游娱乐服务,包括旅游服务和娱乐服务。

(1) 旅游服务,是指根据旅游者的要求,组织安排交通、游览、住宿、餐饮、购物、文娱、商务等服务的业务活动。

(2) 娱乐服务,是指为娱乐活动同时提供场所和服务的业务。

具体包括:歌厅、舞厅、夜总会、酒吧、台球、高尔夫球、保龄球、游艺(包括射击、狩猎、跑马、游戏机、蹦极、卡丁车、热气球、动力伞、射箭、飞镖)。

4. 餐饮住宿服务。

餐饮住宿服务,包括餐饮服务和住宿服务。

(1) 餐饮服务,是指通过同时提供饮食和饮食场所的方式为消费者提供饮食消费服务的业务活动。

(2) 住宿服务,是指提供住宿场所及配套服务等的活动。包括宾馆、旅馆、旅社、度假村和其他经营性住宿场所提供的住宿服务。

5. 居民日常服务。

居民日常服务,是指主要为满足居民个人及其家庭日常生活需求提供的服务,包括市容市政管理、家政、婚庆、养老、殡葬、照料和护理、救助救济、美容美发、按摩、桑拿、氧吧、足疗、沐浴、洗染、摄影扩印等服务。

6. 其他生活服务。

其他生活服务,是指除文化体育服务、教育医疗服务、旅游娱乐服务、餐饮住宿服务和居民日常服务之外的生活服务。

2019年3月31日前设立的纳税人,自2018年4月至2019年3月期间的销售额(经营期不满12个月的,按照实际经营期的销售额)符合上述规定条件的,自2019年4月1日起适用加计抵减政策。

2019年4月1日后设立的纳税人,自设立之日起3个月的销售额符合上述规定条件的,自登记为一般纳税人之日起适用加计抵减政策。

纳税人确定适用加计抵减政策后,当年内不再调整,以后年度是否适用,根据上年度销售额计算确定。

纳税人可计提但未计提的加计抵减额,可在确定适用加计抵减政策当期一并计提。

> **提 示**
>
> 1. 加计抵减适用主体,只适用于增值税一般纳税人。
> 2. 确定是否符合加计抵减条件的纳税人,要看"四项服务"的销售额合计数占全部销售额的比例在规定的区间是否达到50%。计算公式如下:
>
> $$四项服务销售额占比 = 四项服务销售额 \div 全部销售额$$
>
> 注意:
>
> (1) 销售额占比的计算区间:4月1日前前推12个月,不足12个月,按实际月份计算;4月1日后后推3个月。
>
> (2) 由小规模纳税人转登记为一般纳税人的,销售额包括小规模纳税人期间的销售额。
>
> 如,2018年4月成立,是小规模纳税人,但在2018年9月登记为一般纳税人。则2019年4月份倒推12个月计算四大行业销售额占比时,从2018年4月份开始累计计算。
>
> 此外,2019年4月1日后开始生产经营的前3个月没有生产经营销售额,是否可以享受加计抵减?那就要从产生销售额的月份开始后推3个月,计算累计四大行业销售额占全部销售额的比例是否达到50%。达到的,按规定可以从登记为一般纳税人开始即可享受加计抵减。
>
> 3. 加计抵减正常是按年适用,2019年适用年度为2019年4月1日至2019年12月31日;2020年适用年度为2020年1月1日至2020年12月31日。
>
> 2020年度是否适用加计抵减政策,看2019年度的四大行业销售额占比是否符合条件。
>
> 值得注意的是,2019年存在一个过渡期衔接问题,即如果2019年11月份开始生产经营,但2019年没有3个月,则系统会默认2019年11月1日至2020年12月31日为适用加计抵减年度。
>
> 4. 纳税人可以计提但没有计提的加计抵减额,允许在以后补充计提,但补充计提的加计抵减额不能抵减以前的应纳税额,可以抵减以后的应纳税额。

(二) 纳税人应按照当期可抵扣进项税额的10%计提当期加计抵减额。按照现行规定不得从销项税额中抵扣的进项税额,不得计提加计抵减额;已计提加计抵减额的进项税额,按规定作进项税额转出的,应在进项税额转出当期,相应调减加计抵减额。计算公式如下:

$$当期计提加计抵减额 = 当期可抵扣进项税额 \times 10\%$$

$$当期可抵减加计抵减额 = 上期末加计抵减额余额 + 当期计提加计抵减额 - 当期调减加计抵减额$$

(三) 纳税人应按照现行规定计算一般计税方法下的应纳税额(以下称抵减前的应纳税额)后,区分以下情形加计抵减:

1. 抵减前的应纳税额等于零的,当期可抵减加计抵减额全部结转下期抵减。

2. 抵减前的应纳税额大于零,且大于当期可抵减加计抵减额的,当期可抵减加计抵减额全额从抵减前的应纳税额中抵减。

3. 抵减前的应纳税额大于0,且小于或等于当期可抵减加计抵减额的,以当期可抵减加计抵减额抵减应纳税额至0。未抵减完的当期可抵减加计抵减额,结转下期继续抵减。

> **提 示**
>
> 加计抵减方法总结:
>
> 第一步:计算(抵减前的)应纳税额。
>
> $$应纳税额 = 销项税额 - 进项税额 - 留抵税额$$
>
> 第二步:分情形抵减一般计税方法计算的应纳税额。
>
> 1. 抵减前的应纳税额＝0
>
> 可抵减加计抵减额全部结转到下期抵减。
>
> 2. 抵减前的应纳税额＞可抵减加计抵减额
>
> $$抵减后的应纳税额 = 抵减前的应纳税额 - 可抵减加计抵减额$$
>
> 3. 抵减前的应纳税额≤可抵减加计抵减额
>
> $$抵减后的应纳税额 = 0$$
>
> 没有得到抵减的加计抵减额可以结转到下期继续抵减。

例题1-2 某服务业企业是一般纳税人,适用加计抵减政策,2019年6月,一般计税方法项目销项税额为120万元,进项税额100万元,上期留抵税额10万元。上期抵减加计抵减额余额5万元;简易计税方法项目销售额100万元(不含税价格),征收率3%。此外无其他涉税事项。该纳税人当期应当如何计算缴纳增值税?

1. 一般计税方法项目。

(1) 抵减前应纳税额＝120－100－10＝10(万元)

(2) 当期计提加计抵减额＝100×10%＝10(万元)

(3) 当期可抵减加计抵减额＝5＋10＝15(万元)＞当期应纳税额10万元

(4) 当期只能加计抵减10万元,抵减后应纳税额＝0,可抵减加计抵减额的余额5万元结转到下期抵减。

2. 简易计税方法项目应纳税额＝100×3%＝3(万元)

简易计税方法项目计算的应纳税额不得用于抵减加计抵减额。

3. 当期应纳税额合计＝3(万元)

(四)纳税人出口货物劳务、发生跨境应税行为不适用加计抵减政策,其对应的进项税额不得计提加计抵减额。

纳税人兼营出口货物劳务、发生跨境应税行为且无法划分不得计提加计抵减额的进项税额,按照以下公式计算:

不得计提加计抵减额的进项税额＝当期无法划分的全部进项税额×当期出口货物劳务

和发生跨境应税行为的销售额÷当期全部销售额

（五）纳税人应单独核算加计抵减额的计提、抵减、调减、结余等变动情况。骗取适用加计抵减政策或虚增加计抵减额的，按照《中华人民共和国税收征收管理法》等有关规定处理。

（六）加计抵减政策执行到期后，纳税人不再计提加计抵减额，结余的加计抵减额停止抵减。

> **提　示**
>
> 执行到期后：
>
> 1. 停止计提加计抵减额。
> 2. 未抵减完的加计抵减额停止抵减。
>
> 2020年不符合抵减政策时，2019年计提的仍可以抵减，但到2021年12月31日仍没有抵减完的，不能再结转抵减。
>
> 3. 一般纳税人转为小规模纳税人前计提的加计抵减额，后期又转回一般纳税人，仍旧可以抵减。

1.5.9　增值税期末留抵税额退税制度

根据《财政部　税务总局　海关总署关于深化增值税改革有关政策的公告》（财政部　海关总署　国家税务总局公告2019年第39号）第八条规定，自2019年4月1日起，试行增值税期末留抵税额退税制度。

（一）同时符合以下条件的纳税人，可以向主管税务机关申请退还增量留抵税额：

1. 自2019年4月税款所属期起，连续六个月（按季纳税的，连续两个季度）增量留抵税额均大于零，且第六个月增量留抵税额不低于50万元。
2. 纳税信用等级为A级或者B级。
3. 申请退税前36个月未发生骗取留抵退税、出口退税或虚开增值税专用发票情形的。
4. 申请退税前36个月未因偷税被税务机关处罚两次及以上的。
5. 自2019年4月1日起未享受即征即退、先征后返（退）政策的。

> **提　示**
>
> 情况之一：
>
> 2019年3月31日，留抵税额＝30（万元）。2019年4月份销项税额100万元，进项税额110万元，4月份留抵税额为40万元，5～9月份留抵税额如下表：
>
> 单位：万元
>
> | 2019 | 4 | 5 | 6 | 7 | 8 | 9 |
> |---|---|---|---|---|---|---|
> | 留抵税额 | 40 | 40 | 50 | 35 | 32 | 48 |
>
> 由于4～9月份，增量留抵税额都大于0，但由于9月份留抵税额达不到50万元，不可以申请退税。

情况之二：

2019年3月31日,留抵税额＝30(万元)。2019年4月份销项税额100万元,进项税额110万元,4月份留抵税额为40万元,5~9月份留抵税额如下表：

单位：万元

2019	4	5	6	7	8	9
留抵税额	40	40	50	35	62	88

由于4~9月份,增量留抵税额都大于0,且9月份增量留抵税额超过50万元,可以申请退税。

情况之三：

2019年3月31日,留抵税额＝30(万元)。2019年4月份销项税额100万元,进项税额110万元,4月份留抵税额为40万元,5~9月份留抵税额如下表：

单位：万元

2019	4	5	6	7	8	9
留抵税额	40	40	20	35	62	88

由于6月份留抵税额20万元减除3月底留抵税额30万元小于0,因此,不符合留抵税额退还的条件。

针对上述例题,有四个问题需要回答：

第一,是否可以以2019年7月留抵税额开始再连续计算6个月,每一个月留抵税额都超过3月底的留抵税额,增量留抵税额可以申请退还？

根据国家税务总局2019年3月25日视频会议精神,可以。如在2019年7月开始到2019年12月份,每一个月留抵税额减除2019年3月底的留抵税额都大于0,且2019年12月份的留抵税额大于50万元,可以在2020年1月份申报期向税务机关申请退税。

第二,如果2019年3月31日没有实现留抵税额,但后期连续6个月都出现留抵税额,且第6个月留抵税额大于50万元,是否可以申请退还？

按文件本意,只有实现"增量留抵税额"才可以申请退税。增量留抵税额是指与2019年3月底相比新增加的期末留抵税额。言外之意,如果2019年3月底没有留抵税额,也就不存在增量留抵税额,自然也不存在申请退税问题。

第三,纳税人取得增量留抵税额退税的后续操作。纳税人取得退税款后,要调减留抵税额。纳税人再次申请退税的,需要重新计算6个月的增量留抵税额大于0,且第6个月留抵税额不低于50万元。由此可见,一个纳税年度内,最快六个月退税一次,一年最多申请退税两次。

第四,实行增值税期末留抵退税的纳税人,是否允许其从城市维护建设税、教育费附加和地方教育附加的计税(征)依据中扣除退还的增值税税额？

这是允许的。如上述"情况之二",该企业2019年9月期末留抵为88万元,假设2019年10月销项税额300万元,进项税额200万元,如果未申请留抵退税,10月应纳税额＝销项税额(300万元)－进项税额(200万元)－上期留抵(88万元)＝12(万元),计算城建税、教育费附加和地方教育附加的计税(征)依据为12万元。

> 如果退还了2019年9月期末留抵(88－30)×100%×60%＝34.8(万元)(注:假设抵扣的进项税额全部为增值税专用发票,进项构成比例为100%),留抵税额变为53.2万元,10月应纳税额＝销项税额(300万元)－进项税额(200万元)－上期留抵(53.2万元)＝46.8(万元)。计算城建税、教育费附加和地方教育附加的计税(征)依据为46.8万元,比不退留抵增加34.8万元。可见,如果不允许企业从城建税、教育费附加和地方教育附加的计税(征)依据中扣除退还增值税税额,将造成多交城建税、教育费附加和地方教育附加。
>
> 也就是说,10月份计算城建税和教育费附加的计税依据＝应纳增值税额－增量留抵税额的退税额＝46.8－34.8＝12(万元)。

(二)本公告所称增量留抵税额,是指与2019年3月底相比新增加的期末留抵税额。

(三)纳税人当期允许退还的增量留抵税额,按照以下公式计算:

$$允许退还的增量留抵税额＝增量留抵税额×进项构成比例×60\%$$

进项构成比例,为2019年4月至申请退税前一税款所属期内已抵扣的增值税专用发票(含税控机动车销售统一发票)、海关进口增值税专用缴款书、解缴税款完税凭证注明的增值税额占同期全部已抵扣进项税额的比重。

例题 1-3　甲企业2019年3月底的留抵税额为50万元,4~9月份留抵税额分别为60万元、55万元、80万元、70万元、90万元和100万元。其中,4~9月份,已抵扣的进项税额中,农产品抵扣和购买旅客运输服务抵扣进项税额占20%,其他均属于增值税专用发票抵扣。上述期间满足其他留抵税额退税的条件。计算甲企业允许退还的留抵税额是多少。

2019年10月申报期内,可以向税务机关申请退还留抵退税。

(1)增量留抵税额＝100－50＝50(万元)

(2)进项构成比例＝1－20%＝80%

(3)允许退还的留抵税额＝50×80%×60%＝24(万元)

(四)纳税人应在增值税纳税申报期内,向主管税务机关申请退还留抵税额。

(五)纳税人出口货物劳务、发生跨境应税行为,适用免抵退税办法的,办理免抵退税后,仍符合本公告规定条件的,可以申请退还留抵税额;适用免退税办法的,相关进项税额不得用于退还留抵税额。

(六)纳税人取得退还的留抵税额后,应相应调减当期留抵税额。按照本条规定再次满足退税条件的,可以继续向主管税务机关申请退还留抵税额,但本条第(一)项第1点规定的连续期间,不得重复计算。

(七)以虚增进项、虚假申报或其他欺骗手段,骗取留抵退税款的,由税务机关追缴其骗取的退税款,并按照《中华人民共和国税收征收管理法》等有关规定处理。

(八)退还的增量留抵税额中央、地方分担机制另行通知。

1.5.10　不得抵扣的进项税额

1.5.10.1　不得抵扣的基本规定

《财政部 国家税务总局关于全面推开营业税改征增值税试点的通知》(财税〔2016〕36

号)第二十七条及《财政部 税务总局 海关总署关于深化增值税改革有关政策的公告》(财政部 海关总署 国家税务总局公告2019年第39号)第六条规定,下列项目的进项税额不得从销项税额中抵扣:

(一)用于简易计税方法计税项目、免征增值税项目、集体福利或者个人消费的购进货物、加工修理修配劳务、服务、无形资产和不动产。其中涉及的固定资产、无形资产、不动产,仅指专用于上述项目的固定资产、无形资产(不包括其他权益性无形资产)、不动产。

> **提 示**
>
> 1."专用于"的理解。
> (1)企业外购的固定资产、无形资产和不动产,专门用于简易计税方法计税项目、免征增值税项目、集体福利或者个人消费的,进项税额不能抵扣。但如果是既用于生产经营活动,又用于上述项目的,进项税额可以抵扣。如购买的双排车既用于工地送货,又用于职工食堂采购原材料,其进项税额是可以抵扣的。
> (2)企业外购的货物(不含固定资产)、劳务、服务,既用于上述不得抵扣项目,又用于生产经营活动的,无法划分的进项税额应当按下列公式计算不得抵扣的进项税额:
>
> $$\text{不得抵扣的进项税额} = \text{当期无法划分的全部进项税额} \times (\text{当期简易计税方法计税项目销售额} + \text{免征增值税项目销售额}) \div \text{当期全部销售额}$$
>
> 主管税务机关可以按照上述公式依据年度数据对不得抵扣的进项税额进行清算。
> 2."不包括其他权益性无形资产"的理解。
> 由于其他权益性无形资产涵盖面非常广,往往涉及纳税人生产经营的各个方面,没有具体使用对象,因此,将其从专用于简易计税方法计税项目、免征增值税项目、集体福利或者个人消费的购进的无形资产不得抵扣进项税额范围中剔除。换言之,纳税人购进其他权益性无形资产无论是专用于简易计税方法计税项目、免征增值税项目、集体福利或者个人消费,还是兼用于上述不允许抵扣项目,均可以抵扣进项税额。

1. 纳税人的交际应酬消费属于个人消费。
2. "固定资产"的范围界定。

《财政部 国家税务总局关于全面推开营业税改征增值税试点的通知》(财税〔2016〕36号)第二十八条第二款规定,上述固定资产,是指使用期限超过12个月的机器、机械、运输工具以及其他与生产经营有关的设备、工具、器具等有形动产,不包括不动产,这与会计处理是有区别的。

3. 销售无形资产。

销售无形资产,是指转让无形资产所有权或者使用权的业务活动。无形资产,是指不具实物形态,但能带来经济利益的资产,包括技术、商标、著作权、商誉、自然资源使用权和其他权益性无形资产。

技术,包括专利技术和非专利技术。

自然资源使用权,包括土地使用权、海域使用权、探矿权、采矿权、取水权和其他自然资源使用权。

其他权益性无形资产,包括基础设施资产经营权、公共事业特许权、配额、经营权(包括特许经营权、连锁经营权、其他经营权)、经销权、分销权、代理权、会员权、席位权、网络游戏虚拟道具、域名、名称权、肖像权、冠名权、转会费等。

4. 销售不动产。

销售不动产,是指转让不动产所有权的业务活动。不动产,是指不能移动或者移动后会引起性质、形状改变的财产,包括建筑物、构筑物等。

建筑物,包括住宅、商业营业用房、办公楼等可供居住、工作或者进行其他活动的建造物。

构筑物,包括道路、桥梁、隧道、水坝等建造物。

转让建筑物有限产权或者永久使用权的,转让在建的建筑物或者构筑物所有权的,以及在转让建筑物或者构筑物时一并转让其所占土地的使用权的,按照销售不动产缴纳增值税。

(二)非正常损失的购进货物,以及相关的加工修理修配劳务和交通运输服务。

《财政部 国家税务总局关于全面推开营业税改征增值税试点的通知》(财税〔2016〕36号)第二十八条第三款规定,非正常损失,是指因管理不善造成货物被盗、丢失、霉烂变质,以及因违反法律法规造成货物或者不动产被依法没收、销毁、拆除的情形。

因此,营改增后,货物的非正常损失包括以下两种情况:

(1)货物因管理不善造成被盗、丢失、霉烂变质发生的损失。

(2)因违法,货物被有关部门没收或销毁发生的损失。

货物发生上述非正常损失情形时,不仅应当将其货物买价所对应的进项税额转出,而且应当将与该货物的购进相关的加工修理修配劳务及交通运输业服务的进项税额一并转出。对于非正常损失的货物的其他成本构成项目,即使已经抵扣进项税额也不需要转出。例如,按会计制度规定,外购原材料的采购成本包括购买价款(不包括按规定可以抵扣的增值税进项税额)、相关税费、运输费、装卸费、保险费以及其他可归属于采购成本的费用。如果上述原材料发生非正常损失,则计入原材料成本的装卸费、保险费等已经抵扣的进项税额不需要转出。

(三)非正常损失的在产品、产成品所耗用的购进货物(不包括固定资产)、加工修理修配劳务和交通运输服务。

提 示

1. 在产品和产成品的成本构成不仅包括直接材料、制造费用,而且包括直接人工、利息等不允许抵扣进项税额的项目。对于房地产企业而言,开发产品属于产成品,开发产品完工前属于在产品。企业应当准确核算不同税率或征收率的成本构成,否则,一旦确认为非正常损失,已经抵扣的进项税额无法分清的,按《财政部 国家税务总局关于全面推开营业税改征增值税试点的通知》(财税〔2016〕36号)的第三十条规定,已抵扣进项税额的购进货物(不含固定资产)、劳务、服务,发生本办法第二十七条规定情形(简易计税方法计税项目、免征增值税项目除外)的,应当将该进项税额从当期进项税额中扣减;无法确定该进项税额的,按照当期实际成本计算应扣减的进项税额。企业就要承担较高的税收成本。

2. 非正常损失的在产品、产成品转出进项税额的范围与货物一致,仅限于货物及与该货物购进相关的加工修理修配劳务及交通运输服务的进项税额。

3. 非正常损失的在产品、产成品中的固定资产折旧部分所对应的进项税额不需要转出。

4. 根据《国家税务总局关于企业改制中资产评估减值发生的流动资产损失进项税额抵扣问题的批复》(国税函〔2002〕1103号)的规定,对于企业由于资产评估减值而发生流动资产损失,如果流动资产未丢失或损坏,只是由于市场发生变化,价格降低,价值量减少,则不属于《中华人民共和国增值税暂行条例实施细则》中规定的非正常损失,不作进项税额转出处理。因此,外购货物、在产品、产成品因市场因素发生价值贬损,不需要进项税额转出。

(四)非正常损失的不动产,以及该不动产所耗用的购进货物、设计服务和建筑服务。

提 示

1. 不动产非正常损失仅限于因违法被有关部门强拆、没收或销毁的损失。

2. 发生非正常损失的不动产在进项税额转出时,只需要将不动产成本中列支的购进货物、设计服务及建筑服务三部分的进项税额转出,其他的成本构成项目(如运费等)的进项税额则不需要转出。

(五)非正常损失的不动产在建工程所耗用的购进货物、设计服务和建筑服务。

纳税人新建、改建、扩建、修缮、装饰不动产,均属于不动产在建工程。

根据《国家税务总局关于发布〈不动产进项税额分期抵扣暂行办法〉的公告》(国家税务总局公告2016年第15号)的第八条规定,不动产在建工程发生非正常损失的,其所耗用的购进货物、设计服务和建筑服务已抵扣的进项税额应于当期全部转出;其待抵扣进项税额不得抵扣。

(六)购进的贷款服务、餐饮服务、居民日常服务和娱乐服务。

提 示

应当注意的问题是,上述不允许抵扣进项税额的贷款服务仅限于纳税人接受贷款服务向贷款方支付的与该笔贷款直接相关的投融资顾问费、手续费、咨询费等费用,其进项税额不得从销项税额中抵扣。实务操作中主要包括接受贷款服务支付的利息及与该笔贷款服务相关的融资顾问费、手续费、咨询费等各种名目的费用。纳税人支付的承兑汇票的贴息类似于贷款服务的利息,是不允许抵扣的。

纳税人在接受金融服务过程中支付的刷卡手续费、向金融企业支付的保险箱等的租赁费、委托金融企业代收款支付的手续费(委托银行贷款借入方支付的手续费除外)、支付给银行的汇款手续费等结算业务费用、与贷款服务无关的咨询费等,只要取得增值税专用发票,便可以抵扣进项税额。

(七)财政部和国家税务总局规定的其他情形。

上述第(四)项、第(五)项所称货物,是指构成不动产实体的材料和设备,包括建筑装饰材料和给排水、采暖、卫生、通风、照明、通讯、煤气、消防、中央空调、电梯、电气、智能化楼宇设备及配套设施。

1.5.10.2　房地产企业兼营简易计税方法与一般计税方法项目不得抵扣进项税额的计算

《国家税务总局关于发布〈房地产开发企业销售自行开发的房地产项目增值税征收管理暂行办法〉的公告》(国家税务总局公告2016年第18号)第十三条规定,一般纳税人销售自行开发的房地产项目,兼有一般计税方法计税、简易计税方法计税、免征增值税的房地产项目而无法划分不得抵扣的进项税额的,应以《建筑工程施工许可证》注明的"建设规模"为依据进行划分。

$$\text{不得抵扣的进项税额} = \text{当期无法划分的全部进项税额} \times \left(\frac{\text{简易计税、免税房地产项目建设规模}}{\text{房地产项目总建设规模}}\right)$$

总局要求,分摊比例的计算中,"建设规模"按《建筑工程施工许可证》注明的建设规模计算,实质上就是按《许可证》注明的项目的建筑面积分摊。笔者认为极不合理。笔者认为,已经销售的开发产品不再属于房地产企业直接控制,产权已经发生转移,企业发生的期间费用、原材料等的购进行为与已经销售的商品房部分没有直接关系,因此,已经销售部分不应当参与不得抵扣进项税额部分的分摊,即已经销售完毕的开发项目的建筑面积不能包括在用于计算不得抵扣进项税额的"建设规模"中。例如,某房地产企业兼营A、B、C三期项目,A项目建设规模15 000平方米,已经在营改增前全部销售完毕;B项目建设规模为10 000平方米,在营改增前已经销售70%,尚有30%没有销售,企业选择按简易计税方法缴纳增值税;C项目于2016年5月份取得《建筑工程施工许可证》,建设规模为20 000平方米,注明开工日期为2016年5月15日,计划交房时间为2018年10月1日,企业选择一般计税方法缴纳增值税。假设2016年6月份取得无法划分的进项税额(如管理部门发生的燃油费的进项税额等)50万元,则不得抵扣的进项税额计算如下(以万元为单位,保留两位小数):

$$\text{不得抵扣的进项税额} = 50 \times [(10\,000 \times 30\%) \div (10\,000 \times 30\% + 20\,000)]$$
$$= 6.52(\text{万元})$$

会计处理:

借:主营业务成本——B项目　　　　　　　　　　　　　　　　　　65 200
　　贷:应交税费——应交增值税(进项税额转出)　　　　　　　　65 200

综上所述,不得抵扣进项税额的计算公式建议修改为:

$$\text{不得抵扣的进项税额} = \text{当期无法划分的全部进项税额} \times \frac{\text{简易计税、免税房地产项目建筑工程施工许可证注明的建设规模} - \text{该项目已经销售的建设规模}}{\left[\begin{array}{c}\text{简易计税、免税房地产项目建筑工程施工许可证注明的建设规模} - \text{该项目已经销售的建设规模}\end{array}\right] + \left[\begin{array}{c}\text{一般计税方法项目建筑工程施工许可证注明的建设规模} - \text{该项目已经销售的建设规模}\end{array}\right]}$$

此外,如果一家房地产企业既有简易计税、免税房地产项目,也有一般计税方法缴纳增值税的项目,同时还兼营应税服务项目,取得无法划分的进项税额,按下列公式计算分摊:

(1) 先计算当期房地产项目应当分摊的无法划分的进项税额。

$$\text{当期房地产项目应当分摊的无法划分的进项税额} = \text{当期无法划分的进项税额} \times (\text{当期简易计税、免税项目的销售额} + \text{当期一般计税方法项目的销售额}) \div (\text{当期简易计税、免税房地产项目的销售额} + \text{当期一般计税方法项目的销售额} + \text{应税服务的销售额})$$

(2) 再计算当期不得抵扣的进项税额。

$$\text{当期不得抵扣的进项税额} = \text{当期房地产项目应当分摊的无法划分的进项税额} \times \left[\frac{\text{简易计税、免税房地产项目建筑工程施工许可证注明的建设规模} - \text{该项目已经销售的建设规模}}{(\text{简易计税、免税房地产项目建筑工程施工许可证注明的建设规模} - \text{该项目已经销售的建设规模}) + (\text{一般计税方法项目建筑工程施工许可证注明的建设规模} - \text{该项目已经销售的建设规模})}\right]$$

1.5.10.3 停止抵扣进项税额期间的进项税额不允许抵扣

根据《国家税务总局关于增值税一般纳税人恢复抵扣进项税额资格后有关问题的批复》(国税函〔2000〕584号)的规定,纳税人经税务机关核准恢复抵扣进项税额资格后,其在停止抵扣进项税额期间发生的全部进项税额不得抵扣。

1.5.11 不动产进项税额抵扣

1.5.11.1 购进不动产进项税额抵扣

《财政部 税务总局 海关总署关于深化增值税改革有关政策的公告》(财政部 海关总署 国家税务总局公告2019年第39号)第五条规定,自2019年4月1日起,纳税人取得不动产或者不动产在建工程的进项税额不再分2年抵扣。此前按照上述规定尚未抵扣完毕的待抵扣进项税额,可自2019年4月税款所属期起从销项税额中抵扣。

> **提 示**
>
> 上述规定的出发点是为了达到三个目的:一是进一步完善增值税制度;二是减轻企业的资金占用压力;三是简化对财务核算的要求。
>
> 执行中注意两点:
>
> 1. 4月1日后购入的不动产进项税额,符合抵扣条件的,才能一次性转入当期进项税额抵扣。
>
> 2. 4月1日前购入不动产尚未抵扣的待抵扣进项税额,可以在4月一次性转入进项税额抵扣;但如果忘记抵扣,也可以结转到以后月份转入抵扣。但不管哪一个月转入抵扣,必须是将待抵扣进项税额一次性转入,不允许分次或分批转入抵扣。这样要求的目的就是扼制企业人为调节各月份的应纳税额来避税。

1.5.11.2 租入固定资产进项税额抵扣

《财政部 国家税务总局关于租入固定资产进项税额抵扣等增值税政策的通知》(财税〔2017〕90号)规定,自2018年1月1日起,纳税人租入固定资产、不动产,既用于一般计税方法计税项目,又用于简易计税方法计税项目、免征增值税项目、集体福利或者个人消费的,其进项税额准予从销项税额中全额抵扣。

1.5.11.3 已抵扣进项税额的不动产发生非正常损失或改变用途

根据《国家税务总局关于深化增值税改革有关事项的公告》(国家税务总局公告2019年第14号)第六条规定,已抵扣进项税额的不动产,发生非正常损失,或者改变用途,专用于简易计税方法计税项目、免征增值税项目、集体福利或者个人消费的,按照下列公式计算不得抵扣的进项税额,并从当期进项税额中扣减:

$$不得抵扣的进项税额 = 已抵扣进项税额 \times 不动产净值率$$
$$不动产净值率 = (不动产净值 \div 不动产原值) \times 100\%$$

例题 1-4 甲企业 2019 年 4 月份为建造办公楼外购原材料,当月取得专用发票注明价款 1 000 万元,进项税额 130 万元;取得设计费专用发票注明价款 200 万元,增值税 12 万元;取得建筑服务专用发票,注明价款 500 万元,增值税 45 万元。

$$4月份可以抵扣进项税额 = 130 + 12 + 45 = 187(万元)$$

会计处理如下:

借:在建工程	17 000 000
应交税费——应交增值税(进项税额)	1 870 000
贷:银行存款	18 870 000

假设抵扣 2 年后,将该不动产用于职工食堂(原值 2 000 万元,已提折旧 50 万元)。计算不得抵扣的进项税额如下:

$$不得抵扣的进项税额 = 187 \times (1\ 950 \div 2\ 000) = 182.325(万元)$$

借:固定资产	1 823 250
贷:应交税费——应交增值税(进项税额转出)	1 823 250

1.5.11.4 不得抵扣进项税额的不动产用于允许抵扣项目

根据《国家税务总局关于深化增值税改革有关事项的公告》(国家税务总局公告 2019 年第 14 号)第七条规定,按照规定不得抵扣进项税额的不动产,发生用途改变,用于允许抵扣进项税额项目的,按照下列公式在改变用途的次月计算可抵扣进项税额。

$$可抵扣进项税额 = 增值税扣税凭证注明或计算的进项税额 \times 不动产净值率$$

例题 1-5 甲企业 2019 年 4 月份外购一套沿街房用于本企业职工食堂,取得专用发票注明价款 1 000 万元,增值税 90 万元。没有抵扣。会计处理如下:

借:固定资产——房屋建筑物(职工食堂)	10 900 000
贷:银行存款	10 900 000

该职工食堂使用 2 年后(已提折旧 10 万元),于 2021 年 7 月 10 日,将该沿街房租赁给乙企业使用,每年收取租赁费 100 万元。

则 2021 年 8 月份可以抵扣的进项税额 $= 900\ 000 \times (10\ 900\ 000 - 100\ 000) \div 10\ 900\ 000 = 891\ 743.12(元)$

借:应交税费——应交增值税(进项税额)　　　　　　　　　　　891 743.12
　　贷:固定资产　　　　　　　　　　　　　　　　　　　　　　891 743.12

注:实务操作中,按上述金额红字冲减固定资产借方。

1.5.12　逾期增值税扣税凭证抵扣问题

根据《国家税务总局关于逾期增值税扣税凭证抵扣问题的公告》(国家税务总局公告2011年第50号)及《国家税务总局关于进一步优化增值税、消费税有关涉税事项办理程序的公告》(国家税务总局公告2017年第36号)规定,为贯彻落实国务院关于简政放权、放管结合、优化服务的要求,自2018年1月1日起,逾期增值税扣税凭证继续抵扣事项由省税务局核准。

2018年1月1日后开具的增值税扣税凭证未能按照规定期限办理认证或者稽核比对(以下简称逾期)抵扣问题公告如下:

一、增值税一般纳税人发生真实交易但由于客观原因造成增值税扣税凭证(包括增值税专用发票、海关进口增值税专用缴款书和机动车销售统一发票)未能按照规定期限办理认证、确认或者稽核比对的,经主管税务机关核实、逐级上报,由省税务局核准后,对比对相符的增值税扣税凭证,允许纳税人继续抵扣其进项税额。

增值税一般纳税人由于除本公告第二条规定以外的其他原因造成增值税扣税凭证逾期的,仍应按照增值税扣税凭证抵扣期限有关规定执行。

二、客观原因包括如下类型:

(一)因自然灾害、社会突发事件等不可抗力因素造成增值税扣税凭证逾期。

(二)增值税扣税凭证被盗、抢,或者因邮寄丢失、误递导致逾期。

(三)有关司法、行政机关在办理业务或者检查中,扣押增值税扣税凭证,纳税人不能正常履行申报义务,或者税务机关信息系统、网络故障,未能及时处理纳税人网上认证数据等导致增值税扣税凭证逾期。

(四)买卖双方因经济纠纷,未能及时传递增值税扣税凭证,或者纳税人变更纳税地点,注销旧户和重新办理税务登记的时间过长,导致增值税扣税凭证逾期。

(五)由于企业办税人员伤亡、突发危重疾病或者擅自离职,未能办理交接手续,导致增值税扣税凭证逾期。

(六)国家税务总局规定的其他情形。

三、增值税一般纳税人因客观原因造成增值税扣税凭证逾期的,可按照下列《逾期增值税扣税凭证抵扣管理办法》的规定,申请办理逾期抵扣手续。

(一)增值税一般纳税人发生真实交易但由于客观原因造成增值税扣税凭证逾期的,可向主管税务机关申请办理逾期抵扣。

(二)纳税人申请办理逾期抵扣时,应报送如下资料:

1.《逾期增值税扣税凭证抵扣申请单》。

2. 增值税扣税凭证逾期情况说明。纳税人应详细说明未能按期办理认证、确认或者稽核比对的原因,并加盖企业公章。其中,对客观原因不涉及第三方的,纳税人应说明的情况具体为:发生自然灾害、社会突发事件等不可抗力原因的,纳税人应详细说明自然灾害或者社会突发事件发生的时间、影响地区、对纳税人生产经营的实际影响等;纳税人变更纳税地点,注销旧户和重新办理税务登记的时间过长,导致增值税扣税凭证逾期的,纳税人应详细说明办理搬迁时间、注销旧户和注册新户的时间、搬出及搬入地点等;企业办税人员擅自离职,未办理交接手续的,纳税人应详细说明事情经过、办税人员姓名、离职时间等,并提供解除劳动关系合同及企业内部相关处理决定。

3. 客观原因涉及第三方的,应提供第三方证明或说明。具体为:企业办税人员伤亡或者突发危重疾病的,应提供公安机关、交通管理部门或者医院证明;有关司法、行政机关在办理业务或者检查中,扣押增值税扣税凭证,导致纳税人不能正常履行申报义务的,应提供相关司法、行政机关证明;增值税扣税凭证被盗、抢的,应提供公安机关证明;买卖双方因经济纠纷,未能及时传递增值税扣税凭证的,应提供卖方出具的情况说明;邮寄丢失或者误递导致增值税扣税凭证逾期的,应提供邮政单位出具的说明。

4. 逾期增值税扣税凭证电子信息。

5. 逾期增值税扣税凭证复印件(复印件必须整洁、清晰,在凭证备注栏注明"与原件一致"并加盖企业公章,增值税专用发票复印件必须裁剪成与原票大小一致)。

(三)由于税务机关自身原因造成纳税人增值税扣税凭证逾期的,主管税务机关应在上报文件中说明相关情况。具体为,税务机关信息系统或者网络故障,未能及时处理纳税人网上认证数据的,主管税务机关应详细说明信息系统或网络故障出现、持续的时间,故障原因及表现等。

(四)主管税务机关应认真核实纳税人所报资料,重点核查纳税人所报送资料是否齐全、交易是否真实发生、造成增值税扣税凭证逾期的原因是否属于客观原因、第三方证明或说明所述时间是否具有逻辑性、资料信息是否一致、增值税扣税凭证复印件与原件是否一致等。

主管税务机关核实无误后,应向上级税务机关上报,并将增值税扣税凭证逾期情况说明、第三方证明或说明、逾期增值税扣税凭证电子信息、逾期增值税扣税凭证复印件逐级上报至省国税局。

(五)省国税局对上报的资料进行案头复核,并对逾期增值税扣税凭证信息进行认证、稽核比对,对资料符合条件、稽核比对结果相符的,允许纳税人继续抵扣逾期增值税扣税凭证上所注明或计算的税额。

(六)主管税务机关可定期或者不定期对已抵扣逾期增值税扣税凭证进项税额的纳税人进行复查,发现纳税人提供虚假信息,存在弄虚作假行为的,应责令纳税人将已抵扣进项税额转出,并按《中华人民共和国税收征收管理法》的有关规定进行处罚。

1.5.13 房地产企业营改增后常见抵扣项目及比例

(1)建筑服务:9%或3%。

(2)设计服务:6%或3%。

(3)材料采购:13%或9%或3%。

(4)电信费:9%或6%。

(5)固定资产购置(动产):13%或3%。

(6)固定资产购置(不动产):9%或5%。

(7) 广告服务:6%或3%。
(8) 房屋中介:6%或3%。
(9) 物业管理:6%或3%。
(10) 水费:9%或3%。
(11) 电费:13%或3%。
(12) 不动产租赁:9%或5%。
(13) 动产租赁:13%或3%。
(14) 审计费:6%或3%。
(15) 监理费:6%或3%。
(16) 预算费:6%或3%。
(17) 晒图费:6%或3%。
(18) 刷卡手续费:6%或3%。
(19) 咨询费(与贷款服务相关除外):6%或3%。
(20) 维修费(动产):13%或3%。
(21) 修缮费(不动产):9%或3%。
(22) 饮用桶装水:13%或3%。
(23) 住宿费:6%或3%。
(24) 快递费:9%或6%或3%。
(25) 办公用品:13%或3%。
(26) 培训费:6%或3%。
(27) 会议费:6%或3%。
(28) 高速公路通行费:3%。
(29) 路桥费、过闸费:5%。
(30) 财产保险费:6%或3%。
(31) 劳务派遣(安保服务):6%或3%;等。

上述费用,除高速公路通行费、路桥费、过闸费依据普通发票抵扣外,其他费用必须取得增值税专用发票才能抵扣。

1.6 房地产简易计税方法销售额的计算

1.6.1 房地产企业简易计税方法项目的选择

《国家税务总局关于发布〈房地产开发企业销售自行开发的房地产项目增值税征收管理暂行办法〉的公告》(国家税务总局公告 2016 年第 18 号)第八条规定,一般纳税人销售自行开发的房地产老项目,可以选择适用简易计税方法按照 5% 的征收率计税。一经选择简易计税方法计税的,36 个月内不得变更为一般计税方法计税。

房地产老项目,是指:

(一)《建筑工程施工许可证》注明的合同开工日期在 2016 年 4 月 30 日前的房地产

项目。

(二)《建筑工程施工许可证》未注明合同开工日期或者未取得《建筑工程施工许可证》但建筑工程承包合同注明的开工日期在2016年4月30日前的建筑工程项目。

1.6.2 简易计税方法计算公式

《财政部 国家税务总局关于全面推开营业税改征增值税试点的通知》(财税〔2016〕36号)第三十四条及第三十五条规定,简易计税方法的应纳税额,是指按照销售额和增值税征收率计算的增值税额,不得抵扣进项税额。应纳税额计算公式:

$$应纳税额 = 销售额 \times 征收率$$

简易计税方法的销售额不包括其应纳税额,纳税人采用销售额和应纳税额合并定价方法的,按照下列公式计算销售额:

$$销售额 = 含税销售额 \div (1 + 征收率)$$

1.6.3 简易计税方法销售退回、中止和折让

《财政部 国家税务总局关于全面推开营业税改征增值税试点的通知》(财税〔2016〕36号)第三十六条规定,纳税人适用简易计税方法计税的,因销售折让、中止或者退回而退还给购买方的销售额,应当从当期销售额中扣减。扣减当期销售额后仍有余额造成多缴的税款,可以从以后的应纳税额中扣减。

1.6.4 销售开发产品选择简易计税方法土地价款的扣除

《国家税务总局关于发布〈房地产开发企业销售自行开发的房地产项目增值税征收管理暂行办法〉的公告》(国家税务总局公告2016年第18号)第九条规定,一般纳税人销售自行开发的房地产老项目适用简易计税方法计税的,以取得的全部价款和价外费用为销售额,不得扣除对应的土地价款。

1.6.5 同一老项目中不同类型的开发产品是否可以部分选择一般计税方法,部分选择简易计税方法

根据《国家税务总局纳税服务司关于下发营改增热点问题答复口径和营改增培训参考材料的函》(税总纳便函〔2016〕71号)的规定,房地产开发企业开发的,开工日期在4月30日之前的同一《施工许可证》下的不同房产,如开发项目中既有普通住房,又有别墅,不可以分别选择简易征收和一般计税方法。同一房地产项目只能选择适用一种计税方法。

1.7 房地产企业增值税预缴

1.7.1 一般纳税人增值税预缴

《国家税务总局关于发布〈房地产开发企业销售自行开发的房地产项目增值税征收

管理暂行办法〉的公告》(国家税务总局公告 2016 年第 18 号)第十条规定,一般纳税人采取预收款方式销售自行开发的房地产项目,应在收到预收款时按照 3% 的预征率预缴增值税。

1.7.1.1 一般计税方法预缴税款计算公式

《国家税务总局关于发布〈房地产开发企业销售自行开发的房地产项目增值税征收管理暂行办法〉的公告》(国家税务总局公告 2016 年第 18 号)第十一条规定,应预缴税款按照以下公式计算:

$$应预缴税款 = 预收款 \div (1 + 适用税率或征收率) \times 3\%$$

适用一般计税方法计税的,按照 9% 的适用税率计算;适用简易计税方法计税的,按照 5% 的征收率计算。

1.7.1.2 一般计税方法预缴税款时间

《国家税务总局关于发布〈房地产开发企业销售自行开发的房地产项目增值税征收管理暂行办法〉的公告》(国家税务总局公告 2016 年第 18 号)第十二条规定,一般纳税人应在取得预收款的次月纳税申报期向主管国税机关预缴税款。

1.7.1.3 一般纳税人预缴税款后向机构所在地纳税申报时间

《国家税务总局关于发布〈房地产开发企业销售自行开发的房地产项目增值税征收管理暂行办法〉的公告》(国家税务总局公告 2016 年第 18 号)第十五条规定,一般纳税人销售自行开发的房地产项目适用简易计税方法计税的,应按照《试点实施办法》第四十五条规定的纳税义务发生时间,以当期销售额和 5% 的征收率计算当期应纳税额,抵减已预缴税款后,向主管国税机关申报纳税。未抵减完的预缴税款可以结转下期继续抵减。

$$向机构所在地主管国税机关申报缴纳的增值税 = 预收款 \div (1 + 9\%) \times 5\% - 已预缴税款$$

1.7.2 小规模纳税人增值税预缴

《国家税务总局关于发布〈房地产开发企业销售自行开发的房地产项目增值税征收管理暂行办法〉的公告》(国家税务总局公告 2016 年第 18 号)第十九条规定,房地产开发企业中的小规模纳税人采取预收款方式销售自行开发的房地产项目,应在收到预收款时按照 3% 的预征率预缴增值税。

1.7.2.1 小规模纳税人预缴税款计算公式

《国家税务总局关于发布〈房地产开发企业销售自行开发的房地产项目增值税征收管理暂行办法〉的公告》(国家税务总局公告 2016 年第 18 号)第二十条规定,应预缴税款按照以下公式计算:

$$应预缴税款 = 预收款 \div (1 + 5\%) \times 3\%$$

1.7.2.2 小规模纳税人预缴税款的时间

《国家税务总局关于发布〈房地产开发企业销售自行开发的房地产项目增值税征收管理暂行办法〉的公告》(国家税务总局公告 2016 年第 18 号)第二十一条规定,小规模纳税人应在取得预收款的次月纳税申报期或主管国税机关核定的纳税期限向主管国税机关预缴税款。

上述规定有利于税务机关根据纳税人预收款的具体收取方式和收取时间,合理安排纳税人预缴税款的时间。许多房地产企业在开盘时一次性预收全部或大部分房款的,税务机关可以根据需要,核定纳税人开盘后的次月预缴税款后,在下一次收取预售房款时不再申报预缴税款,有利于减少纳税人每月申报预缴的工作量。

1.7.2.3 小规模纳税人预缴税款后向机构所在地纳税申报时间

《国家税务总局关于发布〈房地产开发企业销售自行开发的房地产项目增值税征收管理暂行办法〉的公告》(国家税务总局公告2016年第18号)第二十二条规定,小规模纳税人销售自行开发的房地产项目,应按照《试点实施办法》第四十五条规定的纳税义务发生时间,以当期销售额和5%的征收率计算当期应纳税额,抵减已预缴税款后,向主管国税机关申报纳税。未抵减完的预缴税款可以结转下期继续抵减。

向机构所在地主管国税机关申报缴纳的增值税＝预收款÷(1＋5%)×5%－已预缴税款

1.7.2.4 房地产企业预缴税率的管理措施

《国家税务总局关于发布〈房地产开发企业销售自行开发的房地产项目增值税征收管理暂行办法〉的公告》(国家税务总局公告2016年第18号)第二十六条、第二十七条、第二十八条规定:

(一)房地产开发企业销售自行开发的房地产项目,按照本办法规定预缴税款时,应填报《增值税预缴税款表》。

(二)房地产开发企业以预缴税款抵减应纳税额,应以完税凭证作为合法有效凭证。

(三)房地产开发企业销售自行开发的房地产项目,未按规定预缴或缴纳税款的,由主管国税机关按照《中华人民共和国税收征收管理法》及相关规定进行处理。

1.7.3 房地产企业收取的诚意金、认筹金等预缴增值税问题

《小企业会计准则——会计科目和主要账务处理(二)》规定,预收账款核算企业按照合同规定向购货单位预收的款项。

《城市商品房预售管理办法》(建设部令第88号)第六条规定,商品房预售实行许可制度。开发企业进行商品房预售,应当向房地产管理部门申请预售许可,取得《商品房预售许可证》。未取得《商品房预售许可证》的,不得进行商品房预售。第二十二条又规定不符合商品房销售条件的,房地产开发企业不得销售商品房,不得向买受人收取任何预订款性质费用。

而"意向金、诚意金、订金、VIP会员费"一般都是房地产企业在未取得预售许可证前向意向客户收取的意向款,它们不属于法律范畴,不受《合同法》保护,随时有可能退还,从会计角度看,也不属于预收账款。所以,"意向金、诚意金、订金、VIP会员费"并不是房地产开发企业实现的预售房款,仅仅是暂收应付的款项,应该在"其他应付款"科目核算。

综上所述,关于房地产企业预收的诚意金、意向金、订金、VIP会员费等各种名目的款项,按下列办法处理:

(一)房地产公司收取诚意金等,在没有签订预售合同或购房合同前,不应作为预收账款预征销售不动产增值税,可以向付款方开具不征税普通发票,作为付款方按揭贷款的凭

证,但不能开具正式销售发票。

(二)但如果购房人在规定的时间签订了购房合同或预售合同的,诚意金等性质转化为预售房款,应当按规定预缴增值税。可以按规定向购房者开具税率为"不征税"的普通发票,作为购房者按揭贷款的凭证之一。但该发票对于购买方来讲不具备发票的用途,购买方不能以该发票作为企业所得税税前扣除凭证,应当附在"借:预付账款;贷:银行存款"记账凭证后作为原始凭证。待交付商品房时房地产企业仍旧需要向购房者开具正式的增值税普通发票或专用发票。

(三)如果在规定时间内,购房人没有签订购房合同或预售合同的,返还给购房人的诚意金不存在纳税问题。

1.7.4 项目所在地预缴城市维护建设税是否需要在机构所在地补退差额问题

房地产企业项目所在地在县城,按预缴增值税的5%预缴城市维护建设税,而机构所在地在城市。在向机构所在地申报预缴城市维护建设税时,是否应当补缴2%的差额?反之,房地产企业项目所在地在城市,按7%预缴城市维护建设税,机构所在地在县城,向机构所在地申报预缴城市维护建设税时,是否应当向税务机关申请退还2%的差额?

根据《财政部 国家税务总局关于纳税人异地预缴增值税有关城市维护建设税和教育费附加政策问题的通知》(财税〔2016〕74号)规定,纳税人跨地区提供建筑服务、销售和出租不动产的,应在建筑服务发生地、不动产所在地预缴增值税时,以预缴增值税税额为依据,并按预缴增值税所在地的城市维护建设税适用税率和教育费附加征收率就地计算缴纳城市维护建设税和教育费附加。预缴增值税的纳税人在其机构所在地申报缴纳增值税时,以其实际缴纳的增值税税额为计税依据,并按机构所在地的城市维护建设税适用税率和教育费附加征收率就地计算缴纳城市维护建设税和教育费附加。

因此,预缴增值税时附征的城市维护建设税、教育费附加、地方教育附加随缴纳增值税的地点确定纳税地点及税率。纳税人机构所在地与预缴增值税的项目所在地城市维护建设税税率不一致的,以城市维护建设税实际纳税地的适用税率为准,无需回纳税人机构所在地办理补税或退税手续。

1.8 房地产企业发票管理

1.8.1 房地产企业应当了解的发票规定

1.8.1.1 发票的概念及理解

《中华人民共和国发票管理办法》第三条规定,发票是指在购销商品、提供或者接受服务以及从事其他经营活动中,开具、收取的收付款凭证。

上述规定包含如下含义:

1. 发票的开具是以经济业务发生为前提,只有发生经营行为才能开具发票,这里所说的经营行为不一定是主业,企业偶尔发生的经营活动也可以向付款方开具发票。

2. 不属于购销商品、提供或者接受服务及从事其他经营活动的行为,即使发生收取款项的行为,也不需要向付款方开具发票。例如,企业从政府取得的奖励款等。

3. 发票是企业发生交易的收付款凭证,也是界定企业交易是否真实的重要的证据之一。

1.8.1.2 房地产企业取得发票应当注意的事项

1. 所有单位和从事生产、经营活动的个人在购买商品、接受服务以及从事其他经营活动支付款项,应当向收款方取得发票。

2. 取得发票时,不得要求变更品名和金额。

3. 不符合规定的发票,不得作为财务报销凭证,任何单位和个人有权拒收。

1.8.1.3 房地产企业开具发票应当注意的事项

(一)开具发票应当按照规定的时限、顺序、栏目,全部联次一次性如实开具,并加盖发票专用章。

(二)任何单位和个人不得有下列虚开发票行为:

(1)为他人、为自己开具与实际经营业务情况不符的发票。

(2)让他人为自己开具与实际经营业务情况不符的发票。

(3)介绍他人开具与实际经营业务情况不符的发票。

(三)安装税控装置的单位和个人,应当按照规定使用税控装置开具发票,并按期向主管税务机关报送开具发票的数据。

(四)使用非税控电子器具开具发票的,应当将非税控电子器具使用的软件程序说明资料报主管税务机关备案,并按照规定保存、报送开具发票的数据。

国家推广使用网络发票管理系统开具发票,具体管理办法由国务院税务主管部门制定。具体规定详见国家税务总局令第30号(2013年)。

(五)销售不动产,纳税人自行开具或者税务机关代开增值税发票时,应在发票"货物或应税劳务、服务名称"栏填写不动产名称及房屋产权证书号码(无房屋产权证书的可不填写),"单位"栏填写面积单位,备注栏注明不动产的详细地址。

(六)房地产企业在预售开发产品时,可以向购房者开具税率为"不征税"的普通发票,作为购房者办理按揭贷款的凭证。但该发票不具有发票的性质,而是预收账款的凭证,相当于原地税局监制的收款收据。待发生增值税纳税义务发生时间时,应当按开发产品的实测面积及金额向购房者重新开具正式的发票,原"不征税"发票无需退还。

企业在实际收到预售房款并开具"不征税"普通发票后,会计处理为:

借:银行存款
　　贷:预收账款

附:"不征税"普通发票的记账联;银行入账通知单等。

待发生增值税纳税义务时(一般为交房):

借:预收账款
　　贷:主营业务收入
　　　　应交税费——应交增值税

附:向购房者开具的按法定税率或征收率开具的发票记账联等。

1.8.1.4 "发票使用范围"≠"经营范围"

应当注意,"发票使用范围"≠"经营范围"。

2016年5月6日国家税务总局政策解答政策组发言材料中,对此问题做过回答。问:一般纳税人发生超出税务登记范围业务,是自开发票还是由税务机关代开发票?答:一般纳税人一律自开增值税发票。

《内蒙古自治区国家税务局营改增期间增值税发票相关问题解答》第四条也规定,纳税人的经营业务日趋多元化,在主营范围以外也会发生其他属于增值税应税范围的经营活动。所以纳税人自行开具增值税发票或向税务机关申请代开增值税发票时,不受其营业执照中的营业范围限制,只要发生真实的应税业务均可开具增值税发票。

《甘肃省国家税务局关于发票开具使用涉及相关政策及问题回复》第23条回答,一般纳税人发生超出税务登记经营范围业务,是自开发票还是由税务机关代开发票?答:一般纳税人一律自开增值税发票。

《湖北国税局营改增政策执行口径第四辑》规定,纳税人发生营业执照的经营范围以外的业务,可以向工商部门申请变更营业执照范围,工商部门不予变更营业执照范围的,纳税人可自行开具发票。

例如,房地产企业销售使用过的办公桌椅、塔吊、电子产品、下脚料等,虽然不属于营业执照的经营范围,但本企业可以自行向付款方开具增值税发票,而不需要向税务机关申请代开。

1.8.1.5 以其他凭证代替发票使用

以其他凭证代替发票使用包括应当取得发票而以收款收据代替发票使用,也属于发票管理办法禁止的范围。

1.8.1.6 增值税专用发票申请限额流程简化

《国家税务总局关于进一步明确营改增有关征管问题的公告》(国家税务总局公告2017年第11号)第八条规定,实行实名办税的地区,已由税务机关现场采集法定代表人(业主、负责人)实名信息的纳税人,申请增值税专用发票最高开票限额不超过十万元的,主管国税机关应自受理申请之日起2个工作日内办结,有条件的主管国税机关即时办结。即时办结的,直接出具和送达《准予税务行政许可决定书》,不再出具《税务行政许可受理通知书》。

1.8.1.7 建筑业增值税纳税义务发生时间变化对房地产企业取得发票时间的影响

《财政部 国家税务总局关于建筑服务等营改增试点政策的通知》(财税〔2017〕58号)第二条规定,《营业税改征增值税试点实施办法》(财税〔2016〕36号印发)第四十五条第(二)项修改为"纳税人提供租赁服务采取预收款方式的,其纳税义务发生时间为收到预收款的当天"。

> **提 示**
>
> (1)与原规定比较,取消了建筑服务在实际收到预收款时发生增值税纳税义务的规定。施工企业在实际收到预收款时不发生增值税纳税义务,不能计算销项税额,但必须按规定预缴增值税。建筑公司可以向房地产企业开具税率为"不征税"增值税普通发票,但该发票的性质相当于收款收据,不能作为企业所得税的成本费用和土地增值税的扣除项目金额的扣除凭证,仅作为预收款的凭证,会计上作为预收账款处理。待符合增值税纳税义务发生条件时,仍旧应当向房地产企业开具正式的增值税普通发票或专用发票。

（2）调整后，建筑服务增值税纳税义务发生时间就应当按财税〔2016〕36号文件第45条第一款执行，即纳税人发生应税行为并收讫销售款项或者取得索取销售款项凭据的当天；先开具发票的，为开具发票的当天。

收讫销售款项，是指纳税人销售服务、无形资产、不动产过程中或者完成后收到款项。

取得索取销售款项凭据的当天，是指书面合同确定的付款日期；未签订书面合同或者书面合同未确定付款日期的，为服务、无形资产转让完成的当天或者不动产权属变更的当天。

那么施工企业向房地产企业收取的价款中，什么时间收取的属于预收款呢？施工企业什么时间向房地产企业开具正式发票呢？

根据财政部、建设部印发的《建设工程价款结算暂行办法》（财建〔2004〕369号）规定，建设工程价款结算包括工程预付款、工程进度款、工程竣工价款结算等多项内容。该办法第七条明确规定，发包人、承包人应当在合同条款中对涉及工程价款结算的下列事项进行约定：①预付工程款的数额、支付时限及抵扣方式；②工程进度款的支付方式、数额及时限；……

综上所述：建筑业增值税纳税义务发生时间变化后，按下列方法确定预收款及增值税纳税义务发生时间：

第一，不管什么情况下，只要建筑企业在纳税义务没有实际发生的情况下，提前向建设单位开具发票的，纳税义务即发生，应当按规定提取销项税额，但会计上不一定确认收入的实现。

第二，在开工前取得的预付工程款不发生增值税纳税义务，不需要提取销项税额，仅就其按规定预缴增值税即可。同一个地级市内的跨县市施工，向机构所在地预缴；跨地级市施工，向工程所在地预缴。施工企业可以向房地产企业开具税率为"不征税"的普通发票。

第三，当建设单位按合同约定的工程进度结算工程进度款时（一般是按已经完成的工作量等作为结算依据），属于"过程中"收取款项，只要双方已经确认，不管是否实际收到，一律确认增值税纳税义务发生，应当向建设单位开具发票并提取销项税额，抵扣当期进项税额并减除预缴增值税后向机构所在地申报缴纳增值税。

第四，工程完工并验收合格后，如果合同约定了尾款的付款日期，属于"完成后"收取款项，则剩余的款项不管是否实际收到，均应当按合同约定的付款日期确认增值税纳税义务发生；如果合同没有约定尾款的付款日期的，应当在验收合格后即确认增值税纳税义务发生；但实际提取销项税额抵扣进项税额缴纳增值税时，应当将预缴增值税进行抵缴。

1.8.2 虚开发票

1.8.2.1 虚开普通发票的严重后果

（一）犯罪后果。

《刑法》第二百零五条规定，虚开增值税专用发票以外的其他发票，情节严重的，处2年以下有期徒刑、拘役或者管制，并处罚金；情节特别严重的，处2年以上7年以下有期徒刑，并处罚金。

单位犯前款罪的,对单位判处罚金,并对其直接负责的主管人员和其他直接责任人员,依照前款的规定处罚。

(二)处罚后果。

《中华人民共和国发票管理办法》(以下简称《发票管理办法》)第四十一条规定,违反发票管理法规,导致其他单位或者个人未缴、少缴或者骗取税款的,由税务机关没收违法所得,可以并处未缴、少缴或者骗取的税款1倍以下的罚款。

1.8.2.2 虚开增值税专用发票的严重后果

根据《全国人民代表大会常务委员会关于惩治虚开、伪造和非法出售增值税专用发票犯罪的决定》(中华人民共和国主席令第57号)、最高人民法院关于适用《全国人民代表大会常务委员会关于惩治虚开、伪造和非法出售增值税专用发票犯罪的决定》的若干问题的解释(最高人民法院审判委员会第446次会议讨论通过)、《中华人民共和国刑法》总结如下:

(一)虚开增值税专用发票的含义。

虚开增值税专用发票是指有为他人虚开、为自己虚开、让他人为自己虚开、介绍他人虚开增值税专用发票行为之一的。

(二)虚开增值税专用发票的界定条件。

具有下列行为之一的,属于"虚开增值税专用发票":

(1)没有货物购销或者没有提供或接受应税劳务而为他人、为自己、让他人为自己、介绍他人开具增值税专用发票。

(2)有货物购销或者提供或接受了应税劳务但为他人、为自己、让他人为自己、介绍他人开具数量或者金额不实的增值税专用发票。

(3)进行了实际经营活动,但让他人为自己代开增值税专用发票。

(三)虚开增值税专用发票定罪起点。

《最高人民法院关于虚开增值税专用发票量刑标准问题的通知》(法〔2018〕226号)规定,虚开的税款数额在5万元以上的,应当依法定罪处罚。

(四)虚开增值税专用发票的法律后果。

1. 犯罪后果。

根据刑法第二百零五条及《最高人民法院关于虚开增值税专用发票量刑标准问题的通知》(法〔2018〕226号)总结如下:

(1)虚开税款数额5万元以上50万元以下——3年以下有期徒刑或拘役,并处2万元以上20万元以下罚金。

(2)虚开税款数额50万~250万元——3年以上10年以下有期徒刑,并处5万元以上50万元以下罚金。

(3)虚开税款数额在250万元以上——10年以上有期徒刑或无期徒刑,并处5万元以上50万元以下罚金或没收财产。

2. 处罚后果。

《发票管理办法》第四十一条规定,违反发票管理法规,导致其他单位或者个人未缴、少缴或者骗取税款的,由税务机关没收违法所得,可以并处未缴、少缴或者骗取的税款1倍以下的罚款。

单位犯本条规定之罪的,对单位判处罚金,并对其直接负责的主管人员和其他直接责任人员,处3年以下有期徒刑或者拘役;虚开的税款数额较大或者有其他严重情节的,处3年以上10年以下有期徒刑;虚开的税款数额巨大或者有其他特别严重情节的,处10年以上有期徒刑或者无期徒刑。

1.8.2.3　关于变名开票是否构成虚开发票问题

纳税人销售食品,发票开具为电脑耗材等变名开票行为是否构成虚开发票呢？现分析如下:

关于虚开发票的界定,发票管理办法和《最高人民法院关于适用〈全国人民代表大会常务委员会关于惩治虚开、伪造和非法出售增值税专用发票犯罪的决定〉的若干问题的解释》是不一样的。

《发票管理办法》第22条第1款"为他人、为自己开具与实际经营业务情况不符的发票"为虚开发票,范围较广;而最高人民法院的解释是"有货物购销或者提供或接受了应税劳务,但他人、为自己、让他人为自己、介绍他人开具数量或者金额不实的增值税专用发票",虚开专用发票罪的界定仅限于存在真实交易,但开具的数量或金额与实际交易不相符,并不包括改变商品名称的内容。

因此,在存在真实交易的情况下,如果开具发票的内容与实际交易不相符,包括变名开票在内,均构成发票管理办法规定的虚开发票行为,应当按《发票管理办法》第三十七条规定处罚,即虚开发票的,由税务机关没收违法所得;虚开金额在1万元以下的,可以处5万元以下的罚款;虚开金额超过1万元的,并处5万元以上50万元以下的罚款;构成犯罪的,依法追究刑事责任。

但涉及虚开专用发票犯罪行为的界定时,则应当遵循最高人民法院的解释,即:存在真实交易的情况下,如果开具专用发票的数量或金额至少存在一项,且达到定罪起点的,才能移交司法部门追究刑事责任。但变名开票,数量和金额与实际交易相符的,则不构成虚开专用发票犯罪。

1.8.3　不同纳税人身份开具发票的规定

1.8.3.1　一般纳税人

(一)一般计税方法发票开具。

《国家税务总局关于发布〈房地产开发企业销售自行开发的房地产项目增值税征收管理暂行办法〉的公告》(国家税务总局公告2016年第18号)第十六条规定,一般纳税人销售自行开发的房地产项目,自行开具增值税发票。

该规定应当理解为,房地产一般纳税人销售按一般计税方法缴纳增值税的项目,可以按收取的全部价款和价外费用向购房者自行开具增值税专用发票,不需要考虑扣除的土地价款。因扣除土地价款抵减的销项税额通过"应交税费——应交增值税(销项税额抵减)"科目借方发生额抵减。

(二)简易计税方法发票开具。

房地产一般纳税人销售按简易计税方法缴纳增值税的项目,既可以按收取的全部价款和价外费用向购房者开具增值税普通发票,也可以按5%征收率开具增值税专用发票。区别在于：购房者取得增值税普通发票不允许抵扣进项税额；但取得按5%征收率开具的增值税专用发票,可以抵扣进项税额。

1.8.3.2 小规模纳税人

《国家税务总局关于发布〈房地产开发企业销售自行开发的房地产项目增值税征收管理暂行办法〉的公告》(国家税务总局公告2016年第18号)第二十三条、第二十四条、第二十五条规定,小规模纳税人销售自行开发的房地产项目,自行开具增值税普通发票。购买方需要增值税专用发票的,小规模纳税人向主管国税机关申请代开。

小规模纳税人销售自行开发的房地产项目,其2016年4月30日前收取并已向主管地税机关申报缴纳营业税的预收款,未开具营业税发票的,可以开具增值税普通发票,不得申请代开增值税专用发票。

小规模纳税人向其他个人销售自行开发的房地产项目,不得申请代开增值税专用发票。

> **提 示**
>
> 需要注意的是,小规模纳税人原则上不允许自行开具增值税专用发票,但也有例外情况。根据《国家税务总局关于部分地区开展住宿业增值税小规模纳税人自开增值税专用发票试点工作有关事项的公告》(国家税务总局公告2016年第44号)、《国家税务总局关于进一步明确营改增有关征管问题的公告》(国家税务总局公告2017年第11号)、《国家税务总局国家税务总局关于在境外提供建筑服务等有关问题的公告》(国家税务总局公告2016年第69号)、《国家税务总局关于开展鉴证咨询业增值税小规模纳税人自开增值税专用发票试点工作有关事项的公告》(国家税务总局公告2017年第4号)、《国家税务总局关于增值税发票管理若干事项的公告》(国家税务总局公告2017年第45号)规定,将小规模纳税人自行开具增值税专用发票的范围,在住宿业、鉴证咨询业、建筑业的基础上,增加工业企业、信息传输业、软件业、信息技术服务业四个行业。此外,原为增值税一般纳税人,后根据《国家税务总局关于统一小规模纳税人标准等若干增值税问题的公告》(国家税务总局公告2018年第18号)规定转登记为小规模纳税人的房地产企业销售自行开发的房地产项目,也可以自行开具增值税专用发票(注:实务中很少见)。

1.8.3.3 自然人

根据《国家税务总局纳税服务司关于下发营改增热点问题答复口径和营改增培训参考材料的函》(税总纳便函〔2016〕71号)规定:

其他个人(即自然人,下同)销售其取得的不动产和出租不动产,购买方或承租方不属于其他个人的,纳税人缴纳增值税后可以向地税局申请代开增值税专用发票。上述情况之外的其他个人不能申请代开增值税专用发票。

1.8.4 红字增值税专用发票开具

根据《国家税务总局关于红字增值税发票开具有关问题的公告》(国家税务总局公告2016年第47号)规定,自2016年8月1日起,为进一步规范纳税人开具增值税发票管理,对红字发票开具有关问题进行了调整,现总结如下:

1. 可以申请开具红字专用发票的情况:

(1) 一般纳税人发生销售退回、开票有误、应税服务中止等但不符合发票作废条件。

(2) 销售货物部分退回。

(3) 发生销售折让。

2. 开具流程(分三种情况分别处理)。

(1) 购买方取得的增值税专用发票已认证抵扣的。

购买方在新系统填开《开具红字增值税专用发票信息表》(注:以下简称《信息表》,不需要填写相当于的蓝字专用发票信息)——税务机关通过网络接收《信息表》——系统自动校验通过——生成带有"红字发票信息表编号"的《信息表》——《信息表》同步到纳税人端系统——销售方凭系统中的《信息表》开具红字增值税专用发票(销项税额以负数开具)——购买方作为记账凭证的原始凭证。

购买方填写《信息表》后的会计处理:

借:原材料等科目
　　贷:应交税费——应交增值税(进项税额转出)

附:《信息表》

附件

开具红字增值税专用发票信息表

填开日期:　年　月　日

销售方	名　称		购买方	名　称	
	纳税人识别号			纳税人识别号	

开具红字专用发票内容	货物(劳务服务)名称	数量	单价	金额	税率	税额
	合计	—	—		—	

说明	一、购买方□ 　对应蓝字专用发票抵扣增值税销项税额情况: 　1. 已抵扣□ 　2. 未抵扣□ 　对应蓝字专用发票的代码:_____　号码:_____ 二、销售方□ 　对应蓝字专用发票的代码:_____　号码:_____
红字专用发票信息表编号	

购买方取得销售方开具的红字增值税专用发票后:

先冲减上述记账凭证记载的会计分录后,依据《信息表》和取得的红字增值税专用发票发票联作如下会计分录:

借:原材料　　　　　　　　　　　　　　　＊＊＊(红字金额或负数)
　贷:应交税费——应交增值税(进项税额转出)　＊＊＊(红字金额或负数)

（2）购买方取得的增值税专用发票尚未认证抵扣,但发票联和抵扣联无法退回的红字增值税专用发票的开具流程与(1)类似,不同点是:填写《信息表》时,应当填写相对应的蓝字专用发票信息。

由于购买方没有抵扣进项税额,不需要进行会计处理。

销售方按规定开具红字增值税专用发票后,依据红字专用发票冲减销售额和销项税额。

（3）销售方未将专用发票交给购买方或购买方尚未抵扣,将发票联和抵扣联退回销售方的由销售方在发票新系统填写《信息表》,并填写相对应的蓝字增值税专用发票信息。购买方由于没有抵扣,不需要进行会计处理。

销售方凭《信息表》开具红字增值税专用发票,冲减销售额和销项税额。

3. 小规模纳税人向税务机关申请代开的增值税专用发票发生需要开具红字专用发票情况的,比照执行。

4. 纳税人需要开具红字增值税普通发票的,可以在所对应的蓝字发票金额范围内开具多份红字发票。红字机动车销售统一发票需与原蓝字机动车销售统一发票一一对应。（注:不需要贴现填写《信息表》和申请开具红字增值税专用发票）

5. 纳税人在办理税务登记后至登记为一般纳税人期间发生的进项税额,按国家税务总局公告2015年第59号规定,可以抵扣。如果抵扣凭证无法认证或稽核比对的,也可以按上述办法处理。

1.8.5 营改增前后政策的衔接问题

1.8.5.1 营改增前已缴纳营业税没有开具发票问题

根据《国家税务总局关于发布〈房地产开发企业销售自行开发的房地产项目增值税征收管理暂行办法〉的公告》(国家税务总局公告2016年第18号)第十七条规定,一般纳税人销售自行开发的房地产项目,其2016年4月30日前收取并已向主管地税机关申报缴纳营业税的预收款,未开具营业税发票的,可以开具增值税普通发票,不得开具增值税专用发票。

《国家税务总局关于明确中外合作办学等若干增值税征管问题的公告》(国家税务总局公告2018年第42号)第七条规定,纳税人2016年5月1日前发生的营业税涉税业务,包括已经申报缴纳营业税或补缴营业税的业务,需要补开发票的,可以开具增值税普通发票。纳税人应完整保留相关资料备查。

> **提示**
>
> 需要补开发票的情形主要有:
> 1. 已申报营业税,未开具发票的。

2. 已申报营业税,已开具发票,发生销售退回或折让、开票有误、应税服务中止等情形,需要开具红字发票或重新开具发票的。

3. 已补缴营业税税款,未开具发票的。

应当注意的是,补开增值税普通发票时,是通过发票新系统开具税率为"不征税"的普通发票,不需要补缴增值税。

1.8.5.2 营改增前已缴纳营业税的商品房发生退房的处理

《营业税改征增值税试点有关事项的规定》(财税〔2016〕36号附件2)规定,试点纳税人发生应税行为,在纳入营改增试点之日前已缴纳营业税,营改增试点后因发生退款减除营业额的,应当向原主管地税机关申请退还已缴纳的营业税。

1.8.5.3 营改增前缴纳营业税后在营改增后交房补交的房款应当缴纳营业税还是增值税

某房地产企业2016年3月份开发产品预售完毕,实际收到的预售房款均已按规定缴纳营业税并向购买者开具了营业税的发票。后在交房时,因实测面积大于购房合同注明的面积。分析两种情况:

(1) 如果在2016年5月1日前交房,但在营改增后补缴购房款差价,这部分差价应当缴纳营业税,并向税务机关申请补开税率为"不征税"的普通发票。这个没有争议。

(2) 如果在2016年5月1日后交房,补缴的购房款差价应当缴纳营业税还是增值税呢?由于原《中华人民共和国营业税暂行条例实施细则》(中华人民共和国财政部令第65号)第二十五条规定,纳税人转让土地使用权或者销售不动产,采取预收款方式的,其纳税义务发生时间为收到预收款的当天。也就是说,房地产企业应当在实际收到预售房款时发生营业税纳税义务。但营改增后按财税〔2016〕36号文件规定,房地产企业应当在交付开发产品时发生增值税纳税义务,因此收到的补价,应当补缴的是增值税,而不是营业税。

1.8.5.4 营改增前少缴的营业税在营改增后被查的处理

《营业税改征增值税试点有关事项的规定》(财税〔2016〕36号附件2)规定,试点纳税人纳入营改增试点之日前发生的应税行为,因税收检查等原因需要补缴税款的,应按照营业税政策规定补缴营业税。

1.8.5.5 2019年4月1日降税后发生销售折让、中止或退回的发票开具问题

《国家税务总局关于深化增值税改革有关事项的公告》(国家税务总局公告2019年第14号)第一条规定,增值税一般纳税人(以下称纳税人)在增值税税率调整前已按原16%、10%适用税率开具的增值税发票,发生销售折让、中止或者退回等情形需要开具红字发票的,按照原适用税率开具红字发票;开票有误需要重新开具的,先按照原适用税率开具红字发票后,再重新开具正确的蓝字发票。

> **提 示**
>
> 简而言之:
>
> 1. 降税前按原税率16%或10%开具的发票,在降税后发生销售折让或退回需要开具红字发票的,仍旧按原税率开具红字发票。
>
> 2. 对于开票有误需要重新开具的,先按照原适用税率开具红字发票后,再重新开具正确的蓝字发票。

1.8.5.6 税率调整前未开具发票的增值税应税行为在降税后补开发票的税率问题

《国家税务总局关于深化增值税改革有关事项的公告》(国家税务总局公告2019年第14号)第二条规定,纳税人在增值税税率调整前未开具增值税发票的增值税应税销售行为,需要补开增值税发票的,应当按照原适用税率补开。

> **提　示**
>
> 税率衔接问题:
>
> 1. 开具发票的适用税率并不是按2019年4月1日作为时点划分的,而是根据增值税纳税义务发生时间确定。只要增值税纳税义务发生在2019年3月底前,即使在2019年4月1日后开具发票,也必须按原税率开具。
>
> 例如:委托代销的货物,已经在2019年3月底前取得代销清单或收取全部或部分货款或自货物发出之日起已经满180天,即使发票在2019年4月1日后开具,也必须按原税率开具。
>
> 2. 纳税人在增值税税率调整前应当开具但未开具增值税发票的增值税应税销售行为,需要补开增值税发票的,应当按照原适用税率补开。

1.8.5.7　增值税发票税控开票软件升级

《国家税务总局关于深化增值税改革有关事项的公告》(国家税务总局公告2019年第14号)第三条至第五条规定:

1. 增值税发票税控开票软件税率栏次默认显示调整后税率,纳税人发生需要按原税率开具发票情形的,可以手工选择原适用税率开具增值税发票。

2. 税务总局在增值税发票税控开票软件中更新了《商品和服务税收分类编码表》,纳税人应当按照更新后的《商品和服务税收分类编码表》开具增值税发票。

3. 纳税人应当及时完成增值税发票税控开票软件升级和自身业务系统调整。

1.8.6　增值税纳税义务发生时间

《财政部 国家税务总局关于全面推开营业税改征增值税试点的通知》(财税〔2016〕36号)第四十五条规定,增值税纳税义务、扣缴义务发生时间为:

(一) 纳税人发生应税行为并收讫销售款项或者取得索取销售款项凭据的当天;先开具发票的,为开具发票的当天。

收讫销售款项,是指纳税人销售服务、无形资产、不动产过程中或者完成后收到款项。

取得索取销售款项凭据的当天,是指书面合同确定的付款日期;未签订书面合同或者书面合同未确定付款日期的,为服务、无形资产转让完成的当天或者不动产权属变更的当天。

(二) 纳税人提供建筑服务、租赁服务采取预收款方式的,其纳税义务发生时间为收到预收款的当天。

(三) 纳税人从事金融商品转让的,为金融商品所有权转移的当天。

(四) 纳税人发生视同销售行为规定情形的,其纳税义务发生时间为服务、无形资产转让完成的当天或者不动产权属变更的当天。

(五)增值税扣缴义务发生时间为纳税人增值税纳税义务发生的当天。

> **提 示**
>
> 综上所述,房地产企业增值税纳税义务发生时间总结如下:
> (1)采用预收款方式销售商品房的,应当在实际交付商品房时确认增值税纳税义务发生。
> (2)先交房后付款的,应当按合同约定的付款日期确认增值税纳税义务发生时间;但如果没有签订购房合同或购房合同中没有约定付款日期的,应当在办理房产证过户之日确认增值税纳税义务发生时间。

1.8.7 房地产企业代扣代缴增值税义务

《财政部 国家税务总局关于全面推开营业税改征增值税试点的通知》(财税〔2016〕36号)第六条、第二十条、第二十五条规定,中华人民共和国境外单位或者个人在境内发生应税行为,在境内未设有经营机构的,以购买方为增值税扣缴义务人。财政部和国家税务总局另有规定的除外。扣缴义务人按照下列公式计算应扣缴税额:

$$应扣缴税额=购买方支付的价款\div(1+税率)\times 税率$$

从境外单位或者个人购进服务、无形资产或者不动产,自税务机关或者扣缴义务人取得的解缴税款的完税凭证上注明的增值税额准予作为进项税额抵扣。

例如,甲房地产企业2016年8月份支付给某国一家设计公司设计费折合人民币106万元。则:

该公司应当代扣代缴增值税=106÷(1+6%)×6%=6(万元)

该公司应当代扣代缴城市维护建设税、教育费附加和地方教育费附加合计=6×(7%+3%+2%)=0.72(万元)

该公司向机构所在地解缴上述增值税后,取得解缴税款完税凭证注明的增值税6万元,可以按规定在计算应纳增值税额时抵扣。

1.9 房地产企业涉及的主要增值税业务处理

1.9.1 视同销售行为

1.9.1.1 视同销售的界定

《财政部 国家税务总局关于全面推开营业税改征增值税试点的通知》(财税〔2016〕36号)第十四条规定,下列情形视同销售服务、无形资产或者不动产:

(一)单位或者个体工商户向其他单位或者个人无偿提供服务,但用于公益事业或者以社会公众为对象的除外。

(二)单位或者个人向其他单位或者个人无偿转让无形资产或者不动产,但用于公益事业或者以社会公众为对象的除外。

例如,房地产企业作为拿地条件之一,为政府配套建造的幼儿园等公益事业项目,在建成后无偿移交给当地政府用于办学等,免征增值税,但这部分免税项目所对应的进项税额不允许抵扣。

(三) 财政部和国家税务总局规定的其他情形。

1.9.1.2 视同销售行为增值税计税依据的确定

《财政部 国家税务总局关于全面推开营业税改征增值税试点的通知》(财税〔2016〕36号)第四十四条规定,纳税人发生视同销售行为而无销售额的,主管税务机关有权按照下列顺序确定销售额:

(一) 按照纳税人最近时期销售同类服务、无形资产或者不动产的平均价格确定。

(二) 按照其他纳税人最近时期销售同类服务、无形资产或者不动产的平均价格确定。

(三) 按照组成计税价格确定。组成计税价格的公式为:

$$组成计税价格＝成本×(1＋成本利润率)$$

成本利润率由国家税务总局确定。

1.9.1.3 买一赠一行为

对于营改增后,房地产企业销售房屋时赠送精装修、赠送家电,甚至是买房送车位、送汽车、送物业费、送阁楼等行为,是否需要按视同销售征收增值税呢?

上述行为是典型的"买一赠一"行为,是否视同销售多年来一直存在争议。根据《中华人民共和国增值税暂行条例实施细则》第四条第八款规定,将自产、委托加工或者购进的货物无偿赠送其他单位或者个人,应当视同销售缴纳增值税。该条的关键词是"无偿"。只有体现无偿性的对外捐赠行为,才能视同销售。如果附加条件的所谓的"捐赠",不属于增值税视同销售行为。关于"捐赠"的含义,《财政部关于加强企业对外捐赠财务管理的通知》(财企〔2003〕95号)规定,对外捐赠是指企业自愿无偿将其有权处分的合法财产赠送给合法的受赠人用于生产经营活动没有直接关系的公益事业的行为。言外之意,不以获得对方的直接或间接经济利益为目的,向没有销售、买卖、转(受)让关系的不特定对象赠送货物(服务或劳务),这是无偿赠送,或者说是"捐赠"行为,否则就不能认定为"无偿赠送"行为。例如,房地产企业参加房展,对入场参观的人员免费提供宣传包、水杯等纪念品,属于不针对特定对象、不要求任何回报的无偿赠送,应当视同销售缴纳增值税。

综上所述,"买一赠一"是附加条件的"捐赠"行为,应当对其主商品的价款或实际收到的价款征收增值税,对于附赠的商品,实质上是企业的一种营销措施,其附赠商品的价值已经体现在主商品的价值中,不应该单独作为一项商品征收增值税。为此,营改增后,《河北省国家税务局关于全面推开营改增有关政策问题的解答》(之二)第十二条"关于房地产开发企业销售精装修房所含装饰、设备是否视同销售问题"明确规定,房地产开发企业销售精装修房,已在《商品房买卖合同》中注明的装修费用(含装饰、设备等费用),已经包含在房价中,因此不属于税法中所称的无偿赠送,无需视同销售。房地产企业"买房赠家电"等营销方式的纳税比照本原则处理。例如,房地产公司销售精装修房一套,其中精装修部分含电器、家具的购进价格为10万元,销售价格200万元,并按照200万元全额开具增值税发票,按照9%的税率申报销项税额。此时,无需对10万元电器部分单独按照销售货物征收增值税。再比如,山东省国税局营改增指引(七)指出:房地产开发企业销售住房赠送装修、家电,作为房地产开发企业的一种营销模式,其主要目的为销售住房。购房者统一支付对价,可参照混合销售的原则,按销售不动产适用税率申报缴纳增值税。言外之意,应当按实际收到的价款,按销售不动产适用税率缴纳增值税。

1.9.1.4 红线外配建幼儿园等项目

房地产企业在拿地时,政府有时会附加一些条件,要求在红线外为政府配建幼儿园、学校等城市配套设施,建成后无偿移交给政府部门用于公益事业。按规定不需要视同销售缴纳增值税。但根据增值税的基本原理,这部分设施所发生的外购货物、设计服务、建筑服务的进项税额也不允许抵扣,应当一并作为公共配套设施费用计入开发成本。如果不符合免征增值税的条件,则进项税额可以抵扣。

1.9.1.5 无租金对外出租房产

《国家税务总局关于土地价款扣除时间等增值税征管问题的公告》(国家税务总局公告2016年第86号)第七条规定,纳税人出租不动产,租赁合同中约定免租期的,不属于《营业税改征增值税试点实施办法》(财税〔2016〕36号文件印发)第十四条规定的视同销售服务。

> **提示**
>
> 虽然免租金出租房产,不需要视同销售缴纳增值税;但按《财政部 国家税务总局关于安置残疾人就业单位城镇土地使用税等政策的通知》(财税〔2010〕121号)第二条规定,对出租房产,租赁双方签订的租赁合同约定有免收租金期限的,免收租金期间由产权所有人按照房产原值缴纳房产税。

1.9.2 不具有合理商业目的的价格明显偏低或者偏高的税务处理

《财政部 国家税务总局关于全面推开营业税改征增值税试点的通知》(财税〔2016〕36号)第四十四条规定,纳税人发生应税行为价格明显偏低或者偏高且不具有合理商业目的的,主管税务机关有权按照下列顺序确定销售额:

(一)按照纳税人最近时期销售同类服务、无形资产或者不动产的平均价格确定。
(二)按照其他纳税人最近时期销售同类服务、无形资产或者不动产的平均价格确定。
(三)按照组成计税价格确定。组成计税价格的公式为:

$$组成计税价格＝成本\times(1+成本利润率)$$

成本利润率由国家税务总局确定。

不具有合理商业目的,是指以谋取税收利益为主要目的,通过人为安排,减少、免除、推迟缴纳增值税税款,或者增加退还增值税税款。

如何理解"不具有合理商业目的"?简单来讲,销售价格同时具备下列条件,可以被认定为"不具有合理商业目的":

(1)存在销售价格明显偏低或偏高的事实。
(2)发生应税行为的根本目的就是为了谋取税收利益,而不是基于企业的生产经营需要。
(3)是一种人为的安排。
(4)造成了少缴税款的事实。

例题 1-6 甲房地产企业（简称甲企业）当期销项税额 800 万元，进项税额 300 万元，应纳增值税额 500 万元；而关联方乙园林施工企业（简称乙企业）当期则存在 600 万元的进项税额，销项税额只有 400 万元，留抵税额 200 万元不能退税。甲企业与乙企业签订施工合同时，将建筑服务价格在原有的基础上增加 1 000 万元（不含税），并由乙企业向甲企业开具增值税专用发票。

甲企业增加进项税额＝1 000×9％＝90（万元）

甲企业应纳增值税额＝800－（300＋90）＝410（万元）

乙企业应纳增值税额＝（400＋90）－600＝－110（万元）

在甲企业减少应纳增值税额 90 万元的情况下，乙企业没有增加相应的税负。这种纯粹为了降低甲企业和乙企业的整体税负水平的价格的提高，就是不具有合理商业目的的人为安排，税务机关有权按规定调整双方的交易价格。

但如果甲房地产企业将一套位置不佳的尾房，以低于同类商品房 1 000 元/平方米的销售价格对外销售，是为了盘活滞销房并进行清盘，这样的低价销售具有合理的商业目的，税务机关不能调整交易的价格。

1.9.3 混合销售行为与兼营行为

1.9.3.1 混合销售行为

《财政部 国家税务总局关于全面推开营业税改征增值税试点的通知》（财税〔2016〕36 号）第四十条规定，一项销售行为如果既涉及服务又涉及货物，为混合销售。

从事货物的生产、批发或者零售的单位和个体工商户的混合销售行为，按照销售货物缴纳增值税；其他单位和个体工商户的混合销售行为，按照销售服务缴纳增值税。

上述"从事货物的生产、批发或者零售的单位和个体工商户"，包括以从事货物的生产、批发或者零售为主，并兼营销售服务的单位和个体工商户在内。

《国家税务总局关于进一步明确营改增有关征管问题的公告》（国家税务总局公告 2017 年第 11 号）第一条有一个例外规定，纳税人销售活动板房、机器设备、钢结构件等自产货物的同时提供建筑、安装服务，不属于《营业税改征增值税试点实施办法》（财税〔2016〕36 号文件印发）第四十条规定的混合销售，应分别核算货物和建筑服务的销售额，分别适用不同的税率或者征收率。

> **提 示**
>
> 该政策存在如下几个问题：
>
> 1. 将销售自产货物同时提供建筑、安装服务界定为"不属于"混合销售行为，显然与混合销售行为的概念不符，应当是笔误。
>
> 2. 文件中的"等"字如何理解？是仅限于列举的三类货物，还是适用于所有与提供建筑、安装服务相关的货物呢？
>
> "等"的解释：一是表示列举未尽：我们学习数学、语文等课程。二是列举后煞尾：北京、上海、广州等三大城市。
>
> 从上述举例看出，如果属于列举后煞尾，应当有数字列后。因此，应当理解为"凡销售

自产货物的同时提供建筑安装服务的混合销售行为,都可以分别核算,分别按不同的适用税率缴纳增值税"。

3. 该文件出台的背景是,营改增后生产制造企业在销售自产货物同时提供建筑服务的,按混合销售行为规则一律按销售货物的适用税率缴纳增值税,整体税负明显高于营改增前,因此为了解决上述问题,该文件规定,销售自产货物同时提供建筑安装服务的,只要在合同中分别约定货物的销售额和建筑服务的销售额,应当分别按货物的适用税率和建筑服务的适用税率计算缴纳增值税。

例如:

2019年4月,甲企业是一家生产企业,生产销售玻璃幕墙同时负责安装。甲企业与乙房地产企业签订合同,销售给乙企业玻璃幕墙不含税价格1 000万元,由甲企业负责安装,另外收取安装费200万元(不含税)。

按11号公告精神,甲企业缴纳的增值税销项税额=1 000×13%+200×9%=148(万元),显然其税负仍旧远远高于营改增前分别按销售货物的适用税率缴纳增值税和按建筑业营业额缴纳营业税的税负合计。

如果将"应分别核算货物和建筑服务的销售额,分别适用不同的税率或者征收率。"改为"应分别核算货物和建筑服务的销售额,分别适用不同的税率和征收率。"可能更符合出台文件的背景。若如此,则:

甲企业缴纳的增值税销项税额=1 000×13%=130(万元)

甲企业按简易计税方法计算的应纳增值税额=200×3%=6(万元)

整体税负143万元就会低于营改增前的税负。

4. 而《国家税务总局关于明确中外合作办学等若干增值税征管问题的公告》(国家税务总局公告2018年第42号)第六条规定,一般纳税人销售自产机器设备的同时提供安装服务,应分别核算机器设备和安装服务的销售额,安装服务可以按照甲供工程选择适用简易计税方法计税。一般纳税人销售外购机器设备的同时提供安装服务,如果已经按照兼营的有关规定,分别核算机器设备和安装服务的销售额,安装服务可以按照甲供工程选择适用简易计税方法计税。纳税人对安装运行后的机器设备提供的维护保养服务,按照"其他现代服务"缴纳增值税。该规定是将国家税务总局公告2017年第11号关于电梯的混合销售行为的增值税处理,延伸到所有涉及机器设备的混合销售行为的税务处理中。并没有改变活动板房、钢构件等建筑材料涉及的混合销售行为税务处理的改变。

1.9.3.2 兼营行为

《财政部 国家税务总局关于全面推开营业税改征增值税试点的通知》(财税〔2016〕36号)第三十九条及第四十一条规定,纳税人兼营销售货物、劳务、服务、无形资产或者不动产,适用不同税率或者征收率的,应当分别核算适用不同税率或者征收率的销售额;未分别核算的,从高适用税率。

纳税人兼营免税、减税项目的,应当分别核算免税、减税项目的销售额;未分别核算的,不得免税、减税。

1.9.3.3 混合销售行为与兼营行为的区别

（一）混合销售行为一定是一种行为的两个方面，离开其中一项行为的收入，另一项行为是无法取得收入的；混合销售行为只能按一个税率缴纳增值税。确定按哪一个税率缴纳增值税时按企业的经营主业判断，与该项行为的收入构成无关。

例题 1-7　甲建筑公司主营业务为建筑服务，2019年4月份与乙房地产企业签订工程承包合同，由甲建筑公司包工包料为乙房地产企业A项目提供建筑服务，合同约定的承包总价款为9 000万元，其中，施工价格为4 000万元，原材料及设备价格5 000万元。上述价格均为不含税。

请问：上述行为属于混合销售行为还是兼营行为？甲建筑公司如何缴纳增值税？

显然，这两项收入是捆绑在一起来的，离开建筑服务收入，就不可能有原材料、设备收入实现。因此，属于混合销售行为。

在判断适用税率时，尽管9 000万元的合同金额中，原材料及设备收入占比较大，但仍旧应当按企业的经营主业(即建筑服务)依9%税率缴纳增值税，该企业购进原材料及设备时取得的税率为13%的进项税额可以抵扣。

例题 1-8　甲企业是一家建筑材料经销企业，2019年4月份，甲企业销售给乙企业玻璃幕墙一宗，不含税销售额1 000万元，合同约定由甲企业负责安装，并另外收取安装费113万元(含税)。

上述业务属于典型的混合销售行为，由于甲企业的经营主业为建筑材料经销，因此：

应当缴纳增值税销项税额＝[10 000 000＋1 130 000/(1＋13%)]×13%＝1 430 000(元)

值得注意的是，一旦建筑服务销售额作为混合销售行为一并按货物的适用税率缴纳增值税，在将其还原为不含税价格时必须按货物的适用税率还原，而不是按建筑服务的适用税率还原。

（二）兼营行为则是毫不相干的两个行为。离开其中一项行为的收入，另一项行为的收入照常发生。兼营行为一般适用不同的税率或征收率。

例如，甲房地产企业利用企业自有的沿街房对外经营餐饮服务，由于房地产的销售与餐饮服务收入没有必然联系，因此，属于兼营行为，分别按销售不动产的适用税率9%和餐饮服务的适用税率6%缴纳增值税。

1.9.4 不动产租赁

根据《财政部 国家税务总局关于进一步明确全面推开营改增试点有关再保险、不动产租赁和非学历教育等政策的通知》(财税〔2016〕68号)的规定，对房地产企业发生的不动产经营租赁服务增值税明确如下：

1. 房地产开发企业中的一般纳税人，出租自行开发的房地产老项目，可以选择适用简易计税方法，按照5%的征收率计算应纳税额。纳税人出租自行开发的房地产老项目与其机构所在地不在同一县(市)的，应按照上述计税方法在不动产所在地预缴税款后，向机构所在地主管税务机关进行纳税申报。

房地产开发企业中的一般纳税人,出租其 2016 年 5 月 1 日后自行开发的与机构所在地不在同一县(市)的房地产项目,应按照 3% 预征率在不动产所在地预缴税款后,向机构所在地主管税务机关进行纳税申报。

2. 房地产开发企业中的小规模纳税人,出租自行开发的房地产项目,按照 5% 的征收率计算应纳税额。纳税人出租自行开发的房地产项目与其机构所在地不在同一县(市)的,应按照上述计税方法在不动产所在地预缴税款后,向机构所在地主管税务机关进行纳税申报。

1.9.5　单纯的买地卖地业务

销售房屋建筑物或构筑物的同时转让土地使用权的,视同销售不动产缴纳增值税,老项目准予按售价减除购置原价或受让时的作价,按差额缴纳增值税,且允许企业选择简易计税方法缴纳增值税。

那么,如果企业购买土地使用权后没有建造房屋建筑物或构筑物,而是直接将购买的土地转让给其他单位或个人,包括将生地变为熟地后转让,如果购买的时间在 2016 年 4 月 30 日前,是否可以选择按简易计税方法缴纳增值税呢?

《财政部 国家税务总局关于进一步明确全面推开营改增试点有关劳务派遣服务、收费公路通行费抵扣等政策的通知》(财税〔2016〕47 号)第三条第二款规定,纳税人转让 2016 年 4 月 30 日前取得的土地使用权,可以选择适用简易计税方法,以取得的全部价款和价外费用减去取得该土地使用权的原价后的余额为销售额,按照 5% 的征收率计算缴纳增值税。

1.9.6　土地使用权租赁业务

土地使用权在税目解释中属于"无形资产——自然资源使用权"范畴,将土地使用权租赁给其他单位或个人使用,应当按无形资产租赁 6% 缴纳增值税还是按不动产租赁 9% 缴纳增值税呢? 为此,《财政部 国家税务总局关于进一步明确全面推开营改增试点有关劳务派遣服务、收费公路通行费抵扣等政策的通知》(财税〔2016〕47 号)第三条第二款规定,纳税人以经营租赁方式将土地出租给他人使用,按照不动产经营租赁服务缴纳增值税。

1.9.7　甲供材问题

1.9.7.1　甲供材金额不需要作为建筑企业增值税的计税依据

营改增后,根据《营业税改征增值税试点实施办法》第三十七条规定:"销售额,是指纳税人发生应税行为取得全部价款和价外费用,财政部和国家税务总局另有规定的除外。"甲供材不属于纳税人发生应税行为取得的全部价款和价外费用,因此不计入建筑服务销售额。应当将甲供材直接作为房地产企业的工程成本计入开发成本即可。可以参照下列办法进行会计处理:

1. 房地产企业购进建筑材料和设备时:

借:原材料或库存商品
　　应交税费——应交增值税(进项税额)
　贷:银行存款或应付账款

2. 建筑企业领用原材料和设备时，凭房地产企业开具的出库单：

借：开发成本——建安成本
　　贷：原材料或库存商品

3. 取得建筑企业开具的建筑服务专用发票（只能按实际收取的工程款开具发票，不能包含甲供材的金额）：

借：开发成本——建安成本
　　应交税费——应交增值税（进项税额）
　　贷：银行存款或应付账款

4. 完工达到预定可销售状态时：

借：开发产品
　　贷：开发成本

1.9.7.2　对营改增前的甲供材补征营业税问题

甲企业是一家建筑公司，2015年承建M企业的车间，合同约定，建筑材料及设备采购由M企业自行采购，甲企业只提供施工。2015年10月份收到预付工程款2 000万元，已经于当年缴纳营业税并向M企业开具营业税发票。2018年7月份，工程完工并竣工验收，结算工程款8 000万元，余款6 000万元已经于2018年7月份收到，在该工程施工过程中，M企业自行采购的原材料合计5 000万元（整个工程），设备款1 000万元。税务机关要求将甲供材5 000万元补缴营业税，是否正确？

按原营业税政策规定，建筑业营业税的计税依据应当包括甲方提供的原材料金额，但不包括甲方提供的设备金额。营改增后，已经不存在上述问题。但由于上述项目是营改增前开工建设，营改增后竣工验收，就存在一个政策衔接的问题。目前的营改增政策并没有提出上述问题的衔接措施。全部按甲供材料补缴营业税显然是违背公平性原则的。因此，在国家税务总局另有规定前，笔者建议按下列公式计算甲供材应当补缴的营业税：

$$\text{应当补缴营业税的甲供材料金额} = \frac{\text{整个工程耗用的甲方提供的原材料金额}}{} \times \left(\frac{\text{营改增前已经按规定缴纳营业税的营业额}}{} \div \frac{\text{该工程结算的全部工程款金额}}{}\right)$$

注意：由于营改增前营业税的计税依据是含税价格，因此，利用上述公式计算时，该工程的全部工程款金额也应当是含税价格，不需要还原为不含税价格，否则，分子和分母不配比。

按上述分析：

应当补缴营业税的甲材料金额=5 000×（2 000÷8 000）=1 250（万元）

> **提　示**
>
> 《财政部　国家税务总局关于建筑服务等营改增试点政策的通知》（财税〔2017〕58号）第一条规定，建筑工程总承包单位为房屋建筑的地基与基础、主体结构提供工程服务，建设单位自行采购全部或部分钢材、混凝土、砌体材料、预制构件的，适用简易计税方法计税。

地基与基础、主体结构的范围,按照《建筑工程施工质量验收统一标准》(GB50300—2013)附录B《建筑工程的分部工程、分项工程划分》中的"地基与基础""主体结构"分部工程的范围执行。

如何理解上述政策呢？

(1) 只有总承包单位符合上述条件才能适用简易计税,分包人是否可以选择简易计税,应当按税总纳便函〔2016〕71号执行,即：①一般纳税人以清包工方式提供的建筑服务,可以选择适用简易计税方法计税。以清包工方式提供建筑服务,是指施工方不采购建筑工程所需的材料或只采购辅助材料,并收取人工费、管理费或者其他费用的建筑服务。②一般纳税人为甲供工程提供的建筑服务,可以选择适用简易计税方法计税。甲供工程,是指全部或部分设备、材料、动力由工程发包方自行采购的建筑工程。

但值得注意的是,建筑法第二十九条规定,建筑工程总承包单位可以将承包工程中的部分工程发包给具有相应资质条件的分包单位;但是,除总承包合同中约定的分包外,必须经建设单位认可。施工总承包的,建筑工程主体结构的施工必须由总承包单位自行完成。

(2) 按国家税务总局公告2017年第11号文件规定,总包方签订建筑合同后授权集团内部第三方提供建筑服务并由第三方直接与建设单位结算款项开具发票的,由第三方缴纳增值税,总包方不缴纳增值税。这种情况下,总承包单位不能按上述规定适用简易计税方法。房地产企业款项也可以直接支付给第三方,取得的增值税专用发票,可以从第三方取得,且可以抵扣进项税额,亦即发票的开具单位可以与总包合同签订单位不一致。

(3) 总承包单位适用简易计税严格限定为房屋建筑工程,其他的建筑工程不适用本条政策规定。

(4) 服务的内容：总承包单位为房屋建筑提供地基与基础、主体结构工程服务。地基与基础、主体结构的范围,按照《建筑工程施工质量验收统一标准》(GB50300—2013)附录B《建筑工程的分部工程、分项工程划分》中的"地基与基础""主体结构"分部工程的范围执行。

《关于发布国家标准〈建筑工程施工质量验收统一标准〉的公告》(中华人民共和国住房和城乡建设部公告第193号,2013年11月1日发布,2014年6月1日执行)明确了"地基与基础""主体结构"分部工程的范围。包括：① 地基与基础,包括土方工程、基坑支护、地基处理、桩基础、地下防水、混凝土基础、型钢、钢管混凝土基础以及钢结构基础;② 主体结构,包括混凝土结构,砌体结构,钢结构,型钢、钢管混凝土结构,轻钢结构,索膜结构,铝合金结构以及木结构。

(5) 甲供材的内容严格限定为正列举的四项：钢材、混凝土、砌体材料、预制构件。

(6) 理论上取消了纳税人简易计税方法的选择权,初衷是为了提高建筑企业在合同谈判中的筹码,实务操作中难以奏效。

1.9.8 理财产品增值税政策

《财政部 国家税务总局关于全面推开营业税改征增值税试点的通知》(财税〔2016〕36号)附件一《销售服务、无形资产、不动产注释》第一条第(五)项第1点规定：贷款,是指将资金贷与他人使用而取得利息收入的业务活动。各种占用、拆借资金取得的收入,包括金融商品持有期间(含到期)利息(保本收益、报酬、资金占用费、补偿金等)收入、信用卡透支利息收入、买入返售金融商品利息收入、融资融券收取的利息收入,以及融资性售后回租、押汇、罚息、票据贴现、转贷等业务取得的利息及利息性质的收入,按照贷款服务缴纳增值税。以货币资金投资收取的固定利润或者保底利润,按照贷款服务缴纳增值税。

《财政部 国家税务总局关于明确金融 房地产开发 教育辅助服务等增值税政策的通知》(财税〔2016〕140号)第一条对上述文件中的"保本收益、报酬、资金占用费、补偿金"进行了进一步解释。"保本收益、报酬、资金占用费、补偿金",是指合同中明确承诺到期本金可全部收回的投资收益。金融商品持有期间(含到期)取得的非保本的上述收益,不属于利息或利息性质的收入,不征收增值税。

《财政部 国家税务总局关于资管产品增值税政策有关问题的补充通知》(财税〔2017〕2号)规定,2017年7月1日(含)以后,资管产品运营过程中发生的增值税应税行为,以资管产品管理人(注:包括银行、信托公司、公募基金管理公司及其子公司、证券公司及其子公司、期货公司及其子公司、私募基金管理人、保险资产管理公司、专业保险资产管理机构、养老保险公司等)为增值税纳税人,按照现行规定缴纳增值税。

《财政部 国家税务总局关于资管产品增值税有关问题的通知》(财税〔2017〕56号)第一条规定,资管产品管理人运营资管产品过程中发生的增值税应税行为,暂适用简易计税方法,按照3%的征收率缴纳增值税。

> **提 示**
>
> 综上所述,关于理财产品取得的收益是否缴纳增值税问题,按如下原则把握:
>
> 1. 合同约定购买理财产品的本金到期可以收回的,按贷款服务,由资管产品管理人按简易计税方法3%缴纳增值税。
>
> 2. 合同约定购买的理财产品非保本的,按投资收益进行增值税处理,即资管产品管理人不缴纳增值税。
>
> 3. 而对于投资人购买的理财产品,不管合同约定是否保本,投资人均不构成增值税纳税义务人,不需要就其从资管产品管理人取得的收益缴纳增值税。

1.9.9 物业公司为业主提供装修服务

《财政部 国家税务总局关于明确金融 房地产开发 教育辅助服务等增值税政策的通知》(财税〔2016〕140号)第十五条规定,物业服务企业为业主提供的装修服务,按照"建筑服务"缴纳增值税。

1.10 房地产企业涉及的增值税优惠政策

1.10.1 非经营活动不缴纳增值税

《财政部 国家税务总局关于全面推开营业税改征增值税试点的通知》(财税〔2016〕36号)销售第十条规定,服务、无形资产或者不动产,是指有偿提供服务、有偿转让无形资产或

者不动产,但属于下列非经营活动的情形除外:

1. 行政单位收取的同时满足以下条件的政府性基金或者行政事业性收费。

(1) 由国务院或者财政部批准设立的政府性基金,由国务院或者省级人民政府及其财政、价格主管部门批准设立的行政事业性收费。

(2) 收取时开具省级以上(含省级)财政部门监(印)制的财政票据。

(3) 所收款项全额上缴财政。

2. 单位或者个体工商户聘用的员工为本单位或者雇主提供取得工资的服务。

3. 单位或者个体工商户为聘用的员工提供服务。

4. 财政部和国家税务总局规定的其他情形。

1.10.2 养老机构提供的养老服务免征增值税

养老机构,是指依照民政部《养老机构设立许可办法》(民政部令第48号)设立并依法办理登记的为老年人提供集中居住和照料服务的各类养老机构;养老服务,是指上述养老机构按照民政部《养老机构管理办法》(民政部令第49号)的规定,为收住的老年人提供的生活照料、康复护理、精神慰藉、文化娱乐等服务。

1.10.3 个人销售自建自用住房

个人销售自建自用住房免征增值税。

1.10.4 公共租赁住房经营管理单位出租公共租赁住房免征增值税

2018年12月31日前,公共租赁住房经营管理单位出租公共租赁住房。

公共租赁住房,是指纳入省、自治区、直辖市、计划单列市人民政府及新疆生产建设兵团批准的公共租赁住房发展规划和年度计划,并按照《关于加快发展公共租赁住房的指导意见》(建保〔2010〕87号)和市、县人民政府制定的具体管理办法进行管理的公共租赁住房。

1.10.5 符合条件的统借统还业务收取的利息免征增值税

统借统还业务中,企业集团或企业集团中的核心企业以及集团所属财务公司按不高于支付给金融机构的借款利率水平或者支付的债券票面利率水平,向企业集团或者集团内下属单位收取的利息。

统借方向资金使用单位收取的利息,高于支付给金融机构借款利率水平或者支付的债券票面利率水平的,应全额缴纳增值税。

统借统还业务,是指:

(1) 企业集团或者企业集团中的核心企业向金融机构借款或对外发行债券取得资金后,将所借资金分拨给下属单位(包括独立核算单位和非独立核算单位,下同),并向下属单位收取用于归还金融机构或债券购买方本息的业务。

(2) 企业集团向金融机构借款或对外发行债券取得资金后,由集团所属财务公司与企业集团或者集团内下属单位签订统借统还贷款合同并分拨资金,并向企业集团或者集团内下属单位收取本息,再转付企业集团,由企业集团统一归还金融机构或债券购买方的业务。

1.10.6　房改房免征增值税

为了配合国家住房制度改革,企业、行政事业单位按房改成本价、标准价出售住房取得的收入。

1.10.7　转让土地使用权用于农业生产免征增值税

将土地使用权转让给农业生产者用于农业生产。

1.10.8　土地使用者将土地使用权归还土地所有者免征增值税

土地所有者出让土地使用权和土地使用者将土地使用权归还给土地所有者。

1.10.9　企业重组不缴纳增值税

根据《营业税改征增值税试点有关事项的规定》(财税〔2016〕36号附件2)的规定,在资产重组过程中,通过合并、分立、出售、置换等方式,将全部或者部分实物资产以及与其相关联的债权、负债和劳动力一并转让给其他单位和个人,其中涉及的不动产、土地使用权转让行为,不征收增值税。

1.10.10　个人转让住房免征增值税

个人将购买不足2年的住房对外销售的,按照5%的征收率全额缴纳增值税;个人将购买2年以上(含2年)的住房对外销售的,免征增值税。上述政策适用于北京市、上海市、广州市和深圳市之外的地区。

个人将购买不足2年的住房对外销售的,按照5%的征收率全额缴纳增值税;个人将购买2年以上(含2年)的非普通住房对外销售的,以销售收入减去购买住房价款后的差额按照5%的征收率缴纳增值税;个人将购买2年以上(含2年)的普通住房对外销售的,免征增值税。上述政策仅适用于北京市、上海市、广州市和深圳市。

办理免税的具体程序、购买房屋的时间、开具发票、非购买形式取得住房行为及其他相关税收管理规定,按照《国务院办公厅转发建设部等部门关于做好稳定住房价格工作意见的通知》(国办发〔2005〕26号)、《国家税务总局　财政部　建设部关于加强房地产税收管理的通知》(国税发〔2005〕89号)和《国家税务总局关于房地产税收政策执行中几个具体问题的通知》(国税发〔2005〕172号)的有关规定执行。即:按房产证与契税凭证时间"孰先"原则确认购买房屋的时间。

针对个人因产权纠纷等原因未能及时获取房屋所有权证书,向法院、仲裁机构申请裁定后,取得人民法院、仲裁委员会的房屋所有权证裁定书的时间,可否确认为个人取得房屋所有权证书时间。《国家税务总局关于个人转让住房享受税收优惠政策判定购房时间问题的公告》(国家税务总局公告2017年第8号)规定,自2017年4月1日起,个人转让住房,因产权纠纷等原因未能及时取得房屋所有权证书(包括不动产权证书,下同),对于人民法院、仲裁委员会出具的法律文书确认个人购买住房的,法律文书的生效日期视同房屋所有权证书的注明时间,据以确定纳税人是否享受税收优惠政策。此前尚未进行税收处理的,按本规定执行。

1.10.11 担保收入免征增值税政策

根据《财政部 税务总局关于租入固定资产进项税额抵扣等增值税政策的通知》(财税〔2017〕90号)规定,自2018年1月1日至2019年12月31日,纳税人为农户、小型企业、微型企业及个体工商户借款、发行债券提供融资担保取得的担保费收入,以及为上述融资担保(以下称"原担保")提供再担保取得的再担保费收入,免征增值税。再担保合同对应多个原担保合同的,原担保合同应全部适用免征增值税政策。否则,再担保合同应按规定缴纳增值税。

纳税人应将相关免税证明材料留存备查,单独核算符合免税条件的融资担保费和再担保费收入,按现行规定向主管税务机关办理纳税申报;未单独核算的,不得免征增值税。

农户,是指长期(一年以上)居住在乡镇(不包括城关镇)行政管理区域内的住户,还包括长期居住在城关镇所辖行政村范围内的住户和户口不在本地而在本地居住一年以上的住户,国有农场的职工。位于乡镇(不包括城关镇)行政管理区域内和在城关镇所辖行政村范围内的国有经济的机关、团体、学校、企事业单位的集体户;有本地户口,但举家外出谋生一年以上的住户,无论是否保留承包耕地均不属于农户。农户以户为统计单位,既可以从事农业生产经营,也可以从事非农业生产经营。农户担保、再担保的判定应以原担保生效时的被担保人是否属于农户为准。

小型企业、微型企业,是指符合《中小企业划型标准规定》(工信部联企业〔2011〕300号)的小型企业和微型企业。其中,资产总额和从业人员指标均以原担保生效时的实际状态确定;营业收入指标以原担保生效前12个自然月的累计数确定,不满12个自然月的,按照以下公式计算:

营业收入(年)=企业实际存续期间营业收入/企业实际存续月数×12

《财政部 税务总局关于全面推开营业税改征增值税试点的通知》(财税〔2016〕36号)附件3《营业税改征增值税试点过渡政策的规定》第一条第(二十四)款规定的中小企业信用担保增值税免税政策自2018年1月1日起停止执行。纳税人享受中小企业信用担保增值税免税政策在2017年12月31日前未满3年的,可以继续享受至3年期满为止。

1.10.12 中外合作办学增值税优惠政策

根据《国家税务总局关于明确中外合作办学等若干增值税征管问题的公告》(国家税务总局公告2018年第42号)第一条规定,自2018年7月25日起,境外教育机构与境内从事学历教育的学校开展中外合作办学,提供学历教育服务取得的收入免征增值税。

享受上述优惠政策的条件:

1. 中外合作办学,是指中外教育机构按照《中华人民共和国中外合作办学条例》(国务院令第372号)的有关规定,合作举办的以中国公民为主要招生对象的教育教学活动。

2. 上述"学历教育""从事学历教育的学校""提供学历教育服务取得的收入"的范围,按照《营业税改征增值税试点过渡政策的规定》(财税〔2016〕36号文件附件3)第一条第(八)项的有关规定执行。

> **提示**
>
> 结合《中华人民共和国中外合作办学条例》及财税〔2016〕36号文件,对学校免税规定总结如下:
>
> 1. 免税主体——从事学历教育的学校取得的收入都免征增值税。包括:
> (1) 普通学校。
> (2) 地市级政府的教育行政部门批准成立、国家承认其学员学历的各类学校。
> (3) 经省级及以上人力资源社会保障行政部门批准成立的技工学校、高级技工学校。
> (4) 经省级人民政府批准成立的技师学院。
> (5) 提供学历教育服务的中外合作办学。
>
> 2. 免税行为——仅限于学历教育服务。
>
> "学历教育服务"是指根据教育行政管理部门确定或者认可的招生和教学计划组织教学,并颁发相应学历证书的业务活动。包括初等教育、初级中等教育、高级中等教育、高等教育等。
>
> 相对应的非学历教育服务,包括学前教育、各类培训、演讲、讲座、报告会等,不能免征增值税。
>
> 3. 免税收入——提供学历教育服务取得的收入。是指对列入规定招生计划的在籍学生提供学历教育服务取得的收入。
>
> 4. 免税的三个条件
> (1) 先决条件:获得国家承认的学历证书(不分公办、民办)。
> (2) 收费对象:招生计划内的在籍学生(计划外招生除外)。
> (3) 收费标准:经审批并按标准收取的学费、住宿费、课本费、作业本费、考试报名费,学校食堂伙食费收入。
>
> 共六项费用,且学校食堂是按教育部第14号令管理的(未审批的、超标准的部分除外)。
>
> 其他的收入,包括将教学设施、房屋等租赁给他人取得的收入等,不允许免征增值税。
>
> 注意:国家承认的学历证书是免税的先决条件,不符合的收入全部征税;收费对象和收费标准中有部分不符合的,不符合的部分应当征税。
>
> 5. 教育服务免税管理要点:
> (1) 以各种名义收取的赞助费、择校费等,不予免税。
> (2) 计划外招生的,不予免税。

1.10.13 增值税小规模纳税人增值税及相关税费优惠政策

根据《财政部 税务总局关于实施小微企业普惠性税收减免政策的通知》(财税〔2019〕13号)及《国家税务总局关于小规模纳税人免征增值税政策有关征管问题的公告》(国家税务总局公告2019年第4号)规定,总结如下:

对月销售额10万元以下(含本数)的增值税小规模纳税人,免征增值税。

一、小规模纳税人发生增值税应税销售行为,合计月销售额未超过10万元(以1个季度为1个纳税期的,季度销售额未超过30万元,下同)的,免征增值税。

小规模纳税人发生增值税应税销售行为,合计月销售额超过10万元,但扣除本期发生的销售不动产的销售额后未超过10万元的,其销售货物、劳务、服务、无形资产取得的销售额免征增值税。

> **提 示**
>
> 执行该政策应当注意如下问题:
>
> 月销售额不超过10万元免征增值税优惠政策仅适用于小规模纳税人,一般纳税人即使月销售额不超过10万元,也不能享受该优惠政策。如果一般纳税人月销售额确实达不到10万元,想享受免征增值税的优惠政策,可以在2019年12月31日前的任何一个月转登记为小规模纳税人。
>
> 转登记的条件是,从转登记的月份倒推12个月或四个季度连续销售额不超过500万元。

二、适用增值税差额征税政策的小规模纳税人,以差额后的销售额确定是否可以享受本公告规定的免征增值税政策。

《增值税纳税申报表(小规模纳税人适用)》中的"免税销售额"相关栏次,填写差额后的销售额。

> **提 示**
>
> 小规模纳税人选择按差额缴纳增值税,如物业公司代收自来水费选择按简易计税方法缴纳增值税,允许扣除支付的水费;劳务公司选择简易计税方法缴纳增值税的,允许扣除代为发放的劳务工的工资薪金及代为缴纳的五险一金等差额纳税的情况,只要收取的全部价款和价外费用扣除差额后的余额不超过10万元,就可以免征增值税。且在增值税申报表"免税销售额"中填报的销售额就是差额后的销售额。可以扣除的差额部分填写在《增值税纳税申报表附列资料(一)(本期销售情况明细)》第12列"服务、不动产和无形资产扣除项目本期实际扣除金额"栏次中。

三、按固定期限纳税的小规模纳税人可以选择以1个月或1个季度为纳税期限,一经选择,一个会计年度内不得变更。

> **提 示**
>
> 如何理解上述规定呢?
>
> 首先明确"一个会计年度"的概念。一个会计年度是指会计上所说的每年1月至12月的年度,而不是自选择之日起顺延12个月的意思。
>
> 纳税人在每个会计年度内的任意时间均可以向主管税务机关提出,选择变更其纳税期限,但纳税人一旦选择变更纳税期限后,当年12月31日前不得再次变更。
>
> 例如,2019年1月至2月份按月缴纳增值税,3月份向税务机关提出按季度缴纳增值税的,自2019年4月1日起(即二季度起)可以改为按季度纳税,但2019年年底前不能再改为按月纳税。

> 实务操作中,笔者建议都选择按季度纳税,避免不必要的损失。比如,如果按月纳税,2019年1月取得收入20万元,超过10万元,就必须按规定申报缴纳增值税;2月和3月应税收入分别为2万元和3万元。如果按季度纳税,由于1~3月份合计不超过30万元,免征增值税;但如果选择按月纳税,一月份缴纳的增值税是不允许在后期退税的。

四、《中华人民共和国增值税暂行条例实施细则》第九条所称的其他个人,采取一次性收取租金形式出租不动产取得的租金收入,可在对应的租赁期内平均分摊,分摊后的月租金收入未超过10万元的,免征增值税。

五、转登记日前连续12个月(以1个月为1个纳税期)或者连续4个季度(以1个季度为1个纳税期)累计销售额未超过500万元的一般纳税人,在2019年12月31日前,可选择转登记为小规模纳税人。

一般纳税人转登记为小规模纳税人的其他事宜,按照《国家税务总局关于统一小规模纳税人标准等若干增值税问题的公告》(国家税务总局公告2018年第18号)、《国家税务总局关于统一小规模纳税人标准有关出口退(免)税问题的公告》(国家税务总局公告2018年第20号)的相关规定执行。

六、按照现行规定应当预缴增值税税款的小规模纳税人,凡在预缴地实现的月销售额未超过10万元的,当期无需预缴税款。本公告下发前已预缴税款的,可以向预缴地主管税务机关申请退还。

七、小规模纳税人中的单位和个体工商户销售不动产,应按其纳税期、本公告第六条以及其他现行政策规定确定是否预缴增值税;其他个人销售不动产,继续按照现行规定征免增值税。

八、小规模纳税人月销售额未超过10万元的,当期因开具增值税专用发票已经缴纳的税款,在增值税专用发票全部联次追回或者按规定开具红字专用发票后,可以向主管税务机关申请退还。

九、小规模纳税人2019年1月份销售额未超过10万元(以1个季度为1个纳税期的,2019年第一季度销售额未超过30万元),但当期因代开普通发票已经缴纳的税款,可以在办理纳税申报时向主管税务机关申请退还。

十、小规模纳税人月销售额超过10万元的,使用增值税发票管理系统开具增值税普通发票、机动车销售统一发票、增值税电子普通发票。

已经使用增值税发票管理系统的小规模纳税人,月销售额未超过10万元的,可以继续使用现有税控设备开具发票;已经自行开具增值税专用发票的,可以继续自行开具增值税专用发票,并就开具增值税专用发票的销售额计算缴纳增值税。

1.10.14 企业集团内单位之间的资金无偿借贷行为

根据《财政部 税务总局关于明确养老机构免征增值税等政策的通知》(财税〔2019〕20号)规定,自2019年2月1日至2020年12月31日,对企业集团内单位(含企业集团)之间的资金无偿借贷行为,免征增值税。

> **提　示**
>
> 1. 自 2019 年 2 月 1 日至 2020 年 12 月 31 日期间，企业集团内部各单位之间相互借贷（注：不是统借统还），只要不收取利息的，一律不再按关联方交易核定利息收入缴纳增值税；但只要收取了利息的，仍旧需要按规定缴纳增值税。
> 2. 此外，统借统还政策仍旧按原规定执行，即：只要属于集团公司或集团公司的核心企业或集团公司的财务公司向银行贷款后转贷给下属企业使用的，收取的利息不超过银行利率免征增值税。
> 3. 尽管文件规定在 2019 年 2 月 1 日后才能执行上述政策，但根据第五条衔接办法规定，2019 年 2 月 1 日前已经发生但没有进行税务处理的，也可以享受免征增值税政策。

1.11 房地产企业增值税的会计处理与纳税申报案例分析

财政部下发的《增值税会计处理规定》（财会〔2016〕22 号）文件规定，根据《中华人民共和国增值税暂行条例》和《关于全面推开营业税改征增值税试点的通知》（财税〔2016〕36 号）等有关规定，现对增值税有关会计处理规定如下。

1.11.1 一般纳税人会计科目及专栏设置

增值税一般纳税人应当在"应交税费"科目下设置"应交增值税""未交增值税""预交增值税""待抵扣进项税额""待认证进项税额""待转销项税额""增值税留抵税额""简易计税""转让金融商品应交增值税""代扣代交增值税"等明细科目。

> **提　示**
>
> 在"应交税费"科目下，涉及增值税二级科目设置增加为十个。增设"预交增值税""待抵扣进项税额""待认证进项税额""待转销项税额""增值税留抵税额""简易计税""转让金融商品应交增值税""代扣代交增值税"八个二级科目。

（一）增值税一般纳税人应在"应交增值税"明细账内设置"进项税额""销项税额抵减""已交税金""转出未交增值税""减免税款""出口抵减内销产品应纳税额""销项税额""出口退税""进项税额转出""转出多交增值税"等专栏。其中：

1."进项税额"专栏，记录一般纳税人购进货物、加工修理修配劳务、服务、无形资产或不动产而支付或负担的、准予从当期销项税额中抵扣的增值税额。

2."销项税额抵减"专栏，记录一般纳税人按照现行增值税制度规定因扣减销售额而减少的销项税额。

3."已交税金"专栏，记录一般纳税人当月已交纳的应交增值税额。

4."转出未交增值税"和"转出多交增值税"专栏，分别记录一般纳税人月度终了转出当月应交未交或多交的增值税额。

5."减免税款"专栏，记录一般纳税人按现行增值税制度规定准予减免的增值税额。

6."出口抵减内销产品应纳税额"专栏，记录实行"免、抵、退"办法的一般纳税人按规定计算的出口货物的进项税抵减内销产品的应纳税额。

7."销项税额"专栏,记录一般纳税人销售货物、加工修理修配劳务、服务、无形资产或不动产应收取的增值税额。

8."出口退税"专栏,记录一般纳税人出口货物、加工修理修配劳务、服务、无形资产按规定退回的增值税额。

9."进项税额转出"专栏,记录一般纳税人购进货物、加工修理修配劳务、服务、无形资产或不动产等发生非正常损失以及其他原因而不应从销项税额中抵扣、按规定转出的进项税额。

> **提 示**
>
> 在"应交税费——应交增值税"原来九个三级科目的基础上,针对差额缴纳增值税时,因扣除部分抵减的销项税额,增设"销项税额抵减"三级科目。

(二)"未交增值税"明细科目,核算一般纳税人月度终了从"应交增值税"或"预交增值税"明细科目转入当月应交未交、多交或预缴的增值税额,以及当月交纳以前期间未交的增值税额。

> **提 示**
>
> 一般来说,月末作如下分录:
>
> 1. 月份终了,将当月应交未交增值税额从"应交税费——应交增值税"科目转入"未交增值税"明细科目。
>
> 　　借:应交税费——应交增值税(转出未交增值税)
> 　　　贷:应交税费——未交增值税
>
> 2. 月份终了,将当月多交的增值税额自"应交税费——应交增值税"科目转入"未交增值税"明细科目。
>
> 　　借:应交税费——未交增值税
> 　　　贷:应交税费——应交增值税(转出多交增值税)
>
> 3. 月份终了,将当月预缴的增值税额自"应交税费——预交增值税"科目转入"未交增值税"明细科目。
>
> 　　借:应交税费——未交增值税
> 　　　贷:应交税费——预交增值税
>
> 4. 当月交纳以前期间未交的增值税额。
>
> 　　借:应交税费——未交增值税
> 　　　贷:银行存款

(三)"预交增值税"明细科目,核算一般纳税人转让不动产、提供不动产经营租赁服务、提供建筑服务、采用预收款方式销售自行开发的房地产项目等,以及其他按现行增值税制度规定应预缴的增值税额。

> **提示**
>
> 　　该科目核算根据财税〔2016〕36号文件规定需预交增值税的几种特殊情形,考虑了建筑业、房地产等企业开发周期长,预交税款与实际纳税义务时间跨度大的情况,单独设置二级科目核算,结合税法规定,更便于期末对增值税相关金额分项目列报的要求。
>
> 　　需要注意的是,预缴的增值税税款,可以在当期增值税应纳税额中抵减,抵减不完的,结转下期继续抵减。纳税人以预缴税款抵减应纳税额,应以完税凭证作为合法有效凭证。
>
> 　　借:应交税费——预交增值税
> 　　　贷:银行存款
>
> 　　月份终了,将当月预缴的增值税额自"应交税费——预交增值税"科目转入"未交增值税"明细科目。
>
> 　　借:应交税费——未交增值税
> 　　　贷:应交税费——预交增值税
>
> 　　房地产开发企业等在预缴增值税后,应直至纳税义务发生时方可从"应交税费——预交增值税"科目结转至"应交税费——未交增值税"科目。

　　(四)"待抵扣进项税额"明细科目,核算一般纳税人已取得增值税扣税凭证并经税务机关认证,按照现行增值税制度规定准予以后期间从销项税额中抵扣的进项税额。它包括:一般纳税人自2016年5月1日后取得并按固定资产核算的不动产或者2016年5月1日后取得的不动产在建工程,按现行增值税制度规定准予以后期间从销项税额中抵扣的进项税额;实行纳税辅导期管理的一般纳税人取得的尚未交叉稽核比对的增值税扣税凭证上注明或计算的进项税额。

　　(五)"待认证进项税额"明细科目,核算一般纳税人由于未经勾选确认而不得从当期销项税额中抵扣的进项税额。它包括:一般纳税人已取得增值税扣税凭证、按照现行增值税制度规定准予从销项税额中抵扣,但尚未经税务机关认证的进项税额;一般纳税人已申请稽核但尚未取得稽核相符结果的海关缴款书进项税额。

　　该明细科目属于过度科目,待360日内勾选确认后,如果属于按规定可以抵扣的进项税额,则应当在认证的当月:

　　借:应交税费——应交增值税(进项税额)
　　　贷:应交税费——待认证进项税额

　　如果属于按规定不允许抵扣的进项税额,则:

　　借:有关资产或费用等科目
　　　贷:应交税费——待认证进项税额

> **提示**
>
> 　　根据该科目的说明,一般纳税人购进货物,加工修理修配劳务、服务、无形资产或不动产,用于简易计税方法计税项目、免征增值税项目、集体福利或个人消费等,其进项税额按照现行增值税制度规定不得从销项税额中抵扣的,取得增值税专用发票时:

借：相关成本费用或资产科目
　　应交税费——待认证进项税额
　贷：银行存款或应付账款等科目

经勾选确认后：

借：相关成本费用或资产科目
　贷：应交税费——待认证进项税额

言外之意，即使一般纳税人外购货物或服务用于不得抵扣进项税额的项目，也必须经过勾选确认程序，在勾选确认前，先记入"应交税费——待认证进项税额"科目，待勾选确认后，结转到有关成本费用科目。这样处理的目的，一是为了与勾选确认程序对接；更重要的是为了避免滞留票产生。因此，建议纳税人如果外购货物或服务是专门用于不得抵扣项目时，尽可能不予索取专用发票，避免上述处理的烦琐。

（六）"待转销项税额"明细科目，核算一般纳税人销售货物、加工修理修配劳务、服务、无形资产或不动产，已确认相关收入（或利得）但尚未发生增值税纳税义务而需于以后期间确认为销项税额的增值税额。

提　示

这里核算的主要是由于会计与税法在确认收入时点不一致时，产生的待后期开票确认的销项金额，这样处理解决了增值税作为价外税，会计入账金额需价税分离的要求，符合会计信息披露和财务报表列报要求，也能帮助企业更清楚未来将产生的应纳税金额。

比如，跨年出租房产的业务，如果合同约定承租方在最后一年的期末支付全部租金，则增值税纳税义务发生时间和增值税发票的开具时间均为付款日期当天，出租方收到租金后开具增值税发票。而会计上对于租金收入按权责发生制原则确认，因此，在每年年末会计上应当按当年确认的收入计算出所对应的销项税额后：

借：应收账款等科目
　贷：主营业务收入或其他业务收入——租金收入
　　　应交税费——待转销项税额

（七）"增值税留抵税额"明细科目，核算兼有销售服务、无形资产或者不动产的原增值税一般纳税人，截止到纳入营改增试点之日前的增值税期末留抵税额按照现行增值税制度规定不得从销售服务、无形资产或不动产的销项税额中抵扣的增值税留抵税额。

提　示

但根据国家税务总局公告2016年第75号规定，自2016年12月1日起，申报表主表第13栏"上期留抵税额""一般项目"列"本年累计"和第20栏"期末留抵税额""一般项目"列"本年累计"栏次停止使用，不再填报数据。

本公告发布前，申报表主表第20栏"期末留抵税额""一般项目"列"本年累计"中有余额的增值税一般纳税人，在本公告发布之日起的第一个纳税申报期，将余额一次性转入第

13栏"上期留抵税额""一般项目"列"本月数"中。因此,该科目变成了一个多余的科目,暂时不会用到了。

(八)"简易计税"明细科目,核算一般纳税人采用简易计税方法发生的增值税计提、扣减、预缴、缴纳等业务。

提 示

与一般纳税人采用一般计税办法发生的当期计提、扣减、缴纳业务分离,该科目核算一般纳税人采用简易计税方法发生的增值税业务,会计科目核算的税款信息更清晰明了。

2018年后房地产企业老项目适用简易计税方法越来越少,因此,以与房地产企业密不可分的建筑业为例,举例说明简易计税方法的会计核算如下:

例题1-9 甲建筑公司在A地,承建B地乙企业的车间的建造(按简易计税方法计算缴纳增值税)。合同金额1 100万元,预算总成本700万元。工期三个月。每月25日由双方核对工程量,在下月5日按进度款结算80%。

1. 2019年5月10日,收到工程预付款3 300 000元。

借:银行存款　　　　　　　　　　　　　　　　　　　　　　　3 300 000
　　贷:预收账款　　　　　　　　　　　　　　　　　　　　　　3 300 000

税务处理:

应当按规定向B地税务机关预交增值税=3 300 000÷(1+3%)×3%= 96 116.50(元)

2. 2019年6月10日,向B地税务机关预缴增值税入库。

借:应交税费——简易计税　　　　　　　　　　　　　　　　　96 116.50
　　贷:银行存款　　　　　　　　　　　　　　　　　　　　　96 116.50

3. 2019年6月1日正式开工,当月投入材料成本2 000 000元,人工成本500 000元。

借:工程施工——合同成本——材料　　　　　　　　　　　　　2 000 000
　　　　　　——合同成本——人工　　　　　　　　　　　　　500 000
　　贷:应付账款等　　　　　　　　　　　　　　　　　　　　2 000 000
　　　　应付职工薪酬　　　　　　　　　　　　　　　　　　　500 000

4. 2019年6月25日,双方确认工程进度款3 300 000元。

借:应收账款　　　　　　　　　　　　　　　　　　　　　　　3 300 000
　　贷:工程结算　　　　　　　　　　　　　　　　　　　　　3 203 883.50
　　　　应交税费——简易计税　　　　　　　　　　　　　　　96 116.50

注:

由于双方已经确认工程进度款,不管是否实际收到,均已发生增值税纳税义务。因此,在A地税务机关申报时,不需要缴纳增值税。

5. 2019年6月30日,按工程进度确认收入。

工程进度=2 500 000/7 000 000=36%

建造合同收入＝1 100/(1＋3％)×36％＝3 844 660.19(元)

借：主营业务成本 2 500 000
　　工程施工——合同毛利 1 344 660.19
　贷：主营业务收入 3 844 660.19

税务处理：

当月会计利润＝1 344 660.19元,按规定预缴所得税。

6. 2019年7月5日,结算工程进度款为2 640 000元(330×80％),由于没有超过预收账款,从预收账款抵销。

借：预收账款 2 640 000
　贷：应收账款 2 640 000

注：

预收账款余额＝3 300 000－2 640 000＝660 000(元)

7. 2019年7月10日,向A地税务机关申报增值税＝0。

8. 2019年7月份,发生材料成本3 500 000元,人工成本500 000元。

借：工程施工——合同成本——材料 3 500 000
　　　　　　　——合同成本——人工 500 000
　贷：应付账款等 3 500 000
　　　应付职工薪酬 500 000

9. 2019年7月25日,双方确认工程进度款5 500 000元。

借：应收账款 5 500 000
　贷：工程结算 5 339 805.83
　　　应交税费——简易计税 160 194.17

注：在B地预缴增值税160 194.17元。

10. 2019年7月31日,按工程进度确认收入

工程进度＝(2 500 000＋4 000 000)/7 000 000＝93％

建造合同收入＝11 000 000/(1＋3％)×93％－3 844 660.19＝6 087 378.64(元)

借：主营业务成本 4 000 000
　　工程施工——合同毛利 2 087 378.64
　贷：主营业务收入 6 087 378.64

税务处理：

当期实现会计利润2 087 378.64元,按规定预缴企业所得税。

11. 2019年8月5日,结算工程进度款4 400 000元(5 500 000×80％)

当月按规定应当收取的款项＝4 400 000－前期预收款的余额660 000＝3 740 000(元)

借：预收账款 660 000
　　银行存款 3 740 000
　贷：应收账款 4 400 000

"应收账款"余额＝3 300 000－2 640 000＋5 500 000－4 400 000＝1 760 000(元)

12. 2019年8月1日,向B地税务机关预交增值税。

借:应交税费——简易计税　　　　　　　　　　　　　　　160 194.17
　　贷:银行存款　　　　　　　　　　　　　　　　　　　　160 194.17

13. 2019年8月12日,向A地税务机关申报缴纳增值税＝0。

14. 2019年8月份,发生材料成本100 000元,人工成本400 000元。

借:工程施工——合同成本——材料　　　　　　　　　　　100 000
　　　　　　——合同成本——人工　　　　　　　　　　　400 000
　　贷:应付账款等　　　　　　　　　　　　　　　　　　100 000
　　　　应付职工薪酬　　　　　　　　　　　　　　　　　400 000

15. 2019年8月25日,双方确认全部工程完工。

确认工程进度款＝11 000 000－3 300 000－5 500 000
　　　　　　　＝2 200 000(元)

借:应收账款　　　　　　　　　　　　　　　　　　　　　2 200 000
　　贷:工程结算　　　　　　　　　　　　　　　　　　　　2 135 922.33
　　　　应交税费——简易计税　　　　　　　　　　　　　　64 077.67

注:"应收账款"余额＝1 760 000＋2 200 000＝3 960 000(元)

16. 2019年8月31日,按工程进度确认收入结转成本。

主营业务成本＝2 500 000＋4 000 000＋500 000＝7 000 000(元)
工程进度＝100%
建造合同收入＝11 000 000/(1＋3%)×100%－3 844 660.19－6 087 378.64
　　　　　　＝747 572.82(元)

借:主营业务成本　　　　　　　　　　　　　　　　　　　500 000
　　工程施工——合同毛利　　　　　　　　　　　　　　　247 572.82
　　贷:主营业务收入　　　　　　　　　　　　　　　　　　747 572.82

17. 2019年9月5日完工。

支付剩余工程款＝11 000 000－(3 300 000＋3 740 000)＝3 960 000(元)

借:银行存款　　　　　　　　　　　　　　　　　　　　　3 960 000
　　贷:应收账款　　　　　　　　　　　　　　　　　　　　3 960 000

18. 2019年9月10日向B地税务机关预交增值税。

借:应交税费——简易计税　　　　　　　　　　　　　　　64 077.67
　　贷:银行存款　　　　　　　　　　　　　　　　　　　　64 077.67

19. 将"工程施工"余额结转到"工程结算"。

借:工程结算　　　　　　　　　　　　　　　　　　　　　10 679 611.65
　　贷:工程施工　　　　　　　　　　　　　　　　　　　　10 679 611.65

20. "工程结算"余额＝10 679 611.65－10 679 611.65＝0

注:"工程结算"科目余额＝0,账户结平。

(九)"转让金融商品应交增值税"明细科目,核算增值税纳税人转让金融商品发生的增值税税额。

> **提示**
> 本科目是这次发文"应交税费"下新增的一个二级明细科目,主要核算金融商品转让增值税的特殊处理业务。营改增试点办法规定,金融商品转让,应当按照卖出价扣除买入价后的余额为销售额。转让金融商品出现的正负差,按盈亏相抵后的余额为销售额。若相抵后出现负差,可结转下一纳税期与下期转让金融商品销售额相抵。但年末时仍出现负差的,不得转入下一个会计年度。

例题 1-10 甲企业购买两种金融商品 M 和 N。

(1) 2019 年 4 月份,转让 M 金融商品,卖出价为 95 万元,该金融商品的买入价为 100 万元。转让 N 金融商品,卖出价为 122 万元,该金融商品的买入价为 120 万元。

购买 M 金融商品时:

借:可供出售金融资产——成本(M)   1 000 000
    贷:银行存款   1 000 000

转让时:

借:银行存款   950 000
    投资收益   50 000
    贷:可供出售金融资产——成本(M)   1 000 000

购买或转让 N 金融商品参照上述会计处理,但转让时的差额确认为"投资收益"贷方。

4 月份应当缴纳增值税的计税依据＝(95－100)＋(122－120)＝－3(万元)

4 月份不缴纳增值税,3 万元的负差准予抵减下月金融商品正差。

3 万元负差抵减下月增值税＝3÷(1＋6%)×6%＝1 698.11(元)

借:应交税费——转让金融商品应交增值税   1 698.11
    贷:投资收益   1 698.11

(2) 5 月份,转让 M 金融商品,卖出价 102 万元,买入价 100 万元;转让 N 金融商品,卖出价 125 万元,买入价 120 万元。

5 月份增值税的计税依据＝(102－100)＋(125－120)＝7(万元)

5 月份应当申报的增值税销项税额＝7÷1.06×6%＝3 962.26(元)

借:投资收益   3 962.26
    贷:应交税费——转让金融商品应交增值税   3 962.26

5 月份应当缴纳的增值税＝3 962.26－1 698.11＝2 264.15(元)

次月 15 日内实际缴纳增值税时的会计处理：

借：应交税费——转让金融商品应交增值税 2 264.15
  贷：银行存款 2 264.15

(3) 6 月份，转让 M 金融商品的卖出价 80 万元，买入价 100 万元；转让 N 金融商品的卖出价 123 万元，买入价 120 万元。

6 月份增值税的计税依据＝(80－100)＋(123－120)＝－17(万元)

6 月份不缴纳增值税，但由于这 17 万元的负差不允许结转到下年度抵减下年度的正差，不需要通过"应交税费——转让金融商品应交增值税"科目进行会计处理。

此外，如果 5 月份"应交税费——转让金融商品应交增值税"科目借方余额没有抵减完，则应当在 6 月末作如下账务处理：

借：投资收益
  贷：应交税费——转让金融商品应交增值税

(十)"代扣代交增值税"明细科目，核算纳税人购进在境内未设经营机构的境外单位或个人在境内的应税行为代扣代缴的增值税。

1.11.2 小规模纳税人会计科目及专栏设置

小规模纳税人只需在"应交税费"科目下设置"应交增值税"明细科目，不需要设置上述专栏及除"转让金融商品应交增值税""代扣代交增值税""待抵扣进项税额"外的明细科目。

> **提　示**
>
> 小规模纳税人发生的业务相对一般纳税人而言比较简单，只需在"应交税费"科目下设置"应交增值税""转让金融商品应交增值税""代扣代交增值税"三个二级明细科目，采用三栏式明细账即可，减轻小规模纳税人的核算压力。

案例分析

甲房地产企业(A 地)是增值税一般纳税人，2019 年 5 月份在 B 地支付土地出让金 4 360 万元，购买一块土地进行商品房开发，按一般计税方法缴纳增值税。2019 年 5 月 1 日开盘，收取 9 000 平方米商品房的预售房款 9 810 万元。2020 年 10 月份交付预售的商品房 3 000 平方米，并向购房者开具发票，3 000 平方米所对应的开发成本为 2 000 万元。可售面积总额 10 000 平方米。在 2020 年 12 月份，预售的 6 000 平方米交付，同月现房销售 500 平方米，取得含税价格 545 万元，6 500 平方米所对应的成本为 4 333 万元，剩余 500 平方米作为本企业物业用房，不再销售，所对应的成本为 330 万元。

(1) 取得土地使用权时的会计处理：

借：开发成本——土地征用及拆迁补偿费 43 600 000
  贷：银行存款 43 600 000

(2) 2019 年 5 月，收取预售房款 9 810 万元时：

借：银行存款　　　　　　　　　　　　　　　　　　　　　　　　　98 100 000
　　贷：预收账款　　　　　　　　　　　　　　　　　　　　　　　　　　98 100 000

(3) 2019年5月份,甲企业除上述业务外,还取得其他销项税额50万元,进项税额20万元,会计处理如下:

借：应交税费——应交增值税(转出多交增值税)　　　　　　　　　　 300 000
　　贷：应交税费——未交增值税　　　　　　　　　　　　　　　　　　　 300 000

(4) 计算2019年6月15日前向项目所在地A地主管税务机关预缴增值税。

36号文对纳税地点的规定是机构所在地,除规定房地产老项目按简易计税方法缴纳增值税时应当在项目所在地预缴3%外,18号公告没有在不动产所在地缴纳增值税的规定,哪怕是预缴增值税,也没有规定在不动产所在地预缴。因此,从法律上来讲房地产企业销售开发产品的增值税不管是预缴还是纳税申报,均应当在机构所在地缴纳,不存在向项目所在地预缴问题。但许多地方为了平衡税收利益,明确规定预缴的增值税向项目所在地预缴,向机构所在地申报。例如:《大连市国家税务局关于全面推开营业税改征增值税试点有关事项的公告》(大连市国家税务局公告2016年第12号)第二条规定,大连市行政区划内房地产开发企业在本市跨县(市、区)销售自行开发房地产项目,凡未在房地产项目所在地办理税务登记的,应在项目所在地按3%的预征率预缴增值税,回机构所在地向主管国税机关申报纳税。再如《广东省国家税务局关于全面推开营业税改征增值税试点后增值税纳税申报有关事项的公告》(广东省国家税务局公告2016年第9号)、《浙江省国家税务局关于营业税改征增值税试点增值税纳税申报等有关事项的公告》(浙江省国家税务局公告2016年第5号)等也有类似规定。据了解,大部分省市目前都要求房地产企业先在项目所在地预缴后向机构所在地申报。本教材举例时暂按在项目所在地预缴处理。

$$应当预缴增值税 = 98100000 \div (1+9\%) \times 3\% = 270(万元)$$

根据《财政部关于印发〈增值税会计处理规定〉的通知》(财会〔2018〕22号)规定,向项目所在地税务机关预缴后,作如下账务处理:

借：应交税费——预交增值税　　　　　　　　　　　　　　　　　　2 700 000
　　贷：银行存款　　　　　　　　　　　　　　　　　　　　　　　　　　2 700 000

附:项目所在地税务机关开具的完税凭证(略)。

(5) 2019年6月15日前向机构所在地主管税务机关申报纳税,由于"应交税费——未交增值税"是贷方余额30万元(注:属于纳税人当月预缴的增值税270万元,在向机构所在地纳税申报时,原则上应当作为预缴增值税在总机构应纳增值税额中抵减。抵减后没有实现应纳增值税额时,不需要向机构所在地缴纳增值税。但根据财会〔2018〕22号文件规定,预缴的增值税月末才能结转到"应交税费——未交增值税",这样实质上是抵减预缴月份实现的应交未交的增值税,而不是所属期的增值税)。因此,6月15日前,向机构所在地申报纳税:

借：应交税费——未交增值税　　　　　　　　　　　　　　　　　　　300 000
　　贷：银行存款　　　　　　　　　　　　　　　　　　　　　　　　　　 300 000

附:机构所在地税务机关出具的完税凭证等(略)。

(6) 2020年10月份交付3 000平方米时,计算准予扣除的土地价款及销项税额。

$$当期允许扣除的土地价款 = \left(当期销售房地产项目建筑面积 \div 房地产项目可供销售建筑面积\right) \times 支付的土地价款$$

$$= (3\,000 \div 10\,000) \times 4\,360$$
$$= 1\,308(万元)$$

计算2020年10月份的销项税额:

$$10月份交房确认的销售额 = 9\,810 \times (3\,000 \div 9\,000) = 3\,270(万元)$$
$$2020年10月份销项税额 = (3\,270 - 1\,308) \div (1 + 9\%) \times 9\%$$
$$= 1\,800 \times 9\% = 162(万元)$$

其中,因扣除土地价款抵减的销项税额 = $1\,308 \div 1.09 \times 9\% = 108$(万元)。

(7) 2020年10月向业主开具3 000平方米商品房所对应的发票(本例为简化起见,以合计数代替)。

$$不含税销售额 = 3\,270 \div (1 + 9\%) = 3\,000(万元)$$
$$销项税额 = 3\,000 \times 9\% = 270(万元)$$

XX省增值税专用发票【简】

单位:元

销售额	税率	税额
30 000 000	9%	2 700 000
价税合计(大写)	叁仟贰佰柒拾万圆整	小写:32 700 000
销货方	备注	不动产所在县市名称;项目名称

(8) 2020年10月份的账务处理:

① 核算销售额和销项税额。

$$预收账款结转收入金额 = 9\,810 \times (3\,000 \div 9\,000) = 3\,270(万元)$$

借:预收账款　　　　　　　　　　　　　　　　　　　　　　　32 700 000
　　贷:主营业务收入　　　　　　　　　　　　　　　　　　　　30 000 000
　　　　应交税费——应交增值税(销项税额)　　　　　　　　　 2 700 000

② 结转成本。

借:主营业务成本　　　　　　　　　　　　　　　　　　　　　20 000 000
　　贷:开发产品　　　　　　　　　　　　　　　　　　　　　　20 000 000

③ 核算扣除土地价款抵减的销项税额。

借:应交税费——应交增值税(销项税额抵减)　　　　　　　　　1 080 000
　　贷:主营业务成本　　　　　　　　　　　　　　　　　　　　 1 080 000

(9) 2020年10月份取得其他业务的销项税额60万元,进项税额50万元。

2020年10月份"应交税费——应交增值税"余额=(60+270)-(50+108)=172(万元)

  借:应交税费——应交增值税(转出多交增值税)   1 720 000
   贷:应交税费——未交增值税   1 720 000

同时,按财会〔2016〕22号文件规定,应当在增值税纳税义务发生时间时,将交房部分的销售额所对应的原"应交税费——预交增值税"借方余额结转到"应交税费——未交增值税"借方。

交付的3 000平方米所对应的预交增值税=270×(3 000÷9 000)=90(万元)

  借:应交税费——未交增值税   900 000
   贷:应交税费——预交增值税   900 000

(10) 2020年11月15日前向机构所在地主管税务机关申报缴纳增值税。

由于"应交税费——未交增值税"余额为贷方82万元,应当向机构所在地税务机关申报缴纳增值税82万元。

  借:应交税费——未交增值税   820 000
   贷:银行存款   820 000

(11) 2020年12月份,当月交付的面积6 500平方米(包括现房销售500平方米),转作物业用房的500平方米视为已经转让,所对应的土地价款可以扣除。当月取得进项税额42万元。

12月份交付的6 000平方米所对应的预售房款转作销售额的含税金额=9 810-3 270=6 540(万元)

2020年12月份准予扣除的土地价款=4 360×7 000÷10 000=3 052(万元)

12月份销项税额=[(6 540+545)-3 052]÷(1+9%)×9%=333(万元)

因扣除土地价款抵减的销项税额=3 052÷(1+9%)×9%=252(万元)

  借:银行存款   5 450 000
    预收账款   65 400 000
   贷:主营业务收入   65 000 000
    应交税费——应交增值税(销项税额)   5 850 000

结转成本:

  借:主营业务成本   43 330 000
   贷:开发产品   43 330 000

  借:应交税费——应交增值税(销项税额抵减)   2 520 000
   贷:主营业务成本   2 520 000

"应交税费——应交增值税"科目月末余额=(270+585)-(42+30+108+172+252)
                 =251(万元)

  借:应交税费——应交增值税(转出多交增值税)   2 510 000
   贷:应交税费——未交增值税   2 510 000

同时,将交房预售房款销售的 6 000 平方米所对应的预交增值税结转到"应交税费——未交增值税"科目。

交房的 6 000 平方米所对应的预交增值税 $= 270 \times (6\,000 \div 9\,000) = 180$(万元)

借:应交税费——未交增值税　　　　　　　　　　　　　　　　　　1 800 000
　　贷:应交税费——预交增值税　　　　　　　　　　　　　　　　　1 800 000

(12) 2020 年 12 月份,将转作物业用房的商品房转入固定资产。

借:固定资产　　　　　　　　　　　　　　　　　　　　　　　　　3 300 000
　　贷:开发产品　　　　　　　　　　　　　　　　　　　　　　　　3 300 000

(13) 2021 年 1 月 15 日前就其取得的 500 平方米的房款向项目所在地主管税务机关预缴增值税。

应当预缴增值税 $= 545 \div (1 + 9\%) \times 3\% = 15$(万元)

凭 B 地税务机关出具的完税凭证:

借:应交税费——预交增值税　　　　　　　　　　　　　　　　　　150 000
　　贷:银行存款　　　　　　　　　　　　　　　　　　　　　　　　150 000

2021 年 1 月末:

借:应交税费——未交增值税　　　　　　　　　　　　　　　　　　150 000
　　贷:应交税费——预交增值税　　　　　　　　　　　　　　　　　1 500 000

(14) 2021 年 1 月 15 日前向机构所在地申报纳税。

"应交税费——未交增值税"余额 $= 56$(万元)

借:应交税费——未交增值税　　　　　　　　　　　　　　　　　　560 000
　　贷:银行存款　　　　　　　　　　　　　　　　　　　　　　　　560 000

附:A 地税务机关出具的完税凭证(略)。

1.12　营改增实务解析及部分省市营改增经典指引

1.12.1　将无产权的停车位、地下室、架空层和人防工程等房地产对外出租的增值税问题

湖北营改增政策执行口径第三辑:纳税人将无产权的停车位、地下室、架空层和人防工程等房地产对外出租时,所签订租赁合同约定租期为 20 年(含)以上,并一次性收取租金的,按转让建筑物永久使用权,依销售不动产的规定征收增值税;否则,按不动产租赁征收增值税。

1.12.2　纳税人将国有土地使用权交由土地收购储备中心收储,取得的补偿收入增值税问题

湖北营改增政策执行口径第三辑:纳税人将国有土地使用权交由土地收购储备中心收储,

取得的建筑物、构筑物和机器设备的补偿收入征收增值税,取得的其他补偿收入免征增值税。

纳税人享受土地使用权补偿收入免征增值税政策时,需要出具县级(含)以上地方人民政府收回土地使用权的正式文件,包括县级(含)以上地方人民政府出具的收回土地使用权文件以及土地管理部门报经县级以上(含)地方人民政府同意后由该土地管理部门出具的收回土地使用权文件。

1.12.3 园林绿化的增值税抵扣问题

内蒙古自治区国家税务局全面推开营改增政策问题解答一:园林绿化工程营改增后签订的合同,苗木属于农产品系列,是免税的,房开公司直接和园林公司签合同买苗木,凭园林公司开具的发票可以抵扣进项税款。

1.12.4 房地产开发企业的售楼处、样板间的进项税额如何抵扣,这些设施如果最后拆除已经抵扣的进项税是否要转出问题

内蒙古自治区国家税务局全面推开营改增政策问题解答二:售楼处、样板间属于在施工现场修建的临时建筑物、构筑物,其进项税额可一次性抵扣,如果最终拆除,表明售楼部、样板间已经使用完毕,不需要做转出。

1.12.5 房地产开发企业销售自行开发的不动产增值税纳税义务发生时间问题

内蒙古自治区国家税务局全面推开营改增政策问题解答二:《营业税改征增值税试点实施办法》第四十五条规定,增值税纳税义务发生时间为:"纳税人发生应税行为并收讫销售款项或者取得索取销售款项凭据的当天;先开具发票的,为开具发票的当天。"

纳税人发生应税行为是纳税义务发生的前提。房地产公司销售不动产,以房地产公司将不动产交付给买受人的当天作为应税行为发生的时间。交付时间,以《商品房买卖合同》上约定的交房时间为准;若实际交房时间早于合同约定时间的,以实际交付时间为准。

1.12.6 股权转让涉及的不动产是否缴纳增值税问题

河北省国家税务局关于全面推开营改增有关政策问题的解答(之二):在股权转让中,被转让企业的不动产并未发生所有权转移,不缴纳增值税。

1.12.7 房地产开发企业自行开发的开发产品转为固定资产后再销售问题

河北省国家税务局关于全面推开营改增有关政策问题的解答(之二):房地产开发企业销售权属登记在自己名下的不动产,应当按照《纳税人转让不动产增值税征收管理暂行办法》(国家税务总局公告2016年第14号)的规定进行税务处理,不适用《房地产开发企业销售自行开发的房地产项目增值税征收管理暂行办法》(国家税务总局公告2016年第18号),不允许扣除土地成本。

例如,某房地产企业开发一批商铺,销售出90%,剩余有10套商铺尚未售出。房地产开发企业办理权属登记时,将该10套商铺登记在自己名下。3年后,该商铺房产价格

上涨,房地产开发企业决定将该 10 套商铺再出售,此时,该 10 套商铺已经登记在房地产企业名下,再次销售时,属于"二手",不是房地产开发项目尚未办理权属登记的房产,因此应适用《纳税人转让不动产增值税征收管理暂行办法》(国家税务总局公告 2016 年第 14 号)。

1.12.8　房地产开发企业预收款开票问题

全面推开营改增试点政策指引(六)结合发票新系统:房地产开发企业在收到预收款时,向购房者开具税率为"不征税"的增值税普通发票,在发票备注栏单独备注"预收款",作为购房者按揭贷款的凭证之一。开票金额为实际收到的预收款全款,待下个月申报期内通过《增值税预缴税款表》进行申报并按照规定预缴增值税。在申报当期增值税时,不再将已经预缴税款的预收款通过申报表进行体现,将来正式确认收入开具不动产销售发票时也不再进行红字冲回。

1.12.9　开发项目中兼有普通住房和别墅时计税方法的选择问题

房地产开发企业开发的,开工日期在 4 月 30 日之前的同一《施工许可证》下的不同房产,如开发项目中既有普通住房,又有别墅,可以分别选择简易征收和一般计税方法吗?《国家税务总局纳税服务司关于下发营改增热点问题答复口径和营改增培训参考材料的函》(税总纳便函〔2016〕71 号):不可以。同一房地产项目只能选择适用一种计税方法。

1.12.10　在本市跨区县从事的房地产开发项目,申请办理防伪税控设备及领用发票的地点问题

房地产开发公司在本市跨区县从事的房地产开发项目,营改增后应在哪里申请办理防伪税控设备及领用发票?

《国家税务总局纳税服务司关于下发营改增热点问题答复口径和营改增培训参考材料的函》(税总纳便函〔2016〕71 号):应该在机构所在地办理。

1.12.11　营改增物业管理公司,同时有房屋租赁业务的发票开具问题

营改增物业管理公司,同时有房屋租赁业务,可否开一张租赁发票,再开一张物业服务费发票,以区别不同税率?

《国家税务总局纳税服务司关于下发营改增热点问题答复口径和营改增培训参考材料的函》(税总纳便函〔2016〕71 号):《财政部 国家税务总局关于全面推开营业税改征增值税试点的通知》(财税〔2016〕36 号)第三十九条规定,纳税人兼营销售货物、劳务、服务、无形资产或者不动产,适用不同税率或者征收率的,应当分别核算适用不同税率或者征收率的销售额;未分别核算的,从高适用税率。

因此,适用不同税率的项目应分别开具。但可以在同一张发票上开具。

第 2 章 房地产企业土地增值税的涉税政策解析

2.1 土地增值税纳税义务人、征税范围与税率

2.1.1 土地增值税的纳税义务人

根据《中华人民共和国土地增值税暂行条例》的第二条规定,转让国有土地使用权、地上的建筑物及其附着物(以下简称转让房地产)并取得收入的单位和个人,为土地增值税的纳税义务人(以下简称纳税人),应当依照本条例缴纳土地增值税。

1. 转让国有土地使用权、地上的建筑物及其附着物并取得收入,是指以出售或者其他方式有偿转让房地产的行为,不包括以继承、赠与方式无偿转让房地产的行为。

为了避免纳税人以"赠与"方式逃避纳税,《财政部 国家税务总局关于土地增值税一些具体问题规定的通知》(财税字〔1995〕48号)第四条对"赠与"所包括的范围问题进行明确,"赠与"是指如下情况:(1)房产所有人、土地使用权所有人将房屋产权、土地使用权赠与直系亲属或承担直接赡养义务人的。(2)房产所有人、土地使用权所有人通过中国境内非营利的社会团体(包括中国青少年发展基金会、希望工程基金会、宋庆龄基金会、减灾委员会、中国红十字会、中国残疾人联合会、全国老年基金会、老区促进会以及经民政部门批准成立的其他非营利的公益性组织)、国家机关将房屋产权、土地使用权赠与教育、民政和其他社会福利、公益事业的。除列举的上述"赠与"以外的赠与行为仍旧需要缴纳土地增值税。

2. 只有转让国有土地使用权的行为才需要缴纳土地增值税。转让集体土地使用权的行为原则上不应当缴纳土地增值税。

国有土地,是指按国家法律规定属于国家所有的土地。

3. 转让国有土地使用权的同时转让地上建筑物及其附着物的,也必须缴纳土地增值税。

(1) 地上的建筑物,是指建于土地上的一切建筑物,包括地上地下的各种附属设施。

(2) 附着物,是指附着于土地上的不能移动,一经移动即遭损坏的物品。

只转让地上建筑物或附着物,不转让土地使用权的行为,原则上不需要缴纳土地增值税。但《中华人民共和国城市房地产管理法》第32条规定,房地产转让、抵押时,房屋的所有权和该房屋占用范围内的土地使用权同时转让、抵押。也就是说,不存在所谓的"空中楼阁"。

4. 收入,包括转让房地产的全部价款及有关的经济收益。

5. 单位,是指各类企业单位、事业单位、国家机关和社会团体及其他组织。

《国家税务总局关于印发〈土地增值税宣传提纲〉的通知》(国税函发〔1995〕110号)解释,土地增值税的纳税义务人是有偿转让国有土地使用权、地上的建筑物及其附着物的单位和个人。包括各类企业单位、事业单位、机关、社会团体、个体工商业户以及其他单位和个人。根据《国务院关于外商投资企业和外国企业适用增值税、消费税等税收暂行条例的有关问题的通知》的规定,土地增值税也同样适用于涉外企业、单位和个人。因此,外商投资企业、外国企业、外国驻华机构、外国公民、华侨以及中国港澳台同胞等,只要转让房地产并取得收入,就是土地增值税的纳税义务人,均应按《条例》的规定照章纳税。

6. 个人,包括个体经营者。

2.1.2 土地增值税征税范围

根据《国家税务总局关于印发〈土地增值税宣传提纲〉的通知》(国税函发〔1995〕110号)规定,土地增值税的征税范围界定如下:

凡转让国有土地使用权、地上的建筑物及其附着物并取得收入的行为都应缴纳土地增值税。这样界定有三层含义:

一是土地增值税仅对转让国有土地使用权的征收,对转让集体土地使用权的不征税。这是因为,根据《中华人民共和国土地管理法》的规定,国家为了公共利益,可以依照法律规定对集体土地实行征用,依法被征用后的土地属于国家所有。未经国家征用的集体土地不得转让。如要自行转让是一种违法行为。对这种违法行为应由有关部门依照相关法律来处理,而不应纳入土地增值税的征税范围。

二是只对转让的房地产征收土地增值税,不转让的不征税。如房地产的出租,虽然取得了收入,但没有发生房地产的产权转让,不应属于土地增值税的征收范围。

三是对转让房地产并取得收入的征税,对发生转让行为,而未取得收入的不征。如通过继承、赠与方式转让房地产的,虽然发生了转让行为,但未取得收入,就不能征收土地增值税。

2.1.3 税率

土地增值税实行四级超率累进税率。具体税率如下表所示。

土地增值税税率表

档次	级距	税率	速算扣除系数	税额计算公式
1	增值额未超过扣除项目金额50%(含)的部分	30%	0	增值额×30%
2	增值额超过扣除项目金额50%,未超过100%(含)的部分	40%	5%	增值额×40%-扣除项目金额×5%
3	增值额超过扣除项目金额100%,未超过200%(含)的部分	50%	15%	增值额×50%-扣除项目金额×15%
4	增值额超过扣除项目金额200%的部分	60%	35%	增值额×60%-扣除项目金额×35%

2.2 土地增值税的特殊政策

2.2.1 房地产交换土地增值税政策

根据《财政部 国家税务总局关于土地增值税一些具体问题规定的通知》（财税字〔1995〕48号）的第五条规定，对个人之间互换自有居住用房地产的，经当地税务机关核实，可以免征土地增值税。

但上述规定仅限于个人之间居住用房地产的互换，对于房地产企业以开发产品与被拆迁户进行房屋调换行为，必须缴纳土地增值税。

2.2.2 房地产抵押土地增值税政策

《国家税务总局关于未办理土地使用权证转让土地有关税收问题的批复》（国税函〔2007〕645号）规定，土地使用者转让、抵押或置换土地，无论其是否取得了该土地的使用权属证书，无论其在转让、抵押或置换土地过程中是否与对方当事人办理了土地使用权属证书变更登记手续，只要土地使用者享有占有、使用、收益或处分该土地的权利，且有合同等证据表明其实质转让、抵押或置换了土地并取得了相应的经济利益，土地使用者及其对方当事人应当依照税法规定缴纳增值税、土地增值税和契税等相关税收。

2.2.3 合作建房土地增值税政策

根据《财政部 国家税务总局关于土地增值税一些具体问题规定的通知》（财税字〔1995〕48号）的第二条规定，对于一方出地，一方出资金，双方合作建房，建成后按比例分房自用的，暂免征收土地增值税；建成后转让的，应征收土地增值税。

2.2.4 地下车位土地增值税政策

财政部和国家税务总局对于转让地下车位的使用权是否缴纳土地增值税问题，没有明确规定。但土地增值税是以转让国有土地使用权（产权转移）为必备条件，原则上只转让使用权，不转让产权的，不存在缴纳土地增值税问题。为此，《辽宁省地方税务局关于明确土地增值税清算有关问题的通知》（辽地税函〔2012〕92号）第五条"关于地下停车位等取得收入和清算扣除问题"规定，转让有产权地下停车位取得的收入，计入土地增值税收入，地方税务机关允许其成本费用按照对应配比原则在土地增值税清算中扣除。无产权地下停车位取得的收入，不计入土地增值税收入，其成本费用地方税务机关在土地增值税清算中不允许扣除。其他无产权的建筑物等比照执行。《新疆维吾尔自治区地方税务局关于明确土地增值税相关问题的公告》（新疆维吾尔自治区地方税务局公告2016年第6号）第四条关于车库（车位、储藏室等）问题，作出如下规定：(1)能够办理权属登记手续的车库（车位、储藏室等）单独转让时，房地产开发企业应按"其他类型房地产"确认收入并计算成本费用。(2)不能办理权属登记手续的车库（车位、储藏室等），按照《国家税务总局关于房地产开发企业土地增值税清算管理有关问题的通知》（国税发〔2006〕187号）第四条第三项的规定执行，即：归全体业主所有或转让给政府、公益事业单位用于公益事业的,作为公共配套设施费用分摊到开发成本中。(3)关于无产权车位分摊土地成本问题,土地成本仅在可售面积中分摊,无产权的地下车位不分摊土地成本。《山东省地方税务局关于修订〈山东省地方税务局土地增值税"三控一促"管理办法〉的公告》(山东省地方税务局公告2017年第5号)第三十三条规定,房地产开发企业处置利用地下人防设施建造的车库(位)等设施取得的收入,不计入土地增值税收入,凡按规定无偿移交给政府、公共事业单位用于非营利性社会公共事业的,准予扣除相关成本、费用。《青岛市地方税务局关于发布〈房地产开发项目土地增值税管理办法〉的公告》(青岛市地方税务局公告2016年第1号)第五十七条也规定,房地产开发企业转让利用地下人防设施建造的车库(位)等设施取得的收入,不计入土地增值税收入,凡按规定无偿移交给政府、公共事业单位用于非营利性社会公共事业的,准予扣除相关成本、费用。未无偿移交给政府、公共事业单位的地下人防设施,其成本不允许扣除。该成本按照人防工程的建筑面积占总建筑面积的比例,在全部建筑安装工程费的成本内计算。

但也有一些地方为了避免纳税人分解开发产品与地下车位的收入,逃避缴纳土地增值税,对地下车位的土地增值税处理要求较为严格。如《南京市地方税务局土地增值税征管和政策问题解答》中,"7、房地产开发企业把作为公共配套的地下室,卖给业主当车位,但没有产权,有的开的是销售不动产,有的开的是租赁业发票,是不是不计入销售收入?""答:房地产开发项目公共配套的地下室建筑面积已分摊到所在项目的业主所购房屋的建筑面积中,在转让时,无论房地产开发企业如何处理,都应当作为转让收入一并计算土地增值税。房地产开发项目的公共配套的地下室成本如单独核算,其建筑面积没有分摊进所在项目的业主所购房屋中,在转让时业主无法取得产权的,是否应当缴纳土地增值税,应视具体情况处理。"

笔者的意见是,土地增值税是对转让国有土地使用权及其地上建筑物或构筑物的行为征税,如果企业没有发生土地使用权的产权转让行为,就不存在缴纳土地增值税问题。

2.3 房地产企业土地增值税应税收入的确定

根据《中华人民共和国土地增值税暂行条例》的第三条规定,土地增值税按照纳税人转让房地产所取得的增值额和本条例第七条规定的税率计算征收。计算公式为:

应纳土地增值税=土地增值额×适用税率-扣除项目金额×速算扣除率
土地增值额=转让房地产取得的收入-扣除项目金额

2.3.1 营改增后土地增值税的应税收入确认

《中华人民共和国土地增值税暂行条例》第五条规定,纳税人转让房地产所取得的收入,包括货币收入、实物收入和其他收入。

根据《财政部国家税务总局关于营改增后契税房产税 土地增值税 个人所得税计税依据问题的通知》(财税〔2016〕43号)第三条及《国家税务总局关于营改增后土地增值税若干征管规定的公告》(国家税务总局公告2016年第70号)第一条规定,营改增后,纳税人转让房地产的土地增值税应税收入不含增值税。适用增值税一般计税方法的纳税人，其转让房地产的土地增值税应税收入不含增值税销项税额；适用简易计税方法的纳税人，其转让房地产的土地增值税应税收入不含增值税应纳税额。

例如，甲房地产企业对 A 开发项目土地增值税进行清算，该项目取得的收入总额为 5 450 万元，土地出让金 2 180 万元。请问，该企业土地增值税清算时，确认的土地增值税应税收入是多少呢？有人认为，由于房地产企业在计算销项税额时，准予按销售收入扣除土地价款后的差额计算，因此：

$$销项税额 = (5\,450 - 2\,180)/(1+9\%) \times 9\% = 270(万元)$$

根据国家税务总局公告 2016 年第 70 号文件规定：

$$土地增值税应税收入 = 5\,450 - 270 = 5\,180(万元)$$

笔者认为上述认识是不正确的。

首先，从增值税的原理来看，尽管国家税务总局公告 2016 年第 18 号文件规定的房地产销售开发产品的销售额 = (全部价款和价外费用 - 当期允许扣除的土地价款) ÷ (1+9%)，但本质上是差额缴纳增值税的计税依据而已。作为增值税的基本原理：

$$销售额 = 全部价款和价外费用 \div (1+9\%)$$
$$销项税额 = 销售额 \times 适用税率$$

扣除的土地价款是对销项税额的抵减金额，不属于销项税额的组成部分。

其次，根据《财政部关于印发〈增值税会计处理规定〉的通知》（财会〔2016〕22 号）规定，上述的会计处理如下：

借：银行存款　　　　　　　　　　　　　　　　　　　　　　　54 500 000
　　贷：主营业务收入　　　　　　　　　　　　　　　　　　　　50 000 000
　　　　应交税费——应交增值税（销项税额）　　　　　　　　　 4 500 000

因扣除土地价款抵减的销项税额：

借：应交税费——应交增值税（销项税额抵减）　　　　　　　　 1 800 000
　　贷：主营业务成本　　　　　　　　　　　　　　　　　　　　 1 800 000

再次，计算土地增值税时，如果准予扣除的销项税额按扣除土地价款后的余额计算的金额从应税收入中扣除，而土地价款是单独作为一项扣除项目金额扣除，不会从应税收入减除，也就使得税金的扣除与收入不配比。

综上所述，笔者坚持认为，上述业务计算土地增值税的应税收入 = 5 450/(1+9%) = 5 450 - 450 = 5 000（万元），而不是 5 180 万元。

如果该企业对该项目选择简易计税方法，土地增值税清算时的应税收入 = 5 450/(1+5%) = 5 190.48（万元）。

2.3.2　代收费用

根据《财政部 国家税务总局关于土地增值税一些具体问题规定的通知》（财税字

〔1995〕48号)的第六条规定:

1. 对于县级及县级以上人民政府要求房地产开发企业在售房时代收的各项费用,如果代收费用是计入房价中向购买方一并收取的,可作为转让房地产所取得的收入计税;如果代收费用未计入房价中,而是在房价之外单独收取的,可以不作为转让房地产的收入。

2. 对于代收费用作为转让收入计税的,在计算扣除项目金额时,可予以扣除,但不允许作为加计20%扣除的基数;对于代收费用未作为转让房地产的收入计税的,在计算增值额时不允许扣除代收费用。

2.3.3 土地增值税清算时的收入确认

根据《国家税务总局关于土地增值税清算有关问题的通知》(国税函〔2010〕220号)的第一条规定,土地增值税清算时,已全额开具商品房销售发票的,按照发票所载金额确认收入;未开具发票或未全额开具发票的,以交易双方签订的销售合同所载的售房金额及其他收益确认收入。销售合同所载商品房面积与有关部门实际测量面积不一致,在清算前已发生补、退房款的,应在计算土地增值税时予以调整。

2.3.4 外币收入的折算

1. 直接收款方式。

《中华人民共和国土地增值税暂行条例实施细则》第二十条规定,土地增值税以人民币为计算单位。转让房地产所取得的收入为外国货币的,以取得收入当天或当月1日国家公布的市场汇价折合成人民币,据以计算应纳土地增值税税额。

2. 分期收款方式。

《财政部 国家税务总局关于土地增值税一些具体问题规定的通知》(财税字〔1995〕48号)第十五条规定,对于以分期收款形式取得的外币收入,也应按实际收款日或收款当月1日国家公布的市场汇价折合人民币。

2.3.5 土地增值税的视同销售

《国家税务总局关于房地产开发企业土地增值税清算管理有关问题的通知》(国税发〔2006〕187号)第三条明确了非直接销售和自用房地产的收入确定方法。

2.3.5.1 非直接销售

根据《国家税务总局关于房地产开发企业土地增值税清算管理有关问题的通知》(国税发〔2006〕187号)第三条第一款规定,房地产开发企业将开发产品用于职工福利、奖励、对外投资、分配给股东或投资人、抵偿债务、换取其他单位和个人的非货币性资产等,发生所有权转移时应视同销售房地产,其收入按下列方法和顺序确认:

(1) 按本企业在同一地区、同一年度销售的同类房地产的平均价格确定。

(2) 由主管税务机关参照当地当年、同类房地产的市场价格或评估价值确定。

例如,甲房地产企业欠乙企业货款1 000万元,经法院判决,将账面价值600万元的土地和房产(本企业已经使用多年的沿街房)一宗,按评估价值并经法院判决书裁定作价800

万元抵顶欠甲公司的债务。根据上述规定,该企业没有同类房产的售价,只能按市场价格或评估价格中的一项确认土地增值税收入。由于该企业经法院裁定按评估价值作价抵债,因此应当按 800 万元确认为土地增值税的应税收入,差额部分属于债务重组利得,只需要缴纳企业所得税,不需要缴纳土地增值税。

2.3.5.2 自用房地产

根据《国家税务总局关于房地产开发企业土地增值税清算管理有关问题的通知》(国税发〔2006〕187 号)第三条第二款规定,房地产开发企业将开发的部分房地产转为企业自用或用于出租等商业用途时,如果产权未发生转移,不征收土地增值税,在税款清算时不列收入,不扣除相应的成本和费用。

2.3.5.3 拆迁安置房

根据《国家税务总局关于土地增值税清算有关问题的通知》(国税函〔2010〕220 号)第六条及《国家税务总局关于营改增后土地增值税若干征管规定的公告》(国家税务总局公告 2016 年第 70 号)总结如下:

1. 房地产企业用建造的本项目房地产安置回迁户的,安置用房视同销售处理,视同销售的收入按本企业在同一地区、同一年度销售的同类房地产的平均价格确定,并按下列公式计算的金额确认为拆迁补偿费计入开发成本作为扣除项目金额扣除且可以作为加计扣除 20% 的计算基数:

(1) 收取补价的:

$$计入开发成本的拆迁补偿费 = 视同销售收入金额 - 收取的补价$$

(2) 支付补价的:

$$计入开发成本的拆迁补偿费 = 视同销售收入金额 + 收取的补价$$

例如,2019 年 4 月份,甲房地产企业用建造的本项目房地产 80 套(每套建筑面积 100 平方米)安置回迁户。2019 年 4 月份该项目同类房产的平均价格 8 000 元/平方米,2019 年度全年同类房产的平均价格 7 800 元/平方米,整个项目 600 套同类房产的平均价格 8 800 元/平方米。按每平方米向安置户支付补价 200 元。该企业在缴纳增值税时,选择一般计税方法,则:

在土地增值税清算时,根据上述规定,应当按安置房交付年度同类房产的平均价格确定视同销售收入,因此:

$$确认回迁房的收入总额 = (80 \times 100 \times 7\,800) \div (1 + 9\%) = 57\,247\,706.42(元)$$
$$计入开发成本中的拆迁补偿费金额 = 57\,247\,706.42 + 80 \times 100 \times 200$$
$$= 58\,847\,706.42(元)$$

2. 异地安置的。

(1) 异地安置的房产属于自行开发的:

按上述 1. 处理。

(2) 异地安置的房产属于外购的:

按外购房产的买价确认为视同销售收入,并按下列公式计算的金额确认为拆迁补偿费计入开发成本作为扣除项目金额扣除且可以作为加计扣除20%的计算基数：

第一，收取补价的：

计入开发成本的拆迁补偿费＝实际支付的购房支出－收取的补价

第二，支付补价的：

计入开发成本的拆迁补偿费＝实际支付的购房支出＋支付的补价

3. 货币安置拆迁的，不需要确认收入缴纳土地增值税，同时房地产开发企业凭合法有效凭据计入拆迁补偿费。

2.4 房地产企业土地增值税扣除项目金额的确定

根据《中华人民共和国土地增值税暂行条例》第六条及《中华人民共和国土地增值税暂行条例实施细则》（以下简称《细则》）第七条规定，土地增值税的扣除项目金额包括五项内容。

2.4.1 取得土地使用权所支付的金额

取得土地使用权所支付的金额是指纳税人为取得土地使用权所支付的地价款和按国家统一规定交纳的有关费用。《国家税务总局关于印发〈土地增值税宣传提纲〉的通知》（国税函发〔1995〕110号）第五条第一款规定，取得土地使用权所支付的金额具体为：(1)以出让方式取得土地使用权的，为支付的土地出让金；(2)以行政划拨方式取得土地使用权的，为转让土地使用权时按规定补交的出让金；(3)以转让方式取得土地使用权的，为支付的地价款。此外，购买土地时支付的登记费、过户费及购买耕地时缴纳的耕地占用税等也应当计入取得土地成本。

与取得土地使用权有关的三个问题：

（一）土地闲置费。

根据《国家税务总局关于土地增值税清算有关问题的通知》（国税函〔2010〕220号）第四条规定，房地产开发企业逾期开发缴纳的土地闲置费不得扣除。

（二）契税。

根据《国家税务总局关于土地增值税清算有关问题的通知》（国税函〔2010〕220号）第五条规定，房地产开发企业为取得土地使用权所支付的契税，应视同"按国家统一规定交纳的有关费用"，计入"取得土地使用权所支付的金额"中扣除。

（三）分期开发土地成本分摊。

分期分批开发、转让房地产，土地使用权所支付的金额和房地产开发成本、费用均分摊依据问题。根据土地增值税实施细则和清算工作有关规定，取得土地使用权所支付的金额按实际转让土地面积占可转让土地面积的比例分摊；房地产开发成本、费用金额按可售建筑面积占项目可售总建筑面积的比例分摊。

2.4.2 开发土地的成本、费用

开发土地的成本、费用是指纳税人房地产开发项目实际发生的成本（以下简称房增开发成本），包括土地征用及拆迁补偿费、前期工程费、建筑安装工程费、基础设施费、公共配套设

施费、开发间接费用。

《国家税务总局关于印发〈土地增值税宣传提纲〉的通知》(国税函发〔1995〕110号)第五条第二款对开发成本包括的七项内容进行详细的规定如下:

(一)土地征用及拆迁补偿费。

根据《中华人民共和国土地增值税暂行条例实施细则》(以下简称《细则》)第七条第二款规定,土地征用及拆迁补偿费,包括土地征用费、耕地占用税、劳动力安置费及有关地上、地下附着物拆迁补偿的净支出、安置动迁用房支出等。

> **提 示**
>
> 1. 根据《财政部关于印发〈企业产品成本核算制度(试行)〉的通知》(财会〔2013〕17号)的规定,土地征用及拆迁补偿费是指为取得土地开发使用权(或开发权)而发生的各项费用,包括:(1)土地买价或出让金;(2)大市政配套费;(3)契税;(4)耕地占用税;(5)土地使用费;(6)土地闲置费;(7)农作物补偿费;(8)危房补偿费;(9)土地变更用途和超面积补交的地价及相关税费;(10)拆迁补偿费用;(11)安置及动迁费用;(12)回迁房建造费用等。
>
> 根据上述规定,大市政配套费在会计上属于土地成本的一部分,因此,在计算土地增值税时准予作为扣除项目金额扣除;土地使用费是针对外商投资企业使用土地征收的一种费用,目前大部分省市已经取消,如果当地政府仍旧规定收取的,计入土地成本,可以作为扣除项目金额扣除;土地闲置费是指向依法取得土地使用权但未按照规定动工建设满1年,不满2年的建设单位和个人征收的闲置土地的费用。带有惩罚的性质。因此,《国家税务总局关于土地增值税清算有关问题的通知》(国税函〔2010〕220号)第四条规定,房地产开发企业逾期开发缴纳的土地闲置费不得在计算土地增值税时扣除。但在计算企业所得税时准予扣除,应当注意两者的区别。
>
> 2. 根据会计制度规定,企业在开发产品时,土地价值应当分摊到开发成本中。但土地增值税在计算或申报时均应当将土地价值单独计算和申报。因此,在实际计算及申报土地增值税时,必须将开发成本中分摊的土地成本剔除,否则,就会造成重复扣除,且导致加计扣除金额不真实。
>
> 3. 批量购进土地,分期分批开发时,土地成本的分摊问题。
>
> 根据《中华人民共和国土地增值税暂行条例实施细则》(以下简称《细则》)第九条规定,纳税人成片受让土地使用权后,分期分批开发、转让房地产的,其扣除项目金额的确定,可按转让土地使用权的面积占总面积的比例计算分摊,或按建筑面积计算分摊,也可按税务机关确认的其他方式计算分摊。
>
> 《国家税务总局关于广西土地增值税计算问题请示的批复》(国税函〔1999〕112号)进一步明确如下,根据土地增值税立法精神,《细则》第九条的"总面积"是指可转让土地使用权的土地总面积。在土地开发中,因道路、绿化等公共设施用地是不能转让的,按《细则》第七条规定,这些不能有偿转让的公共配套设施的费用是计算增值额的扣除项目。因此,在计算转让土地的增值额时,按实际转让土地的面积占可转让土地总面积来计算分摊,即:可转让土地面积为开发土地总面积减除不能转让的公共设施用地面积后的剩余面积。

《山西省地方税务局关于发布〈房地产开发企业土地增值税清算管理办法〉的公告》（山西省地方税务局公告2014年第3号）规定，同一宗土地有多个开发项目，能准确划分不同项目占地面积的，应当先按占地面积分摊土地成本；不能准确划分不同项目占地面积的，应当按楼面地价（楼面地价＝土地总价格/总建筑面积）和各项目实际建筑面积占总建筑面积的比例计算分摊不同项目的土地成本。

《重庆市地方税务局转发国家税务总局关于印发〈土地增值税清算管理规程〉的通知的通知》（渝地税发〔2010〕168号）第三条规定，关于分期分批开发项目扣除项目金额的确定及分摊问题：(1)在同一清算单位中，只有一种开发产品的，按转让土地使用权的面积占总面积的比例进行分摊；(2)在同一清算单位中，凡有两种或两种以上开发产品的，按建筑面积计算分摊；(3)不在同一清算单位的，可按转让土地使用权的面积占总面积的比例进行分摊，或按建筑面积计算分摊，也可以按主管地方税务机关确认的其他方式计算分摊。

笔者认同重庆市的做法，其更具有操作性。

4. 房地产企业支付给被拆迁户（人）的拆迁补偿费应当是真实发生和实际支出的，支付给被拆迁人的拆迁补偿、拆迁（回迁）合同和签收花名册或签收凭据应当一一对应，并保存被拆迁人的身份证复印件、联系方式等。

（二）前期工程费。

根据《中华人民共和国土地增值税暂行条例实施细则》的第九条规定，前期工程费，包括规划、设计、项目可行性研究和水文、地质、勘察、测绘、"三通一平"等支出。

> **提 示**
>
> 根据《财政部关于印发〈企业产品成本核算制度（试行）〉的通知》（财会〔2013〕17号）的规定，前期工程费是指项目开发前期发生的政府许可规费、招标代理费、临时设施费以及水文地质勘察、测绘、规划、设计、可行性研究、咨询论证费、筹建、场地通平等前期费用。
>
> 比较两者的区别，我们会发现，成本核算制度中，前期工程费增加了"招标代理费"和"临时设施费"，原则上这部分费用在计算土地增值税扣除项目金额时可以扣除。但"临时设施费"应当区别是为了开发产品建造还是为了开发产品销售。如果是为了开发产品建造的临时设施，如临时工棚、锅炉房、混凝土搅拌站等支出，可以作为前期工程费计入开发成本扣除；但如果是为了开发产品销售的临时设施，如售楼处等支出，则不允许作为前期工程费计入开发成本扣除。

（三）建筑安装工程费。

根据《中华人民共和国土地增值税暂行条例实施细则》第九条规定，建筑安装工程费是指以出包方式支付给承包单位的建筑安装工程费，以自营方式发生的建筑安装工程费。

根据《国家税务总局关于营改增后土地增值税若干征管规定的公告》（国家税务总局公告2016年第70号）第五条规定，关于营改增后建筑安装工程费支出的发票确认问题，营改增后，土地增值税纳税人接受建筑安装服务取得的增值税发票，应按照《国家税务总局关于全面推开营业税改征增值税试点有关税收征收管理事项的公告》（国家税务总局公告2016

年第 23 号)规定,在发票的备注栏注明建筑服务发生地县(市、区)名称及项目名称,否则不得计入土地增值税扣除项目金额。

> **提 示**
>
> 根据《财政部关于印发〈企业产品成本核算制度(试行)〉的通知》(财会〔2013〕17 号)的规定,建筑安装工程费是指开发项目开发过程中发生的各项主体建筑的建筑工程费、安装工程费及精装修费等。
>
> 税法规定与成本核算制度规定虽然表述存在差异,本质上没有区别。
>
> 建筑安装工程费扣除应当注意以下问题:
>
> 1. 房地产企业在计算土地增值税时,尚未支付的工程质量保证金部分,是否可以作为建筑安装工程费一并作为扣除项目金额扣除呢?
>
> 为此,《国家税务总局关于土地增值税清算有关问题的通知》(国税函〔2010〕220 号)第二条规定,房地产开发企业在工程竣工验收后,根据合同约定,扣留建筑安装施工企业一定比例的工程款,作为开发项目的质量保证金,在计算土地增值税时,建筑安装施工企业就质量保证金对房地产开发企业开具发票的,按发票所载金额予以扣除;未开具发票的,扣留的质保金不得计算扣除。
>
> 如果房地产企业尚未支付的质保金在土地增值税清算时,因没有取得发票无法得到扣除,但以后年度重新取得发票,是否可以向税务机关申请退还清算时多缴的土地增值税?
>
> 根据《中华人民共和国税收征收管理法》第五十一条规定,纳税人超过应纳税额缴纳的税款,税务机关发现后应当立即退还;纳税人自结算缴纳税款之日起 3 年内发现的,可以向税务机关要求退还多缴的税款并加算银行同期存款利息,税务机关及时查实后应当立即退还;涉及从国库中退库的,依照法律、行政法规有关国库管理的规定退还。
>
> 2. 建筑安装工程费应当取得施工企业自行开具或向税务机关代开的增值税普通发票或增值税专用发票,且应当在发票的备注栏注明建筑服务发生地县(市、区)名称及项目名称,否则不得计入土地增值税扣除项目金额。
>
> 3. 发生的建筑安装工程费应当与决算报告、审计报告、工程结算报告、工程施工合同记载内容相符。
>
> 4. 房地产开发企业自购建筑材料时,自购建材费用不能重复计算扣除。即:不得将甲供材料计入建筑安装成本的同时,再将甲供材料开具在建筑业发票上重复扣除。

(四)基础设施费。

根据《中华人民共和国土地增值税暂行条例实施细则》的第九条规定,基础设施费包括开发小区内道路、供水、供电、供气、排污、排洪、通讯、照明、环卫、绿化等工程发生的支出。

> **提 示**
>
> 根据《财政部关于印发〈企业产品成本核算制度(试行)〉的通知》(财会〔2013〕17 号)规定,基础设施费是指开发项目在开发过程中发生的道路、供水、供电、供气、供暖、排污、排洪、消防、通讯、照明、有线电视、宽带网络、智能化等社区管网工程费和环境卫生、园林绿化等园林、景观环境工程费用等。

> 税法规定与成本核算制度比较,本质上没有区别,只是增加了一部分现代化基础设施项目。在计算土地增值税时均可以计入开发成本扣除。

(五)公共配套设施费。

根据《中华人民共和国土地增值税暂行条例实施细则》的第九条规定,公共配套设施费包括不能有偿转让的开发小区内公共配套设施发生的支出。包括不能有偿转让的假山、走廊、会所、景观设施等开发小区内的公共配套设施发生的支出。

提 示

根据《财政部关于印发〈企业产品成本核算制度(试行)〉的通知》(财会〔2013〕17号)的规定,公共配套设施费是指开发项目内发生的、独立的、非营利性的且产权属于全体业主的,或无偿赠与地方政府、政府公共事业单位的公共配套设施费用等。

1. 界定是否属于公共配套设施费用,应当关注是否同时具备下列条件:

(1) 是一个独立的项目。

(2) 具有非营利性。

(3) 产权属于全体业主所有或无偿赠与政府部门。

2. 公共配套设施费用分摊扣除问题:

(1) 配套设施建成后,产权属于全体业主所有的,其成本费用可以扣除。

(2) 建成后无偿移送给政府或公用事业单位用于非营利性社会公共事业的,成本费用可以扣除。

(3) 建成后有偿转让的,应当计算收入并扣除相关的成本费用。

以车库为例,有产权对外销售的车库,其收入应并入房地产销售收入,相应的车库开发成本应准予扣除,并加计扣除;业主共有的车库属于公共配套设施,相应的车库开发成本应准予扣除,并加计扣除;开发商自留的车库,因其产权归属于开发商自有,因此相应的开发成本不允许列支。

再以人防工程为例。《青岛市地方税务局关于贯彻落实〈山东省地方税务局土地增值税"三控一促"管理办法〉若干问题的公告》(青岛市地方税务局公告2018年第4号)第十条规定,房地产开发企业处置利用地下人防设施建造的车库(位)等设施取得的收入,不计入土地增值税收入。凡按规定将地下人防设施无偿移交给政府、公共事业单位用于非营利性社会公共事业的,准予扣除相关成本、费用;未无偿移交给政府、公共事业单位的地下人防设施,其相应成本不允许扣除。人防工程成本按照建筑面积占比法,在不含室内(外)装修费用的全部建筑安装工程费中计算。室内(外)装修费用未能单独核算归集或划分不清的,在计算该成本时,不得从全部建筑安装工程费中剔除。《厦门市地方税务局关于修订〈厦门市土地增值税清算管理办法〉的公告》(厦门市地方税务局公告2016年第7号)第三十九条规定,按规定向建设部门缴纳的市政配套设施费、人防工程异地建设费以及按照《厦门市住宅区公共设施专用基金管理暂行办法》的规定缴纳的住宅区公共设施专用基金,并取得合法有效票据的,予以扣除。《江苏省地方税务局关于土地增值税若干问题的公告》(苏地税规〔2015〕8号)第三条规定,依法配建并经验收合格的人防工程,允许扣除相关成本、费用。

（六）开发间接费用。

根据《中华人民共和国土地增值税暂行条例实施细则》的第九条规定，开发间接费用是指直接组织、管理开发项目发生的费用，包括工资、职工福利费、折旧费、修理费、办公费、水电费、劳动保护费、周转房摊销等。

1. 工资，指开发企业内部独立核算单位现场管理机构行政、技术、经济、服务等人员的工资、奖金和津贴。

2. 福利费，指开发企业内部独立核算单位现场管理机构行政、技术、经济、服务等人员工资总额的一定比例（目前为14%）提取的职工福利费。

由于目前针对土地增值税的福利费扣除标准并没有具体的规定，因此，可以按《国家税务总局关于企业工资薪金及职工福利费扣除问题的通知》（国税函〔2009〕3号）规定执行，具体见企业所得税一章。

3. 折旧费，指开发企业内部独立核算单位使用属于固定资产的房屋、设备、仪器等提取的折旧费。

4. 修理费，指开发企业内部独立核算单位使用属于固定资产的房屋、设备、仪器等发生的修理费。

5. 办公费，指开发企业内部独立核算单位各管理部门办公用的文具、纸张、印刷、邮电、书报、会议、差旅交通、烧水和集体取暖用煤等费用。

6. 水电费，指开发企业内部独立核算单位各管理部门耗用的水电费。

7. 劳动保护费，指用于开发企业内部独立核算单位职工的劳动保护用品的购置、摊销和修理费，供职工保健用营养品、防暑饮料、洗涤肥皂等物品的购置费或补助费，以及工地上供职工洗澡、饮水的燃料等。

8. 周转房摊销，指不能确定为某项开发项目安置拆迁居民周转使用的房屋计提的摊销费。

> **提 示**
>
> 根据《财政部关于印发〈业产品成本核算制度（试行）〉的通知》（财会〔2013〕17号）的规定，开发间接费用指企业为直接组织和管理开发项目所发生的，且不能将其直接归属于成本核算对象的工程监理费、造价审核费、结算审核费、工程保险费等。为业主代扣代缴的公共维修基金等不得计入产品成本。
>
> 两者的区别在于：
>
> （1）成本核算制度取消了直接参与项目管理人员的部分人工成本计入开发间接费用的规定，但在计算土地增值税时遵循税法规定执行，仍旧应当将符合条件的人工成本计入开发间接费用扣除。
>
> （2）成本核算制度增加了"工程监理费、造价审核费、结算审核费、工程保险费"四项费用，这部分费用虽然在原有的税法规定中没有提及，但实务操作中多数省市允许计入开发间接费用或建安工程费等计入开发成本扣除。如《广州市地方税务局关于印发土地增值税清算工作若干问题处理指引（2012年修订版）的通知》（穗地税函〔2012〕198号）第十二条第二款规定，房地产开发企业发生的下列费用，应作为管理费用计算扣除：①委托第

三方公司进行房地产项目开发管理,支付的有关项目管理费用(工程监理费除外);②向上级公司缴纳的管理费;③转让房地产过程中缴纳的诉讼费;④为开发项目购买的商业保险。即将工程监理费外的项目管理费用计入开发费用,工程监理费计入开发成本。《湖南省地方税务局关于进一步规范土地增值税管理的公告》(湖南省地方税务局公告2014年第7号)第六条、《内蒙古自治区地方税务局关于进一步明确土地增值税有关政策的通知》(内地税字〔2014〕159号)第七条都规定,开发间接费用是指直接组织、管理开发项目发生的费用,包括工资、职工福利费、折旧费、修理费、办公费、水电费、劳动保护费、周转房摊销、工程监理费、安全监督费等。

除此之外还需要注意的是,《国家税务总局关于印发〈房地产开发经营业务企业所得税处理办法〉的通知》(国税发〔2009〕31号)第二十七条规定的开发间接费包括项目营销设施建造费,但这项规定不适用于土地增值税的扣除。也就是说,售楼处等营销设施的建造费及租赁费等,准予在企业所得税前作为开发间接费用扣除,但不允许在土地增值税中作为开发间接费用扣除。如《江苏省地方税务局关于土地增值税有关业务问题的公告》(苏地税规〔2012〕1号)第五条规定,对房地产开发企业售楼处等营销设施的装修费用,应计入房地产开发费用。

企业必须严格区分开发费用和开发间接费用。

开发费用属于房地产企业实际发生的期间费用,包括企业发生的管理费用、销售费用和财务费用,这部分费用在计算土地增值税时,并不是按实际发生额扣除,而是根据某开发项目的土地价值和开发成本合计推算出的金额;而开发间接费用属于开发成本的组成部分,不仅可以作为扣除项目金额扣除,而且可以作为加计扣除20%的计算基数。另外,开发间接费用中包含的人工费部分,并不是按会计准则核算的人工费,而仅限于开发企业内部独立核算单位现场管理机构行政、技术、经济、服务等人员的工资、福利费和劳动保护费,其他人工费如教育经费、工会经费、住房公积金、社会保险费等,均不得计入开发间接费用扣除。

（七）借款费用。

根据《财政部关于印发〈企业产品成本核算制度(试行)〉的通知》(财会〔2013〕17号)的规定,借款费用是指符合资本化条件的借款费用。房地产企业自行进行基础设施、建筑安装等工程建设的,可以比照建筑企业设置有关成本项目。

但这部分资本化的借款费用虽然在会计上计入开发成本,但在土地增值税清算时,应当在开发成本申报时剔除借款费用金额。因为,借款费用属于开发费用的一部分,不能按实际发生额的金额扣除,只能通过"地价款＋开发成本"的一定比例推算。详见2.4.3开发费用部分。

2.4.3　开发费用

开发土地和新建房及配套设施的费用(以下简称开发费用),是指与房地产开发项目有关的销售费用、管理费用、财务费用。

根据新会计制度规定,与房地产开发有关的费用直接计入当年损益,不按房地产项目进行归集或分摊。为了便于计算操作,在计算土地增值税时,准予作为扣除项目金额扣除的开发费用,并不是房地产企业实际发生的期间费用,而是根据某一个开发项目实际发生的土地成本和开发成本合计推算的金额。这主要考虑到,房地产企业在生产经营过程中,往往同时开发多个房地产企业项目,甚至存在滚动开发的问题。因此,企业发生的期间费用,很难具体分摊到某一个具体的开发项目中去。开发费用的具体的确定方法,根据《中华人民共和国土地增值税暂行条例实施细则》及《国家税务总局关于土地增值税清算有关问题的通知》(国税函〔2010〕220号)的规定,总结如下:

(一)准予扣除项目利息时开发费用计算。

财务费用中的利息支出,凡能够按转让房地产项目计算分摊并提供金融机构证明的,允许据实扣除,但最高不能超过按商业银行同类同期贷款利率计算的金额。其他房地产开发费用,在按照"取得土地使用权所支付的金额"与"房地产开发成本"金额之和的5%以内(注:目前各省基本上按5%计算)计算扣除。

计算公式为:

$$开发费用=(取得土地使用权所支付的金额+房地产开发成本)\times 5\%\\+该项目分摊的金融机构贷款利息$$

根据《财政部 国家税务总局关于土地增值税一些具体问题规定的通知》(财税字〔1995〕48号)第八条的规定,金融机构贷款利息的扣除应当注意:

1. 利息的上浮幅度按国家的有关规定执行,超过上浮幅度的部分不允许扣除。

《中国人民银行关于调整金融机构存、贷款利率的通知》(银发〔2004〕251号)规定,放开金融机构贷款利率浮动区间,政策性银行及商业银行的利率不再设定上限,城市信用社和农村信用社的贷款上浮幅度不超过基准利率的2.3倍。单独扣除金融机构贷款利息时,应当遵循上述规定。

2. 对于超过贷款期限的利息部分和加罚的利息不允许扣除。

(二)不予扣除项目利息时开发费用计算。

凡不能按转让房地产项目计算分摊利息支出或不能提供金融机构证明的,房地产开发费用在按"取得土地使用权所支付的金额"与"房地产开发成本"金额之和的10%以内计算扣除,不再考虑利息的扣除。

计算公式为:

$$开发费用=(取得土地使用权所支付的金额+房地产开发成本)\times 10\%$$

(三)开发资金全部为自有资金时开发费用计算。

房地产企业全部使用自有资金,没有利息支出的,按照(二)的方法扣除。

计算公式为:

$$开发费用=(取得土地使用权所支付的金额+房地产开发成本)\times 10\%$$

(四)开发资金既有自有资金又有贷款时开发费用计算。

房地产开发企业既向金融机构借款,又有其他借款的,其房地产开发费用计算扣除时不能同时适用本条(一)、(二)项所述两种办法。

在这种情况下,选择哪一种方法计算,土地增值税的税负率一定会存在差异。

例如,某一个开发项目,地价成本 2 000 万元,开发成本 3 000 万元。开发该项目利用自有资金 1 000 万元,银行贷款 4 000 万元(银行利率 6%,假设期限为 1 年)。

方案一:单独扣除银行利息。

$$开发费用=(2\,000+3\,000)\times 5\%+4\,000\times 6\%=490(万元)$$

方案二:不单独扣除银行利息。

$$开发费用=(2\,000+3\,000)\times 10\%=500(万元)$$

显然,对该企业来讲,选择不扣除金融机构贷款利息对企业更有利。

2.4.4 开发税金及附加

根据《国家税务总局关于营改增后土地增值税若干征管规定的公告》(国家税务总局公告 2016 年第 70 号)规定,关于与转让房地产有关的税金扣除问题明确如下:

(一)营改增后,计算土地增值税增值额的扣除项目中"与转让房地产有关的税金"不包括增值税。

(二)营改增后,房地产开发企业实际缴纳的城市维护建设税(以下简称"城建税")、教育费附加,凡能够按清算项目准确计算的,允许据实扣除。凡不能按清算项目准确计算的,则按该清算项目预缴增值税时实际缴纳的城建税、教育费附加扣除。

其他转让房地产行为的城建税、教育费附加扣除比照上述规定执行。

在实务操作中,城建税和教育费附加是按应纳增值税额附征的,而应纳增值税额不仅与该项目的销项税额和进项税额有关,而且与整个企业的销项税额和进项税额都有关。几乎不可能将城建税和教育费附加按不同的清算项目准确计算。按 70 号公告规定,只能选择按预缴增值税时预缴的城建税和教育费附加扣除,这显然对开发税金及附加准确扣除带来障碍。

(三)根据《财政部 国家税务总局关于土地增值税一些具体问题规定的通知》(财税字〔1995〕48 号)第九条规定,开发税金及附加的扣除应当注意:

1. 印花税。

细则中规定允许扣除的印花税,是指在转让房地产时缴纳的印花税。房地产开发企业按照《施工、房地产开发企业财务制度》的有关规定,其缴纳的印花税列入管理费用(注:尽管财会〔2016〕22 号文件将印花税作为"税金及附加"科目核算的内容,但会计处理不能改变土地增值税的处理,因此,房地产开发企业销售开发产品进行土地增值税清算时,仍旧不允许单独扣除销售开发产品的购销合同缴纳的印花税),已相应予以扣除。其他的土地增值税纳税义务人在计算土地增值税时允许扣除在转让时缴纳的印花税。即房地产企业在计算开发项目的土地增值税时,不允许单独扣除为销售开发产品发生的印花税;但销售旧房缴纳的印花税准予作为扣除项目金额扣除。

2. 城镇土地使用税。

房地产企业购置开发用地后按规定缴纳的土地使用税,无论是《房地产开发企业会计制度》(〔93〕财会字第 02 号)、《财政部关于国营企业缴纳土地使用税有关财务处理问题的通知》(〔88〕财工字 522 号)还是《企业会计制度》都明确规定,企业缴纳的城镇土地使用税应计入管理费用,而财会〔2016〕22 号文件将土地使用税作为"税金及附加"科目核算的内容,但会计处理不能改变土地增值税的处理,因此,房地产企业为开发产品购置的土地使用权缴纳的土地使用税,不得作为开发税金及附加扣除。现在不少地方税务局对于土地使用税的扣除问题也有了明确规定,如《海南省地方税务局关于明确土地增值税若干政策问题的通知》(琼地税函〔2007〕356 号)、《大连市地方税务局关于进一步加强土地增值税清算工作的通知》(大地税函〔2008〕188 号)、《青岛市地税局关于印发〈青岛市地方税务局房地产开发项目土地增值税税款清算管理暂行办法〉的通知》(青地税发〔2008〕100 号)等。

3. 地方教育费附加。

房地产企业销售开发产品缴纳增值税的同时附征的地方教育费附加理论上可以作为开发税金及附加计入扣除项目金额。

2.4.5 加计扣除额

根据《土地增值税暂行条例》的规定,对从事房地产开发的纳税人可按"土地成本+开发成本"计算的金额之和,加计 20% 的扣除部分。

计算公式:

$$加计扣除额=(取得土地使用权所支付的金额+房地产开发成本)\times 20\%$$

> **提 示**
>
> (一) 转让"生地"或"熟地"加计扣除问题。
>
> 购置土地使用权后没有进行任何开发即销售的或进行"七通一平"后转让土地使用权的,是否可以加计扣除问题。
>
> 根据《国家税务总局关于印发〈土地增值税宣传提纲〉的通知》(国税函发〔1995〕110 号)规定:
>
> 1. 对取得土地或房地产使用权后,未进行开发即转让的,计算其增值额时,只允许扣除取得土地使用权时支付的地价款,交纳的有关费用,以及在转让环节缴纳的税金。这样规定,其目的主要是抑制"炒"买"炒"卖地皮的行为。
>
> 营改增后的扣除项目金额=土地买价+取得土地时缴纳的契税+转让环节的税金(包括城市维护建设税、教育费附加、地方教育费附加、印花税等)+相关费用(包括过户手续费等)
>
> 房地产企业销售开发产品计算土地增值税扣除项目金额时,由于单独扣除开发费用,而印花税属于管理费用的一部分,开发费用包括管理费用,因此,不允许单独扣除印花税;但购买土地后没有进行开发即转让的,不允许扣除开发费用,因此,企业缴纳的印花税可以作为转让环节的税费扣除。
>
> 2. 对取得土地使用权后投入资金,将生地变为熟地转让的,计算其增值额时,允许扣除取得土地使用权时支付的地价款、交纳的有关费用,和开发土地所需成本再加计开发成

本的20％以及在转让环节缴纳的税金。这样规定，是鼓励投资者将更多的资金投向房地产开发。

营改增后的扣除项目金额＝土地买价＋取得土地时缴纳的契税＋开发成本
×(1＋20％)＋转让环节的税金(包括城市维护建设税、教育费附加、
地方教育费附加、印花税等)＋相关费用(包括过户手续费等)

也就是说，购置土地使用权后，不进行任何开发转让的，一律不得加计扣除20％；但如果进行"七通一平"后再转让的，允许按开发时投入的成本部分加计扣除20％，土地成本不得加计扣除。

(二) 转让旧房及建筑物是否可以加计扣除问题。

根据《国家税务总局关于印发〈土地增值税宣传提纲〉的通知》(国税函发〔1995〕110号)的规定：

转让旧房及建筑物的，在计算其增值额时，允许扣除由税务机关参照评估价格确定的扣除项目金额(即房屋及建筑物的重置成本价乘以成新度折扣率后的价值)，以及在转让时交纳的有关税金。这主要是考虑到如果按原成本价作为扣除项目金额，不尽合理。而采用评估的重置成本价能够相对消除通货膨胀因素的影响，比较合理。

2.4.6　土地增值税扣除项目金额计算时应当注意的几个问题

《国家税务总局关于房地产开发企业土地增值税清算管理有关问题的通知》(国税发〔2006〕187号)第四条对土地增值税的扣除项目作出如下规定：

(一) 合法有效凭证。

1. 房地产开发企业办理土地增值税清算时计算与清算项目有关的扣除项目金额，应根据土地增值税暂行条例第六条及其实施细则第七条的规定执行。除另有规定外，扣除取得土地使用权所支付的金额、房地产开发成本、费用及与转让房地产有关税金，须提供合法有效凭证；不能提供合法有效凭证的，不予扣除。

营改增后，清算土地增值税涉及的主要扣除凭证包括：

(1) 土地出让金：应当取得国土资源部门开具的套印财政部门票据监制章的"国有土地有偿使用收费专用收据"。

(2) 契税：应当取得"中华人民共和国契税完税证"。

(3) 拆迁补偿费：

① 向居民个人支付的拆迁补偿费应当提供拆迁补偿费协议、被拆迁人签字的收款收据或明细表、被拆迁人联系方式、身份证复印件、当地政府的拆迁补偿费标准的文件等。

② 向被拆迁单位支付拆迁补偿费应当提供被拆迁单位加盖印章的收款收据收据联、银行付款回执、拆迁补偿费协议等。

③ 委托有拆迁资格的单位进行拆迁的情况下，房地产开发企业向对方支付拆迁费用时应取得税务部门监制的"建筑服务增值税发票"。

(4) 行政事业性收费应当取得财政部门监制的"非税收入一般缴款书"。

(5) 支付勘察、设计、测绘、监理、验收、咨询等费用应当取得税务部门监制的增值税

发票。

（6）支付利息，无论支付给金融企业的利息还是其他单位的利息，2018年7月1日后均应当取得税务机关监制的增值税发票。

（7）其他费用发票应按支付对象是否缴纳增值税确定是否应当取得发票作为扣除凭证。收款方按规定应当缴纳增值税的，付款方必须取得发票才能扣除。

（8）工程费支出：

① 施工方为建筑安装企业或建筑安装企业外购材料包工包料施工的，应当取得税率为9%或3%的税务部门监制的增值税发票，发票的备注栏应当注明建筑服务发生地县（市、区）名称及项目名称。

② 施工方为建筑设施、设备、建筑材料等的生产企业同时提供建筑业服务的，应当取得税率为13%和9%或3%的税务部门监制的增值税发票。

③ 施工方为建筑设施、设备、建筑材料等的经销商，同时提供建筑业服务的，应当取得税率为13%或3%的税务部门监制的增值税发票。

上述规定中，其中属于一般纳税人取得增值税专用发票的，按9%、13%或3%注明的税额可以抵扣。

2. 房地产开发企业办理土地增值税清算所附送的前期工程费、建筑安装工程费、基础设施费、开发间接费用的凭证或资料不符合清算要求或不实的，地方税务机关可参照当地建设工程造价管理部门公布的建安造价定额资料，结合房屋结构、用途、区位等因素，核定上述四项开发成本的单位面积金额标准，并据以计算扣除。具体核定方法由省税务机关确定。

（二）公共设施成本扣除。

房地产开发企业开发建造的与清算项目配套的居委会和派出所用房、会所、停车场（库）、物业管理场所、变电站、热力站、水厂、文体场馆、学校、幼儿园、托儿所、医院、邮电通讯等公共设施，按以下原则处理：

1. 建成后产权属于全体业主所有的，其成本、费用可以扣除。

2. 建成后无偿移交给政府、公用事业单位用于非营利性社会公共事业的，其成本、费用可以扣除。

3. 建成后有偿转让的，应计算收入，并准予扣除成本、费用。

（三）装修费用扣除。

房地产开发企业销售已装修的房屋，其装修费用可以计入房地产开发成本。

房地产开发企业的预提费用，除另有规定外，不得扣除。

（四）共同成本费用扣除。

《中华人民共和国土地增值税暂行条例实施细则》第九条规定，纳税人成片受让土地使用权后，分期分批开发、转让房地产的，其扣除项目金额的确定，可按转让土地使用权的面积占总面积的比例计算分摊，或按建筑面积计算分摊，也可按税务机关确认的其他方式计算分摊。

《国家税务总局关于房地产开发企业土地增值税清算管理有关问题的通知》（国税发〔2006〕187号）第四条规定，属于多个房地产项目共同的成本费用，应按清算项目可售建筑面积占多个项目可售总建筑面积的比例或其他合理的方法,计算确定清算项目的扣除金额。

《国家税务总局关于印发〈土地增值税清算管理规程〉的通知》(国税发〔2009〕91号)第二十一条第五款规定,纳税人分期开发项目或者同时开发多个项目的,或者同一项目中建造不同类型房地产的,应按照受益对象,采用合理的分配方法,分摊共同的成本费用。

因此,共同成本费用的分摊方法主要有占地面积法、建筑面积法、可售建筑面积法和其他合理方法。但并没有明确规定必须采用哪一种方法。据了解,目前多数税务机关要求采用按建筑面积法进行分摊。如《广西壮族自治区地方税务局关于明确土地增值税清算若干政策问题的通知》(桂地税发〔2008〕44号)第三条,关于房地产开发项目同时涉及普通住宅、非普通住宅和其他用房的,应如何计算其增值额的问题明确规定,开发项目同时包含普通住宅与非普通住宅以及其他用房的,应分别核算其增值额。上述项目在计算时,如其成本费用混合核算的,应以不同类型的用房,分别按建筑面积进行分摊。

(五)营改增对土地增值税扣除项目金额的影响。

根据《财政部 国家税务总局关于营改增后契税、房产税、土地增值税、个人所得税计税依据问题的通知》(财税〔2016〕43号)的第三条规定,《中华人民共和国土地增值税暂行条例》等规定的土地增值税扣除项目涉及的增值税进项税额,允许在销项税额中计算抵扣的,不计入扣除项目,不允许在销项税额中计算抵扣的,可以计入扣除项目。例如,甲企业对两个项目进行土地增值税清算,A项目采用简易计税方法,A项目发生的外购货物、建筑服务、设计服务等取得的增值税专用发票注明的增值税进项税额不允许抵扣,因此,计算土地增值税时,这部分进项税额就可以包含在开发成本中扣除,且可以作为计算加计扣除20%的计算基数;B项目采用一般计税方法,B项目发生的外购货物、建筑服务、设计服务等取得增值税专用发票注明的进项税额可以抵扣,因此,在清算土地增值税时,这部分进项税额不允许计入开发成本扣除,也不允许作为加计扣除20%的计算基数。

2.5 房地产企业销售旧房土地增值税

2006年3月2日,财政部、国家税务总局联合下发了《关于土地增值税若干问题的通知》(财税〔2006〕21号),对土地增值税的相关问题作了明确规定,其中对转让旧房的扣除项目作了进一步规范。由于旧房扣除项目的变化直接关系到旧房土地增值额的确定,也会影响旧房土地增值税的计算。现就转让旧房计算土地增值税应注意的问题进行分析。

2.5.1 新建房与旧房的界定

根据《财政部 国家税务总局关于土地增值税一些具体问题规定的通知》(财税字〔1995〕48号)的第七条规定,关于新建房与旧房的界定问题:新建房是指建成后未使用的房产。凡是已使用一定时间或达到一定磨损程度的房产均属旧房。使用时间和磨损程度标准可由各省、自治区、直辖市财政厅(局)和地方税务局具体规定。根据财政部和国家税务总局授权,《深圳市地方税务局关于印发土地增值税征管工作规程的通知》(深地税发〔2009〕24号)进一步规定,单位和个人自建或购买的房地产1年后转让适用旧房转让政策,不包括房地产开发企业二级市场开发销售房产。自建房迄止时间为房产证登记时间至转让合同签订,购买房地产迄止时间为购买合同签订至转让合同签订。从房地产三级市场购买的房产均认定为旧房。《青岛市地方税务局关于土地增值税和契税若干具体政策的公告》(青岛市地方税务局公告2015年第2号)解读中则规定,新房与旧房的界定标准为《转发财政部国家税务总局〈关于土地增值税一些具体问题规定的通知〉的通知》(青财税〔1996〕7号)第二条规定:"1. 建房单位新建成的房产,未使用或使用未满一年首次对外转让的,均为新房;首次转让前已经出租或使用满一年以上再转让的房产,应作为旧房。2. 对个人新建应税房产对外转让的,不论其建造时间长短,均作为旧房。3. 对单位或个人购买的新房再转让的,不论其使用时间长短,均为旧房。"笔者认为,以转作自用或出租是否超过12个月,作为新旧房的界定原则是比较科学的,因为,转作自用或出租的,会计上应当作为固定资产管理,而固定资产界定的条件之一是使用年限超过12个月。

2.5.2 转让旧房准予扣除项目的确定

(一)转让旧房能提供评估价格的。

根据财税字〔1995〕48号文件的规定,转让旧房可扣除的项目金额包括三项:

1. 旧房及建筑物的评估价格。

根据《国家税务总局关于印发〈土地增值税宣传提纲〉的通知》(国税函发〔1995〕110号)的第五条第四款规定,旧房及建筑物的评估价格是指在转让已使用的房屋及建筑物时,由政府批准设立的房地产评估机构评定的重置成本价乘以成新度折扣率后的价值,并由当地税务机关参考评估机构的评估而确认的价格。

需要注意,未经税务机关确认的评估价格不能扣除。

2. 取得土地使用权所支付的地价款和按国家统一规定缴纳的有关费用。

3. 转让环节缴纳的税金。

此外,纳税人支付的评估费用准予在计算土地增值税时扣除。

具体的计算公式为:

扣除项目金额=取得土地所支付的价款+旧房及建筑物的评估价格+转让时缴纳的城建税、教育费附加、印花税+其他准予扣除的金额

旧房及建筑物的评估价格=重置成本×成新度折扣率

例题2-1 甲企业转让旧办公楼一栋,土地发票注明地价款200万元,办公楼评估重置价格1 000万元,成新度为4成新,缴纳评估费20万元。转让收入1 260万元。销售不动产简易计税方法的税率为5%,城市维护建设税税率7%,教育费附加3%,地方教育费附加为2%。计算甲企业应当缴纳的土地增值税。(注:假设购销合同分别注明销售额和增值税,印花税按不含税价格计算)

解析:

(1)扣除项目金额=200+1 000×40%+1 260÷(1+5%)×5%×(7%+3%+2%)+1 260÷(1+5%)×0.5‰+20=627.8(万元)

(2) 土地增值额＝1 260÷(1＋5％)－627.8＝572.2(万元)

(3) 增值率＝572.2÷627.8＝91％

(4) 土地增值税＝572.2×40％－627.8×5％＝197.49(万元)

(二) 转让旧房不能提供评估价格但能提供购房发票的。

根据《财政部 国家税务总局关于土地增值税若干问题的通知》(财税〔2006〕21号)及《国家税务总局关于营改增后土地增值税若干征管规定的公告》(国家税务总局公告2016年第70号)第六条规定,营改增后,纳税人转让旧房及建筑物,凡不能取得评估价格,但能提供购房发票的,《中华人民共和国土地增值税暂行条例》第六条第一、三项规定的扣除项目的金额按照下列方法计算:

1. 提供的购房凭据为营改增前取得的营业税发票的,按照发票所载金额(不扣减营业税)并从购买年度起至转让年度止每年加计5％计算。

扣除项目金额＝购房营业税发票所载金额×(1＋5％×年数)＋转让时
缴纳的城建税、教育费附加、印花税＋购房时缴纳的契税
＋其他允许扣除的金额(如过户手续费等)

年数＝实际拥有房地产累计月份÷12

提 示

(1) 购房时缴纳的契税能够提供契税完税凭证的,准予扣除,但不得作为加计扣除5％的基数。

(2) 与转让房地产有关的税金,包括转让旧房时缴纳的城市维护建设税、印花税、契税以及教育费附加,上述四税及附加均必须提供相应的完税凭证。

(3) 根据《国家税务总局关于土地增值税清算有关问题的通知》(国税函〔2010〕220号)第七条规定,计算扣除项目时"每年"按购房发票所载日期起至售房发票开具之日止,每满12个月计1年;超过1年,未满12个月但超过6个月的,可以视同为1年。按购房发票所载日期起至售房发票开具之日止,每满12个月计1年;超过1年,未满12个月但超过6个月的,可以视同为1年。

(4) 营改增后,有关税法并没有明确规定计算印花税的计税依据应当包含增值税还是不包含。根据《中华人民共和国印花税暂行条例》(中华人民共和国国务院令1988年第11号)规定,纳税人应在合同签订时按合同所载金额计税贴花,对购销金额是否包含增值税没有相应的规定,对此各地的掌握也不同。《上海市税务局关于实施新的〈增值税暂行条例〉后购销合同、加工承揽合同计征印花税问题的通知》(沪税地〔1993〕103号)明确规定,印花税的计税依据不包括增值税;而《辽宁省地方税务局关于印花税若干具体问题的通知》(辽地税行〔1997〕321号)则规定,在购销合同中,凡是能够将价款、税金划分清楚的,按扣除增值税后的余额贴花;划分不清的,按全部合同金额贴花。笔者的意见是按辽宁省的规定处理更为科学并便于操作。

2. 提供的购房凭据为营改增后取得的增值税普通发票的,按照发票所载价税合计金额从购买年度起至转让年度止每年加计5％计算。

扣除项目金额＝购房增值税普通发票所载价税合计金额×(1＋5％×年数)
　　　　　　＋转让时缴纳的城建税、教育费附加、印花税＋购房时缴纳的
　　　　　　契税＋其他允许扣除的金额(如过户手续费等)

3. 提供的购房发票为营改增后取得的增值税专用发票的,按照发票所载不含增值税金额加上不允许抵扣的增值税进项税额之和,并从购买年度起至转让年度止每年加计5％计算。

扣除项目金额＝(购房发票所载不含增值税的金额＋不允许抵扣的进项税额)
　　　　　　×(1＋5％×年数)＋转让时缴纳的城建税、教育费附加、印花税
　　　　　　＋购房时缴纳的契税＋其他允许扣除的金额(如过户手续费等)

言外之意,购房时已经抵扣的进项税额,在转让时,不得作为加计扣除5％的基数。

例题 2-2　2012年2月购入商业房价格200万元,缴纳契税6万元,均有发票,支付过户手续费1 000元,但凭证已丢失。2016年8月将商业房售出,取得收入315万元,但没有经过评估。销售不动产选择简易计税方法缴纳增值税,税率为5％,城市维护建设税税率7％,教育费附加比例3％,地方教育费附加为2％。计算该企业应当缴纳的土地增值税。(注:假设购销合同分别注明销售额和增值税,印花税按不含税价格计算)

年数＝55÷12＝4年＋7个月＝5年

(1) 扣除项目金额＝200×(1＋5％×5)＋315÷(1＋5％)×5％×(7％＋3％＋2％)＋315÷(1＋5％)×0.5‰＋6＝257.95(万元)

注意:过户手续费1 000元因没有合法有效凭证,不得扣除。

(2) 土地增值额＝315÷(1＋5％)－257.95＝42.05(万元)

(3) 增值率＝42.05÷257.95＝16.3％

(4) 土地增值税＝42.05×30％＝12.615(万元)

(三) 转让旧房既没有评估价格又不能提供购房发票的。

根据财税〔2006〕21号文件的规定,对于转让旧房及建筑物,既没有评估价格又不能提供购房发票的,地方税务机关可以根据《税收征管法》第三十五条的规定,实行核定征收。对既没有评估价格,也不能提供购房发票的,由税务机关参照契证所载"房地产土地价值"核定购房价格(即按照土地价值每年加计扣除5％),并计算扣除项目金额:

扣除项目金额＝房产土地价值×(1＋5％×购买年度起至转让年度止的年数)＋转
　　　　　　让时缴纳的城市维护建设税、教育费附加、印花税＋购房时缴纳的
　　　　　　契税＋其他允许扣除的金额

购买年度起至转让年度止的年数的确定与(二)一致。

2.5.3　转让旧房土地增值额的计算方法

转让旧房　　应税　　取得土地使用权　　旧房及建筑　　与转让房地产　　其他允许扣除的金额
土地增值额　收入　　时所支付的金额　　物的评估价格　　有关的税金　　(如过户手续费等)

2.5.4 转让旧房及建筑物土地增值税计算时应当注意的几个问题

(一)评估价格的确定原则。

1. 旧房及建筑物的评估价格,是指在转让已使用的房屋及建筑物时,由政府批准设立的房地产评估机构评定的重置成本价乘以成新度折扣率后的价格。评估价格须经当地税务机关确认。

2. 需要进行评估的情况。

根据《国家税务总局关于印发〈土地增值税宣传提纲〉的通知》(国税函发〔1995〕110号)规定,在征税中,对发生下列情况的,需要进行房地产评估:

(1)出售旧房及建筑物的。

(2)隐瞒、虚报房地产成交价格的。

(3)提供扣除项目金额不实的。

(4)转让房地产的成交价格低于房地产评估价格,又无正当理由的。

(二)已缴纳的契税可否在计税时扣除问题。

根据《财政部 国家税务总局关于土地增值税一些具体问题规定的通知》(财税字〔1995〕48号)第十一条规定,对于个人购入房地产再转让的,其在购入时已缴纳的契税,在旧房及建筑物的评估价中已包括了此项因素,在计征土地增值税时,不另作为"与转让房地产有关的税金"予以扣除。

注意,该规定仅限于个人。

(三)评估费用可否在计算增值额时扣除的问题。

根据《财政部 国家税务总局关于土地增值税一些具体问题规定的通知》(财税字〔1995〕48号)第十二条规定,纳税人转让旧房及建筑物时因计算纳税的需要而对房地产进行评估,其支付的评估费用允许在计算增值额时予以扣除。对条例第九条规定的纳税人隐瞒、虚报房地产成交价格等情形而按房地产评估价格计算征收土地增值税所发生的评估费用,不允许在计算土地增值税时予以扣除。

2.6 土地增值税的优惠政策

2.6.1 普通住宅土地增值税优惠政策

根据《中华人民共和国土地增值税暂行条例》第八条第一款规定,纳税人建造普通标准住宅出售,增值额未超过扣除项目金额20%的,免征土地增值税。

(一)普通标准住宅的界定。

1.《中华人民共和国土地增值税暂行条例实施细则》第十一条规定,条例第八条(一)项所称的普通标准住宅,是指按所在地一般民用住宅标准建造的居住用住宅。高级公寓、别墅、度假村等不属于普通标准住宅。普通标准住宅与其他住宅的具体划分界限由各省、自治区、直辖市人民政府规定。

纳税人建造普通标准住宅出售,增值额未超过本细则第七条(一)、(二)、(三)、(五)、

(六)项扣除项目金额之和20%的,免征土地增值税;增值额超过扣除项目金额之和20%的,应就其全部增值额按规定计税。

2.《财政部 国家税务总局关于土地增值税若干问题的通知》(财税〔2006〕21号)第一条规定,《条例》第八条中"普通标准住宅"和《财政部、国家税务总局关于调整房地产市场若干税收政策的通知》(财税字〔1999〕210号)第三条中"普通住宅"的认定,一律按各省、自治区、直辖市人民政府根据《国务院办公厅转发建设部等部门关于做好稳定住房价格工作意见的通知》(国办发〔2005〕26号)制定并对社会公布的"中小套型、中低价位普通住房"的标准执行。纳税人既建造普通住宅,又建造其他商品房的,应分别核算土地增值额。

在上述财税〔2006〕21号文件发布之日前已向房地产所在地地方税务机关提出免税申请,并经税务机关按各省、自治区、直辖市人民政府原来确定的普通标准住宅的标准审核确定,免征土地增值税的普通标准住宅,不做追溯调整。

具体讲,普通标准住宅标准如下:

(1) 住宅小区建筑容积率在1.0以上。

$$建筑容积率=总建筑面积÷居住区用地面积$$

(2) 单套建筑面积在120平方米以下。

《河北省地方税务局关于印发〈河北省土地增值税管理办法〉的通知》(冀地税发〔2006〕37号)规定,以单栋楼为单位,平均单套建筑面积在140平方米(含140平方米)以下。但笔者认为不合理。应当按每套房屋的建筑面积确定。如北京(京地税地〔2003〕73号)、山东(山东省地方税务局公告2017年第5号)等,均以每套房屋建筑面积计算,确定普通住宅。

(3) 实际成交价格低于同级别土地上的住房平均交易价格的1.2倍以下。

各省级税务机关可以在上述标准基础上上浮20%,报国家税务总局备案。

3.《财政部 国家税务总局关于土地增值税普通标准住宅有关政策的通知》(财税〔2006〕141号)规定,为贯彻落实《国务院办公厅转发建设部等部门关于调整住房供应结构稳定住房价格意见的通知》(国办发〔2006〕37号)精神,进一步促进调整住房供应结构,增加中小套型、中低价位普通商品住房供应,现将《中华人民共和国土地增值税暂行条例》第八条中"普通标准住宅"的认定问题通知如下:

"普通标准住宅"的认定,可在各省、自治区、直辖市人民政府根据《国务院办公厅转发建设部等部门关于做好稳定住房价格工作意见的通知》(国办发〔2005〕26号)制定的"普通住房标准"的范围内从严掌握。

(二)兼营普通标准住宅开发的免税问题。

《财政部 国家税务总局关于土地增值税一些具体问题规定的通知》(财税字〔1995〕48号)第十三条规定,对纳税人既建普通标准住宅又搞其他房地产开发的,应分别核算增值额。不分别核算增值额或不能准确核算增值额的,其建造的普通标准住宅不能适用条例第八条(一)项的免税规定。

(三) 个人转让普通标准住宅优惠政策。

财税字〔1999〕210号规定,居民个人转让普通住宅,在转让时暂免征收土地增值税。

《财政部 国家税务总局关于调整房地产交易环节税收政策的通知》(财税〔2008〕137号)第三条规定,自2008年1月1日起,对个人销售住房暂免征收土地增值税。

2.6.2　因政府规划原因收回土地使用权土地增值税优惠政策

《中华人民共和国土地增值税暂行条例实施细则》第十一条规定,《条例》第八条(二)项所称的因国家建设需要依法征用、收回的房地产,是指因城市实施规划、国家建设的需要而被政府批准征用的房产或收回的土地使用权。

因城市实施规划、国家建设的需要而搬迁,由纳税人自行转让原房地产的,比照本规定免征土地增值税。

符合上述免税规定的单位和个人,须向房地产所在地税务机关提出免税申请,经税务机关审核后,免予征收土地增值税。

《财政部 国家税务总局关于土地增值税若干问题的通知》(财税〔2006〕21号)第四条规定,《中华人民共和国土地增值税暂行条例实施细则》第十一条第四款所称:因"城市实施规划"而搬迁,是指因旧城改造或因企业污染、扰民(指产生过量废气、废水、废渣和噪音,使城市居民生活受到一定危害),而由政府或政府有关主管部门根据已审批通过的城市规划确定进行搬迁的情况;因"国家建设的需要"而搬迁,是指因实施国务院、省级人民政府、国务院有关部委批准的建设项目而进行搬迁的情况。

2.6.3　公租房房源优惠政策

《财政部 国家税务总局关于支持公共租赁住房建设和运营有关税收优惠政策的通知》(财税〔2010〕88号)第四条规定,对企事业单位、社会团体以及其他组织转让旧房作为公租房房源,且增值额未超过扣除项目金额20%的,免征土地增值税。

2.6.4　个人转让自用住房

1.《中华人民共和国土地增值税暂行条例实施细则》第十二条规定,个人因工作调动或改善居住条件而转让原自用住房,经向税务机关申报核准,凡居住满5年或5年以上的,免予征收土地增值税;居住满3年未满5年的,减半征收土地增值税。居住未满3年的,按规定计征土地增值税。

2.《关于调整房地产交易环节税收政策的通知》(财税〔2008〕137号)第三条规定,对个人销售住房暂免征收土地增值税。

2.6.5　廉租住房、经济适用住房

《财政部 国家税务总局关于廉租住房、经济适用住房和住房租赁有关税收政策的通知》(财税〔2008〕24号)第一条第三款规定,企事业单位、社会团体以及其他组织转让旧房作为廉租住房、经济适用住房房源且增值额未超过扣除项目金额20%的,免征土地增值税。

《财政部 国家税务总局关于促进公共租赁住房发展有关税收优惠政策的通知》(财税

〔2014〕52号)规定,财税〔2008〕24号文件中有关廉租住房税收政策的规定自2014年8月15日起废止。经济适用房相关规定仍旧有效。

2.6.6 企业重组

《财政部 税务总局关于继续实施企业改制重组有关土地增值税政策的通知》(财税〔2018〕57号)规定,自2018年1月1日至2020年12月31日期间,为支持企业改制重组,优化市场环境,现将继续执行企业在改制重组过程中涉及的土地增值税政策通知如下:

一、按照《中华人民共和国公司法》的规定,非公司制企业整体改制为有限责任公司或者股份有限公司,有限责任公司(股份有限公司)整体改制为股份有限公司(有限责任公司),对改制前的企业将国有土地使用权、地上的建筑物及其附着物(以下称房地产)转移、变更到改制后的企业,暂不征土地增值税。

本通知所称整体改制是指不改变原企业的投资主体,并承继原企业权利、义务的行为。

> **提 示**
>
> (1) 不改变原投资主体是指改制前后出资人不发生变动,出资人的出资比例可以发生变动;
>
> (2) 改制后的企业承继原企业的权利和义务。
>
> 例如,甲企业是由李某和王某合伙设立的合伙企业,2018年8月份改造为有限公司M,只要李某和王某成为改制后的M企业的投资人,且不增加新的投资人,即使改制后李某和王某的出资比例发生变化,甲企业将房屋建筑物等不动产产权转移到M企业的行为,暂不征收土地增值税。

二、按照法律规定或者合同约定,两个或两个以上企业合并为一个企业,且原企业投资主体存续的,对原企业将房地产转移、变更到合并后的企业,暂不征土地增值税。

> **提 示**
>
> 原投资主体存续是指原企业的出资人必须存在于改制重组后的企业,出资比例可以发生变动。与企业改制不同点是,只要原出资人存续于合并后的企业,即使增加了新的出资人或出资比例发生变化,被合并企业将不动产产权转移到合并企业的行为,也暂不征收土地增值税。
>
> 例如,M企业由李某和王某设立;N企业由张某和孙某设立。合并协议约定,将M和N合并为甲企业。
>
> 如果李某、王某、张某和孙某都成为甲企业的出资人,暂不征收土地增值税;而如果李某、王某、张某和孙某成为甲企业的出资人的同时吸收赵某加盟,也可以选择暂不征收土地增值税。

三、按照法律规定或者合同约定,企业分设为两个或两个以上与原企业投资主体相同的企业,对原企业将房地产转移、变更到分立后的企业,暂不征土地增值税。

> **提示**
>
> 分立前后的投资主体相同是指出资人不发生变动,出资人的出资比例可以发生变动。
>
> 例如,M 企业由李某和王某出资设立(各占 50%),现将 M 企业按协议约定分立为 A 企业和 B 企业,并将 M 企业的房屋建筑物等按分立合同约定转移到 A 或 B 中。如果李某和王某分别持有 A 的比例改为 70% 和 30%;分别占 B 公司的比例改为 40% 和 60%,则 M 企业分立时转移到 A 和 B 的不动产可以选择暂不征收土地增值税。而如果李某和王某分别持有 A 和 B40% 股份,另外吸收张某持有 20% 股份,则被分立企业 M 将不动产产权转移到 A 和 B 的行为应当按规定征收土地增值税。

四、单位、个人在改制重组时以房地产作价入股进行投资,对其将房地产转移、变更到被投资的企业,暂不征土地增值税。

> **提示**
>
> (1)作价入股的价格确定,应当遵循《中华人民共和国公司法》第二十七条规定,对作为出资的非货币财产应当评估作价,核实财产,不得高估或者低估作价。法律、行政法规对评估作价有规定的,从其规定。
>
> (2)《最高人民法院关于适用〈中华人民共和国公司法〉若干问题的规定(三)》(法释〔2011〕3 号)第十条规定,出资人以房屋、土地使用权或者需要办理权属登记的知识产权等财产出资,已经交付公司使用但未办理权属变更手续,公司、其他股东或者公司债权人主张认定出资人未履行出资义务的,人民法院应当责令当事人在指定的合理期间内办理权属变更手续;在前述期间内办理了权属变更手续的,人民法院应当认定其已经履行了出资义务;出资人主张自其实际交付财产给公司使用时享有相应股东权利的,人民法院应予支持。
>
> 出资人以前款规定的财产出资,已经办理权属变更手续但未交付给公司使用,公司或者其他股东主张其向公司交付、并在实际交付之前不享有相应股东权利的,人民法院应予支持。
>
> 因此,要享受暂不征收土地增值税的政策,必须将房屋建筑物、土地使用权等过户到被投资方。

五、上述改制重组有关土地增值税政策不适用于房地产转移任意一方为房地产开发企业的情形。

> **提示**
>
> 这是本次修订最大的变化。解决了财税〔2015〕5 号文件存在的争议。在企业重组中,房屋建筑物或土地使用权的转让方或受让方有一方为房地产企业的,就不能选择暂不征收土地增值税的政策。

六、企业改制重组后再转让国有土地使用权并申报缴纳土地增值税时,应以改制前取得该宗国有土地使用权所支付的地价款和按国家统一规定缴纳的有关费用,作为该企业"取得土地使用权所支付的金额"扣除。企业在改制重组过程中经省级以上（含省级）国土管理部门批准，国家以国有土地使用权作价出资入股的，再转让该宗国有土地使用权并申报缴纳土地增值税时，应以该宗土地作价入股时省级以上（含省级）国土管理部门批准的评估价格，作为该企业"取得土地使用权所支付的金额"扣除。办理纳税申报时，企业应提供该宗土地作价入股时省级以上（含省级）国土管理部门的批准文件和批准的评估价格，不能提供批准文件和批准的评估价格的，不得扣除。

七、企业在申请享受上述土地增值税优惠政策时，应向主管税务机关提交房地产转移双方营业执照、改制重组协议或等效文件，相关房地产权属和价值证明、转让方改制重组前取得土地使用权所支付地价款的凭据（复印件）等书面材料。

2.6.7 企业整体资产出售或整个企业所有权转移土地增值税问题

企业发生整体资产转让涉及存货的所有权或不动产产权转移的，不缴纳增值税。涉及房屋建筑物或土地使用权产权转移的，是否应当缴纳土地增值税呢？财政部和国家税务总局均没有明确的规定。但《云南省地方税务局关于企业整体资产出售或整个企业所有权转移如何征税问题的批复》（云地税一字〔2001〕1号）规定，企业是由人（企业劳动者和经营管理者）和物（企业货币资金、机器设备、原材料、建筑物及其占有的土地）组成的统一体，企业整体资产出售或整个企业所有权转移，并非仅仅是不动产所有权、土地使用权和原材料等物资所有权发生转移，而是整个企业（包括人和物）的产权发生转移。因此，根据现行税法规定，对企业整体资产出售或整个企业所有权转移的行为，不征收营业税和土地增值税。笔者认为符合土地增值税的基本原理。

2.7 土地增值税的征收方式

2.7.1 预征

《中华人民共和国土地增值税暂行条例实施细则》第十六条规定，纳税人在项目全部竣工结算前转让房地产取得的收入，由于涉及成本确定或其他原因，而无法据以计算土地增值税的，可以预征土地增值税，待该项目全部竣工、办理结算后再进行清算，多退少补。具体办法由各省、自治区、直辖市地方税务局根据当地情况制定。

《财政部 国家税务总局关于土地增值税一些具体问题规定的通知》（财税字〔1995〕48号）第十四条关于预售房地产所取得的收入是否申报纳税的问题明确，根据细则的规定，对纳税人在项目全部竣工结算前转让房地产取得的收入可以预征土地增值税。具体办法由各省、自治区、直辖市地方税务局根据当地情况制定。因此，对纳税人预售房地产所取得的收入，当地税务机关规定预征土地增值税的，纳税人应当到主管税务机关办理纳税申报，并按规定比例预交，待办理决算后，多退少补；当地税务机关规定不预征土地增值税的，也应在取得收入时先到税务机关登记或备案。

根据《国家税务总局关于营改增后土地增值税若干征管规定的公告》（国家税务总局公告2016年第70号，以下简称70号公告）第一条规定，为方便纳税人，简化土地增值税预征

税款计算,房地产开发企业采取预收款方式销售自行开发的房地产项目的,可按照以下方法计算土地增值税预征计征依据:

土地增值税预征的计征依据＝预收款－应预缴增值税税款

预售房款预缴土地增值税的房地产项目,按下列公式和步骤计算预缴土地增值税:
(1) 土地增值税预征的计税依据＝预售房款－预缴的增值税税额
(2) 应当预缴土地增值税额＝土地增值税预征的计税依据×预征率
例如,甲房地产企业当期收到预售房款2 200万元,土地增值税的预征率为2%。
(1) 假设甲企业选择一般计税方法缴纳增值税,当期应当预缴土地增值税计算如下:

在项目所在地预缴的增值税＝2 200/(1＋10%)×3%＝60(万元)
应当预缴土地增值税＝(2 200－60)×2%＝42.8(万元)

(2) 假设甲企业选择简易计税方法缴纳增值税,当期应当预缴土地增值税计算如下:

在项目所在地预缴的增值税＝2 200/(1＋5%)×3%＝62.86(万元)
应当预缴土地增值税＝(2 200－62.86)×2%＝42.74(万元)

实务操作中,有些企业认为,按上述办法计算预缴的土地增值税比按财税〔2016〕43号文件(以下简称43号文)计算的金额要大。

如上例,按43号文件计算如下:
(1) 假设甲企业选择一般计税方法缴纳增值税,当期应当预缴土地增值税计算如下:

应当预缴土地增值税＝2 200/(1＋10%)×2%＝40(万元)

(2) 假设甲企业选择简易计税方法缴纳增值税,当期应当预缴土地增值税计算如下:

应当预缴土地增值税＝2 200/(1＋5%)×2%＝41.90(万元)

那么,企业是否有权选择按43号文执行呢?从70号公告出台背景看,是"为方便纳税人,简化土地增值税预征税款计算,房地产开发企业采取预收款方式销售自行开发的房地产项目的,可按照以下方法计算土地增值税预征计征依据",原则上企业有权选择。但部分省份为了统一口径,也为了便于金三系统的预警管理,明确规定只能按70号公告执行。如,《山东省地方税务局关于修订〈山东省地方税务局土地增值税"三控一促"管理办法〉的公告》(山东省地方税务局公告2017年第5号)第十三条规定,房地产开发企业采取预收款方式销售自行开发的房地产项目的,按照以下方法确定土地增值税预征计征依据:土地增值税预征的计征依据＝预收款－应预缴增值税税款;《广州市地方税务局关于我市土地增值税预征率的公告》(广州市地方税务局公告2017年第7号)第三条也有类似规定。

关于土地增值税预征率的调整问题,《财政部 国家税务总局关于土地增值税若干问题的通知》(财税〔2006〕21号)第三条规定,各地要进一步完善土地增值税预征办法,根据本地区房地产业增值水平和市场发展情况,区别普通住房、非普通住房和商用房等不同类型,科学合理地确定预征率,并适时调整。工程项目竣工结算后,应及时进行清算,多退少补。

关于土地增值税清算补税是否加收滞纳金问题。对未按预征规定期限预缴税款的,应根据《税收征管法》及其实施细则的有关规定,从限定的缴纳税款期限届满的次日起,加收滞纳金。但根据《国家税务总局关于土地增值税清算有关问题的通知》(国税函〔2010〕220号)第八条规定,纳税人按规定预缴土地增值税后,清算补缴的土地增值税,在主管税务机关规定的期限内补缴的,不加收滞纳金。

《国家税务总局关于加强土地增值税征管工作的通知》(国税发〔2010〕53号)第二条规定,税务机关要科学合理制定预征率,加强土地增值税预征工作。预征是土地增值税征收管理工作的基础,是实现土地增值税调节功能、保障税收收入均衡入库的重要手段。各级税务机关要全面加强土地增值税的预征工作,把土地增值税预征和房地产项目管理工作结合起来,把土地增值税预征和销售不动产营业税(注:2016年5月1日后改征增值税)结合起来;把预征率的调整和土地增值税清算的实际税负结合起来;把预征率的调整与房价上涨的情况结合起来,使预征率更加接近实际税负水平,改变目前部分地区存在的预征率偏低,与房价快速上涨不匹配的情况。通过科学、精细的测算,研究预征率调整与房价上涨的挂钩机制。为了发挥土地增值税在预征阶段的调节作用,各地须对目前的预征率进行调整。除保障性住房外,东部地区省份预征率不得低于2%,中部和东北地区省份不得低于1.5%,西部地区省份不得低于1%,各地要根据不同类型房地产确定适当的预征率(地区的划分按照国务院有关文件的规定执行)。对尚未预征或暂缓预征的地区,应切实按照税收法律法规开展预征,确保土地增值税在预征阶段及时、充分发挥调节作用。

2.7.2 清算

(一) 土地增值税清算的含义。

《国家税务总局关于印发〈土地增值税清算管理规程〉的通知》(国税发〔2009〕91号)第三条规定,土地增值税清算是指纳税人在符合土地增值税清算条件后,依照税收法律、法规及土地增值税有关政策规定,计算房地产开发项目应缴纳的土地增值税税额,并填写《土地增值税清算申报表》,向主管税务机关提供有关资料,办理土地增值税清算手续,结清该房地产项目应缴纳土地增值税税款的行为。

(二) 土地增值税清算要求。

《国家税务总局关于印发〈土地增值税清算管理规程〉的通知》(国税发〔2009〕91号)第四条规定,纳税人应当如实申报应缴纳的土地增值税税额,保证清算申报的真实性、准确性和完整性。

(三) 土地增值税的清算单位。

《中华人民共和国土地增值税暂行条例》第八条规定,土地增值税以纳税人房地产成本核算的最基本的核算项目或核算对象为单位计算。

《国家税务总局关于房地产开发企业土地增值税清算管理有关问题的通知》(国税发〔2006〕187号)第一条规定,土地增值税以国家有关部门审批的房地产开发项目为单位进行清算,对于分期开发的项目,以分期项目为单位清算。

对于上述规定中"分期开发的项目"的界定,财政部和国家税务总局的文件较为模糊,导致各省市的规定不尽一致,各省对"分期开发的项目"的规定概括起来有四种情况:一是以"工程规划许可证"作为分期的标准,如辽宁(辽地税函〔2012〕92号)、安徽(皖地税函〔2012〕583号)、宁波(甬地税二〔2009〕104号)、重庆(渝地税发〔2010〕168号)、厦门(厦地税发〔2010〕16号,厦门市地方税务局公告〔2011〕5号)、湖北(鄂地税发〔2008〕211号、鄂地税发〔2013〕44号)、海南(琼地税发〔2009〕187号)、吉林(吉林省地方税务局公告2014年第1号)、大连(大连市地方税务局公告2014年第1号)、湖南(湖南省地方税务局公告2014年第7号)、四川(四川省地方税务局公告2014年4号)、浙江(浙江省地方税务局公告2014年第16号)、山东(山东省地方税务局公告2017年第5号)等。二是以"销售许可证"作为分期的标准,如深圳(深地税发〔2005〕609号)。三是以税务局审核后的企业会计核算对象作为分期的标准,如内蒙古(内地税字〔2014〕159号)等。四是由纳税人灵活掌握。如《江苏省地方税务局关于土地增值税若干问题的公告》(苏地税规〔2015〕8号)第一条规定,土地增值税以国家有关部门审批、备案的项目为单位进行清算。对于国家有关部门批准分期开发的项目,以分期项目为单位进行清算。对开发周期较长,纳税人自行分期的开发项目,可将自行分期项目确定为清算单位,并报主管税务机关备案。对同一宗地块上的多个批准项目,纳税人进行整体开发的,可将该宗土地上的多个项目作为一个清算单位,并报主管税务机关备案。同一清算单位中包含普通住宅、非普通住宅、其他类型房产的,应分别计算收入、扣除项目金额、增值额、增值率和应纳税额。五是以《建设用地规划许可证》作为分期的标准。如《广西壮族自治区地方税务局关于发布〈广西壮族自治区房地产开发项目土地增值税管理办法(试行)〉的公告》(广西壮族自治区地方税务局公告2018年第1号)第七条第二款规定,清算单位应以县(市、区)级(含)以上发展改革部门下达项目立项(核准、备案)文件或建设规划主管部门下达的《建设用地规划许可证》为依据。纳税人分期分批开发的项目,根据实际情况确定清算单位。

笔者更赞成江苏省的规定,在国家税务总局没有新规定前,以纳税人根据"工程规划许可证"并结合本企业开发项目的具体情况向税务机关备案的"分期项目"作为清算单位。

开发项目中同时包含普通住宅和非普通住宅的,应分别计算增值额。

实务操作中,有些房地产企业在经批准的同一开发项目中既建造有普通标准住宅又有非普通标准住宅,根据上述文件规定,如果要享受普通标准住宅优惠政策,应当分别核算普通标准住宅增值额和非普通标准住宅增值额,但部分企业宁肯放弃享受普通标准住宅优惠政策,而是选择将普通标准住宅与非普通标准住宅合并计算土地增值税,为什么呢?因为其普通标准住宅的增值率已经超过20%,即使分别核算其增值额也不能享受优惠,而将其合并计算增值额却可以拉低整个项目的增值率,从而达到整体税负降低的目的。这样做是否可以呢?有些地方税务机关就不允许,强行要求企业必须作为两个项目进行清算。笔者认为这不符合法理。从国税发〔2006〕187号文件精神看,按有关部门批准的开发项目作为土地增值税的清算单位是基本要求,而要使得同一个开发项目中包含的普通标准住宅享受优惠政策,就必须符合分别核算普通标准住宅增值额的条件。而企业愿意放弃享受优惠政策,而按基本要求就其批准的开发项目作为一个清算单位,没有违背税法的规定,是完全合理合法的。为此,《安徽省地方税务局关于土地增值税若干问题的批复》(皖地税函〔2012〕583

号)第一条规定,在计算土地增值税时,对同一开发项目中既建有普通标准住宅又建有非普通标准住宅(其他类型房地产)的,如纳税人在清算报告中就其普通标准住宅申请免征土地增值税,应分别计算增值额、增值率以及应缴的土地增值税;如纳税人在清算报告提出放弃申请免征普通标准住宅土地增值税权利的,应以整个开发项目为对象,统一计算增值额、增值率以及应缴的土地增值税。纳税人在清算报告中未明确是否就其普通标准住宅申请免征土地增值税的,主管税务机关应告知纳税人相关政策,并将清算报告退还纳税人,待纳税人明确后予以受理。《天津市地方税务局关于明确土地增值税清算若干问题的通知》(津地税地〔2011〕24号)也规定,在土地增值税计算时,房地产开发企业在同一项目或同一期中,普通住宅和非普通住宅,可以合并计算增值税。

(四)强制性清算。

《国家税务总局关于房地产开发企业土地增值税清算管理有关问题的通知》(国税发〔2006〕187号)第二条规定,符合下列情形之一的,纳税人应进行土地增值税的清算:

1. 房地产开发项目全部竣工、完成销售的。
2. 整体转让未竣工决算房地产开发项目的。
3. 直接转让土地使用权的。

(五)选择性清算。

《国家税务总局关于房地产开发企业土地增值税清算管理有关问题的通知》(国税发〔2006〕187号)第二条规定,符合下列情形之一的,主管税务机关可要求纳税人进行土地增值税清算:

1. 已竣工验收的房地产开发项目,已转让的房地产建筑面积占整个项目可售建筑面积的比例在85%以上,或该比例虽未超过85%,但剩余的可售建筑面积已经出租或自用的。

在计算已转让建筑面积占可售建筑面积的比例时,人防车位面积是可售面积还是不可售面积问题上,存在一些争议,有些地方要求企业提供证据证明人防车位是否最终移交全体业主或者移交人防部门,如果未移交,则作为可售面积,如果移交则作为公共配套,计入不可售面积。例如,(1)北京(京地税地〔2003〕73号);(2)江苏(苏地税规〔2012〕1号);(3)青岛(青地税函〔2013〕44号);(4)湖南(湖南省地方税务局公告〔2014〕第7号)等;有的地方则允许企业将人防车位直接处理为不可售面积。但《中华人民共和国人民防空法》规定,人民防空是国防的组成部分。人民防空工程包括为保障战时人员与物资掩蔽、人民防空指挥、医疗救护等而单独修建的地下防护建筑,以及结合地面建筑修建的战时可用于防空的地下室。这种工程是国家强制性配套建设的市政公用设施,任何单位和个人不得出售。《湖南省人民防空工程建设与维护管理规定》第四条也规定,人防工程属于国防设施和社会公益设施,平时实行谁投资、谁所有、谁受益、谁维护,战时由人防政府统一调配使用。综上所述,笔者的观点是,人防工程的地下车位是不能进行买卖的,不过可以进行租赁,在明确权责的情况下,与投资管理维护者协议并签署合同,可获得地下车位的使用权。因此,法理上,人防车位只能租赁,不能出售,不应该作为可售面积处理。

2. 取得销售(预售)许可证满3年仍未销售完毕的。
3. 纳税人申请注销税务登记但未办理土地增值税清算手续的。

4. 省税务机关规定的其他情况。

《国家税务总局关于印发〈土地增值税清算管理规程〉的通知》(国税发〔2009〕91号)第十条规定,对前款所列第3项情形,应在办理注销登记前进行土地增值税清算。

(六)清算时限。

《国家税务总局关于印发〈土地增值税清算管理规程〉的通知》(国税发〔2009〕91号)第十一条规定,对于符合本强制性清算条件,应进行土地增值税清算的项目,纳税人应当在满足条件之日起90日内到主管税务机关办理清算手续。对于符合选择性清算条件,税务机关可要求纳税人进行土地增值税清算的项目,由主管税务机关确定是否进行清算;对于确定需要进行清算的项目,由主管税务机关下达清算通知,纳税人应当在收到清算通知之日起90日内办理清算手续。

应进行土地增值税清算的纳税人或经主管税务机关确定需要进行清算的纳税人,在上述规定的期限内拒不清算或不提供清算资料的,主管税务机关可依据《中华人民共和国税收征收管理法》有关规定处理。

(七)土地增值税清算应报送的资料。

《国家税务总局关于房地产开发企业土地增值税清算管理有关问题的通知》(国税发〔2006〕187号)第五条规定,纳税人办理土地增值税清算应报送以下资料:

1. 房地产开发企业清算土地增值税书面申请、土地增值税纳税申报表。

2. 项目竣工决算报表、取得土地使用权所支付的地价款凭证、国有土地使用权出让合同、银行贷款利息结算通知单、项目工程合同结算单、商品房购销合同统计表等与转让房地产的收入、成本和费用有关的证明资料。

3. 主管税务机关要求报送的其他与土地增值税清算有关的证明资料等。

纳税人委托税务中介机构审核鉴证的清算项目,还应报送中介机构出具的《土地增值税清算税款鉴证报告》。

各地对土地增值税清算提交资料都有一些不同的规定,应当遵循其规定。如《山东省地方税务局关于修订〈山东省地方税务局土地增值税"三控一促"管理办法〉的公告》(山东省地方税务局公告2017年第5号)规定,纳税人办理土地增值税清算申报时应当提供的清算资料:

(1)土地增值税清算申报表及其附表,其中附表的选用由各市地方税务局根据当地情况自行确定。

(2)房地产开发项目清算说明。主要内容应当包括房地产开发项目立项、用地、开发、销售、关联方交易、融资、税款缴纳及成本费用分摊方式等基本情况和主管地税机关需要了解的其他情况。

(3)建设用地规划许可证及附件、建设工程规划许可证及附件、建设工程施工许可证、商品房预售许可证、初始产权登记证、测绘报告、竣工验收备案表、项目工程合同结算单原件。

(4)取得土地使用权所支付的地价款凭证、国有土地使用权出让(转让)合同原件。

(5)拆迁(回迁)合同、签收花名册或签收凭证。

(6)银行贷款合同及银行贷款利息结算通知单原件。

(7)项目规划、设计、勘察、工程招投标、工程施工、材料采购等有效凭证。

(8) 竣工验收报告、工程竣工决算报告。

(9) 商品房购销合同统计表、销售明细表等与转让房地产的收入、成本和费用有关的证明资料。

(10) 开发项目中的公共配套设施，建成后产权属于全体业主所有和建成后无偿移交给政府、公用事业单位用于非营利性社会公共事业的相关证明资料。

(11) 转让房地产有关税金的完税凭证。对于同一张完税凭证属于多个开发项目缴纳税金的，应当在完税凭证上注明清算项目缴纳的税金金额。

(12) 纳税人委托涉税专业服务机构审核鉴证的清算项目，还应当报送《土地增值税清算税款鉴证报告》。

(13) 不允许在增值税销项税额中计算抵扣的进项税额相关资料。

上述资料凡已通过部门信息共享取得或纳税人已报送的，不再重复报送。

(八) 土地增值税的审核鉴证。

《国家税务总局关于房地产开发企业土地增值税清算管理有关问题的通知》(国税发〔2006〕187号)第六条规定，税务中介机构受托对清算项目审核鉴证时，应按税务机关规定的格式对审核鉴证情况出具鉴证报告。对符合要求的鉴证报告，税务机关可以采信。税务机关要对从事土地增值税清算鉴证工作的税务中介机构在准入条件、工作程序、鉴证内容、法律责任等方面提出明确要求，并做好必要的指导和管理工作。

(九) 清算后未转让房地产的后续处理。

《国家税务总局关于房地产开发企业土地增值税清算管理有关问题的通知》(国税发〔2006〕187号)第八条在土地增值税清算时未转让的房地产，清算后销售或有偿转让的，纳税人应按规定进行土地增值税的纳税申报，扣除项目金额按清算时的单位建筑面积成本费用乘以销售或转让面积计算。

单位建筑面积成本费用＝清算时的扣除项目总金额÷清算的总建筑面积

例题 2-3 甲房地产企业2015年2月对生林小区进行土地增值税清算，清算时尚有5套房屋(面积500平方米)没有销售，清算时的扣除项目金额2 000万元，收入总额3 800万元，清算总面积10 000平方米。2015年6月，企业将剩余的5套房屋销售，取得房款300万元。计算清算时以及清算后应当申报缴纳的土地增值税。

解析：

1. 清算时：

(1) 增值额＝3 800－2 000＝1 800(万元)

(2) 增值率＝1 800÷2 000＝90％

(3) 清算土地增值税＝1 800×40％－2 000×5％＝620(万元)

2. 清算后：

(1) 扣除项目金额＝500×2 000÷10 000＝100(万元)

(2) 增值额＝300－100＝200(万元)

(3) 增值率＝200÷100＝200％

(4) 清算后销售5套房屋的土地增值税＝200×60％－100×35％＝85(万元)

合计应纳土地增值税＝620＋85＝705(万元)

（十）清算后又发生成本是否允许二次清算问题。

企业达到清算条件并进行土地增值税清算后,继续支付并取得合法、有效凭证的支出,此时是否允许企业申请对曾经清算过的项目进行重新清算问题,大部分省份允许二次清算,如《北京市地方税务局关于土地增值税清算管理若干问题的通知》(京地税地〔2007〕325号)规定,纳税人在项目完成清算后继续支付并取得合法有效凭证的成本和费用,主管税务机关可根据实际情况重新调整扣除项目金额,但原则上应在项目全部销售完毕时进行调整。存在类似规定的还有湖北(鄂地税发〔2013〕44号)、广西(桂地税发〔2008〕44号)、大连(大地税函〔2007〕200号)、青岛(青地税函〔2013〕44号)等。但也有不允许二次清算情况,如《浙江省地方税务局关于土地增值税若干政策问题的解答》中规定,将清算后发生的成本计入清算后再转让的房地产中扣除。

（十一）税务机关对土地增值税清算的审核管理措施。

《国家税务总局关于印发〈土地增值税清算管理规程〉的通知》(国税发〔2009〕91号)第四章规定：

1．清算审核包括案头审核、实地审核。

案头审核是指对纳税人报送的清算资料进行数据、逻辑审核,重点审核项目归集的一致性、数据计算准确性等。

实地审核是指在案头审核的基础上,通过对房地产开发项目实地查验等方式,对纳税人申报情况的客观性、真实性、合理性进行审核。

2．清算审核时,应审核房地产开发项目是否以国家有关部门审批、备案的项目为单位进行清算;对于分期开发的项目,是否以分期项目为单位清算;对不同类型房地产是否分别计算增值额、增值率,缴纳土地增值税。

3．审核收入情况时,应结合销售发票、销售合同(含房管部门网上备案登记资料)、商品房销售(预售)许可证、房产销售分户明细表及其他有关资料,重点审核销售明细表、房地产销售面积与项目可售面积的数据关联性,以核实计税收入;对销售合同所载商品房面积与有关部门实际测量面积不一致,而发生补、退房款的收入调整情况进行审核;对销售价格进行评估,审核有无价格明显偏低情况。

必要时,主管税务机关可通过实地查验,确认有无少计、漏计事项,确认有无将开发产品用于职工福利、奖励、对外投资、分配给股东或投资人、抵偿债务、换取其他单位和个人的非货币性资产等情况。

4．非直接销售和自用房地产的收入确定。

（1）房地产开发企业将开发产品用于职工福利、奖励、对外投资、分配给股东或投资人、抵偿债务、换取其他单位和个人的非货币性资产等,发生所有权转移时应视同销售房地产,其收入按下列方法和顺序确认：

① 按本企业在同一地区、同一年度销售的同类房地产的平均价格确定。

② 由主管税务机关参照当地当年、同类房地产的市场价格或评估价值确定。

（2）房地产开发企业将开发的部分房地产转为企业自用或用于出租等商业用途时,如果产权未发生转移,不征收土地增值税,在税款清算时不列收入,不扣除相应的成本和费用。

5. 土地增值税扣除项目审核的内容包括：

(1) 取得土地使用权所支付的金额。

(2) 房地产开发成本,包括:土地征用及拆迁补偿费、前期工程费、建筑安装工程费、基础设施费、公共配套设施费、开发间接费用。

(3) 房地产开发费用。

(4) 与转让房地产有关的税金。

(5) 国家规定的其他扣除项目。

6. 审核扣除项目是否符合下列要求：

(1) 在土地增值税清算中,计算扣除项目金额时,其实际发生的支出应当取得但未取得合法凭据的不得扣除。

(2) 扣除项目金额中所归集的各项成本和费用,必须是实际发生的。

(3) 扣除项目金额应当准确地在各扣除项目中分别归集,不得混淆。

(4) 扣除项目金额中所归集的各项成本和费用必须是在清算项目开发中直接发生的或应当分摊的。

(5) 纳税人分期开发项目或者同时开发多个项目的,或者同一项目中建造不同类型房地产的,应按照受益对象,采用合理的分配方法,分摊共同的成本费用。

> **提 示**
>
> 合理的分配方法有哪些？目前实务操作中主要包括占地面积法、建筑面积法、层高系数法、预算成本法等。
>
> 另外,实务中,基层税务局为了防止企业通过自由选择分配方法操纵避税空间,常对企业成本分配方法的选择给予限制。各地分配方法大致可以总结为以下几类：
>
> 第一类：对成本分摊方法给予限制。
>
> 例如,《天津市地方税务局关于明确土地增值税清算若干问题的通知》（津地税地〔2011〕24号）规定,取得土地使用权所支付的金额按实际转让土地面积占可转让土地面积的比例分摊（即占地面积法）；房地产开发成本、费用金额按可售建筑面积占项目可售总建筑面积的比例分摊（即建筑面积法）。
>
> 类似的还有：
>
> 宁波（甬地税二〔2009〕104号）：对同一清算项目不同开发类型的房地产共同费用,包括土地价款、公共配套设施费用等,如无法按房地产类型进行分摊的,应当按建筑面积分摊。
>
> 天津（津地税地〔2011〕24号）：取得土地使用权所支付的金额按实际转让土地面积占可转让土地面积的比例分摊（注：占地面积法）；房地产开发成本、费用金额按可售建筑面积占项目可售总建筑面积的比例分摊（注：建筑面积法）。
>
> 山东（山东省地方税务局公告2017年第5号）：纳税人分期开发项目或者同时开发多个项目的,或者同一项目中建造不同类型房地产的,其扣除项目金额的分摊比例,可按实际转让的土地使用权面积占可转让的土地使用权面积的比例计算,或按已售建筑面积占可售建筑面积的比例计算,也可按地税机关确认的其他方式计算。
>
> 青岛（青岛市地方税务局公告2018年第4号）：

第一种情况：

同一土地增值税清算项目中包括普通住宅、非普通住宅和其他类型房地产的，应当分别计算土地增值税增值额和增值率，主要成本按照下列原则和方法计算分摊：

① 土地成本。土地成本按照普通住宅、非普通住宅和其他类型房地产建筑面积比例计算分摊。如果清算项目中同时包含别墅和其他多层、高层建筑的，应先按照别墅区的独立占地面积占清算项目总占地面积的比例，计算别墅区应分摊的土地成本；对剩余的土地成本，按照剩余普通住宅、非普通住宅和其他类型房地产建筑面积比例计算分摊。

同一土地增值税清算项目中，包含联排别墅、合院式别墅、单体商业服务建筑等独立占地建筑，土地成本可比照别墅，按照前款规定处理。

② 建筑安装工程费。建筑安装工程费应按照建筑面积的比例，在普通住宅、非普通住宅和其他类型房地产之间计算分摊。但对于清算项目均能够按照不同业态独立记账、准确核算，且受益对象单一、能够提供独立合同、独立结算资料的成本，可直接计入普通住宅、非普通住宅和其他类型房地产扣除项目中，并不再重复分摊其他业态同类成本项目的建筑安装工程费。

③ 其他房地产开发成本。其他房地产开发成本，即《中华人民共和国土地增值税暂行条例实施细则》第七条第（二）项房地产开发成本中的前期工程费、基础设施费、公共配套设施费、开发间接费用。其他房地产开发成本按照建筑面积的比例，在普通住宅、非普通住宅和其他类型房地产之间计算分摊。

第二种情况：

多个土地增值税清算项目共同占用同一《国有土地使用证》土地的，各清算项目的土地成本按占地面积比例分摊；共有的其他成本费用，按建筑面积占比法，在不同清算项目中进行合理分摊。

第三种情况：

在土地增值税清算时，扣除项目金额中所归集的各项成本和费用，必须是实际发生且支付的。除另有规定外，扣除项目须提供合法有效凭证；不能提供合法有效凭证的，不予扣除。

江苏（苏地税规〔2015〕8号）：土地成本仅在能够办理权属登记手续的建筑物及其附着物之间进行分摊。在不同清算单位或同一清算单位不同类型房产之间分摊土地成本时，可直接归集的，应直接计入该清算单位或该类型房产的土地成本；不能直接归集的，可按建筑面积法计算分摊，也可按税务机关认可的其他合理方法计算分摊。

大连（大连市地方税务局公告2014年第1号）：(1)属于多个房地产项目共同的土地成本，应按清算项目的占地面积占多个项目总占地面积的比例，计算确定清算项目的扣除金额。(2)属于多个房地产项目共同的其他成本费用，应按清算项目可售建筑面积占多个项目总可售建筑面积的比例，计算确定清算项目的扣除金额。(3)属于同一项目的共同成本费用，应按普通标准住宅、非普通标准住宅、非住宅可售建筑面积占总可售建筑面积的比例，计算扣除金额。

浙江（浙江省地方税务局公告2014年第16号）：房地产开发企业应按照清算单位或开

发产品类型,采用受益和配比的分配原则,计算分摊扣除项目。对按照税收规定属于可直接计入的扣除项目,应直接计入清算单位或开发产品类型的扣除项目;对属于多个清算单位或开发产品类型共同发生的扣除项目,应按以下原则计算分摊:(1)对属于多个清算单位共同发生的扣除项目,其中:取得土地使用权所支付的金额按照占地面积法(即其转让土地使用权的面积占可转让土地使用权总面积的比例,下同)在多个清算单位之间进行分摊;其他共同发生的扣除项目,按照建筑面积法(即其可售建筑面积占多个项目可售总建筑面积的比例,下同)在多个清算单位之间进行分摊。(2)对一个清算单位中的不同类型房地产开发产品应分别计算增值额的,对其共同发生的扣除项目,按照建筑面积法进行分摊。若不同类型房地产开发产品中有排屋、别墅类型的,对清算单位取得土地使用权所支付的金额,可按照占地面积法进行分摊。

第二类:建安成本采取层高系数法分摊。

例如,福州(榕地税发〔2008〕108号):(1)不同类型商品应分摊的房地产开发成本=[房地产开发成本÷∑层高系数面积]×(不同类型商品层高系数×已售面积);(2)∑层高系数面积=∑不同类型商品层高系数×可售面积;(3)层高系数设置,在同一项目(包含不同类型房地产)中,选取住宅层高为基数,设定为1,其他商品层高与住宅层高之比,计算出各自层高系数。

例如,某商住楼,下面四层为商业房,层高4.8米(可售面积5 000平方米,已经销售4 800平方米),上面28层为普通住宅(可售面积30 000平方米,已经销售29 000平方米),层高2.9米。该项目开发成本总额8 000万元。

请按层高系数法计算普通住宅和商业房在计算土地增值税时准予扣除的开发成本分别是多少?

(1)设置普通住宅系数=1

(2)商业房层高系数=4.8÷2.9×1=1.66

(3)∑层高系数面积=∑不同类型商品层高系数×可售面积=(30 000×1)+(5 000×1.66)=38 300平方米

(4)商业房和普通住宅在清算时准予扣除的开发成本计算:

$$商业房分摊的开发成本=(8\ 000÷38\ 300)×(1.66×4\ 800)=0.208\ 9×7\ 968$$
$$=1\ 665(万元)$$

$$普通住宅分摊的开发成本=(8\ 000÷38\ 300)×(1×29\ 000)=6\ 058(万元)$$

湖南(湖南省地方税务局公告2014年第7号):单栋建筑物既有住宅又有商业用房的,商业用房的建筑安装工程费可以按照层高系数予以调整。

$$商业用房层高系数=商业用房平均层高÷住宅平均层高$$

山西(山西省地方税务局公告2014年第3号):同一建筑物中若存在层高不同的情况时,可按层高系数加以调整,但不得增加建筑物总的建安成本。

内蒙古(内地税字〔2014〕159号):单栋建筑物既有住宅又有商业用房的,商业用房的建筑安装工程费可以按照层高系数予以调整。

> 商业用房层高系数＝商业用房平均层高÷住宅平均层高
>
> 　　新疆(新疆维吾尔自治区地方税务局公告2016年第6号)：清算单位中既有住宅又有商业用房的,商业用房建筑安装工程费可以按照层高系数予以调整,其余扣除项目成本不得按层高系数调整。
>
> 　　商业用房层高系数小于1.5的,其建筑安装工程费不予调整。
>
> 商业用房层高系数＝商业用房单层层高÷单层住宅层高
>
> 　　浙江省(浙江省地方税务局公告2014年第16号)：对多个清算单位或不同类型开发产品共同发生的建筑安装工程费,在按建筑面积法计算分摊时,对超标准层高可售房产应按以下方法计算：对层高高于4.5米(含4.5米)低于6米的,其可售建筑面积按1.5倍计算；对层高高于6米(含6米)的,其可售建筑面积按2倍计算。
>
> 　　综上所述,共同成本的分摊方法各地差异较大,也都有其合理的地方。如果本省没有相关规定,则建议分摊方法为：
>
> 　　(1)土地成本。
>
> 　　先采取占地面积法分割,分割之后采取建筑面积法分摊土地成本,然后综合"楼面地价"。
>
> 　　(2)建造成本。
>
> 　　能够直接分清受益项目的,按直接成本法计入该项目的成本；共同的成本,按照建筑面积法分摊,同时考虑层高因素。可以直接归属于商业或者住宅部分的按照直接成本法归集(如玻璃幕墙),属于共同成本部分(如基础设施)按照建筑面积法分摊,并考虑层高系数法的使用。

(6)对同一类事项,应当采取相同的会计政策或处理方法。会计核算与税务处理规定不一致的,以税务处理规定为准。

7.审核取得土地使用权支付金额和土地征用及拆迁补偿费时应当重点关注：

(1)同一宗土地有多个开发项目,是否予以分摊,分摊办法是否合理、合规,具体金额的计算是否正确。

(2)是否存在将房地产开发费用记入取得土地使用权支付金额以及土地征用及拆迁补偿费的情形。

(3)拆迁补偿费是否实际发生,尤其是支付给个人的拆迁补偿款、拆迁(回迁)合同和签收花名册或签收凭证是否一一对应。

8.审核前期工程费、基础设施费时应当重点关注：

(1)前期工程费、基础设施费是否真实发生,是否存在虚列情形。

(2)是否将房地产开发费用记入前期工程费、基础设施费。

(3)多个(或分期)项目共同发生的前期工程费、基础设施费,是否按项目合理分摊。

9.审核公共配套设施费时应当重点关注：

(1)公共配套设施的界定是否准确,公共配套设施费是否真实发生,有无预提的公共配套设施费情况。

(2)是否将房地产开发费用记入公共配套设施费。

（3）多个（或分期）项目共同发生的公共配套设施费，是否按项目合理分摊。

10. 审核建筑安装工程费时应当重点关注：

（1）发生的费用是否与决算报告、审计报告、工程结算报告、工程施工合同记载的内容相符。

（2）房地产开发企业自购建筑材料时，自购建材费用是否重复计算扣除项目。

（3）参照当地当期同类开发项目单位平均建安成本或当地建设部门公布的单位定额成本，验证建筑安装工程费支出是否存在异常。

（4）房地产开发企业采用自营方式自行施工建设的，还应当关注有无虚列、多列施工人工费、材料费、机械使用费等情况。

（5）建筑安装发票是否在项目所在地税务机关开具。

11. 审核开发间接费用时应当重点关注：

（1）是否存在将企业行政管理部门（总部）为组织和管理生产经营活动而发生的管理费用计入开发间接费用的情形。

（2）开发间接费用是否真实发生，有无预提开发间接费用的情况，取得的凭证是否合法有效。

12. 审核利息支出时应当重点关注：

（1）是否将利息支出从房地产开发成本中调整至开发费用。

（2）分期开发项目或者同时开发多个项目的，其取得的一般性贷款的利息支出，是否按照项目合理分摊。

（3）利用闲置专项借款对外投资取得收益，其收益是否冲减利息支出。

13. 代收费用的审核。

对于县级以上人民政府要求房地产开发企业在售房时代收的各项费用，审核其代收费用是否计入房价并向购买方一并收取；当代收费用计入房价时，审核有无将代收费用计入加计扣除以及房地产开发费用计算基数的情形。

14. 关联方交易行为的审核。

在审核收入和扣除项目时，应重点关注关联企业交易是否按照公允价值和营业常规进行业务往来。

应当关注企业大额应付款余额，审核交易行为是否真实。

15. 纳税人委托中介机构审核鉴证的清算项目，主管税务机关应当采取适当方法对有关鉴证报告的合法性、真实性进行审核。

16. 对纳税人委托中介机构审核鉴证的清算项目，主管税务机关未采信或部分未采信鉴证报告的，应当告知其理由。

17. 土地增值税清算审核结束，主管税务机关应当将审核结果书面通知纳税人，并确定办理补、退税期限。

（十二）关于营改增前后土地增值税清算的计算问题。

根据《国家税务总局关于营改增后土地增值税若干征管规定的公告》（国家税务总局公告2016年第70号）第四条规定，房地产开发企业在营改增后进行房地产开发项目土地增值税清算时，按以下方法确定相关金额：

1. 土地增值税应税收入＝营改增前转让房地产取得的收入＋营改增后转让房地产取

得的不含增值税收入。

2. 与转让房地产有关的税金＝营改增前实际缴纳的营业税、城建税、教育费附加＋营改增后允许扣除的城建税、教育费附加。

2.8 土地增值税的征收管理政策

2.8.1 土地增值税的纳税期限

《财政部 国家税务总局关于土地增值税一些具体问题规定的通知》(财税字〔1995〕48号)第十六条关于纳税期限的问题规定,根据条例第十条、第十二条和细则第十五条的规定,税务机关核定的纳税期限,应在纳税人签订房地产转让合同之后、办理房地产权属转让(即过户及登记)手续之前。

2.8.2 土地增值税的纳税申报

(一)纳税申报的期限。

《中华人民共和国土地增值税暂行条例》第十条规定,纳税人应当自转让房地产合同签订之日起七日内向房地产所在地主管税务机关办理纳税申报,并在税务机关核定的期限内缴纳土地增值税。

(二)纳税申报的程序。

《中华人民共和国土地增值税暂行条例实施细则》第十五条规定,根据条例第十条的规定,纳税人应按照下列程序办理纳税手续:

纳税人应在转让房地产合同签订后的7日内,到房地产所在地主管税务机关办理纳税申报,并向税务机关提交房屋及建筑物产权、土地使用权证书,土地转让、房产买卖合同,房地产评估报告及其他与转让房地产有关的资料。

《国家税务总局关于加强土地增值税管理工作的通知》(国税函〔2004〕938号)规定,为了简化行政审批手续,进一步方便纳税人和加强税收管理,经研究,现对土地增值税纳税人定期进行纳税申报的问题做如下解释和规定:

1. 取消《中华人民共和国土地增值税暂行条例实施细则》第十五条第一款对土地增值税纳税人因经常发生房地产转让而难以在每次转让后申报的,定期进行纳税申报须经税务机关审核同意的规定。

2. 纳税人因经常发生房地产转让而难以在每次转让后申报,是指房地产开发企业开发建造的房地产、因分次转让而频繁发生纳税义务、难以在每次转让后申报纳税的情况,土地增值税可按月或按各省、自治区、直辖市和计划单列市地方税务局规定的期限申报缴纳。

3. 纳税人选择定期申报方式的,应向纳税所在地的地方税务机关备案。定期申报方式确定后,一年之内不得变更。

4. 各省、自治区、直辖市和计划单列市地方税务局应根据本通知精神,结合本地的实际情况,制定具体的操作办法,并告知土地增值税纳税人。

5. 各地地方税务机关要加强土地增值税的宣传解释、纳税辅导及纳税检查等工作。采取有效措施,做好土地增值税按次或定期申报纳税、预征和税款结算等征收管理工作。

(三) 土地增值税纳税申报表。

《国家税务总局关于修订土地增值税纳税申报表的通知》(税总函〔2016〕309号)规定,为加强土地增值税规范化管理,税务总局决定修订土地增值税纳税申报表。现将修订的主要内容通知如下:

1. 增加《土地增值税项目登记表》。

《国家税务总局关于印发〈土地增值税纳税申报表〉的通知》(国税发〔1995〕090号)规定,从事房地产开发的纳税人,应在取得土地使用权并获得房地产开发项目开工许可后,根据税务机关确定的时间,向主管税务机关报送《土地增值税项目登记表》,并在每次转让(预售)房地产时,依次填报表中规定栏目的内容。

2. 土地增值税纳税申报表单修订内容。

(1)《财政部国家税务总局关于土地增值税一些具体问题规定的通知》(财税字〔1995〕48号)规定,在《土地增值税纳税申报表(二)》和《土地增值税纳税申报表(五)》中增加"代收费用"栏次。

(2)《国家税务总局关于房地产开发企业土地增值税清算管理有关问题的通知》(国税发〔2006〕187号)和《国家税务总局关于印发〈土地增值税清算管理规程〉的通知》(国税发〔2009〕91号)规定,调整收入项目名称,在《土地增值税纳税申报表(一)》中增加"视同销售收入"数据列,在《土地增值税纳税申报表(二)》《土地增值税纳税申报表(四)》《土地增值税纳税申报表(五)》和《土地增值税纳税申报表(六)》中调整转让收入栏次,增加"视同销售收入"指标。

附件:土地增值税纳税申报表(修订版)

土地增值税项目登记表

(从事房地产开发的纳税人适用)

纳税人识别号:　　　　　纳税人名称:　　　　　　　填表日期:　年　月　日
金额单位:元至角分　　　　　　　　　　　　　　　　　面积单位:平方米

项目名称		项目地址		业　别	
经济性质		主管部门			
开户银行		银行账号			
地　　址		邮政编码		电　话	
土地使用权受让(行政划拨)合同号			受让(行政划拨)时间		
建设项目起讫时间		总预算成本		单位预算成本	
项目详细坐落地点					
开发土地总面积		开发建筑总面积		房地产转让合同名称	
转让次序	转让土地面积(按次填写)	转让建筑面积(按次填写)		转让合同签订日期(按次填写)	

(续表)

第 1 次			
第 2 次			
……			
备注			
以下由纳税人填写：			
纳税人声明	此纳税申报表是根据《中华人民共和国土地增值税暂行条例》及其实施细则和国家有关税收规定填报的，是真实的、可靠的、完整的。		
纳税人签章		代理人签章	代理人身份证号
以下由税务机关填写：			
受理人		受理日期　年　月　日	受理税务机关签章

填表说明：

1. 本表适用于从事房地产开发与建设的纳税人，在立项后及每次转让时填报。
2. 凡从事新建房及配套设施开发的纳税人，均应在规定的期限内，据实向主管税务机关填报本表所列内容。
3. 本表栏目的内容如果没有，可以空置不填。
4. 纳税人在填报土地增值税项目登记表时，应同时向主管税务机关提交土地使用权受让合同、房地产转让合同等有关资料。
5. 本表一式三份，送主管税务机关审核盖章后，两份由地方税务机关留存，一份退纳税人。

土地增值税纳税申报表（一）

（从事房地产开发的纳税人预征适用）

税款所属时间：　　　年　月　日至　年　月　日　　　填表日期：　年　月　日
项目名称：　　项目编号：　　金额单位：元至角分；　　面积单位：平方米
纳税人识别号：

房产类型	房产类型子目	收入				预征率（%）	应纳税额	税款缴纳	
		应税收入	货币收入	实物收入及其他收入	视同销售收入			本期已缴税额	本期应缴税额计算
	1	2=3+4+5	3	4	5	6	7=2×6	8	9=7−8
普通住宅									
非普通住宅									
其他类型房地产									
合计	—					—			

以下由纳税人填写：

纳税人声明	此纳税申报表是根据《中华人民共和国土地增值税暂行条例》及其实施细则和国家有关税收规定填报的，是真实的、可靠的、完整的。

(续表)

纳税人签章		代理人签章		代理人身份证号	
以下由税务机关填写:					
受理人		受理日期	年　月　日	受理税务机关签章	

本表一式两份,一份纳税人留存,一份税务机关留存。

填表说明:

1. 本表适用于从事房地产开发并转让的土地增值税纳税人,在每次转让时填报,也可按月或按各省、自治区、直辖市和计划单列市地方税务局规定的期限汇总填报。
2. 凡从事新建房及配套设施开发的纳税人,均应在规定的期限内,据实向主管税务机关填报本表所列内容。
3. 本表栏目的内容如果没有,可以空置不填。
4. 纳税人在填报土地增值税预征申报表时,应同时向主管税务机关提交《土地增值税项目登记表》等有关资料。
5. 项目编号是在进行房地产项目登记时,税务机关按照一定的规则赋予的编号,此编号会跟随项目的预征清算全过程。
6. 表第1列"房产类型子目"是主管税务机关规定的预征率类型,每一个子目唯一对应一个房产类型。
7. 表第3栏"货币收入",按纳税人转让房地产开发项目所取得的货币形态的收入额(不含增值税)填写。
8. 表第4栏"实物收入及其他收入",按纳税人转让房地产开发项目所取得的实物形态的收入和无形资产等其他形式的收入额(不含增值税)填写。
9. 表第5栏"视同销售收入",纳税人将开发产品用于职工福利、奖励、对外投资、分配给股东或投资人、抵偿债务、换取其他单位和个人的非货币性资产等,发生所有权转移时应视同销售房地产,其收入不含增值税。
10. 本表一式两份,送主管税务机关审核盖章后,一份由地方税务机关留存,一份退纳税人。

土地增值税纳税申报表(二)

(从事房地产开发的纳税人清算适用)

税款所属时间: 　年　月　日至　年　月　日　　　　　填表日期: 年　月　日

金额单位:元至角分　　　　　　　　　　　　　　　　　面积单位:平方米

纳税人识别号 □□□□□□□□□□□□□□□□

纳税人名称		项目名称		项目编号		项目地址	
所属行业		登记注册类型		纳税人地址		邮政编码	
开户银行		银行账号		主管部门		电　话	
总可售面积				自用和出租面积			
已售面积		其中:普通住宅已售面积		其中:非普通住宅已售面积		其中:其他类型房地产已售面积	
项　目			行次	金　额			
				普通住宅	非普通住宅	其他类型房地产	合计
一、转让房地产收入总额　1=2+3+4			1				
其中	货币收入		2				
	实物收入及其他收入		3				
	视同销售收入		4				
二、扣除项目金额合计　5=6+7+14+17+21+22			5				

(续表)

项目	行次	金额			
		普通住宅	非普通住宅	其他类型房地产	合计
1.取得土地使用权所支付的金额	6				
2.房地产开发成本 7＝8＋9＋10＋11＋12＋13	7				
其中 土地征用及拆迁补偿费	8				
其中 前期工程费	9				
其中 建筑安装工程费	10				
其中 基础设施费	11				
其中 公共配套设施费	12				
其中 开发间接费用	13				
3.房地产开发费用 14＝15＋16	14				
其中 利息支出	15				
其中 其他房地产开发费用	16				
4.与转让房地产有关的税金等 17＝18＋19＋20	17				
其中 营业税	18				
其中 城市维护建设税	19				
其中 教育费附加	20				
5.财政部规定的其他扣除项目	21				
6.代收费用	22				
三、增值额 23＝1－5	23				
四、增值额与扣除项目金额之比(%)24＝23÷5	24				
五、适用税率(%)	25				
六、速算扣除系数(%)	26				
七、应缴土地增值税税额 27＝23×25－5×26	27				
八、减免税额 28＝30＋32＋34	28				
其中 减免税(1) 减免性质代码(1)	29				
其中 减免税(1) 减免税额(1)	30				
其中 减免税(2) 减免性质代码(2)	31				
其中 减免税(2) 减免税额(2)	32				
其中 减免税(3) 减免性质代码(3)	33				
其中 减免税(3) 减免税额(3)	34				
九、已缴土地增值税税额	35				
十、应补(退)土地增值税税额 36＝27－28－35	36				

以下由纳税人填写：

纳税人声明	此纳税申报表是根据《中华人民共和国土地增值税暂行条例》及其实施细则和国家有关税收规定填报的，是真实的、可靠的、完整的。

(续表)

纳税人签章		代理人签章		代理人身份证号	
以下由税务机关填写：					
受理人		受理日期	年　月　日	受理税务机关签章	

本表一式两份，一份纳税人留存，一份税务机关留存。
填表说明：
一、适用范围。
土地增值税纳税申报表(二)，适用从事房地产开发并转让的土地增值税纳税人。
二、土地增值税纳税申报表。
(一) 表头项目。
1. 税款所属期是项目预征开始的时间，截至日期是税务机关规定(通知)申报期限的最后一日(应清算项目达到清算条件起90天的最后一日/可清算项目税务机关通知书送达起90天的最后一日)。
2. 纳税人识别号：填写税务机关为纳税人确定的识别号。
3. 项目名称：填写纳税人所开发并转让的房地产开发项目全称。
4. 项目编号：是在进行房地产项目登记时，税务机关按照一定的规则赋予的编号，此编号会跟随项目的预征清算全过程。
5. 所属行业：根据《国民经济行业分类》(GB/T 4754—2011)填写。该项可由系统根据纳税人识别号自动带出，无须纳税人填写。
6. 登记注册类型：单位，根据税务登记证或组织机构代码证中登记的注册类型填写；纳税人是企业的，根据国家统计局《关于划分企业登记注册类型的规定》填写。该项可由系统根据纳税人识别号自动带出，无须纳税人填写。
7. 主管部门：按纳税人隶属的管理部门或总机构填写。外商投资企业不填。
8. 开户银行：填写纳税人开设银行账户的银行名称；如果纳税人在多个银行开户的，填写其主要经营账户的银行名称。
9. 银行账号：填写纳税人开设的银行账户的号码；如果纳税人拥有多个银行账户的，填写其主要经营账户的号码。
(二) 表中项目。
1. 表第1栏"转让房地产收入总额"，按纳税人在转让房地产开发项目所取得的全部收入额(不含增值税)填写。
2. 表第2栏"货币收入"，按纳税人转让房地产开发项目所取得的货币形态的收入额(不含增值税)填写。
3. 表第3栏"实物收入及其他收入"，按纳税人转让房地产开发项目所取得的实物形态的收入和无形资产等其他形式的收入额(不含增值税)填写。
4. 表第4栏"视同销售收入"，纳税人将开发产品用于职工福利、奖励、对外投资、分配给股东或投资人、抵偿债务、换取其他单位和个人的非货币性资产等，发生所有权转移时应视同销售房地产，其收入不含增值税。
5. 表第6栏"取得土地使用权所支付的金额"，按纳税人为取得该房地产开发项目所需要的土地使用权而实际支付(补交)的土地出让金(地价款)及按国家统一规定交纳的有关费用的数额填写。
6. 表第8栏至表第13栏，应根据《中华人民共和国土地增值税暂行条例实施细则》(财法字〔1995〕6号，以下简称《细则》)规定的从事房地产开发所实际发生的各项开发成本的具体数额填写。
7. 表第15栏"利息支出"，按纳税人进行房地产开发实际发生的利息支出中符合《细则》第七条(三)规定的数额填写。如果不单独计算利息支出的，则本栏数额填写为"0"。
8. 表第16栏"其他房地产开发费用"，应根据《细则》第七条(三)的规定填写。
9. 表第18栏至表第20栏，按纳税人转让房地产时所实际缴纳的税金数额(不包括增值税)填写。
10. 表第21栏"财政部规定的其他扣除项目"，是指根据《中华人民共和国土地增值税暂行条例》(国务院令第138号，以下简称《条例》)和《细则》等有关规定所确定的财政部规定的扣除项目的合计数。
11. 表第22栏"代收费用"，应根据《财政部 国家税务总局关于土地增值税一些具体问题》(财税字〔1995〕48号)规定"对于县级及县级以上人民政府要求房地产开发企业在售房时代收的各项费用，如果代收费用是计入房价中向购买方一并收取的，可作为转让房地产所取得的收入计税；如果代收费用未计入房价中，而是在房价之外单独收取的，可以不作为转让房地产的收入。对于代收费用作为转让收入计税的，在计算扣除项目金额时，可予以扣除，但不允许作为加计20%扣除的基数；对于代收费用未作为转让房地产的收入计税的，在计算增值额时不允许扣除代收费用"填写。
12. 表第25栏"适用税率"，应根据《条例》规定的四级超率累进税率，按所适用的最高一级税率填写。
13. 表第26栏"速算扣除系数"，应根据《细则》第十条的规定找出相关速算扣除系数来填写。
14. 表第29、31、33栏"减免性质代码"：按照税务机关最新制发的减免政策代码表中最细项减免性质代码填报。表第30、32、34栏"减免税额"填写相应"减免性质代码"对应的减免税金额，纳税人同时享受多个减免政策应分别填写，不享受减免税的，不填写此项。
15. 表第35栏"已缴土地增值税税额"，按纳税人已经缴纳的土地增值税的数额填写。
16. 表中每栏按照"普通住宅、非普通住宅、其他类型房地产"分别填写。

土地增值税纳税申报表(三)

(非从事房地产开发的纳税人适用)

税款所属时间: 年 月 日至 年 月 日　　　填表日期: 年 月 日
金额单位:元至角分　　　　　　　　　　　　　　　面积单位:平方米

纳税人识别号 □□□□□□□□□□□□□□□

纳税人名称			项目名称		项目地址	
所属行业			登记注册类型	纳税人地址	邮政编码	
开户银行			银行账号	主管部门	电话	

项　　　目			行次	金　　　额
一、转让房地产收入总额　1＝2＋3＋4			1	
其中		货币收入	2	
		实物收入	3	
		其他收入	4	
二、扣除项目金额合计 (1) 5＝6＋7＋10＋15 (2) 5＝11＋12＋14＋15			5	
(1)提供评估价格	1. 取得土地使用权所支付的金额		6	
	2. 旧房及建筑物的评估价格 7＝8×9		7	
	其中	旧房及建筑物的重置成本价	8	
		成新度折扣率	9	
	3. 评估费用		10	
(2)提供购房发票	1. 购房发票金额		11	
	2. 发票加计扣除金额 12＝11×5‰×13		12	
	其中:房产实际持有年数		13	
	3. 购房契税		14	
4. 与转让房地产有关的税金等 15＝16＋17＋18＋19			15	
其中	营业税		16	
	城市维护建设税		17	
	印花税		18	
	教育费附加		19	
三、增值额 20＝1－5			20	
四、增值额与扣除项目金额之比(%)21＝20÷5			21	
五、适用税率(%)			22	
六、速算扣除系数(%)			23	
七、应缴土地增值税税额 24＝20×22－5×23			24	
八、减免税额(减免性质代码:　　　　)			25	
九、已缴土地增值税税额			26	
十、应补(退)土地增值税税额　27＝24－25－26			27	
以下由纳税人填写:				

(续表)

纳税人声明	此纳税申报表是根据《中华人民共和国土地增值税暂行条例》及其实施细则和国家有关税收规定填报的,是真实的、可靠的、完整的。			
纳税人签章		代理人签章	代理人身份证号	
以下由税务机关填写:				
受理人		受理日期 年 月 日	受理税务机关签章	

本表一式两份,一份纳税人留存,一份税务机关留存。

填表说明:

一、适用范围。

土地增值税纳税申报表(三)适用于非从事房地产开发的纳税人。该纳税人应在签订房地产转让合同后的七日内,向房地产所在地主管税务机关填报土地增值税纳税申报表(三)。

土地增值税纳税申报表(三)还适用于以下从事房地产开发的纳税人:将开发产品转为自用、出租等用途且已达到主管税务机关旧房界定标准后,又将该旧房对外出售的。

二、土地增值税纳税申报表(三)主要项目填表说明。

(一)表头项目。

1. 纳税人识别号:填写税务机关为纳税人确定的识别号。

2. 项目名称:填写纳税人转让的房地产项目全称。

3. 登记注册类型:单位,根据税务登记证或组织机构代码证中登记的注册类型填写;纳税人是企业的,根据国家统计局《关于划分企业登记注册类型的规定》填写。该项可由系统根据纳税人识别号自动带出,无须纳税人填写。

4. 所属行业:根据《国民经济行业分类》(GB/T 4754—2011)填写。该项可由系统根据纳税人识别号自动带出,无须纳税人填写。

5. 主管部门:按纳税人隶属的管理部门或总机构填写。外商投资企业不填。

(二)表中项目。

土地增值税纳税申报表(三)的各主要项目内容,应根据纳税人转让的房地产项目作为填报对象。纳税人如果同时转让两个或两个以上房地产的,应分别填报。

1. 表第1栏"转让房地产收入总额",按纳税人转让房地产所取得的全部收入额(不含增值税)填写。

2. 表第2栏"货币收入",按纳税人转让房地产所取得的货币形态的收入额(不含增值税)填写。

3. 表第3、4栏"实物收入""其他收入",按纳税人转让房地产所取得的实物形态的收入和无形资产等其他形式的收入额(不含增值税)填写。

4. 表第6栏"取得土地使用权所支付的金额",按纳税人为取得该房地产开发项目所需要的土地使用权而实际支付(补交)的土地出让金(地价款)及按国家统一规定交纳的有关费用的数额填写。

5. 表第7栏"旧房及建筑物的评估价格",是指根据《中华人民共和国土地增值税暂行条例》(国务院令第138号,以下简称《条例》)和《中华人民共和国土地增值税暂行条例实施细则》(财法字〔1995〕6号,以下简称《细则》)等有关规定,按重置成本法评估旧房及建筑物并经当地税务机关确认的评估价格的数额。本栏由第8栏与第9栏相乘得出。如果本栏数额能够直接根据评估报告填报,则本表第8、9栏可以不必再填报。

6. 表第8栏"旧房及建筑物的重置成本价",是指按照《条例》和《细则》规定,由政府批准设立的房地产评估机构评定的重置成本价。

7. 表第9栏"成新度折扣率",是指按照《条例》和《细则》规定,由政府批准设立的房地产评估机构评定的旧房及建筑物的新旧程度折扣率。

8. 表第10栏"评估费用",是指纳税人转让旧房及建筑物时因计算纳税的需要而对房地产进行评估,其支付的评估费用允许在计算增值额时予以扣除。

9. 表第11栏"购房发票金额",区分以下情形填写:提供营业税销售不动产发票的,按发票所载金额填写;提供增值税专用发票的,按发票所载金额与不允许抵扣进项税额合计金额数填写;提供增值税普通发票的,按照发票所载价税合计金额数填写。

10. 表第12栏"发票加计扣除金额"是指购房发票金额乘以房产实际持有年数乘以5%的积数。

11. 表第13栏"房产实际持有年数"是指,按购房发票所载日期起至售房发票开具之日止,每满12个月计一年;未满12个月但超过6个月的,可以视同为一年。

12. 表第14栏"购房契税"是指购房时支付的契税。

13. 表第15栏"与转让房地产有关的税金等"为表第16栏至表第19栏的合计数。

14. 表第16栏至表第19栏,按纳税人转让房地产时实际缴纳的有关税金的数额填写。开具营业税发票的,按转让房地产时缴纳的营业税额填写;开具增值税发票的,第16栏营业税为0。

15. 表第22栏"适用税率",应根据《条例》规定的四级超率累进税率,按所适用的最高一级税率填写。

16. 表第23栏"速算扣除系数",应根据《细则》第十条的规定找出相关速算扣除系数填写。

土地增值税纳税申报表(四)

(从事房地产开发的纳税人清算后尾盘销售适用)

税款所属时间:　　年　月　日至　年　月　日　　　　　填表日期:　年　月　日
金额单位:元至角分　　　　　　　　　　　　　　　　　　　面积单位:平方米

纳税人识别号 □□□□□□□□□□□□□□□

纳税人名称			项目名称		项目编号		项目地址	
所属行业			登记注册类型		纳税人地址		邮政编码	
开户银行			银行账号		主管部门		电　话	

项　　　　目	行次	金　额			合计
		普通住宅	非普通住宅	其他类型房地产	
一、转让房地产收入总额　1=2+3+4	1				
其中	货币收入	2				
	实物收入及其他收入	3				
	视同销售收入	4				
二、扣除项目金额合计	5				
三、增值额　6=1-5	6				
四、增值额与扣除项目金额之比(%)7=6÷5	7				
五、适用税率(核定征收率)(%)	8				
六、速算扣除系数(%)	9				
七、应缴土地增值税税额　10=6×8-5×9	10				
八、减免税额　11=13+15+17	11				
其中	减免税(1)	减免性质代码(1)	12				
		减免税额(1)	13				
	减免税(2)	减免性质代码(2)	14				
		减免税额(2)	15				
	减免税(3)	减免性质代码(3)	16				
		减免税额(3)	17				
九、已缴土地增值税税额	18				
十、应补(退)土地增值税税额　19=10-11-18	19				

以下由纳税人填写:	
纳税人声明	此纳税申报表是根据《中华人民共和国土地增值税暂行条例》及其实施细则和国家有关税收规定填报的,是真实的、可靠的、完整的。

(续表)

纳税人签章		代理人签章		代理人身份证号	
以下由税务机关填写：					
受理人		受理日期	年　月　日	受理税务机关签章	

本表一式两份，一份纳税人留存，一份税务机关留存。

填表说明：

一、适用范围。

土地增值税纳税申报表(四)，适用于从事房地产开发与建设的纳税人，在清算后尾盘销售时填报，各行次应按不同房产类型分别填写。

二、土地增值税纳税申报表。

(一)表头项目。

1. 纳税人识别号：填写税务机关为纳税人确定的识别号。

2. 项目名称：填写纳税人所开发并转让的房地产开发项目全称。

3. 项目编号：是在进行房地产项目登记时，税务机关按照一定的规则赋予的编号，此编号会跟随项目的预征清算全过程。

4. 所属行业：根据《国民经济行业分类》(GB/T 4 754—2011)填写。该项可由系统根据纳税人识别号自动带出，无须纳税人填写。

5. 登记注册类型：单位，根据税务登记证或组织机构代码证中登记的注册类型填写；纳税人是企业的，根据国家统计局《关于划分企业登记注册类型的规定》填写。该项可由系统根据纳税人识别号自动带出，无须纳税人填写。

6. 主管部门：按纳税人隶属的管理部门或总机构填写。外商投资企业不填。

7. 开户银行：填写纳税人开设银行账户的银行名称；如果纳税人在多个银行开户的，填写其主要经营账户的银行名称。

8. 银行账号：填写纳税人开设的银行账户的号码；如果纳税人拥有多个银行账户的，填写其主要经营账户的号码。

(二)表中项目。

1. 表第1栏"转让房地产收入总额"，按纳税人在转让房地产开发项目所取得的全部收入额(不含增值税)填写。

2. 表第2栏"货币收入"，按纳税人转让房地产开发项目所取得的货币形态的收入额(不含增值税)填写。

3. 表第3栏"实物收入及其他收入"，按纳税人转让房地产开发项目所取得的实物形态的收入和无形资产等其他形式的收入额(不含增值税)填写。

4. 表第4栏"视同销售收入"，纳税人将开发产品用于职工福利、奖励、对外投资、分配给股东或投资人、抵偿债务、换取其他单位和个人的非货币性资产等，发生所有权转移时视同销售房地产，其收入不含增值税。

5. 表第5栏各类型"扣除项目金额合计"应为附表"清算后尾盘销售土地增值税扣除项目明细表"中对应的该类型扣除项目金额合计数额。

6. 表第8栏"适用税率"，应根据《中华人民共和国土地增值税暂行条例》(国务院令第138号)规定的四级超率累进税率，按所适用的最高一级税率填写。

7. 表第9栏"速算扣除系数"，应根据《中华人民共和国土地增值税暂行条例实施细则》(财法字〔1995〕6号)第十条的规定找出相关速算扣除系数来填写。

8. 表第12、14、16栏"减免性质代码"：按照税务机关最新制发的减免税政策代码表中最细项减免性质代码填报。表第13、15、17栏"减免税额"填写相应"减免性质代码"对应的减免税金额，纳税人同时享受多个减免税政策应分别填写，不享受减免税的，不填写此项。

9. 表第18栏"已缴土地增值税税额"，按纳税人已经缴纳的土地增值税的数额填写。

10. 表中每栏按照"普通住宅、非普通住宅、其他类型房地产"分别填写。

附 表

清算后尾盘销售土地增值税扣除项目明细表

纳税人名称：
税款所属期：自　年　月　日至　年　月　日　　　　填表日期：　年　月　日
金额单位：元至角分；　　　　　　　　　　　　　　　面积单位：平方米

纳税人识别号 □□□□□□□□□□□□□□□

纳税人名称		项目名称		项目编号		项目地址	
所属行业		登记注册类型		纳税人地址		邮政编码	
开户银行		银行账号		主管部门		电　话	
项目总可售面积		清算时已售面积		清算后剩余可售面积			

项目	行次	普通住宅	非普通住宅	其他类型房地产	合计
本次清算后尾盘销售的销售面积	1				
单位成本费用	2				—
扣除项目金额合计 3＝1×2	3				—
本次与转让房地产有关的营业税			本次与转让房地产有关的城市维护建设税		本次与转让房地产有关的教育费附加	

以下由纳税人填写：	
纳税人声明	此纳税申报表是根据《中华人民共和国土地增值税暂行条例》及其实施细则和国家有关税收规定填报的，是真实的、可靠的、完整的。

纳税人签章		代理人签章		代理人身份证号	

以下由税务机关填写：					
受理人		受理日期	年　月　日	受理税务机关签章	

填表说明：
1. 本表适用于从事房地产开发与建设的纳税人，在清算后尾盘销售时填报。
2. 项目总可售面积应与纳税人清算时填报的总可售面积一致。
3. 清算时已售面积应与纳税人清算时填报的已售面积一致。
4. 清算后剩余可售面积＝项目总可售面积－清算时已售面积。
5. 本表一式两份，送主管税务机关审核盖章后，一份由地方税务机关留存，一份退纳税人。

第2章 房地产企业土地增值税的涉税政策解析

土地增值税纳税申报表(五)
(从事房地产开发的纳税人清算方式为核定征收适用)

税款所属时间: 年 月 日至 年 月 日　　　　　　　　　填表日期: 年 月 日
金额单位:元至角分　　　　　　　　　　　　　　　　　　面积单位:平方米

纳税人识别号 □□□□□□□□□□□□□□□□□□

纳税人名称		项目名称		项目编号		项目地址	
所属行业		登记注册类型		纳税人地址		邮政编码	
开户银行		银行账号		主管部门		电 话	

项 目	行次	金额			
		普通住宅	非普通住宅	其他类型房地产	合计
一、转让房地产收入总额	1				
其中 货币收入	2				
实物收入及其他收入	3				
视同销售收入	4				
二、扣除项目金额合计	5				
1.取得土地使用权所支付的金额	6				
2.房地产开发成本	7				
其中 土地征用及拆迁补偿费	8				
前期工程费	9				
建筑安装工程费	10				
基础设施费	11				
公共配套设施费	12				
开发间接费用	13				
3.房地产开发费用	14				
其中 利息支出	15				
其他房地产开发费用	16				
4.与转让房地产有关的税金等	17				
其中 营业税	18				
城市维护建设税	19				
教育费附加	20				
5.财政部规定的其他扣除项目	21				
6.代收费用	22				
三、增值额	23				
四、增值额与扣除项目金额之比(%)	24				
五、适用税率(核定征收率)(%)	25				
六、速算扣除系数(%)	26				
七、应缴土地增值税税额	27				
八、减免税额　28＝30＋32＋34	28				

(续表)

项目			行次	金额			
				普通住宅	非普通住宅	其他类型房地产	合计
其中	减免税(1)	减免性质代码(1)	29				
		减免税额(1)	30				
	减免税(2)	减免性质代码(2)	31				
		减免税额(2)	32				
	减免税(3)	减免性质代码(3)	33				
		减免税额(3)	34				
九、已缴土地增值税税额			35				
十、应补(退)土地增值税税额 36＝27－28－35			36				

以下由纳税人填写:	
纳税人声明	此纳税申报表是根据《中华人民共和国土地增值税暂行条例》及其实施细则和国家有关税收规定填报的,是真实的、可靠的、完整的。
纳税人签章	代理人签章　　　　　　代理人身份证号
以下由税务机关填写:	
受理人	受理日期　　　　年　月　日　　受理税务机关签章

本表一式两份,一份纳税人留存,一份税务机关留存。

填表说明:

一、适用范围。

土地增值税纳税申报表(五),适用于从事房地产开发与建设的纳税人,清算方式为核定征收时填报,各行次应按不同房产类型分别填写。纳税人在填报土地增值税纳税申报表(五)时,应同时提交税务机关出具的核定文书。

二、土地增值税纳税申报表。

(一)表头项目。

1. 纳税人识别号:填写税务机关为纳税人确定的识别号。

2. 项目名称:填写纳税人所开发并转让的房地产开发项目全称。

3. 项目编号:是在进行房地产项目登记时,税务机关按照一定的规则赋予的编号,此编号会跟随项目的预征清算全过程。

4. 所属行业:根据《国民经济行业分类》(GB/T 4754—2011)填写。该项可由系统根据纳税人识别号自动带出,无须纳税人填写。

5. 登记注册类型:单位,根据税务登记证或组织机构代码证中登记的注册类型填写;纳税人是企业的,根据国家统计局《关于划分企业登记注册类型的规定》填写。该项可由系统根据纳税人识别号自动带出,无须纳税人填写。

6. 主管部门:按纳税人隶属的管理部门或总机构填写。外商投资企业不填。

7. 开户银行:填写纳税人开设银行账户的银行名称;如果纳税人在多个银行开户的,填其主要经营账户的银行名称。

8. 银行账号:填写纳税人开设的银行账户的号码;如果纳税人拥有多个银行账户的,填写其主要经营账户的号码。

(二)表中项目按税务机关出具的核定文书要求填写。

土地增值税纳税申报表(六)
(纳税人整体转让在建工程适用)

税款所属时间:　年　月　日至　年　月　日　　　　　填表日期:　年　月　日
金额单位:元至角分　　　　　　　　　　　　　　　　　面积单位:平方米

纳税人识别号 □□□□□□□□□□□□□□□

纳税人名称		项目名称		项目编号		项目地址	
所属行业		登记注册类型		纳税人地址		邮政编码	
开户银行		银行账号		主管部门		电　话	

项　目	行次	金　额
一、转让房地产收入总额　1＝2＋3＋4	1	
其中	货币收入	2	
	实物收入及其他收入	3	
	视同销售收入	4	
二、扣除项目金额合计　5＝6＋7＋14＋17＋21	5	
1.取得土地使用权所支付的金额	6	
2.房地产开发成本　7＝8＋9＋10＋11＋12＋13	7	
其中	土地征用及拆迁补偿费	8	
	前期工程费	9	
	建筑安装工程费	10	
	基础设施费	11	
	公共配套设施费	12	
	开发间接费用	13	
3.房地产开发费用　14＝15＋16	14	
其中	利息支出	15	
	其他房地产开发费用	16	
4.与转让房地产有关的税金等　17＝18＋19＋20	17	
其中	营业税	18	
	城市维护建设税	19	
	教育费附加	20	
5.财政部规定的其他扣除项目	21	
三、增值额　22＝1－5	22	
四、增值额与扣除项目金额之比(%)23＝22÷5	23	
五、适用税率(核定征收率)(%)	24	
六、速算扣除系数(%)	25	
七、应缴土地增值税税额　26＝22×24－5×25	26	
八、减免税额(减免性质代码:＿＿＿＿＿＿)	27	
九、已缴土地增值税税额	28	
十、应补(退)土地增值税税额　29＝26－27－28	29	

(续表)

项　　目		行次	金　额
以下由纳税人填写：			
纳税人声明	此纳税申报表是根据《中华人民共和国土地增值税暂行条例》及其实施细则和国家有关税收规定填报的,是真实的、可靠的、完整的。		
纳税人签章		代理人签章		代理人身份证号	
以下由税务机关填写：			
受理人		受理日期	年　月　日	受理税务机关签章	

填表说明：
一、适用范围。
土地增值税纳税申报表(六),适用于从事房地产开发与建设的纳税人,及非从事房地产开发的纳税人,在整体转让在建工程时填报,数据应填列至其他类型房地产类型中。
二、土地增值税纳税申报表。
(一)表头项目。
1. 纳税人识别号：填写税务机关为纳税人确定的识别号。
2. 项目名称：填写纳税人所开发并转让的房地产开发项目全称。
3. 项目编号：是在进行房地产项目登记时,税务机关按照一定的规则赋予的编号,此编号会跟随项目的预征清算全过程。
4. 所属行业：根据《国民经济行业分类》(GB/T 4754—2011)填写。该项可由系统根据纳税人识别号自动带出,无须纳税人填写。
5. 登记注册类型：单位,根据税务登记证或组织机构代码证中登记的注册类型填写;纳税人是企业的,根据国家统计局《关于划分企业登记注册类型的规定》填写。该项可由系统根据纳税人识别号自动带出,无须纳税人填写。
6. 主管部门：按纳税人隶属的管理部门或总机构填写。外商投资企业不填。
7. 开户银行：填写纳税人开设银行账户的银行名称；如果纳税人在多个银行开户的,填写其主要经营账户的银行名称。
8. 银行账号：填写纳税人开设的银行账户的号码；如果纳税人拥有多个银行账户的,填写其主要经营账户的号码。
(二)表中项目。
1. 表第1栏"转让房地产收入总额",按纳税人在转让房地产开发项目所取得的全部收入额(不含增值税)填写。
2. 表第2栏"货币收入",按纳税人转让房地产开发项目所取得的货币形态的收入(不含增值税)填写。
3. 表第3栏"实物收入及其他收入",按纳税人转让房地产开发项目所取得的实物形态的收入和无形资产等其他形式的收入(不含增值税)填写。
4. 表第4栏"视同销售收入",纳税人将开发产品用于职工福利、奖励、对外投资、分配给股东或投资人、抵偿债务、换取其他单位和个人的非货币性资产等,发生所有权转移时应视同销售房地产,其收入不含增值税。
5. 表第6栏"取得土地使用权所支付的金额",按纳税人为取得该房地产开发项目所需要的土地使用权而实际支付(补交)的土地出让金(地价款)及按国家统一规定交纳的有关费用的数额填写。
6. 表第8栏至表第13栏,应根据《中华人民共和国土地增值税暂行条例实施细则》(财法字〔1995〕6号,以下简称《细则》)规定的从事房地产开发所实际发生的各项开发成本的具体数额填写。
7. 表第15栏"利息支出",按纳税人进行房地产开发实际发生的利息支出中符合《细则》第七条(三)规定的数额填写。如果不单独计算利息支出的,则本栏数额填写为"0"。
8. 表第16栏"其他房地产开发费用",应根据《细则》第七条(三)的规定填写。
9. 表第18栏至表第20栏,按纳税人转让房地产时所实际缴纳的税金数额(不包括增值税)填写。
10. 表第21栏"财政部规定的其他扣除项目",是指根据《中华人民共和国土地增值税暂行条例》(国务院令第138号,以下简称《条例》)和《细则》等有关规定所确定的财政部规定的扣除项目的合计数。
11. 表第24栏"适用税率",应根据《条例》规定的四级超率累进税率,按所适用的最高一级税率填写。
12. 表第25栏"速算扣除系数",应根据《细则》第十条的规定找出相关速算扣除系数来填写。
13. 表第27栏"减免性质代码"：按照税务机关最新制发的减免税政策代码表中的最细项减免性质代码填报。
14. 表第28栏"已缴土地增值税税额",按纳税人已经缴纳的土地增值税的数额填写。
15. 数据应填列至其他类型房地产类型中。

土地增值税纳税申报表(七)

(非从事房地产开发的纳税人核定征收适用)

税款所属时间: 年 月 日至 年 月 日　　　　　填表日期: 年 月 日
金额单位:元至角分　　　　　　　　　　　　　　　　面积单位:平方米

纳税人识别号 □□□□□□□□□□□□□□□

纳税人名称		项目名称		项目地址	
所属行业		登记注册类型		纳税人地址		邮政编码	
开户银行		银行账号		主管部门		电　话	

项　　目	行次	金　额
一、转让房地产收入总额	1	
其中　货币收入	2	
实物收入	3	
其他收入	4	
二、扣除项目金额合计	5	
（1）提供评估价格　1.取得土地使用权所支付的金额	6	
2.旧房及建筑物的评估价格	7	
其中　旧房及建筑物的重置成本价	8	
成新度折扣率	9	
3.评估费用	10	
（2）提供购房发票　1.购房发票金额	11	
2.发票加计扣除金额	12	
其中:房产实际持有年数	13	
3.购房契税	14	
4.与转让房地产有关的税金等	15	
其中　营业税	16	
城市维护建设税	17	
印花税	18	
教育费附加	19	
三、增值额	20	
四、增值额与扣除项目金额之比(%)	21	
五、适用税率(核定征收率)(%)	22	
六、速算扣除系数(%)	23	
七、应缴土地增值税税额	24	
八、减免税额(减免性质代码:_____)	25	
九、已缴土地增值税额	26	
十、应补(退)土地增值税税额　27＝24－25－26	27	
以下由纳税人填写:		
纳税人声明	此纳税申报表是根据《中华人民共和国土地增值税暂行条例》及其实施细则和国家有关税收规定填报的,是真实的、可靠的、完整的。	

(续表)

项 目	行次	金 额		
纳税人签章		代理人签章	代理人身份证号	
以下由税务机关填写:				
受理人		受理日期	年 月 日	受理税务机关签章

本表一式两份,一份纳税人留存,一份税务机关留存。

填表说明:

一、适用范围。

土地增值税纳税申报表(七)适用于非从事房地产开发的纳税人,清算方式为核定征收时填报。该纳税人应在签订房地产转让合同后的七日内,向房地产所在地主管税务机关填报土地增值税纳税申报表(七)。

土地增值税纳税申报表(七)还适用于以下从事房地产开发的纳税人核定征收时填报:将开发产品转为自用、出租等用途且已达到主管税务机关旧房界定标准后,又将该旧房对外出售的。

纳税人在填报土地增值税纳税申报表(七)时,应同时提交税务机关出具的核定文书。

二、土地增值税纳税申报表(七)主要项目填表说明。

(一)表头项目。

1. 纳税人识别号:填写税务机关为纳税人确定的识别号。

2. 项目名称:填写纳税人转让的房地产项目全称。

3. 登记注册类型:单位,根据税务登记证或组织机构代码证中登记的注册类型填写;纳税人是企业的,根据国家统计局《关于划分企业登记注册类型的规定》填写。该项可由系统根据纳税人识别号自动带出,无须纳税人填写。

4. 所属行业:根据《国民经济行业分类》(GB/T 4754—2011)填写。该项可由系统根据纳税人识别号自动带出,无须纳税人填写。

5. 主管部门:按纳税人隶属的管理部门或总机构填写。外商投资企业不填。

(二)表中项目按税务机关出具的核定文书要求填写。

2.8.3 土地增值税的纳税地点

《中华人民共和国土地增值税暂行条例》第十条规定,纳税人应当自转让房地产合同签订之日起 7 日内向房地产所在地主管税务机关办理纳税申报,并在税务机关核定的期限内缴纳土地增值税。

《中华人民共和国土地增值税暂行条例实施细则》第十七条规定,条例第十条所称的房地产所在地,是指房地产的坐落地。纳税人转让房地产坐落在两个或两个以上地区的,应按房地产所在地分别申报纳税。

2.8.4 土地增值税的核定征收

(一)按评估价格核定征收土地增值税的条件。

《中华人民共和国土地增值税暂行条例》第九条规定,纳税人有下列情形之一的,按照房地产评估价格计算征收:

1. 隐瞒、虚报房地产成交价格的。

《中华人民共和国土地增值税暂行条例实施细则》第十四条规定,所称隐瞒、虚报房地产成交价格,是指纳税人不报或有意低报转让土地使用权、地上建筑物及其附着物价款的行为。

2. 提供扣除项目金额不实的。

《中华人民共和国土地增值税暂行条例实施细则》第十四条规定,所称提供扣除项目金额不实的,是指纳税人在纳税申报时不据实提供扣除项目金额的行为。

3. 转让房地产的成交价格低于房地产评估价格,又无正当理由的。

《中华人民共和国土地增值税暂行条例实施细则》第十四条规定,所称的转让房地产的成交价格低于房地产评估价格,又无正当理由,是指纳税人申报的转让房地产的实际成交价低于房地产评估机构评定的交易价,纳税人又不能提供凭据或无正当理由的行为。

> **提 示**
>
> (1) 房地产评估价格的含义。
>
> 《中华人民共和国土地增值税暂行条例实施细则》第十三条规定,条例第九条所称的房地产评估价格,是指由政府批准设立的房地产评估机构根据相同地段、同类房地产进行综合评定的价格。评估价格须经当地税务机关确认。
>
> 《国家税务总局关于印发〈土地增值税宣传提纲〉的通知》(国税函发〔1995〕110号)第十一条进一步明确,房地产评估价格,是指由政府批准设立的房地产评估机构根据相同地段、同类房地产进行综合评定的价格,税务机关根据评估价格,确定其转让房地产的收入、扣除项目金额等,及计算房地产转让时所要缴纳的土地增值税。对评估价与市场交易价差距较大的转让项目,税务机关有权不予确认,要求其重新评估。纳税人交纳的评估费用,允许作为扣除项目金额予以扣除。采用评估办法,符合市场经济的原则,有利于维护税收法纪,加强征管。
>
> (2) 根据《中华人民共和国土地增值税暂行条例实施细则》第十四条规定,隐瞒、虚报房地产成交价格,应由评估机构参照同类房地产的市场交易价格进行评估。税务机关根据评估价格确定转让房地产的收入。
>
> 提供扣除项目金额不实的,应由评估机构按照房屋重置成本价乘以成新度折扣率计算的房屋成本价和取得土地使用权时的基准地价进行评估。税务机关根据评估价格确定扣除项目金额。
>
> 转让房地产的成交价格低于房地产评估价格,又无正当理由的,由税务机关参照房地产评估价格确定转让房地产的收入。
>
> (3)《财政部 国家税务总局 国家国有资产管理局关于转让国有房地产征收土地增值税中有关房地产价格评估问题的通知》(财税字〔1995〕61号)提出,为了加强土地增值税的征收管理,促进对国有房地产转让价格评估的管理,维护国有资产权益,现根据《中华人民共和国土地增值税暂行条例》(以下简称《条例》)及《中华人民共和国土地增值税暂行条例实施细则》(以下简称《细则》)和《国有资产评估管理办法》的有关规定,对国有房地产转让中有关价格评估等问题通知如下:
>
> ① 凡转让国有土地使用权、地上建筑物及其附属物(以下简称房地产)的纳税人,按照土地增值税的有关规定,需要根据房地产的评估价格计税的,可委托经政府批准设立,并按照《国有资产评估管理办法》规定的由省以上国有资产管理部门授予评估资格的资产评估事务所、会计师事务所等各类资产评估机构受理有关转让房地产的评估业务。
>
> ② 对于涉及土地增值税的国有房地产价格评估,各评估机构必须严格按照《条例》和《细则》中规定的方法进行应纳税房地产的价格评估。其评估结果经同级国有资产管理部门审核验证后作为房地产转让的底价,并按税务部门的要求按期报送房地产所在地主管税务机关,作为确认计税依据的参考。

房地产所在地主管税务机关要求从事房地产评估的资产评估机构提供与房地产评估有关的评估资料的,资产评估机构应无偿提供,不得以任何借口予以拒绝。

房地产所在地主管税务机关应根据《条例》和《细则》的有关规定,对应纳税房地产的评估结果进行严格审核及确认,对不符合实际情况的评估结果不予采用。

③ 房地产评估机构在执业过程中必须遵守职业道德,坚持独立、客观、公正的原则,对评估结果的真实性、合理性负法律责任。任何房地产评估机构在房地产转让的评估过程中有隐瞒事实,提供虚假评估结果,或与有关当事人串通作弊等违法行为,一经发现坚决取消执业资格。

房地产评估机构因不向主管税务机关提供有关的、真实的房地产评估资料,或有意提供虚假评估结果,造成纳税人不缴或少缴土地增值税的,房地产评估机构应承担相应的法律和经济责任;对因上述行为而造成国家税收和国有资产严重流失的,要提请司法机关追究有关当事人的刑事责任。

④ 各级财政、税务和国有资产管理部门要密切配合、相互协作,加强土地增值税的各项征收管理工作。为此,各有关部门应对各房地产评估机构进一步加强监督管理,使房地产评估为保证国家税收收入和维护国有资产权益发挥应有的作用。

(4)《国家税务总局 建设部关于土地增值税征收管理有关问题的通知》(国税发〔1996〕48号)第五条规定,凡转让房地产的纳税人,按照土地增值税的有关规定,需要根据房地产评估价格计税的,可委托经省以上房地产管理部门确认评估资格并报税务部门备案的房地产评估机构受理有关转让房地产的评估业务。

有条件的地方,应当将涉及土地增值税的房地产评估与现有房地产转让管理过程中的价格申报及其价格评估结合起来,以防止因重复评估而加大成本,增加纳税人负担的情况。

接受委托的各房地产评估机构,在按税务部门要求按期将评估结果报送房地产所在地税务机关,作为确认计税依据参考的同时,应将评估结果报当地政府设立的事业性房地产估价管理机构审核。

对于房地产所在地税务机关要求受委托的房地产评估机构提供与房地产评估有关的资料的,评估机构应当无偿提供,不得以任何借口予以拒绝。

凡涉及征收土地增值税的房地产评估报告,由取得建设部、人事部共同认定并经注册登记的"房地产估价师"签署;或者由3名以上(含3名)取得各省、自治区建委(建设厅)、直辖市房地产管理局统一颁发的《房地产估价人员岗位合格证书》的房地产估价员联合签署。

接受委托的房地产评估机构,必须严格按照《条例》和《细则》中规定的方法进行应纳税房地产的价格评估。房地产所在地税务机关应当根据《条例》和《细则》的有关规定,对应纳税房地产的评估结果进行严格审核及确认,对不符合实际情况的评估结果不予采用。

(二)按不低于预征率核定征收土地增值税的条件。

《国家税务总局关于房地产开发企业土地增值税清算管理有关问题的通知》(国税发〔2006〕187号)第七条规定,房地产开发企业有下列情形之一的,税务机关可以参照与其开发规模和收入水平相近的当地企业的土地增值税税负情况,按不低于预征率的征收率核定征收土地增值税:

1. 依照法律、行政法规的规定应当设置但未设置账簿的。
2. 擅自销毁账簿或者拒不提供纳税资料的。
3. 虽设置账簿,但账目混乱或者成本资料、收入凭证、费用凭证残缺不全,难以确定转让收入或扣除项目金额的。
4. 符合土地增值税清算条件,未按照规定的期限办理清算手续,经税务机关责令限期清算,逾期仍不清算的。
5. 申报的计税依据明显偏低,又无正当理由的。

《国家税务总局关于印发〈土地增值税清算管理规程〉的通知》(国税发〔2009〕91号)第三十五条规定,符合上述核定征收条件的,由主管税务机关发出核定征收的税务事项告知书后,税务人员对房地产项目开展土地增值税核定征收核查,经主管税务机关审核合议,通知纳税人申报缴纳应补缴税款或办理退税。文件第三十六条规定,对于分期开发的房地产项目,各期清算的方式应保持一致。

(三)核定征收率的确定原则。

《国家税务总局关于加强土地增值税征管工作的通知》(国税发〔2010〕53号)第四条规定,核定征收必须严格依照税收法律法规规定的条件进行,任何单位和个人不得擅自扩大核定征收范围,严禁在清算中出现"以核定为主、一核了之""求快图省"的做法。凡擅自将核定征收作为本地区土地增值税清算主要方式的,必须立即纠正。对确需核定征收的,要严格按照税收法律法规的要求,从严、从高确定核定征收率。为了规范核定工作,核定征收率原则上不得低于5%,各省级税务机关要结合本地实际,区分不同房地产类型制定核定征收率。

2.8.5 未按规定缴纳土地增值税的法律责任

(一)不能办理房地产权属变更手续。

《中华人民共和国土地增值税暂行条例》第十二条规定,纳税人未按照本条例缴纳土地增值税的,土地管理部门、房产管理部门不得办理有关的权属变更手续。

《国家税务总局 建设部关于土地增值税征收管理有关问题的通知》(国税发〔1996〕48号)第三条规定,凡是转让房地产的纳税人,应当根据土地增值税的有关规定,在规定的期限内到主管税务机关办理土地增值税的纳税登记和申报手续,经主管税务机关审核后,按照规定的期限缴纳土地增值税。对于已经完税的纳税人,由主管税务机关发给完税证明;对于不属于征税范围或应予免税的,由主管税务机关发给免税证明。凡没有取得主管税务部门发放的完税(或免税)证明的,房地产管理机关不予办理有关的权属变更手续,不予发放房地产权属证书。

(二)房地产评估机构出具虚假评估价格的法律责任。

《国家税务总局 建设部关于土地增值税征收管理有关问题的通知》(国税发〔1996〕48号)第六条及第七条规定,房地产评估机构在执业过程中必须严守职业道德,按照国家有关的法律、法规的规定,坚持独立、客观、公平、公正、公开的原则,对评估结果的真实性、合理性负法律责任。对房地产评估机构因不向税务机关提供真实的房地产评估资料,或有意提供虚假评估结果,造成纳税人不缴或少缴土地增值税的,房地产评估机构应当承担相应的法律和经济责任。对由于上述行为造成国家税收严重流失的,提请司法机关追究有关当事人的刑事责任。

各级税务部门和房地产管理部门要密切配合、相互协作,加强土地增值税的各项征收管理工作,规范房地产交易行为。对于土地增值税开征之后出现的将房地产转让规避成房屋租赁或其他交易方式等逃避土地增值税的行为,各地房地产市场管理部门在办理房地产交易手续时,应当认真执行建设部42号令《城市房屋租赁管理办法》和45号令《城市房地产转让管理规定》,严格把关,主管税务部门也应当按照《中华人民共和国税收征收管理法》等规定予以严肃查处。

(三) 未按规定提供转让房地产有关资料的法律责任。

《中华人民共和国土地增值税暂行条例实施细则》第十九条规定,纳税人未按规定提供房屋及建筑物产权、土地使用权证书,土地转让、房产买卖合同,房地产评估报告及其他与转让房地产有关资料的,按照《中华人民共和国税收征收管理法》(以下简称《征管法》)第三十九条的规定进行处理。

纳税人不如实申报房地产交易额及规定扣除项目金额造成少缴或未缴税款的,按照《征管法》第四十条的规定进行处理。

2.8.6 征收管理措施

《中华人民共和国土地增值税暂行条例》第十一条规定,土地增值税由税务机关征收。土地管理部门、房产管理部门应当向税务机关提供有关资料,并协助税务机关依法征收土地增值税。

《中华人民共和国土地增值税暂行条例实施细则》第十八条规定,条例第十一条所称的土地管理部门、房产管理部门应当向税务机关提供有关资料,是指向房地产所在地主管税务机关提供有关房屋及建筑物产权、土地使用权、土地出让金数额、土地基准地价、房地产市场交易价格及权属变更等方面的资料。

2.9 土地增值税的会计处理及营改增后案例分析

2.9.1 土地增值税的会计处理规定

结合《财政部关于印发企业交纳土地增值税会计处理规定的通知》(财会字〔1995〕15号)及会计准则规定,总结如下:

1. 交纳土地增值税的企业应在"应交税费"科目下增设"应交土地增值税"明细科目进行核算。

2. 转让国有土地使用权、地上建筑物及其附着物并取得收入的企业,该规定计算出应交纳的土地增值税,应分别以下情况进行会计处理:

(1) 主营房地产业务的企业,应由当期营业收入负担的土地增值税,借记"税金及附加"科目,贷记"应交税费——应交土地增值税"科目。

(2) 兼营房地产业务的企业,应由当期营业收入负担的土地增值税,借记"其他业务成本"科目,贷记"应交税费——应交土地增值税"科目。

(3) 企业转让的国有土地使用权连同地上建筑物及其附着物一并在"固定资产"科目核

算的,转让时应交纳的土地增值税,借记"固定资产清理"科目,贷记"应交税费——应交土地增值税"科目。

3. 企业交纳土地增值税时,借记"应交税费——应交土地增值税"科目,贷记"银行存款"等科目。

4. 企业在项目全部竣工结算前转让房地产取得的收入,按税法规定预交的土地增值税,借记"应交税费——应交土地增值税"科目,贷记"银行存款"等科目;待该房地产营业收入实现时,再按本规定第二条第(1)、(2)款的规定进行会计处理;该项目全部竣工、办理结算后进行清算,收到退回多交的土地增值税,借记"银行存款"等科目,贷记"应交税费——应交土地增值税"科目,补交的土地增值税作相反的会计分录。

预交土地增值税的企业,"应交税费——应交土地增值税"科目的借方余额包括预交的土地增值税。

5. 为了提供土地增值税的计算依据,企业应将取得土地使用权时所支付的金额、开发土地和新建房及配套设施的成本、费用等,在有关会计科目或备查簿中详细登记。

6. 企业按规定补交应由已实现的以前年度收入负担的土地增值税,借记"以前年度损益调整"科目,贷记"应交税费——应交土地增值税"科目;实际补交时,借记"应交税费——应交土地增值税"科目,贷记"银行存款"等科目。

2.9.2 营改增后土地增值税的案例分析

案例分析

甲房地产企业2016年5月份,支付土地出让金4 400万元,购买一块土地进行商品房开发。2017年1月1日,取得预售房款2 200万元(预售面积2 000平方米)。2018年10月份交付开发产品3 000平方米(包括2017年1月1日预售的2 000平方米),当期取得销售收入1 100万元,并就预售部分和现销部分向购房者开具发票,3 000平方米所对应的开发成本2 000万元。可售面积总额10 000平方米。

(1) 取得土地使用权时的会计处理:

借:开发成本　　　　　　　　　　　　　　　　　　　　　　　　44 000 000
　贷:银行存款　　　　　　　　　　　　　　　　　　　　　　　　44 000 000

(2) 2017年1月1日,实际收到预售房款2 200万元时的会计处理:

会计处理:

借:银行存款　　　　　　　　　　　　　　　　　　　　　　　　22 000 000
　贷:预收账款　　　　　　　　　　　　　　　　　　　　　　　　22 000 000

(3) 计算2017年1月份应当预缴的增值税:

应当预缴增值税=2 200÷(1+11%)×3%=59.46万元

计算出的预缴增值税额月末不需要进行账务处理。

(4) 假设2017年1月份,除上述需要预缴的增值税业务外,企业实现其他销项税额150万元,进项税额40万元,应当作如下账务处理:

2017年1月底：

"应交税费——应纳增值税"科目余额＝150－40＝110(万元)

借：应交税费——应交增值税(转出未交增值税)　　　　　　　　　　　1 100 000
　　贷：应交税费——未交增值税　　　　　　　　　　　　　　　　　　　1 100 000

月末"应交税费——未交增值税"科目余额＝110(万元)

(5) 2017年1月份，按收取的2 200万元预售房款预缴土地增值税(假设预征率2%)：

应当预缴土地增值税＝2 200÷(1＋11%)×2%＝39.64(万元)

月末不需要进行账务处理。

(6) 2017年2月15日前，向项目所在地预缴增值税：

借：应交税费——预交增值税　　　　　　　　　　　　　　　　　　　594 600
　　贷：银行存款　　　　　　　　　　　　　　　　　　　　　　　　　594 600

附：项目所在地税务机关出具的完税凭证及银行付款凭证作为原始凭证。

(7) 2017年2月15日前，向机构所在地申报纳税：

借：应交税费——未交增值税　　　　　　　　　　　　　　　　　　　1 100 000
　　贷：银行存款　　　　　　　　　　　　　　　　　　　　　　　　　1 100 000

附：机构所在地税务机关出具的完税凭证及银行付款凭证作为原始凭证。

2月末，将"应交税费——预交增值税"科目借方余额59.46万元结转到"应交税费——未交增值税"科目。

借：应交税费——未交增值税　　　　　　　　　　　　　　　　　　　594 600
　　贷：应交税费——预交增值税　　　　　　　　　　　　　　　　　　594 600

(8) 2017年2月15日前，预缴土地增值税：

借：应交税费——应交土地增值税　　　　　　　　　　　　　　　　　396 400
　　贷：银行存款　　　　　　　　　　　　　　　　　　　　　　　　　396 400

附：税务机关出具的完税凭证及银行付款凭证作为原始凭证。

(9) 2018年10月份，交付3 000平方米房屋时，向购房者开具发票：

不含税销售额＝3 300÷(1＋10%)＝3 000(万元)

销项税额＝3 000×10%＝300(万元)

××省增值税专用发票【简】

金额单位：元

销售额	税　率	税　额
30 000 000	10%	3 000 000
价税合计(大写)	叁仟叁佰万圆整	小写：33 000 000
销货方	备注	不动产所在县市名称；项目名称

(10) 2018年10月份，交付3 000平方米并收到1 000平方米房款1 100万元时的会计处理：

借：预收账款 22 000 000
　　银行存款 11 000 000
　　贷：主营业务收入 30 000 000
　　　　应交税费——应交增值税(销项税额) 3 000 000

附：增值税发票记账联及银行存款入账通知单等作为原始凭证(略)。

同时结转成本：

借：主营业务成本 20 000 000
　　贷：开发产品 20 000 000

(11) 2018年10月份应当预缴的土地增值税及会计处理：

国家税务总局公告2016年第70号文件只是对按预售房款预缴土地增值税的计税依据为预售房款扣除预交增值税，对于现房销售取得的现款预缴土地增值税没有规定，笔者认为按实现的售房款还原为不含税价格按预征率预缴土地增值税。

当月应当预缴土地增值税＝1 100÷(1＋10%)×2%＝20(万元)

会计上确认收入应当结转的土地增值税＝3 300/(1＋10%)×2%＝60(万元)

借：税金及附加 600 000
　　贷：应交税费——应交土地增值税 600 000

次月实际预缴土地增值税＝600 000－396 400＝203 600(元)

借：应交税费——应交土地增值税 203 600
　　贷：银行存款 203 600

(12) 计算2018年10月份销项税额时准予扣除的出让金：

$$\begin{matrix}当期允许扣除\\的土地价款\end{matrix}=\left(\begin{matrix}当期销售房地产\\项目建筑面积\end{matrix}\div\begin{matrix}房地产项目可供\\销售建筑面积\end{matrix}\right)\times\begin{matrix}支付的\\土地价款\end{matrix}$$

$$=(3\ 000\div10\ 000)\times4\ 400=1\ 320(万元)$$

(13) 计算2018年10月份因扣除土地成本抵减的销项税额：

销项税额＝(3 300－1 320)÷(1＋10%)×10%＝1 800×10%＝180(万元)

其中，营改增抵减的销项税额＝1 320÷1.1×10%＝120(万元)

会计处理如下：

借：应交税费——应交增值税(销项税额抵减) 1 200 000
　　贷：主营业务成本 1 200 000

(14) 计算10月末应纳增值税额：

10月份"应交税费——应交增值税"科目余额＝300－120＝180(万元)

借：应交税费——应交增值税(转出未交增值税) 1 800 000
　　贷：应交税费——未交增值税 1 800 000

至10月末，"应交税费——未交增值税"科目的余额为贷方余额＝1 800 000－596 400

＝1 203 600(元)。

(15) 2018年11月15日前在项目所在地预缴增值税和向机构所在地申报缴纳增值税的处理参照2月份,不再赘述。

2.10 房地产企业土地增值税的实务解析

2.10.1 企业分立过程中的土地、房屋权属转移土地增值税问题

企业分立过程中的土地、房屋权属转移,是否缴纳土地增值税?

《中华人民共和国土地增值税暂行条例》第二条规定,转让国有土地使用权、地上的建筑物及其附着物并取得收入的单位和个人,应当依照本条例缴纳土地增值税。

房地产企业根据分立合同约定,分立为两个或两个以上的企业,对于派生方、新设方承受原企业房产的,虽然发生了产权转移行为,但并没有取得转让收入,因此,不需要缴纳土地增值税。如果派生方或新设方转让其承受的土地或房产,应当按分立前原企业实际支付的土地价款等及发生的开发成本、开发费用,按规定计入扣除项目金额计算缴纳土地增值税。

《财政部 税务总局关于继续实施企业改制重组有关土地增值税政策的通知》(财税〔2018〕57号)第四条规定,按照法律规定或者合同约定,企业分设为两个或两个以上与原企业投资主体相同的企业,对原企业将房地产转移、变更到分立后的企业,暂不征土地增值税。

但该文件第五条列出排外的情况,即:上述改制重组有关土地增值税政策不适用于房地产转移任意一方为房地产开发企业的情形。

2.10.2 房地产企业存在银行的按揭贷款保证金作为土地增值税扣除项目问题

房地产企业存在银行的按揭贷款保证金是否可以作为土地增值税扣除项目金额扣除?

按揭贷款保证金是银行在按揭贷款过程中按照贷款总额的一定比例向开发商收取的钱,并承担按揭贷款的连带保证责任,直至房产证办理出来并完成抵押登记后,银行才将按揭贷款保证金退回开发商。

因此,按揭贷款保证金对于房地产企业属于一项债权,而不是发生的成本费用,不得作为扣除项目金额扣除。

2.10.3 地下车位"销售"土地增值税问题

地下车位"销售"是否缴纳土地增值税?

实务中开发商对无产权车位可能采取变相销售的方式,例如,有的开发商与业主签订一次性车位转让使用权合同,或者是与业主签订车位租赁合同,租期为20年,20年之后的使用权赠送等方式变相销售车位。请问:对该种变相销售的地下车位取得的收入是否作为土地增值税清算的收入?

对于地下车位的使用权转让是否缴纳土地增值税问题,各地的处理千差万别,概括起来大致分为以下两种情况:

第一种情况：遵循实质重于形式原则，将无产权地下车位的变相销售收入确认为土地增值税清算收入，同时允许成本扣除，包括：(1)河南（豫地税函〔2010〕202号）；(2)湖北（鄂地税发〔2008〕207号）；(3)青岛（青地税函〔2009〕47号）；(4)天津（津地税地〔2011〕24号）；(5)浙江（《浙江省地方税务局关于土地增值税若干政策问题的解答》）等。

第二种情况：遵循形式重于实质原则，将无产权地下车位的变相销售收入不确认为土地增值税清算收入，同时不允许成本扣除，包括：(1)辽宁（辽地税函〔2012〕92号）；(2)新疆维吾尔自治区地方税务局公告〔2014〕第1号）；(3)北京（京地税地〔2003〕73号）；(4)西安（西地税发〔2010〕235号）；(5)山东（山东省地税局公告2017年第5号）；(6)江苏（苏地税规〔2015〕8号）等。

笔者观点是，土地增值税是针对国有土地使用权的产权的转让行为征收的一种税，如果土地使用权没有发生产权转移，就不存在缴纳土地增值税问题。因此，地下车位所谓的"销售"行为是否缴纳土地增值税，关键看该车位是否具有产权，有产权的车位销售，应当按"其他类型房地产"缴纳土地增值税，相应的成本费用可以扣除；但如果地下车位没有产权，只是利用地下人防设施等画线收取所谓的销售款，则不存在缴纳土地增值税问题，应当按"现代服务——物业管理"项目缴纳增值税。

至于省级地方税务局的规定是否具有法律效力问题，根据《中华人民共和国土地增值税暂行条例》第十四条规定，本条例由财政部负责解释，实施细则由财政部制定。《中华人民共和国土地增值税暂行条例实施细则》第二十二条规定，本细则由财政部解释，或者由国家税务总局解释。因此，除财政部或国家税务总局有权对土地增值税征税范围等相关政策有权解释外，省一级地方税务局是无权解释的，因此，也就不具有法律效力。

但为了避免房地产企业利用上述规定分解收入，规避土地增值税的缴纳，建议由财政部或国家税务总局出台规范性文件，明确凡随同商品房一起"销售"的地下车位，一律作为价外费用缴纳土地增值税。而对不属于本小区业主单独购买的地下车位使用权不缴纳土地增值税。

2.10.4　房地产企业取得地方政府返还的土地出让金扣除问题

房地产企业取得地方政府返还的土地出让金，应当冲减土地成本还是计入营业外收入？

《大连市地方税务局关于进一步加强土地增值税清算工作的通知》（大地税函〔2008〕188号）第一条第一款规定，纳税人应当凭政府或政府有关部门下发的《土地批件》《土地出让金缴费证明》以及财政、土地管理等部门出具的土地出让金缴纳收据、土地使用权购置发票、政府或政府部门出具的相关证明等合法有效凭据计算"取得土地使用权所支付的金额"。凡取得票据或者其他资料，但未实际支付土地出让金或购置土地使用权价款或支付土地出让金、购置土地使用权价款后又返还的，不允许计入扣除项目。

笔者认为上述处理欠妥。根据企业会计准则规定，房地产企业收到政府以奖励企业的名义返还的土地出让金，应当记入"营业外收入"科目，不可能也不应该冲减土地成本。返还给房地产企业的土地出让金，实质上是地方财政给予房地产企业的财政补贴，与计入开发成本的土地成本无关。因此，返还的土地出让金不允许冲减土地成本，土地成本仍旧按出让金收据注明的金额作为扣除项目金额。此外，返还给企业的土地出让金如果规定了专项用途且符合财税〔2011〕70号文件规定的不征税收入条件,可以按不征税收入进行企业所得税处理。

2.10.5　房地产企业销售精装修房购置的电视机等扣除问题

房地产企业将开发产品精装修销售,包括在精装修过程中一并购置的电视机、空调、家具等,是否可以一并计入开发成本在计算土地增值税扣除项目金额中扣除?

根据《中华人民共和国土地增值税暂行条例》规定,转让国有土地使用权、地上的建筑物及其附着物并取得收入的单位和个人为土地增值税的纳税义务人。其中附着物指附着于土地上的不能移动,一经移动即遭损坏的物品。因此如中央空调、采暖设备、卫生、通风、照明、通讯、煤气、消防、中央空调、电梯、电气、智能化楼宇设备和配套设施等不能移动的物品可以计入成本,但赠送给购房者的电视机、空调、家具等可以移动的物品不属土地增值税征收范围,此部分物品的购置成本原则上不应该计入土地增值税的扣除项目金额。如《安徽省地方税务局关于发布〈安徽省土地增值税清算管理办法〉的公告》(安徽省地方税务局公告2017年第6号)第四十条规定,纳税人销售已装修的房屋,其装修费用可以计入房地产开发成本。纳税人销售已装修的房屋,其装修费用不包括房地产开发企业自行采购或委托装修公司购买的家用电器、家具所发生的支出,也不包括与房地产连接在一起、但可以拆除且拆除后无实质性损害的物品所发生的支出。房地产开发企业销售精装修房时,如其销售收入包括销售家用电器、家具等取得的收入,应以总销售收入减去销售家用电器、家具等取得的收入作为房地产销售收入计算土地增值税。

但《国家税务总局关于房地产开发企业土地增值税清算管理有关问题的通知》(国税发〔2006〕187号)第四条第四款规定,房地产开发企业销售已装修的房屋,其装修费用可以计入房地产开发成本。但前提条件是,房地产企业应当将精装修费用支出,包括装修过程中购买的电视机、空调、家具等一并计入房地产的开发成本,而不是在开发成本结转后,为了促销而另行购置的赠品。比如《重庆市地方税务局关于土地增值税若干问题的通知》(渝地税发〔2011〕221号)第二条规定,房地产开发企业销售已装修的精装房,其装修费用(含装饰、设备等费用)已在《商品房买卖合同》中注明的,可以计入房地产开发成本,允许扣除并按规定准予加计扣除。

2.10.6　房地产开发企业支付的城镇土地使用税列支问题

从会计角度来看,城镇土地使用税通过"管理费用"科目核算,企业按规定缴纳的城镇土地使用税,无论开发产品是否竣工,支付的城镇土地使用税可以在企业所得税前扣除。

但值得注意的是,在计算土地增值税扣除项目金额时,房地产企业缴纳的城镇土地使用税不允许作为开发税金及附加扣除。

2.10.7　售楼处的折旧或租赁费扣除问题

房地产企业售楼处的折旧或租赁费是否可以计入开发成本中的开发间接费用在计算土地增值税时扣除?

售楼处设置一般存在两种模式:一是单独建造;二是利用开发的商品房。

关于售楼处的建造费用或租赁费是否可以计入开发间接费用问题,国家税务总局网站

2010年12月21日曾经答复,根据《中华人民共和国土地增值税暂行条例实施细则》规定:开发间接费用,是指直接组织、管理开发项目发生的费用,包括工资、职工福利费、折旧费、修理费、办公费、水电费、劳动保护费、周转房摊销等。因此,房地产开发企业修建的临时售楼设施,在计算土地增值税时,不作为开发间接费用,不可以计入开发成本并在土地增值税清算时扣除。

《江苏省地方税务局关于土地增值税有关业务问题的公告》(苏地税规〔2012〕1号)第五条第三款规定,对房地产开发企业售楼处等营销设施的装修费用,应计入房地产开发费用。

根据上述规定,单独建造的售楼处,会计上应当作为固定资产核算,提取的折旧应当计入房地产开发费用(即销售费用),不得计入"开发成本——开发间接费用"扣除,更不允许加计扣除。而利用开发的商品房作为售楼处的,其发生的装修费支出首先应当在"长期待摊费用"科目归集后,按售楼处预计使用时间分摊到开发费用,不得计入"开发成本——开发间接费用"在计算土地增值税时扣除。

值得注意的是,《房地产开发经营业务企业所得税处理办法》(国税发〔2009〕31号)第二十七条第六款所指的开发间接费包括项目营销设施建造费,但该规定仅适用于企业所得税的处理,而不能适用于土地增值税的处理。

2.10.8 架空层的土地增值税处理

有公司提问,房地产开发项目在2015年进行土地增值税清算,当时老板想留下架空层自用,所以在清算时没把他作为公共配套设施处理,后来由于产权无法落实,只好留给业主了,2018年卖完尾盘,请问:这部分成本能并入剩余的成本计算土地增值税吗?

架空层是建筑用词,即是建筑物中用柱子架空的那一层。架空层内可以设置设备间、物业管理用房、会所、车库、游泳池等,没有闲置空间,架空层顶下还适宜布置各类管线,省去每单元地埋入户且便于维护。

《建筑工程建筑面积计算规范》(GB/T 50353—2013)修订案已经实施,增加了建筑物架空层的面积计算规定,取消了深基础架空层。建筑物架空层及坡地建筑物吊脚架空层,应按其顶板水平投影计算建筑面积。结构层高在2.20 m及以上的,应计算全面积;结构层高在2.20 m以下的,应计算1/2面积。

对于建筑物间的架空走廊,有顶盖和围护设施的,应按其围护结构外围水平面积计算全面积;无围护结构、有围护设施的,应按其结构底板水平投影面积计算1/2面积。

架空层成本在计算土地增值税时是否可以按公共配套设施费用分摊扣除,关键看是否符合公共配套设施条件。《国家税务总局关于印发〈土地增值税清算管理规程〉的通知》(国税发〔2009〕91号)规定,房地产开发企业开发建造的与清算项目配套的居委会和派出所用房、会所、停车场(库)、物业管理场所、变电站、热力站、水厂、文体场馆、学校、幼儿园、托儿所、医院、邮电通讯等公共设施,按以下原则处理:①建成后产权属于全体业主所有的,其成本、费用可以扣除;②建成后无偿移交给政府、公用事业单位用于非营利性社会公共事业的,其成本、费用可以扣除;③建成后有偿转让的,应计算收入,并准予扣除成本、费用。

因此,如果架空层没有产权,且属于全体业主所有或无偿移交政府、公用事业单位用于非营利性社会公共和福利事业,属于公共配套设施费用,可以分摊到开发成本中扣除。如果将架空层对外"销售"（无产权），其收入不需要申报缴纳土地增值税，但这部分架空层的开发成本也不允许在计算土地增值税时扣除。

例如，《厦门市地方税务局关于修订〈厦门市土地增值税清算管理办法〉的公告》（厦门市地方税务局公告 2016 年第 7 号）规定，同一个清算项目，可以将取得土地使用权所支付的金额全部分摊至计入容积率部分的可售建筑面积中，对于不计容积率的地下车位、人防工程、架空层、转换层等不计算分摊取得土地使用权所支付的金额。

第 3 章 房地产企业所得税的涉税政策解析

3.1 房地产企业所得税预缴政策

3.1.1 房地产企业所得税的预征方法

（一）房地产企业预缴所得税的相关规定。

《国家税务总局关于印发〈房地产开发经营业务企业所得税处理办法〉的通知》（国税发〔2009〕31号）规定：

1. 企业销售未完工开发产品取得的收入，应先按预计计税毛利率分季（或月）计算出预计毛利额，计入当期应纳税所得额。开发产品完工后，企业应及时结算其计税成本并计算此前销售收入的实际毛利额，同时将其实际毛利额与其对应的预计毛利额之间的差额，计入当年度企业本项目与其他项目合并计算的应纳税所得额。

在年度纳税申报时，企业须出具对该项开发产品实际毛利额与预计毛利额之间差异调整情况的报告以及税务机关需要的其他相关资料。

2. 房地产开发企业按当年实际利润据实分季（或月）预缴企业所得税的，对开发、建造的住宅、商业用房以及其他建筑物、附着物、配套设施等开发产品，在未完工前采取预售方式销售取得的预售收入，按照规定的预计利润率分季（或月）计算出预计利润额，计入利润总额预缴，开发产品完工、结算计税成本后按照实际利润再行调整。

（二）计税毛利率。

《国家税务总局关于印发〈房地产开发经营业务企业所得税处理办法〉的通知》（国税发〔2009〕31号）规定，企业销售未完工开发产品的计税毛利率由各省、自治、直辖市国家税务局、地方税务局按下列规定进行确定：

1. 开发项目位于省、自治区、直辖市和计划单列市人民政府所在地城市城区和郊区的，不得低于15%。

2. 开发项目位于地及地级市城区及郊区的，不得低于10%。

3. 开发项目位于其他地区的，不得低于5%。

4. 属于经济适用房、限价房和危改房的，不得低于3%。根据国税函〔2008〕299号文件规定，经济适用房开发项目符合建设部、国家发展改革委员会、国土资源部、中国人民银行《关于印发〈经济适用房管理办法〉的通知》（建住房〔2004〕77号）等有关规定的，不得低于3%。

（三）房地产企业所得税预缴申报表的填报。

1. 从事房地产开发等特定业务的纳税人，填报按照税收规定计算的特定业务的应纳税所得额。房地产开发企业销售未完工开发产品取得的预售收入,按照税收规定的预计计税毛利率计算的预计毛利额填入《中华人民共和国企业所得税月(季)度预缴纳税申报表(A类,2018年版)》第4行。企业开发产品完工后,其未完工预售环节按照税收规定的预计计税毛利率计算的预计毛利额在汇算清缴时调整,月(季)度预缴纳税申报时不调整。第4行填报金额不得小于本年上期申报金额。

2. 房地产开发企业对经济适用房项目的预售收入进行初始纳税申报时,必须附送有关部门批准经济适用房项目开发、销售的文件以及其他相关证明材料。凡不符合规定或未附送有关部门的批准文件以及其他相关证明材料的,一律按销售非经济适用房的规定执行。

3.1.2 房地产企业所得税预缴的会计核算

在实务处理中,预收房款预缴所得税的会计处理一般有两种情况:

(一) 房地产开发企业所得税一般核算方法。

按预收账款当期的发生额扣除期间费用及税金计算缴纳所得税。会计分录如下:

借:应交税费——应交所得税
　　贷:银行存款

房地产开发产品完工后,企业应及时计算已实现的收入同时按规定结转成本,经过纳税调整计算出的所得税反映在利润表中:

借:所得税费用
　　贷:应交税费——应交所得税

计算出预缴所得税与应交所得税差额部分缴纳所得税时:

借:所得税费用
　　贷:应交税费——应交所得税

借:应交税费——应交所得税
　　贷:银行存款

对未达到收入确认条件的预收账款对应的所得税反映在应交税费栏,用负数表示。

(二) 所得税会计的第二种处理方式。

若房地产企业在核算所得税按照可抵扣暂时性差异来确认对未来期间应纳所得税金额的影响,对预缴的所得税应确认为递延所得税资产,缴纳时同(一)一样,年终对未达到收入确认条件的预收账款对应的已上缴的所得税从"应交税费——应交所得税"科目转入"递延所得税资产——预售房预缴所得税"科目,会计分录如下:

借:递延所得税资产——预售房预缴所得税
　　贷:应交税费——应交所得税

3.2 房地产企业收入总额的确定原则

根据《国家税务总局关于印发〈房地产开发经营业务企业所得税处理办法〉的通知》(国

税发〔2009〕31号)规定,收入总额按下列规定处理。

3.2.1　销售收入的范围

开发产品销售收入的范围为销售开发产品过程中取得的全部价款,包括现金、现金等价物及其他经济利益。

企业代有关部门、单位和企业收取的各种基金、费用和附加等,凡纳入开发产品价内或由企业开具发票的,应按规定全部确认为销售收入;未纳入开发产品价内并由企业之外的其他收取部门、单位开具发票的,可作为代收代缴款项进行管理。

3.2.2　销售收入的确认条件

企业通过正式签订《房地产销售合同》或《房地产预售合同》所取得的收入,应确认为销售收入的实现,具体按以下规定确认:

(一) 一次性全额收款方式。

采取一次性全额收款方式销售开发产品的,应于实际收讫价款或取得索取价款凭据(权利)之日,确认收入的实现。

(二) 分期收款方式。

采取分期收款方式销售开发产品的,应按销售合同或协议约定的价款和付款日确认收入的实现。付款方提前付款的,在实际付款日确认收入的实现。

(三) 银行按揭方式。

采取银行按揭方式销售开发产品的,应按销售合同或协议约定的价款确定收入额,其首付款应于实际收到日确认收入的实现,余款在银行按揭贷款办理转账之日确认收入的实现。

(四) 委托代销方式。

采取委托方式销售开发产品的,应按以下原则确认收入的实现:

1. 采取支付手续费方式委托销售开发产品的,应按销售合同或协议中约定的价款于收到受托方已销开发产品清单之日确认收入的实现。

2. 采取视同买断方式委托销售开发产品的,属于企业与购买方签订销售合同或协议,或企业、受托方、购买方三方共同签订销售合同或协议的,如果销售合同或协议中约定的价格高于买断价格,则应按销售合同或协议中约定的价格计算的价款于收到受托方已销开发产品清单之日确认收入的实现;如果属于前两种情况中销售合同或协议中约定的价格低于买断价格,以及属于受托方与购买方签订销售合同或协议的,则应按买断价格计算的价款于收到受托方已销开发产品清单之日确认收入的实现。

3. 采取基价(保底价)并实行超基价双方分成方式委托销售开发产品的,属于由企业与购买方签订销售合同或协议,或企业、受托方、购买方三方共同签订销售合同或协议的,如果销售合同或协议中约定的价格高于基价,则应按销售合同或协议中约定的价格计算的价款于收到受托方已销开发产品清单之日确认收入的实现,企业按规定支付受托方的分成额,不得直接从销售收入中减除;如果销售合同或协议约定的价格低于基价的,则应按基价计算的价款于收到受托方已销开发产品清单之日确认收入的实现。属于由受托方与购买方直接签订销售合同的,则应按基价加上按规定取得的分成额于收到受托方已销开发产品清单之日确认收入的实现。

4. 采取包销方式委托销售开发产品的，包销期内可根据包销合同的有关约定，参照上述1～3项规定确认收入的实现；包销期满后尚未出售的开发产品，企业应根据包销合同或协议约定的价款和付款方式确认收入的实现。

3.2.3　房地产企业的视同销售行为

企业将开发产品用于捐赠、赞助、职工福利、奖励、对外投资、分配给股东或投资人、抵偿债务、换取其他企事业单位和个人的非货币性资产等行为，应视同销售，于开发产品所有权或使用权转移，或于实际取得利益权利时确认收入（或利润）的实现。确认收入（或利润）的方法和顺序为：

1. 按本企业近期或本年度最近月份同类开发产品市场销售价格确定。
2. 由主管税务机关参照当地同类开发产品市场公允价值确定。
3. 按开发产品的成本利润率确定。开发产品的成本利润率不得低于15％，具体比例由主管税务机关确定。

3.2.4　开发产品租赁收入

企业新建的开发产品在尚未完工或办理房地产初始登记、取得产权证前，与承租人签订租赁预约协议的，自开发产品交付承租人使用之日起，出租方取得的预租价款按租金确认收入的实现。

3.3　房地产企业特殊收入政策

3.3.1　投资性房地产公允价值变动损益

房地产企业如果将开发产品转作投资性房地产或从事其他的交易性金融资产投资活动，因有关资产公允价值变动发生的公允价值变动损益，在会计上确认利润时，根据《国家税务总局关于确认企业所得税收入若干问题的通知》（国税函〔2008〕875号）的规定，收入的确认应当遵循实质重于形式原则，不需要缴纳企业所得税，因此，在年度所得税汇算清缴时，应当通过年度申报表A105000表第7行"公允价值变动净损益"进行纳税调整。

3.3.2　政策性搬迁收入

根据《国家税务总局关于发布〈企业政策性搬迁所得税管理办法〉的公告》（国家税务总局公告2012年第40号）、《国家税务总局关于企业政策性搬迁所得税有关问题的公告》（国家税务总局公告2013年第11号）规定，现将政策性搬迁收入涉及的企业所得税政策总结如下：

（一）政策性搬迁税收政策的适用范围。

仅限于企业政策性搬迁过程中涉及的所得税征收管理事项，不包括企业自行搬迁或商业性搬迁等非政策性搬迁的税务处理事项。

1. 政策性搬迁的界定。

企业政策性搬迁，是指由于社会公共利益的需要，在政府主导下企业进行整体搬迁或部分搬迁。企业由于下列需要之一，提供相关文件证明资料的，属于政策性搬迁：

（1）国防和外交的需要。

（2）由政府组织实施的能源、交通、水利等基础设施的需要。

（3）由政府组织实施的科技、教育、文化、卫生、体育、环境和资源保护、防灾减灾、文物保护、社会福利、市政公用等公共事业的需要。

（4）由政府组织实施的保障性安居工程建设的需要。

（5）由政府依照《中华人民共和国城乡规划法》有关规定组织实施的对危房集中、基础设施落后等地段进行旧城区改建的需要。

（6）法律、行政法规规定的其他公共利益的需要。

2. 政策性搬迁与非政策性搬迁的区别。

企业应按本办法的要求，就政策性搬迁过程中涉及的搬迁收入、搬迁支出、搬迁资产税务处理、搬迁所得等所得税征收管理事项，单独进行税务管理和核算。不能单独进行税务管理和核算的，应视为企业自行搬迁或商业性搬迁等非政策性搬迁进行所得税处理，不得执行本办法规定。

（二）搬迁所得的计算公式。

$$搬迁所得 = 搬迁收入 - 搬迁支出$$
$$= (搬迁补偿收入 + 资产处置收入) - (搬迁费用支出 + 资产处置支出)$$

1. 搬迁收入。

企业的搬迁收入，包括搬迁过程中从本企业以外（包括政府或其他单位）取得的搬迁补偿收入，以及本企业搬迁资产处置收入等。

（1）企业取得的搬迁补偿收入，是指企业由于搬迁取得的货币性和非货币性补偿收入。具体包括：

① 对被征用资产价值的补偿。

② 因搬迁、安置而给予的补偿。

③ 对停产停业形成的损失而给予的补偿。

④ 资产搬迁过程中遭到毁损而取得的保险赔款。

⑤ 其他补偿收入。

（2）企业搬迁资产处置收入，是指企业由于搬迁而处置企业各类资产（是指除存货以外的其他资产）所取得的收入。

企业由于搬迁处置存货而取得的收入，应按正常经营活动取得的收入进行所得税处理，不作为企业搬迁收入。

2. 搬迁支出。

企业的搬迁支出，包括搬迁费用支出以及由于搬迁所发生的企业资产处置支出。

（1）搬迁费用支出，是指企业搬迁期间所发生的各项费用，包括安置职工实际发生的费用、停工期间支付给职工的工资及福利费、临时存放搬迁资产而发生的费用、各类资产搬迁安装费用以及其他与搬迁相关的费用。

（2）资产处置支出，是指企业由于搬迁而处置各类资产（存货除外）所发生的支出，包括变卖及处置各类资产的净值、处置过程中所发生的税费等支出。

企业由于搬迁而报废的资产,如无转让价值,其净值作为企业的资产处置支出。

值得注意的问题是,在计算搬迁所得时,搬迁收入依次扣除安置职工实际发生的费用、停工期间支付给职工的工资及福利费、临时存放搬迁资产而发生的费用、各类资产搬迁安装费用、其他与搬迁相关的费用、变卖及处置各类资产的净值、处置过程中所发生的税费等支出、其他搬迁支出。

(三)搬迁资产的税务处理。

1. 企业搬迁的资产,简单安装或不需要安装即可继续使用的,在该项资产重新投入使用后,就其净值按《企业所得税法》及其实施条例规定的该资产尚未折旧或摊销的年限,继续计提折旧或摊销。

2. 企业搬迁的资产,需要进行大修理后才能重新使用的,应就该资产的净值,加上大修理过程所发生的支出,为该资产的计税成本。在该项资产重新投入使用后,按该资产尚可使用的年限,计提折旧或摊销。

> **提 示**
>
> (1)本着"上位法优于下位法"原则,在确定大修理后的固定资产的尚可折旧年限时,应当遵循"大修理前该固定资产已经折旧的年限+尚可折旧年限"合计不得低于法定折旧年限的要求。
>
> (2)企业搬迁中被征用的土地,采取土地置换的,换入土地的计税成本按被征用土地的净值,以及该换入土地投入使用前所发生的各项费用支出,为该换入土地的计税成本,在该换入土地投入使用后,按《企业所得税法》及其实施条例规定年限摊销。
>
> (3)企业搬迁期间新购置的各类资产,应按《企业所得税法》及其实施条例等有关规定,计算确定资产的计税成本及折旧或摊销年限。
>
> 企业发生的购置资产支出,不得从搬迁收入中扣除。

(四)搬迁所得的延期纳税规定。

企业在搬迁期间发生的搬迁收入和搬迁支出,可以暂不计入当期应纳税所得额,而在完成搬迁的年度,对搬迁收入和支出进行汇总清算。

企业应在搬迁完成年度,将搬迁所得计入当年度企业应纳税所得额计算纳税。

(五)搬迁所得的税务处理。

1. 下列情形之一的,为搬迁完成年度,企业应进行搬迁清算,将计算的搬迁所得并入该年度应纳税所得额缴纳企业所得税:

(1)从搬迁开始,5年内(包括搬迁当年度)任何一年完成搬迁的。

(2)从搬迁开始,搬迁时间满5年(包括搬迁当年度)的年度。

2. 企业搬迁收入扣除搬迁支出后为负数的,应为搬迁损失。搬迁损失可在下列方法中选择其一进行税务处理:

(1)在搬迁完成年度,一次性作为损失进行扣除。

(2)自搬迁完成年度起分3个年度,均匀在税前扣除。

上述方法由企业自行选择,但一经选定,不得改变。

（六）搬迁年度及搬迁完成年度的确定。

1. 企业同时符合下列条件的,视为已经完成搬迁:

(1) 搬迁规划已基本完成。

(2) 当年生产经营收入占规划搬迁前年度生产经营收入50%以上。

2. 企业边搬迁、边生产的,搬迁年度应从实际开始搬迁的年度计算。

（七）搬迁前尚未弥补亏损的税务处理。

企业以前年度发生尚未弥补的亏损的,凡企业由于搬迁停止生产经营无所得的,从搬迁年度次年起,至搬迁完成年度前一年度止,可作为停止生产经营活动年度,从法定亏损结转弥补年限中减除;企业边搬迁、边生产的,其亏损结转年度应连续计算。

（八）政策性搬迁所得税的征收管理。

1. 企业应当自搬迁开始年度,至次年5月31日前,向主管税务机关(包括迁出地和迁入地)报送政策性搬迁依据、搬迁规划等相关材料。逾期未报的,除特殊原因并经主管税务机关认可外,按非政策性搬迁处理,不得执行本办法的规定。

2. 企业应向主管税务机关报送的政策性搬迁依据、搬迁规划等相关材料,包括:

(1) 政府搬迁文件或公告。

(2) 搬迁重置总体规划。

(3) 拆迁补偿协议。

(4) 资产处置计划。

(5) 其他与搬迁相关的事项。

3. 企业迁出地和迁入地主管税务机关发生变化的,由迁入地主管税务机关负责企业搬迁清算。

4. 企业搬迁完成当年,其向主管税务机关报送企业所得税年度纳税申报表时,应同时报送《企业政策性搬迁清算损益表》(表样附后)及相关材料。

5. 本办法未规定的企业搬迁税务事项,按照《企业所得税法》及其实施条例等相关规定进行税务处理。

（九）政策性搬迁所得税政策的衔接。

1. 凡在国家税务总局2012年第40号公告生效前已经签订搬迁协议且尚未完成搬迁清算的企业政策性搬迁项目,企业在重建或恢复生产过程中购置的各类资产,可以作为搬迁支出,从搬迁收入中扣除。但购置的各类资产,应剔除该搬迁补偿收入后,作为该资产的计税基础,并按规定计算折旧或费用摊销。凡在国家税务总局2012年第40号公告生效后签订搬迁协议的政策性搬迁项目,应按国家税务总局2012年第40号公告有关规定执行。

2. 企业政策性搬迁被征用的资产,采取资产置换的,其换入资产的计税成本按被征用资产的净值,加上换入资产所支付的税费(涉及补价,还应加上补价款)计算确定。

（十）政策性搬迁实务解析。

1. 如果政府的搬迁文件签署时间在2012年9月30日前,且截止到2012年9月30日已经完成搬迁的,应当执行《国家税务总局关于企业政策性搬迁或处置收入有关企业所得税处理问题的通知》(国税函〔2009〕118号)。

118号文件与40号公告最大的不同点:政策性搬迁中重新购置的固定资产的支出和土地使

用权支出可以从搬迁所得中扣除,且其按规定提取的折旧或摊销的成本仍可以据实扣除。相当于给予搬迁企业优惠政策。40号公告不允许扣除重新购置的固定资产和土地使用权支出。

2. 如果政府的搬迁文件签署时间在2012年10月1日后,不管什么时间完成搬迁,一律执行国家税务总局公告2012年第40号规定。

3. 如果政府的搬迁文件签署时间在2012年9月30日前,但搬迁完成年度在2012年10月1日以后的,同时执行国家税务总局公告2012年第40号和国家税务总局公告2013年第11号。这种情况下,与第2种情况最大的不同点是,允许从搬迁所得中一次性扣除搬迁中重新购置的所有资产的支出,但不包括存货。但重新购置的所有资产的成本中,不超过搬迁补偿费收入部分,其计税基础为零。也就是说,以搬迁补偿费收入用于购置的资产的成本以后年度不得扣除。

例如,取得1 000万元的搬迁补偿费收入,重新购置一台设备价值800万元。该设备的账面价值为800万元,但该设备的计税基础为0。会计上应当建立台账进行管理。如果重新购置的设备价值1 200万元,搬迁所得为搬迁损失200万元,这200万元可以在搬迁完成年度扣除或分5年扣除,该设备的账面价值为1 200万元,但该设备的计税基础只有200万元。相当于超过搬迁补偿费收入部分重新购置的资产价值在计算搬迁所得时扣除一次,计税基础仍旧可以再次扣除,相当于重复扣除了一次。

《国家税务总局关于企业政策性搬迁所得税有关问题的公告》(国家税务总局公告2013年第11号)存在的问题是,如果以搬迁补偿费收入购置单项资产,其计税基础容易确定;如果购置多项资产,且重新购置资产的价值超过搬迁补偿费收入,那么计税基础就有一个确定的先后顺序问题。比如,从政府取得的搬迁补偿收入10 000万元,搬迁中重新购置的土地使用权8 000万元,机器设备5 000万元。如何确定各类资产的计税基础?

在国家税务总局没有新规定前,笔者建议按比例分摊不同资产的计税基础,具体的分摊公式如下:

$$\text{重新购置的某项资产的计税基础} = \left(\text{该资产的买价} + \text{支付的相关税费}\right) \times \frac{1 - \text{搬迁补偿费收入}}{\left(\text{所有资产的买价} + \text{支付的相关税费}\right)}$$

附件

中华人民共和国企业政策性搬迁清算损益表

政策性搬迁期间:　年　月　日至　年　月　日
纳税人名称:
纳税人识别号:□□□□□□□□□□□□□□□　　　　　　　金额单位:元(列至角分)

类别	行次	项目	金额
搬迁收入	1	对被征用资产价值的补偿	
	2	因搬迁、安置而给予的补偿	
	3	对停产停业形成的损失而给予的补偿	
	4	资产搬迁过程中遭到毁损而取得的保险赔款	
	5	搬迁资产处置收入	
	6	其他搬迁收入	
	7	搬迁收入合计(1+2+3+4+5+6)	

(续表)

类别	行次	项目	金额
搬迁支出	8	安置职工实际发生的费用	
	9	停工期间支付给职工的工资及福利费	
	10	临时存放搬迁资产而发生的费用	
	11	各类资产搬迁安装费用	
	12	资产处置支出	
	13	其他搬迁支出	
	14	搬迁支出合计(8+9+10+11+12+13)	
搬迁所得（或损失）	15	搬迁所得(或损失)(7-14)	
纳税人盖章： 经办人签字： 申报日期： 年 月 日		代理申报中介机构盖章： 经办人签字及执业证件号码： 代理申报日期： 年 月 日	主管税务机关 受理专用章 受理人签字： 受理日期： 年 月 日

3.3.3 资产(股权)划转

根据《财政部 国家税务总局关于促进企业重组有关企业所得税处理问题的通知》(财税〔2014〕109号)、《国家税务总局关于资产(股权)划转企业所得税征管问题的公告》(国家税务总局公告2015年第40号)中的规定,总结如下:

自2014年1月1日起,为贯彻落实《国务院关于进一步优化企业兼并重组市场环境的意见》(国发〔2014〕14号),根据《中华人民共和国企业所得税法》及其实施条例有关规定,现就企业重组有关企业所得税处理问题明确如下:

一、关于股权收购。

将《财政部国家税务总局关于企业重组业务企业所得税处理若干问题的通知》(财税〔2009〕59号)第六条第(二)项中有关"股权收购,收购企业购买的股权不低于被收购企业全部股权的75%"规定调整为"股权收购,收购企业购买的股权不低于被收购企业全部股权的50%"。

二、关于资产收购。

将财税〔2009〕59号文件第六条第(三)项中有关"资产收购,受让企业收购的资产不低于转让企业全部资产的75%"规定调整为"资产收购,受让企业收购的资产不低于转让企业全部资产的50%"。

三、关于股权、资产划转。

(一) 对100%直接控制的居民企业之间,以及受同一或相同多家居民企业100%直接控制的居民企业之间按账面净值划转股权或资产,凡具有合理商业目的、不以减少、免除或者推迟缴纳税款为主要目的,股权或资产划转后连续12个月内不改变被划转股权或资产原来实质性经营活动,且划出方企业和划入方企业均未在会计上确认损益的,可以选择按以下规定进行特殊性税务处理:

1. 划出方企业和划入方企业均不确认所得。

2. 划入方企业取得被划转股权或资产的计税基础,以被划转股权或资产的原账面净值确定。

3. 划入方企业取得的被划转资产,应按其原账面净值计算折旧扣除。

(二)上述政策在执行中应当注意的问题。

1. 所称"100%直接控制的居民企业之间,以及受同一或相同多家居民企业100%直接控制的居民企业之间按账面净值划转股权或资产",限于以下情形:

(1) 100%直接控制的母子公司之间,母公司向子公司按账面净值划转其持有的股权或资产,母公司获得子公司100%的股权支付。母公司按增加长期股权投资处理,子公司按接受投资(包括资本公积,下同)处理。母公司获得子公司股权的计税基础以划转股权或资产的原计税基础确定。

(2) 100%直接控制的母子公司之间,母公司向子公司按账面净值划转其持有的股权或资产,母公司没有获得任何股权或非股权支付。母公司按冲减实收资本(包括资本公积,下同)处理,子公司按接受投资处理。

(3) 100%直接控制的母子公司之间,子公司向母公司按账面净值划转其持有的股权或资产,子公司没有获得任何股权或非股权支付。母公司按收回投资处理,或按接受投资处理,子公司按冲减实收资本处理。母公司应按被划转股权或资产的原计税基础,相应调减持有子公司股权的计税基础。

(4) 受同一或相同多家母公司100%直接控制的子公司之间,在母公司主导下,一家子公司向另一家子公司按账面净值划转其持有的股权或资产,划出方没有获得任何股权或非股权支付。划出方按冲减所有者权益处理,划入方按接受投资处理。

2. 所称"股权或资产划转后连续12个月内不改变被划转股权或资产原来实质性经营活动",是指自股权或资产划转完成日起连续12个月内不改变被划转股权或资产原来实质性经营活动。

股权或资产划转完成日,是指股权或资产划转合同(协议)或批复生效,且交易双方已进行会计处理的日期。

3. 所称"划入方企业取得被划转股权或资产的计税基础,以被划转股权或资产的原账面净值确定",是指划入方企业取得被划转股权或资产的计税基础,以被划转股权或资产的原计税基础确定。

4. 所称"划入方企业取得的被划转资产,应按其原账面净值计算折旧扣除",是指划入方企业取得的被划转资产,应按被划转资产的原计税基础计算折旧扣除或摊销。

5. 按上述规定进行特殊性税务处理的股权或资产划转,交易双方应在协商一致的基础上,采取一致处理原则统一进行特殊性税务处理。

四、征收管理

(一)交易双方应在企业所得税年度汇算清缴时,分别向各自主管税务机关报送《居民企业资产(股权)划转特殊性税务处理申报表》(详见附件)和相关资料(一式两份)。

相关资料包括:

1. 股权或资产划转总体情况说明,包括基本情况、划转方案等,并详细说明划转的商业目的。

2. 交易双方或多方签订的股权或资产划转合同(协议),需有权部门(包括内部和外部)批准的,应提供批准文件。

3. 被划转股权或资产账面净值和计税基础说明。

4. 交易双方按账面净值划转股权或资产的说明(需附会计处理资料)。

5. 交易双方均未在会计上确认损益的说明(需附会计处理资料)。

6. 12个月内不改变被划转股权或资产原来实质性经营活动的承诺书。

(二)交易双方应在股权或资产划转完成后的下一年度的企业所得税年度申报时,各自向主管税务机关提交书面情况说明,以证明被划转股权或资产自划转完成日后连续12个月内,没有改变原来的实质性经营活动。

(三)交易一方在股权或资产划转完成日后连续12个月内发生生产经营业务、公司性质、资产或股权结构等情况变化,致使股权或资产划转不再符合特殊性税务处理条件的,发生变化的交易一方应在情况发生变化的30日内报告其主管税务机关,同时书面通知另一方。另一方应在接到通知后30日内将有关变化报告其主管税务机关。

(四)本公告第七条所述情况发生变化后60日内,原交易双方应按以下规定进行税务处理:

1. 属于"100%直接控制的母子公司之间,母公司向子公司按账面净值划转其持有的股权或资产,母公司获得子公司100%的股权支付。母公司按增加长期股权投资处理,子公司按接受投资(包括资本公积,下同)处理。母公司获得子公司股权的计税基础以划转股权或资产的原计税基础确定"情形的,母公司应按原划转完成时股权或资产的公允价值视同销售处理,并按公允价值确认取得长期股权投资的计税基础;子公司按公允价值确认划入股权或资产的计税基础。

2. 属于"100%直接控制的母子公司之间,母公司向子公司按账面净值划转其持有的股权或资产,母公司没有获得任何股权或非股权支付。母公司按冲减实收资本(包括资本公积,下同)处理,子公司按接受投资处理"情形的,母公司应按原划转完成时股权或资产的公允价值视同销售处理;子公司按公允价值确认划入股权或资产的计税基础。

3. 属于"100%直接控制的母子公司之间,子公司向母公司按账面净值划转其持有的股权或资产,子公司没有获得任何股权或非股权支付。母公司按收回投资处理,或按接受投资处理,子公司按冲减实收资本处理。母公司应按被划转股权或资产的原计税基础,相应调减持有子公司股权的计税基础"情形的,子公司应按原划转完成时股权或资产的公允价值视同销售处理;母公司应按撤回或减少投资进行处理。

属于"受同一或相同多家母公司100%直接控制的子公司之间,在母公司主导下,一家子公司向另一家子公司按账面净值划转其持有的股权或资产,划出方没有获得任何股权或非股权支付。划出方按冲减所有者权益处理,划入方按接受投资处理"情形的,划出方应按原划转完成时股权或资产的公允价值视同销售处理;母公司根据交易情形和会计处理对划出方按分回股息进行处理,或者按撤回或减少投资进行处理,对划入方按以股权或资产的公允价值进行投资处理;划入方按接受母公司投资处理,以公允价值确认划入股权或资产的计税基础。

(五)交易双方应调整划转完成纳税年度的应纳税所得额及相应股权或资产的计税基

础,向各自主管税务机关申请调整划转完成纳税年度的企业所得税年度申报表,依法计算缴纳企业所得税。

(六)交易双方的主管税务机关应对企业申报适用特殊性税务处理的股权或资产划转加强后续管理。

3.3.4 非货币资产投资企业所得税政策

根据《财政部　国家税务总局关于非货币性资产投资企业所得税政策问题的通知》(财税〔2014〕116号)及《国家税务总局关于非货币性资产投资企业所得税有关征管问题的公告》(国家税务总局公告2015年第33号),现将非货币资产投资企业所得税问题总结如下:

为贯彻落实《国务院关于进一步优化企业兼并重组市场环境的意见》(国发〔2014〕14号),根据《中华人民共和国企业所得税法》及其实施条例有关规定,现就非货币性资产投资涉及的企业所得税政策问题明确如下,自2014年1月1日起执行:

一、实行查账征收的居民企业(以下简称企业)以非货币性资产对外投资确认的非货币性资产转让所得,可自确认非货币性资产转让收入年度起不超过连续5个纳税年度的期间内,分期均匀计入相应年度的应纳税所得额,按规定计算缴纳企业所得税。

> **提示**
> 这里所指的"不超过5年期限",是指从确认非货币性资产转让收入年度起不超过连续5个纳税年度的期间。首先要求5年的递延纳税期间要连续、中间不能中断;其次明确"年"指的是纳税年度。

企业选择适用上述规定进行税务处理的,应在非货币性资产转让所得递延确认期间每年企业所得税汇算清缴时,填报《中华人民共和国企业所得税年度纳税申报表》(A类,2014年版)中"A105100企业重组纳税调整明细表"第13行"其中:以非货币性资产对外投资"的相关栏目,并向主管税务机关报送《非货币性资产投资递延纳税调整明细表》(详见附件)。

二、企业以非货币性资产对外投资,应对非货币性资产进行评估并按评估后的公允价值扣除计税基础后的余额,计算确认非货币性资产转让所得。

企业以非货币性资产对外投资,应于投资协议生效并办理股权登记手续时,确认非货币性资产转让收入的实现。

但关联企业之间发生的非货币性资产投资行为,投资协议生效后12个月内尚未完成股权变更登记手续的,于投资协议生效时,确认非货币性资产转让收入的实现。

> **提示**
> 关联企业之间发生非货币性资产投资行为,可能由于具有关联关系而不及时办理或不办理股权登记手续,以延迟确认或长期不确认非货币性资产转让收入,实际上延长了递延纳税期限,造成对此项政策的滥用。为防止此种情况发生,公告要求关联企业之间非货币性资产投资行为,自投资协议生效后最长12个月内应完成股权变更登记手续。如果投资协议生效后12个月内仍未完成股权变更登记手续,则于投资协议生效时,确认非货币性资产转让收入的实现。

三、企业以非货币性资产对外投资而取得被投资企业的股权,应以非货币性资产的原计税成本为计税基础,加上每年确认的非货币性资产转让所得,逐年进行调整。

被投资企业取得非货币性资产的计税基础,应按非货币性资产的公允价值确定。

四、企业在对外投资5年内转让上述股权或投资收回的,应停止执行递延纳税政策,并就递延期内尚未确认的非货币性资产转让所得,在转让股权或投资收回当年的企业所得税年度汇算清缴时,一次性计算缴纳企业所得税;企业在计算股权转让所得时,可按本通知第三条第一款规定将股权的计税基础一次调整到位。

企业在对外投资5年内注销的,应停止执行递延纳税政策,并就递延期内尚未确认的非货币性资产转让所得,在注销当年的企业所得税年度汇算清缴时,一次性计算缴纳企业所得税。

五、本通知所称非货币性资产,是指现金、银行存款、应收账款、应收票据以及准备持有至到期的债券投资等货币性资产以外的资产。

本通知所称非货币性资产投资,限于以非货币性资产出资设立新的居民企业,或将非货币性资产注入现存的居民企业。

六、企业发生非货币性资产投资,符合《财政部国家税务总局关于企业重组业务企业所得税处理若干问题的通知》(财税〔2009〕59号)等文件规定的特殊性税务处理条件的,也可选择按特殊性税务处理规定执行。

七、本通知发布前尚未处理的非货币性资产投资,符合本通知规定的可按本通知执行。

八、符合上述规定的企业非货币性资产投资行为按规定可以分5年缴纳企业所得税,同时又符合《财政部 国家税务总局关于企业重组业务企业所得税处理若干问题的通知》(财税〔2009〕59号)、《财政部 国家税务总局关于促进企业重组有关企业所得税处理问题的通知》(财税〔2014〕109号)等文件规定的特殊性税务处理条件的,可由企业选择其中一项政策执行,且一经选择,不得改变。

> **提 示**
>
> 上述政策可以理解为:
>
> 1. 符合财税〔2014〕116号文件非货币资产投资行为分期缴纳企业所得税的规定,又符合财税〔2009〕59号及财税〔2014〕109号文件规定的特殊性税务处理条件时,企业可以选择对企业有利的办法处理;
>
> 2. 但如果企业没有选择特殊性税务处理或企业选择特殊性税务处理后,税务机关认为不符合特殊性税务处理条件需要补缴企业所得税的,企业仍旧可以按5年分期缴纳企业所得税的规定处理。

九、企业应将股权投资合同或协议、对外投资的非货币性资产(明细)公允价值评估确认报告、非货币性资产(明细)计税基础的情况说明、被投资企业设立或变更的工商部门证明材料等资料留存备查,并单独准确核算税法与会计差异情况。

主管税务机关应加强企业非货币性资产投资递延纳税的后续管理。

附件

非货币性资产投资递延纳税调整明细表

纳税人名称（盖章）：
所属年度：
纳税人识别号：

金额单位：元（列至角分）

行次	被投资企业情况			非货币性资产情况			非货币性资产投资基本信息					递延纳税差异调整额					结转以后年度递延确认所得税收金额
	企业名称	纳税人识别号	主管税务机关	与投资方是否为关联企业	公允价值	账面价值	计税基础	非货币性资产转让收入实现年度	本年账载金额	非货币性资产转让所得（税收金额）	分期确认税收所得年限	分期均匀确认税收所得额	本年税收金额	前四年度	前三年度	前二年度	前一年度	本年	
	1	2	3	4	5	6	7	8	9	10=5-7	11	12	13	14	15	16	17	18=13-9	19=[本表第10列-第13列（第1年该项目填报时）]或[上年度明细表的相应行次第19列-本表第13列（以后递延期间该项目填报时）]
1																			
2																			
3																			
4																			
5																			

第3章 房地产企业所得税的涉税政策解析

（续表）

行次	被投资企业情况			非货币性资产情况			非货币性资产投资基本信息					递延纳税差异调整额				结转以后年度递延确认所得税收金额
	企业名称	纳税人识别号	主管税务机关	与投资方是否为关联企业	公允价值	账面价值	计税基础	非货币性资产转让收入实现年度	本年账载金额	非货币性资产转让所得（税收金额）	分期确认税收所得年限	分期均匀确认税收所得额	本年税收金额	前四年度	前三年度	前二年度	前一年度	本年	
6																			
…																			
合计	—	—	—	—	—	—	—	—			—			—	—	—	—		

谨声明：本人知悉并保证本表填报内容及所附证明材料真实、完整，并承担因资料虚假而产生的法律和行政责任。

法定代表人签章：　　　　　　　　　　　　　　　填表日期：　　年　月　日

填表人：

填表说明：

1. 本表适用于执行《财政部 国家税务总局关于非货币性资产投资企业所得税政策问题的通知》（财税〔2014〕116号）和本公告规定的纳税人填报。纳税人应在非货币性资产投资每年确认税收金额所属企业所得税年度汇算清缴申报时，一并向主管税务机关报送本表。

2. 纳税人应以被投资单位为申报单位逐行填列。若纳税人在一个纳税年度内发生两次以上对同一家企业非货币性资产投资业务，则应作为一项投资项目进行填报。纳税人在纳税年度内对两个及以上不同企业发生非货币性资产投资业务，则作为不同的投资项目分别填报。

3. 第8列"非货币性资产转让收入实现年度"：是指非货币性资产投资协议生效并办理股权登记手续的年度。关联企业之间非货币性资产投资，投资协议生效后12个月内尚未完成股权变更登记手续的，以投资协议生效年度为投资协议生效年度。

4. 第9列"本年账载金额"。

5. 第10列"非货币性资产转让所得（税收金额）"：填报纳税人根据会计规定的非货币性资产转让所得。

6. 第11列"分期确认税收所得年限"：填报纳税人按照税法规定确认非货币性资产转让所得分期均匀计入相应年度应纳税所得额的年度数。

7. 第12列"分期均匀确认税收所得额"：填报纳税人按照税法规定分期均匀计入相应年度应纳税所得额的金额；等于非货币性资产转让所得（税收金额）除以分期确认税收所得年限。

8. 第13列"本年税收金额"：填报纳税人按照税法规定在所属年度确认的非货币性资产转让所得，包括纳税人在对外投资5年内转让股权、投资收回或注销时，须一次性确认的非货币性资产转让所得。

9. "递延纳税差异调整额"：纳税调整增加的，以正数表示；纳税调整减少的，以负数表示；第18列"本年"为所属年度，第17至14列依次从所属年度往前倒推的年度。

10. 第19列"结转以后年度递延确认所得税收金额"：填报按照所得税法规定结转以后年度确认的尚未确认的非货币性资产转让所得。

3.3.5　企业接收政府划拨资产的企业所得税处理

《国家税务总局关于企业所得税应纳税所得额若干问题的公告》(国家税务总局公告2014年第29号)规定：

（一）县级以上人民政府（包括政府有关部门，下同）将国有资产明确以股权投资方式投入企业，企业应作为国家资本金（包括资本公积）处理。该项资产如为非货币性资产，应按政府确定的接收价值确定计税基础。

（二）县级以上人民政府将国有资产无偿划入企业，凡指定专门用途并按《财政部国家税务总局关于专项用途财政性资金企业所得税处理问题的通知》（财税〔2011〕70号）规定进行管理的，企业可作为不征税收入进行企业所得税处理。其中，该项资产属于非货币性资产的，应按政府确定的接收价值计算不征税收入。

县级以上人民政府将国有资产无偿划入企业，属于上述（一）、（二）项以外情形的，应按政府确定的接收价值计入当期收入总额计算缴纳企业所得税。政府没有确定接收价值的，按资产的公允价值计算确定应税收入。

> **提　示**
>
> 近年来，国有企业资产重组改制事项日益增多。在国有企业资产重组改制过程中，经常发生各级人民政府将其拥有或控制的经营性资产划拨给国有企业进行经营管理的情况。对于此类事项如何进行企业所得税处理，在实际税收征管和纳税申报过程中，税企双方经常出现理解不一、引发分歧的情况。公告对该类事项的企业所得税处理进行了统一和规范。
>
> （1）企业接收政府投资资产的企业所得税处理。县级以上人民政府及其有关部门将国有资产作为股权投资划入企业，属于政策性划转（投资）行为，按现行企业所得税规定，不属于收入范畴，因此，企业应将其作为国家资本金（资本公积）进行企业所得税处理。另外，由于该项资产价值通常由政府在划转时直接确定，因此，该项资产的计税基础可以按其实际接收价值确定。
>
> （2）企业接收政府指定用途资产的企业所得税处理。县级以上人民政府及其有关部门将国有资产无偿划入企业，凡划出单位或业务监管部门指定了专门用途，且企业已按《财政部国家税务总局关于专项用途财政性资金企业所得税处理问题的通知》（财税〔2011〕70号）的规定进行了管理，就具备了财政性资金性质，因此，根据《企业所得税法》第七条的规定，可以作为不征税收入进行税务处理。其中，无偿划入资产属于非货币性资产的，应按该项资产实际接收价值确定不征税收入。
>
> （3）企业接收政府无偿划入资产的企业所得税处理。企业无偿接受县级以上人民政府及其有关部门无偿划入资产，属于上述（一）、（二）项情形以外的（税法另有规定除外），企业应按政府确定的该项资产的实际接收价值，并入当期应税收入，计算缴纳企业所得税。如果政府没有确定接收价值的，应按资产的公允价值确定应税收入。上述处理的政策依据是：现行企业所得税法将企业收入总额分为免税收入、不征税收入和应税收入三类，显然，该项收入如果不属于免税收入或不征税收入，就应当属于应税收入。

3.3.6　企业接收股东划入资产的企业所得税处理

《国家税务总局关于企业所得税应纳税所得额若干问题的公告》(国家税务总局公告2014年第29号)规定：

(一)企业接收股东划入资产(包括股东赠予资产、上市公司在股权分置改革过程中接收原非流通股股东和新非流通股股东赠予的资产、股东放弃本企业的股权,下同),凡合同、协议约定作为资本金(包括资本公积)且在会计上已做实际处理的,不计入企业的收入总额,企业应按公允价值确定该项资产的计税基础。

(二)企业接收股东划入资产,凡作为收入处理的,应按公允价值计入收入总额,计算缴纳企业所得税,同时按公允价值确定该项资产的计税基础。

> **提　示**
>
> 企业接收股东划入资产(包括股东赠予资产、上市公司在股权分置改革过程中接收原非流通股股东和新非流通股股东赠予的资产、股东放弃本企业的股权,下同),凡作为资本金(包括资本公积)处理的,说明该事项属于企业正常接受股东股权投资行为,因此,不能作为收入进行所得税处理。企业接收股东划入资产,凡作为收入处理的,说明该事项不属于企业正常接受股东股权投资行为,而是接受捐赠行为,因此,应计入收入总额计算缴纳企业所得税。
>
> 值得商榷的是,接受股东划入资产,按会计上是否计入收入确定是否缴纳企业所得税,显然有悖法理。比如,甲企业股东之一A公司将持有的一套设备划拨给甲企业,由于两个企业均属于独立法人,A公司应当按国税函〔2008〕828号文件规定缴纳企业所得税;甲企业如果将这套设备计入营业外收入,就需要缴纳企业所得税,显然存在重复课税问题。

3.3.7　混合性投资业务

《国家税务总局关于企业混合性投资业务企业所得税处理问题的公告》(国家税务总局公告2013年第41号)规定,根据《中华人民共和国企业所得税法》及其实施条例的规定,现就企业混合性投资业务企业所得税处理问题公告如下：

(一)混合性投资业务的概念及条件。

企业混合性投资业务,是指兼具权益和债权双重特性的投资业务。同时符合下列条件的混合性投资业务,按本公告进行企业所得税处理：

1. 被投资企业接受投资后,需要按投资合同或协议约定的利率定期支付利息(或定期支付保底利息、固定利润、固定股息,下同)。
2. 有明确的投资期限或特定的投资条件,并在投资期满或者满足特定投资条件后,被投资企业需要赎回投资或偿还本金。
3. 投资企业对被投资企业净资产不拥有所有权。
4. 投资企业不具有选举权和被选举权。
5. 投资企业不参与被投资企业日常生产经营活动。

(二)混合性投资业务的企业所得税处理。

符合上述规定的混合性投资业务,按下列规定进行企业所得税处理：

1. 对于被投资企业支付的利息,投资企业应于被投资企业应付利息的日期,确认收入的实现并计入当期应纳税所得额；被投资企业应于应付利息的日期,确认利息支出,并按税法和《国家税务总局关于企业所得税若干问题的公告》(国家税务总局公告2011年第34号)第一条的规定,进行税前扣除。

2. 对于被投资企业赎回的投资,投资双方应于赎回时将赎价与投资成本之间的差额确认为债务重组损益,分别计入当期应纳税所得额。

(三)执行时间及衔接办法。

本公告自2013年9月1日起执行。此前发生的已进行税务处理的混合性投资业务,不再进行纳税调整。

例题3-1 甲企业与乙房地产企业签订投资合同,对乙房地产企业的生林小区项目进行投资5 000万元,持有该项目30%股份。合同约定,甲企业对生林小区项目提供投资,解决该项目的资金问题,乙房地产公司每半年支付一次投资资金报酬2%。项目完工并销售后,按股权比例分享该项目的净利润。甲企业不参与乙房地产公司的具体经营管理和分红,乙房地产公司原有的董事会及经营管理机构不因本次增资而进行调整。待生林小区项目销售完毕后,甲企业收回5 000万元资金,并参与该项目的利润分配。2017年该项目销售完毕,实现净利润3 000万元。甲企业分得900万元。请分别说明甲企业和乙企业分别如何进行企业所得税处理。

解析：

甲企业：

每半年取得的2%利息收入应当按规定缴纳增值税、城市维护建设税、教育费附加和企业所得税。其中,应当按合同约定的应付利息收入的当天确认收入实现并缴纳企业所得税。

甲企业收回的赎价5 900万元与投资成本5 000万元之间的差额确认为债务重组收益,并入当期所得缴纳企业所得税。

乙企业：

乙企业每半年支付的利息,符合利息扣除条件的,可以在实际支付年度税前扣除；支付的赎价与投资额之间的差额900万元应当确认为债务重组损失按规定税前扣除。

但该文件存在的最大问题是,将赎价与投资成本的差额界定为债务重组损益,显然不符合会计准则关于债务重组"因债务人发生财务困难"的条件。

3.3.8 利息收入增值税、企业所得税和会计处理差异分析

房地产企业如果将闲置资金贷与他人使用,利息收入的会计确认与增值税和企业所得税缴纳的时间存在较大差异,实务操作中必须掌握这些差异。现在通过一个例题进行分析。

例题3-2 甲企业是增值税一般纳税人,于2018年7月1日将1 000万元借给乙企业使用,年利率12.72%。合同约定,借款期限3年,到期后一次性还本付息。

问题一：上述业务在2018年度甲企业是否应当缴纳增值税？什么时间发生增值税纳税

义务?

根据《财政部 国家税务总局关于全面推开营业税改征增值税试点的通知》(财税〔2016〕36号)第四十五条规定,纳税人发生应税行为并收讫销售款项或者取得索取销售款项凭据的当天;先开具发票的,为开具发票的当天。

收讫销售款项,是指纳税人销售服务、无形资产、不动产过程中或者完成后收到款项。

取得索取销售款项凭据的当天,是指书面合同确定的付款日期;未签订书面合同或者书面合同未确定付款日期的,为服务、无形资产转让完成的当天或者不动产权属变更的当天。

综上所述,笔者将利息收入增值税纳税义务发生时间总结如下:

(1) 甲企业将资金借给乙企业使用后,在借款到期前,按合同约定分期支付的利息,属于甲企业在"过程中"收取销售款项,应当按合同约定的付息日期确认增值税纳税义务发生时间。

(2) 如果按合同约定到期一次性还本付息,属于甲企业在应税行为"完成后"收取销售款项,符合合同约定的还本付息条件时,即使没有实际收到本息或没有全额收到本息,也应当确认利息收入增值税纳税义务的发生时间。

由于该项借款是3年后才能还本付息,因此,2018年甲企业不需要就上述业务缴纳增值税。

问题二:甲企业2018年度会计上是否应当确认利息收入实现?计入什么科目?

会计上,收入的确认遵循权责发生制原则。因此,尽管当年没有实际收到利息,也应当在会计上确认利息收入的实现。

(1) 将款项借出时

借:其他应收款——乙企业(本金)   10 000 000
  贷:银行存款   10 000 000

(2) 为了简化起见,假设该企业按半年确认一次利息收入

半年确认的应收利息 = 10 000 000 × 12.72% × 6/12 = 63.6(万元)

借:应收利息   636 000
  贷:其他业务收入——利息收入   600 000
    应交税费——待转销项税额   36 000

问题三:2018年度甲企业会计上确认的利息收入60万元是否应当缴纳企业所得税?

根据《中华人民共和国企业所得税法实施条例》第十八条第二款规定,利息收入按照合同约定的债务人应付利息的日期确认收入的实现。因此,2018年度会计上确认的60万元利息收入不符合企业所得税收入确认条件,不需要申报缴纳企业所得税。年度汇算清缴时,应当通过填报《未按权责发生制确认收入纳税调整明细表》(A105020)表进行纳税调减。

问题四:2021年6月30日,按合同约定,乙企业还本付息时,甲企业缴纳增值税如何进行会计处理和税务处理?

(1) 2021年1~6月仍旧按上述办法处理:

借:应收利息   636 000
  贷:其他业务收入——利息收入   600 000
    应交税费——待转销项税额   36 000

(2) 6月底收取本金及利息时

借：银行存款　　　　　　　　　　　　　　　　　　　　　　13 816 000
　　贷：其他应收款——乙企业（本金）　　　　　　　　　　10 000 000
　　　　应收利息　　　　　　　　　　　　　　　　　　　　 3 816 000

(3) 由于增值税纳税义务已经发生，结转销项税额

借：应交税费——待转销项税额　　　　　　　　　　　　　　　216 000
　　贷：应交税费——应交增值税（销项税额）　　　　　　　　 216 000

问题五：2021年度企业所得税汇算清缴时，如何纳税调整？

2021年度汇算清缴时，应当通过填报《未按权责发生制确认收入纳税调整明细表》（A105020）表进行纳税调增应纳税所得额300万元。

3.4　房地产企业扣除项目的确定

3.4.1　房地产企业成本费用扣除的基本原则

根据《中华人民共和国企业所得税法》第八条及《中华人民共和国企业所得税法实施条例》第二十七条、二十八条，国家税务总局公告2011年第34号，国家税务总局公告2012年第15号的规定，成本费用的扣除原则归纳如下：

（一）实际发生原则。

即任何成本费用的扣除，必须建立在已经发生的基础上，企业按会计原则预提的费用，除税法另有规定外，不得税前扣除。

（二）相关性原则。

即企业发生的成本费用必须与取得收入直接相关，才能税前扣除。比如，《国家税务总局关于纳税人取得不含税全年一次性奖金收入计征个人所得税问题的批复》（国税函〔2005〕715号）第三条规定，根据企业所得税和个人所得税的现行规定，企业所得税的纳税人、个人独资和合伙企业、个体工商户为个人支付的个人所得税款，不得在所得税前扣除。此项规定就是遵循了相关性原则。

（三）合理性原则。

即企业发生的合理的费用是指符合生产经营活动常规，可以计入当期损益或者有关资产成本的必要和正常的支出。

（四）区分收益性支出和资本性支出的原则。

《中华人民共和国企业所得税法实施条例》第二十八条规定，企业发生的支出应当区分收益性支出和资本性支出。收益性支出在发生当期直接扣除；资本性支出应当分期扣除或者计入有关资产成本，不得在发生当期直接扣除。

（五）计税成本原则。

《中华人民共和国企业所得税法实施条例》第二十八条规定，企业的不征税收入用于支出所形成的费用或者财产，不得扣除或者计算对应的折旧、摊销扣除。

（六）不得重复扣除原则。

《中华人民共和国企业所得税法实施条例》第二十八条规定，除企业所得税法和本条例另有规定外，企业实际发生的成本、费用、税金、损失和其他支出，不得重复扣除。

（七）企业提供有效凭证时效性原则。

国家税务总局公告 2011 年第 34 号规定，自 2011 年 7 月 1 日起，企业当年度实际发生的相关成本、费用，由于各种原因未能及时取得该成本、费用的有效凭证，企业在预缴季度所得税时，可暂按账面发生金额进行核算；但在汇算清缴时，应补充提供该成本、费用的有效凭证。

（八）应扣未扣费用追补确认原则。

《国家税务总局关于企业所得税应纳税所得额若干税务处理问题的公告》（国家税务总局公告 2012 年第 15 号）第六条"关于以前年度发生应扣未扣支出的税务处理问题"规定，根据《中华人民共和国税收征收管理法》的有关规定，对企业发现以前年度实际发生的、按照税收规定应在企业所得税前扣除而未扣除或者少扣除的支出，企业作出专项申报及说明后，准予追补至该项目发生年度计算扣除，但追补确认期限不得超过 5 年。

企业由于上述原因多缴的企业所得税税款，可以在追补确认年度企业所得税应纳税款中抵扣，不足抵扣的，可以向以后年度递延抵扣或申请退税。

亏损企业追补确认以前年度未在企业所得税前扣除的支出，或盈利企业经过追补确认后出现亏损的，应首先调整该项支出所属年度的亏损额，然后再按照弥补亏损的原则计算以后年度多缴的企业所得税款，并按前款规定处理。

例题 3-3 甲房地产企业 2014 年实现应纳税所得额 100 万元，已经按适用税率 25％ 申报缴纳企业所得税 25 万元。2016 年 9 月份，发现 2014 年度发生的一笔差旅费 20 万元，因当时发票丢失，没有在会计上报销。请作相应的账务处理。

解析：

2016 年度 9 月份报销时，应当进行如下账务处理：

借：以前年度损益调整　　　　　　　　　　　　　　　　　　　　　　　　200 000
　　贷：现金或其他应收款——备用金　　　　　　　　　　　　　　　　　　200 000

将 20 万元差旅费回到 2014 年度扣除：

$$2014 \text{年度应纳税所得额} = 100 - 20 = 80(\text{万元})$$
$$2014 \text{年度应当缴纳的企业所得税} = 80 \times 25\% = 20(\text{万元})$$
$$2014 \text{年度多缴企业所得税} = 25 - 20 = 5(\text{万元})$$

借：应交税费——应交所得税　　　　　　　　　　　　　　　　　　　　　50 000
　　贷：以前年度损益调整　　　　　　　　　　　　　　　　　　　　　　　50 000

结转利润分配：

借：利润分配——未分配利润　　　　　　　　　　　　　　　　　　　　　150 000
　　贷：以前年度损益调整　　　　　　　　　　　　　　　　　　　　　　　150 000

同时冲减 2014 年度多提的公积金。

如上例,其他条件不变,将漏记的差旅费 20 万元改为 120 万元。

2016 年 9 月份报销时:

借:以前年度损益调整　　　　　　　　　　　　　　　　　　　1 200 000
　　贷:现金或其他应收款——备用金　　　　　　　　　　　　　　1 200 000

重新计算 2014 年度应纳税所得额＝100－120＝－20(万元)

2014 年度多交企业所得税＝25 万元,应当在 2016 年度实现的应纳所得税额中抵减:

借:应交税费——应交所得税　　　　　　　　　　　　　　　　　250 000
　　贷:以前年度损益调整　　　　　　　　　　　　　　　　　　　250 000

结转利润分配:

借:利润分配——未分配利润　　　　　　　　　　　　　　　　　950 000
　　贷:以前年度损益调整　　　　　　　　　　　　　　　　　　　950 000

2014 年度实现的经营亏损 20 万元可以结转到以后年度按规定弥补。

(九) 遵循会计原则。

根据《国家税务总局关于发布〈中华人民共和国企业所得税年度纳税申报表(A 类,2017 年版)〉的公告》国家税务总局公告 2017 年第 54 号的规定,企业在计算应纳税所得额及应纳所得税时,企业会计处理与税收规定不一致的,应当按照税收规定计算。税收规定不明确的,在没有明确规定之前,暂按企业统一会计制度计算。

3.4.2　房地产企业计税成本的核算

3.4.2.1　计税成本的确定原则

计税成本是指企业在开发、建造开发产品(包括固定资产,下同)过程中所发生的按照税收规定进行核算与计量的应归入某项成本对象的各项费用。

成本对象是指为归集和分配开发产品开发、建造过程中的各项耗费而确定的费用承担项目。计税成本对象的确定原则如下。

1. 可否销售原则。

开发产品能够对外经营销售的,应作为独立的计税成本对象进行成本核算;不能对外经营销售的,可先作为过渡性成本对象进行归集,然后再将其相关成本摊入能够对外经营销售的成本对象。

2. 分类归集原则。

对同一开发地点、竣工时间相近、产品结构类型没有明显差异的群体开发的项目,可作为一个成本对象进行核算[注:《国家税务总局关于房地产开发企业成本对象管理问题的公告》(国家税务总局公告 2014 年第 35 号)规定,该条自 2014 年 7 月 16 日起废止]。

3. 功能区分原则。

开发项目某组成部分相对独立,且具有不同使用功能时,可以作为独立的成本对象进行核算。

4. 定价差异原则。

开发产品因其产品类型或功能不同等而导致其预期售价存在较大差异的,应分别作为成本对象进行核算。

5. 成本差异原则。

开发产品因建筑上存在明显差异可能导致其建造成本出现较大差异的,要分别作为成本对象进行核算。

6. 权益区分原则。

开发项目属于受托代建的或多方合作开发的,应结合上述原则分别划分成本对象进行核算。

3.4.2.2 取消房地产开发企业开发产品计税成本对象事先备案制度的后续管理

根据《国家税务总局关于房地产开发企业成本对象管理问题的公告》(国家税务总局公告2014年第35号)中的规定,2014年1月28日,国务院发布《关于取消和下放一批行政审批项目的决定》(国发〔2014〕5号),取消了房地产开发企业开发产品计税成本对象事先备案制度。为做好取消房地产开发企业开发产品计税成本对象事先备案制度的落实和后续管理工作,现将有关问题公告如下:

(1) 房地产开发企业应依据计税成本对象确定原则确定已完工开发产品的成本对象,并就确定原则、依据,共同成本分配原则、方法,以及开发项目基本情况、开发计划等出具专项报告,在开发产品完工当年企业所得税年度纳税申报时,随同《企业所得税年度纳税申报表》一并报送主管税务机关。

房地产开发企业将已确定的成本对象报送主管税务机关后,不得随意调整或相互混淆。如确需调整成本对象的,应就调整的原因、依据和调整前后成本变化情况等出具专项报告,在调整当年企业所得税年度纳税申报时报送主管税务机关。

(2) 房地产开发企业应建立健全成本对象管理制度,合理区分已完工成本对象、在建成本对象和未建成本对象,及时收集、整理、保存成本对象涉及的证据材料,以备税务机关检查。

(3) 各级税务机关要认真清理以前的管理规定,今后不得以任何理由进行变相审批。

主管税务机关应对房地产开发企业报送的成本对象确定专项报告做好归档工作,及时进行分析,加强后续管理。对资料不完整、不规范的,应及时通知房地产开发企业补齐、修正;对成本对象确定不合理或共同成本分配方法不合理的,主管税务机关有权进行合理调整;对成本对象确定情况异常的,主管税务机关应进行专项检查;对不如实出具专项报告或不出具专项报告的,应按《中华人民共和国税收征收管理法》的相关规定进行处理。

3.4.2.3 开发产品计税成本支出的内容

1. 土地征用费及拆迁补偿费。

土地征用费及拆迁补偿费指为取得土地开发使用权(或开发权)而发生的各项费用,主要包括土地买价或出让金、大市政配套费、契税、耕地占用税、土地使用费、土地闲置费、土地变更用途和超面积补交的地价及相关税费、拆迁补偿支出、安置及动迁支出、回迁房建造支出、农作物补偿费、危房补偿费等。

2. 前期工程费。

前期工程费指项目开发前期发生的水文地质勘察、测绘、规划、设计、可行性研究、筹建、场地通平等前期费用。

3. 建筑安装工程费。

建筑安装工程费指开发项目开发过程中发生的各项建筑安装费用。主要包括开发项目建筑工程费和开发项目安装工程费等。

4. 基础设施建设费。

基础设施建设费指开发项目在开发过程中所发生的各项基础设施支出，主要包括开发项目内道路、供水、供电、供气、排污、排洪、通讯、照明等社区管网工程费和环境卫生、园林绿化等园林环境工程费。

5. 公共配套设施费。

公共配套设施费指开发项目内发生的、独立的、非营利性的，且产权属于全体业主的，或无偿赠与地方政府、政府公用事业单位的公共配套设施支出。

6. 开发间接费。

开发间接费指企业为直接组织和管理开发项目所发生的，且不能将其归属于特定成本对象的成本费用性支出。主要包括管理人员工资、职工福利费、折旧费、修理费、办公费、水电费、劳动保护费、工程管理费、周转房摊销以及项目营销设施建造费等。

3.4.2.4　企业计税成本核算的一般程序

1. 应计入成本对象的成本和应在当期税前扣除的期间费用的划分。

对当期实际发生的各项支出，按其性质、经济用途及发生的地点、时间区进行整理、归类，并将其区分为应计入成本对象的成本和应在当期税前扣除的期间费用。同时还应按规定对在有关预提费用和待摊费用进行计量与确认。

2. 直接成本、间接成本和共同成本的划分。

对应计入成本对象中的各项实际支出、预提费用、待摊费用等合理的划分为直接成本、间接成本和共同成本，并按规定将其合理的归集、分配至已完工成本对象、在建成本对象和未建成本对象。

3. 已销开发产品、未销开发产品和固定资产成本的分配。

对期前已完工成本对象应负担的成本费用按已销开发产品、未销开发产品和固定资产进行分配，其中应由已销开发产品负担的部分，在当期纳税申报时进行扣除，未销开发产品应负担的成本费用待其实际销售时再予扣除。

4. 开发产品和固定资产计税成本的结算。

对本期已完工成本对象分类为开发产品和固定资产并对其计税成本进行结算。其中属于开发产品的，应按可售面积计算其单位工程成本，据此再计算已销开发产品计税成本和未销开发产品计税成本。对本期已销开发产品的计税成本，准予在当期扣除，未销开发产品计税成本待其实际销售时再予扣除。

5. 未完工和尚未建造的成本对象成本费用明细台账。

对本期未完工和尚未建造的成本对象应当负担的成本费用，应按规定分别建立明细台账，待开发产品完工后再予结算。

3.4.2.5　共同成本和不能分清负担对象的间接成本的分摊方法

企业开发、建造的开发产品应按制造成本法进行计量与核算。其中，应计入开发产品成本中的费用属于直接成本和能够分清成本对象的间接成本,直接计入成本对象,共同成本和不能分清负担对象的间接成本,应按受益的原则和配比的原则分配至各成本对象,具体分配方法可按以下规定选择其一。

1. 占地面积法。

占地面积法指按已动工开发成本对象占地面积占开发用地总面积的比例进行分配。

(1) 一次性开发的,按某一成本对象占地面积占全部成本对象占地总面积的比例进行分配。

(2) 分期开发的,首先按本期全部成本对象占地面积占开发用地总面积的比例进行分配,然后再按某一成本对象占地面积占期内全部成本对象占地总面积的比例进行分配。

期内全部成本对象应负担的占地面积为期内开发用地占地面积减除应由各期成本对象共同负担的占地面积。

2. 建筑面积法。

建筑面积法指按已动工开发成本对象建筑面积占开发用地总建筑面积的比例进行分配。

(1) 一次性开发的,按某一成本对象建筑面积占全部成本对象建筑面积的比例进行分配。

(2) 分期开发的,首先按期内成本对象建筑面积占开发用地计划建筑面积的比例进行分配,然后再按某一成本对象建筑面积占期内成本对象总建筑面积的比例进行分配。

3. 直接成本法。

直接成本法指按期内某一成本对象的直接开发成本占期内全部成本对象直接开发成本的比例进行分配。

4. 预算造价法。

预算造价法指按期内某一成本对象预算造价占期内全部成本对象预算造价的比例进行分配。

3.4.2.6 土地成本、公共配套设施开发成本、借款费用的分摊方法

1. 土地成本。

土地成本一般按占地面积法进行分配。如果确需结合其他方法进行分配的,应经商税务机关同意。

土地开发同时连结房地产开发的,属于一次性取得土地分期开发房地产的情况,其土地开发成本经商税务机关同意后可先按土地整体预算成本进行分配,待土地整体开发完毕再进行调整。

2. 公共配套设施开发成本。

单独作为过渡性成本对象核算的公共配套设施开发成本,应按建筑面积法进行分配。

3. 借款费用。

借款费用属于不同成本对象共同负担的,按直接成本法或按预算造价法进行分配。

4. 其他成本项目。

其他成本项目的分配法由企业自行确定。

3.4.2.7 非货币交易方式取得土地使用权成本的确定

企业以非货币交易方式取得土地使用权的,应按下列规定确定其成本。

1. 以开发产品为交换条件接受投资取得的土地使用权。

企业、单位以换取开发产品为目的,将土地使用权投资企业的,按下列规定进行处理:

(1) 换取的开发产品如为该项土地开发、建造的,接受投资的企业在接受土地使用权时暂不确认其成本,待首次分出开发产品时,再按应分出开发产品(包括首次分出的和以后应分出的)的市场公允价值和土地使用权转移过程中应支付的相关税费计算确认该项土地使用权的成本。如涉及补价,土地使用权的取得成本还应加上应支付的补价款或减除应收到的补价款。

(2) 换取的开发产品如为其他土地开发、建造的,接受投资的企业在投资交易发生时,按应付出开发产品市场公允价值和土地使用权转移过程中应支付的相关税费计算确认该项土地使用权的成本。如涉及补价,土地使用权的取得成本还应加上应支付的补价款或减除应收到的补价款。

2. 以股权支付接受投资取得的土地使用权。

企业、单位以股权的形式,将土地使用权投资企业的,接受投资的企业应在投资交易发生时,按该项土地使用权的市场公允价值和土地使用权转移过程中应支付的相关税费计算确认该项土地使用权的取得成本。如涉及补价,土地使用权的取得成本还应加上应支付的补价款或减除应收到的补价款。

3.4.2.8 预提费用的扣除

除以下几项预提(应付)费用外,计税成本均应为实际发生的成本。

1. 尚未取得发票的计税成本可以预提。

出包工程未最终办理结算而未取得全额发票的,在证明资料充分的前提下,其发票不足金额可以预提,但最高不得超过合同总金额的10%。

2. 尚未建造或尚未完工公共配套设施的计税成本可以预提。

公共配套设施尚未建造或尚未完工的,可按预算造价合理预提建造费用。此类公共配套设施必须符合已在售房合同、协议或广告、模型中明确承诺建造且不可撤销,或按照法律法规规定必须配套建造的条件。

3. 报批报建费用、物业完善费用可以预提。

应向政府上交但尚未上交的报批报建费用、物业完善费用可以按规定预提。物业完善费用是指按规定应由企业承担的物业管理基金、公建维修基金或其他专项基金。

3.4.2.9 停车场所的成本

企业单独建造的停车场所,应作为成本对象单独核算。利用地下基础设施形成的停车场所,作为公共配套设施进行处理。

3.4.2.10 应当取得但未取得合法凭据的计税成本

企业在结算计税成本时其实际发生的支出应当取得但未取得合法凭据的,不得计入计税成本,待实际取得合法凭据时,再按规定计入计税成本。

3.4.2.11 计税成本核算的终止日的选择

开发产品完工以后,企业可在完工年度企业所得税汇算清缴前选择确定计税成本核算的终止日,不得滞后。凡已完工开发产品在完工年度未按规定结算计税成本,主管税务机关有权确定或核定其计税成本,据此进行纳税调整,并按《中华人民共和国税收征收管理法》的有关规定对其进行处理。

> **提 示**
>
> 需要注意的是,房地产企业在完工年度选择计税成本核算的终止日的目的是要求房地产企业必须在符合完工条件后的年度,准确地计算出开发产品计税总成本,为在汇算清缴时准确计算当年可以扣除的销售成本提供数据。绝对不能理解为在完工年度必须结转预售房产的销售收入。预售房产结转收入的时间应当严格遵循《国家税务总局关于确认企业所得税收入若干问题的通知》(国税函〔2008〕875号)第一条第一款的规定,即企业销售商品同时满足下列条件的,应确认收入的实现:(1)商品销售合同已经签订,企业已将商品所有权相关的主要风险和报酬转移给购货方;(2)企业对已售出的商品既没有保留通常与所有权相联系的继续管理权,也没有实施有效控制;(3)收入的金额能够可靠地计量;(4)已发生或将发生的销售方的成本能够可靠地核算。根据上述规定,房地产企业只有在将开发产品交付业主时,才能确认收入缴纳企业所得税,在交房前均应当按规定的计税毛利率预缴企业所得税。至于有人认为,31号文件第六条规定,签订了《房地产预售合同》视同销售收入实现,这里所说的确认收入应当理解为确认预售收入,并按规定的计税毛利率预缴企业所得税。此时不可能按实际应纳税所得额缴纳所得税,因为,相关的成本不能准确的计量,无法配比。

3.5 房地产企业成本费用扣除的具体规定

3.5.1 期间费用等

企业发生的期间费用、已销开发产品计税成本、税金及附加、土地增值税准予当期按规定扣除。

3.5.2 已销开发产品计税成本的计算

已销开发产品的计税成本,按当期已实现销售的可售面积和可售面积单位工程成本确认。可售面积单位工程成本和已销开发产品的计税成本按下列公式计算确定:

可售面积单位工程成本=成本对象总成本÷成本对象总可售面积

已销开发产品的计税成本=已实现销售的可售面积×可售面积单位工程成本

3.5.3 开发产品的维修保养费用

企业对尚未出售的已完工开发产品和按照有关法律、法规或合同规定对已售开发产品(包括共用部位、共用设施设备)进行日常维护、保养、修理等实际发生的维修费用,准予在当期据实扣除。

3.5.4 设施设备维修基金

企业将已计入销售收入的共用部位、共用设施设备维修基金按规定移交给有关部门、单位的,应于移交时扣除。

3.5.5 会所等配套设施费用

企业在开发区内建造的会所、物业管理场所、电站、热力站、水厂、文体场馆、幼儿园等配套设施,按以下规定进行处理:

1. 属于非营利性且产权属于全体业主的,或无偿赠与地方政府、公用事业单位的,可将其视为公共配套设施,其建造费用按公共配套设施费的有关规定进行处理。

2. 属于营利性的,或产权归企业所有的,或未明确产权归属的,或无偿赠与地方政府、公用事业单位以外其他单位的,应当单独核算其成本。除企业自用应按建造固定资产进行处理外,其他一律按建造开发产品进行处理。

3.5.6 邮电通讯、学校、医疗设施等成本

企业在开发区内建造的邮电通讯、学校、医疗设施应单独核算成本,其中,由企业与国家有关业务管理部门、单位合资建设,完工后有偿移交的,国家有关业务管理部门、单位给予的经济补偿可直接抵扣该项目的建造成本,抵扣后的差额应调整当期应纳税所得额。

3.5.7 按揭贷款担保金

企业采取银行按揭方式销售开发产品的,凡约定企业为购买方的按揭贷款提供担保的,其销售开发产品时向银行提供的保证金(担保金)不得从销售收入中减除,也不得作为费用在当期税前扣除,但实际发生损失时可据实扣除。

3.5.8 境外销售费用

企业委托境外机构销售开发产品的,其支付境外机构的销售费用(含佣金或手续费)不超过委托销售收入10%的部分,准予据实扣除。

3.5.9 房地产企业利息支出的特殊扣除政策

根据《中华人民共和国企业所得税法实施条例》第三十七条规定,企业在生产经营活动中发生的合理的不需要资本化的借款费用,准予扣除。

1. 发生。

根据国家税务总局公告2011年第34号文件精神,这里所说的发生,应区别情况处理:向金融企业借款,会计上按权责发生制原则预提计入财务费用的利息,不管是否支付,均可税前扣除;但向非金融企业借款,会计上预提计入财务费用的利息,应当在实际支付年度才能税前扣除。

2. 合理。

根据《中华人民共和国企业所得税法实施条例》第三十八条规定,合理性的界定原则:

(1) 非金融企业向金融企业借款的利息支出、金融企业的各项存款利息支出和同业拆借利息支出、企业经批准发行债券的利息支出。

(2) 向非金融企业借款利息税前扣除的条件。

根据《中华人民共和国企业所得税法实施条例》及《国家税务总局关于企业所得税若干问题的公告》(国家税务总局公告 2011 年第 34 号)规定,企业向非金融企业或个人借款支付的利息(或称资金占用费),同时具备下列条件可以税前扣除:

① 纳税人能够向税务机关提供本省任何一家金融企业同期同类贷款利率证明,且本企业支付的利息不超过上述证明所载明的利率。

所指金融企业包括银行、财务公司、信托公司等金融机构。

② 支付的利息不超过年利率 24%。

根据《最高人民法院关于审理民间借贷案件适用法律若干问题的规定》(法释〔2015〕18 号)第二十条规定,自 2015 年 6 月 23 日起,民间借贷双方约定年利率不超过 24% 的,受法律保护;约定年利率超过 36% 的,不受法律保护,借款人要求出借人返还超过部分的利息的,人民法院予以支持;约定利率在 24%～36% 之间的,出借人起诉的,人民法院不予支持,但借款人自愿支付的,法院不予反对。本着上述原则,民间借贷年利率超过 36% 属于非法集资,属于违法行为,利息支出不允许税前扣除;但年利率在 24%～36% 之间,虽然借款方自愿支付的,人民法院不予反对,但由于民间借贷需要提供本省一家金融企业同期同类贷款利率证明,而金融企业贷款利率是不可能超过 24% 的,因此,民间借贷年利率不超过 24% 才能税前扣除。

③ 企业按权责发生制原则提取的利息不得税前扣除,待实际支付时才能税前扣除。

④ 要根据《中华人民共和国发票管理办法》规定依法取得合法有效凭证。

例题 3-4 宏达公司是一家房地产企业,2012 年 7 月 1 日向华瑞公司借入流动资金 1 000 万元,年利率 12%,借款期限为 3 年,到期一次性还本付息。宏达公司在借款合同签订时向税务机关提供的本省某家金融企业的同期同类贷款利率为 16%。请问:2012 年和 2015 年如何进行会计处理和所得税处理?

解析:

2012 年会计处理:

借:财务费用　　　　　　　　　　　　　　　　　　　　　　　　　　600 000
　贷:应付利息　　　　　　　　　　　　　　　　　　　　　　　　　　　600 000

2012 年税务处理:

2012 年度企业所得税汇算清缴时,应当纳税调增 60 万元缴纳企业所得税。

2015 年会计处理:

借:财务费用　　　　　　　　　　　　　　　　　　　　　　　　　　600 000
　　应付利息　　　　　　　　　　　　　　　　　　　　　　　　　3 000 000
　贷:银行存款　　　　　　　　　　　　　　　　　　　　　　　　　3 600 000

2015 年税务处理:

2015 年企业所得税汇算清缴时,应当纳税调减 300 万元。

3. 资本化。

企业为购置、建造固定资产、无形资产和经过 12 个月以上的建造才能达到预定可销售状态的存货发生借款的,在有关资产购置、建造期间发生的合理的借款费用,应当作为资本性支出计入有关资产的成本,并依照本条例的规定扣除。

至于为对外投资发生的利息支出,国税发〔2003〕45 号文件已经取消了资本化要求,而是直接计入财务费用扣除;企业所得税法实施条例也没有将对外投资发生的借款利息予以资本化进行明确,因此,借款用于对外投资发生的利息准予直接计入财务费用,按规定税前扣除。

4. 向自然人借款的利息支出扣除问题。

根据《国家税务总局关于企业向自然人借款的利息支出企业所得税税前扣除问题的通知》(国税函〔2009〕777 号)的规定处理:

(1) 企业向股东或其他与企业有关联关系的自然人借款的利息支出,应根据《中华人民共和国企业所得税法》(以下简称税法)第四十六条及《财政部、国家税务总局关于企业关联方利息支出税前扣除标准有关税收政策问题的通知》(财税〔2008〕121 号)规定的条件,计算企业所得税扣除额。

(2) 企业向除第一条规定以外的内部职工或其他人员借款的利息支出,其借款情况同时符合以下条件的,其利息支出在不超过按照金融企业同期同类贷款利率计算的数额的部分,根据税法第八条和税法实施条例第二十七条的规定,准予扣除。

① 企业与个人之间的借贷是真实、合法、有效的,并且不具有非法集资目的或其他违反法律、法规的行为。

② 企业与个人之间签订了借款合同。

实务操作中存在以股东个人名义向银行贷款后用于企业生产经营情况,企业将银行开具给股东个人的利息票据直接作为税前扣除的凭证,这是不允许的。应当由个人向主管税务机关申请代开发票(注:符合《企业所得税税前扣除凭证管理办法》规定条件的,也可以取得个人提供的带有个人姓名、身份证号的收款收据及内部凭证),作为税前扣除的合法有效凭证,并按国税函〔2009〕777 号规定的条件税前扣除利息。

5. 企业投资者投资未到位而发生的利息支出。

根据《国家税务总局关于企业投资者投资未到位而发生的利息支出企业所得税前扣除问题的批复》(国税函〔2009〕312 号)规定,关于企业由于投资者投资未到位而发生的利息支出扣除问题,根据《中华人民共和国企业所得税法实施条例》第二十七条规定,凡企业投资者在规定期限内未缴足其应缴资本额的,该企业对外借款所发生的利息,相当于投资者实缴资本额与在规定期限内应缴资本额的差额应计付的利息,其不属于企业合理的支出,应由企业投资者负担,不得在计算企业应纳税所得额时扣除。

具体计算不得扣除的利息,应以企业一个年度内每一账面实收资本与借款余额保持不变的期间作为一个计算期,每一计算期内不得扣除的借款利息按该期间借款利息发生额乘以该期间企业未缴足的注册资本占借款总额的比例计算,公式为:

$$\text{企业每一计算期不得扣除的借款利息} = \text{该期间借款利息额} \times \text{该期间未缴足注册资本额} \div \text{该期间借款额}$$

企业一个年度内不得扣除的借款利息总额为该年度内每一计算期不得扣除的借款利息额之和。

投资者未到位资金对应的借款利息扣除解析举例如下。

例题 3-5 甲房地产企业于 2018 年 1 月 1 日由李某和王某出资设立,注册资本 100 万元,两人各自出资 50 万元,合同约定,2018 年 1 月 1 日首次出资各 20 万元,剩余部分在 2018 年 12 月 31 日到位。首次出资额全部按规定到位;2018 年 12 月 31 日前,李某的 30 万元投资额全部到位,但王某的 30 万元没有到位,直到 2019 年 6 月 30 日才到位。甲企业 2018 年 5 月 1 日向银行贷款 1 000 万元,年利率 6%。计算甲企业 2018 年度和 2019 年度不得扣除的利息支出。

解析:

《公司法》关于投资额未到位包括两种情况:一是没有按规定的金额到位;二是没有按规定的时间到位。因此:

(1) 2018 年度发生的利息可以全部税前扣除。

(2) 2019 年不得扣除的利息 = (1 000 × 6% ÷ 2) × (30 ÷ 1 000) = 0.9(万元)

6. 停工期间发生的贷款利息税前扣除问题。

该问题税法没有规定如何处理。根据《中华人民共和国企业所得税法》第二十一条及《国家税务总局关于发布〈中华人民共和国企业所得税年度纳税申报表(A类,2014 年版)〉的公告》(国家税务总局公告 2017 年第 54 号)中的规定,根据企业所得税法精神,在计算应纳税所得额及应纳所得税时,企业会计处理办法与税收规定不一致的,应按照企业所得税法规定计算。企业所得税法规定不明确的,在没有明确规定之前,暂按企业会计规定计算。

而《企业会计准则第 17 号——借款费用》(2006)规定,企业应正确确定借款费用资本化的期间。确定借款费用资本化的期间是正确计算应予资本化的借款费用的重要前提。资本化的期间,是指借款费用从开始资本化到停止资本化的这一段期间。根据本准则的规定,开始资本化的时点为以下三个条件同时具备时,即资产支出已经发生、借款费用已经发生和为使资产达到预定可使用状态所必要的购建活动已经开始;停止资本化的时点为所购置或建造的固定资产达到预定可使用状态时。停止资本化以后所发生的借款费用应当计入当期损益。这里的资本化期间适用于因专门借款而发生的利息、折价或溢价的摊销和因外币借款而发生的汇兑差额。因专门借款而发生的辅助费用,只要是在所购建的固定资产达到预定可使用状态之前发生的,均应在发生时予以资本化。

提 示

需要注意的是,借款费用在从开始资本化到停止资本化这一段期间内,如果由于某种原因导致资产的购置或建造过程发生中断,则应根据中断的性质和时间长短,确定中断期间是否应暂停借款费用的资本化。如果属于非正常中断,并且中断时间连续超过 3 个月的,应于中断期间暂停借款费用的资本化,将这段时间发生的借款费用计入当期损益,直至购置或建造活动重新开始。但如果中断是使资产达到预定可使用状态所必要的程序,则借款费用的资本化应继续进行。

3.5.10 房地产企业资产损失的特殊扣除政策

1. 国家无偿收回土地的损失。

企业因国家无偿收回土地使用权而形成的损失,可作为财产损失按有关规定在税前扣除。

2. 开发产品报废损失。

企业开发产品(以成本对象为计量单位)整体报废或毁损,其净损失按有关规定审核确认后准予在税前扣除。

3.5.11 折旧费用

企业开发产品转为自用的,其实际使用时间累计未超过12个月又销售的,不得在税前扣除折旧费用。

此项规定主要考虑到,如果开发产品转作自用或对外出租不足12个月的,不符合固定资产条件。但企业将自用或出租不足12个月的开发产品重新对外销售时,允许扣除的计税成本仍旧是该开发产品的原有计税成本,而不是开发产品的净值。

3.5.12 工资薪金

《中华人民共和国企业所得税法实施条例》第三十四条规定,企业发生的合理的工资薪金支出,准予扣除。

1. 发生。

《中华人民共和国企业所得税法实施条例》第三十四条规定,发生的工资薪金是指企业每一纳税年度支付给在本企业任职或者受雇的员工的所有现金形式或者非现金形式的劳动报酬,包括基本工资、奖金、津贴、补贴、年终加薪、加班工资,以及与员工任职或者受雇有关的其他支出。

2. 合理。

《国家税务总局关于企业工资薪金及职工福利费扣除问题的通知》(国税函〔2009〕3号)规定,"合理工资薪金"是指企业按照股东大会、董事会、薪酬委员会或相关管理机构制订的工资薪金制度规定实际发放给员工的工资薪金。税务机关在对工资薪金进行合理性确认时,可按以下原则掌握:

(1) 企业制定了较为规范的员工工资薪金制度。

(2) 企业所制定的工资薪金制度符合行业及地区水平。

(3) 企业在一定时期所发放的工资薪金是相对固定的,工资薪金的调整是有序进行的。

(4) 企业对实际发放的工资薪金,已依法履行了代扣代缴个人所得税义务。

(5) 有关工资薪金的安排,不以减少或逃避税款为目的。

属于国有性质的企业,其工资薪金,不得超过政府有关部门给予的限定数额;超过部分,不得计入企业工资薪金总额,也不得在计算企业应纳税所得额时扣除。

3. 关于季节工、临时工、实习生、返聘离退人员等费用税前扣除问题。

根据《国家税务总局关于企业所得税应纳税所得额若干税务处理问题的公告》(国家税务总局公告2012年第15号)第一条的规定,企业因雇用季节工、临时工、实习生、返聘离退休人员以及接受外部劳务派遣用工所实际发生的费用,应区分为工资薪金支出和职工福利费支出,并按《企业所得税法》的规定在企业所得税前扣除。其中属于工资薪金支出的,准予计入企业工资薪金总额的基数,作为计算其他各项相关费用扣除的依据。

2018年年初,教育部、国家发展改革委、工业和信息化部、财政部、人力资源社会保障部、国家税务总局联合下发《职业学校校企合作促进办法》(教职成〔2018〕1号)第二十一条规定,企业因接收学生实习所实际发生的与取得收入有关的合理支出,以及企业发生的职工教育经费支出,依法在计算应纳税所得额时扣除。

> **提 示**
>
> 如何理解上述规定呢?
>
> 《国家税务总局关于印发〈征收个人所得税若干问题的规定〉的通知》(国税发〔1994〕89号)第十九条关于工资、薪金所得与劳务报酬所得的区分问题的解释是,工资、薪金所得是属于非独立个人劳务活动,即在机关、团体、学校、部队、企事业单位及其他组织中任职、受雇而得到的报酬;劳务报酬所得则是个人独立从事各种技艺,提供各项劳务取得的报酬。两者的主要区别在于,前者存在雇佣与被雇佣关系,后者则不存在这种关系。
>
> 结合上述对工资、薪金与劳务报酬的界定,总结如下:
>
> (1) 企业雇用季节工、临时工、实习生、返聘离退休人员的,同时具备下列条件,可以作为企业工资、薪金核算,并按工资、薪金有关规定税前扣除,且可以作为企业职工福利费等限额计算的基数:
>
> 第一,上述人员所从事的岗位属于企业固定工作岗位,如保安、保洁、建筑公司的瓦工等,人员可能经常性变更,但这个工作岗位在该单位是长期存在的。
>
> 第二,企业与上述人员签订正式的书面劳动合同。
>
> 第三,留有上述人员的身份证复印件或其他的身份证明,如离退休人员的离退休证明、实习学生的派遣学校证明等,以备税务机关核实。
>
> 第四,如果属于支付给实习学生的工资薪金,还应当与职业学校或其他高等院校签订"校企合作协议"并按协议接收实习学生。
>
> (2) 企业聘用上述人员从事不设置该项固定工作岗位的临时性工作,如,临时性厂房修缮、临时性装卸搬运等,双方也不存在雇佣关系的,一律作为劳务费支出,凭上述人员到税务机关申请代开的劳务费发票或其他符合条件的内部凭证才能税前扣除。

4. 企业年度汇算清缴结束前支付汇缴年度工资薪金税前扣除问题。

《国家税务总局关于企业工资薪金和职工福利费等支出税前扣除问题的公告》(国家税务总局公告2015年第34号)规定,企业在年度汇算清缴结束前向员工实际支付的已预提汇缴年度工资薪金,准予在汇缴年度按规定扣除。

5. 企业接受外部劳务派遣用工支出税前扣除问题。

《国家税务总局关于企业工资薪金和职工福利费等支出税前扣除问题的公告》(国家税务总局公告2015年第34号)规定,企业接受外部劳务派遣用工所实际发生的费用,应分两种情况按规定在税前扣除:按照协议(合同)约定直接支付给劳务派遣公司的费用,应作为劳务费支出;直接支付给员工个人的费用,应作为工资薪金支出和职工福利费支出。其中属于工资薪金支出的费用,准予计入企业工资薪金总额的基数,作为计算其他各项相关费用扣除的依据。

> **提　示**
>
> （1）用工单位通过劳务公司聘用的职工,只要与劳务公司签订了劳务用工合同,这部分劳务工视同直接与用工单位签订了劳动合同,用工单位直接支付给劳务工的报酬应当按费用的性质划分为工资薪金支出和职工福利费支出,并在用工单位税前扣除,其中,工资薪金支出部分凭企业制作的工资表即可扣除,无需税务机关监制的发票作为原始凭证;且这部分工资薪金支出可以作为用工单位计算职工福利费等扣除限额的计算基数。
>
> （2）用工单位支付给劳务公司,由劳务公司转付给劳务工的工资薪金、职工福利费以及代为缴纳的社会保险费、住房公积金和管理费用等,应当取得劳务公司开具的发票直接计入相关的成本费用扣除,不得作为用工单位计算职工福利费等扣除限额的计算基数。

例题3-6　2018年9月1日起,甲企业通过乙企业(劳务公司)聘用劳务工20人,全部为生产人员,用工合同约定,甲企业每月向乙企业支付10.6万元,其中,由劳务公司代发工资6万元、代缴社会保险费及住房公积金2.6万元,支付给劳务公司管理费2万元。由乙企业向甲企业开具增值税专用发票。乙企业选择按差额缴纳增值税。

乙企业按简易计税方法计算的增值税＝(106－80)×5％/(1＋5％)＝1.24(万元)

乙企业通过发票新系统向甲企业提供的增值税专用发票如下:

XX省增值税专用发票【简】

单位:元

销售额	税率	税额
1 047 600	***	12 400
价税合计(大写)	壹佰零陆万圆整	小写:1 060 000
销货方	备注	差额征税

则,甲企业应当按上述专用发票进行如下会计处理:

借:生产成本等——人工费　　　　　　　　　　　　　　　　104 760
　　应交税费——应交增值税(进项税额)　　　　　　　　　　 12 400
　贷:银行存款　　　　　　　　　　　　　　　　　　　　　　106 000

2018年度企业所得税汇算清缴在申报表填报时,不需要填报《职工薪酬纳税调整明细表》(A105050)。

承上例:

假设用工合同约定,甲企业只向乙企业支付管理费2万元及由乙企业代为缴纳的社会保险费及住房公积金2.6万元,工资薪金6万元由甲企业直接按月向劳务工发放。乙企业

按差额缴纳增值税,向甲企业开具的增值税专用发票如下:

XX省增值税专用发票【简】

单位:元

销售额	税率	税额
45 047.62	* * *	952.38
价税合计(大写)	肆万陆仟圆整	小写:46 000.00
销货方	备注	差额征税

甲企业会计处理如下:

借:生产成本——人工费　　　　　　　　　　　　　　　　　105 047.62
　　应交税费——应交增值税(进项税额)　　　　　　　　　　952.38
　贷:银行存款　　　　　　　　　　　　　　　　　　　　　　46 000
　　　应付职工薪酬——应付工资　　　　　　　　　　　　　60 000

由劳务公司代为缴纳的社会保险费、住房公积金及支付的管理费必须取得发票才能税前扣除,但由甲企业直接支付给劳务工的报酬,可以在工资表列示并税前扣除。

3.5.13 职工福利费

《中华人民共和国企业所得税法实施条例》第四十条规定,企业发生的职工福利费支出,不超过工资薪金总额14%的部分,准予扣除。

1. 工资薪金总额的计算口径。

《国家税务总局关于企业工资薪金及职工福利费扣除问题的通知》(国税函〔2009〕3号)规定,"工资薪金总额"是指企业按照本通知第一条规定实际发放的工资薪金总和,不包括企业的职工福利费、职工教育经费、工会经费以及养老保险费、医疗保险费、失业保险费、工伤保险费、生育保险费等社会保险费和住房公积金。属于国有性质的企业,其工资薪金,不得超过政府有关部门给予的限定数额;超过部分,不得计入企业工资薪金总额,也不得在计算企业应纳税所得额时扣除。

应当注意,计算职工教育经费和工会经费扣除限额的工资薪金总额的界定与此口径一致。

2. 职工福利费扣除范围。

《国家税务总局关于企业工资薪金及职工福利费扣除问题的通知》(国税函〔2009〕3号)规定,职工福利费列支范围包括:

(1) 尚未实行分离办社会职能的企业,其内设福利部门所发生的设备、设施和人员费用,包括职工食堂、职工浴室、理发室、医务所、托儿所、疗养院等集体福利部门的设备、设施及维修保养费用和福利部门工作人员的工资薪金、社会保险费、住房公积金、劳务费等。

(2) 为职工卫生保健、生活、住房、交通等所发放的各项补贴和非货币性福利,包括企业向职工发放的因公外地就医费用、未实行医疗统筹企业职工医疗费用、职工供养直系亲属医疗补贴、供暖费补贴、职工防暑降温费、职工困难补贴、救济费、职工食堂经费补贴、职工交通补贴等。

(3) 按照其他规定发生的其他职工福利费,包括丧葬补助费、抚恤费、安家费、探亲假路费等。

> **提　示**
>
> 根据《国家税务总局关于企业工资薪金和职工福利费等支出税前扣除问题的公告》(国家税务总局公告2015年第34号)的规定,列入企业员工工资薪金制度、固定与工资薪金一起发放的福利性补贴,符合《国家税务总局关于企业工资薪金及职工福利费扣除问题的通知》(国税函〔2009〕3号)第一条规定的,可作为企业发生的工资薪金支出,按规定在税前扣除。
>
> 不能同时符合上述条件的福利性补贴,应作为国税函〔2009〕3号文件第三条规定的职工福利费,按规定计算限额税前扣除。
>
> 根据上述规定,所谓福利性补贴就是指属于国税函〔2009〕3号文件列举的福利费补贴项目但同时符合下列条件的补贴。福利性补贴准予按工资薪金支出在实际发放给职工的当期据实扣除:
>
> (1) 企业必须在工资薪金制度中明确规定发放的标准或比例。
> (2) 符合国税函〔2009〕3号文件第一条规定的"合理的工资薪"界定的五个条件。
> (3) 随同工资表发放给职工。
>
> 通常包括交通补贴、住房补贴、通讯补贴、物价补贴、地区补贴、出差补贴等。

3. 职工福利费核算要求。

《国家税务总局关于企业工资薪金及职工福利费扣除问题的通知》(国税函〔2009〕3号)规定,企业发生的职工福利费,应该单独设置账册,进行准确核算。没有单独设置账册准确核算的,税务机关应责令企业在规定的期限内进行改正。逾期仍未改正的,税务机关可对企业发生的职工福利费进行合理的核定。

4. 以前年度职工福利费余额的处理。

《关于企业所得税若干税务事项衔接问题的通知》(国税函〔2009〕98号)规定,企业2008年以前按照规定计提但尚未使用的职工福利费余额,2008年及以后年度发生的职工福利费,应首先冲减上述的职工福利费余额,不足部分按新税法规定扣除;仍有余额的,继续留在以后年度使用。企业2008年以前节余的职工福利费,已在税前扣除,属于职工权益,如果改变用途的,应调整增加企业应纳税所得额。

5. 福利费的列支票据问题。

根据《国家税务总局关于印发〈新企业所得税法精神宣传提纲〉的通知》(国税函〔2008〕159号)的规定,实施条例规定,企业发生的职工福利费支出,不超过工资薪金总额的14%的部分,准予扣除。这与原内、外资企业所得税对职工福利费的处理做法一致。目前,我国发票管理制度尚待完善、发票管理亟待加强,纳税人的税法遵从意识有待提高,对职工福利费的税前扣除实行比例限制,有利于保护税基,防止企业利用给职工搞福利为名侵蚀税基,减少税收漏洞。

根据上述文件的精神,之所以对福利费的扣除给予限额限制,主要是考虑到在福利费中列支的许多费用在实务中难以取得合法有效的凭证,因此,从福利费中列支的费用项目,没有取得合法有效的凭证,只要有证据证明已经真实发生的,可以在不超过规定标准内据实扣除。

3.5.14 职工教育经费

根据《中华人民共和国企业所得税法实施条例》第四十二条及规定,除国务院财政、税务主管部门另有规定外,自2018年1月1日起,企业发生的职工教育经费支出,不超过工资薪金总额8%的部分,准予在计算企业所得税应纳税所得额时扣除;超过部分,准予在以后纳税年度结转扣除。

1. 教育经费的列支范围。

《关于印发〈关于企业职工教育经费提取与使用管理的意见〉的通知》(财建〔2006〕317号)规定,教育经费的列支范围包括:

(1) 上岗和转岗培训。
(2) 各类岗位适应性培训。
(3) 岗位培训、职业技术等级培训、高技能人才培训。
(4) 专业技术人员继续教育。
(5) 特种作业人员培训。
(6) 企业组织的职工外送培训的经费支出。
(7) 职工参加的职业技能鉴定、职业资格认证等经费支出。
(8) 购置教学设备与设施。
(9) 职工岗位自学成才奖励费用。
(10) 职工教育培训管理费用。
(11) 有关职工教育的其他开支。

> **提示**
>
> 需要注意的是,《关于印发〈关于企业职工教育经费提取与使用管理的意见〉的通知》(财建〔2006〕317号)规定,企业职工为参加学历教育或学位教育发生的学费支出应当由个人负担,不得在企业所得税前扣除。如果企业为职工报销上述学费,即使教育经费没有超过规定标准,也应当纳税调增当年应纳税所得额缴纳企业所得税,并应当将报销的学费并入个人当期的工资薪金所得代扣代缴个人所得税。
>
> 《关于印发〈关于企业职工教育经费提取与使用管理的意见〉的通知》(财建〔2006〕317号)第三条第十款规定,对于企业高层管理人员的境外培训和考察,其一次性单项支出较高的费用应从其他管理费用中支出,避免挤占日常的职工教育培训经费开支。也就是说,高层管理人员和一般职工境外发生的培训费和考察费用由于目的和达到的效果不同,应当区别对待。一般职工境外发生的培训费,应当计入职工教育经费扣除;一般职工境外发生的考察费用,要区分是商务考察还是参观旅游,前者计入管理费用扣除,后者计入职工福利费扣除。但对于高层管理人员境外发生的培训费和考察费用,均可以直接计入管理费用据实扣除,不受比例限制。

2. 关于以前年度职工教育经费余额的处理。

《关于企业所得税若干税务事项衔接问题的通知》(国税函〔2009〕98号)规定,对于在

2008年以前已经计提但尚未使用的职工教育经费余额，2008年及以后新发生的职工教育经费应先从余额中冲减。仍有余额的，留在以后年度继续使用。

3.5.15 职工工会经费

《中华人民共和国企业所得税法实施条例》第四十一条规定，企业拨缴的工会经费，不超过工资薪金总额2%的部分，准予扣除。

工会经费的扣除必须取得合法有效凭证。

1. 《国家税务总局关于工会经费企业所得税税前扣除凭据问题的公告》（国家税务总局公告2010年第24号）规定，自2010年7月1日起，企业拨缴的职工工会经费，不超过工资薪金总额2%的部分，凭工会组织开具的《工会经费收入专用收据》在企业所得税税前扣除。

2. 《国家税务总局关于税务机关代收工会经费企业所得税税前扣除凭据问题的公告》（国家税务总局公告2011年第30号）规定，自2010年1月1日起，在委托税务机关代收工会经费的地区，企业拨缴的工会经费，也可凭合法、有效的工会经费代收凭据依法在税前扣除。

3.5.16 业务招待费

《中华人民共和国企业所得税法实施条例》第四十三条规定，企业发生的与生产经营活动有关的业务招待费支出，按照发生额的60%扣除，但最高不得超过当年销售（营业）收入的5‰。

1. 关于销售（营业）收入基数的确定问题。

《国家税务总局关于企业所得税执行中若干税务处理问题的通知》（国税函〔2009〕202号）规定，企业在计算业务招待费、广告费和业务宣传费等费用扣除限额时，其销售（营业）收入额应包括《实施条例》第二十五条规定的视同销售（营业）收入额。

2. 预售房款作为广告宣传费和业务招待费扣除限额的计算基数问题。

国税发〔2009〕31号文件第六条规定，企业通过正式签订《房地产销售合同》或《房地产预售合同》所取得的收入，应确认为销售收入的实现。

国税发〔2009〕31号文件第九条规定，企业销售未完工开发产品取得的收入，应先按预计计税毛利率分季（或月）计算出预计毛利额，计入当期应纳税所得额。

从国税发〔2009〕31号文件第六条、第九条的规定可以看出，房地产企业通过签订《房地产预售合同》所取得的收入，在税务处理上也应确认为销售收入的实现。这一部分收入，实质上是企业销售未完工开发产品取得的收入。

因此，房地产企业已经正式签订《房地产销售合同》或者《房地产预售合同》的，其预售房款可以作为计提业务招待费、广告宣传费等的基数。

3. 从事股权投资业务的企业业务招待费扣除限额的计算基数问题。

《国家税务总局关于贯彻落实企业所得税法若干税收问题的通知》（国税函〔2010〕79号）规定，对从事股权投资业务的企业（包括集团公司总部、创业投资企业等），其从被投资企业所分配的股息、红利以及股权转让收入，可以按规定的比例计算业务招待费扣除限额。

需要注意，79号文件只提到，股权投资业务的企业分得的股息、红利以及股权转让收入可以作为业务招待费扣除限额的计算基数,但并没有提及是否可以作为广告费和业务宣传费扣除限额的计算基数。但根据企业所得税申报表的要求,广告费、业务宣传费和业务招待费扣除限额的计算基数均按附表一第1行"销售(营业)收入合计"计算,三者是一致的。因此,原则上上述收入也应当作为广告费和业务宣传费扣除限额的计算基数。

4. 业务招待费的会计核算。

从实践中,有的纳税人为了控制招待费等,采取业务招待费预提,这里必须强调的是,业务招待费的扣除不能按提取数,而要求是按实际发生数在税法规定的限额内据实进行扣除;还有的纳税人对发生的业务招待费记入"营业外收入""其他支出"等损益类科目,在税收上,不论会计上在哪个损益类科目反映,都应"剔"出来进行纳税调整;还有的纳税人将发生的业务招待费从"应付职工薪酬"科目中列支,属于会计差错,但只要不影响损益,也就是在不影响应纳税所得额的前提下不用进行纳税调整。

会计制度对业务招待费正确的会计处理应当是记入"管理费用"的二级科目"业务招待费",但这只是一般性的规定。根据"划分收益性支出与资本性支出原则""实际成本原则""配比原则"等会计核算的一般原则,对某些业务招待费,如企业在筹建期间发生的业务招待费,按新会计准则应记入"管理费用——开办费"科目。

3.5.17 广告宣传费

1. 广告宣传费扣除基本规定。

《中华人民共和国企业所得税法实施条例》第四十四条规定,企业发生的符合条件的广告费和业务宣传费支出,除国务院财政、税务主管部门另有规定外,不超过当年销售(营业)收入15%的部分,准予扣除;超过部分,准予在以后纳税年度结转扣除。

2. 2008年年底前发生的广告宣传费在新税法执行后的衔接。

《关于企业所得税若干税务事项衔接问题的通知》(国税函〔2009〕98号)规定,企业在2008年以前按照原政策规定已发生但尚未扣除的广告费,2008年实行新税法后,其尚未扣除的余额,加上当年度新发生的广告费和业务宣传费后,按照新税法规定的比例计算扣除。

3. 关联企业广告宣传费的分摊扣除。

《财政部 国家税务总局关于广告费和业务宣传费支出税前扣除政策的通知》(财税〔2017〕41号)规定,自2016年1月1日起至2020年12月31日止,对签订广告费和业务宣传费分摊协议(以下简称分摊协议)的关联企业,其中一方发生的不超过当年销售(营业)收入税前扣除限额比例内的广告费和业务宣传费支出可以在本企业扣除,也可以将其中的部分或全部按照分摊协议归集至另一方扣除。另一方在计算本企业广告费和业务宣传费支出企业所得税税前扣除限额时,可将按照上述办法归集至本企业的广告费和业务宣传费不计算在内。

例题 3-7 A企业和B企业是关联企业,根据分摊协议,B企业在2018年发生的广告费和业务宣传费的40%,归集至A企业扣除。

假设2018年B企业销售收入为3 000万元,当年实际发生广告费和业务宣传费为600万元,其广告费和业务宣传费的扣除比例为销售收入的15%。

(1) 2018年广告费和业务宣传费的税前扣除限额＝3 000×15％＝450(万元)

(2) B企业转移到A企业扣除的广告费和业务宣传费＝450×40％＝180(万元)[注:因小于实际发生额600×40％＝240(万元)]

(3) 在B企业扣除的广告费和业务宣传费＝450－180＝270(万元)

(4) B企业结转到以后年度扣除的广告宣传费＝600－450＝150(万元)

申报表填报如下(单位:万元):

A105060　　　　　　　　　**广告费和业务宣传费跨年度纳税调整明细表**

行次	项　目	金额
1	一、本年广告费和业务宣传费支出	600
2	减:不允许扣除的广告费和业务宣传费支出	
3	二、本年符合条件的广告费和业务宣传费支出(1－2)	600
4	三、本年计算广告费和业务宣传费扣除限额的销售(营业)收入	3 000
5	乘:税收规定扣除率	15％
6	四、本企业计算的广告费和业务宣传费扣除限额(4×5)	450
7	五、本年结转以后年度扣除额(3＞6,本行＝3－6;3≤6,本行＝0)	150
8	加:以前年度累计结转扣除额	
9	减:本年扣除的以前年度结转额[3＞6,本行＝0;3≤6,本行＝8与(6－3)孰小值]	
10	六、按照分摊协议归集至其他关联方的广告费和业务宣传费(10≤3与6孰小值)	180
11	按照分摊协议从其他关联方归集至本企业的广告费和业务宣传费	
12	七、本年广告费和业务宣传费支出纳税调整金额(3＞6,本行＝2＋3－6＋10－11;3≤6,本行＝2＋10－11－9)	600－450＋180＝330
13	八、累计结转以后年度扣除额(7＋8－9)	150

3.5.18　筹建期间发生的业务招待费和广告宣传费

《国家税务总局关于企业所得税应纳税所得额若干税务处理问题的公告》(国家税务总局公告2012年第15号)第五条规定,自2011年1月1日起,企业在筹建期间,发生的与筹办活动有关的业务招待费支出,可按实际发生额的60％计入企业筹办费,并按有关规定在税前扣除;发生的广告费和业务宣传费,可按实际发生额计入企业筹办费,并按有关规定在税前扣除。

提　示

执行上述规定应当注意如下几个问题:

1. 由于该文件下发时,2011年度的汇算清缴已经结束,如果纳税人在2011年度汇算清缴时,已经对筹办费中发生的上述费用进行纳税调整,且调整并不符合上述政策的,应当重新计算,确定2011年度应纳税所得额及应纳所得税额后,对于多缴的企业所得税及时通过"以前年度损益调整"进行退税或抵交2012年度的企业所得税。

2. 由于会计上准予将筹建期间发生的筹办费直接计入当期费用,而《国家税务总局关于企业所得税若干税务事项衔接问题的通知》(国税函〔2009〕98号)规定,新税法中开(筹)办费未明确列作长期待摊费用,企业可以在开始经营之日的当年一次性扣除,也可以按照新税法有关长期待摊费用的处理规定处理,但一经选定,不得改变。因此,因纳税人的选择扣除方法不一样,对企业所得税的税务处理也会产生差异。

3. 《国家税务总局关于贯彻落实企业所得税法若干税收问题的通知》(国税函〔2010〕79号)第七条规定,企业自开始生产经营的年度,为开始计算企业损益的年度。企业从事生产经营之前进行筹办活动期间发生筹办费用支出,不得计算为当期的亏损,应按照《国家税务总局关于企业所得税若干税务事项衔接问题的通知》(国税函〔2009〕98号)第九条规定执行。这也会带来损益确认年度的重大差异调整问题。

税法上这么规定,是避免因企业筹建期间较长,导致筹建期间的亏损超过弥补年限不能弥补的尴尬。

现举例说明如下:

例题 3-8 甲房地产企业2012年9月至12月份为筹建期,共计发生筹办费100万元,其中业务招待费10万元,广告宣传费20万元。其他70万元筹办费符合税法税前扣除条件。

2013年甲企业实现销售收入1 000万元,发生业务招待费60万元、广告宣传费200万元。全年实现会计利润80万元。

要求:分别计算2012年度应纳税所得额和2013年度应纳税所得额。除上述项目外,假设各年度没有其他调整项目。

解析:

2012年度的会计处理和税务处理:

(1) 会计处理:

借:管理费用——筹办费　　　　　　　　　　　　　　　　　　　1 000 000
　　贷:银行存款　　　　　　　　　　　　　　　　　　　　　　　　1 000 000

当年会计利润＝－100(万元)

(2) 税务处理:

根据国家税务总局公告2012年第15号第五条精神,准予计入筹办费的业务招待费＝$10\times 60\%=6$(万元),准予计入筹办费的广告宣传费为20万元,而2012年度的会计利润为亏损100万元,因此:

原则上2012年度应纳税所得额＝会计利润＋纳税调增－纳税调减
　　　　　　　　　　　　　　＝－100＋4－0＝－96(万元)

但由于国税函〔2010〕79号规定,企业自开始生产经营的年度,为开始计算企业损益的年度。企业从事生产经营之前进行筹办活动期间发生筹办费用支出,不得计算为当期的亏损。因此,2012年度在会计上确认的亏损100万元均应当进行纳税调增处理,确保筹建期间不确认经营亏损。因此:

$$2012\text{年度应纳税所得额} = -100 + 100 - 0 = 0$$

2012年度确认的96万元的经营亏损结转到生产经营年度补扣。

2013年度的税务处理：

国税函〔2009〕98号规定，筹办费由企业选择下列方法之一扣除：既可以在生产经营之日的当年一次性扣除，也可以从筹办费发生的次月起，不短于3年分期摊销扣除。下面分两种情况分析：

第一种情况：假设企业选择将筹办费在开始生产经营的当年一次性扣除：

（1）业务招待费的调整。

$$\text{业务招待费扣除限额} = 1\,000 \times 0.5\% = 5\text{万元小于}60(\text{万元})$$
$$\text{应当纳税调增的业务招待费} = 60 - 5 = 55(\text{万元})$$

（2）广告宣传费的调整。

$$\text{广告宣传费扣除限额} = 1\,000 \times 15\% = 150\text{万元小于}200(\text{万元})$$
$$\text{应当纳税调增的广告宣传费} = 200 - 150 = 50(\text{万元})$$

（3）2012年度结转到2013年度补扣的筹办费=96（万元），应当纳税调减。

$$2013\text{年度应纳税所得额} = 80 + (55 + 50) - 96 = 89(\text{万元})$$

第二种情况：假设企业选择从发生的次月起不短于3年扣除筹办费：

这样，2012年9月份发生的筹办费从10月份摊销3年，10月份筹办费从11月份摊销3年，依此类推。为了简化起见，假设2012年100万元的筹办费均发生在9月份。则：

$$\text{2012年10月、11月、12月份合计摊销并准予税前扣除的筹办费} = 96 \div (3/12) \times 3 = 8(\text{万元})$$

但由于企业从事生产经营之前进行筹办活动期间发生筹办费用支出，不得计算为当期的亏损。因此2012年度准予税前扣除的筹办费8万元只能结转到取得生产经营年度的所得额中补扣。2012年度应纳税所得额仍旧为0。

$$2013\text{年度需要补扣}2012\text{年度的筹办费} = 96 \div 3 = 32(\text{万元})$$
$$\text{合计应当结转到}2013\text{年度补扣的筹办费} = 8 + 32 = 40(\text{万元})$$
$$2013\text{年度应纳税所得额} = 80 + (55 + 50) - 40 = 145(\text{万元})$$

以后年度依此类推。

3.5.19 捐赠支出

一、公益性捐赠税前扣除的政策规定。

《中华人民共和国企业所得税法》第九条规定，企业发生的公益性捐赠支出，在年度利润总额12%以内的部分，准予在计算应纳税所得额时扣除；超过年度利润总额12%的部分，准予结转以后三年内在计算应纳税所得额时扣除。

《财政部 国家税务总局关于公益性捐赠支出企业所得税税前结转扣除有关政策的通

知》(财税〔2018〕15号)根据《中华人民共和国企业所得税法》和《中华人民共和国企业所得税法实施条例》的有关规定,就公益性捐赠支出企业所得税税前结转扣除有关政策作出如下规定:

(一)企业通过公益性社会组织或者县级(含县级)以上人民政府及其组成部门和直属机构,用于慈善活动、公益事业的捐赠支出,在年度利润总额12%以内的部分,准予在计算应纳税所得额时扣除;超过年度利润总额12%的部分,准予结转以后三年内在计算应纳税所得额时扣除。

本条所称公益性社会组织,应当依法取得公益性捐赠税前扣除资格。

本条所称年度利润总额,是指企业依照国家统一会计制度的规定计算的大于零的数额。

(二)企业当年发生及以前年度结转的公益性捐赠支出,准予在当年税前扣除的部分,不能超过企业当年年度利润总额的12%。

(三)企业发生的公益性捐赠支出未在当年税前扣除的部分,准予向以后年度结转扣除,但结转年限自捐赠发生年度的次年起计算最长不得超过三年。

(四)企业在对公益性捐赠支出计算扣除时,应先扣除以前年度结转的捐赠支出,再扣除当年发生的捐赠支出。

(五)本通知自2017年1月1日起执行。2016年9月1日至2016年12月31日发生的公益性捐赠支出未在2016年税前扣除的部分,可按本通知执行。

> **提 示**
>
> 对上述政策可以按以下几点把握:
>
> 1. 自2016年9月1日起,企业实际发生的公益性捐赠不超过当年会计利润12%以内部分可以税前扣除,超过部分可以结转到以后年度补扣,但不得超过3年。
>
> 2. 本年度公益性捐赠的扣除限额应当先用于补扣以前年度结转到本年度补扣的金额,补扣后,扣除限额的余额才能用于本年度公益性捐赠的扣除,即本着"先捐赠的金额先补扣"原则进行扣除。
>
> 3. 企业超过扣除限额的公益性捐赠在连续结转3年仍旧无法扣除的,不再扣除。

例题3-9 甲企业2017年发生公益性捐赠60万元,2018年发生公益性捐赠27万元。2017—2021年各年度会计利润如下表:

单位:万元

年度	2017	2018	2019	2020	2021
利润	100	200	150	100	10

假设没有其他纳税调整项目,计算甲企业各年度应纳税所得额。

2017年度:

$$扣除限额 = 100 \times 12\% = 12(万元)$$

小于2017年度实际发生的公益性捐赠60万元,因此,2017年度汇算清缴时,只能扣除12万元。应当纳税调增的公益性捐赠金额为48万元。但可以结转到2020年度前进行补扣。

2017年度捐赠支出申报表的填报如下:

A105070 捐赠支出及纳税调整明细表

单位:万元

行次	项目	账载金额	以前年度结转可扣除的捐赠额	按税收规定计算的扣除限额	税收金额	纳税调增金额	纳税调减金额	可结转以后年度扣除的捐赠额
		1	2	3	4	5	6	7
1	一、非公益性捐赠		*	*	*		*	*
2	二、全额扣除的公益性捐赠		*	*		*	*	*
3	三、限额扣除的公益性捐赠(4+5+6+7)	60		12	60	48		48
4	前三年度(　　年)	*		*	*	*		*
5	前二年度(　　年)	*		*	*	*		*
6	前一年度(　　年)	*		*	*	*		*
7	本　年(2017年)	60	*	12	60	48	*	48
8	合计(1+2+3)	60		12	60	48		48

2018年度:

扣除限额=200×12%=24(万元)

2018年度扣除限额应当先用于补扣2017年度结转到2018年度补扣的公益性捐赠,即纳税调减24万元。剩余24万元继续往以后年度结转扣除。2018年度发生的公益性捐赠27万元不能扣除,应当纳税调增27万元,但可以结转到2021年前补扣。

2018年度捐赠支出申报表的填报如下:

A105070 捐赠支出及纳税调整明细表

单位:万元

行次	项目	账载金额	以前年度结转可扣除的捐赠额	按税收规定计算的扣除限额	税收金额	纳税调增金额	纳税调减金额	可结转以后年度扣除的捐赠额
		1	2	3	4	5	6	7
1	一、非公益性捐赠		*	*	*		*	*
2	二、全额扣除的公益性捐赠		*	*		*	*	*
3	三、限额扣除的公益性捐赠(4+5+6+7)	27	48	24	75	27	24	51
4	前三年度(　　年)	*		*	*	*		*
5	前二年度(　　年)	*		*	*	*		*
6	前一年度(2017年)	*	48	*	*	*	24	24
7	本　年(2018年)	27	*	24	75	27	*	27
8	合计(1+2+3)	27	48	24	75	27	24	51

2019年度:

扣除限额=150×12%=18(万元)

2019年度公益性捐赠扣除限额先用于补扣2017年度结转到2019年度补扣的公益性捐赠18万元,即纳税调减2019年度应纳税所得额18万元;2018年度的公益性捐赠不能补扣,进行往以后年度结转扣除。

2019年度捐赠支出申报表的填报如下:

A105070　　　　　　　　　　**捐赠支出及纳税调整明细表**

单位:万元

行次	项　目	账载金额	以前年度结转可扣除的捐赠额	按税收规定计算的扣除限额	税收金额	纳税调增金额	纳税调减金额	可结转以后年度扣除的捐赠额
		1	2	3	4	5	6	7
1	一、非公益性捐赠		*	*	*		*	*
2	二、全额扣除的公益性捐赠		*	*		*	*	
3	三、限额扣除的公益性捐赠(4+5+6+7)		51	18	51	18		33
4	前三年度(　　年)	*		*	*	*		*
5	前二年度(2017年)	*	24	*	*		18	6
6	前一年度(2018年)	*	27	*	*			27
7	本　　年(2019年)		*	18	51		*	
8	合计(1+2+3)		51	18	51		18	33

2020年度:

$$扣除限额 = 100 \times 12\% = 12(万元)$$

2020年度公益性捐赠先用于补扣2017年度结转到2020年度补扣的公益性捐赠金额6万元,即纳税调减2020年度应纳税所得额6万元;扣除限额的余额为6万元,再用于补扣2018年度结转到2020年度补扣的公益性捐赠6万元,即纳税调减2020年度应纳税所得额6万元,合计纳税调减12万元。

2020年度捐赠支出申报表的填报如下:

A105070　　　　　　　　　　**捐赠支出及纳税调整明细表**

单位:万元

行次	项　目	账载金额	以前年度结转可扣除的捐赠额	按税收规定计算的扣除限额	税收金额	纳税调增金额	纳税调减金额	可结转以后年度扣除的捐赠额
		1	2	3	4	5	6	7
1	一、非公益性捐赠		*	*	*		*	*
2	二、全额扣除的公益性捐赠		*	*		*	*	
3	三、限额扣除的公益性捐赠(4+5+6+7)		33	12	33		12	21
4	前三年度(2017年)	*	6	*	*	*	6	*
5	前二年度(2018年)	*	27	*	*		6	21
6	前一年度(2019年)	*		*	*			
7	本　　年(2020年)		*	12	33		*	
8	合计(1+2+3)		33	12	33		12	21

2021年度：

公益性捐赠扣除限额＝10×12％＝1.2(万元)

2021年度可以补扣2018年度公益性捐赠1.2万元，即纳税调减2021年度应纳税所得额1.2万元。2018年度公益性捐赠没有得到扣除的金额19.8万元由于已经达到3年，不允许再往以后年度结转扣除。

2021年度捐赠支出申报表的填报如下：

A105070 **捐赠支出及纳税调整明细表**

单位：万元

行次	项目	账载金额	以前年度结转可扣除的捐赠额	按税收规定计算的扣除限额	税收金额	纳税调增金额	纳税调减金额	可结转以后年度扣除的捐赠额
		1	2	3	4	5	6	7
1	一、非公益性捐赠		*	*	*		*	*
2	二、全额扣除的公益性捐赠		*	*			*	*
3	三、限额扣除的公益性捐赠(4+5+6+7)		21	1.2	21		1.2	0
4	前三年度(2018年)	*	21				1.2	
5	前二年度(2019年)	*						
6	前一年度(2020年)	*						
7	本　　年(2021年)	*		1.2	21	*		
8	合计(1+2+3)		21	1.2	21		1.2	0

值得注意的是，按报表填报说明，A105070表第4列"税收金额"＝本年度发生的公益性捐赠金额＋以前年度结转到本年度补扣的公益性捐赠金额。

4. 由于《中华人民共和国慈善法》对慈善捐赠的修订案是从2016年9月1日执行，因此，2016年发生的公益性捐赠应当区分为2016年9月1日前发生还是9月1日后发生，如果属于9月1日后发生，则超过扣除限额的部分准予结转到以后年度补扣。

例如，2016年实际发生公益性捐赠两笔，7月份发生10万元，10月份发生20万元。

情况之一：假设2016年度会计利润为50万元。

2016年度公益性捐赠扣除限额＝50×12％＝6(万元)，小于2016年9月30日前发生的公益性捐赠10万元：

2016年度公益性捐赠可以结转到以后年度补扣的金额＝10月1日后发生的公益性捐赠20万元。

情况之二：

假设2016年度会计利润100万元。

2016年度公益性捐赠扣除限额＝100×12％＝12(万元)，大于2016年度9月30日前发生的公益性捐赠10万元：

2016年度公益性捐赠可以结转到以后年度补扣的金额＝纳税调增的公益性捐赠金额＝18万元。

二、扣除凭证。

作为公益性捐赠扣除要么取得公益性捐赠票据，要么取得财政部门监制的"非税收入一般缴款书"。

《财政部 国家税务总局 民政部关于公益性捐赠税前扣除有关问题的通知》（财税〔2008〕160号）规定，公益性社会团体和县级以上人民政府及其组成部门和直属机构在接受捐赠时，应按照行政管理级次分别使用由财政部或省、自治区、直辖市财政部门印制的公益性捐赠票据，并加盖本单位的印章；对个人索取捐赠票据的，应予以开具。

《财政部 国家税务总局关于通过公益性群众团体的公益性捐赠税前扣除有关问题的通知》（财税〔2009〕124号）规定，捐赠方在向公益性群众团体捐赠时，应当提供注明捐赠非货币性资产公允价值的证明，如果不能提供上述证明，公益性群众团体不得向其开具公益性捐赠票据或者《非税收入一般缴款书》收据联。

三、廉租房和公共租赁住房捐赠。

《财政部 国家税务总局关于廉租住房经济适用住房和住房租赁有关税收政策的通知》（财税〔2008〕第024号）规定，企事业单位、社会团体以及其他组织于2008年1月1日前捐赠住房作为廉租住房的，按《中华人民共和国企业所得税暂行条例》（国务院令第137号）、《中华人民共和国外商投资企业和外国企业所得税法》有关公益性捐赠政策执行；2008年1月1日后捐赠的，按《中华人民共和国企业所得税法》有关公益性捐赠政策执行。

《财政部 国家税务总局关于支持公共租赁住房建设和运营有关税收优惠政策的通知》（财税〔2010〕88号）第五条规定，企事业单位、社会团体以及其他组织捐赠住房作为公租房，符合税收法律法规规定的，捐赠支出在年度利润总额12％以内的部分，准予在计算应纳税所得额时扣除。

四、公益股权捐赠。

《财政部 国家税务总局关于公益股权捐赠企业所得税政策问题的通知》（财税〔2016〕45号）规定，自2016年1月1日起，为支持和鼓励公益事业发展，根据《中华人民共和国企业所得税法》及其实施条例有关规定，经国务院批准，现将股权捐赠企业所得税政策问题通知如下：

1. 企业向公益性社会团体实施的股权捐赠，应按规定视同转让股权，股权转让收入额以企业所捐赠股权取得时的历史成本确定。

前款所称的股权，是指企业持有的其他企业的股权、上市公司股票等。

2. 企业实施股权捐赠后，以其股权历史成本为依据确定捐赠额，并依此按照企业所得税法有关规定在所得税前予以扣除。公益性社会团体接受股权捐赠后，应按照捐赠企业提供的股权历史成本开具捐赠票据。

3. 本通知所称公益性社会团体，是指注册在中华人民共和国境内，以发展公益事业为宗旨、且不以营利为目的，并经确定为具有接受捐赠税前扣除资格的基金会、慈善组织等公益性社会团体。

4. 本通知所称股权捐赠行为,是指企业向中华人民共和国境内公益性社会团体实施的股权捐赠行为。企业向中华人民共和国境外的社会组织或团体实施的股权捐赠行为不适用本通知规定。

5. 本通知发布前企业尚未进行税收处理的股权捐赠行为,符合本通知规定条件的可比照本通知执行,已经进行相关税收处理的不再进行税收调整。

五、企业公益性捐赠股权有关财务问题。

《财政部关于企业公益性捐赠股权有关财务问题的通知》(财企〔2009〕213号)规定,《财政部关于加强企业对外捐赠财务管理的通知》(财企〔2003〕95号)印发后,为规范境内企业的对外捐赠行为,维护所有者权益,促进社会公益事业的发展,发挥了积极作用。随着我国资本市场的不断完善和社会公益意识的增强,企业对外捐赠出现了新的情况。为了进一步推进社会公益事业的发展,引导企业规范开展公益性捐赠,现就企业以持有的股权(含企业产权、公司股份,下同)进行公益性捐赠有关财务问题通知如下:

(1) 由自然人、非国有的法人及其他经济组织投资控股的企业,依法履行内部决策程序,由投资者审议决定后,其持有的股权可以用于公益性捐赠。

(2) 企业以持有的股权进行公益性捐赠,应当以不影响企业债务清偿能力为前提,且受赠对象应当是依法设立的公益性社会团体和公益性非营利的事业单位。企业捐赠后,必须办理股权变更手续,不再对已捐赠股权行使股东权利,并不得要求受赠单位予以经济回报。

(3) 公益性捐赠涉及上市公司股权的,捐赠方和受赠方应当遵照《证券法》及有关证券监管的其他规定,履行相关承诺和信息披露义务。

3.5.20　住房公积金

《中华人民共和国企业所得税法实施条例》第三十五条规定,企业依照国务院有关主管部门或者省级人民政府规定的范围和标准为职工缴纳的住房公积金,准予扣除。

《关于住房公积金管理若干具体问题的指导意见》(建金管〔2005〕5号)规定,单位和职工缴存比例不应低于5%,原则上不高于12%。采取提高单位住房公积金缴存比例方式发放职工住房补贴的,应当在个人账户中予以注明。缴存住房公积金的月工资基数,原则上不应超过职工工作地所在设区城市统计部门公布的上一年度职工月平均工资的2倍或3倍。具体标准由各地根据实际情况确定。职工月平均工资应按国家统计局规定列入工资总额统计的项目计算。

3.5.21　保险费用

1. 基本保险费用。

《中华人民共和国企业所得税法实施条例》第三十五条规定,企业依照国务院有关主管部门或者省级人民政府规定的范围和标准为职工缴纳的基本养老保险费、基本医疗保险费、失业保险费、工伤保险费、生育保险费等基本社会保险费和住房公积金,准予扣除。2016年度,各省、自治区、直辖市对本地区的保险费标准进行了调整,应当按本地区的标准进行税前扣除。以山东为例:

山东省2018年度五险一金缴纳比例

序号	保险项目	个人缴费比例	单位缴费比例
1	基本养老保险	8%	18%
2	基本医疗保险	2%	9%
3	失业保险费	0.5%	1%
4	工伤保险		0.5%~1.6%（按不同行业）
5	生育保险		1%

2. 缴纳社会保险费的工资基数。

（1）《中华人民共和国保险法》规定的各项社会保险费缴纳基数均为工资总额，具体缴纳的办法，有单位和个人共同缴纳的，如基本养老保险、基本医疗保险等；也有只由企业缴纳，职工个人不需要缴纳的，如生育保险等。

（2）《关于工资总额组成的规定》（国家统计局令1990年第1号）第四条规定，工资总额由下列六个部分组成：计时工资；计件工资；奖金；津贴和补贴；加班加点工资，因此，企业发放给职工的奖金和补贴也属于计算各项社会保险费金额的基数。

3. 特殊工种人身安全保险费。

《中华人民共和国企业所得税法实施条例》第三十六条规定，除企业依照国家有关规定为特殊工种职工支付的人身安全保险费和国务院财政、税务主管部门规定可以扣除的其他商业保险费外，企业为投资者或者职工支付的商业保险费，不得扣除。

4. 补充保险费用。

《中华人民共和国企业所得税法实施条例》第三十五条及《财政部 国家税务总局关于补充养老保险费补充医疗保险费有关企业所得税政策问题的通知》（财税〔2009〕27号）规定，企业为投资者或者职工支付的补充养老保险费、补充医疗保险费，在国务院财政、税务主管部门规定的范围和标准内，准予扣除。

自2008年1月1日起，企业根据国家有关政策规定，为在本企业任职或者受雇的全体员工支付的补充养老保险费、补充医疗保险费，分别在不超过职工工资总额5%标准内的部分，在计算应纳税所得额时准予扣除；超过的部分，不予扣除。

5. 财产保险费用。

《中华人民共和国企业所得税法实施条例》第四十六条规定，企业参加财产保险，按照规定缴纳的保险费，准予扣除。

6. 企业差旅费中人身意外保险费支出。

《国家税务总局关于企业所得税有关问题的公告》（国家税务总局公告2016年第80号）第一条规定，企业职工因公出差乘坐交通工具发生的人身意外保险费支出，准予企业在计算应纳税所得额时扣除。

7. 雇主责任险等责任保险。

根据《国家税务总局关于责任保险费企业所得税税前扣除有关问题的公告》（国家税务总局公告2018年第52号）规定，2018年1月1日起，企业参加雇主责任险、公众责任险等责任保险，按照规定缴纳的保险费，准予在企业所得税税前扣除。

> **提示**
>
> （1）雇主责任险（Employer Liability Insurance）是指被保险人所雇佣的员工在受雇过程中从事与保险单所载明的与被保险人业务有关的工作而遭受意外或患与业务有关的国家规定的职业性疾病，所致伤、残或死亡，被保险人根据《中华人民共和国劳动法》及劳动合同应承担的医药费用及经济赔偿责任，包括应支出的诉讼费用，由保险人在规定的赔偿限额内负责赔偿的一种保险。
>
> （2）公众责任保险（Public Liability Insurance），又称普通责任保险或综合责任保险，它以被保险人的公众责任为承保对象，是责任保险中独立的、适用范围最为广泛的保险类别。
>
> 所谓公众责任，是指致害人在公众活动场所的过错行为致使他人的人身或财产遭受损害，依法应由致害人承担的对受害人的经济赔偿责任。公众责任的构成，以在法律上负有经济赔偿责任为前提，其法律依据是各国的民法及各种有关的单行法规制度。此外，在一些并非公众活动的场所，如果公众在该场所受到了应当由致害人负责的损害，亦可以归属于公众责任。因此，各种公共设施场所、工厂、办公楼、学校、医院、商店、展览馆、动物园、宾馆、旅店、影剧院、运动场所，以及工程建设工地等，均存在着公众责任事故风险。这些场所的所有者、经营管理者等均需要通过投保公众责任保险来转嫁其责任。
>
> 值得注意的是，文件除列举上述两项责任保险外，后加"等"字，因此，凡属于责任保险范围的保险费用，均可以税前扣除，如产品责任保险、职业赔偿保险即职业责任保险及车险中的第三者责任险、交强险等。

3.5.22 租赁费

《中华人民共和国企业所得税法实施条例》第四十七条规定，企业根据生产经营活动的需要租入固定资产支付的租赁费，按照以下方法扣除：

1. 以经营租赁方式租入固定资产发生的租赁费支出，按照租赁期限均匀扣除。
2. 以融资租赁方式租入固定资产发生的租赁费支出，按照规定构成融资租入固定资产价值的部分应当提取折旧费用，分期扣除。

3.5.23 劳动保护支出

《中华人民共和国企业所得税法实施条例》第四十八条规定，企业发生的合理的劳动保护支出，准予扣除。

《江苏省地方税务局关于发布〈企业所得税税前扣除凭证管理办法〉的公告》（苏地税规〔2011〕13号）第二十二条规定，企业发生的劳动保护支出，包括购买工作服、手套、安全保护用品、防暑降温用品等，以发票和付款单据为税前扣除凭证。

劳动保护支出应符合以下条件：

（1）用品提供或配备的对象为本企业任职或者受雇的员工。
（2）用品具有劳动保护性质，因工作需要而发生。
（3）数量上能满足工作需要即可。

（4）以实物形式发生。

3.5.24　员工服饰费用

《国家税务总局公告关于企业所得税若干问题的公告》(国家税务总局公告2011年第34号)规定,企业根据其工作性质和特点,由企业统一制作并要求员工工作时统一着装所发生的工作服饰费用,根据《企业所得税法实施条例》第二十七条的规定,可以作为企业合理的支出给予税前扣除。

> **提示**
>
> 根据上述规定,发放给职工的工作服饰是否可以直接作为成本费用税前扣除,应当同时具备下列条件:
> 1. 必须由企业统一制作,包括企业自制、委托加工等,外购的服装原则上不得作为成本费用直接扣除,应当作为职工福利费,按规定标准扣除。
> 2. 制作的工作服应当有企业便于管理和识别的统一标致等。
> 3. 由企业直接支付费用,且费用的发票应当开具给企业,而不是开具给职工个人。
> 4. 上述扣除的费用仅限于服饰。

3.5.25　营业机构内部往来费用

《中华人民共和国企业所得税法实施条例》第四十九条规定,企业之间支付的管理费、企业内营业机构之间支付的租金和特许权使用费,以及非银行企业内营业机构之间支付的利息,不得扣除。

1. 不同独立法人的母子公司之间提供服务支付费用有关企业所得税处理。

《国家税务总局关于母子公司间提供服务支付费用有关企业所得税处理问题的通知》(国税发〔2008〕86号)规定：

（1）母公司为其子公司提供各种服务而发生的费用,应按照独立企业之间公平交易原则确定服务的价格,作为企业正常的劳务费用进行税务处理。

（2）子公司未按照独立企业之间的业务往来收取价款的,税务机关有权予以调整。

（3）母公司向其子公司提供各项服务,双方应签订服务合同或协议,明确规定提供服务的内容、收费标准及金额等,凡按上述合同或协议规定所发生的服务费,母公司应作为营业收入申报纳税;子公司作为成本费用在税前扣除。

子公司申报税前扣除向母公司支付的服务费用,应向主管税务机关提供与母公司签订的服务合同或者协议等与税前扣除该项费用相关的材料。不能提供相关材料的,支付的服务费用不得税前扣除。

2. 母公司提取管理费用的扣除。

《国家税务总局关于母子公司间提供服务支付费用有关企业所得税处理问题的通知》(国税发〔2008〕86号)规定,母公司以管理费形式向子公司提取费用,子公司因此支付给母公司的管理费,不得在税前扣除。

3. 非居民企业支付给境外总机构的管理费用。

《中华人民共和国企业所得税法实施条例》第五十条规定,非居民企业在中国境内设立的机构、场所,就其中国境外总机构发生的与该机构、场所生产经营有关的费用,能够提供总机构出具的费用汇集范围、定额、分配依据和方法等证明文件,并合理分摊的,准予扣除。

3.5.26 担保连带责任支出

《企业资产损失所得税税前扣除管理办法》(国家税务总局公告 2011 年第 25 号)规定:

1. 非关联方担保损失。

企业对外提供与本企业生产经营活动有关的担保,因被担保人不能按期偿还债务而承担连带责任,经追索,被担保人无偿还能力,对无法追回的金额,比照办法规定的应收款项损失进行处理。

与本企业生产经营活动有关的担保是指企业对外提供的与本企业应税收入、投资、融资、材料采购、产品销售等生产经营活动相关的担保。

2. 关联方担保损失。

《企业所得税法暂行条例》第一百一十九条规定,企业所得税法第四十六条所称债权性投资,是指企业直接或者间接从关联方获得的,需要偿还本金和支付利息或者需要以其他具有支付利息性质的方式予以补偿的融资。

企业间接从关联方获得的债权性投资,包括:

(1) 关联方通过无关联第三方提供的债权性投资。

(2) 无关联第三方提供的、由关联方担保且负有连带责任的债权性投资。

(3) 其他间接从关联方获得的具有负债实质的债权性投资。

国税发〔2009〕2 号文件第八十七条规定,企业所得税法第四十六条所称的利息支出包括直接或间接关联债权投资实际支付的利息、担保费、抵押费和其他具有利息性质的费用。

根据上述规定,为关联方提供担保发生的连带责任支出相当于向关联方的债权性投资。因此,子公司支付给关联方的担保费及承担的连带责任支出也要受债资比例的限制,但如果子公司能够符合财税〔2008〕121 号文件第二条规定的"企业如果能够按照税法及其实施条例的有关规定提供相关资料,并证明相关交易活动符合独立交易原则的;或者该企业的实际税负不高于境内关联方的,其实际支付给境内关联方的利息支出,在计算应纳税所得额时准予扣除"。

此外,国家税务总局公告 2011 年第 25 号第四十五条规定,企业按独立交易原则向关联企业转让资产而发生的损失,或向关联企业提供借款、担保而形成的债权损失,准予扣除,但企业应作专项说明,同时出具中介机构出具的专项报告及其相关的证明材料。

3.5.27 棚户区改造支出

《财政部 国家税务总局关于企业参与政府统一组织的棚户区改造有关企业所得税政策问题的通知》(财税〔2013〕65 号)规定,根据《国务院关于加快棚户区改造工作的意见》(国发〔2013〕25 号)精神,为鼓励企业参与政府统一组织的棚户区(危房)改造工作,帮助解决低收入家庭住房困难,现将企业参与政府统一组织的工矿(含中央下放煤矿)棚户区改造、林区棚户区改造、垦区危房改造有关企业所得税政策问题通知如下:

一、企业参与政府统一组织的工矿(含中央下放煤矿)棚户区改造、林区棚户区改造、垦区危房改造并同时符合一定条件的棚户区改造支出,准予在企业所得税前扣除。

二、本通知所称同时符合一定条件的棚户区改造支出,是指同时满足以下条件的棚户区改造支出:

(一)棚户区位于远离城镇、交通不便,市政公用、教育医疗等社会公共服务缺乏城镇依托的独立矿区、林区或垦区。

(二)该独立矿区、林区或垦区不具备商业性房地产开发条件。

(三)棚户区市政排水、给水、供电、供暖、供气、垃圾处理、绿化、消防等市政服务或公共配套设施不齐全。

(四)棚户区房屋集中连片户数不低于50户,其中,实际在该棚户区居住且在本地区无其他住房的职工(含离退休职工)户数占总户数的比例不低于75%。

(五)棚户区房屋按照《房屋完损等级评定标准》和《危险房屋鉴定标准》评定属于危险房屋、严重损坏房屋的套内面积不低于该片棚户区建筑面积的25%。

(六)棚户区改造已纳入地方政府保障性安居工程建设规划和年度计划,并由地方政府牵头按照保障性住房标准组织实施;异地建设的,原棚户区土地由地方政府统一规划使用或者按规定实行土地复垦、生态恢复。

三、在企业所得税年度纳税申报时,企业应向主管税务机关提供其棚户区改造支出同时符合本通知第二条规定条件的书面说明材料。

四、本通知自2013年1月1日起施行。2012年1月10日财政部与国家税务总局颁布的《关于企业参与政府统一组织的棚户区改造支出企业所得税税前扣除政策有关问题的通知》(财税〔2012〕12号)同时废止。

3.5.28 股权激励计划相关成本费用的扣除

根据《国家税务总局关于我国居民企业实行股权激励计划有关企业所得税处理问题的公告》(国家税务总局公告2012年第18号),为推进我国资本市场改革,促进企业建立健全激励与约束机制,根据国务院证券管理委员会发布的《上市公司股权激励管理办法(试行)》(证监公司字〔2005〕151号,以下简称《管理办法》)的规定,一些在我国境内上市的居民企业(以下简称上市公司),为其职工建立了股权激励计划。根据《中华人民共和国企业所得税法》及其实施条例(以下简称税法)的有关规定,现就上市公司实施股权激励计划有关企业所得税处理问题,公告如下,自2012年7月1日起施行:

1. 股权激励方式。

本公告所称股权激励,是指《管理办法》中规定的上市公司以本公司股票为标的,对其董事、监事、高级管理人员及其他员工(以下简称激励对象)进行的长期性激励。股权激励实行方式包括授予限制性股票、股票期权以及其他法律法规规定的方式。

限制性股票,是指《管理办法》中规定的激励对象按照股权激励计划规定的条件,从上市公司获得的一定数量的本公司股票。

股票期权,是指《管理办法》中规定的上市公司按照股权激励计划授予激励对象在未来一定期限内,以预先确定的价格和条件购买本公司一定数量股票的权利。

2. 股权奖励计划的企业所得税处理。

上市公司依照《管理办法》要求建立职工股权激励计划,并按我国企业会计准则的有关规定,在股权激励计划授予激励对象时,按照该股票的公允价格及数量,计算确定作为上市公司相关年度的成本或费用,作为换取激励对象提供服务的对价。上述企业建立的职工股权激励计划,其企业所得税的处理,按以下规定执行:

(1) 对股权激励计划实行后立即可以行权的,上市公司可以根据实际行权时该股票的公允价格与激励对象实际行权支付价格的差额和数量,计算确定作为当年上市公司工资薪金支出,依照税法规定进行税前扣除。

(2) 对股权激励计划实行后,需待一定服务年限或者达到规定业绩条件(以下简称等待期)方可行权的。上市公司等待期内会计上计算确认的相关成本费用,不得在对应年度计算缴纳企业所得税时扣除。在股权激励计划可行权后,上市公司方可根据该股票实际行权时的公允价格与当年激励对象实际行权支付价格的差额及数量,计算确定作为当年上市公司工资薪金支出,依照税法规定进行税前扣除。

(3) 本条所指股票实际行权时的公允价格,以实际行权日该股票的收盘价格确定。

3. 在我国境外上市的居民企业和非上市公司,凡比照《管理办法》的规定建立职工股权激励计划,且在企业会计处理上,也按我国会计准则的有关规定处理的,其股权激励计划有关企业所得税处理问题,可以按照上述规定执行。

现举例说明如下:

例题 3-10　2015年12月15日,甲企业董事会批准了一项股份支付协议,决定向其200名高级管理人员每人授予10万份股票期权,该股票期权合同规定这些高级管理人员必须从2016年1月1日起在公司连续服务3年,服务期满时才能够以每股10元的价格购买10万股本公司股票(股票面值1元)。该股票期权的有效期为自股票期权授予日起的5年。公司根据会计准则规定的条件估计该期权在授予日的公允价值为¥15元/股。

第一年有20名管理人员离开甲企业,甲企业估计3年中离开的管理人员比例将达到20%。

第二年又有10名管理人员离开公司,公司将估计的管理人员离开比例修正为15%。

第三年又有15名管理人员离开。

第四年有20名管理人员离开。

3年等待期内管理费用和资本公积的计算过程　　　　单位:万元

年份	计算	当期费用	累计费用
2016	200×10×(1−20%)×15×1/3	8 000	8 000
2017	200×10×(1−15%)×15×2/3−8 000	9 000	17 000
2018	155×10×15−17 000	6 250	23 250

要求:请作出该年度会计处理和税务处理。

解析:

(1) 2015年12月15日,由于只是签订股票期权授予计划,没有实质性的交易,因此,会计上不需要处理,税收上既不需要进行企业所得税处理,也不需要进行个人所得税处理。

(2) 在等待期(2016年1月1日—2019年1月1日)的每个资产负债表日,应当以对可行权股票期权数量的最佳估计为基础,按照权益工具授予日的公允价值,将当期取得的服务计入相关成本或费用(具体应当根据激励对象所在岗位)及资本公积。

以2016年12月31日为例,确认当期取得的服务而产生的费用:

借:管理费用　　　　　　　　　　　　　　　　　　　　　　　80 000 000
　　贷:资本公积——其他资本公积　　　　　　　　　　　　　　　80 000 000

2016年度的企业所得税处理:根据国家税务总局公告2012年第18号文件,这部分估计的费用不允许税前扣除,应当纳税调增2016年度应纳税所得额8 000万元。申报表的填报如下:

A105000　　　　　　　　　　　　**纳税调整项目明细表**

行次	项　目	账载金额	税收金额	调增金额	调减金额
		1	2	3	4
1	一、收入类调整项目 (2+3+…8+10+11)	*	*		
12	二、扣除类调整项目 (13+14+…24+26+27+28+29+30)	*	*	80 000 000	
30	（十七）其他	80 000 000	0	80 000 000	
31	三、资产类调整项目(32+33+34+35)	*	*		
45	合计(1+12+31+36+43+44)	*	*	80 000 000	

将45行第3列合计结转到企业所得税纳税申报表主表第15行纳税调增8 000万元。
2016年度由于职工没有行权,不存在个人所得税处理问题。
2017年12月31日、2018年12月31日均按上述办法进行会计处理和税务处理(略)。

(3) 在可行权日(2019年1月1日)之后,虽然又有20名管理人员离开,导致200万份股票期权失效,但企业将不再对已确认的相关成本或费用及所有者权益总额进行调整。

在可行权日(2019年1月1日)到行权有效期截止日(2020年12月15日),企业根据实际行权的股票期权数量,计算确定应转入实收资本或股本的金额,将其转入实收资本或股本。

为简便起见,假设剩余的管理人员在同一行权日(2020年12月15日)全部行权(行权日的收盘价20元/股)。

则实际行权的股票期权数量=(200−20−10−15−20)×10=1 350(万股)

第一步:在股票期权有效期的截止日(2020年12月15日),将失效股票期权所对应的公允价值从"资本公积——其他资本公积"转入未分配利润,不冲减成本费用。

转作未分配利润的金额=20人×10万股×15=3 000(万元)

借:资本公积——其他资本公积　　　　　　　　　　　　　　　30 000 000
　　贷:利润分配——未分配利润　　　　　　　　　　　　　　　　30 000 000

第二步:职工行权。
135名管理人员行权的会计处理如下:

行权时取得的货币资金=135×10×10=13 500(万元)

借：银行存款　　　　　　　　　　　　　　　　　　　135 000 000
　　资本公积——其他资本公积　　　　　　　　　　　202 500 000
　贷：股本　　　　　　　　　　　　　　　　　　　　 13 500 000
　　　资本公积——股本溢价　　　　　　　　　　　　324 000 000

行权年度(2020年)企业所得税的处理：

按国家税务总局公告2012年第18号文件，应当按行权日股票的收盘价与施权价的差额确认为当期工资薪金支出并税前扣除。

当期发生的股票期权形式确认的工资薪金支出＝1 350×(20－10)＝13 500(万元)

但会计上并没有在行权年度确认这部分支出，应当纳税调减2020年度应纳税所得额13 500万元。

2020年度申报表填报如下：

A105050　　　　　　　　职工薪酬纳税调整明细表

行次	项目	账载金额	实际发生额	税收规定扣除率	以前年度累计结转扣除额	税收金额	纳税调整金额	累计结转以后年度扣除额
		1	2	3	4	5	6(1－5)	7(1+4－5)
1	一、工资薪金支出	0	135 000 000	*	*	150 000 000	－135 000 000	*
2	其中：股权激励	0	135 000 000	*	*	135 000 000	－135 000 000	*
3	二、职工福利费支出				*			*
4	三、职工教育经费支出			*				
5	其中：按税收规定比例扣除的职工教育经费							
6	按税收规定全额扣除的职工培训费用				*			*
7	四、工会经费支出				*			*
13	合计(1+3+4+7+8+9+10+11+12)	0	135 000 000	*		135 000 000	－135 000 000	

A105000　　　　　　　　纳税调整项目明细表

行次	项目	账载金额	税收金额	调增金额	调减金额
		1	2	3	4
12	二、扣除类调整项目(13+14+…24+26+27+28+29+30)	*	*		135 000 000
13	(一)视同销售成本(填写A105010)	*		*	
14	(二)职工薪酬(填写A105050)	0	135 000 000		135 000 000
45	合计(1+12+31+36+43+44)	*			135 000 000

将45行第4列13 500万元结转到申报表主表第16行纳税调减2020年度应纳税所得

额 13 500 万元。

上市公司因股票期权行权发生的上述工资薪金支出,可以作为本企业计算职工福利费等扣除限额的计算基数。

行权年度个人所得税处理(以其中一人计算):

《财政部 国家税务总局关于个人股票期权所得征收个人所得税问题的通知》(财税〔2005〕35号)规定,员工行权日所在期间的工资薪金所得,应按下列公式计算工资薪金应纳税所得额:

$$\text{股票期权形式的工资薪金应纳税所得额} = \left(\text{行权股票的每股市场价} - \text{员工取得该股票期权支付的每股施权价}\right) \times \text{股票数量}$$

$$= 10 \times (20 - 10) = 100(\text{万元})$$

$$\text{应纳税额} = (\text{股票期权形式的工资薪金应纳税所得额} \div \text{规定月份数} \times \text{适用税率} - \text{速算扣除数}) \times \text{规定月份数}$$

$$= (1\,000\,000 \div 12 \times 45\% - 13\,505) \times 12 = 287\,940(\text{元})$$

上款公式中的规定月份数,是指员工取得来源于中国境内的股票期权形式工资薪金所得的境内工作期间月份数,长于12个月的,按12个月计算;上款公式中的适用税率和速算扣除数,以股票期权形式的工资薪金应纳税所得额除以规定月份数后的商数,对照《国家税务总局关于印发〈征收个人所得税若干问题〉的通知》(国税发〔1994〕89号)所附税率表确定。

3.5.29 不得扣除的成本费用

《中华人民共和国企业所得税法》第十条规定,纳税人发生的下列支出项目,不得在企业所得税前扣除。

1. 向投资者支付的股息、红利等权益性投资收益款项。
2. 企业所得税税款。
3. 税收滞纳金。

《中华人民共和国企业所得税法》第十条规定,在计算应纳税所得额时,税收滞纳金不得扣除。在国家税务总局没有明确规定之前,除税收滞纳金之外的其他滞纳金可以税前扣除。

4. 罚金、罚款和被没收财物的损失。

根据企业所得税法实施条例及《行政处罚法》等相关法律的规定,罚款、罚金等的扣除,应当遵循如下原则:

(1)凡因违反法律法规行为,被行政机关处罚而缴纳的罚款、被追究刑事责任而缴纳的罚金均不得在企业所得税前扣除。

(2)但因为违背经济合同等相关协议而支付给对方的罚款、违约金、诉讼费、银行罚息、土地闲置费等,均可以依据合法有效凭证据实扣除。

5. 非公益性捐赠支出。

《中华人民共和国企业所得税法》第九条规定以外的捐赠支出不得扣除。

6. 赞助支出。

《中华人民共和国企业所得税法实施条例》第五十四条规定,赞助支出是指企业发生的与生产经营活动无关的各种非广告性质支出。

企业发生的广告性赞助支出应当作为广告宣传费扣除。

7. 未经核定的准备金支出。

《中华人民共和国企业所得税法实施条例》第五十五条规定,未经核定的准备金支出,是指不符合国务院财政、税务主管部门规定的各项资产减值准备、风险准备等准备金支出。

目前,房地产企业按会计准则规定提取的各项准备金均不属于税前扣除的项目。

8. 与取得收入无关的其他支出,如回扣、贿赂等非法支出;代替个人负担的个人所得税;为股东或其家属购买的车辆等的支出;因个人原因支付的诉讼费不得扣除等。

3.6 企业所得税税前扣除凭证

"以票控税"一直以来是税收管理的核心制度。如增值税抵扣进项税额必须取得增值税专用发票、海关进口增值税专用缴款书、免税农产品收购发票等;差额缴纳消费税的,必须取得专用发票、海关进口增值税专用缴款书、税收缴款书等作为凭证;营改增后,差额缴纳增值税的,也必须取得税务部门监制的发票、法院判决书、裁定书、调解书,以及仲裁裁决书、公证债权文书等作为凭证。

但企业所得税法相关规定并没有对"以票控税"制度作出过明确规定,虽然实际上税务机关已将其付诸实践。对于企业所得税扣除凭证的规定,散见于下列三个文件:一是《国家税务总局关于进一步加强普通发票管理工作的通知》(国税发〔2008〕80号)规定"纳税人使用不符合规定发票特别是没有填开付款方全称的发票,不得允许纳税人用于税前扣除、抵扣税款、出口退税和财务报销"。二是《国家税务总局关于加强企业所得税管理的意见》(国税发〔2008〕88号)规定"不符合规定的发票不得作为税前扣除凭据"。三是《国家税务总局关于印发〈进一步加强税收征管若干具体措施〉的通知》(国税发〔2009〕114号)规定"未按规定取得合法有效凭据不得在税前扣除。纳税人所取得的发票,填写项目必须齐全,内容必须真实,否则将不得在税前扣除"。但上述规定较为宽泛,"以票控税"的法律逻辑缺乏严谨性。具体到涉及行政诉讼,因税务机关税务稽查时,凡没有取得发票的支出不允许扣除,税务机关败诉的案例时有发生。

实务操作中,"实质重于形式"原则被滥用。从会计角度来讲,无论收入的确认还是成本费用的扣除、资产的税务处理,一般应当遵循"实质重于形式"原则;但从税收角度,"实质重于形式"原则在三个地方出现过,即:除《国家税务总局一般反避税管理办法(试行)》(国家税务总局令第32号)、《国家税务总局关于印发〈特别纳税调整实施办法(试行)〉的通知》(国税发〔2009〕2号)外,还有一个就是《国家税务总局关于确认企业所得税收入若干问题的通知》(国税函〔2008〕875号)第一条规定,除企业所得税法及实施条例另有规定外,企业销售收入的确认,必须遵循权责发生制原则和实质重于形式原则。也就是说,企业所得税遵循的"实质重于形式"原则,除反避税及特别纳税调整政策外,仅对收入的确认进行了明确,言外之意,只有收入的确认遵循"实质重于形式"原则,成本费用的扣除及资产的税务处理,不能遵循"实质重于形式"原则。

实质上《发票管理办法》存在的最重要的税种就是针对企业所得税,但却没有明确规定。

本次出台的《税前扣除凭证管理办法》很好地解决了上述问题。

3.6.1 税前扣除凭证管理办法出台的现实意义

1. 明确了企业发生的各项支出,必须取得税前扣除凭证,才能在就是企业所得税时扣除。

《国家税务总局关于发布〈企业所得税税前扣除凭证管理办法〉的公告》(国家税务总局公告 2018 年第 28 号,注:以下简称"28 号公告")第五条规定,企业发生支出,应取得税前扣除凭证,作为计算企业所得税应纳税所得额时扣除相关支出的依据。

需要强调的是,企业发生的所有支出必须依据合法有效的扣除凭证才能税前扣除。但这里所说的凭证不一定就是传统意义上所说的发票,只要符合 28 号公告规定的扣除凭证范围,且与该业务直接相关,均可以作为扣除凭证。

2. 管理办法明确了什么情况下必须依据发票作为税前扣除凭证。只有对方属于增值税应税范围的,付款方才需要取得发票作为税前扣除凭证。

3.6.2 税前扣除凭证的概念及适用范围

28 号公告第二条规定,税前扣除凭证,是指企业在计算企业所得税应纳税所得额时,证明与取得收入有关的、合理的支出实际发生,并据以税前扣除的各类凭证。第三条规定,企业是指企业所得税法及其实施条例规定的居民企业和非居民企业。

> **提示**
>
> (1) 税前扣除凭证管理办法仅适用于企业所得税应纳税所得额的计算,其他税种不能依据该办法执行。
>
> 例如,按 28 号公告规定,支付给个人的小额零星支出,没有取得发票,但能够提供收款收据、销售方姓名、身份证号等,也可以在企业所得税前,但在计算土地增值税时,却必须取得发票才能作为扣除项目金额扣除。不能相互借鉴。
>
> (2) 境内居民企业或非居民企业在中国境内设立的机构场所在计算应纳税所得额时,均应当遵循该办法;此外,非居民企业转让其中国境内的资产,允许减除资产净值后的余额缴纳企业所得税,在减除资产净值时,该资产也必须取得与本办法规定相符的税前扣除凭证,否则,也不允许扣除。

3.6.3 确定税前扣除凭证遵循的原则

28 号公告第四条规定,税前扣除凭证在管理中遵循真实性、合法性、关联性原则。

1. 真实性——真实性是指税前扣除凭证反映的经济业务真实,且支出已经实际发生。它包括两层含义:

(1) 扣除凭证反映的内容必须是企业实际发生的真实业务,而不是虚构的交易。相关证据链必须能证明业务是真实发生的、不依赖于主观意识而存在的客观事实。真实性是税前扣除凭证最基本的特征。

(2) 与该交易相关的支出已经实际发生。

那么,这里所说的"已经实际发生"如何理解?

需要明确的是,"实际发生"不等于"实际支付"。实际发生原则上是指《中华人民共和国企业所得税法实施条例》第九条规定的权责发生制原则,即属于当期的成本费用,不管是否在当期实际支付,一律在当期扣除;不属于当期的成本费用,即使在当期实际支付,也不能在当期扣除。另有规定除外。因此,除非税收上有特别规定,"实际发生"应当本着权责发生制原则把握。如,企业向金融企业借款,会计上按权责发生制原则预提计入财务费用的利息,即使当期没有实际支付,也可以在企业所得税前扣除;而企业向非金融企业借款,国家税务总局公告2011年第34号第一条规定,企业在按照合同要求首次支付利息并进行税前扣除时,应提供"金融企业的同期同类贷款利率情况说明",以证明其利息支出的合理性。例如,甲企业向乙企业借款,合同约定三年后一次性还本付息。在前期按权责发生制原则预提计入财务费用的利息不允许扣除,三年后按合同约定的付息日期支付利息且能够提供本省任何一家金融企业同期同类贷款利率证明,才能税前扣除。

2. 合法性——合法性是指税前扣除凭证的形式、来源符合国家法律、法规等相关规定。它包括两层含义:

(1) 凭证的形式要合法,包括扣除凭证的格式、内容、填写等都应当符合财务会计制度或税收规定。

例如,28号公告规定,原始凭证分割单可以作为多方共同负担的费用的税前扣除凭证。而《会计基础工作规范》(财会字〔1996〕19号)第五十一条第四款规定,原始凭证分割单的填制。原始凭证分割单是指一张原始凭证所列的费用应由两个以上单位共同负担的情况下,保存原始凭证的主办单位开给其他应负担部分费用支出的单位的证明。这种分割单必须具备原始凭证的基本内容,包括:凭证名称,填制凭证日期,填制凭证单位名称或者填制人姓名,经办人员的签名或者盖章,接受凭证单位名称,经济业务内容,数量,单价,金额和费用分摊情况等。

笔者根据上述要求,编制原始凭证分割单如下,供读者在工作中选择使用,企业可以根据实际工作需要增删:

原始凭证分割单

凭证名称	原始凭证金额	填制日期	填制凭证单位名称或填制人姓名	经办人签名或盖章	接受凭证单位名称	经济业务内容	数量	单价	分摊金额
自来水费发票	450	2018.6.27	物业公司	王老五	甲企业	自来水费	50	3	150
					乙企业		100	3	300
合计	450	****	****	****	****	****	****	****	450

注:附原始凭证复印件有效。　　　　　　　　　　　　　分割单制作单位(财务专用章)

(2) 凭证的来源要符合发票管理办法及相关法律规定。

如,甲企业从乙企业购买原材料,款项支付给乙企业,但乙企业没有发票,让M企业向甲企业开具发票,属于来源不合法;从市场上非法购买的发票也属于来源不合法等。

3. 关联性——关联性是指税前扣除凭证与其反映的支出相关联且有证明力。

扣除凭证作为证据的事实不仅是一种客观存在,而且必须与实际交易存在逻辑上的联系。虽然凭证是真实的,但如果与实际交易没有联系,也不能作为税前扣除凭证。例如,企业支付资金购买的车辆,但车辆发票的抬头为老板个人的姓名,尽管车辆主要用于本企业的生产经营活动,但由于凭证无法证明该笔交易是为了企业的生产经营活动而发生,因此,该凭证就不能作为该企业税前扣除折旧及使用费用的凭证。但如果个人就私车公用事项签订租赁协议,且能够提供派车单等相关资料,证明其与企业的生产经营有关,则与该车辆使用直接相关的费用,只要相关凭证开具给单位,可以税前扣除,包括燃油费、路桥费、修理费、美容费、财产险等。但应由个人承担的折旧、车辆购置税、强制性保险、车船税、折旧费等不得在税前扣除。再如,甲企业在"管理费用——差旅费"科目列支大量的往返上海的交通票及住宿费发票,但税务稽查发现,该企业无论原材料的购买渠道还是销售对象,与上海均没有交集,因此,不得扣除。

3.6.4 取得税前扣除凭证的时限要求

28号公告第六条规定,企业应在当年度企业所得税法规定的汇算清缴期结束前取得税前扣除凭证。

> **提示**
>
> 此条规定是将《国家税务总局关于企业所得税若干问题的公告》(国家税务总局公告2011年第34号)第六条"企业当年度实际发生的相关成本、费用,由于各种原因未能及时取得该成本、费用的有效凭证,企业在预缴季度所得税时,可暂按账面发生金额进行核算;但在汇算清缴时,应补充提供该成本、费用的有效凭证。"及《国家税务总局关于企业工资薪金和职工福利费等支出税前扣除问题的公告》(国家税务总局公告2015年第34号)第二条"企业在年度汇算清缴结束前向员工实际支付的已预提汇缴年度工资薪金,准予在汇缴年度按规定扣除。"的规定纳入《税前扣除凭证管理办法》。
>
> 例如,甲企业2018年购买的一批原材料没有取得发票,但这部分原材料已经计入2018年度利润,但年底前没有取得发票,只要2019年5月底前取得上述发票,2018年度汇算清缴时,不需要进行纳税调整。但如果在2019年6月1日后才取得发票(假设为8月份取得),则2018年度汇算清缴时,先将没有发票的这部分成本纳税调增2018年度应纳税所得额缴纳企业所得税,2019年8月份取得发票时,应当按《国家税务总局关于企业所得税应纳税所得额若干税务处理问题的公告》(国家税务总局公告2012年第15号)第六条"关于以前年度发生应扣未扣支出的税务处理问题:对企业发现以前年度实际发生的、按照税收规定应在企业所得税前扣除而未扣除或者少扣除的支出,企业做出专项申报及说明后,准予追补至该项目发生年度计算扣除,但追补确认期限不得超过5年。企业由于上述原因多缴的企业所得税税款,可以在追补确认年度企业所得税应纳税款中抵扣,不足抵扣的,可以向以后年度递延抵扣或申请退税。"规定,计算出因2018年度纳税调增缴纳的企业所得税后,借记"应交税费——应交所得税"科目,贷记"以前年度损益调整"科目,然后将"以前年度损益调整"科目余额结转到"利润分配——未分配利润"科目。在2019年8月份应当就其2018年度企业所得税申报表向主管税务机关重新申报一次,2018年度多交的企业所得税可以办理退税或抵缴2019年度实现的企业所得税。

3.6.5　税前扣除凭证管理办法强调了证据链的重要性

28号公告第七条规定,企业应将与税前扣除凭证相关的资料,包括合同协议、支出依据、付款凭证等留存备查,以证实税前扣除凭证的真实性。

本条规定明确了,企业支出仅仅依靠一张扣除凭证不一定能够证明实际业务的发生,而是要求企业尽可能提供完善的证据链。

现将常见的主要费用项目的证据链总结如下:

1. 会议费的证据链包括:(1)会务审批单;(2)会务合同或者协议或邀请函;(3)会务进程单;(4)出席签到单;(5)付款证明;(6)合规的增值税发票;(7)费用的预算情况;(8)会务现场照片(或者其他影像资料);(9)其他资料,等等。

2. 办公费的证据链包括:(1)购买办公品的审批单;(2)采购办公品合同或者协议;(3)合规的办公用品发票;(4)办公用品清单或者明细表(列明货物名称、单价、数量等);(5)若属于支付的现金还需要收款方的有效凭据,若属于银行支付的则需要银行付款证明;(6)其他资料,等。

3. 劳保费的证据链包括:(1)购买工装的采购合同;(2)合规的增值税发票;(3)公司内部制度要求上班必须穿戴工作服;(4)制服价应该符合行业一般标准,也就是说不能远高于行业价,或者远高于生产经营需要的要求;(5)其他资料,等。

4. 实物资产证据链包括:(1)入库单、入库单签章、审批手续是否齐全;(2)是否有采购合同;(3)是否有质量验收合格证明;(4)发票日期和发票金额是否与采购合同对应;(5)是否有从第三方开票;(6)是否舍近求远采购;(7)成本费用率是否明显超过行业合理水平,等。

5. 租金发票证据链包括:(1)是否有行政办公部门审核确认手续;(2)是否有房屋租赁合同;(3)发票日期金额是否与租赁合同吻合,属于不动产租赁的,发票的备注栏是否按规定注明不动产所在地的详细地址,等等。

6. 业务招待费证据链包括:(1)是否有经办人、部门经理甚至公司总经理审核签批;(2)大额发票是否有消费清单,等等。

7. 差旅费证据链包括:(1)差旅费报销单内容是否填写齐全;(2)所附的车票是否为去出差目的地的车票、餐饮、住宿;(3)发放差旅费津贴的,差旅费天数真实性、合理性的证明;(4)人员和人员名单是否与派出的人数相吻合;(5)是否将培训费、餐费等一律作为差旅费报销扣除(注:培训费应当单独报销计入职工教育经费等科目,已经按出差天数发放伙食补贴的,不能报销餐费发票),等等。

8. 工资薪金证据链包括:(1)是否有考勤记录;(2)是否有双方签订的劳动合同或协议或与劳务派遣单位签订的劳务用工合同或与职业院校签订的"校企合作协议"等;(3)是否履行了扣缴个人所得税的义务证明;(4)工资数额是否与劳动合同和考勤纪律相吻合,等。

9. 运费证据链包括:(1)是否有运费报销单;(2)起运地和运达地是否与运费报销单相吻合;(3)是否有起运地和运达地以外的车辆运输、运输价格是否波动较大;(4)资本化的运费是否计入当期期间费用,等等。

10. 油费证据链包括:(1)发票的抬头是否为公司全称,如果抬头为"个人",则不允许在企业报销扣除;(2)本公司账面上是否有车辆;(3)报销的加油费是否为本公司车辆;(4)加油费总额是否超过了车辆理论行车的最大油耗量,等等。

11. 水电费证据链包括:(1)发票上的字码是否与水表、电表的字码相符;(2)是否与本公司的产能相吻合;(3)如果有水电费分割单的,分割的数据是否合理,手续是否齐全,等等。

3.6.6 税前扣除凭证的种类

28号公告第八条规定,税前扣除凭证按照来源分为内部凭证和外部凭证。

1. 内部凭证是指企业自制用于成本、费用、损失和其他支出核算的会计原始凭证。内部凭证的填制和使用应当符合国家会计法律、法规等相关规定。

常见的内部凭证包括:(1)企业仓库部门的"材料验收单""产品入库验收单""销售发货票""发出材料汇总表";(2)生产车间及其他部门申请领料时填制的"领料单""出库单"等;(3)企业职工出差向单位借款填制的"差旅费借支单"或"备用金收款收据"等;(4)财会部门编制的"差旅费报销单""工资费用结算单""制造费用分配表""固定资产折旧表""生产成本明细表""原始凭证整理单"等。

2. 外部凭证是指企业发生经营活动和其他事项时,从其他单位、个人取得的用于证明其支出发生的凭证,包括但不限于发票(包括纸质发票和电子发票)、财政票据、完税凭证、收款凭证、分割单等。

3.6.7 税前扣除凭证的确定原则

28号公告第九条规定,企业在境内发生的支出项目属于增值税应税项目(以下简称"应税项目")的,对方为已办理税务登记的增值税纳税人,其支出以发票(包括按照规定由税务机关代开的发票)作为税前扣除凭证;对方为依法无需办理税务登记的单位或者从事小额零星经营业务的个人,其支出以税务机关代开的发票或者收款凭证及内部凭证作为税前扣除凭证,收款凭证应载明收款单位名称、个人姓名及身份证号、支出项目、收款金额等相关信息。

小额零星经营业务的判断标准是个人从事应税项目经营业务的销售额不超过增值税相关政策规定的起征点。

税务总局对应税项目开具发票另有规定的,以规定的发票或者票据作为税前扣除凭证。

> **提 示**
>
> 1. 发票和非发票的确定原则:
>
> 企业发生的支出是否依据发票作为扣除凭证,关键看该交易是否属于增值税应税项目。
>
> (1)如果属于增值税应税项目,支出方必须取得发票(包括税务机关代开发票)作为扣除凭证;
>
> (2)如果不属于增值税应税项目,则支出方不需要依据发票作为扣除凭证,而是应当提供该业务实际发生的其他证明资料作为扣除凭证。
>
> 那么哪些项目"不属于增值税应税项目"呢?笔者理解应当包括不征税项目和非经营活动发生的支出项目。但免税项目属于增值税应税项目,只不过税法给予免除增值税纳税义务。

例如,从农场购买免税农产品,应当取得农场开具的税率为"免税"或"0%"或"*"的普通发票,可以作为计算进项税额抵扣和企业所得税税前扣除的凭证。而集团公司内的统借统还业务,按规定免征增值税的,统借方在向借款方收取利息时,应当向借款方开具税率为"免税"的普通发票。统借方向多个下属企业转贷银行贷款的,可以向每一个下属企业开具税率为"免税"的普通发票,也可以将统借方统一支付利息的发票的复印件及统借方编制的利息分割单一并交给下属企业作为税前扣除凭证。

再如,企业因毗邻一个农村,造成该村庄水质下降,双方协议每年该企业向每位村民支付补偿金200元。该项支出不属于生产经营活动发生的费用,不需要依据发票作为税前扣除凭证,而是应当提供双方签订的补偿协议、村民签字的收款收据、村民的姓名、身份证复印件等作为扣除凭证。

对于发生的不征税项目支出,既可以取得税率为"不征税"的普通发票,作为税前扣除凭证,也可以取得证明业务实际发生的收款收据等其他相关资料作为税前扣除凭证。例如,纳税人在资产重组过程中,通过合并、分立、出售、置换等方式,将全部或者部分实物资产以及与其相关联的债权、负债和劳动力一并转让给其他单位和个人,不属于增值税的征税范围,其中涉及的货物转让,不征收增值税。因此,作为资产的受让方不需要取得发票作为税前扣除凭证,但应当提供企业重组协议、有关资产的评估报告等作为扣除凭证。但如果涉及房屋建筑物、土地使用权等产权的转让,按规定也不属于增值税的应税项目,原则上不需要发票作为税前扣除凭证,但由于过户的需要,应当由转让方开具税率为"不征税"的发票,作为受让方办理过户的凭证,因此,该不征税发票构成税前扣除凭证之一。

如何把握"税务总局对应税项目开具发票另有规定的,以规定的发票或者票据作为税前扣除凭证"?以购买购物卡、加油卡等商业预付卡为例,上述行为属于预收款销售方式,原则上在收款时不需要开具发票,应当在实际消费时,才能开具发票。但基于购卡人可能并不是持卡人,不清楚什么时间才能消费,因此,税法明确规定,购卡人可以取得税率为"不征税"的普通发票,并根据不同用途分别计入职工福利费、业务招待费等科目,并按规定税前扣除。

2. 支付给按规定不需要办理税务登记的单位或支付给小额零星经营的个人的支出,可以依据发票作为扣除凭证,也可以依据收款凭证及内部凭证(应当按会计制度履行程序)作为税前扣除凭证,收款凭证应载明收款个人姓名及身份证号、支出项目、收款金额等相关信息。

常见的业务包括:办公室在市场上购买的用于接待的水果;临时聘用大学生散发小广告等零星费用支出;废品收购企业向居民个人回收废旧物资;二手车交易市场从个人手中购买二手车;企业在劳动力市场上零售聘用的搬运工、劳务工等等。

这里所讲的小额支出是指不超过增值税起征点的支出。根据《中华人民共和国增值税暂行条例实施细则》第三十七条规定,增值税起征点的幅度规定如下:(1)销售货物的,为月销售额5 000~20 000元;(2)销售应税劳务的,为月销售额5 000~20 000元;(3)按次纳税的,为每次(日)销售额300~500元。

需要注意的是,一旦按月申报销售额的,属于已经办理了税务登记的个体工商户,不再是"个人",就应当向购买方开具发票。因此,支付对象为自然人个人(注:不包括个体工商户)的,应当尽可能取得发票;如果确因特殊情况无法取得发票,且每次支付的金额不超过增值税起征点(具体起征点以本省规定为准),可以取得个人签字的收款收据或"小额采购结算单(个人)"(具体格式可以参考下表)作为外部凭证,收款收据(收据)应载明收款个人姓名及身份证号、支出项目、收款金额等相关信息。

小额采购结算单(个人)

采购日期: 年 月 日　　　　　　　　　　　　　　　　　　　　　　单位:元

序号	物料(服务)名称	计量单位	数量	单价	金额	备注
1						
2						
3						
4						
5						
6						
合计			—	—		

供货方签名(个人):　　　　　供货方身份证号:　　　　　采购人签字:

3.6.8　不属于应税项目的境内支出扣除凭证

28号公告第十条规定,企业在境内发生的支出项目不属于应税项目的,对方为单位的,以对方开具的发票以外的其他外部凭证作为税前扣除凭证;对方为个人的,以内部凭证作为税前扣除凭证。

企业在境内发生的支出项目虽不属于应税项目,但按税务总局规定可以开具发票的,可以发票作为税前扣除凭证。

> **提　示**
>
> 境内发生的支出不属于增值税应税项目的。
> (1) 对方为单位的,依据加盖该单位印章的不征税发票(应当加盖发票专用章)或收款收据(应当加盖财务专用章)等作为扣除凭证。
> (2) 对方为个人的,如果客观上无法取得对方提供的收款收据等扣除凭证时,可以依据内部凭证作为扣除凭证。例如,利用网络平台支付的网络红包等,可以依据企业广告宣传资料、网络支付的凭据等作为扣除凭证。

3.6.9　向境外支出的扣除凭证

28号公告第十一条规定,企业从境外购进货物或者劳务发生的支出,以对方开具的发票或者具有发票性质的收款凭证、相关税费缴纳凭证作为税前扣除凭证。

> **提　示**
>
> 支付给境外单位或个人的款项,原则上应当取得境外单位或个人开具的发票或以该境外单位或者个人的签收单据为合法有效凭证;支付给境外的大额费用,要尽可能取得境外公证机构提供的业务及单据真实性的证明。

3.6.10 不合规发票及不合规其他外部凭证不得作为扣除凭证

28号公告第十二条规定,企业取得私自印制、伪造、变造、作废、开票方非法取得、虚开、填写不规范等不符合规定的发票(以下简称"不合规发票"),以及取得不符合国家法律、法规等相关规定的其他外部凭证(以下简称"不合规其他外部凭证"),不得作为税前扣除凭证。

> **提 示**
>
> 企业取得的下列凭证,不能作为税前扣除凭证:
>
> 1. 私自印制、伪造、变造的发票。
>
> 2. 作废发票。
>
> 3. 开票方非法取得的发票,如,购买他人的发票或让他人代开的发票等。
>
> 4. 虚开的发票。
>
> 此处没有区分善意取得或恶意取得。但《发票管理办法》第二十二条规定,任何单位和个人不得有下列虚开发票行为:(1)为他人、为自己开具与实际经营业务情况不符的发票;(2)让他人为自己开具与实际经营业务情况不符的发票;(3)介绍他人开具与实际经营业务情况不符的发票。
>
> 综上所述,发票管理办法所指的"虚开发票"都是指开具的内容与"与实际经营业务情况不符",如果购买方能够证明确实存在真实交易,且发票开具的内容与实际经营业务相符,销售方开具的发票属于销售方所在省税务机关监制,没有证据表明受票方知道或应当知道取得的发票为对方虚开,则该发票属于善意取得,不允许抵扣进项税额,但可以作为企业所得税税前扣除凭证。
>
> 5. 取得填写不规范的发票。
>
> 这里所说的不规范的发票应当按发票管理办法第二十条理解,仅限于下列情况:
>
> (1) 开具的品名与实际交易不相符。
>
> (2) 开具的金额与实际交易不相符。
>
> 对于错用税率,如购买农产品应当取得税率为10%增值税专用发票,却取得税率为16%的增值税专用发票,不能抵扣进项税额,但不属于品名、金额与实际交易不相符的情况,可以作为企业所得税税前扣除凭证。再如,按增值税规定应当在备注栏注明信息而没有注明信息的发票,不能作为进项税额抵扣凭证,但可以作为企业所得税税前扣除凭证。
>
> 6. 取得不符合国家法律、法规等相关规定的其他外部凭证。
>
> 例如,根据《财政部关于印发〈行政事业单位资金往来结算票据使用管理暂行办法〉的通知》(财综〔2010〕1号)第七条规定,套印财政部门票据监制章的《XX省(市)行政事业单位资金往来结算统一收款收据》等,用于行政事业单位收取押金、定金、保证金及其他暂时收取的各种款项,对于企业来讲形成一种债权,作为"其他应收款"科目的凭证,一律不得作为计算应纳税所得额时的扣除凭证。

3.6.11 税前扣除凭证中的原始凭证分割单

28号公告第十八条规定,企业与其他企业(包括关联企业)、个人在境内共同接受应纳增值税劳务(以下简称"应税劳务")发生的支出,采取分摊方式的,应当按照独立交易原则进行分摊,企业以发票和分割单作为税前扣除凭证,共同接受应税劳务的其他企业以企业开具的分割单作为税前扣除凭证。

企业与其他企业、个人在境内共同接受非应税劳务发生的支出,采取分摊方式的,企业以发票外的其他外部凭证和分割单作为税前扣除凭证,共同接受非应税劳务的其他企业以企业开具的分割单作为税前扣除凭证。

3.6.12 租用办公楼、车间等发生的水电费等税前扣除凭证问题

28号公告第十九条规定,企业租用(包括企业作为单一承租方租用)办公、生产用房等资产发生的水、电、燃气、冷气、暖气、通讯线路、有线电视、网络等费用,出租方作为应税项目开具发票的,企业以发票作为税前扣除凭证;出租方采取分摊方式的,企业以出租方开具的其他外部凭证作为税前扣除凭证。

> **提 示**
>
> 这种业务,由于出租方不可能将水表、电表等的户头变更为承租方,因此,自来水公司等的发票往往开具给出租方。实务操作中,如果出租方只向承租方开具一张收款收据,是不允许作为承租方税前扣除凭证的。28号公告作出两种解决方式:
>
> 一是出租方作为增值税应税项目向承租方开具发票的,承租方应当依据发票作为扣除凭证;
>
> 二是出租方如果不能向承租方开具发票,承租方应当依据出租方提供的出租方支付水电费等发票的复印件(或电子发票)、出租方提供的发票费用分割单及内部凭证(包括约定承租方承担水电费等费用的租赁合同等)作为税前扣除凭证。如果是单一承租方,可以依据双方签订的水电费等由承租方承担的租赁合同、发票的原件或复印件或电子发票、付款凭证等作为承租方税前扣除凭证。

3.6.13 补开、换开发票

28号公告第十三条规定,企业应当取得而未取得发票、其他外部凭证或者取得不合规发票、不合规其他外部凭证的,若支出真实且已实际发生,应当在当年度汇算清缴期结束前,要求对方补开、换开发票、其他外部凭证。补开、换开后的发票、其他外部凭证符合规定的,可以作为税前扣除凭证。

28号公告第十四条规定,企业在补开、换开发票、其他外部凭证过程中,因对方注销、撤销、依法被吊销营业执照、被税务机关认定为非正常户等特殊原因无法补开、换开发票、其他外部凭证的,可凭以下资料证实支出真实性后,其支出允许税前扣除:

(一)无法补开、换开发票、其他外部凭证原因的证明资料(包括工商注销、机构撤销、列入非正常经营户、破产公告等证明资料)。

(二)相关业务活动的合同或者协议。

(三)采用非现金方式支付的付款凭证。

(四)货物运输的证明资料。

（五）货物入库、出库内部凭证。

（六）企业会计核算记录以及其他资料。

前款第一项至第三项为必备资料。

28号公告第十五条规定，汇算清缴期结束后，税务机关发现企业应当取得而未取得发票、其他外部凭证或者取得不合规发票、不合规其他外部凭证并且告知企业的，企业应当自被告知之日起60日内补开、换开符合规定的发票、其他外部凭证。其中，因对方特殊原因无法补开、换开发票、其他外部凭证的，企业应当按照本办法第十四条的规定，自被告知之日起60日内提供可以证实其支出真实性的相关资料。

28号公告第十六条规定，企业在规定的期限未能补开、换开符合规定的发票、其他外部凭证，并且未能按照本办法第十四条的规定提供相关资料证实其支出真实性的，相应支出不得在发生年度税前扣除。

3.6.14　税前扣除凭证的追溯期

28号公告第十七条规定，除发生本办法第十五条规定的情形外，企业以前年度应当取得而未取得发票、其他外部凭证，且相应支出在该年度没有税前扣除的，在以后年度取得符合规定的发票、其他外部凭证或者按照本办法第十四条的规定提供可以证实其支出真实性的相关资料，相应支出可以追补至该支出发生年度税前扣除，但追补年限不得超过五年。

> **提　示**
>
> 结合国家税务总局公告2012年第15号总结如下：
>
> 企业以前年度发生的支出应当取得而未取得扣除凭证的，或扣除凭证不合规的，只要在5年内重新取得或换开符合规定的扣除凭证，可以将该支出回到所属年度申请补扣。因申请补扣以前年度的费用，计算出以前年度多交的所得税后，直接抵扣申请补扣年度实现的企业所得税，申报补扣年度实现的所得税不足抵扣的，可以无限期结转到以后年度补抵。但属于经税务机关告知60日内补开或换开，而仍旧无法补开或换开扣除凭证的，即使在5年内重新取得合法有效的扣除凭证，也不允许申请补扣成本费用。

3.6.15　税前扣除凭证的衔接办法

28号公告第二十条规定，本办法自2018年7月1日起施行。

> **提　示**
>
> 该办法没有规定办法出台前发生的事项如何衔接，但国家税务总局所得税司刘宝柱副司长在2018年8月30日对该文件解读时明确，2018年6月30日前发生的支出，财务上尚未处理的，应当本着"有利于纳税人"原则，如果各地根据国家税务总局要求有地方性具体规定的，可按规定执行；没有规定的，建议按照本办法执行。

3.6.16 特殊业务税前扣除凭证

3.6.16.1 统借统还业务

集团公司内的统借统还业务,按规定免征增值税的,统借方在向借款方收取利息时,应当向借款方开具税率为"免税"的普通发票。统借方向多个下属企业转贷银行贷款的,可以向每一个下属企业开具税率为"免税"的普通发票,也可以将统借方统一支付利息的发票的复印件及统借方编制的利息分割单一并交给下属企业作为税前扣除凭证。

3.6.16.2 ETC 通行卡

购买 ETC 通行卡或为 ETC 卡充值,可以在实际支付款项时取得税率为"不征税"的普通发票,并在购买当期计入管理费用等科目,在计算企业所得税时据实扣除,但不允许计算抵扣进项税额;也可以在通行卡消费后,登录发票服务平台网站 www.txffp.com 或"票根"APP,凭手机号码、手机验证码免费注册,并按要求设置购买方信息,凭取得的通行费电子普通发票注明的税额抵扣进项税额。客户如需变更购买方信息,应当于发生充值或通行交易前变更,确保开票信息真实准确。

3.6.16.3 企业重组

企业发生整体资产转让等企业重组行为,按规定不缴纳增值税的,资产的受让方应当依据双方签订的转让协议、房屋建筑物、土地使用权等产权的过户手续证明、资产的评估报告等作为税前扣除凭证。

3.6.16.4 铁路运输费用

支付高铁等铁路运输费用,取得的由中国铁路总公司及其所属运输企业(含分支机构)自行印制的铁路票据(如高铁车票)等,属于国家税务总局对应税项目开具发票另有规定的票据,允许作为税前扣除凭证。

3.6.16.5 暂估入账凭证

因原材料已经到达并办理入库手续,发票账单尚未到达时暂估入账的原材料等存货类资产,必须在次年1月份以红字会计分录冲减,并于次年5月31日前取得相应发票重新入账。

3.6.16.6 财政票据

财政票据的种类和适用范围如下:

1. 非税收入类票据。

(1) 非税收入通用票据,是指行政事业单位依法收取政府非税收入时开具的通用凭证。

(2) 非税收入专用票据,是指特定的行政事业单位依法收取特定的政府非税收入时开具的专用凭证。主要包括行政事业性收费票据、政府性基金票据、国有资源(资产)收入票据、罚没票据等。具体包括:企业拨缴的职工工会经费,以工会组织开具的《工会经费收入专用收据》为税前扣除凭证;企业支付的土地出让金,以开具的财政票据为税前扣除凭证;企业缴纳的社会保险费,以开具的财政票据为税前扣除凭证;企业缴纳的住房公积金,以开具的专用票据为税前扣除凭证;企业通过公益性社会团体或者县级以上人民政府及其部门,用于公益事业的捐赠支出,以省级以上(含省级)财政部门印制并加盖接受捐赠单位印章的公益性捐赠票据,或加盖接受捐赠单位印章的《非税收入一般缴款书》收据联,为税前扣除凭证。

(3) 非税收入一般缴款书,是指实施政府非税收入收缴管理制度改革的行政事业单位收缴政府非税收入时开具的通用凭证。

2. 结算类票据。

资金往来结算票据,是指行政事业单位在发生暂收、代收和单位内部资金往来结算时开具的凭证。

3. 其他财政票据。

(1) 公益事业捐赠票据,是指国家机关、公益性事业单位、公益性社会团体和其他公益性组织依法接受公益性捐赠时开具的凭证。

(2) 医疗收费票据,是指非营利医疗卫生机构从事医疗服务取得医疗收入时开具的凭证。

(3) 社会团体会费票据,是指依法成立的社会团体向会员收取会费时开具的凭证。

(4) 其他应当由财政部门管理的票据。

需要注意的是,纳税人取得财政部门监制的"非税收入一般缴款书"或"其他财政票据",属于非经营活动的行政性收费或基金收费项目,可以作为企业税前扣除的凭证;但取得"结算类票据",不允许作为企业税前扣除的凭证,只能作为行政事业单位之间的资金往来原始凭证。

3.6.16.7 完税凭证

企业缴纳的可在税前扣除的各类税金,以完税证明为税前扣除凭证。

需要注意的是,房地产企业承租他人房产支付的租赁费,按合同约定为出租方代为缴纳营业税、房产税等取得的完税证明,不得作为税前扣除的凭证;但根据《财政部 国家税务总局关于房产税城镇土地使用税有关问题的通知》(财税〔2009〕128号)第一条的规定,无租使用其他单位房产的应税单位和个人,依照房产余值代缴纳房产税。因此,如果合同约定房地产企业无租使用出租方的房产,由承租方按房产余值代为缴纳的房产税取得的完税证明可以作为税前扣除的凭证。

3.6.16.8 法院判决书等

企业根据法院判决、调解、仲裁等发生的支出,以法院判决书、裁定书、调解书,以及可由人民法院执行的仲裁裁决书、公证债权文书和付款单据为税前扣除凭证。

以上项目由税务部门或其他部门代收的,也可以代收凭据依法在税前扣除。

3.6.16.9 中国人民解放军通用收费票据

《国家税务总局关于军队事业单位对外有偿服务征收企业所得税若干问题的通知》(国税发〔2000〕61号)曾经明确规定,不得作为付款方税前扣除的凭证;但该文件已经被国家税务总局公告2011年第2号废止。

财政部、原总后勤部修订《军队票据管理规定》(后联〔2009〕2号)规定,从2012年1月1日起在全军部队执行。规定重新划分了军队收费票据种类及适用范围,按照中央军委有关加强军队单位对外有偿服务管理的部署要求,单独设立了有偿服务收费专用票据,规范对外有偿服务行为。军队收费票据机具开票,手写无效,由原总后勤部按照规定的票据式样、数量和防伪技术要求统一组织印制,财政部监制,套印"中央财政票据监制章"和"中国人民解放军票据监制章"。

也就是说,接受解放军单位的应税服务,取得税务机关监制的发票或套印"中央财政票据监制章"和"中国人民解放军票据监制章"的解放军票据,可以作为税前扣除的凭证。如:《青岛市地税局2013年度所得税问题回答》(青地税二函〔2014〕2号)等地方文件就有明确的规定。

3.6.16.10　差旅费票据

企业发生差旅费支出时,交通费和住宿费以发票为税前扣除凭证,差旅补助支出需提供出差人员姓名、出差地点、时间和任务等内容的证明材料。

对补助标准较高或经常性支出的,应提供差旅费相关管理制度。

3.6.16.11　会议费票据

企业发生的会议费,以发票和付款单据为税前扣除凭证。

企业应保存会议时间、会议地点、会议对象、会议目的、会议内容、费用标准等内容的相应证明材料,作为备查资料。

3.6.16.12　广告宣传费票据

企业发生广告费和业务宣传费支出时,以发票和付款单据为税前扣除凭证。

对标有本企业名称、电话号码、产品标识等带有广告性质的礼品,可按业务宣传费在税前扣除,但应提供证据证明其与企业业务宣传有关。

3.6.16.13　筹建期间发生的费用票据

《最高人民法院关于适用〈中华人民共和国公司法〉若干问题的规定(三)》(法释〔2011〕3号)规定,发起人在筹建期间以发起人名义对外签订的合同的权利和义务由设立后的企业承继。因此,发起人在筹建期间取得的抬头为发起人名称的发票,可以作为设立后企业的开办费税前扣除。

3.6.16.14　赔偿金票据

企业按照有关规定向其员工及家属支付的赔偿费,以企业与职工(或家属)签订的赔偿协议、相关部门出具的鉴定报告(或证明)、法院文书以及当事人签字的付款单据为税前扣除凭证。

3.6.16.15　违约金票据

企业因产品(服务)质量问题发生的赔款和违约金等不属于增值税价外费用的支出,以当事人双方签订的质量赔款协议、质量检验报告(或质量事故鉴定)、相关合同、法院文书以及付款单据为税前扣除凭证。属于增值税价外费用的违约金,应当取得发票才能扣除。

3.6.16.16　评估报告

1. 企业接受非货币资产投资的,如果接受投资的非货币资产为存货、机器设备、房屋建筑物、土地使用权或无形资产等动产或不动产,根据《中华人民共和国增值税暂行条例实施细则》第四条及《营业税改征增值税试点实施办法》(财税〔2016〕36号)规定,属于应当缴纳增值税的范围,因此,投资方应当向被投资方开具发票,作为被投资方抵扣进项税额或税前扣除的合法有效凭证。但如果受让其他单位转让的股权,《营业税改征增值税试点实施办法》(财税〔2016〕36号)规定,不属于增值税的征税范围,因此,投资方无需向被投资方开具发票。被投资方应当根据双方签订的股权受让协议、股权公允价值的相关证明(包括评估报告等)、付款证明等作为税前扣除的合法有效凭证。

2. 在企业重组过程中发生企业合并、分立、整体产权转让等转让行为,由于不属于增值税的征税范围,因此,受让方不需要依据发票作为合法有效凭证,但必须能够提供企业重组的相关合同、有关资产的评估报告等证明材料,才能作为税前扣除的合法有效凭证。

3.6.16.17　汽车补充客票

出差过程中取得的"××省汽车补充客票"(俗称"条形票"),必须套印国家税务局发票监制章才能报销,如果套印《××省道路运输票证专章》的不能报销。

3.6.16.18　定额发票

支付款项时取得锯齿剪贴式定额发票的,如果锯齿线被裁掉,则属于无效票据。

3.6.16.19　成品油发票

外购成品油取得的发票,"单位"必须填写为"吨或升","数量"不能为0,才能作为扣除凭证。

3.6.16.20　税务机关代开的发票

取得税务机关代开的增值税普通发票,必须加盖"税务机关代开发票专用章"(方形章);如果取得税务机关代开的增值税专用发票,必须加盖收款方的发票专用章。

3.7　房地产企业资产的税务处理

3.7.1　固定资产的税务处理

一、固定资产的折旧范围。

(一) 准予折旧扣除的固定资产。

《中华人民共和国企业所得税法》第十一条规定,在计算应纳税所得额时,企业按照规定计算的固定资产折旧,准予扣除。

(二) 不得计算折旧扣除的固定资产。

《中华人民共和国企业所得税法》第十一条规定,下列固定资产的折旧不得税前扣除:

(1) 房屋、建筑物以外未投入使用的固定资产。

(2) 以经营租赁方式租入的固定资产。

(3) 以融资租赁方式租出的固定资产。

(4) 已足额提取折旧仍继续使用的固定资产。

(5) 与经营活动无关的固定资产。

(6) 单独估价作为固定资产入账的土地。

(7) 其他不得计算折旧扣除的固定资产。

(三) 税法规定的固定资产折旧范围与会计准则的区别。

1. 会计准则规定,除下列固定资产外的固定资产,都可以提取折旧:

(1) 已提足折旧继续使用的固定资产。

(2) 按规定单独估价作为固定资产入账的土地。

2. 下列固定资产,会计上允许提取折旧,税法不允许:

(1) 房屋建筑物以外未使用的固定资产。

(2) 与经营活动无关的固定资产。

(四) 自建固定资产尚未办理竣工结算前按暂估价值入账后计提的折旧税前扣除问题。

1.《企业会计准则第4号——固定资产》应用指南规定:已达到预定可使用状态但尚未

办理竣工决算的固定资产,应当按照估计价值确定其成本,并计提折旧;待办理竣工决算后,再按实际成本调整原来的暂估价值,但不需要调整原已计提的折旧额。

2. 税务处理方面,《国家税务总局关于贯彻落实企业所得税法若干税收问题的通知》(国税函〔2010〕79号)第五条规定,企业固定资产投入使用后,由于工程款项尚未结清未取得全额发票的,可暂按合同规定的金额计入固定资产计税基础计提折旧,待发票取得后进行调整。但该项调整应在固定资产投入使用后12个月内进行。

而《国家税务总局关于企业所得税应纳税所得额若干税务处理问题的公告》(国家税务总局公告2012年第15号)第六条规定,对企业发现以前年度实际发生的、按照税收规定应在企业所得税前扣除而未扣除或者少扣除的支出,企业作出专项申报及说明后,准予追补至该项目发生年度计算扣除,但追补确认期限不得超过5年。

3.《中华人民共和国企业所得税法》第二十一条规定,在计算应纳税所得额时,企业财务、会计处理办法与税收法律、行政法规的规定不一致的,应当依照税收法律、行政法规的规定计算。言外之意,当税法和行政法规没有具体规定,而财务会计制度有具体规定时,应当遵循财务会计制度的规定执行。

综上所述,关于新建固定资产已提折旧的扣除,以投入使用后12个月和5年(从投入使用后12个月算起,即投入使用后6年)为界限,可划分三种情况:

第一种情况:投入使用后未取得发票的,暂按合同金额估价入账,当年提取的折旧可以税前扣除,12个月内取得发票的,可按发票金额确定计税基础,发票金额与暂估入账价值不一致时,相应调整投入使用当年准予扣除的折旧额,但会计上不需要补提或冲减按暂估价值提取的折旧额,只需要计算出多缴或少缴的所得税,进行如下处理:

借或贷:应交税费——应交所得税
  贷或借:以前年度损益调整

同时,结转"以前年度损益调整"科目余额:

借或贷:利润分配——未分配利润
  贷或借:以前年度损益调整

第二种情况:投入使用后12个月内仍旧未取得发票,则投入使用当年因在企业所得税前扣除折旧少缴的所得税,按上述办法予以补缴,会计上不需要调整折旧额,待投入使用年度起5年内取得发票时,按第一种情况处理。

第三种情况:从投入使用后12个月算起,超过5年仍旧未取得发票,则按第二种情况补缴的所得税不再抵扣应纳所得税额。

二、固定资产的折旧方法。

(一)直线法。

《中华人民共和国企业所得税法实施条例》第五十九条规定,固定资产按照直线法计算的折旧,准予扣除。

(二)缩短年限法或加速折旧法。

《中华人民共和国企业所得税法》第三十二条规定,企业的固定资产由于技术进步等原因,确需加速折旧的,可以缩短折旧年限或者采取加速折旧的方法。具体包括:

1. 缩短年限法或加速折旧法折旧的固定资产的范围。

（1）由于技术进步，产品更新换代较快的固定资产。

（2）常年处于强震动、高腐蚀状态的固定资产。

2. 采取缩短年限法或加速折旧法折旧应当注意的问题。

（1）企业过去没有使用过与该项固定资产功能相同或类似的固定资产，但有充分的证据证明该固定资产的预计使用年限短于《实施条例》规定的计算折旧最低年限的，企业可根据该固定资产的预计使用年限和本通知的规定，对该固定资产采取缩短折旧年限或者加速折旧的方法。

（2）企业在原有的固定资产未达到《实施条例》规定的最低折旧年限前，使用功能相同或类似的新固定资产替代旧固定资产的，企业可根据旧固定资产的实际使用年限和本通知的规定，对新替代的固定资产采取缩短折旧年限或者加速折旧的方法。

（3）企业采取缩短折旧年限方法的，对其购置的新固定资产，最低折旧年限不得低于《实施条例》第六十条规定的折旧年限的60%；若为购置已使用过的固定资产，其最低折旧年限不得低于《实施条例》规定的最低折旧年限减去已使用年限后剩余年限的60%。

最低折旧年限一经确定，一般不得变更。

（4）企业拥有并使用符合规定条件的固定资产采取加速折旧方法的，可以采用双倍余额递减法或者年数总和法。加速折旧方法一经确定，一般不得变更。

（三）双倍余额递减法。

双倍余额递减法，是指在不考虑固定资产预计净残值的情况下，根据每期期初固定资产原值减去累计折旧后的金额和双倍的直线法折旧率计算固定资产折旧的一种方法。应用这种方法计算折旧额时，由于每年初固定资产净值没有减去预计净残值，所以在计算固定资产折旧额时，应在其折旧年限到期前的两年期间，将固定资产净值减去预计净残值后的余额平均摊销。计算公式如下：

年折旧率＝2÷预计使用寿命(年)×100%

月折旧率＝年折旧率÷12

月折旧额＝月初固定资产账面净值×月折旧率

例题 3-11 甲企业购入一台设备，计税基础52 000元，预计净残值2 000元。使用年限5年。用双倍余额递减法计算每年折旧。

解析：

第一年：

折旧率＝2÷5×100%＝40%

折旧额＝52 000×40%＝20 800(元)

账面余额＝52 000－20 800＝31 200(元)

第二年：

折旧额＝31 200×40%＝12 480(元)

账面余额＝31 200－12 480＝18 720(元)

第三年:

$$折旧额 = 18\,720 \times 40\% = 7\,488(元)$$
$$账面余额 = 18\,720 - 7\,488 = 11\,232(元)$$

第四年和第五年:

$$折旧额 = (11\,232 - 2\,000) \div 2 = 4\,616(元)$$

至第五年末尚保留残值2 000元。

(四)年数总和法。

年数总和法,又称年限合计法,是指将固定资产的原值减去预计净残值后的余额,乘以一个以固定资产尚可使用寿命为分子、以预计使用寿命逐年数字之和为分母的逐年递减的分数计算每年的折旧额。计算公式如下:

年折旧率=尚可使用年限÷预计使用寿命的年数总和×100%
月折旧率=年折旧率÷12
月折旧额=(固定资产原值-预计净残值)×月折旧率

例题3-12 甲企业一台设备的原值为52 000元,预计净残值2 000元,预计使用年限5年。用年数总和法计算每年折旧。

解析:

第一年:

$$折旧额 = (5-1+1) \div [5 \times (5+1) \div 2] \times (52\,000 - 2\,000)$$
$$= 5 \div 15 \times 50\,000 = 16\,666.67(元)$$

第二年:

$$折旧额 = (5-2+1) \div [5 \times (5+1) \div 2] \times (52\,000 - 2\,000)$$
$$= 4 \div 15 \times 50\,000 = 13\,333.33(元)$$

第三年:

$$折旧额 = (5-3+1) \div [5 \times (5+1) \div 2] \times (52\,000 - 2\,000)$$
$$= 3 \div 15 \times 50\,000 = 10\,000(元)$$

第四年:

$$折旧额 = (5-4+1) \div [5 \times (5+1) \div 2] \times (52\,000 - 2\,000)$$
$$= 2 \div 15 \times 50\,000 = 6\,666.67(元)$$

第五年:

$$折旧额 = (5-5+1) \div [5 \times (5+1) \div 2] \times (52\,000 - 2\,000)$$
$$= 1 \div 15 \times 50\,000 = 3\,333.33(元)$$

(五)固定资产折旧的起始时间。

《中华人民共和国企业所得税法实施条例》第五十九条规定,企业应当自固定资产投入使用月份的次月起计算折旧;停止使用的固定资产,应当自停止使用月份的次月起停止计算折旧。

(六) 固定资产加速折旧的税收管理。

根据《国家税务总局关于企业固定资产加速折旧所得税处理有关问题的通知》(国税发〔2009〕81号),及《国家税务总局关于公布全文废止和部分条款废止的税务部门规章目录的决定》(国家税务总局令第40号)的规定,总结如下:

1. 对于采取缩短折旧年限的固定资产,足额计提折旧后继续使用而未进行处置(包括报废等情形)超过12个月的,今后对其更新替代、改造改建后形成的功能相同或者类似的固定资产,不得再采取缩短折旧年限的方法。

2. 企业主管税务机关应在企业所得税年度纳税评估时,对企业采取加速折旧的固定资产的使用环境及状况进行实地核查。对不符合加速折旧规定条件的,主管税务机关有权要求企业停止该项固定资产加速折旧。

3. 对于企业采取缩短折旧年限或者采取加速折旧方法的,主管税务机关应设立相应的税收管理台账,并加强监督,实施跟踪管理。对发现不符合规定的,主管税务机关要及时责令企业进行纳税调整。

4. 适用总、分机构汇总纳税的企业,对其所属分支机构使用的符合规定情形的固定资产采取缩短折旧年限或者采取加速折旧方法的,由其总机构向其所在地主管税务机关备案。分支机构所在地主管税务机关应负责配合总机构所在地主管税务机关实施跟踪管理。

三、固定资产的残值率。

(一) 基本规定。

《中华人民共和国企业所得税法实施条例》第五十九条规定,企业应当根据固定资产的性质和使用情况,合理确定固定资产的预计净残值。固定资产的预计净残值一经确定,不得变更。

(二) 2007年年底前已购置固定资产预计净残值的处理。

《关于企业所得税若干税务事项衔接问题的通知》(国税函〔2009〕98号)规定,新税法实施前已投入使用的固定资产,企业已按原税法规定预计净残值并计提的折旧,不作调整。新税法实施后,对此类继续使用的固定资产,可以重新确定其残值,并就其尚未计提折旧的余额,按照新税法规定的折旧年限减去已经计提折旧的年限后的剩余年限,按照新税法规定的折旧方法计算折旧。

(三) 固定资产净残值率低于5%是否要在税务机关备案。

1. 《中华人民共和国企业所得税法实施条例》(国务院令2007年第512号)第五十九条第三款规定,企业应当根据固定资产的性质和使用情况,合理确定固定资产的预计净残值。固定资产的预计净残值一经确定,不得变更。

也就是说,现行法规没有对固定资产残值率给出强制性的标准,也没有强制备案,企业在确定残值率时把握两个原则即可,一是合理,二是一贯。

2. 同时,《国家税务总局关于企业所得税若干税务事项衔接问题的通知》(国税函〔2009〕98号)关于已购置固定资产预计净残值和折旧年限的处理问题规定如下:

新税法实施前已投入使用的固定资产,企业已按原税法规定预计净残值并计提的折旧,不做调整。新税法实施后,对此类继续使用的固定资产,可以重新确定其残值,并就其尚未计提折旧的余额,按照新税法规定的折旧年限减去已经计提折旧的年限后的剩余年限,按照新税法规定的折旧方法计算折旧。新税法实施后,固定资产原确定的折旧年限不违背新税法规定原则的,也可以继续执行。

四、固定资产的折旧年限。

(一) 基本规定。

《中华人民共和国企业所得税法实施条例》第六十条规定,除国务院财政、税务主管部门另有规定外,固定资产计算折旧的最低年限如下:

1. 房屋、建筑物,为20年。
2. 飞机、火车、轮船、机器、机械和其他生产设备,为10年。
3. 与生产经营活动有关的器具、工具、家具等,为5年。
4. 飞机、火车、轮船以外的运输工具,为4年。
5. 电子设备,为3年。

(二) 2007年年底前已购置固定资产折旧年限的处理。

《关于企业所得税若干税务事项衔接问题的通知》(国税函〔2009〕98号)规定,新税法实施前已投入使用的固定资产,企业已按原税法规定预计净残值并计提的折旧,不作调整。新税法实施后,对此类继续使用的固定资产,可以重新确定其残值,并就其尚未计提折旧的余额,按照新税法规定的折旧年限减去已经计提折旧的年限后的剩余年限,按照新税法规定的折旧方法计算折旧。新税法实施后,固定资产原确定的折旧年限不违背新税法规定原则的,也可以继续执行。

五、固定资产折旧的企业所得税处理。

《国家税务总局关于企业所得税应纳税所得额若干问题的公告》(国家税务总局公告2014年第29号)规定,固定资产加速折旧按下列办法处理:

(一) 企业固定资产会计折旧年限如果短于税法规定的最低折旧年限,其按会计折旧年限计提的折旧高于按税法规定的最低折旧年限计提的折旧部分,应调增当期应纳税所得额;企业固定资产会计折旧年限已期满且会计折旧已提足,但税法规定的最低折旧年限尚未到期且税收折旧尚未足额扣除,其未足额扣除的部分准予在剩余的税收折旧年限继续按规定扣除。

这样处理的基本目的是,企业会计折旧提足后,在剩余的税收折旧年限已没有会计折旧,但由于前期已提折旧按税法规定进行了纳税调增,也就是说,税收与会计之间差异部分已实际进行了会计处理,因此,应当准予将前期纳税调增的部分在后期按税法规定进行纳税调减。这样处理,符合企业所得税税前扣除基本原则,也与国家税务总局公告2012年第15号公告第八条规定不冲突。

(二) 企业固定资产会计折旧年限如果长于税法规定的最低折旧年限,其折旧应按会计折旧年限计算扣除,税法另有规定除外。

也就是说,如果企业固定资产采用的会计折旧年限长于税法规定的最低折旧年限,视同会计与税法无差异,按国家税务总局公告2012年第15号规定应按会计年限计算折旧扣除,不需要在年度汇算清缴时进行纳税调减。这样处理,大大减少纳税调整成本,符合15公告的立法精神。

实务操作中应当注意的是,该文件与国家税务总局公告2012年第15号规定存在一个较大的差异,该文件将 15 号公告"可按"改为了"应按",企业没有选择权。此外,该文件自 2013 年 1 月 1 日执行,文件的发布日期在 2013 年度所得税汇算清缴期限结束后,如果 2013 年度汇算清缴时,纳税人将因会计折旧年限大于税收折旧年限,会计折旧小于税收折旧的差额部分进行了纳税调减的,税务机关可以追补 2013 年度少缴的所得税,同时调整 2014 年 1 月 1 日后固定资产的计税基础,但根据《税收征收管理法》相关规定,不能罚款,也不能加收滞纳金。

(三)企业按会计规定提取的固定资产减值准备,不得税前扣除,其折旧仍按税法确定的固定资产计税基础计算扣除。

根据税法规定,企业计提的固定资产减值准备应进行纳税调增。另外,企业持有固定资产期间资产增值或者减值,除国务院财政、税务主管部门规定可以确认损益外,不得调整该资产的计税基础。由于企业计提的固定资产减值准备已进行纳税调增,并未税前扣除,所以,尽管固定资产的账面净值已经减少,但此时该固定资产的计税基础并未调整,仍可按税法确定的计税基础计算折旧扣除。这样处理,符合税法和国家税务总局公告 2012 年第 15 号公告的立法意图。

(四)企业按税法规定实行加速折旧的,其按加速折旧办法计算的折旧额可全额在税前扣除。

六、完善固定资产加速折旧企业所得税政策问题。

为贯彻落实国务院完善固定资产加速折旧政策精神,自 2014 年 1 月 1 日起,固定资产加速折旧企业所得税政策按下列办法执行。

(一)外购或自建单位价值不超过 5 000 元的固定资产折旧政策。

对所有行业企业持有的单位价值不超过 5 000 元的固定资产,允许一次性计入当期成本费用在计算应纳税所得额时扣除,不再分年度计算折旧。

企业在 2013 年 12 月 31 日前持有的单位价值不超过 5 000 元的固定资产,其折余价值部分,2014 年 1 月 1 日以后可以一次性在计算应纳税所得额时扣除。

> **提 示**
>
> 第一,企业在 2013 年 12 月 31 日前持有的价值不超过 5 000 元的固定资产,能否在 2014 年仍然计提折旧,以后年度再一次性扣除吗?某些税务机关认为,企业可以自行选择是否享受一次性扣除优惠,但如果选择享受一次性扣除优惠的,企业在 2013 年 12 月 31 日前持有的单位价值不超过 5 000 元的固定资产,应在 2014 年将余额一次性扣除。但笔者根据文件下发的背景和目的,一是属于减税措施之一;二是避免税务机关与纳税人在固定资产标准问题上发生的一些争议。因此,2013 年底前购置的不超过 5 000 元的固定资产的折余价值可以选择在 2014 年度汇算清缴时一次性扣除,也可以选择在 2014 年度继续按原折旧方法折旧,2015 年或以后年度将上年度折余价值一次性申报扣除。
>
> 第二,企业新购进或持有的单位价值不超过 5 000 元的未使用及与生产经营无关的固定资产不可以选择一次性扣除,也不得扣除其折旧。
>
> 第三,企业持有的固定资产,单位价值不超过 5 000 元的,允许一次性扣除是指全部单位价值可一次性在税前扣除,不需考虑会计上是否设定了预计净残值。

第3章 房地产企业所得税的涉税政策解析

（二）设备、器具扣除有关企业所得税政策。

《财政部 税务总局关于设备器具扣除有关企业所得税政策的通知》（财税〔2018〕54号）规定，为引导企业加大设备、器具投资力度，现就有关企业所得税政策通知如下：企业在2018年1月1日至2020年12月31日期间新购进的设备、器具，单位价值不超过500万元的，允许一次性计入当期成本费用在计算应纳税所得额时扣除，不再分年度计算折旧；单位价值超过500万元的，仍按企业所得税法实施条例、《财政部 国家税务总局关于完善固定资产加速折旧企业所得税政策的通知》（财税〔2014〕75号）、《财政部 国家税务总局关于进一步完善固定资产加速折旧企业所得税政策的通知》（财税〔2015〕106号）等相关规定执行。

上述所称设备、器具，是指除房屋、建筑物以外的固定资产。

《国家税务总局关于设备器具扣除有关企业所得税政策执行问题的公告》（国家税务总局公告2018年第46号）针对上述文件解释如下：

1. 名词解释。

（1）所称设备、器具，是指除房屋、建筑物以外的固定资产（以下简称固定资产）。

（2）所称购进，包括以货币形式购进或自行建造，其中以货币形式购进的固定资产包括购进的使用过的固定资产。

（3）以货币形式购进的固定资产，以购买价款和支付的相关税费以及直接归属于使该资产达到预定用途发生的其他支出确定单位价值，自行建造的固定资产，以竣工结算前发生的支出确定单位价值。

2. 固定资产购进时点按以下原则确认：

（1）以货币形式购进的固定资产，除采取分期付款或赊销方式购进外，按发票开具时间确认。

（2）以分期付款或赊销方式购进的固定资产，按固定资产到货时间确认。

（3）自行建造的固定资产，按竣工结算时间确认。

提 示

考虑到本次政策受惠面比较广，企业享受意愿强，为增强政策确定性，便于具体操作，公告对有关执行口径进行了明确：

一是明确"购进"的概念。取得固定资产包括外购、自行建造、融资租入、捐赠、投资、非货币性资产交换、债务重组等多种方式。公告明确"购进"包括以货币形式购进或自行建造两种形式，其他形式取得的固定资产不能一次性扣除的政策。此外，将自行建造也纳入享受优惠的范围，主要是考虑到自行建造固定资产所使用的材料实际也是购进的，因此把自行建造的固定资产也看作是"购进"的。此外，"新购进"中的"新"字，只是区别于原已购进的固定资产，不是规定非要购进全新的固定资产，因此，公告明确以货币形式购进的固定资产包括企业购进的使用过的固定资产。

二是明确"单位价值"的计算方法。此前的政策文件中未对单位价值的计算方法进行明确。财税〔2018〕54号下发后，不少企业询问如何确定固定资产的单位价值，如是否包含安装费等。为统一政策执行口径，公告对单位价值的计算方法进行了明确。单位价值的计算方法与企业所得税法实施条例第五十八条规定的固定资产计税基础的计算方法保持一致,具体为:以货币形式购进的固定资产,以购买价款和支付的相关税费以及直接归属于使该资产达到预定用途发生的其他支出确定单位价值;自行建造的固定资产,以竣工结算前发生的支出确定单位价值。

三是明确购进时点的确定原则。设备、器具一次性税前扣除政策的执行时间为2018年1月1日至2020年12月31日,因此,需要依据设备、器具的购进时点确定其是否属于可享受优惠政策的范围。公告明确,以货币形式购进的固定资产,以发票开具时间确认购进时点,但考虑到分期付款可能会分批开具发票,赊销方式会在销售方取得货款后才开具发票的特殊情况,公告对这两种情况进行了例外规定,以固定资产到货时间确认购进时点。对于自行建造的固定资产,以竣工结算时间确认购进时点。

3. 固定资产在投入使用月份的次月所属年度一次性税前扣除。

提示

本条明确了一次性税前扣除的时点。

企业所得税法实施条例规定,企业应当自固定资产投入使用月份的次月起计算折旧。固定资产一次性税前扣除政策仅仅是固定资产税前扣除的一种特殊方式,因此,其税前扣除的时点应与固定资产计算折旧的处理原则保持一致。公告对此进行了相应规定。比如,某企业于2018年12月购进了一项单位价值为300万元的设备并于当月投入使用,则该设备可在2019年一次性税前扣除。

4. 企业选择享受一次性税前扣除政策的,其资产的税务处理可与会计处理不一致。

提示

本条明确固定资产税务处理可与会计处理不一致。企业会计处理上是否采取一次性税前扣除方法,不影响企业享受一次性税前扣除政策,企业在享受一次性税前扣除政策时,不需要会计上也同时采取与税收上相同的折旧方法。

5. 企业根据自身生产经营核算需要,可自行选择享受一次性税前扣除政策。未选择享受一次性税前扣除政策的,以后年度不得再变更。

提示

本条明确企业可自主选择享受一次性税前扣除政策,但未选择的不得变更。

实行一次性税前扣除政策后,纳税人可能会由于税前扣除的固定资产与财务核算的固定资产折旧费用不同,而产生复杂的纳税调整问题,加之一些固定资产核算期限较长,也会增加会计核算负担和遵从风险。对于短期无法实现盈利的亏损企业而言,选择实行一次性税前扣除政策会进一步加大亏损,且由于税法规定的弥补期限的限制,该亏损可能无法得到弥补,实际上减少了税前扣除额。此外,企业在定期减免税期间往往不会选择一次性税前扣除政策。考虑到享受税收优惠是纳税人的一项权利,纳税人可以自主选择是否享受优惠,因此,公告规定企业根据自身生产经营需要,可自行选择享受一次性税前扣除政策。但为避免恶意套取税收优惠,公告明确企业未选择享受的,以后年度不得再变更。

> 需要注意的是,以后年度不得再变更的规定是针对单个固定资产而言,单个固定资产未选择享受的,不影响其他固定资产选择享受一次性税前扣除政策。

6. 程序要求。

企业按照《国家税务总局关于发布修订后的〈企业所得税优惠政策事项办理办法〉的公告》(国家税务总局公告 2018 年第 23 号)的规定办理享受政策的相关手续,主要留存备查资料如下:

(1) 有关固定资产购进时点的资料(如以货币形式购进固定资产的发票,以分期付款或赊销方式购进固定资产的到货时间说明,自行建造固定资产的竣工决算情况说明等)。

(2) 固定资产记账凭证。

(3) 核算有关资产税务处理与会计处理差异的台账。

7. 单位价值超过 500 万元的固定资产,仍按照企业所得税法及其实施条例、《财政部 国家税务总局关于完善固定资产加速折旧企业所得税政策的通知》(财税〔2014〕75 号)、《财政部 国家税务总局关于进一步完善固定资产加速折旧企业所得税政策的通知》(财税〔2015〕106 号)、《国家税务总局关于固定资产加速折旧税收政策有关问题的公告》(国家税务总局公告 2014 年第 64 号)、《国家税务总局关于进一步完善固定资产加速折旧企业所得税政策有关问题的公告》(国家税务总局公告 2015 年第 68 号)等相关规定执行。

8. 企业在预缴所得税时,可以按规定享受一次性扣除政策,先通过填报预缴报表附表 A201020《固定资产加速折旧(扣除)优惠明细表》第 4 行后,将第 5 行第 5 列合计结转到预缴报表第 7 行"减:固定资产加速折旧(扣除)调减额(填写 A201020)""本年累计金额"。

例题 3-13 固定资产选择一次性申报扣除时的会计处理与申报表的填报。

假设甲房地产企业 2018 年 5 月份购置一台生产用设备,价值 240 万,并于当月投入使用。企业选择在 2018 年度汇算清缴时一次性扣除。

在购进时:

借:固定资产　　　　　　　　　　　　　　　　　　　　　　　　2 400 000
　　贷:银行存款　　　　　　　　　　　　　　　　　　　　　　　　2 400 000

第一种情况:假设企业选择在 2018 年 7 月份,会计上也一次性提足折旧,2018 年度汇算清缴时,如何填报 A105080 表?

(1) 根据新报表填报说明,当税收折旧=会计折旧时,不需要填报 A105080 表 8~14 行,直接填报 2~7 行所对应行次即可。

(2) 由于 A105080 表将原 A105081 表合并到 8~14 行,且 8~14 行只限于当税收折旧大于会计折旧时填报,因此,一次性提足折旧时,不需要填报 A105080 表第 8~14 行。申报表略。

第二种情况:假设企业会计上选择按 10 年折旧,税收上一次性申报扣除,2018 年度如何填报 A105080 表?

2018 年度会计折旧=240/10/12×7=14(万元)

由于税收折旧 240 万元大于会计折旧,应当纳税调减 226 万元。

现将 2018 年度 A105080 表填报如下:

A105080

资产折旧、摊销及纳税调整明细表　　　　　　　单位：万元

行次	项目		账载金额			税收金额					纳税调整金额
			资产原值	本年折旧、摊销额	累计折旧、摊销额	资产计税基础	税收折旧、摊销额	享受加速折旧政策的资产按税收一般规定计算的折旧、摊销额	加速折旧、摊销统计额	累计折旧、摊销额	
			1	2	3	4	5	6	7＝5－6	8	9(2－5)
1	一、固定资产(2＋3＋4＋5＋6＋7)							*	*		
2	所有固定资产	（一）房屋、建筑物						*	*		
3		（二）飞机、火车、轮船、机器、机械和其他生产设备	240	14	14	240	240	14	226	240	－226
7		（六）其他						*	*		
8	其中：享受固定资产加速折旧及一次性扣除政策的资产加速折旧额大于一般折旧额的部分	（一）重要行业固定资产加速折旧（不含一次性扣除）									*
9		（二）其他行业研发设备加速折旧									*
10		（三）固定资产一次性扣除	240	14	14	240	240	14	226	240	*
11		（四）技术进步、更新换代固定资产									*
12		（五）常年强震动、高腐蚀固定资产									*
13		（六）外购软件折旧									*
14		（七）集成电路企业生产设备									*
36	合计(1＋15＋18＋28＋34＋35)		240	14	14	240	240	14	226	240	－226

注：第36行第9列合计由于是负值，应当结转到A105000表34行第4列纳税调减。

3.7.2 无形资产的税务处理

《中华人民共和国企业所得税法实施条例》第六十五条规定，无形资产是指企业为生产产品、提供劳务、出租或者经营管理而持有的、没有实物形态的非货币性长期资产，包括专利权、商标权、著作权、土地使用权、非专利技术、商誉等。

（一）无形资产的计税基础。

《中华人民共和国企业所得税法实施条例》第六十六条规定，无形资产的计税基础按下列方法确认：

1. 外购无形资产的计税基础。

外购的无形资产，以购买价款和支付的相关税费以及直接归属于使该资产达到预定用途发生的其他支出为计税基础。

2. 自行开发无形资产的计税基础。

自行开发的无形资产,以开发过程中该资产符合资本化条件后至达到预定用途前发生的支出为计税基础。

3. 接受捐赠、投资、非货币性资产交换、债务重组等方式取得无形资产的计税基础。

通过捐赠、投资、非货币性资产交换、债务重组等方式取得的无形资产,以该资产的公允价值和支付的相关税费为计税基础。

(二)无形资产的摊销。

1. 无形资产的摊销范围。

(1)准予扣除的无形资产摊销费用。

《中华人民共和国企业所得税法》第十二条规定,在计算应纳税所得额时,企业按照规定计算的无形资产摊销费用,准予扣除。

(2)不准扣除的无形资产摊销费用。

《中华人民共和国企业所得税法》第十二条规定,下列无形资产不得计算摊销费用扣除:

① 自行开发的支出已在计算应纳税所得额时扣除的无形资产。

② 自创商誉。但实施条例第六十七条规定,外购商誉的支出,在企业整体转让或者清算时,准予扣除。

③ 与经营活动无关的无形资产。

④ 其他不得计算摊销费用扣除的无形资产。

2. 无形资产的摊销方法。

《中华人民共和国企业所得税法实施条例》第六十七条规定,无形资产按照直线法计算的摊销费用,准予扣除。

3. 无形资产的摊销年限。

《中华人民共和国企业所得税法实施条例》第六十七条规定,无形资产的摊销年限按下列规定执行:

(1)基本规定。

无形资产的摊销年限不得低于10年。

(2)接受投资或者受让的无形资产的摊销年限。

作为投资或者受让的无形资产,有关法律规定或者合同约定了使用年限的,可以按照规定或者约定的使用年限分期摊销。

3.7.3 长期待摊费用的税务处理

《企业会计准则》规定,长期待摊费用,是指企业已经支出,但摊销期限在1年以上(不含1年)的各项费用,包括固定资产大修理支出、租入固定资产的改良支出等。应当由本期负担的借款利息、租金等,不得作为长期待摊费用处理。

(一)长期待摊费用准予摊销扣除的范围。

《中华人民共和国企业所得税法》第十三条规定,在计算应纳税所得额时,企业发生的下列支出作为长期待摊费用,按照规定摊销的,准予扣除:

(1)已足额提取折旧的固定资产的改建支出。

(2) 租入固定资产的改建支出。

(3) 固定资产的大修理支出。

(4) 其他应当作为长期待摊费用的支出。

(二) 房屋建筑物的改建支出。

1. 已足额提取折旧的房屋建筑物的改建支出。

《中华人民共和国企业所得税法实施条例》第六十八条规定，已足额提取折旧的房屋建筑物的改建支出，按照固定资产预计尚可使用年限分期摊销。

2. 尚未提足折旧的房屋建筑物的改建支出。

《国家税务总局公告关于企业所得税若干问题的公告》（国家税务总局公告2011年第34号）规定，企业对房屋、建筑物固定资产在未足额提取折旧前进行改扩建的，如属于推倒重置的，该资产原值减除提取折旧后的净值，应并入重置后的固定资产计税成本，并在该固定资产投入使用后的次月起，按照税法规定的折旧年限，一并计提折旧；如属于提升功能、增加面积的，该固定资产的改扩建支出，并入该固定资产计税基础，并从改扩建完工投入使用后的次月起，重新按税法规定的该固定资产折旧年限计提折旧，如该改扩建后的固定资产尚可使用的年限低于税法规定的最低年限的，可以按尚可使用的年限计提折旧。

例题3-14 某房地产企业2011年7月1日将其办公楼拆除重建。该办公楼原值1 000万元，已提折旧800万元。重建办公楼发生支出2 000万元。请进行会计处理和税务处理。

解析：

(1) 将房屋建筑物转入清理。

借：固定资产清理	2 000 000
累计折旧	8 000 000
贷：固定资产	10 000 000

(2) 结转处置损益。

借：营业外支出——处置固定资产净损失	2 000 000
贷：固定资产清理	2 000 000

税务处理：

根据34号公告，固定资产推倒重置的，应当按下列办法进行税务处理：

第一，重置固定资产的计税基础＝原房屋建筑物的净值＋改建支出。

第二，重建房屋建筑物的折旧年限不得低于法定年限20年。

根据上述规定，原房屋建筑物的净值税收上要求作为固定资产的计税基础，而不能在当期扣除。因此，2011年度所得税汇算清缴时应当将计入"营业外支出"的200万元处置净损失全额纳税调增应纳税所得额缴纳企业所得税。

(3) 发生改建支出。

借：在建工程	20 000 000
贷：银行存款等	20 000 000

(4) 2011年12月份完工并投入使用。

借：固定资产　　　　　　　　　　　　　　　　　　　　　　20 000 000
　　贷：在建工程　　　　　　　　　　　　　　　　　　　　　　20 000 000

税务处理：

根据34号公告，上述重建后的房屋建筑物的计税基础为2 200万元，但会计账面价值为2 000万元，存在的差异需要在以后年度的折旧期限内进行调整。假设会计和税法规定的折旧年限均为20年。则2012年税务处理如下：

$$会计折旧 = 2\,000 \div 20 = 100（万元）$$
$$税收折旧 = 2\,200 \div 20 = 110（万元）$$

会计折旧小于税收折旧的差额10万元应当通过附表九填报进行纳税调减10万元。这样20年的纳税调减总额为200万元。

对于提升功能、增加面积的房屋建筑物的改建支出，其折旧年限原则上不得低于20年，但如果尚可折旧年限低于法定年限的，可以按尚可折旧年限折旧扣除，但"原房屋建筑物已经提取折旧的年限＋尚可折旧年限"合计不得低于法定年限20年。

（三）除房屋建筑物以外的固定资产的大修理支出。

根据《中华人民共和国企业所得税法实施条例》第六十八条和第六十九条的规定，房屋建筑物以外的固定资产的大修理支出应当按下列办法扣除：

1. 一般的固定资产修理支出可以据实扣除。

2. 同时符合下列两个条件的修理支出属于大修理支出，应当记入"长期待摊费用"科目，按修理后固定资产尚可使用年限分期摊销：

（1）修理支出达到取得固定资产时的计税基础50%以上。

（2）修理后固定资产的使用年限延长2年以上。

（四）租入房屋建筑物的改建支出。

《中华人民共和国企业所得税法实施条例》第六十八条规定，租入房屋建筑物的改建支出，应当记入"长期待摊费用"科目，按照合同约定的剩余租赁期限分期摊销。

（五）开（筹）办费支出。

《国家税务总局关于企业所得税若干税务事项衔接问题的通知》（国税函〔2009〕98号）规定，新税法中开（筹）办费未明确列作长期待摊费用，企业可以在开始经营之日的当年一次性扣除，也可以按照新税法有关长期待摊费用的处理规定处理，但一经选定，不得改变。

企业在新税法实施以前年度的未摊销完的开办费，也可根据上述规定处理。

（六）其他长期待摊费用的摊销年限。

《中华人民共和国企业所得税法实施条例》第七十条规定，《企业所得税法》第十三条第（四）项所称其他应当作为长期待摊费用的支出，自支出发生月份的次月起，分期摊销，摊销年限不得低于3年。

3.7.4　投资资产的税务处理

《中华人民共和国企业所得税法实施条例》第七十一条规定，投资资产是指企业对外进行权益性投资和债权性投资形成的资产。

（一）投资资产成本的确定方法。

《中华人民共和国企业所得税法》第十四条规定，投资资产成本的确定按下列方法执行：

1. 通过支付现金方式取得的投资资产，以购买价款为成本。

2. 通过支付现金以外的方式取得的投资资产，以该资产的公允价值和支付的相关税费为成本。企业对外投资期间，投资资产的成本在计算应纳税所得额时不得扣除。

（二）投资资产的扣除。

根据《中华人民共和国企业所得税法实施条例》第七十一条规定，企业在转让或者处置投资资产时，投资资产的成本，准予扣除。

（三）对外投资发生的借款费用的扣除。

《中华人民共和国企业所得税法实施条例》第三十七条规定，为对外投资发生的借款费用，不属于列举的需要予以资本化的范围，因此，不需要予以资本化计入长期投资的成本，而是在发生的当期直接计入财务费用，符合国家税务总局公告2011年第34号文件规定的扣除条件的，可以税前扣除。如《宁波市地方税务局税政一处文件关于明确所得税有关问题解答口径的函》（甬地税一函〔2010〕20号）明确规定，对外投资用途的借款利息不属于应资本化的范围，因此可以直接税前扣除。

3.7.5 存货的税务处理

根据《中华人民共和国企业所得税法实施条例》第七十二条规定，存货是指企业持有以备出售的产品或者商品、处在生产过程中的在产品、在生产或者提供劳务过程中耗用的材料和物料等。

（一）存货的成本确定。

《中华人民共和国企业所得税法实施条例》第七十二条规定，存货成本按下列方法确定：

1. 通过支付现金方式取得的存货，以购买价款和支付的相关税费为成本。

2. 通过支付现金以外的方式取得的存货，以该存货的公允价值和支付的相关税费为成本。

3. 生产性生物资产收获的农产品，以产出或者采收过程中发生的材料费、人工费和分摊的间接费用等必要支出为成本。

（二）存货的计价方法。

《中华人民共和国企业所得税法实施条例》第七十三条规定，企业使用或者销售的存货的成本计算方法，可以在先进先出法、加权平均法、个别计价法中选用一种。计价方法一经选用，不得随意变更。

（三）存货成本的扣除。

《中华人民共和国企业所得税法》第十五条规定，企业使用或者销售存货，按照规定计算的存货成本，准予在计算应纳税所得额时扣除。

需要注意，此处所讲"使用"是指符合《企业所得税法实施条例》第二十五条及国税函〔2008〕828号文件规定的视同销售行为的"使用"，并不是所有的使用存货行为都可以扣除存货的成本，如将自产的钢材用于本企业在建工程使用，由于不属于企业所得税的视同销售行为，其当期使用的钢材的成本是不能在当期扣除的，而必须结转到固定资产价值后，随同固定资产折旧分期扣除。

3.7.6 资产损失的税务处理

根据《企业资产损失所得税税前扣除管理办法》(国家税务总局公告2011年第25号)规定,针对房地产企业可能涉及的资产损失扣除作如下总结:

(一)资产损失的分类。

1. 实际资产损失。

实际资产损失是指企业在实际处置、转让上述资产过程中发生的合理损失。

企业实际资产损失,应当在其实际发生且会计上已作损失处理的年度申报扣除。

应当注意的问题是,当年发生的实际资产损失可以在当年申报扣除,也可以在以后年度申报扣除,但除因计划经济体制转轨过程中遗留的资产损失、企业重组上市过程中因权属不清出现争议而未能及时扣除的资产损失、因承担国家政策性任务而形成的资产损失以及政策定性不明确而形成资产损失等特殊原因形成的资产损失以外,补扣实际资产损失不得超过5年。企业实际资产损失发生年度扣除追补确认的损失后出现亏损的,应先调整资产损失发生年度的亏损额,再按弥补亏损的原则计算以后年度多缴的企业所得税税款,并按前款办法进行税务处理。另外,不管哪一个年度申报,都必须回到损失的所属年度扣除,调整损失发生年度的应纳税所得额,计算出因发生当年没有扣除实际资产损失多缴的所得税后,作如下账务调整:

借:应交税费——应交所得税
  贷:以前年度损益调整

借:以前年度损益调整
  贷:利润分配——未分配利润

同时,补提当年少提的公积金。

2. 法定资产损失。

法定资产损失是指企业虽未实际处置、转让上述资产,但符合《通知》和本办法规定条件计算确认的损失,如应收款项超过3年仍旧没有收回。

法定资产损失应当在会计上已作损失处理的年度申报扣除。

需要注意的问题是,与实际资产损失扣除不同之处在于,法定资产损失应当在申报年度扣除,而不是回到满3年的当年扣除。如果2011年应收款项已经超过3年而没有申报,而是在2012年申报,则应当在2012年度扣除。

(二)资产损失扣除程序要求。

企业发生的资产损失,应按规定的程序和要求向主管税务机关申报后方能在税前扣除。未经申报的损失,不得在税前扣除。

为了进一步深化税务系统"放管服"改革,简化企业纳税申报资料报送,减轻企业办税负担,《国家税务总局关于企业所得税资产损失资料留存备查有关事项的公告》(国家税务总局公告2018年第15号)就企业所得税资产损失资料留存备查有关事项公告如下:

1. 自2017年度汇算清缴起,企业向税务机关申报扣除资产损失,仅需填报企业所得税年度纳税申报表《资产损失税前扣除及纳税调整明细表》,不再报送资产损失相关资料。相关资料由企业留存备查。

2. 企业应当完整保存资产损失相关资料,保证资料的真实性、合法性。

(三) 申报方式。

企业资产损失按其申报内容和要求的不同,分为清单申报和专项申报两种申报形式。无论清单申报还是专项申报的资产损失,自 2017 年度汇算清缴开始,均不需要向税务机关申报备案,但企业应当将有关会计核算资料和纳税资料留存备查。

1. 清单申报。

下列资产损失,应以清单申报的方式向税务机关申报扣除:

(1) 企业在正常经营管理活动中,按照公允价格销售、转让、变卖非货币资产的损失。

(2) 企业各项存货发生的正常损耗。

(3) 企业固定资产达到或超过使用年限而正常报废清理的损失。

(4) 企业生产性生物资产达到或超过使用年限而正常死亡发生的资产损失。

(5) 企业按照市场公平交易原则,通过各种交易场所、市场等买卖债券、股票、期货、基金以及金融衍生产品等发生的损失。

2. 专项申报。

前条以外的资产损失,应以专项申报的方式向税务机关申报扣除。企业无法准确判别是否属于清单申报扣除的资产损失,可以采取专项申报的形式申报扣除。

(四) 汇总纳税企业发生的资产损失。

在中国境内跨地区经营的汇总纳税企业发生的资产损失,应按以下规定申报扣除:

(1) 总机构及其分支机构发生的资产损失,除应按专项申报和清单申报的有关规定,各自向当地主管税务机关申报外,各分支机构同时还应上报总机构。

(2) 总机构对各分支机构上报的资产损失,除税务机关另有规定外,应以清单申报的形式向当地主管税务机关进行申报。

(3) 总机构将跨地区分支机构所属资产捆绑打包转让所发生的资产损失,由总机构向当地主管税务机关进行专项申报。

(五) 资产损失档案。

税务机关应按分项建档、分级管理的原则,建立企业资产损失税前扣除管理台账和纳税档案,及时进行评估。对资产损失金额较大或经评估后发现不符合资产损失税前扣除规定、或存有疑点、异常情况的资产损失,应及时进行核查。对有证据证明申报扣除的资产损失不真实、不合法的,应依法作出税收处理。

(六) 资产损失确认证据。

企业资产损失相关的证据包括具有法律效力的外部证据和特定事项的企业内部证据。

1. 外部证据。

具有法律效力的外部证据,是指司法机关、行政机关、专业技术鉴定部门等依法出具的与本企业资产损失相关的具有法律效力的书面文件,主要包括:

(1) 司法机关的判决或者裁定。

(2) 公安机关的立案结案证明、回复。

(3) 工商部门出具的注销、吊销及停业证明。

(4) 企业的破产清算公告或清偿文件。

(5) 行政机关的公文。
(6) 专业技术部门的鉴定报告。
(7) 具有法定资质的中介机构的经济鉴定证明。
(8) 仲裁机构的仲裁文书。
(9) 保险公司对投保资产出具的出险调查单、理赔计算单等保险单据。
(10) 符合法律规定的其他证据。

2. 内部证据。

特定事项的企业内部证据,是指会计核算制度健全、内部控制制度完善的企业,对各项资产发生毁损、报废、盘亏、死亡、变质等内部证明或承担责任的声明,主要包括:

(1) 有关会计核算资料和原始凭证。
(2) 资产盘点表。
(3) 相关经济行为的业务合同。
(4) 企业内部技术鉴定部门的鉴定文件或资料。
(5) 企业内部核批文件及有关情况说明。
(6) 对责任人由于经营管理责任造成损失的责任认定及赔偿情况说明。
(7) 法定代表人、企业负责人和企业财务负责人对特定事项真实性承担法律责任的声明。

(七) 货币资产损失的确认。

企业货币资产损失包括现金损失、银行存款损失和应收及预付款项损失等。

1. 现金损失应依据以下证据材料确认:

(1) 现金保管人确认的现金盘点表(包括倒推至基准日的记录)。
(2) 现金保管人对于短缺的说明及相关核准文件。
(3) 对责任人由于管理责任造成损失的责任认定及赔偿情况的说明。
(4) 涉及刑事犯罪的,应有司法机关出具的相关材料。
(5) 金融机构出具的假币收缴证明。

2. 企业应收及预付款项坏账损失应依据以下相关证据材料确认:

(1) 相关事项合同、协议或说明。
(2) 属于债务人破产清算的,应有人民法院的破产、清算公告。
(3) 属于诉讼案件的,应出具人民法院的判决书或裁决书或仲裁机构的仲裁书,或者被法院裁定终(中)止执行的法律文书。
(4) 属于债务人停止营业的,应有工商部门注销、吊销营业执照证明。
(5) 属于债务人死亡、失踪的,应有公安机关等有关部门对债务人个人的死亡、失踪证明。
(6) 属于债务重组的,应有债务重组协议及其债务人重组收益纳税情况说明。
(7) 属于自然灾害、战争等不可抗力而无法收回的,应有债务人受灾情况说明以及放弃债权申明。

3. 逾期应收款项。

(1) 企业逾期3年以上的应收款项在会计上已作为损失处理的,可以作为坏账损失,但应说明情况,并出具专项报告。
(2) 企业逾期1年以上,单笔数额不超过5万元或者不超过企业年度收入总额1‰的应收款项,会计上已经作为损失处理的,可以作为坏账损失,但应说明情况,并出具专项报告。

(八) 非货币资产损失的确认。

企业非货币资产损失包括存货损失、固定资产损失、无形资产损失、在建工程损失、生产性生物资产损失等。

1. 存货盘亏损失,为其盘亏金额扣除责任人赔偿后的余额,应依据以下证据材料确认:

(1) 存货计税成本确定依据。

(2) 企业内部有关责任认定、责任人赔偿说明和内部核批文件。

(3) 存货盘点表。

(4) 存货保管人对于盘亏的情况说明。

2. 存货报废、毁损或变质损失,为其计税成本扣除残值及责任人赔偿后的余额,应依据以下证据材料确认:

(1) 存货计税成本的确定依据。

(2) 企业内部关于存货报废、毁损、变质、残值情况说明及核销资料。

(3) 涉及责任人赔偿的,应当有赔偿情况说明。

(4) 该项损失数额较大的(指占企业该类资产计税成本10%以上,或减少当年应纳税所得、增加亏损10%以上,下同),应有专业技术鉴定意见或法定资质中介机构出具的专项报告等。

3. 存货被盗损失,为其计税成本扣除保险理赔以及责任人赔偿后的余额,应依据以下证据材料确认:

(1) 存货计税成本的确定依据。

(2) 向公安机关的报案记录。

(3) 涉及责任人和保险公司赔偿的,应有赔偿情况说明等。

4. 固定资产盘亏、丢失损失,为其账面净值扣除责任人赔偿后的余额,应依据以下证据材料确认:

(1) 企业内部有关责任认定和核销资料。

(2) 固定资产盘点表。

(3) 固定资产的计税基础相关资料。

(4) 固定资产盘亏、丢失情况说明。

(5) 损失金额较大的,应有专业技术鉴定报告或法定资质中介机构出具的专项报告等。

5. 固定资产报废、毁损损失,为其账面净值扣除残值和责任人赔偿后的余额,应依据以下证据材料确认:

(1) 固定资产的计税基础相关资料。

(2) 企业内部有关责任认定和核销资料。

(3) 企业内部有关部门出具的鉴定材料。

(4) 涉及责任赔偿的,应当有赔偿情况的说明。

(5) 损失金额较大的或自然灾害等不可抗力原因造成固定资产毁损、报废的,应有专业技术鉴定意见或法定资质中介机构出具的专项报告等。

6. 固定资产被盗损失,为其账面净值扣除责任人赔偿后的余额,应依据以下证据材料确认:

(1) 固定资产计税基础相关资料。
(2) 公安机关的报案记录,公安机关立案、破案和结案的证明材料。
(3) 涉及责任赔偿的,应有赔偿责任的认定及赔偿情况的说明等。

7. 在建工程停建、报废损失,为其工程项目投资账面价值扣除残值后的余额,应依据以下证据材料确认:

(1) 工程项目投资账面价值确定依据。
(2) 工程项目停建原因说明及相关材料。
(3) 因质量原因停建、报废的工程项目和因自然灾害和意外事故停建、报废的工程项目,应出具专业技术鉴定意见和责任认定、赔偿情况的说明等。

8. 工程物资发生损失,可比照本办法存货损失的规定确认。

9. 企业由于未能按期赎回抵押资产,使抵押资产被拍卖或变卖,其账面净值大于变卖价值的差额,可认定为资产损失,按以下证据材料确认:

(1) 抵押合同或协议书。
(2) 拍卖或变卖证明、清单。
(3) 会计核算资料等其他相关证据材料。

(九) 投资损失的确认。

企业投资损失包括债权性投资损失和股权(权益)性投资损失。

1. 企业债权投资损失应依据投资的原始凭证、合同或协议、会计核算资料等相关证据材料确认。下列情况债权投资损失的,还应出具相关证据材料:

(1) 债务人或担保人依法被宣告破产、关闭、被解散或撤销、被吊销营业执照、失踪或者死亡等,应出具资产清偿证明或者遗产清偿证明。无法出具资产清偿证明或者遗产清偿证明,且上述事项超过3年以上的,或债权投资(包括信用卡透支和助学贷款)余额在300万元以下的,应出具对应的债务人和担保人破产、关闭、解散证明、撤销文件、工商行政管理部门注销证明或查询证明以及追索记录等(包括司法追索、电话追索、信件追索和上门追索等原始记录)。

(2) 债务人遭受重大自然灾害或意外事故,企业对其资产进行清偿和对担保人进行追偿后,未能收回的债权,应出具债务人遭受重大自然灾害或意外事故证明、保险赔偿证明、资产清偿证明等。

(3) 债务人因承担法律责任,其资产不足归还所借债务,又无其他债务承担者的,应出具法院裁定证明和资产清偿证明。

(4) 债务人和担保人不能偿还到期债务,企业提出诉讼或仲裁的,经人民法院对债务人和担保人强制执行,债务人和担保人均无资产可执行,人民法院裁定终结或终止(中止)执行的,应出具人民法院裁定文书。

(5) 债务人和担保人不能偿还到期债务,企业提出诉讼后被驳回起诉的、人民法院不予受理或不予支持的,或经仲裁机构裁决免除(或部分免除)债务人责任,经追偿后无法收回的债权,应提交法院驳回起诉的证明,或法院不予受理或不予支持证明,或仲裁机构裁决免除债务人责任的文书。

（6）经国务院专案批准核销的债权，应提供国务院批准文件或经国务院同意后由国务院有关部门批准的文件。

2. 企业股权投资损失应依据以下相关证据材料确认：

（1）股权投资计税基础证明材料。

（2）被投资企业破产公告、破产清偿文件。

（3）工商行政管理部门注销、吊销被投资单位营业执照文件。

（4）政府有关部门对被投资单位的行政处理决定文件。

（5）被投资企业终止经营、停止交易的法律或其他证明文件。

（6）被投资企业资产处置方案、成交及入账材料。

（7）企业法定代表人、主要负责人和财务负责人签章证实有关投资（权益）性损失的书面申明。

（8）会计核算资料等其他相关证据材料。

被投资企业依法宣告破产、关闭、解散或撤销、吊销营业执照、停止生产经营活动、失踪等，应出具资产清偿证明或者遗产清偿证明。

上述事项超过3年以上且未能完成清算的，应出具被投资企业破产、关闭、解散或撤销、吊销等的证明以及不能清算的原因说明。

但下列股权和债权不得作为损失在税前扣除：

（1）债务人或者担保人有经济偿还能力，未按期偿还的企业债权。

（2）违反法律、法规的规定，以各种形式、借口逃废或悬空的企业债权。

（3）行政干预逃废或悬空的企业债权。

（4）企业未向债务人和担保人追偿的债权。

（5）企业发生非经营活动的债权。

（6）其他不应当核销的企业债权和股权。

（十）委托贷款损失。

企业委托金融机构向其他单位贷款，或委托其他经营机构进行理财，到期不能收回贷款或理财款项，可以按规定申报扣除。

（十一）担保损失。

企业对外提供与本企业生产经营活动有关的担保，因被担保人不能按期偿还债务而承担连带责任，经追索，被担保人无偿还能力，对无法追回的金额，比照（七）项第3款规定的应收款项损失进行处理。

与本企业生产经营活动有关的担保是指企业对外提供的与本企业应税收入、投资、融资、材料采购、产品销售等生产经营活动相关的担保。

（十二）关联方转让资产损失。

企业按独立交易原则向关联企业转让资产而发生的损失，或向关联企业提供借款、担保而形成的债权损失，准予扣除，但企业应作专项说明，同时出具中介机构出具的专项报告及其相关的证明材料。

（十三）打包销售损失。

企业将不同类别的资产捆绑(打包),以拍卖、询价、竞争性谈判、招标等市场方式出售,其出售价格低于计税成本的差额,可以作为资产损失并准予在税前申报扣除,但应出具资产处置方案、各类资产作价依据、出售过程的情况说明、出售合同或协议、成交及入账证明、资产计税基础等确定依据。

(十四) 管理不善造成的损失。

企业正常经营业务因内部控制制度不健全而出现操作不当、不规范或因业务创新但政策不明确、不配套等原因形成的资产损失,应由企业承担的金额,可以作为资产损失并准予在税前申报扣除,但应出具损失原因证明材料或业务监管部门定性证明、损失专项说明。

(十五) 刑事案件造成的损失。

企业因刑事案件原因形成的损失,应由企业承担的金额,或经公安机关立案侦查两年以上仍未追回的金额,可以作为资产损失并准予在税前申报扣除,但应出具公安机关、人民检察院的立案侦查情况或人民法院的判决书等损失原因证明材料。

3.8 特定事项的税务处理

《国家税务总局关于印发〈房地产开发经营业务企业所得税处理办法〉的通知》(国税发〔2009〕31号)规定了两种特定事项的税务处理。

3.8.1 合作开发

企业以本企业为主体联合其他企业、单位、个人合作或合资开发房地产项目,且该项目未成立独立法人公司的,按下列规定进行处理。

(一) 合同约定分配开发产品的税务处理。

凡开发合同或协议中约定向投资各方(即合作、合资方,下同)分配开发产品的,企业在首次分配开发产品时,如该项目已经结算计税成本,其应分配给投资方开发产品的计税成本与其投资额之间的差额计入当期应纳税所得额;如未结算计税成本,则将投资方的投资额视同销售收入进行相关的税务处理。

(二) 合同约定分配项目利润的税务处理。

凡开发合同或协议中约定分配项目利润的,应按以下规定进行处理。

1. 企业应将该项目形成的营业利润额并入当期应纳税所得额统一申报缴纳企业所得税,不得在税前分配该项目的利润。同时不能因接受投资方投资额而在成本中摊销或在税前扣除相关的利息支出。

2. 投资方取得该项目的营业利润应视同股息、红利进行相关的税务处理。

3.8.2 企业以投资方式取得的开发产品的税务处理

企业以换取开发产品为目的,将土地使用权投资其他企业房地产开发项目的,按以下规定进行处理:

企业应在首次取得开发产品时,将其分解为转让土地使用权和购入开发产品两项经济业务进行所得税处理,并按应从该项目取得的开发产品(包括首次取得的和以后应取得的)的市场公允价值计算确认土地使用权转让所得或损失。

3.8.3 专用设备抵免

《中华人民共和国企业所得税法》第三十四条规定,企业购置用于环境保护、节能节水、安全生产等专用设备的投资额,可以按一定比例实行税额抵免。

(一)税额抵免。

企业所得税法第三十四条所称税额抵免,是指企业购置并实际使用《环境保护专用设备企业所得税优惠目录》《节能节水专用设备企业所得税优惠目录》和《安全生产专用设备企业所得税优惠目录》规定的环境保护、节能节水、安全生产等专用设备的,该专用设备的投资额的10%可以从企业当年的应纳税额中抵免;当年不足抵免的,可以在以后5个纳税年度结转抵免。

根据《财政部 税务总局 国家发展改革委 工业和信息化部 环境保护部关于印发节能节水和环境保护专用设备企业所得税优惠目录(2017年版)的通知》(财税〔2017〕71号)规定,可以享受节能节水、环境保护专用设备抵免优惠政策的设备目录见下列表格:

附件1　　　　　节能节水专用设备企业所得税优惠目录(2017年版)

序号	设备类别	设备名称	性能参数	应用领域	执行标准
(一)节能设备					
1	电动机	中小型三相异步电动机	符合执行标准范围和要求,且优于1级能效水平。	电力拖动	GB 18613—2012
2		永磁同步电动机	符合执行标准范围和要求,且优于1级能效水平。	电力拖动	GB 30253—2013
3		高压三相笼型异步电动机	符合执行标准范围和要求,且优于1级能效水平。	电力拖动	GB 30254—2013
4	空气调节设备	多联式空调(热泵)机组	符合执行标准范围和要求,能效比达到能效等级1级指标基础上再提高10%的要求。	制冷(热)	GB 21454—2008
5		冷水机组	符合执行标准范围和要求,且优于1级能效水平。	制冷(热)	GB 19577—2015,电机驱动压缩机冷水机组 GB 29540—2013,溴化锂吸收式
6		房间空气调节器	符合执行标准范围和要求,且优于1级能效水平。	制冷(热)	GB 12021.3—2010,定频 GB 21455—2013,变频
7		水(地)源热泵机组	符合执行标准范围和要求,且优于1级能效水平。	制冷(热)	GB 30721—2014
8	风机	通风机	符合执行标准范围和要求,且优于1级能效水平。	通风	GB 19761—2009
9		离心鼓风机	符合执行标准范围和要求,且优于节能评价值水平。	鼓风	GB 28381—2012
10	水泵	清水离心泵	符合执行标准范围和要求,且优于节能评价值水平。	输送液体	GB 19762—2007
11		石油化工离心泵	符合执行标准范围和要求,且优于1级能效水平。	输送液体	GB 32284—2015

(续表)

序号	设备类别	设备名称	性能参数	应用领域	执行标准
12	压缩机	容积式空气压缩机	符合执行标准范围和要求,且优于1级能效水平。	压缩空气	GB 19153—2009
13	变频器	1 kV及以下通用变频调速设备	符合执行标准范围及技术要求。	变频调速	GB/T 30844.1—2014 GB/T 21056—2007
14		1 kV以上不超过35 kV通用变频调速设备	符合执行标准范围及技术要求。		GB/T 30843.1—2014
15	变压器	三相配电变压器	符合执行标准范围和要求,且优于1级能效水平。	电力输配	GB 20052—2013
16		电力变压器	符合执行标准范围和要求,且优于1级能效水平。	电力输配	GB 24790—2009
17	电焊机	电弧焊机	符合执行标准范围和要求,且优于1级能效水平。	电焊	GB 28736—2012
18	锅炉	工业锅炉	1. 能效等级达到TSG G0002《锅炉节能技术监督管理规程》中热效率指标的目标值要求; 2. 工业锅炉大气污染物排放浓度值符合GB 13271—2014《锅炉大气污染物排放标准》要求,电站锅炉大气污染物排放浓度值符合GB 13233—2011《火电厂大气污染物排放标准》要求; 3. 燃煤锅炉额定蒸发量《或额定热功率》应当大于10 t/h(或7 MW),天然气锅炉不限。	输出蒸汽、热水等介质提供热能	TSG G0002《锅炉节能技术监督管理规程》
19	换热器	热交换器	能效等级达到TS R0010《热交换器能效测试与评价规则》中的目标值要求	不同流体之间热量传递	TSG R0010《热交换器能效测试与评价规则》
20	LED照明	LED路灯、LED隧道灯/工矿灯	电压220 V,频率50 Hz,规格光通量3 000 lm/5 400 lm/9 000 lm/14 000 lm,功率因数不低于0.95,初始光效不低于130 lm/W,显色指数不低于70,寿命不低于30 000小时。	道路、隧道、工矿照明	
21		LED管灯	电压220 V,频率50 Hz,规格T9/T5,600 mm/1 200 mm,功率因数不低于0.9,显色指数不低于85,寿命不低于25 000小时;色温6 500 k/5 000 k/4 000 k时,初始光效不低于120 lm/W;色温为3 500 k/3 000 k/2 700 k时,初始光效不低于110 lm/W。	商用照明,单次订购量应在5 000只以上	
22	发电设备	汽轮机	1 000 MW级超超临界机组,28 MPa/600 ℃/620 ℃/4.9 kPa,一次再热+湿冷+汽泵:热耗率≤7 220 kJ/kWh。	发电	
			1 000 MW级超超临界机组,31 MPa/600 ℃/620 ℃/4.9 kPa,二次再热+湿冷+汽泵:热耗率≤7 050 kJ/kWh。		
			1 000 MW级超超临界机组,28 MPa/600 ℃/620 ℃/11 kPa,一次再热+空冷+汽泵:热耗率≤7 480 kJ/kWh。		

(续表)

序号	设备类别	设备名称	性能参数	应用领域	执行标准
23	时效处理仪	频谱谐波时效仪	最大激振力 80 kN；循环选择频率，同时具备加速度延时保护功能；振动参数除激振力调节保证有两个最大振动加速度 30～70 m/s²；参数选择由振动设备自动完成，以保证处理效果。	机械制造	
24	通信用铅酸蓄电池	通信用耐高温型阀控密封铅酸蓄电池	35 ℃工作环境温度，设计浮充寿命≥10 年；电池最高可承受工作环境温度：75 ℃；55 ℃工作环境温度，80%DOD 循环寿命大于 12 次大循环，每次大循环包含 11 次 80%DOC 放电循环。	通信基站数据中心	YD/T 2657—2013
(二)节水设备					
25	洗涤设备	工业洗衣机	用水量≤18 L/kg，洗净率<35%。	织物洗涤	QB/T 2323—2004
26	冷却设备	空冷式换热器	耐压、气密性、运转试验符合 NB/T 47007—2010 的要求。	发电、化工、冶金、机械制造	NB/T 47007—2010
27		机械通风开式冷却塔	循环水量≤1 000 m³/h 的中小型塔：飘水率≤0.006%；耗电比≤0.035 kW/(m³/h)；冷却能力≥95%。循环水量>1 000 m³/h 的大型塔：飘水率≤0.001%；耗电比≤0.045 kW/(m³/h)；冷却能力≥95%。	空调制冷、冷冻、化工、发电	GB/T 18870—2011
28	滴灌设备	喷灌机	大型喷灌机：水量分布均匀系数、同步性能应符合 JB/T 6280—2013 的要求。轻小型喷灌机：喷洒均匀性、燃油消耗率、喷灌机效率、管路系统密封性应符合 GB/ 25406—2010 的要求。	农业、园林灌溉	JB/T 6280—2013 GB/T 25406—2010
29		滴灌带(管)	流量一致性、流量和进水口压力之间关系、耐静水压、耐拉拨应符合 GB/T 17187—2009 的要求。	适用于棉花、蔬菜、果树等经济作物的滴灌	GB/T 17187—2009
30	水处理及回用设备	反渗透淡化装置	水回收率≥75%，脱盐率≥95%。	含盐量低于 10 000 mg/L 的苦咸水淡化或农村分散地区的饮用水处理	GB/T 19249—2003
31		中空纤维超滤水处理设备	截留率≥90%；产水量≥额定产水量。苦咸水淡化反渗透膜：水通量≥4.5×10⁻² m³/(m²·h)；脱盐率≥99.0%	水处理净化	HY/T 060—2002 CJ/T 170—2002
32		海水/苦咸水淡化反渗透膜元件	海水淡化反渗透膜：水通量≥3.8×10⁻² m³/(m²·h)；脱盐率≥99.4%。	海水、苦咸水淡化	HY/T 107—2008

附件 2 环境保护专用设备企业所得税优惠目录(2017 年版)

序号	设备类别	设备名称	性能参数	应用领域
1	水污染防治设备	膜生物反应器	膜通量≥10 L/(m²·h);出口水质达到地表水环境质量Ⅳ类标准。	生活污水和工业废水处理
2		污泥脱水机	滤饼含水率≤50%。	生活和工业污泥处理
3		超磁分离水体净化设备	出口水质:悬浮物去除率≥90%;SS≤20 mg/L;TP 在 0.05 mg/L~0.5 mg/L 之间,TP 去除率 80%~90%;油≤5 mg/L;藻类去除率 80%~85%;非溶解态 COD 去除率>80%。	工业废水处理、重金属废水处理、黑臭水体处理(进水水质:SS≤500 mg/L;TP 在 1 mg/L~4 mg/L 之间;油≤50 mg/L)
4		一体化污水处理设备	出口水质:COD≤30 mg/L;氨氮≤5 mg/L;TP≤0.3 mg/L;SS≤5 mg/L。	生活污水处理(进水水质:COD≤450 mg/L;氨氮≤50 mg/L;TP≤4 mg/L;SS≤200 mg/L)
5	大气污染防治设备	袋式除尘器	出口烟尘排放浓度≤10 mg/Nm³;烟气排放达到林格曼一级;进出口压差 1 200 Pa;出口温度≤120 ℃;漏风率≤2%;耐压强度≥5 kPa。	燃煤发电行业除外的烟尘处理
6		电袋复合除尘器	出口烟尘排放浓度≤30 mg/Nm³;烟气排放达到林格曼一级;进出口压差 1 000 Pa;设备阻力<900 Pa;漏风率<2%。	燃煤发电行业除外的烟尘处理
7		选择性催化还原(SCR)脱硝设备	脱硝效率>80%;系统氨逃逸质量浓度≤2.5 mg/m³;SO₂ 转化率<1%。	燃煤发电行业除外的脱硝
8		VOCs 吸附回收装置	净化率>90%。	喷涂、石油、化工、包装印刷、油气回收、涂布、制革等行业的 VOCs 治理
9	大气污染防治设备	生物治理 VOCs 设备	生物降解净化效率>85%;恶臭异味和 VOCs 排放浓度达到有关行业环保标准要求。	生活污水厂、石化或化工污水处理、垃圾处理厂、发酵堆肥行业、制药行业、饲料和肥料行业、食品加工行业、皮革加工行业等产生的有机废气、异味处理
10		VOCs 燃烧装置	燃烧净化效率>95%;VOCs 排放浓度达到有关行业环保标准要求。	石油、化工、喷涂、电线电缆、制药等行业的 VOCs 治理
11		连续自动再生式柴油车黑烟净化过滤器	CO 的超燃温度<195 ℃;HC 的起燃温度<205 ℃;黑烟颗粒 PM 的去除效果>90%(在所有的工况下);黑烟颗粒的再生:开始再生温度为 200 ℃,全部烧完为 500 ℃,所需时间≤10 min。	柴油车尾气处油
12	土壤污染防治设备	污染土壤检测修复一体机	掘进速度≥9 m/h;最大掘进深度 20 m;取样量≥7×10⁻³ m³/h;注药量≥90 L/min;注药半径≥1 m。	污染土壤修复

(续表)

序号	设备类别	设备名称	性能参数	应用领域
13	固体废物处置设备	餐厨垃圾自动分选制浆机	处理对象：餐厨垃圾或分类的厨余垃圾；可实现有机物与其他杂物如轻质塑料、织物和金属等的有效分离，实现接收垃圾中有机质的浆化处理；处理后有机物损失<3%；杂物去除率≥95%；处理量≥10 t/h。	餐厨垃圾处理
14		废金属破碎分选机	主机功率：450 kW～7 500 kW；处理能力 30 t/h～420 t/h；送料宽度达 1 500 mm～3 000 mm；磁力分选率≥97%；有色金属涡流分选或有色光选分辨率≥98%；危险废物回收率≥95%。	金属废物处理
15		电子废物、报废汽车破碎分选机	处理对象：废弃电器电子产品，报废汽车；可实现铁、有色金属、塑料和其他杂质的有效分离，危险废物的安全回收；铁、有色金属回收率及纯净度≥95%，塑料回收率及纯净度≥90%；制冷剂、废油等危险废物回收率≥95；报废汽车处理能力≥10 t/h；废弃电器电子产品处理能力≥1 000 kg/h。	电子垃圾、报废汽车处理
16		新能源汽车废旧动力蓄电池处理设备	废旧动力蓄电池在物理环节的模组分离装备自动化拆解效率≥2 kg/min；单体单机分离装备自动化拆解效率≥3 kg/min；在湿法冶炼条件下，镍、钴、锰的综合回收率≥98%；在火法冶炼条件下，镍、稀土的综合回收率应≥97%。	新能源汽车废旧动力蓄电池处理
17		危险废弃物焚烧炉	处理量≥20 t/d；焚烧温度：一般危险废物≥1 100 ℃，持久性有机污染物废物≥1 200 ℃，医疗废物≥850 ℃；烟气停留时间≥2 s；残渣热灼减率≤5%。	医疗、工业领域危险废物处理
18		机械炉排炉	处理量≥200 t/d；焚烧温度≥850 ℃；烟气停留时间≥2 s；残渣热灼减率≤5%。	生活垃圾处理
19	环境监测专用仪器仪表	烟气排放持续监测仪	可测量以下一种或几种参数：SO_2、NO_x、CO、Hg、HCl、HF、H_2S、颗粒物、流速；颗粒物零点漂移±2%，量程漂移±2%；气态污染物响应时间≤200 s，零点漂移±2.5%，量程漂移±2.5%，线性误差≤±5%；流速测量范围 0～30 m/s，流速测量精度±12%；温度示值偏差≤±3 ℃。	污染源废气监测（火电厂超低排发），垃圾焚烧电厂废气在线监测
20		氨逃逸激光在线分析议	检测下限：0.1 mg/L；重复性：1.0% F.S；线性误差：1.0% F.S；取样流量：10 L/min～20 L/min；环境温度－20 ℃～45 ℃。	烟气脱硝氨逃逸检测
21		挥发性有机物 VOCs 分析仪	可测量以下一种或几种气态有机污染物成分：甲烷/非甲烷总烃、总挥发性有机物、半挥发性有机物、苯系物或其他特征有机污染物；最低检测限：	

(续表)

序号	设备类别	设备名称	性能参数	应用领域
21	环境监测专用仪器仪表	挥发性有机物 VOCs 分析仪	(1) C2～C5；1,3-丁二烯或者丁烯≤0.15 ppb，其他≤0.5 ppb； (2) C6～C12：苯≤0.05 ppb，其他≤0.5 ppb； 重现性：(1) C2～C5：<10%4ppb(1,3-二烯或者丁烯)； (2) C6～C12：<10%4ppb(苯)。	有机废气排放监测、厂界及周边无组织排放监测
22		重金属水质自动分析仪	可测量以下一种或几种参数：汞、铬、镉、铅和砷。 六价铬水质监测设备：精密度≤5%，准确度±5%，零点漂移±5%，量程漂移±5%； 汞、镉、铅、砷水质监测设备：示值误差±5%，精密度≤5%，零点漂移±5%，量程漂移±10%。	污染源废水监测

根据《财政部 税务总局 应急管理部关于印发〈安全生产专用设备企业所得税优惠目录(2018 年版)〉的通知》(财税〔2018〕84 号)，享受安全生产专用设备企业所得税优惠目录如下表：

附件 1   **安全生产专用设备企业所得税优惠目录(2018 年版)**

序号	设备名称	性能参数	应用领域	执行标准
一、煤矿				
1	瓦斯含量、压力测试设备	煤层瓦斯含量快速测定仪：测定时间≤30 min，误差<10%。 井下瓦斯解析仪：量程 0～3 000 g，精度±0.1%，测试范围 50～120 kPa。 煤层瓦斯压力测量记录仪：精确度 0.5 级，分辨率≥0.001 MPa。	井工煤矿、穿煤层隧道掘进	GB/T 23250、AQ 1080、MT 393、MT/T 856、MT/T 752
2	瓦斯突出预测预报设备	突出危险预报仪：测量涌出初速度 0～50 L/min，钻孔瓦斯涌出衰减指标 0～1.0，解吸压力 0～0.4 MPa，测量误差±4%。 瓦斯突出参数仪：测定钻屑 K1、钻屑量等突出预报指标，测量范围 0～10 kPa，误差±1.5% F.S，分度值 10Pa。 防突动态信息管理系统：在线采集 K1、△h2 等突出预报指标，防突预测表单自动生成及远程审批、查询，表单自动生成时间<30 s。	井工煤矿	MA 依据标准
3	瓦斯抽放监测设备	瓦斯抽采多参数传感器：实时监测抽采管道内瓦斯流量、压力、温度及环境参数，可测最低流速 0.3 m/s，测量精度等级 1.5 级；测压范围 20～200 kPa，测温范围 -10～50 ℃，测量 CO 范围 0～1 000 ppm。 管道用激光甲烷传感器：测量范围 0%～100%CH4，基本误差：0.01%～1.00% CH4，±0.07%；1.00%～100% CH4，真值±7%。 瓦斯抽采监测(控)系统：对瓦斯抽采管道内压力、流量、温度、气体浓度等进行实时监测，对抽采量进行计量。	井工煤矿	MT 1035、AQ 6211、MT/T 1126、MT/T 642

(续表)

序号	设备名称	性能参数	应用领域	执行标准
4	矿井井下超前探测设备	矿用分布式槽波地震仪:采用无缆分布节点式,可探测煤层地质构造、煤厚变化、夹层夹矸等,探测深度≥200 m。 巷道超前探测地震仪:采用有缆集中式,可探测巷道前端各类地质构造,超前探测距离≥100 m。 矿用瞬变电磁仪:可探测井下含水体,超前探测距离≥80 m。 矿用无线电波透视仪:可探测瓦斯富集区、断距0.3 m以上断层、直径7 m以上陷落柱,接收灵敏度优于0.05 μV/m,频率≥300 kHz,透视距离≥250 m。	井工煤矿	MT/T693、MT/T898、MT470、MT471、MT/T1145、MA 依据标准
5	矿山人员精确定位监测设备	煤矿人员管理(位置监测定位)系统:实时监测井下人员位置,检测标识卡状态及唯一性,并发识别数量≥80,定位精度≤1 m。 井口唯一性检测装置:具备人脸识别、标识卡唯一性快速检测等功能,人员通过速率≥1 000人/h。	井工煤矿	AQ6210、MT/T 1005、MT/T1103
6	安全监测监控设备	矿用激光甲烷传感器:测量浓度0%～100% CH₄,基本误差0.01%～1.00% CH₄,±0.06%;1.00%～100% CH₄,真值±6%,调校周期≥6个月。 煤矿安全监控系统:监测监控与预测预警、传输数字化、抗电磁干扰,支持多网融合,系统巡检周期≤20 s,异地断电时间≤40 s。 煤矿图像监视系统:具备人员越界、区域入侵等监视功能,图像质量≥四级,分辨灰度≥8级,分辨率≥1 920×1 080。	井工煤矿	AQ6211、AQ6201、MT/T 1112
7	顶底板灾害监测设备	煤矿顶板动态监测系统:实时监测顶板位移、离层等,实时采集、动态显示、超限报警;基本测量误差±2% F.S。 声发射监测系统:实时在线监测煤岩体内部的声发射信号,最高采样率≥51.2 ks/s,采集通道≥8,信号有效传输距离>10 km。 微震监测系统:实时采集煤岩震动信号,监测煤岩体稳定性。水平定位误差<±20 m,垂直定位误差<±50 m;监测范围≥1 km;灵敏度≥28V/(m/s)。	井工煤矿	MT/T 1004、MT/T 1059、MT1109、MA 依据标准
8	矿井水文监测设备	煤矿水文监测系统:具备在线水质分析及导通水源识别功能,富水性监测范围>50 m,水源特征离子识别种类≥30种,传输距离≥10 km。 矿用本安型水质分析仪:具有快速识别水质、精确判断矿井突水水源种类等功能,测量化学指标种类≥40。	井工煤矿	MT/T 894、MA 依据标准
9	车辆安全管控设备	煤矿轨道运输监控系统:矿井轨道机车运输的实时监控和自动调度,监控容量≥64台分站。 矿用无轨胶轮车调度管理系统:实时跟踪井下车辆位置信息和车辆交通智能调度,定位精度≥±5 m。	各类煤矿	GB 50388、MT/T 1113、MA 依据标准
10	粉尘监测仪表及降尘设备	粉尘浓度传感器:零点自动校准、免维护,可测量瞬时或平均粉尘浓度,测量范围0.1～1 000 mg/m³;测量误差≤±15%。 矿用气动湿式孔口除尘器:除尘效率≥97%,负载能力≥1 000 Pa,耗气量≥0.75 m³/min。 矿用采煤机尘源跟踪喷雾降尘系统:智能跟踪采煤机滚筒,根据粉尘浓度自动调整喷雾参数,开启时间≤1 s,关闭时间≤2 s,喷雾压力≥4.0 MPa,联控容量≥200台。 综掘工作面控除尘系统:与掘进机同步运行,处理风量120～550 m³/min,总粉尘效率≥90%,呼吸性粉尘降尘效率≥85%。	井工煤矿	GB/T 20964、GB/T 15187、MT/T 1102、MT159、MT503～MT505

（续表）

序号	设备名称	性能参数	应用领域	执行标准
11	矿井火灾预测预报及防灭火设备	矿井束管监测系统：监测采空区 CO、CO_2、CH_4、C_2H_4、C_2H_6、C_2H_2、N_2、O_2 等气体，并具备自动分析和存储功能。 矿用分布式光纤测温系统（装置）：连续自动监测温度、CO、CH_4、O_2 等，火灾报警与关联控制灭火。 矿用区域自动喷粉灭火装置：火焰传感器响应时间≤1 ms，控制器不少于 8 路输入、4 路输出，有效灭火时间≥2 min，单灭火器控制区域≥15 m^3。	井工煤矿	MT/T757、GB16280、AQ1079
12	提升安全监测与保护设备	立井提升过卷、过放防护缓冲托罐装置：防止提升容器过卷或过放，并能将过卷过放容器或配重托住，过放最大下落距离<0.5 m。 钢丝绳无损探伤仪：利用强磁原理对钢丝绳损伤快速非接触探测、诊断，断丝检测准确度≥99%，检测灵敏度重复性误差≤±0.05%。	井工煤矿	MA 依据标准
13	带式输送机安全保护设备	带式输送机综合保护装置：具备输送带打滑、堆煤、跑偏、洒水、烟雾、撕裂、急停等保护与语音通信功能。 矿用钢绳芯输送带 X 射线探伤装置：对输送带钢绳芯断绳、锈蚀、劈丝、接头抽动及带面损伤等无损检测及定位，定位精度≥1 m。 带式输送机用断带抓捕装置：响应时间≤1 s，最大额定抓捕力≥400 kN，适用带宽可调。	井工及露天煤矿、非煤矿山	MT872、MA 依据标准
14	井下通信设备	矿用无线通信系统：具备通信和定位功能，覆盖范围≥400 m。 矿用调度通信系统：地面远程供电、矿用本质安全型，通信距离≥10 km。 矿用广播通信系统：多节目同时传输，支持物理链路≥5 路；可按区域或逻辑分组、分区域广播；井下音响远程可寻址到点控制；支持与安全监控系统、调度通信系统有机融合；传输距离>10 km。	井工煤矿	MT401、MT/T1115、MA 依据标准
15	瓦斯抽采设备	履带式全液压定向钻机：具备定向钻进和随钻测量功能，扭矩>4 000 Nm，钻进深度>400 m。 水环真空泵：吸气量>100 m^3/min，极限真空度≥-81 kPa。 抑爆装置：矿用本质安全型，火焰传感器响应时间<5 ms，控制器响应时间<15 ms，喷射完成时间 150 ms。 移动式瓦斯抽放泵站：吸气量>50 m^3/min，极限真空度≥-81 kPa。 高压水射流割缝增透装备：割缝工作压力>50 MPa，煤层内形成割缝半径>2.0 m。	井工煤矿	MT/T790、JB/T7255、AQ1079、GB/T18154、MT/T987、MA 依据标准
16	抽排水设备	矿用隔爆型潜水电泵：扬程≥220 m，流量≥160 m^3/h，允许潜没深度>5 m。 煤矿排水监控系统：对水泵成套设备就地自动控制、集中控制、地面远程控制，控制响应时间≤2 s。	井工煤矿	JB/T6762、MT/T671、MT/T1128
17	矿井降温设备	矿用防爆制冷装置：名义制冷量≥1 500 kW，具备压力、断油、温度等保护功能。	井工煤矿	GB 9237、MT/T 1136
18	供电安全监测与保护装置	煤矿供电监控系统：可地面远程实时监测井下变电所各开关输出电力参数，对井下供电系统"五遥"（遥测、遥信、遥控、遥调和遥视），实现防越级跳闸功能。	井工煤矿	MT/T1114

(续表)

序号	设备名称	性能参数	应用领域	执行标准
二、非煤矿山				
19	采空区三维激光扫描仪	激光扫描距离:150 m;精度:±2 cm;扫描速度:250点/s;防水防尘:IP65。	地下矿山采空区探测	CHZ3017
20	自动全站仪	测量精度:2 mm以内;测距:>2 km。	尾矿库、露天采场	GB/T 27663
21	边坡雷达	全天候大范围远距离高精度遥测边坡位移,监测距离:>4 km;监测精度:±0.1 mm;单帧变形数据获取时间:1~10 min;防护等级:IP65。	矿山等各类边坡工程	SJ2584
22	层析扫描成像超前预报系统	前方地质体三维立体成像,超前预报最小距离大于100 m。	地下矿山采掘作业	Q/CR9217
23	微震监测仪	8通道以上,能够对200 J以上震动事件进行响应,定位精度10 m以内,有效距离250 m。	地下矿山	AQ2031
24	尾矿库坝面位移北斗卫星定位高精度接收机	水平监测精度小于5 mm;防水防尘等级IP67。	尾矿库、露天采场	GB 51108
25	撬毛台车	撬毛高度不低于5 m,最大爬坡能力不低于40%(坡度角25°),车身宽度≤1.8 m,自动湿式除尘。	地下矿山	JB/T 10844
26	湿式制动井下无轨运输车	柴油机功率:>50 kW;额定负载最高行驶速度:30 km/h;爬坡能力:>10°。	地下矿山	GB 21500
27	深锥膏体浓密机和充填工业泵	深锥膏体浓密机:底流浓度达70%以上,溢流水质量达到国家排放标准。充填工业泵:泵送压力15 MPa以上,输送能力100 m³/h以上。	矿山采空区充填 尾矿膏体排放	GB/T 10605、GB 8978、GB/T 13333、JB/T 8098、JB/T 8097
三、石油及危险化学品				
28	作业环境气体检测报警仪	检测作业环境中 CO、O_2、NO_2、SO_2、H_2S、Cl_2、NH_3、光气等有毒可燃气体浓度,并具有声、光报警功能。	含有毒性、可燃气体或密闭空间作业环境	GB 12358、GB 15322、GB 50493
29	井控防喷装置	防喷器(组):通径180 mm,工作压力≥35 MPa。地面防喷器控制装置;电缆井口防喷控制装置;石油钻井作业施工常规井控设备节流和压井系统,井口装置和采油树;液气分离器装置,地面压力分流控制装置;钻柱内防喷装置。海上井控防喷装置压力等级:≥10 000 psi级别,并满足API标准要求。	石油钻井、修井、测井作业、石油射孔作业	GB/T 25429、SY/T 5053.1、SY/T 5053.2、SY/T 5127、SY/T 53234、SY/T 5127、SY/T 0515、SYT 5964、SY/T 5525
30	大型石油储罐主动安全防护系统	单套设备保护罐数量:≥4个;分区额定供气流量:200 Nm³/h;气体浓度分析响应时间:≤30s;主动防护响应时间:≤5s;单罐惰化完成时间:≤20 min;氧气检测量程:0%~21%;可燃气体检测量程:0%~100%;样气巡检通道:8路。	港口、码头、石油储备基地等石油储罐	GB/T 25844、AQ 3035、AQ 3036

(续表)

序号	设备名称	性能参数	应用领域	执行标准
31	水下井口及控制系统	水下井口:额定工作压力≥34 MPa。水下采油(气)树:类型:直立型和水平型。脐带缆:电缆、光缆、金属管群、高压软管等组成,有外护套或铠装保护壳。水下生产控制系统:全液压控制系统、电液控制系统,包括安装在水面和水下的控制系统设备、控制流体。	海洋石油天然气开采	GB/T 21412.1、GB/T 21412.4、GB/T 21412.5、GB/T 21412.6
32	阻隔防爆运油车	与所运介质有良好的相容性,对罐体有效容积降低率不大于6%;振动试验后,单位容积碎屑质量≤1.3 mg/L;防爆性能:防爆增压值≤0.14 MPa。	危险品专用运输	GB 50156、AQ 3001、AQ 3002、JT/T 1046
33	腐蚀在线监测设备	电感腐蚀监测点及PH监测;测试腐蚀电流、介质电阻、腐蚀速率,进行数据采集、传送。	存在腐蚀风险的设备、密闭管道等	API RP571、GB/T 23258、GB 3836
34	管道泄漏检测设备	采用波敏法(负压波法),并通过其调用泄漏检测模块、定位分析模块共同组成。直接读取下位机系统的数据,包括站场、阀室的进、出站压力信号、流量信号、温度信号、密度信号、输油泵运行状态等。系统信号精度为0.001 MPa,且当压力下降2%时够自动报警。	埋地管道	SY/T 6826
35	氮气水击泄压阀	阀门形式:轴流式;阀门开启方式:氮气;阀门公称直径:6″、8″、10″;阀门泄放量:820 m³/h、1 500 m³/h、400 m³/h、710 m³/h;阀门设定压力:1.9 MPa、7.9 MPa、8.4 MPa;上下游接管材质:L415、20#;进出口压力等级:Class150、400、600;法兰面执行标准:RTJ。	埋地管道站场	API Std526、API Std527、API RP520、API RP521
36	大型石油储罐感温光栅	罐区感温感烟光栅:i Smart-TMS。	石油化工生产企业	GB 50160
四、民爆及烟花爆竹				
37	烟火药安全性能检测仪	静电火花感度仪:高压电源:0.4 kV～50 kV连续可调 30 min内漂移应为5%;静电压表:Q3-V型,最大30 kV;电容:500 pF/30 kV,精度5%;电阻:5 kΩ/168 kΩ;上、下电极同轴度≤Φ3.0 mm;电极间隙调节范围≤4 mm。	烟花爆竹安全检测	QB/T 1941.4
		撞击感度测试仪:导轨滑动表面对重力线(铅垂线)的偏离或对水平面的垂直度>1.0 mm/m;钢砧倾斜度≤0.20 mm/m;落锤重量:2.000±0.002 kg、10.000±0.010 kg;落锤自由下落时,锤头中心对撞击装置中心的同轴度为Φ3.0 mm;落锤仪导轨装有落高值的刻度尺,刻度尺最小分度值1 mm。	烟花爆竹安全检测	QB/T 1941.2
		摩擦感度测试仪:摆锤质量:1 500±5 g;摆锤提升和定位:0～180°可调,精度≤1°;试验压强:0.5～6 MPa连续可调,分辨率0.01 MPa;摆长:760±1 mm;最大允许试验药量:0.03 g;摆锤与击杆中心偏离≤1.5 mm;滑柱位移量:1.5～2.0 mm;压力恒定(加压至6 MPa,稳定5 min);压力波动≤0.1 MPa。	烟花爆竹安全检测	QB/T1941.3

(续表)

序号	设备名称	性能参数	应用领域	执行标准
37	烟火药安全性能检测仪	火焰感度测试仪:药柱模中心线对托盘试样座中心线的不同轴度≤0.5 mm;两柱对底座上平面的不垂直度在630 mm 内≤0.25 mm;底座上平面与顶盖上平面的不平行度≤0.15 mm,其不平行度由平行度调整垫调整;最大试验高度550 mm。	烟花爆竹安全检测	QB/T 1941.6
		爆发点测定仪:控温范围:0~650 ℃;温度分辨率:0.1 ℃;时间分辨率:0.01 s;功耗:≤2 kW;测温元件:进口热电阻;定位精度:1 mm;合金浴尺寸:直径62 mm,深度60 mm(可定制)。	烟花爆竹安全检测	QB/T 1941.1
38	民爆产品检测测试仪器仪表	工业炸药爆速测试仪:测量范围:0~10 000 m/s。	民用爆炸物品安全检测	GB/T 13228
		工业雷管延期时间测试仪:分辨率不小于0.1 ms。		GB/T 13225
		数码电子雷管检测及起爆系统:延期时间设定范围满足数码电子雷管性能要求,时间间隔1 ms,在线注册或非电注册,单台起爆能力大于200 发,组网起爆能力大于4 000 发。		WJ 9085
		电雷管测试仪:输出电流≤30 mA,最大输出电流≤2 mA,精度0.01 Ω。		GB 6722
39	民用爆炸物品危险作业场所监控系统	工业炸药及其制品制药安全生产控制系统:主要工艺参数(如电流、温度、压力、流量等)自动采集、故障自诊断、自动存储,关键指标超标自动报警、超限自动安全联锁;自动控制系统人机界面良好,视频监控系统符合行业标准要求。	工业炸药及其制品制药安全生产	GB 50089、WJ 9065
		工业炸药及其制品装药安全控制系统:对自动装药机各工艺参数进行自控和安全联锁,故障自诊断和报警、自动停机,自动控制系统人机界面良好,视频监控系统符合行业标准要求。	工业炸药及其制品装药安全作业	
		工业炸药及其制品包装、装车安全控制系统:对包装、装车过程各工艺参数进行自控和安全连锁,故障自诊断和报警、自动停机,自动控制系统人机界面良好,视频监控系统符合行业标准要求。	工业炸药及其制品包装安全作业	
		工业雷管火工药剂制药安全控制系统:主要工艺参数(如电流、温度、压力、流量等)自动采集、故障自诊断、自动存储,关键指标超标自动报警、超限自动安全联锁;自动控制系统人机界面良好,视频监控系统符合行业标准要求。	工业雷管火工药剂制药安全生产	
		基础雷管制造安全生产控制系统:对生产过程主要工艺参数(如电流、数量等)自动采集、故障自诊断、自动存储,关键指标超标自动报警、超限自动安全联锁;自动控制系统人机界面良好,视频监控系统符合行业标准要求。	基础雷管制造安全生产	
		成品工业雷管制造安全控制系统:对生产过程主要工艺参数(如电流、数量等)自动采集、故障自诊断、自动存储,关键指标超标自动报警、超限自动安全联锁;自动控制系统人机界面良好,视频监控系统符合行业标准要求。	成品工业雷管制造安全生产	

(续表)

序号	设备名称	性能参数	应用领域	执行标准
39	民用爆炸物品危险作业场所监控系统	起爆具自动化安全控制系统：对炸药计量及输送、熔混药等主要工艺参数（如电流、温度等）进行自控和安全联锁、故障自诊断和报警、自动停机，自动控制系统人机界面良好，视频监控系统符合行业标准要求。	起爆具自动化安全生产	GB 50089、WJ 9065
		石油射孔弹自动化安全控制系统：对生产线设备各机械动作进行自控和安全互锁，具有参数设置、故障自诊断和报警、自动停机功能，自动控制系统人机界面良好，视频监控系统符合行业标准要求。	石油射孔弹安全生产	
		现场混装炸药生产安全控制系统：对制药系统的水相、油相溶液、硝酸铵等材料配比及输送，乳胶基质制备，乳胶基质冷却及输送等主要工艺参数（如电流、温度、压力、流量等）进行自控和安全联锁、故障自诊断和报警、自动停机，控制系统具备良好人机界面，视频监控系统符合行业标准要求。	现场混装乳化炸药的乳胶基质制备	
		索类火工品制造安全控制系统：对生产过程主要工艺参数（如装药量、数量等）自动采集、故障自诊断、自动存储，关键指标超标自动报警、超限自动安全联锁，自动控制系统人机界面良好，视频监控系统符合行业标准要求。	导爆索、高强度塑料导爆管自动化安全生产	
		爆破作业安全监控设备与系统：视频输入：一路高清视频，兼容 CVBS、AHD1.0 和 AHD2.0 自动识别；分辨率：960H、D1、4CIF、CIF、VGA、720P、1080P；制式：支持 GPS 和北斗双模定位，帧率：1～25 帧可调。	爆破作业安全生产	GB 6722、GA 991
40	爆破测震仪	具有国家计量器具生产许可证（CMC 证书），量程 0.001～35.4 cm/s，分辨率≥0.000 1 cm/s。	爆破作业安全生产	GB 6722
41	乳化炸药现场混装车	汽车底盘、乳胶基质储存及其输送系统、敏化剂储存及其输送系统、履带式送管器、输药管卷筒、液压系统和动态监控信息系统。	爆破作业安全生产	JB 8432.3、GA 991
五、交通运输				
（一）公路行业				
42	隧道超前探测设备	地质雷达：100 MHz 天线，天线频带带宽 30～150 MHz；红外探测仪：分辨率 H 档≤0.05 mV/cm²，M 档≤0.07 mV/cm²；地震波法超前地质预报设备：TGP/TSP/TST/TRT 等设备。	隧道施工安全预报预警	JTG F60、TG F90、TB10304
43	架桥机安全监控系统	架桥机运行状态的全方位检测。	桥梁架设施工	GB/T 28264
44	隧道施工人员识别定位设备	分区域定位和精确定位，精确定位精度可达 5 米；具有考勤/提醒和报警/消警功能；设备电压：220 V。	隧道等空间的人员安全行为监控	JTG F60
45	桥梁检测设备	桥梁检测车：桥梁下部结构检测，包括桥体、墩柱混凝土裂缝宽度长度及深度，混凝土破损面积，桥梁支座检查，支座垫石完整性等。	桥梁检测	QC/T 826
		桥梁 CT 扫描系统：无损检测桥梁混凝土裂缝，波纹管内灌浆密实度，钢筋及斜拉索、悬索探伤。		

(续表)

序号	设备名称	性能参数	应用领域	执行标准
46	商用车主动安全系统	倒车辅助系统:具有倒车后视影像、倒车过程障碍物距离测量、倒车障碍物报警功能,探测距离不小于 2 m,最高工作速度不小于 10 km/h。	营运客车和危险品运输车辆	QC/T 549
		疲劳及瞌睡监测警告系统:具有驾驶员疲劳状态检测功能,对疲劳的驾驶员进行声音、光或震动报警,同时将行为发生时刻前后 10 秒的视频上传网络平台,报警准确率不低于 90%。		GB/T 19056、JT/T 794、JT/T 808、JT/T 809
		前撞预警(FCW)系统:具备探测前车相关距离,相对速度功能,探测距离不小于 100 m,可提供声音、光或震动报警,最低起作用车速不大于 30 km/h。		ISO 15623
		自动紧急刹车系统(AEB):具备探测前车相关距离,相对速度功能,探测距离不小于 100 m,可提供声音、光或震动报警。车辆有碰撞危险时,可实现自动刹车,避免发生车、车碰撞,避免碰撞最低车速不小于 30 km/h。		ISO 22839
		电子控制制动系统(EBS):具有缩短制动响应时间、优化制动力分配、协调车桥间的制动力、平衡各车轮摩擦片磨损等功能。		GB 7258
		车载监控终端及管理平台:定位精度≤15 m,速度记录误差≤±1 km/h;事故疑点记录:应能以 0.2 s 的间隔记录并存储形式结束前 20 s 行驶状态数据;位置信息记录:能 1 min 的间隔记录并存储位置数据;超时驾驶记录:记录次数不少于 100 条;管理平台接收终端信息时间间隔:行驶状态下最小间隔≤5 s,最大间隔≥60 s。		GB/T 19056、JT/T 794、JT/T 808
		侧后方盲区警告系统:具备探测盲区车辆功能,探测邻车道快速靠近车辆功能,探测距离不小于 30 m,盲区有车辆具有报警功能。		LCDAS、ISO 17387
		车道偏离预警(LDW):具备探测车道线功能,对非主动的变道或压线,能够进行声音、光或震动报警,报警准确率不低于 90%,最迟报警距离不大于 0.8 m。		GB/T 26773
		电子稳定控制系统(ESC):具备车道保持能力和防侧翻控制能力。车辆以 32~64 km/h 进行 J-转向时,车辆应保持在车道。		GB/T 30677、JT/T 1094
		爆胎应急安全装置:具备当车辆轮胎爆裂失压时,安全装置应能立刻抑制该轮产生行驶距离不小于 1 km。		JT/T 782、JT/T 1094
(二)铁路行业				
47	车辆运行安全监控系统探测设备	车辆轴温智能探测系统(THDS):适应列车运行速度 5~160 km/h,自动计轴计辆,计轴误差$<3\times10^{-6}$,计辆误差3×10^{-5};热轴故障预报兑现率:区间探测站:>60%;系统可维护性:机械部分<10 min,电气部分<3 min,适应温湿度工作条件,室外设备环温 −40~60 ℃,室内相对湿度<95%,室外相对湿度<85%。	车辆热轴	Q/CR319

(续表)

序号	设备名称	性能参数	应用领域	执行标准
47	车辆运行安全监控系统探测设备	车辆运行故障图像检测系统:适应车速5~250(140、160)km/h,自动计轴计辆,计轴误差<3×10^{-6},计辆误差<3×10^{-5},故障信息存储容量≥两年(一个段修期),图像传输速率≤2 min/百辆,摄像机分辨率≥640×480,抓拍速率≥50帧/s,补偿光源开启关闭响应时间≤1 s,保护门开启、关闭反应时间≤2 s,室外设备适应温度-40~70 ℃。	动车组、客车、货车	Q/CR 351、TJ/CL 255A、TJ/CL 255、TJ/CL 399、TJ/CL 401
		铁道车辆运行品质轨旁动态监测系统(TPDS):适应列车速度:动车组30~350 km/h,客车30~160 km/h,货车30~120 km/h;适应车辆轴重:≤30 t;自动计轴、计辆、测速;轮轨垂向力和横向力连续测量,动车组测区长度≥9.0 m,客车测区长度≥6.0 m,货车测区长度≥4.8 m;自动识别车辆运行品质不良、超载、偏载和车轮踏面损伤;轮轨力检测准确度:列车以40 km/h及以下速度通过时垂向力测量最大允许误差±5‰,40~60 km/h速度通过时垂向力测量最大允许误差±1%,60 km/h以上垂向力测量最大允许误差±3%;横向力测量最大允许误差±3%;识别车轮失圆、多边形和踏面擦伤、剥离、碾堆等踏面损伤兑现率:≥95%;运行品质不良按脱轨系数和轮重减载率进行联网评判、报警;车辆标签及车辆端位识别率:≥99.9%。	动车组、客车、货车	Q/CR349、TJ/CL 438
		铁道车辆车轮故障在线检测系统:适用车速:8~12 km/h。车轮外形几何尺寸检测误差范围:踏面磨耗:±0.2 mm;轮缘厚度:0.2 mm;QR:±0.4 mm;车轮直径:±0.5 mm;轮对内距:±0.6 mm。踏面擦伤深度检测误差:±0.2 mm。车轮探伤范围:轮毂部位径向裂纹;距轮毂内侧面60 mm至100 mm区域内轮毂周向裂纹;轮缘顶部至根部径向裂纹;轮毂周向裂纹:长轴40 mm、短轴30 mm的平底椭圆当量缺陷。轮缘顶部径向5 mm深刻槽当量缺陷。	动车组、客车	TJ/CL 256、TJ/CL 405
		车辆滚动轴承早期故障轨边声学诊断系统(TADS):预报等级:3级,适应车速:30~110 km/h,检测精度:预报准确率>97%,数据传输速率:不低于9 600 bit/s,传输接口协议:CCITT及我国铁路通信的有关规定,传输校验方式:文件传输协议(FTP)。	动车组、客车、货车	Q/CR 350
48	轨道设施检测设备	钢轨探伤车:最高探伤速度80 km/h;超声波对钢轨的最小扫查间距为0.8 mm,最大扫查间距为5.6 mm;超声波覆盖钢轨区域:轨头、轨腰、位于轨腰投影区的轨底部分;探伤灵敏度:钢轨头部横向裂纹,≥直径8 mm平底孔当量;钢轨头部与腰部纵向水平裂纹,≥10 mm×15 mm;螺栓孔裂纹,裂纹深度≥8 mm。	钢轨无损检测	GB/T 28426
		轨道检测系统:适用速度15~350 km/h;检测轨道的轨距、轨向、高低、水平、三角坑、超高、曲率、车体垂向和横向振动加速度等项目,具有轨道几何偏差编辑、轨道几何波形输出、报表打印等功能。	轨道状态检测	TJ/GW 126
		钢轨轮廓及磨耗检测系统:适用速度160 km/h;可按照1 m、2 m、3 m、5 m间隔等间距采样;磨耗分辨力0.1 mm;检测精度0.2 mm。	轨道状态检测	TJ/GW 127

(续表)

序号	设备名称	性能参数	应用领域	执行标准
48	轨道设施检测设备	轨道状态巡检系统:适用速度 160 km/h;图像分辨率为横向 1 mm,纵向 1.6 mm;可智能识别 15 mm×15 mm 以上钢轨表面擦伤及剥离掉块;可智能识别扣件缺失、弹条断裂、弹条移位等异常。	轨道状态检测	TJ/GW127
		线路限界检测系统:适用速度 160 km/h;测量间距 0～450 mm;测量精度±15 mm;测量范围:轨面上方 10 m,线路中心线两侧各 10 m 的范围内。	轨道状态检测	TJ/GW 127
49	铁路供电安全检测监测系统(6C系统)	高速弓网综合检测装置(1C):适用车速 350 km/h,监控分辨率≥1 024×1 024,帧率≥100 fps,弓网接触力分辨率 1 N,接触线和拉出值测量分辨率 1 mm。 接触网安全巡检装置(2C):适用车速 350 km/h,图像分辨率≥1 024×1 024。 车载接触网运行状态检测装置(3C):适用车速 350 km/h,燃弧持续时间精度 2 ms,接触网温度测量精度 2 ℃,弓网视频分辨率≥1 024×1 024,帧率≥25 fps。 接触网悬挂状态检测监测装置(4C):适用车速 160 km/h,接触线测量精度 10 mm,拉出值测量精度 25 mm,关键区域检测图像像素≥5 000 万。 受电弓滑板监测装置(5C):适应车速 350 km/h,图像分辨率≥2 448×2 048。 接触网及供电设备地面监测装置(6C):接触线索张力测量精度 0.1 kN,温度测量精度 1 ℃。6C 综合数据处理中心:数据传输通道带宽≥2 Mbps,主备机自动切换时间≤30s,主要节点 CPU 负载≤50%,局域网平均负载≤30%。	铁路牵引供电设备	《高速铁路供电安全检测监测系统(6C系统)总体技术规范》(铁运〔2012〕136号); 1C 技术条件:TJ/GD 007; 2C 技术条件:TJ/GD 004; 3C 技术条件:TJ/GD 005; 4C 技术条件:TJ/GD 008; 5C 技术条件:TJ/GD 008; 6C 技术条件:TJ/GD 009; 6C 综合数据处理中心技术条件:TJ/GD 010
50	列车运行监控装置(LKJ)	适应自动闭塞和半闭塞的 UM71、ZPW—2000、移频、交流计数等信号制式;制动控制计算符合 TB/T1407。	机车、动车组	TJ/DW 070、TJ/DW 169、TJ/DW 170、TJ/DW 173、TJ/DW 174
51	机车车载安全防护系统(6A系统)	包括:中央处理平台、机车空气制动安全监测子系统、机车防火监测子系统、机车高压绝缘检测子系统、机车列车供电监测子系统、机车走行部故障监测子系统、机车自动视频监控及记录子系统,工作温度－40～70 ℃,持续滚动存储数据 30 天,持续滚动存储视频 15 天,报警响应时间 1 s。	内燃、电力机车	TJ/JW 001、TJ/JW 001A、TJ/JW 001B、TJ/JW 001C、TJ/JW 001D、TJ/JW 001E、TJ/JW 001F、TJ/JW 001G
52	列车尾部安全防护装置	LD2006—1 型、LD2006—2 型、LD2009—1 型、HBTL—11(S)型、LD2006—11a 型。主机反光标志正常天气目测显示距离不小于 400 m;适应列车制动主管定压 500 kPa 和 600 kPa 的要求;排风口径 6～8 mm;软管连接器符合 TB/T60 的规定;天线技术符合 TB/T1875 要求;质量不大于 11 kg。	在铁路上运行的货物列车	TB/T 2973、TJ/CW 004、TJ/CW 005、TJ/DW 009、TJ/DW 179、TJ/DW 180
53	列控车载设备(ATP)	系统的所有安全部件的设计可确保按 SIL4 级安全要求运行。系统的开发遵循 CENELEC 标准 EN50126、EN50128 和 EN50129 规定的质量和安全管理的要求,最大列车速度 350 km/h。	动车组	TJ/DW 061、TJ/DW 139B、TJ/DW 152、TJ/DW 152A
54	轨道车运行控制设备(GYK)	GYK 电源工作范围:DC18V～36V;测速测距误差:－2%～＋2%;GYK 系统时钟精度:误差<90 s/月;整机平均无故障工作时间 MTBF 应不低于 6 000 h。	自轮运转特种设备	TJ/DW046

(续表)

序号	设备名称	性能参数	应用领域	执行标准
(三) 水运行业				
55	电子海图显示与信息系统(ECDIS)	支持显示由政府授权的航道组织颁布发行的安全高效航行所必须的海图信息;支持在线或离线更新;支持AIS、GNSS、测深、雷达等设备接入及显示;支持航线设计、航线检测、船位标绘、雷达跟踪、海图物标属性查询等功能。长江电子航道图显示与信息系统:支持显示由政府授权的航道组织颁布发行的安全高效航行所必须的海图信息;支持在线或离线更新;支持AIS、GNSS、测深、雷达等设备接入及显示;支持航线设计、航线检测、船位标绘、雷达跟踪、航道图物标属性查询等功能。	船舶	IHO S52、IHO S57、IHO S61、IHO S63、IHO S64、IEC、IMO、MSC、CJ52、CJ57、CJ58、CJ63以及国内船舶设备相关标准
56	海上导航和无线电通信设备	海上通讯设施;海洋气象设施。船用紧急无线电示位标(EPIRB):工作频率:406 MHz;寻位频率:21.5 MHz/243 MHz;定位模式:GMDSS;启动方式:人工启动、自动启动。	水上船舶、海洋石油生产作业	《固定平台安全规则》(国经贸安全〔2000〕944号)、IMO和IEC相关标准以及国内船舶设备相关标准
		AIS船台:工作频率:161.975 MHz、162.025 MHz;定位模式:GPS、北斗、GMDSS;通信模式:SOTDMA;发射功率:1 W、2 W、12.5 W。	船舶	GB/T 20068、ITU/R M.1371—5
		AIS岸台:工作频率:161.975 MHz、162.025 MHz;定位模式:GPS、北斗、GMDSS;通信模式:SOTDMA;发射功率:12.5 W。	沿岸	IEC 62320—2、ITU/R M.1371—5
57	船岸紧急切断系统(ESD)	紧急切断阀:采取自动、遥控和手动等组合设计,具备遥控和就地操作功能。	石油化工码头	GB/T 24918、GB/T 22653、JB/T 9094
		紧急切断控制系统:独立于过程控制系统(DCS),具备检测元件、逻辑运算器和执行元件,可对紧急切断阀进行应急关断并在控制柜进行指示和声光报警,具有故障安全、冗余容错等技术。	石油化工码头	SHB—Z06
(四) 民航行业				
58	火警探测器	发动机火警探测,技术指标达到美国民航规章FAR23标准,设备型号:473581/473581—1/473583/473583—1/473583—3/473583—2/473582/474188—1/474189—1/474190—1/473597—5/473955—1/475571—2/902864/PU90—499R3/902018—01/PU90—471WR1/2119835—6/2119835—7/PPA1103—00/PPA1204—00/PPC1100—00/PPC1200—00/RAI2800M0706/GPA1102—00/GPA1103—00/PPA1203—00/PPA1204—00/PPA2100—00/PPA2101—00/RAI2811 M0106/FSD9480—00/GMC1102—02/PMC1102—02/PMC1103—03/474449—5/7011200H01/504643—9/8920—10/904653—10/904655—10/904656—10/474435/474436/474437/474438/474439/474443—2/8918—01/8919—01/472583/472584/5421—14/904807—03/(3601—155—565/19);	飞机灭火系统	美国民航规章标准FAR23

(续表)

序号	设备名称	性能参数	应用领域	执行标准
58	火警探测器	APU及发动机火警过热控制组件：901950—02；过热探测控制组件：35008—307/20—035008—300；火警控制面板：69—37307—300/69—37307—153/411000—001；发动机火警线：325—027—302—0/325—027—303—0/325—027—402—0/325—027—403—0/325—027—404—0/325—027—505—0；发动机吊架火警探测元件：474443—2。	飞机灭火系统	美国民航规章标准FAR23
59	卫星通讯系统	增强了飞机远距离通讯的能力，弥补了高频通讯易受环境干扰的不足，防止飞机失联。设备型号：822—2556—102/701—10300—00/710100—2/500644—6/288E5733—00/822—1785—401/7516118—X7145/822—2909—050/RD—NB2501—01/RD—NB2111—02/RD—KA1003—04/RD—AA903194—02/RD—AA903194—01/RD—AA903463—01；82158A31—000/822—2558—101/418E5733—00；82155D83—032/822—2556—102/228E5733—00/7516100—20050/7516118—27010/82155D33—032/7516118—27010/822—2023—101/822—3057—101/883E5910—04/7516118—47145/7516118—47141/7516118—27140/7516118—27020/822—1785—402/822—1785—401/7520061—34010/7520061—34016/7520000—20140/710617—2/7520033—901；M0DREF472285/804—10—0015/002W0129—3/002W0129—4/002W0129—3/100—602198—001/M0DREF376715/M0DREF418185/M0DREF457619/513738—513/284W3009—1/284W3009—2/866—5015—101/009E5733—00/4141—89—99。	飞机导航系统	《国际民用航空组织附件10》ICAO Annex10
60	自动相关监控系统	提供飞机空中交通管制相关信息（例如飞机位置、高度、航向、速度、垂直速度），防止飞机空中飞行冲突。设备型号：7517800—10004/7517800—11005/7517800—11006/7517800—11009/822—1338—002/822—1338—003/066—01127—1601/066—01127—1602/822—1338—005/822—1338—205/822—1338—225/066—01127—1402/066—01127—1101/066—01212—0101/9008000—10000/822—1338—205/066—01212—0301/066—01212—0101/7517800—12401/822—2120—101/822—2911—002/822—1293—332/822—1338—021/066—01127—1402/9005000—10204/7517800—12401/7517800—10100/822—1821—002/69001757—000/822—1821—430。	飞机导航系统	《国际民用航空组织附件10》ICAO Annex10
61	飞行数据及语音记录系统	记录飞机发动机操作系统等关键系统的参数，及驾驶舱语音记录，用于事故预防和事故调查。设备型号：1605—01—00/1605—00—00/866—0084—102/866—0084—101；980—6020—001/980—6022—001/980—6032—001/980—6032—001/980—6032—023/980—6032—020/2100—1020—00/2100—1925—22/2100—1020—02/2100—1025—22/2100—1226—02/2100—1025—02/2100—1227—02；980—4700—042/980—	飞机导航系统	美国民航规章标准FAR 23/31

第3章 房地产企业所得税的涉税政策解析

（续表）

序号	设备名称	性能参数	应用领域	执行标准
61	飞行数据及语音记录系统	4750—003/980—4750—002/980—4750—009/980—4700—003/2100—4043/2100—4945—22/2100—4045—22/2100—4245—00/2100—4045—00；2243800—73/2243800—364；HL2.776.036/800—180—001/800—180—002/01—830—180—010/880—180—600—002。	飞机导航系统	美国民航规章标准FAR 23/31
62	防冰控制系统温度控制设备	防冰控制系统温度控制器：发动机防冰控制器组件：810503—10,2915—5/733474—3—5。	民航飞行器	美国民航监督管理标准FAA TSO—C13,C24
		防冰控制系统温度控制面板：233W、233N、69、233A系列。		
		防冰面板：机翼防冰保护系统区域控制卡 003CM00—0200,233N3204—1019。		
		防冰活门：发动机整流罩防冰活门 3215618—5/3215618—4/3215618—3；机翼防冰活门 67—2906—002；发动机防冰压力调节关断活门7011101H02。		
		防冰控制系统结冰探测器：0871HT3/0871DL6/1001844—3/0871DP5—1/0877B1。		
		防冰控制系统窗温控制器：风挡加热控制组件：83000—05605/83000—05604ATS/83000—27901/S283T007—3/785897—2/785897—3/624066—3/624066—5/774767—1—1；风挡加温保护组件：7002576H02。		
63	机载防相撞系统	空中防撞，探测范围：飞机上下 8 700 英尺最远80 海里。工作频率：发射 1 030 MHz 信号，接收 1 030 MHz 信号。根据入侵机距离分为：其他飞机：6 海里外；或 6 海里内且相对高度大于 1 200 英尺,且没有 RA 和 TA 警告；接近的飞机：相对高度小于 1 200 英尺,距离 6 海里内,没有达到 RA 和 TA 级别警告。 交通咨询(TA)和避让警告(RA)：根据 TAU 和 CPA 具体确定,设备型号：9005000—11203/066—50000—2220/066—50000—2221/940—0300—001/066—50008—0405/4066010—910/4066010—913/622—8971—022/622—8971—522/822—1293—003/7517900—10004/7517900—10020/9003500—10903/7517900—10006/7517900—10012/7517900—55003/822—1293—002/822—2911—001/9003500—10905/9003500—55905/940—0351—001/965—1694—001/822—2120—101/071—50001—8104/7514081—911/7514081—912/071—50001—8107/673Z5011—4106/673Z5011—4108/822—0020—101/673Z5011—8107/673Z5011—4105/622—8973—001/7514081—901/071—50001—8102/7514081—903/G6990—4。	飞机导航系统	美国民航监督管理标准FAA TSO—C13,C38,C39

(续表)

序号	设备名称	性能参数	应用领域	执行标准
64	增强型近地警告系统	近地警告,达到美国民航监督管理标准 FAA TSO—C13,C16,设备型号:965—1690—052/965—1690—055/BCREF78944/69000940—102/69000940—104/69000940—106/BCREF17394/BCREF49033/BCREF50601/BCREF68842/69000940—101/822—2120—101/965—1676—001/965—1676—002/965—1676—003/9650976003206/69000942—151/965—1676—006/522—2998—011/7028419—1904/9000000—11111/965—1694—001。	飞机导航系统	美国民航监督管理标准 FAA TSO—C13,C16
65	飞行警告系统	当飞机系统出现故障或错误操作时,提供语音和可视警告,提醒机组采取纠正措施,使飞机恢复安全运行状态。设备型号:350E053021212/350E053021414/350E053021717/350E053021818/350E053021919/65—54499—18/69—78214—1/39—78214—3/69—78214—4/285W0015—101/285W0015—102/LA2E20202T30000/LA2E20202T40000/LA2E20202T50000/LA2E20202T70000。	飞机导航系统	美国民航规章标准 FAR 31
66	飞机中央油箱惰性气体阻燃系统（FTIS）	防止点火源:European Interim policy 25/12、USA SFAR 88;降低可燃性:将中央油箱内氧气含量降低到12%以下。空气分离组件:2050067—101/2030157—102/2060017—102/2060017—103/PPC1200—00/7012014H05/2060032—101/;气滤:2040025—104/2040025—105/2040025—106/;气滤压差电门:2040061—103/;热交换器:2341924—2/7012011H01/;臭氧转换器:2341926—2/;冲压空气活门:3291828—1/;氧气传感器:3522W000—001/7012040H01/2040081—101/;双流量关断活门:2040029—104/;惰性气体隔离活门:2040031—102/3957A0000—02/;惰性气体控制组件:367—359—005/;惰性气体旁通活门:3958A0000—01/;NGS冲压进气门作动筒:2741686—1/;再预冷器:2342176—1/。	飞机中央油箱	European Interim policy 25/12、USA SFAR 88、FAA—2005—22997—5、EASA ED Decision 2014/024/R
六、电力				
67	SF_6 泄漏报警装置	SF_6 检测范围:50～5 000 ppm;超限报警点:1 000 ppm,精度<5% F·S;O_2 浓度检测范围:1%～25%,缺氧报警点:18%,精度<1% F·S;风机启动:氧含量≤19.6%时或 SF_6 气体浓度>1 000 ppm 时,自动启动风机每次启动时间 15 min 或自定义,可手动控制或强制启动风机。	变电站、开关站 SF_6 配电装置室	GB/T 8905、DL/T 846.6
68	测温式电气火灾监控探测器	报警值:55～140 ℃;报警时间:温度达到报警设定值时,探测器 40 s 内发出报警信号。	电力隧道、变电站、开关站、发电厂	GB 14287.3、GB 50116、GB 50166
69	电力线路杆塔作业防坠落装置	导轨载荷:不小于 100 kg;锁止距离:不大于 0.2 m;导轨型式:T 型导轨、槽型导轨、钢绞线。	输电线路杆塔	DL/T 1147
70	绝缘检修作业平台	绝缘电压等级:10～1 000 kV、±800 kV;抱杆梯具、梯台、过桥、拆卸型检修平台、升降型检修平台工作载荷不小于 100 kg;复合材料快装脚手架单层额定工作载荷不小于 200 kg。	变电站、开关站、发电厂、输电线路	DL/T 1209

(续表)

序号	设备名称	性能参数	应用领域	执行标准
71	带电作业车	绝缘等级10～110 kV,工作斗载荷:200 kg(2人)。	架空电力线路	GB/T 9465、GB/T 18037、DL/T 972
72	超声波局放检测仪	灵敏度:峰值灵敏度一般不小于60dB[V/(m/s)],均值灵敏度一般不小于40 dB[V/(m/s)];检测频带:用于SF$_6$气体绝缘电力设备的超声波检测仪,一般在20 kHz～80 kHz范围内;对于充油电力设备的超声波检测仪,一般在80 kHz～200 kHz范围内;对于非接触方式的超声波检测仪,一般在20 kHz～60 kHz范围内。线性度误差:不大于±20%;稳定性:局部放电超声波检测仪连续工作1小时后,注入恒定幅值的脉冲信号时,其响应值的变化不应超过±20%。	变电站、开关站、输电线路、发电厂	DL/T 250、DL/T 1416
七、建筑施工				
73	附着升降脚手架全金属安全防护装置	全金属网架安全防护屏,随作业面同步升降的相邻提升点间高差≤30 mm,防坠落制动距离≤80 mm。架体高度<5倍楼层高,架体宽度<1.2 m;直线布置的架体支承跨度<7 m,折线或曲线布置的架体,相邻两主框架支撑点处的架体外侧距离<5.4 m;架体的水平悬挑长度<2 m,且<跨度的1/2;架体全高与支承跨度的乘积<110 m²。	建筑主体施工与外装饰工程的整体或分片、分段提升的附着升降脚手架安全作业防护与控制	JGJ202、JGJ59、JGJ130
	附着升降脚手架防倾覆装置	在升降和使用两种工况下,最上和最下两个导向件间的最小间距不得小于2.8 m或架体高度的1/4;具有防止竖向主框架倾斜的功能;采用螺栓与附墙支座连接,其装置与导轨之间的间隙<5 mm。		
	附着升降脚手架防坠落装置	每一升降点不少于1个防坠落装置,在使用和升降工况下均须起作用;除应满足承载能力要求外,整体式脚手架制动距离≤80 mm,单片式脚手架制动距离≤150 mm。采用钢吊杆式防坠落装置,钢吊杆规格由计算确定,且不应小于Φ25 mm。采用丝杠丝母传动防坠落装置,丝杠外径为40 mm,须承受670 kN的荷载。		
	附着升降脚手架同步升降控制安全装置	当水平支承桁架两端高差达到30 mm时,自动停机;控制精度在5%以内,具有显示各提升点的实际升高和超高的数据,有记忆和储存功能。		
74	集成式爬模防坠落装置	爬模支座内设有防止导轨提升时坠落的装置,架体与结构内设有防止架体提升时坠落的装置。	建筑施工的爬模安全作业控制	JGJ 202、JGJ 59、JGJ 195
	集成式爬模防倾覆装置	爬模提升系统的每机位设置不少于2个附着支座,导轨长度不低于2个楼层。		
	集成式爬模同步升降控制安全装置	当机位荷载变化15%以上的,报警提示;变化30%以上的,报警并自动停机。		
75	施工升降机防坠落安全装置	施工升降机额定提升速度v≤0.65 m/s时,安全制动距离为0.15～1.40 m,额定提升速度0.65 m/s<v≤1.00 m/s时,安全制动距离为0.25～1.60 m,额定提升速度1.00 m/s<v≤1.33 m/s时,安全制动距离为0.35～1.80 m,额定提升速度>1.33 m/s时,安全制动距离0.55～2.00 m。钢丝绳式施工升降机应有停层防坠落装置,该装置应在吊笼达到工作面后人员进入吊笼之前起作用,使吊笼固定在导轨架上。卷扬机传动的施工升降机应设防松绳和断绳保护安全装置。	施工升降机安全作业控制	GB 26557、GB/T 10054、GB/T 10055、TSG Q7008、JG 121

(续表)

序号	设备名称	性能参数	应用领域	执行标准
75	施工升降机安全监控系统	当载荷达到额定载重量的90%时,发出报警信号;达到额定载重量的110%前,中止吊笼启动。在吊笼到达行程终点时,自动切断控制电路;超越行程终点时,自动切断总电源。自动记录施工升降机运行的实时状态数据,记录存储量≥7 000条;报警为蜂鸣器鸣音、指示灯显示。	施工升降机安全作业控制	GB 26557、GB/T 10054、GB/T 10055、TSG Q7008、JG 121
76	高处作业吊篮安全锁装置	当高处作业吊篮的悬吊平台运行速度达到额定锁绳速度时,能够自动锁住安全钢丝绳,制停距离≤200 mm;当悬吊平台纵向倾斜角度不大于8°时,自动锁住安全钢丝绳并停止悬吊平台运行,防止悬吊束发生坠落。	建筑施工用高处作业吊篮安全作业控制	GB 19155、JGJ 202、JGJ59
77	塔式起重机安全监控系统	当吊重力矩达到控制值90%时,发出断续报警并黄灯闪烁;达到100%时,发出持续报警并红灯闪烁,自动切断吊钩上升高速和小车往臂端行高速接触器;达到110%时,红灯闪烁并自动切断吊钩上升低速和小车往臂端行低速接触器,不允许吊钩起吊。自动记录塔式起重机运行时的回转角度、小车位移、吊钩高度、日期、风速等实时状态数据,存储时间≥48 h,工作循环记录储存次数≥16000条,系统综合误差≤5%,环境温度−20～60 ℃。	施工现场单台或多台塔式起重机的安全作业控制	GB/T 5031、GB 12602、GB/T 3811、GB/T 28264
78	升降式作业平台安全防护及门控系统	升降式作业平台安全防护系统:当平台与墙面水平距离为0.3～0.5 m时,应不低于1.1 m,平台外侧防护高度应不低于1.1 m,安全防护系统应设高度不低于0.15 m的护脚板,及距离顶部横杆或护脚板均不大于0.5 m的中间横杆,以防止平台上作业人员发生高空坠落。升降式作业平台门控系统:保证作业平台的入口门不得向外侧开启,并采用电控方式进行互锁,以防止在入口门开启时,发生作业平台升降运行的危险动作。	建筑施工外装修施工、既有建筑改造用作业平台及物料运送平台	GB/T 27547、JCJ 202
八、应急救援设备				
79	呼吸防护器	正压式空气呼吸器:具有耐高温、抗热老化、耐辐射热、阻燃、防水、重量轻、气密性好、电气元件防爆等性能,背架应为高强度的非金属材料制成,面罩防结雾,具有他救、压力平视显示、应急救援用快速充气等功能。	在浓烟、有毒气体或严重缺氧环境中进行呼吸防护	GA 124
		正压氧气呼吸器:防护时间1 h以上,氧浓度不得低于21%;正压式消防氧气呼吸器:重型劳动强度下防护时间1 h以上,吸气中氧气浓度不得低于21%,吸气中二氧化碳浓度不得高于1%,吸气温度不得高于38 ℃	煤矿井下、在高原、地下、隧道以及高层建筑等场所长时间作业时进行呼吸保护	MT86、GA632
		全防型滤毒罐:对有毒气体和蒸汽、有毒颗粒及放射性粒子、细菌具有良好的过滤性能,NBC防护标准,储存期限不低于5年。	危险场所呼吸保护与防毒面罩配套使用	GB/T 2892
		压缩氧自救器:具有防爆合格证和MA标志定量供氧量1.2～1.6 L/min,通气阻力196 Pa,吸气温度45 ℃,手动补给60 L/min,二氧化碳吸收剂用量350 g,氧气瓶额定充气压力20 MPa,排气阀开启压力200～400 Pa。	煤矿井下发生缺氧或在有毒有害气体环境中矿工逃生用	MT711

(续表)

序号	设备名称	性能参数	应用领域	执行标准
79	呼吸防护器	送风式长管呼吸器:正压送风,防止作业环境气体被劳动者吸入。	有毒有害物质作业和救援场所	GB6220、GA1261
80	核放射探测仪	可自动声光报警,显示所检测射线的强度持续工作时间不少于70 h。	有α、β、γ射线污染源的作业环境	GB 10257
81	矿山救护指挥车	具有高底盘,功率大,起步快,越野性能好等特点。汽车性能应达到:爬坡度在30%以上;最小离地间隙在220 mm以上;行车速度在120 km/h以上;配有无线通信系统、卫星定位系统和警灯警报装置。	矿山事故抢险的救援指挥	GB 50313、QC/T 457、GA 14
82	消防车	水罐消防车、泡沫消防车、高倍泡沫消防车、供水消防车、供液消防车:配备消防泵(或供液泵),不分配备水罐(或泡沫液罐、泡沫比例混合器)、高倍数泡沫发生器、消防炮等灭火设备。	灭火救援及危险化学品应急处置、灭火现场供给泡沫液	GB 7956.1、GB 7956.2、GB 7956.3、GA 39
		举高类消防车(含云梯消防车、登高平台消防车、举高喷射消防车):配备举高臂架(直臂、曲臂、直曲臂)或梯架(伸缩或组合)、回转机构,部分配备滑车、消防泵、水罐(或泡沫液罐、泡沫比例混合器)、消防炮、工作斗、破拆装置等。	储罐、塔釜、框架设备、高层建筑场所灭火救援及危险化学品应急处置及高空人员救援	GB 7956.1、GB 7956.12
		干粉/干粉水联用/干粉泡沫联用消防车:配备干粉灭火剂罐、减压装置、氮气瓶组、干粉喷射装置,部分配备消防泵、水罐(或泡沫液罐、泡沫比例混合器)、消防炮等设备。	可燃液体、可燃气体、带电设备、遇水燃烧物质等场所灭火救援、危险化学品应急处置	GB 7956.1、GA 39
		抢险救援消防车、化学救援消防车:配备抢险救援器材(涉及侦检类、破拆类、堵漏类、防护类、洗消类、警戒类等)、随车吊或具有起吊功能的随车叉车、绞盘和照明系统、化学事故处置装置等。	危险化学品泄漏、着火,工程抢险、自然灾害等事件灭火救援应急处置	GB 7956.1、GB 7956.14、GA 39
		供气消防车:配备高压空气压缩机、高压气瓶组、防爆充气箱等装置,部分配备照明系统。	为空气呼吸器瓶充气、气动工具供气	GB 7956.1、GA 39
		照明消防车:配备固定照明灯、移动照明等、发电机。	灾害现场照明	GB 7956.1、GA 39
		排烟消防车:配备固定排烟送风装置及辅助设备。	灾害现场排烟、通风	GB 7956.1、GA 39
83	机场消防业务车辆	快速调动车:发动机不用预热;气温在7 ℃以上时,满载状态下静加速到80 km/h以上不超过25 s;全轮驱动;喷射率不小于4 500 L/min;一次性泡沫混合液喷射量不低于5 000 L;最大车速大于105 km/h;在水泵全功率工作状态下车辆行驶速度不小于40 km/h;专用越野底盘(非商用越野底盘);具备3C证书。	预防及扑救飞机火灾	《机场服务手册—第一部分救援与消防》(ICAO Doc9137—AN898)、GB 7956.1、GA 39、MH/T7002,并参考NFPA 414,FAA NO.150/5220

(续表)

序号	设备名称	性能参数	应用领域	执行标准
83	机场消防业务车辆	主力泡沫车:满载状态下由静止加速到 80 km/h 以上不超过 40 s;最大车速大于 100 km/h;喷射率不小于 4 500 L/min;一次性泡沫混合液喷射量不低于 10 000 L;在水泵全功率工作状态下车辆行驶速度不小于 40 km/h;专用越野底盘(非商用越野底盘);具备 3C 证书。	预防及扑救飞机火灾	《机场服务手册—第一部分救援与消防》(ICAO Doc9137—AN898)、GB 7956.1、GA 39、MH/T7002,并参考 NFPA 414、FAA NO.150/5220
		重型泡沫车:最大载重量大于 8 000 kg;设电控消防炮,并符合《消防炮通用技术条件》(GB 19156)要求;越野底盘;具备 3C 证书。		GB 7956.1、GB 7956.3、GA 39、MH/T7002
		中型泡沫车:最大载重量小于或等于 8 000 kg;设电控消防炮,并符合《消防炮通用技术条件》(GB 19156)要求;越野底盘;具备 3C 证书。		GB 7956.1、GB 7956.3、GA 39、MH/T7002
		升降救援车:救援梯采用防腐金属材质伸缩型,高度:最低位≥3.0 m,最高位≥8.0 m;台阶两边设置不低于 0.7 m 的护栏,台阶的底部应尽量靠近地面;顶部救援平台:宽度:>2.0 m;深度:>2.0 m;左右两边设置不低于 0.7 m 的护栏;前部设有可移动式的保护装置。中、顶部平台应始终保持水平状态,顶部平台载重量>300 kg;驱动形式:4×4 或 6×6 驱动;发动机功率:>300 kW,轴距:≤4 500 mm;使用车辆发动机经过取力系统驱动液压泵向系统提供液压,液压阀门为电动控制,紧急情况下也可手动控制。		《机场服务手册—第一部分救援与消防》(ICAO Doc9137—AN898)、MH/T7002,并参考 NFPA 414、FAA(No.150/5220)
84	应急电源(发电)车	发电功率 200~500 kW。	事故、灾害救援现场,保电现场	GB/T 21225、GB 50052、GB/T 2819
85	溢油回收设备	收油机:最大收油速率为 10~200 m³/h,最大收油效率为 98%,粘度范围为 1~1 000 000 cSt。	海上井喷、火灾爆炸事故造成的溢油回收	JT/T 863
		围油栏:总高大于 400 mm,最小总抗拉强度 55 kN,最大抗波高 1.8 m,最大抗风速 15 m/s,最大抗流速 3 kn。	海上溢油应急处置	JT/T465
		防火围油栏:耐热温度:1 000 ℃,总高大于 800 mm,最小总抗拉强度 80 kN,最大抗波高 1.8 m,最大抗风速 15 m/s,最大抗流速 3 kn。	海上溢油应急处置	JT/T465
		吸油拖栏:最大吃水深度为 150 mm,最大抗拉强度为 18 kN,吸附倍率大于 10 倍,吸水量为自重的 10%。	海上溢油应急处置	JT/T 864
86	管道带压开孔封堵设备	带压开孔设备:能够实现 PN 10 MPa,DN 1 200 mm 管道的开孔作业。	油气长输管道、市政管道的不停输抢维修	GB/T 28055、SY/T 6150.1、SY 6554
		带压封堵设备:能够实现 PN 10 MPa,DN 1 200 mm 管道的封堵作业。		
		管道带压开孔封堵专用阀门:用于配合开封堵设备使用实现 PN 10 MPa,DN 1 200 mm 管道开孔封堵作业。		
		管道带压开孔封堵对开管件:用于配合开孔封堵设备使用实现 PN 10 MPa,DN 1 200 mm 管道开孔封堵作业。		

（续表）

序号	设备名称	性能参数	应用领域	执行标准
87	矿山应急救援设备	地面大直径钻机：可移动式，最大钻进孔径≥600 mm，钻深≥500 m。 井下轻型救灾钻机：模块化设计，最大拆分模块重量＜60 kg；钻孔深度≥100 m，终孔直径≥75 mm。 多功能快速水平钻机：发动机功率135 kW，钻孔口径最大可达165 mm，具备套管作业、止水止浆、超前地质预报等功能。 矿用雷达生命探测仪：探测距离＞10 m，探测张角＞100°，探测精度≤±20cm。 井下快速成套支护装备：支撑高度范围1~4 m，初撑力≥100 kN，静态支撑力≥400 kN。 矿用逃生救援补给站：具备防护、供给和通信功能，自救器存储量≥30台，允许同时补给人数≥4人。 矿用救灾多媒体通信系统：无线语音、视频及环境参数实时传输，持机人员定位，通信距离≥20 km，定位精度≥±5 m。	井工煤矿救援	MT/T1129、MA 依据标准
88	破拆工具车	厢式货车功率221 kW，具备照明、连接市电等功能，配置荷马特破拆支护类工具（手动多功能剪扩钳、钢缆剪切钳、便携机动泵、液压扩张钳、单向液压千斤顶、机械撑杆、延伸管 250 mm/500 mm等）。	隧道救援中破拆和支护	JTGF60
89	消防机器人	灭火机器人：以消防炮等灭火装置为主要机载设备，在高温、浓烟、强热辐射、爆炸等危险场所执行灭火、冷却，剂化学污染场所洗消等作业。 排烟机器人：以排烟机为主要机载设备，对消防车辆及人员无法靠近的灾害现场进行正压送风、排烟、水雾灭火、冷却等作业。 侦察机器人：具有防爆性能，以气体侦检仪等传感器为主要机载设备，对室内外危险灾害现场进行现场探测、侦察，并可将采集到的信息（数据、图像、语音）进行实时处理和无线传输。 用于化学事故现场的视频采集及危险气体、液体的侦察与检测。	危险场所灭火救援	GA892.1

注：表内安全设备按照行业列示，对于可在不同行业中通用的专用设备，不受该专用设备所处行业和所列应用领域的限制。

注：经国务院同意，现就安全生产专用设备企业所得税优惠目录（以下简称优惠目录）调整完善事项及有关政策问题通知如下：

（1）对企业购置并实际使用安全生产专用设备享受企业所得税抵免优惠政策的适用目录进行适当调整，统一按《安全生产专用设备企业所得税优惠目录（2018年版）》（见上表）执行。

（2）企业购置安全生产专用设备，自行判断其是否符合税收优惠政策规定条件，自行申报享受税收优惠，相关资料留存备查，税务部门依法加强后续管理。

（3）建立部门协调配合机制，切实落实安全生产专用设备税收抵免优惠政策。税务部门在执行税收优惠政策过程中，不能准确判定企业购置的专用设备是否符合相关技术指标等税收优惠政策规定条件的，可提请地方应急管理部门和驻地煤矿安全监察部门报请应急管理部，由应急管理部会同有关行业部门委托专业机构出具技术鉴定意见，相关部门应积极配合。对不符合税收优惠政策规定条件的,由税务部门按税收征收管理法及有关规定进行相应处理。

(4) 本通知所称税收优惠政策规定条件,是指2018年版优惠目录所规定的设备名称、性能参数和执行标准。

(5) 本通知自2018年1月1日起施行,《安全生产专用设备企业所得税优惠目录(2008年版)》同时废止。企业在2018年1月1日至2018年8月31日期间购置的安全生产专用设备,符合2008年版优惠目录规定的,仍可享受税收优惠。

3.8.4 境外投资者以分配利润直接投资暂不征收预提所得税政策

《财政部 国家发展和改革委员会 国家税务总局 商务部关于扩大境外投资者以分配利润直接投资暂不征收预提所得税政策适用范围的通知》(财税〔2018〕102号)及《国家税务总局关于扩大境外投资者以分配利润直接投资暂不征收预提所得税政策适用范围有关问题的公告》(国家税务总局公告2018年第53号)规定,自2018年1月1日起,为贯彻落实党中央、国务院决策部署,进一步鼓励境外投资者在华投资,现就境外投资者以分配利润直接投资暂不征收预提所得税政策问题通知如下:

1. 对境外投资者从中国境内居民企业分配的利润,用于境内直接投资暂不征收预提所得税政策的适用范围,由外商投资鼓励类项目扩大至所有非禁止外商投资的项目和领域。

2. 境外投资者暂不征收预提所得税须同时满足以下条件:

(1) 境外投资者以分得利润进行的直接投资,包括境外投资者以分得利润进行的增资、新建、股权收购等权益性投资行为,但不包括新增、转增、收购上市公司股份(符合条件的战略投资除外)。具体是指:

① 新增或转增中国境内居民企业实收资本或者资本公积;包括境外投资者以分得的利润用于补缴其在境内居民企业已经认缴的注册资本。

② 在中国境内投资新建居民企业。

③ 从非关联方收购中国境内居民企业股权。

④ 财政部、税务总局规定的其他方式。

境外投资者采取上述投资行为所投资的企业统称为被投资企业。

(2) 境外投资者分得的利润属于中国境内居民企业向投资者实际分配已经实现的留存收益而形成的股息、红利等权益性投资收益。

(3) 境外投资者用于直接投资的利润以现金形式支付的,相关款项从利润分配企业的账户直接转入被投资企业或股权转让方账户,在直接投资前不得在境内外其他账户周转(包括境外投资者按照金融主管部门的规定,通过人民币再投资专用存款账户划转再投资资金,并在相关款项从利润分配企业账户转入境外投资者人民币再投资专用存款账户的当日,再由境外投资者人民币再投资专用存款账户转入被投资企业或股权转让方账户的);境外投资者用于直接投资的利润以实物、有价证券等非现金形式支付的,相关资产所有权直接从利润分配企业转入被投资企业或股权转让方,在直接投资前不得由其他企业、个人代为持有或临时持有。

3. 境外投资者符合本通知第二条规定条件的,应按照税收管理要求进行申报并如实向利润分配企业提供其符合政策条件的资料。利润分配企业经适当审核后认为境外投资者符合本通知规定的,可暂不按照企业所得税法第三十七条规定扣缴预提所得税,并向其主管税务机关履行备案手续。

境外投资者按照该条规定享受暂不征税政策时,应当填写《非居民企业递延缴纳预提所得税信息报告表》(附件,略),并提交给利润分配企业。

利润分配企业应当按照该条规定审核境外投资者提交的资料信息,并确认以下结果后,执行暂不征税政策:

(1)境外投资者填报的信息完整,没有缺项。

(2)利润实际支付过程与境外投资者填报信息吻合。

(3)境外投资者填报信息涉及利润分配企业的内容真实、准确。

利润分配企业已按照该条规定执行暂不征税政策的,应在实际支付利润之日起7日内,向主管税务机关提交以下资料:

(1)由利润分配企业填写的《中华人民共和国扣缴企业所得税报告表》。

(2)由境外投资者提交并经利润分配企业补填信息后的《非居民企业递延缴纳预提所得税信息报告表》。

利润分配企业主管税务机关应在收到《非居民企业递延缴纳预提所得税信息报告表》后10个工作日内,向上述第2条第(1)项规定的被投资企业(以下称被投资企业)主管税务机关或其他相关税务机关发送《非居民企业税务事项联络函》,转发相关信息。

4. 税务部门依法加强后续管理。境外投资者已享受本通知规定的暂不征收预提所得税政策,经税务部门后续管理核实不符合规定条件的,除属于利润分配企业责任外,视为境外投资者未按照规定申报缴纳企业所得税,依法追究延迟纳税责任,税款延迟缴纳期限自相关利润支付之日起计算。

按照规定补缴税款的,境外投资者可按照有关规定享受税收协定待遇,但是仅可适用相关利润支付时有效的税收协定。后续税收协定另有规定的,按后续税收协定执行。

境外投资者按照该条规定补缴税款时,应当填写《中华人民共和国扣缴企业所得税报告表》,并提交给利润分配企业主管税务机关。

5. 境外投资者按照本通知规定可以享受暂不征收预提所得税政策但未实际享受的,可在实际缴纳相关税款之日起3年内申请追补享受该政策,退还已缴纳的税款。境外投资者按照该条规定享受暂不征税政策时,应当填写《非居民企业递延缴纳预提所得税信息报告表》(附件,略),并提交给利润分配企业。

6. 境外投资者通过股权转让、回购、清算等方式实际收回享受暂不征收预提所得税政策待遇的直接投资,在实际收取相应款项后7日内,按规定程序向税务部门申报补缴递延的税款。

按照规定补缴税款的,境外投资者可按照有关规定享受税收协定待遇,但是仅可适用相关利润支付时有效的税收协定。后续税收协定另有规定的,按后续税收协定执行。

境外投资者按照该条规定补缴税款时,应当填写《中华人民共和国扣缴企业所得税报告表》,并提交给利润分配企业主管税务机关。

7. 境外投资者享受本通知规定的暂不征收预提所得税政策待遇后,被投资企业发生重组符合特殊性重组条件,并实际按照特殊性重组进行税务处理的,可继续享受暂不征收预提所得税政策待遇,不按本通知第六条规定补缴递延的税款。

8. 本通知所称"境外投资者",是指适用《企业所得税法》第三条第三款规定的非居民企业;本通知所称"中国境内居民企业",是指依法在中国境内成立的居民企业。

9. 税务机关的后续管理措施。

(1) 被投资企业主管税务机关或者其他税务机关发现以下情况的,应在5个工作日内以《非居民企业税务事项联络函》反馈给利润分配企业主管税务机关:

① 被投资企业不符合享受暂不征税政策条件的相关事实或信息。

② 境外投资者处置已享受暂不征税政策的投资的相关事实或信息。

(2) 主管税务机关在税务管理中可以依法要求境外投资者、利润分配企业、被投资企业、股权转让方等相关单位或个人限期提供与境外投资者享受暂不征税政策相关的资料和信息。

(3) 利润分配企业未按照规定审核确认境外投资者提交的资料信息,致使不应享受暂不征税政策的境外投资者实际享受了暂不征税政策的,利润分配企业主管税务机关依照有关规定追究利润分配企业应扣未扣税款的责任,并依法向境外投资者追缴应当缴纳的税款。

(4) 境外投资者填报信息有误,致使其本不应享受暂不征税政策,但实际享受暂不征税政策的,利润分配企业主管税务机关依照规定做补缴税款处理。

(5) 境外投资者部分处置持有的包含已享受暂不征税政策和未享受暂不征税政策的同一项中国境内居民企业投资,视为先行处置已享受暂不征税政策的投资。

境外投资者未按照规定补缴递延税款的,利润分配企业主管税务机关追究境外投资者延迟缴纳税款责任,税款延迟缴纳期限自实际收取相关款项后第8日(含第8日)起计算。

10. 委托代理。

境外投资者、利润分配企业可以委托代理人办理规定的相关暂不征收预提所得税事项,但应当向主管税务机关提供书面委托证明。

3.8.5 税金及附加在A105010表的填报注意事项

1. 收取预售房款时,按预征率3%预缴增值税及预缴城建税和教育费附加,按预征率预缴土地增值税,会计上没有确认为"税金及附加"。汇算清缴时,申报在A105010表第25行扣除。

按国家税务总局公告2016年第70号规定:

A105010表第25行"实际发生的税金及附加、土地增值税"=预缴的城建税和教育费附加及土地增值税=预售房款×(1-增值税预征率)×(城建税税率+教育费附加征收率+地方教育费附加征收率)+预售房款×[1-1/(1+增值税适用税率或征收率)]×土地增值税预征率

2. 预售房款结转收入时,A105010表第29行"转回的税金及附加"应当按下列公式计算转回的金额:

按国家税务总局公告2016年第70号规定:

A105010表第29行"转回的税金及附加"=预售房款结转收入的金额×(1-增值税预

征率)×(城建税税率＋教育费附加征收率＋地方教育费附加征收率)＋预售房款结转收入的金额×[1－1/(1＋增值税适用税率或征收率)]×土地增值税预征率

3.9 房地产开发企业土地增值税清算涉及企业所得税退税有关问题

《国家税务总局关于房地产开发企业土地增值税清算涉及企业所得税退税有关问题的公告》(国家税务总局公告2016年第81号)规定,就房地产开发企业(以下简称"企业")由于土地增值税清算,导致多缴企业所得税的退税问题公告如下。

3.9.1 不予退税情况

企业按规定对开发项目进行土地增值税清算后,当年企业所得税汇算清缴出现亏损且有其他后续开发项目的,该亏损应按照税法规定向以后年度结转,用以后年度所得弥补。后续开发项目,是指正在开发以及中标的项目。

3.9.2 予以退税情况

企业按规定对开发项目进行土地增值税清算后,当年企业所得税汇算清缴出现亏损,且没有后续开发项目的,可以按照以下方法,计算出该项目由于土地增值税原因导致的项目开发各年度多缴企业所得税税款,并申请退税:

(一)该项目缴纳的土地增值税总额,应按照该项目开发各年度实现的项目销售收入占整个项目销售收入总额的比例,在项目开发各年度进行分摊,具体按以下公式计算:

$$\text{各年度应分摊的土地增值税} = \text{土地增值税总额} \times \left(\frac{\text{项目年度销售收入}}{\text{整个项目销售收入总额}}\right)$$

本公告所称销售收入包括视同销售房地产的收入,但不包括企业销售的增值额未超过扣除项目金额20%的普通标准住宅的销售收入。

(二)该项目开发各年度应分摊的土地增值税减去该年度已经在企业所得税税前扣除的土地增值税后,余额属于当年应补充扣除的土地增值税;企业应调整当年度的应纳税所得额,并按规定计算当年度应退的企业所得税税款;当年度已缴纳的企业所得税税款不足退税的,应作为亏损向以后年度结转,并调整以后年度的应纳税所得额。

(三)按照上述方法进行土地增值税分摊调整后,导致相应年度应纳税所得额出现正数的,应按规定计算缴纳企业所得税。

(四)企业按上述方法计算的累计退税额,不得超过其在该项目开发各年度累计实际缴纳的企业所得税;超过部分作为项目清算年度产生的亏损,向以后年度结转。

3.9.3 申请退税报送的资料

企业在申请退税时,应向主管税务机关提供书面材料说明应退企业所得税款的计算过程,包括该项目缴纳的土地增值税总额、项目销售收入总额、项目年度销售收入额、各年度应分摊的土地增值税和已经税前扣除的土地增值税、各年度的适用税率,以及是否存在后续开发项目等情况。

3.9.4 执行时间及衔接

本公告自 2016 年 12 月 9 日起施行。本公告发布之日前，企业凡已经对土地增值税进行清算且没有后续开发项目的，在本公告发布后仍存在尚未弥补的因土地增值税清算导致的亏损，按照本公告规定的方法计算多缴企业所得税税款，并申请退税。

> **提示**
>
> 1. 出台背景。
>
> 根据《国家税务总局关于房地产开发企业注销前有关企业所得税处理问题的公告》（国家税务总局公告 2010 年第 29 号，以下简称"29 号公告"）规定，房地产开发企业由于土地增值税清算造成的亏损，在企业注销税务登记时还没有弥补的，企业可在注销前提出申请，税务机关将多缴的企业所得税予以退税。但是，由于多种原因，房地产开发企业在开发产品销售完成后，短期内无法注销，导致多缴的企业所得税无法申请退税。结合房地产开发企业和开发项目的特点，税务总局制定 81 号公告，对房地产开发企业土地增值税清算涉及企业所得税退税政策进行了完善。
>
> 2. 房地产开发企业申请退税时间。
>
> 房地产开发企业可以申请退税的时间为所有开发项目清算后，即房地产开发企业按规定对开发项目进行土地增值税清算后，如土地增值税清算当年汇算清缴出现亏损，且没有后续开发项目的，可申请退税。后续开发项目，包括正在开发以及中标的项目。
>
> 3. 多缴企业所得税款计算方法。
>
> 基本上延续了 29 号公告的做法，房地产开发企业开发项目缴纳的土地增值税总额，应按照该项目开发各年度实现的项目销售收入占整个项目销售收入总额的比例，在项目开发各年度进行分摊，并计算各年度及累计应退的税款。

例题 3-15 某房地产开发企业 2014 年 1 月开始开发某房地产项目，2016 年 10 月项目全部竣工并销售完毕，12 月进行土地增值税清算，整个项目共缴纳土地增值税 1 100 万元，其中 2014—2016 年预缴土地增值税分别为 240 万元、300 万元、60 万元；2016 年清算后补缴土地增值税 500 万元。2014—2016 年实现的项目销售收入分别为 12 000 万元、15 000 万元、3 000 万元，缴纳的企业所得税分别为 45 万元、310 万元、0 万元。该企业 2016 年度汇算清缴出现亏损，应纳税所得额为 −400 万元。企业没有后续开发项目，拟申请退税，具体计算详见下表。

2014—2016 年申请退税计算表

项目	2014 年	2015 年	2016 年
预缴土地增值税	240	300	60
补缴土地增值税	—	—	500
分摊土地增值税	440 [1 100×(12 000÷30 000)]	550 [1 100×(15 000÷30 000)]	110 [1 100×(3 000÷30 000)]

(续表)

项目	2014 年	2015 年	2016 年
应纳税所得额调整	−200 (240−440)	−270 (300−550−20)	450 (60+500−110)
调整后应纳税所得额	—	—	50(−400+450)
应退企业所得税	50(200×25%)	67.5(270×25%)	—
已缴纳企业所得税	45	310	0
实退企业所得税	45	67.5	—
亏损结转(调整后)	−20[(45−50)÷25%]	—	—
应补企业所得税	—	—	12.5 (50×25%=12.5)
累计退税额	—	—	100(45+67.5−12.5)

3.10 关联交易

3.10.1 关联申报和同期资料管理

根据《国家税务总局关于完善关联申报和同期资料管理有关事项的公告》(国家税务总局公告 2016 年第 42 号)规定,为进一步完善关联申报和同期资料管理,根据《中华人民共和国企业所得税法》(以下简称企业所得税法)及其实施条例、《中华人民共和国税收征收管理法》(以下简称税收征管法)及其实施细则的有关规定,现就有关问题公告如下:

一、实行查账征收的居民企业和在中国境内设立机构、场所并据实申报缴纳企业所得税的非居民企业向税务机关报送年度企业所得税纳税申报表时,应当就其与关联方之间的业务往来进行关联申报,附送《中华人民共和国企业年度关联业务往来报告表(2016 年版)》(报表样式略)。

《国家税务总局关于明确〈中华人民共和国企业年度关联业务往来报告表(2016 年版)〉填报口径的公告》(国家税务总局公告 2017 年第 26 号)修订说明,《中华人民共和国企业年度关联业务往来报告表(2016 年版)》中的《国别报告—所得、税收和业务活动国别分布表》(中英文表)第 3 列"收入—关联方",填报跨国企业集团在第 1 列填报的国家(地区)每个成员实体与该跨国企业集团在《国别报告—跨国企业集团成员实体名单》(中英文表)中填报的其他成员实体发生交易取得的收入,并按第 1 列填报的国家(地区)汇总之和。

二、企业与其他企业、组织或者个人具有下列关系之一的,构成本公告所称关联关系:

(一) 一方直接或者间接持有另一方的股份总和达到 25%以上;双方直接或者间接同为第三方所持有的股份达到 25%以上。

如果一方通过中间方对另一方间接持有股份,只要其对中间方持股比例达到 25%以上,则其对另一方的持股比例按照中间方对另一方的持股比例计算。

两个以上具有夫妻、直系血亲、兄弟姐妹以及其他抚养、赡养关系的自然人共同持股同一企业,在判定关联关系时持股比例合并计算。

(二)双方存在持股关系或者同为第三方持股,虽持股比例未达到本条第(一)项规定,但双方之间借贷资金总额占任一方实收资本比例达到50%以上,或者一方全部借贷资金总额的10%以上由另一方担保(与独立金融机构之间的借贷或者担保除外)。

借贷资金总额占实收资本比例＝年度加权平均借贷资金/年度加权平均实收资本

其中:

$$\text{年度加权平均借贷资金} = i\text{笔借入或者贷出资金账面金额} \times i\text{笔借入或者贷出资金年度实际占用天数}/365$$

$$\text{年度加权平均实收资本} = i\text{笔实收资本账面金额} \times i\text{笔实收资本年度实际占用天数}/365$$

(三)双方存在持股关系或者同为第三方持股,虽持股比例未达到本条第(一)项规定,但一方的生产经营活动必须由另一方提供专利权、非专利技术、商标权、著作权等特许权才能正常进行。

(四)双方存在持股关系或者同为第三方持股,虽持股比例未达到本条第(一)项规定,但一方的购买、销售、接受劳务、提供劳务等经营活动由另一方控制。

上述控制是指一方有权决定另一方的财务和经营政策,并能据以从另一方的经营活动中获取利益。

(五)一方半数以上董事或者半数以上高级管理人员(包括上市公司董事会秘书、经理、副经理、财务负责人和公司章程规定的其他人员)由另一方任命或者委派,或者同时担任另一方的董事或者高级管理人员;或者双方各自半数以上董事或者半数以上高级管理人员同为第三方任命或者委派。

(六)具有夫妻、直系血亲、兄弟姐妹以及其他抚养、赡养关系的两个自然人分别与双方具有本条第(一)至(五)项关系之一。

(七)双方在实质上具有其他共同利益。

除本条第(二)项规定外,上述关联关系年度内发生变化的,关联关系按照实际存续期间认定。

三、仅因国家持股或者由国有资产管理部门委派董事、高级管理人员而存在本公告第二条第(一)至(五)项关系的,不构成本公告所称关联关系。

四、关联交易主要包括:

(一)有形资产使用权或者所有权的转让。有形资产包括商品、产品、房屋建筑物、交通工具、机器设备、工具器具等。

> **提 示**
>
> 首次明确将房屋建筑物列入有形资产范畴。解决了长期存在的一个争议问题。

(二)金融资产的转让。金融资产包括应收账款、应收票据、其他应收款项、股权投资、债权投资和衍生金融工具形成的资产等。

> **提 示**
>
> 关联交易特别纳税调整内容的最大变化在于明确了一些原来不太明确的事项,其中,关于境内股权转让不符合独立交易原则税务机关是否可以进行特别纳税调整问题,一直存在争议。2012年6月6日,针对关联股权债权交易是否适用特别纳税调整法律法规及有关规定,国家税务总局曾以《关于关联股权债权交易适用特别纳税调整法律法规及有关规定的批复》(国税函〔2012〕262号)回复四川省国家税务局《关于股权债权交易是否适用特别纳税调整有关法律法规政策制度的请示》(川国税发〔2012〕5号)时明确:根据《中华人民共和国企业所得税法》及其实施条例、《中华人民共和国税收征收管理法》及其实施细则的有关规定,股权或债权的关联交易属于关联业务往来的内容,应当适用特别纳税调整的法律法规及有关规定。因此,在本次修订中,42号公告中专门新增了该类金融资产转让的关联交易类型,明确了关联方之间的股权转让不符合独立交易原则,造成国家企业所得税减少的,税务机关有权进行特别纳税调整。

(三)无形资产使用权或者所有权的转让。无形资产包括专利权、非专利技术、商业秘密、商标权、品牌、客户名单、销售渠道、特许经营权、政府许可、著作权等。

> **提 示**
>
> 应该特别注意的是,在本款列举的无形资产范围中特别强调了《企业所得税法实施条例》里没有列举的"商业秘密、品牌、客户名单、销售渠道、特许经营权、政府许可";与国税发〔2009〕2号文中无形资产范围比较增加了"特许经营权、政府许可"等。这一方面反映了总局对关联方无形资产交易重点关注的领域;另一方面对关联方"商誉和持续经营价值"转让在实践操作中确实存在一定难度,不易把握而采取比较谨慎的态度。但是由于本款在无形资产列举中使用了"等"这一字眼,因此并不会影响各地税务机关在实践中不局限于本款列举的无形资产范围,只要符合《企业所得税法实施条例》对无形资产的定义或列举的范围,同样可以作为关联方无形资产交易的类别加以关注;同时,纳税人在进行关联申报表的填报及对是否需要准备同期资料的判定时应该将具有无形资产特性的都归类为无形资产的范围。此外,关联申报表之《无形资产所有权/使用权交易表》中列举的范围包含:"专利""非专利技术""商业秘密""商标""品牌""客户名单""销售渠道""市场调查成果""特许经营权""政府许可""土地使用权""商誉""著作权""其他无形资产",其中的"市场调查成果""土地使用权""商誉"及"其他无形资产"4项在本款中并没有列举,实务中应该按关联申报表中列举的范围为准。

(四)资金融通。资金包括各类长短期借贷资金(含集团资金池)、担保费、各类应计息预付款和延期收付款等。

> **提 示**
>
> 与国税发〔2009〕2号文相比,本款采用括号的形式在各类长短期借贷资金中特别强调包含集团资金池。对于集团资金池,包括集团内跨境资金池的出现,一方面税务部门采取认可、支持的态度;另一方面也表明税务机关将会密切关注集团内资金池对关联交易的

影响和涉税风险。集团内资金池是一种先进的资金管理模式、管理理念和管理方针,为使其有效运作并取得预期效果,集团需要对集团内各成员公司和银行之间错综复杂的资金配置与管控体制进行通盘设计和精心组织。集团公司将所有下属单位的资金统一汇总在一个资金池内,统一调度集团内部的资金使用,并向上划资金的下属单位支付利息,同时向使用资金的下属单位收取利息的业务行为。然而,过去集团内资金池业务中可能存在境内资金上划至境外集团资金池不收取利息,或境外资金池向境内下属单位提供、使用不收取利息;或者通过资金池操作月度、年度关联方加权平均计算的借贷资金规模以规避国税发〔2009〕2号文关于资本弱化规制的约束。资金池的税收合规问题在42号公告中的出现,说明国家税务总局已经通过规范性文件的方式提醒纳税人和各地税务机关在关联借贷的资金往来中要充分考虑集团内资金池的税收影响。笔者认为,境内关联方之间利用资金池账户规避资本弱化问题,一般不做特别纳税调整;但境内居民企业与境外关联方之间利用资金池账户规避资本弱化问题,则应当本着"实质重于形式"原则,看是否存在最终向境外转移利润的问题。如果存在,则应当启用特别纳税调整程序。

"各类应计息预付款和延期收付款"一句特别强调"应计息"三个字,也就是说如果关联方之间存在不计息的预付款和延期收付款是不属于本款列举的资金融通的范围,而该类不计息的预付款和延期收付款在集团内部关联方之间资金融通中大量存在,所以该类资金融通也不受制于税务机关对关联交易税务的监管。而针对预付款和延期收付款是否计息,税务机关也只有通过借贷双方的协议(或结算凭证等)和会计核算的结果来进行判定。

本款最后也用了"等"这一字眼,采用的不是简单穷尽列举的方法,所以纳税人在进行关联申报表的填报及对是否需要准备同期资料的判定时应该将具有资金融通特性的都归类为资金融通的范围;此外,关联申报表之《融通资金表》中列举的范围包含:"信用贷款""担保贷款"(包括保证贷款、抵押贷款、质押贷款)、"票据贴现""融资租赁""应计息预付款""应计息延期收付款""集团资金池""其他融通资金",将本款中列举的类别进行了细化,以更有利于关联申报表的填列和实务操作。

(五)劳务交易。劳务包括市场调查、营销策划、代理、设计、咨询、行政管理、技术服务、合约研发、维修、法律服务、财务管理、审计、招聘、培训、集中采购等。

提 示

本款最后同样也用了"等"这一字眼,采用的不是简单穷尽列举的方法,所以纳税人在进行关联申报表的填报及对是否需要准备同期资料的判定时应该将具有劳务特性的都归类为劳务的范围;此外,关联申报表之《劳务交易表》中列举的范围包含:"市场调查服务""营销策划服务""代理服务""设计服务""咨询服务""行政管理""技术服务""合约研发服务""维修服务""法律服务""财务管理服务""审计服务""招聘服务""培训服务""集中采购服务""建筑工程劳务""安装工程劳务""交通运输服务""物流辅助服务""体育文化服务""旅游服务""娱乐服务""网络通信服务""金融服务""保险服务""其他劳务",共计列举了25项及一个兜底项,比本款列举的小类增加了10项。

五、存在下列情形之一的居民企业,应当在报送年度关联业务往来报告表时,填报国别

报告:

(一)该居民企业为跨国企业集团的最终控股企业,且其上一会计年度合并财务报表中的各类收入金额合计超过55亿元。

最终控股企业是指能够合并其所属跨国企业集团所有成员实体财务报表的,且不能被其他企业纳入合并财务报表的企业。

成员实体应当包括:

1. 实际已被纳入跨国企业集团合并财务报表的任一实体。

2. 跨国企业集团持有该实体股权且按公开证券市场交易要求应被纳入但实际未被纳入跨国企业集团合并财务报表的任一实体。

3. 仅由于业务规模或者重要性程度而未被纳入跨国企业集团合并财务报表的任一实体。

4. 独立核算并编制财务报表的常设机构。

(二)该居民企业被跨国企业集团指定为国别报告的报送企业。

国别报告主要披露最终控股企业所属跨国企业集团所有成员实体的全球所得、税收和业务活动的国别分布情况。

六、最终控股企业为中国居民企业的跨国企业集团,其信息涉及国家安全的,可以按照国家有关规定,豁免填报部分或者全部国别报告。

七、税务机关可以按照我国对外签订的协定、协议或者安排实施国别报告的信息交换。

八、企业虽不属于本公告第五条规定填报国别报告的范围,但其所属跨国企业集团按照其他国家有关规定应当准备国别报告,且符合下列条件之一的,税务机关可以在实施特别纳税调查时要求企业提供国别报告:

(一)跨国企业集团未向任何国家提供国别报告。

(二)虽然跨国企业集团已向其他国家提供国别报告,但我国与该国尚未建立国别报告信息交换机制。

(三)虽然跨国企业集团已向其他国家提供国别报告,且我国与该国已建立国别报告信息交换机制,但国别报告实际未成功交换至我国。

九、企业在规定期限内报送年度关联业务往来报告表确有困难,需要延期的,应当按照税收征管法及其实施细则的有关规定办理。

十、企业应当依据企业所得税法实施条例第一百一十四条的规定,按纳税年度准备并按税务机关要求提供其关联交易的同期资料。

同期资料包括主体文档、本地文档和特殊事项文档。

十一、符合下列条件之一的企业,应当准备主体文档:

(一)年度发生跨境关联交易,且合并该企业财务报表的最终控股企业所属企业集团已准备主体文档。

(二)年度关联交易总额超过10亿元。

根据《国家税务总局关于明确同期资料主体文档提供及管理有关事项的公告》(国家税务总局公告2018年第14号)规定,自2018年5月20日起,为进一步深化"放管服"改革,优化税收环境,简化办税程序,减轻纳税人负担,现就落实《国家税务总局关于完善关联申报和同期资料管理有关事项的公告》(国家税务总局公告2016年第42号)关于同期资料准备及

提供要求的有关事项公告如下:

1. 依照规定需要准备主体文档的企业集团,如果集团内企业分属两个以上税务机关管辖,可以选择任一企业主管税务机关主动提供主体文档。集团内其他企业被主管税务机关要求提供主体文档时,在向主管税务机关书面报告集团主动提供主体文档情况后,可免于提供。

本公告所称"主动提供"是指在税务机关实施特别纳税调查前企业提供主体文档的情形。如果集团内一家企业被税务机关实施特别纳税调查并已按主管税务机关要求提供主体文档,集团内其他企业不能免于提供主体文档,但集团仍然可以选择其他任一企业适用前款规定。

2. 收到企业主动提供主体文档的主管税务机关应区分以下情况进行处理:

(1) 企业集团内各企业均属一个省、自治区、直辖市、计划单列市税务机关管辖的,收到主体文档的主管税务机关需层报至省税务机关,由省税务机关负责主体文档管理,统一组织协调,按需求提供给集团内各企业主管税务机关使用。

(2) 企业集团内各企业分属两个或者两个以上省、自治区、直辖市、计划单列市税务机关管辖的,收到主体文档的主管税务机关需层报至国家税务总局,由国家税务总局负责主体文档管理,统一组织协调,按需求提供给集团内各企业主管税务机关使用。

十二、主体文档主要披露最终控股企业所属企业集团的全球业务整体情况,包括以下内容:

(一) 组织架构。

以图表形式说明企业集团的全球组织架构、股权结构和所有成员实体的地理分布。成员实体是指企业集团内任一营运实体,包括公司制企业、合伙企业和常设机构等。

(二) 企业集团业务。

1. 企业集团业务描述,包括利润的重要价值贡献因素。

2. 企业集团营业收入前五位以及占营业收入超过5%的产品或者劳务的供应链及其主要市场地域分布情况。供应链情况可以采用图表形式进行说明。

3. 企业集团除研发外的重要关联劳务及简要说明,说明内容包括主要劳务提供方提供劳务的胜任能力、分配劳务成本以及确定关联劳务价格的转让定价政策。

4. 企业集团内各成员实体主要价值贡献分析,包括执行的关键功能、承担的重大风险,以及使用的重要资产。

5. 企业集团会计年度内发生的业务重组,产业结构调整,集团内企业功能、风险或者资产的转移。

6. 企业集团会计年度内发生的企业法律形式改变、债务重组、股权收购、资产收购、合并、分立等。

(三) 无形资产。

1. 企业集团开发、应用无形资产及确定无形资产所有权归属的整体战略,包括主要研发机构所在地和研发管理活动发生地及其主要功能、风险、资产和人员情况。

2. 企业集团对转让定价安排有显著影响的无形资产或者无形资产组合,以及对应的无形资产所有权人。

3. 企业集团内各成员实体与其关联方的无形资产重要协议清单,重要协议包括成本分摊协议、主要研发服务协议和许可协议等。

4. 企业集团内与研发活动及无形资产相关的转让定价政策。

5. 企业集团会计年度内重要无形资产所有权和使用权关联转让情况,包括转让涉及的企业、国家以及转让价格等。

(四)融资活动。

1. 企业集团内部各关联方之间的融资安排以及与非关联方的主要融资安排。

2. 企业集团内提供集中融资功能的成员实体情况,包括其注册地和实际管理机构所在地。

3. 企业集团内部各关联方之间融资安排的总体转让定价政策。

(五)财务与税务状况。

1. 企业集团最近一个会计年度的合并财务报表。

2. 企业集团内各成员实体签订的单边预约定价安排、双边预约定价安排以及涉及国家之间所得分配的其他税收裁定的清单及简要说明。

3. 报送国别报告的企业名称及其所在地。

十三、年度关联交易金额符合下列条件之一的企业,应当准备本地文档:

(一)有形资产所有权转让金额(来料加工业务按照年度进出口报关价格计算)超过 2 亿元。

(二)金融资产转让金额超过 1 亿元。

(三)无形资产所有权转让金额超过 1 亿元。

(四)其他关联交易金额合计超过 4 000 万元。

十四、本地文档主要披露企业关联交易的详细信息,包括以下内容:

(一)企业概况。

1. 组织结构:包括企业各职能部门的设置、职责范围和雇员数量等。

2. 管理架构:包括企业各级管理层的汇报对象以及汇报对象主要办公所在地等。

3. 业务描述:包括企业所属行业的发展概况、产业政策、行业限制等影响企业和行业的主要经济和法律问题,主要竞争者等。

4. 经营策略:包括企业各部门、各环节的业务流程、运营模式、价值贡献因素等。

5. 财务数据:包括企业不同类型业务及产品的收入、成本、费用及利润。

6. 涉及本企业或者对本企业产生影响的重组或者无形资产转让情况,以及对本企业的影响分析。

(二)关联关系。

1. 关联方信息,包括直接或者间接拥有企业股权的关联方,以及与企业发生交易的关联方,内容涵盖关联方名称、法定代表人、高级管理人员的构成情况、注册地址、实际经营地址,以及关联个人的姓名、国籍、居住地等情况。

2. 上述关联方适用的具有所得税性质的税种、税率及相应可享受的税收优惠。

3. 本会计年度内,企业关联关系的变化情况。

(三)关联交易。

1. 关联交易概况。

(1)关联交易描述和明细,包括关联交易相关合同或者协议副本及其执行情况的说明,交易标的的特性、关联交易的类型、参与方、时间、金额、结算货币、交易条件、贸易形式,以及关联交易与非关联交易业务的异同等。

(2) 关联交易流程,包括关联交易的信息流、物流和资金流,与非关联交易业务流程的异同。

(3) 功能风险描述,包括企业及其关联方在各类关联交易中执行的功能、承担的风险和使用的资产。

(4) 交易定价影响要素,包括关联交易涉及的无形资产及其影响,成本节约、市场溢价等地域特殊因素。地域特殊因素应从劳动力成本、环境成本、市场规模、市场竞争程度、消费者购买力、商品或者劳务的可替代性、政府管制等方面进行分析。

(5) 关联交易数据,包括各关联方、各类关联交易涉及的交易金额。分别披露关联交易和非关联交易的收入、成本、费用和利润,不能直接归集的,按照合理比例划分,并说明该划分比例的依据。

2. 价值链分析。

(1) 企业集团内业务流、物流和资金流,包括商品、劳务或者其他交易标的从设计、开发、生产制造、营销、销售、交货、结算、消费、售后服务、循环利用等各环节及其参与方。

(2) 上述各环节参与方最近会计年度的财务报表。

(3) 地域特殊因素对企业创造价值贡献的计量及其归属。

(4) 企业集团利润在全球价值链条中的分配原则和分配结果。

3. 对外投资。

(1) 对外投资基本信息,包括对外投资项目的投资地区、金额、主营业务及战略规划。

(2) 对外投资项目概况,包括对外投资项目的股权架构、组织结构,高级管理人员的雇佣方式,项目决策权限的归属。

(3) 对外投资项目数据,包括对外投资项目的营运数据。

4. 关联股权转让。

(1) 股权转让概况,包括转让背景、参与方、时间、价格、支付方式,以及影响股权转让的其他因素。

(2) 股权转让标的的相关信息,包括股权转让标的所在地,出让方获取该股权的时间、方式和成本,股权转让收益等信息。

(3) 尽职调查报告或者资产评估报告等与股权转让相关的其他信息。

5. 关联劳务。

(1) 关联劳务概况,包括劳务提供方和接受方,劳务的具体内容、特性、开展方式、定价原则、支付形式,以及劳务发生后各方受益情况等。

(2) 劳务成本费用的归集方法、项目、金额、分配标准、计算过程及结果等。

(3) 企业及其所属企业集团与非关联方存在相同或者类似劳务交易的,还应当详细说明关联劳务与非关联劳务在定价原则和交易结果上的异同。

6. 与企业关联交易直接相关的,中国以外其他国家税务主管当局签订的预约定价安排和作出的其他税收裁定。

（四）可比性分析。

1. 可比性分析考虑的因素，包括交易资产或者劳务特性，交易各方功能、风险和资产，合同条款，经济环境，经营策略等。

2. 可比企业执行的功能、承担的风险以及使用的资产等相关信息。

3. 可比对象搜索方法、信息来源、选择条件及理由。

4. 所选取的内部或者外部可比非受控交易信息和可比企业的财务信息。

5. 可比数据的差异调整及理由。

（五）转让定价方法的选择和使用。

1. 被测试方的选择及理由。

2. 转让定价方法的选用及理由，无论选择何种转让定价方法，均须说明企业对集团整体利润或者剩余利润所做的贡献。

3. 确定可比非关联交易价格或者利润的过程中所做的假设和判断。

4. 运用合理的转让定价方法和可比性分析结果，确定可比非关联交易价格或者利润。

5. 其他支持所选用转让定价方法的资料。

6. 关联交易定价是否符合独立交易原则的分析及结论。

十五、特殊事项文档包括成本分摊协议特殊事项文档和资本弱化特殊事项文档。

企业签订或者执行成本分摊协议的，应当准备成本分摊协议特殊事项文档。

企业关联债资比例超过标准比例需要说明符合独立交易原则的，应当准备资本弱化特殊事项文档。

十六、成本分摊协议特殊事项文档包括以下内容：

（一）成本分摊协议副本。

（二）各参与方之间达成的为实施成本分摊协议的其他协议。

（三）非参与方使用协议成果的情况、支付的金额和形式，以及支付金额在参与方之间的分配方式。

（四）本年度成本分摊协议的参与方加入或者退出的情况，包括加入或者退出的参与方名称、所在国家和关联关系，加入支付或者退出补偿的金额及形式。

（五）成本分摊协议的变更或者终止情况，包括变更或者终止的原因、对已形成协议成果的处理或者分配。

（六）本年度按照成本分摊协议发生的成本总额及构成情况。

（七）本年度各参与方成本分摊的情况，包括成本支付的金额、形式和对象，作出或者接受补偿支付的金额、形式和对象。

（八）本年度协议预期收益与实际收益的比较以及由此作出的调整。

（九）预期收益的计算，包括计量参数的选取、计算方法和改变理由。

十七、资本弱化特殊事项文档包括以下内容：

（一）企业偿债能力和举债能力分析。

（二）企业集团举债能力及融资结构情况分析。

（三）企业注册资本等权益投资的变动情况说明。

（四）关联债权投资的性质、目的及取得时的市场状况。

（五）关联债权投资的货币种类、金额、利率、期限及融资条件。

（六）非关联方是否能够并且愿意接受上述融资条件、融资金额及利率。

（七）企业为取得债权性投资而提供的抵押品情况及条件。

（八）担保人状况及担保条件。

（九）同类同期贷款的利率情况及融资条件。

（十）可转换公司债券的转换条件。

（十一）其他能够证明符合独立交易原则的资料。

十八、企业执行预约定价安排的，可以不准备预约定价安排涉及关联交易的本地文档和特殊事项文档，且关联交易金额不计入本公告第十三条规定的关联交易金额范围。

企业仅与境内关联方发生关联交易的，可以不准备主体文档、本地文档和特殊事项文档。

十九、主体文档应当在企业集团最终控股企业会计年度终了之日起12个月内准备完毕；本地文档和特殊事项文档应当在关联交易发生年度次年6月30日之前准备完毕。同期资料应当自税务机关要求之日起30日内提供。

二十、企业因不可抗力无法按期提供同期资料的，应当在不可抗力消除后30日内提供同期资料。

二十一、同期资料应当使用中文，并标明引用信息资料的出处来源。

二十二、同期资料应当加盖企业印章，并由法定代表人或者法定代表人授权的代表签章。

二十三、企业合并、分立的，应当由合并、分立后的企业保存同期资料。

二十四、同期资料应当自税务机关要求的准备完毕之日起保存10年。

二十五、企业依照有关规定进行关联申报、提供同期资料及有关资料的，税务机关实施特别纳税调查补征税款时，可以依据企业所得税法实施条例第一百二十二条的规定，按照税款所属纳税年度中国人民银行公布的与补税期间同期的人民币贷款基准利率加收利息。

二十六、涉及港澳台地区的，参照本公告相关规定处理。

二十七、本公告适用于2016年及以后的会计年度。《特别纳税调整实施办法（试行）》（国税发〔2009〕2号文件印发）第二章、第三章、第七十四条和第八十九条、《中华人民共和国企业年度关联业务往来报告表》（国税发〔2008〕114号文件印发）同时废止。

3.10.2　向境外关联方支付费用企业所得税管理

《国家税务总局关于企业向境外关联方支付费用有关企业所得税问题的公告》（国家税务总局公告2015年第16号）规定，为进一步规范和加强企业向境外关联方支付费用的转让定价管理，根据《中华人民共和国企业所得税法》（以下简称企业所得税法）及其实施条例的有关规定，现就企业向境外关联方支付费用有关转让定价问题公告如下，自2015年3月18日执行：

一、依据企业所得税法第四十一条，企业向境外关联方支付费用，应当符合独立交易原则,未按照独立交易原则向境外关联方支付的费用,税务机关可以进行调整。

二、依据企业所得税法第四十三条,企业向境外关联方支付费用,主管税务机关可以要求企业提供其与关联方签订的合同或者协议,以及证明交易真实发生并符合独立交易原则的相关资料备案。

> **提 示**
>
> 企业向境外关联方支付费用,是企业的经营行为,无需经过税务机关审核后支付。但主管税务机关可以根据情况,要求企业限期提供其与关联方签订的合同或协议,以及证明交易真实发生并符合独立交易原则的相关资料,以备检查确定该支付是否符合独立交易原则。对未按照独立交易原则向境外关联方支付费用的,税务机关可以进行调整。

三、企业向未履行功能、承担风险,无实质性经营活动的境外关联方支付的费用,在计算企业应纳税所得额时不得扣除。

四、企业因接受境外关联方提供劳务而支付费用,该劳务应当能够使企业获得直接或者间接经济利益。企业因接受下列劳务而向境外关联方支付的费用,在计算企业应纳税所得额时不得扣除。

(一)与企业承担功能风险或者经营无关的劳务活动。

(二)关联方为保障企业直接或者间接投资方的投资利益,对企业实施的控制、管理和监督等劳务活动。

(三)关联方提供的,企业已经向第三方购买或者已经自行实施的劳务活动。

(四)企业虽由于附属于某个集团而获得额外收益,但并未接受集团内关联方实施的针对该企业的具体劳务活动。

(五)已经在其他关联交易中获得补偿的劳务活动。

(六)其他不能为企业带来直接或者间接经济利益的劳务活动。

> **提 示**
>
> 企业接受境外关联方提供劳务时,应以受益性原则为基础,对该劳务进行受益性分析,即:分析该劳务是否能够为企业带来直接或间接经济利益。接受受益性劳务,可以按照独立交易原则支付费用;接受非收益性劳务而支付的费用,在计算企业应纳税所得额时不得扣除。

五、企业使用境外关联方提供的无形资产需支付特许权使用费的,应当考虑关联各方对该无形资产价值创造的贡献程度,确定各自应当享有的经济利益。企业向仅拥有无形资产法律所有权而未对其价值创造做出贡献的关联方支付特许权使用费,不符合独立交易原则的,在计算企业应纳税所得额时不得扣除。

> **提 示**
>
> 企业需向境外关联方支付技术、品牌等无形资产特许权使用费的,应当通过分析关联各方在该无形资产的开发、价值提升、维护、保护、应用和推广中履行的功能、投入的资产及承担的风险,判定关联各方对该无形资产价值创造的贡献程度,以确定各自应当享有的

经济利益,并按照独立交易原则确定企业是否应当向境外关联方支付特许权使用费,应当支付多少特许权使用费。

企业向仅拥有无形资产法律所有权而未对其价值创造作出贡献的关联方支付特许权使用费,不符合独立交易原则的,在计算企业应纳税所得额时不得扣除。例如,境内房地产企业使用境外关联方的商标或品牌进行房地产开发,如果该商标或品牌是境内企业在开发房地产过程中逐步得到市场认可,并由境内企业加以维护和推广,实现价值提升的,则按照独立交易原则,境内房地产企业向境外关联方支付的特许权使用费,在计算企业应纳税所得额时不得扣除。

六、企业以融资上市为主要目的,在境外成立控股公司或者融资公司,因融资上市活动所产生的附带利益向境外关联方支付的特许权使用费,在计算企业应纳税所得额时不得扣除。

七、根据企业所得税法实施条例第一百二十三条的规定,企业向境外关联方支付费用不符合独立交易原则的,税务机关可以在该业务发生的纳税年度起10年内,实施特别纳税调整。

3.10.3 特别纳税调整监控管理

《国家税务总局关于特别纳税调整监控管理有关问题的公告》(国家税务总局公告2014年第54号)规定,根据《中华人民共和国企业所得税法》及其实施条例的有关规定,现就特别纳税调整监控管理有关问题公告如下:

一、特别纳税调整监控程序。

税务机关通过关联申报审核、同期资料管理、前期监控和后续跟踪管理等特别纳税调整监控管理手段发现纳税人存在特别纳税调整风险的,应当向纳税人送达《税务事项通知书》,提示其存在特别纳税调整风险,并要求纳税人按照有关规定20日之内提供同期资料或者其他有关资料。纳税人应当审核分析其关联交易定价原则和方法等特别纳税调整事项的合理性,可以自行调整补税。纳税人要求税务机关确认关联交易定价原则和方法等特别纳税调整事项的,税务机关应当按照有关规定启动特别纳税调查调整程序,确定合理调整方法,实施税务调整。

> **提 示**
>
> 特别纳税调整风险提示,是税务机关通过实施关联申报审核、同期资料管理、前期监控和对已调查企业的跟踪管理等手段,发现纳税人存在的特别纳税调整风险点,并予以提示;不是对纳税人下发特别纳税调整结论性意见。特别纳税调整风险提示的主要目的是促使纳税人关注转让定价、资本弱化、受控外国企业管理等特别纳税调整风险,自行审核评估,也可以自行调整。
>
> 纳税人如果要求税务机关确认其关联交易的定价原则和方法等特别纳税调整事项,税务机关必须按照有关规定启动特别纳税调查调整程序,确定合理调整方法,实施相应税务调整,并作出结论性意见。

二、特别纳税调整监控管理阶段自行补税的税务处理。

纳税人在特别纳税调整监控管理阶段自行调整补税的,税务机关仍可按照有关规定实施特别纳税调查及调整。

> **提 示**
> 纳税人在特别纳税调整监控管理阶段自行调整补税,是纳税人自行审核评估特别纳税调整风险所采取的措施,自行调整可能存在调整不到位的情况,因此,税务机关仍然保留特别纳税调查调整权。

三、加收利息。

纳税人在特别纳税调整监控管理阶段按照上述规定提供同期资料等有关资料的,根据企业所得税法实施条例第一百二十二条第二款的规定,其自行补税按照税款所属纳税年度中国人民银行公布的与补税期间同期的人民币贷款基准利率加收利息,不再另加收5个百分点。

> **提 示**
> 根据《中华人民共和国企业所得税法》第四十八条、《中华人民共和国企业所得税法实施条例》第一百二十一条和第一百二十二条的规定,税务机关作出特别纳税调整的,应当补征税款,并按照税款所属纳税年度中国人民银行公布的与补税期间同期的人民币贷款基准利率加5个百分点加收利息。对于纳税人按照有关规定提供相关资料的,税务机关可以只按照上述人民币贷款基准利率加收利息,不再另加收5个百分点。纳税人在特别纳税调整监控管理阶段,按照税务机关要求提供资料并自行补税的,根据上述规定,应当按照人民币贷款基准利率加收利息,不再另加收5个百分点。

3.11 一般反避税管理办法

《国家税务总局一般反避税管理办法(试行)》(国家税务总局令第32号)规定,自2015年2月1日起,按下列规定进行一般反避税管理:

为规范一般反避税管理,根据《中华人民共和国企业所得税法》(以下简称企业所得税法)及其实施条例、《中华人民共和国税收征收管理法》(以下简称税收征管法)及其实施细则,制定本办法。

一、适用范围。

本办法适用于税务机关按照企业所得税法第四十七条、企业所得税法实施条例第一百二十条的规定,对企业实施的不具有合理商业目的而获取税收利益的避税安排,实施的特别纳税调整。

税收利益是指减少、免除或者推迟缴纳企业所得税应纳税额。

下列情况不适用本办法:

(一)与跨境交易或者支付无关的安排。

(二)涉嫌逃避缴纳税款、逃避追缴欠税、骗税、抗税以及虚开发票等税收违法行为。

二、避税安排的特征。

避税安排具有以下特征：

（一）以获取税收利益为唯一目的或者主要目的。

（二）以形式符合税法规定、但与其经济实质不符的方式获取税收利益。

三、调整方法。

税务机关应当以具有合理商业目的和经济实质的类似安排为基准，按照实质重于形式的原则实施特别纳税调整。调整方法包括：

（一）对安排的全部或者部分交易重新定性。

（二）在税收上否定交易方的存在，或者将该交易方与其他交易方视为同一实体。

（三）对相关所得、扣除、税收优惠、境外税收抵免等重新定性或者在交易各方间重新分配。

（四）其他合理方法。

四、调整优先适用规定。

（一）企业的安排属于转让定价、成本分摊、受控外国企业、资本弱化等其他特别纳税调整范围的，应当首先适用其他特别纳税调整相关规定。

（二）企业的安排属于受益所有人、利益限制等税收协定执行范围的，应当首先适用税收协定执行的相关规定。

五、税务机关立案。

（一）各级税务机关应当结合工作实际，应用各种数据资源，如企业所得税汇算清缴、纳税评估、同期资料管理、对外支付税务管理、股权转让交易管理、税收协定执行等，及时发现一般反避税案源。

（二）主管税务机关发现企业存在避税嫌疑的，层报省、自治区、直辖市和计划单列市（以下简称省）税务机关复核同意后，报税务总局申请立案。

（三）省税务机关应当将税务总局形成的立案申请审核意见转发主管税务机关。税务总局同意立案的，主管税务机关实施一般反避税调查。

六、税务机关调查。

（一）主管税务机关实施一般反避税调查时，应当向被调查企业送达《税务检查通知书》。

（二）被调查企业认为其安排不属于本办法所称避税安排的，应当自收到《税务检查通知书》之日起60日内提供下列资料：

1. 安排的背景资料。
2. 安排的商业目的等说明文件。
3. 安排的内部决策和管理资料，如董事会决议、备忘录、电子邮件等。
4. 安排涉及的详细交易资料，如合同、补充协议、收付款凭证等。
5. 与其他交易方的沟通信息。
6. 可以证明其安排不属于避税安排的其他资料。
7. 税务机关认为有必要提供的其他资料。

企业因特殊情况不能按期提供的，可以向主管税务机关提交书面延期申请，经批准可以延期提供，但是最长不得超过30日。主管税务机关应当自收到企业延期申请之日起15日内书面回复。逾期未回复的,视同税务机关同意企业的延期申请。

（三）企业拒绝提供资料的,主管税务机关可以按照税收征管法第三十五条的规定进行核定。

（四）主管税务机关实施一般反避税调查时,可以要求为企业筹划安排的单位或者个人（以下简称筹划方）提供有关资料及证明材料。

（五）一般反避税调查涉及向筹划方、关联方以及与关联业务调查有关的其他企业调查取证的,主管税务机关应当送达《税务事项通知书》。

（六）主管税务机关审核企业、筹划方、关联方以及与关联业务调查有关的其他企业提供的资料,可以采用现场调查、发函协查和查阅公开信息等方式核实。需取得境外有关资料的,可以按有关规定启动税收情报交换程序,或者通过我驻外机构调查收集有关信息。涉及境外关联方相关资料的,主管税务机关也可以要求企业提供公证机构的证明。

七、税务机关结案。

（一）主管税务机关根据调查过程中获得的相关资料,自税务总局同意立案之日起9个月内进行审核,综合判断企业是否存在避税安排,形成案件不予调整或者初步调整方案的意见和理由,层报省税务机关复核同意后,报税务总局申请结案。

（二）主管税务机关应当根据税务总局形成的结案申请审核意见,分别以下情况进行处理：

1. 同意不予调整的,向被调查企业下发《特别纳税调查结论通知书》。
2. 同意初步调整方案的,向被调查企业下发《特别纳税调查初步调整通知书》。
3. 税务总局有不同意见的,按照税务总局的意见修改后再次层报审核。

被调查企业在收到《特别纳税调查初步调整通知书》之日起7日内未提出异议的,主管税务机关应当下发《特别纳税调查调整通知书》。

被调查企业在收到《特别纳税调查初步调整通知书》之日起7日内提出异议,但是主管税务机关经审核后认为不应采纳的,应将被调查企业的异议及不应采纳的意见和理由层报省税务机关复核同意后,报税务总局再次申请结案。

被调查企业在收到《特别纳税调查初步调整通知书》之日起7日内提出异议,主管税务机关经审核后认为确需对调整方案进行修改的,应当将被调查企业的异议及修改后的调整方案层报省税务机关复核同意后,报税务总局再次申请结案。

（三）主管税务机关应当根据税务总局考虑企业异议形成的结案申请审核意见,分别以下情况进行处理：

1. 同意不应采纳企业所提异议的,向被调查企业下发《特别纳税调查调整通知书》。
2. 同意修改后调整方案的,向被调查企业下发《特别纳税调查调整通知书》。
3. 税务总局有不同意见的,按照税务总局的意见修改后再次层报审核。

八、争议处理。

（一）被调查企业对主管税务机关作出的一般反避税调整决定不服的,可以按照有关法律法规的规定申请法律救济。

（二）主管税务机关作出的一般反避税调整方案导致国内双重征税的,由税务总局统一组织协调解决。

(三) 被调查企业认为我国税务机关作出的一般反避税调整,导致国际双重征税或者不符合税收协定规定征税的,可以按照税收协定及其相关规定申请启动相互协商程序。

3.12 特别纳税调查调整及相互协商程序管理办法

《国家税务总局关于发布〈特别纳税调查调整及相互协商程序管理办法〉的公告》(国家税务总局公告2017年第6号)规定,为深入贯彻落实《深化国税、地税征管体制改革方案》,进一步完善特别纳税调查调整及相互协商程序管理工作,积极应用税基侵蚀和利润转移(BEPS)行动计划成果,有效执行我国对外签署的避免双重征税协定、协议或者安排,根据《中华人民共和国企业所得税法》及其实施条例、《中华人民共和国税收征收管理法》及其实施细则的有关规定,国家税务总局制定了《特别纳税调查调整及相互协商程序管理办法》,现予以发布,自2017年5月1日起施行。现将主要条款列示并解析如下:

一、对税务机关的要求。

(一) 税务机关以风险管理为导向,构建和完善关联交易利润水平监控管理指标体系,加强对企业利润水平的监控,通过特别纳税调整监控管理和特别纳税调查调整,促进企业税法遵从。

(二) 税务机关通过关联申报审核、同期资料管理和利润水平监控等手段,对企业实施特别纳税调整监控管理,发现企业存在特别纳税调整风险的,可以向企业送达《税务事项通知书》,提示其存在的税收风险。

企业收到特别纳税调整风险提示或者发现自身存在特别纳税调整风险的,可以自行调整补税。企业自行调整补税的,应当填报《特别纳税调整自行缴纳税款表》。

企业自行调整补税的,税务机关仍可按照有关规定实施特别纳税调查调整。

企业要求税务机关确认关联交易定价原则和方法等特别纳税调整事项的,税务机关应当启动特别纳税调查程序。

(三) 税务机关应当向已确定立案调查的企业送达《税务检查通知书(一)》。被立案调查企业为非居民企业的,税务机关可以委托境内关联方或者与调查有关的境内企业送达《税务检查通知书(一)》。

经预备会谈与税务机关达成一致意见,已向税务机关提交《预约定价安排谈签意向书》,并申请预约定价安排追溯适用以前年度的企业,或者已向税务机关提交《预约定价安排续签申请书》的企业,可以暂不作为特别纳税调整的调查对象。预约定价安排未涉及的年度和关联交易除外。

二、税务机关实施特别纳税调查,应当重点关注具有以下风险特征的企业。

(一) 关联交易金额较大或者类型较多。

(二) 存在长期亏损、微利或者跳跃性盈利。

(三) 低于同行业利润水平。

(四) 利润水平与其所承担的功能风险不相匹配,或者分享的收益与分摊的成本不相配比。

(五) 与低税国家(地区)关联方发生关联交易。

（六）未按照规定进行关联申报或者准备同期资料。

（七）从其关联方接受的债权性投资与权益性投资的比例超过规定标准。

（八）由居民企业，或者由居民企业和中国居民控制的设立在实际税负低于12.5%的国家（地区）的企业，并非由于合理的经营需要而对利润不作分配或者减少分配。

（九）实施其他不具有合理商业目的的税收筹划或者安排。

三、资料的提供要求。

（一）税务机关实施特别纳税调查时，可以要求被调查企业及其关联方，或者与调查有关的其他企业提供相关资料：

1. 要求被调查企业及其关联方，或者与调查有关的其他企业提供相关资料的，应当向该企业送达《税务事项通知书》，该企业在境外的，税务机关可以委托境内关联方或者与调查有关的境内企业向该企业送达《税务事项通知书》。

2. 需要到被调查企业的关联方或者与调查有关的其他企业调查取证的，应当向该企业送达《税务检查通知书（二）》。

（二）被调查企业及其关联方以及与调查有关的其他企业应当按照税务机关要求提供真实、完整的相关资料：

1. 提供由自身保管的书证原件。原本、正本和副本均属于书证的原件。提供原件确有困难的，可以提供与原件核对无误的复印件、照片、节录本等复制件。提供方应当在复制件上注明"与原件核对无误，原件存于我处"，并由提供方签章。

2. 提供由有关方保管的书证原件复制件、影印件或者抄录件的，提供方应当在复制件、影印件或者抄录件上注明"与原件核对无误"，并注明出处，由该有关方及提供方签章。

3. 提供外文书证或者外文视听资料的，应当附送中文译本。提供方应当对中文译本的准确性和完整性负责。

4. 提供境外相关资料的，应当说明来源。税务机关对境外资料真实性和完整性有疑义的，可以要求企业提供公证机构的证明。

（三）被调查企业不提供特别纳税调查相关资料，或者提供虚假、不完整资料的，由税务机关责令限期改正，逾期仍未改正的，税务机关按照税收征管法及其实施细则有关规定进行处理，并依法核定其应纳税所得额。

四、对税务机关调查程序要求。

（一）税务机关实施特别纳税调查时，应当按照法定权限和程序进行，可以采用实地调查、检查纸质或者电子数据资料、调取账簿、询问、查询存款账户或者储蓄存款、发函协查、国际税收信息交换、异地协查等方式，收集能够证明案件事实的证据材料。收集证据材料过程中，可以记录、录音、录像、照相和复制，录音、录像、照相前应当告知被取证方。记录内容应当由两名以上调查人员签字，并经被取证方核实签章确认。被取证方拒绝签章的，税务机关调查人员（两名以上）应当注明。

（二）税务机关需要将以前年度的账簿、会计凭证、财务会计报告和其他有关资料调回检查的，应当按照税收征管法及其实施细则有关规定，向被调查企业送达《调取账簿资料通知书》，填写《调取账簿资料清单》交其核对后签章确认。调回资料应当妥善保管，并在法定时限内完整退还。

五、对税务机关的取证要求。

以电子数据证明案件事实的,税务机关可以采取以下方式进行取证:

(一)要求提供方将电子数据打印成纸质资料,在纸质资料上注明数据出处、打印场所,并注明"与电子数据核对无误",由提供方签章。

(二)采用有形载体形式固定电子数据,由调查人员与提供方指定人员一起将电子数据复制到只读存储介质上并封存。在封存包装物上注明电子数据名称、数据来源、制作方法、制作时间、制作人、文件格式及大小等,并注明"与原始载体记载的电子数据核对无误",由提供方签章。

(三)税务机关需要采用询问方式收集证据材料的,应当由两名以上调查人员实施询问,并制作《询问(调查)笔录》。

(四)需要被调查当事人、证人陈述或者提供证言的,应当事先告知其不如实陈述或者提供虚假证言应当承担的法律责任。被调查当事人、证人可以采取书面或者口头方式陈述或者提供证言,以口头方式陈述或者提供证言的,调查人员可以笔录、录音、录像。笔录应当使用能够长期保持字迹的书写工具书写,也可使用计算机记录并打印,陈述或者证言应当由被调查当事人、证人逐页签章。

陈述或者证言中应当写明被调查当事人、证人的姓名、工作单位、联系方式等基本信息,注明出具日期,并附居民身份证复印件等身份证明材料。

被调查当事人、证人口头提出变更陈述或者证言的,调查人员应当就变更部分重新制作笔录,注明原因,由被调查当事人、证人逐页签章。被调查当事人、证人变更书面陈述或者证言的,不退回原件。

(五)税务机关应当结合被调查企业年度关联业务往来报告表和相关资料,对其与关联方的关联关系以及关联交易金额进行确认,填制《关联关系认定表》和《关联交易认定表》,并由被调查企业确认签章。被调查企业拒绝确认的,税务机关调查人员(两名以上)应当注明。

六、可比性分析。

(一)可比性分析的内容。

税务机关实施转让定价调查时,应当进行可比性分析,可比性分析一般包括以下五个方面。税务机关可以根据案件情况选择具体分析内容:

1. 交易资产或者劳务特性,包括有形资产的物理特性、质量、数量等;无形资产的类型、交易形式、保护程度、期限、预期收益等;劳务的性质和内容;金融资产的特性、内容、风险管理等。

2. 交易各方执行的功能、承担的风险和使用的资产。功能包括研发、设计、采购、加工、装配、制造、维修、分销、营销、广告、存货管理、物流、仓储、融资、管理、财务、会计、法律及人力资源管理等;风险包括投资风险、研发风险、采购风险、生产风险、市场风险、管理风险及财务风险等;资产包括有形资产、无形资产、金融资产等。

3. 合同条款,包括交易标的、交易数量、交易价格、收付款方式和条件、交货条件、售后服务范围和条件、提供附加劳务的约定、变更或者修改合同内容的权利、合同有效期、终止或者续签合同的权利等。合同条款分析应当关注企业执行合同的能力与行为,以及关联方之间签署合同条款的可信度等。

4. 经济环境,包括行业概况、地理区域、市场规模、市场层级、市场占有率、市场竞争程度、消费者购买力、商品或者劳务可替代性、生产要素价格、运输成本、政府管制,以及成本节约、市场溢价等地域特殊因素。

5. 经营策略,包括创新和开发、多元化经营、协同效应、风险规避及市场占有策略等。

(二)可比性分析的方法。

税务机关应当在可比性分析的基础上,选择合理的转让定价方法,对企业关联交易进行分析评估。转让定价方法包括可比非受控价格法、再销售价格法、成本加成法、交易净利润法、利润分割法及其他符合独立交易原则的方法。

1. 可比非受控价格法以非关联方之间进行的与关联交易相同或者类似业务活动所收取的价格作为关联交易的公平成交价格。可比非受控价格法可以适用于所有类型的关联交易。

可比非受控价格法的可比性分析,应当按照不同交易类型,特别考察关联交易与非关联交易中交易资产或者劳务的特性、合同条款、经济环境和经营策略上的差异:

(1)有形资产使用权或者所有权的转让,包括:

A、转让过程,包括交易时间与地点、交货条件、交货手续、支付条件、交易数量、售后服务等。

B、转让环节,包括出厂环节、批发环节、零售环节、出口环节等。

C、转让环境,包括民族风俗、消费者偏好、政局稳定程度以及财政、税收、外汇政策等。

D、有形资产的性能、规格、型号、结构、类型、折旧方法等。

E、提供使用权的时间、期限、地点、费用收取标准等。

F、资产所有者对资产的投资支出、维修费用等。

(2)金融资产的转让,包括金融资产的实际持有期限、流动性、安全性、收益性。其中,股权转让交易的分析内容包括公司性质、业务结构、资产构成、所属行业、行业周期、经营模式、企业规模、资产配置和使用情况、企业所处经营阶段、成长性、经营风险、财务风险、交易时间、地理区域、股权关系、历史与未来经营情况、商誉、税收利益、流动性、经济趋势、宏观政策、企业收入和成本结构及其他因素。

(3)无形资产使用权或者所有权的转让,包括:

A、无形资产的类别、用途、适用行业、预期收益。

B、无形资产的开发投资、转让条件、独占程度、可替代性、受有关国家法律保护的程度及期限、地理位置、使用年限、研发阶段、维护改良及更新的权利、受让成本和费用、功能风险情况、摊销方法以及其他影响其价值发生实质变动的特殊因素等。

(4)资金融通,包括融资的金额、币种、期限、担保、融资人的资信、还款方式、计息方法等。

(5)劳务交易,包括劳务性质、技术要求、专业水准、承担责任、付款条件和方式、直接和间接成本等。

关联交易与非关联交易在以上方面存在重大差异的,应当就该差异对价格的影响进行合理调整,无法合理调整的,应当选择其他合理的转让定价方法。

2. 再销售价格法以关联方购进商品再销售给非关联方的价格减去可比非关联交易毛

利后的金额作为关联方购进商品的公平成交价格。其计算公式如下:

  公平成交价格＝再销售给非关联方的价格×(1－可比非关联交易毛利率)
  可比非关联交易毛利率＝可比非关联交易毛利/可比非关联交易收入净额×100%

  再销售价格法一般适用于再销售者未对商品进行改变外形、性能、结构或者更换商标等实质性增值加工的简单加工或者单纯购销业务。

  再销售价格法的可比性分析,应当特别考察关联交易与非关联交易中企业执行的功能、承担的风险、使用的资产和合同条款上的差异,以及影响毛利率的其他因素,具体包括营销、分销、产品保障及服务功能,存货风险,机器、设备的价值及使用年限,无形资产的使用及价值,有价值的营销型无形资产,批发或者零售环节,商业经验,会计处理及管理效率等。

  关联交易与非关联交易在以上方面存在重大差异的,应当就该差异对毛利率的影响进行合理调整,无法合理调整的,应当选择其他合理的转让定价方法。

  3. 成本加成法以关联交易发生的合理成本加上可比非关联交易毛利后的金额作为关联交易的公平成交价格。其计算公式如下:

  公平成交价格＝关联交易发生的合理成本×(1＋可比非关联交易成本加成率)
  可比非关联交易成本加成率＝可比非关联交易毛利/可比非关联交易成本×100%

  成本加成法一般适用于有形资产使用权或者所有权的转让、资金融通、劳务交易等关联交易。

  成本加成法的可比性分析,应当特别考察关联交易与非关联交易中企业执行的功能、承担的风险、使用的资产和合同条款上的差异,以及影响成本加成率的其他因素,具体包括制造、加工、安装及测试功能,市场及汇兑风险,机器、设备的价值及使用年限,无形资产的使用及价值,商业经验,会计处理,生产及管理效率等。

  关联交易与非关联交易在以上方面存在重大差异的,应当就该差异对成本加成率的影响进行合理调整,无法合理调整的,应当选择其他合理的转让定价方法。

  4. 交易净利润法以可比非关联交易的利润指标确定关联交易的利润。利润指标包括息税前利润率、完全成本加成率、资产收益率、贝里比率等。具体计算公式如下:

  (1) 息税前利润率＝息税前利润/营业收入×100%
  (2) 完全成本加成率＝息税前利润/完全成本×100%
  (3) 资产收益率＝息税前利润/[(年初资产总额＋年末资产总额)/2]×100%
  (4) 贝里比率＝毛利/(营业费用＋管理费用)×100

  利润指标的选取应当反映交易各方执行的功能、承担的风险和使用的资产。利润指标的计算以企业会计处理为基础,必要时可以对指标口径进行合理调整。

  交易净利润法一般适用于不拥有重大价值无形资产企业的有形资产使用权或者所有权的转让和受让、无形资产使用权受让以及劳务交易等关联交易。

  交易净利润法的可比性分析,应当特别考察关联交易与非关联交易中企业执行的功能、承担的风险和使用的资产,经济环境上的差异,以及影响利润的其他因素,具体包括行业和市场情况,经营规模,经济周期和产品生命周期,收入、成本、费用和资产在各交易间的分配,会计处理及经营管理效率等。

关联交易与非关联交易在以上方面存在重大差异的,应当就该差异对利润的影响进行合理调整,无法合理调整的,应当选择其他合理的转让定价方法。

5. 利润分割法根据企业与其关联方对关联交易合并利润(实际或者预计)的贡献计算各自应当分配的利润额。利润分割法主要包括一般利润分割法和剩余利润分割法。

一般利润分割法通常根据关联交易各方所执行的功能、承担的风险和使用的资产,采用符合独立交易原则的利润分割方式,确定各方应当取得的合理利润;当难以获取可比交易信息但能合理确定合并利润时,可以结合实际情况考虑与价值贡献相关的收入、成本、费用、资产、雇员人数等因素,分析关联交易各方对价值做出的贡献,将利润在各方之间进行分配。

剩余利润分割法将关联交易各方的合并利润减去分配给各方的常规利润后的余额作为剩余利润,再根据各方对剩余利润的贡献程度进行分配。

利润分割法一般适用于企业及其关联方均对利润创造具有独特贡献,业务高度整合且难以单独评估各方交易结果的关联交易。利润分割法的适用应当体现利润应在经济活动发生地和价值创造地征税的基本原则。

利润分割法的可比性分析,应当特别考察关联交易各方执行的功能、承担的风险和使用的资产,收入、成本、费用和资产在各方之间的分配,成本节约、市场溢价等地域特殊因素,以及其他价值贡献因素,确定各方对剩余利润贡献所使用的信息和假设条件的可靠性等。

6. 其他符合独立交易原则的方法包括成本法、市场法和收益法等资产评估方法,以及其他能够反映利润与经济活动发生地和价值创造地相匹配原则的方法。

(1) 成本法是以替代或者重置原则为基础,通过在当前市场价格下创造一项相似资产所发生的支出确定评估标的价值的评估方法。成本法适用于能够被替代的资产价值评估。

(2) 市场法是利用市场上相同或者相似资产的近期交易价格,经过直接比较或者类比分析以确定评估标的价值的评估方法。市场法适用于在市场上能找到与评估标的相同或者相似的非关联可比交易信息时的资产价值评估。

(3) 收益法是通过评估标的未来预期收益现值来确定其价值的评估方法。收益法适用于企业整体资产和可预期未来收益的单项资产评估。

(三) 税务机关分析评估被调查企业关联交易时,应当在分析评估交易各方功能风险的基础上,选择功能相对简单的一方作为被测试对象。

(四) 税务机关在进行可比性分析时,优先使用公开信息,也可以使用非公开信息。

七、是否符合独立交易原则的统计方法。

税务机关分析评估被调查企业关联交易是否符合独立交易原则时,可以根据实际情况选择算术平均法、加权平均法或者四分位法等统计方法,逐年分别或者多年度平均计算可比企业利润或者价格的平均值或者四分位区间。

税务机关应当按照可比利润水平或者可比价格对被调查企业各年度关联交易进行逐年测试调整。

税务机关采用四分位法分析评估企业利润水平时,企业实际利润水平低于可比企业利润率区间中位值的,原则上应当按照不低于中位值进行调整。

(一) 税务机关分析评估被调查企业为其关联方提供的来料加工业务,在可比企业不是相同业务模式,且业务模式的差异会对利润水平产生影响的情况下,应当对业务模式的差异进行调整,还原其不作价的来料和设备价值。企业提供真实完整的来料加工产品整体价值链相关资料,能够反映各关联方总体利润水平的,税务机关可以就被调查企业与可比企业因料件还原产生的资金占用差异进行可比性调整,利润水平调整幅度超过10%的,应当重新选择可比企业。

除本条第一款外,对因营运资本占用不同产生的利润差异不作调整。

(二)税务机关分析评估被调查企业关联交易是否符合独立交易原则时,选取的可比企业与被调查企业处于不同经济环境的,应当分析成本节约、市场溢价等地域特殊因素,并选择合理的转让定价方法确定地域特殊因素对利润的贡献。

(三)企业为境外关联方从事来料加工或者进料加工等单一生产业务,或者从事分销、合约研发业务,原则上应当保持合理的利润水平。

上述企业如出现亏损,无论是否达到《国家税务总局关于完善关联申报和同期资料管理有关事项的公告》(国家税务总局公告2016年第42号)中的同期资料准备标准,均应当就亏损年度准备同期资料本地文档。税务机关应当重点审核上述企业的本地文档,加强监控管理。

上述企业承担由于决策失误、开工不足、产品滞销、研发失败等原因造成的应当由关联方承担的风险和损失的,税务机关可以实施特别纳税调整。

(四)税务机关对关联交易进行调查分析时,应当确定企业所获得的收益与其执行的功能或者承担的风险是否匹配。

企业与其关联方之间隐匿关联交易直接或者间接导致国家总体税收收入减少的,税务机关可以通过还原隐匿交易实施特别纳税调整。

企业与其关联方之间抵消关联交易直接或者间接导致国家总体税收收入减少的,税务机关可以通过还原抵消交易实施特别纳税调整。

(五)判定企业及其关联方对无形资产价值的贡献程度及相应的收益分配时,应当全面分析企业所属企业集团的全球营运流程,充分考虑各方在无形资产开发、价值提升、维护、保护、应用和推广中的价值贡献,无形资产价值的实现方式,无形资产与集团内其他业务的功能、风险和资产的相互作用。

企业仅拥有无形资产所有权而未对无形资产价值做出贡献的,不应当参与无形资产收益分配。无形资产形成和使用过程中,仅提供资金而未实际执行相关功能和承担相应风险的,应当仅获得合理的资金成本回报。

(六)企业与其关联方转让或者受让无形资产使用权而收取或者支付的特许权使用费,应当根据下列情形适时调整,未适时调整的,税务机关可以实施特别纳税调整:

1. 无形资产价值发生根本性变化。

2. 按照营业常规,非关联方之间的可比交易应当存在特许权使用费调整机制。

3. 无形资产使用过程中,企业及其关联方执行的功能、承担的风险或者使用的资产发生变化。

4. 企业及其关联方对无形资产进行后续开发、价值提升、维护、保护、应用和推广做出贡献而未得到合理补偿。

(七)企业与其关联方转让或者受让无形资产使用权而收取或者支付的特许权使用费,

应当与无形资产为企业或者其关联方带来的经济利益相匹配。与经济利益不匹配而减少企业或者其关联方应纳税收入或者所得额的,税务机关可以实施特别纳税调整。未带来经济利益,且不符合独立交易原则的,税务机关可以按照已税前扣除的金额全额实施特别纳税调整

企业向仅拥有无形资产所有权而未对其价值创造做出贡献的关联方支付特许权使用费,不符合独立交易原则的,税务机关可以按照已税前扣除的金额全额实施特别纳税调整。

(八)企业以融资上市为主要目的在境外成立控股公司或者融资公司,仅因融资上市活动所产生的附带利益向境外关联方支付特许权使用费,不符合独立交易原则的,税务机关可以按照已税前扣除的金额全额实施特别纳税调整。

(九)企业与其关联方发生劳务交易支付或者收取价款不符合独立交易原则而减少企业或者其关联方应纳税收入或者所得额的,税务机关可以实施特别纳税调整。

符合独立交易原则的关联劳务交易应当是受益性劳务交易,并且按照非关联方在相同或者类似情形下的营业常规和公平成交价格进行定价。受益性劳务是指能够为劳务接受方带来直接或者间接经济利益,且非关联方在相同或者类似情形下,愿意购买或者愿意自行实施的劳务活动。

(十)企业向其关联方支付非受益性劳务的价款,税务机关可以按照已税前扣除的金额全额实施特别纳税调整。非受益性劳务主要包括以下情形:

1. 劳务接受方从其关联方接受的,已经购买或者自行实施的劳务活动。

2. 劳务接受方从其关联方接受的,为保障劳务接受方的直接或者间接投资方的投资利益而实施的控制、管理和监督等劳务活动。该劳务活动主要包括:

(1)董事会活动、股东会活动、监事会活动和发行股票等服务于股东的活动。

(2)与劳务接受方的直接或者间接投资方、集团总部和区域总部的经营报告或者财务报告编制及分析有关的活动。

(3)与劳务接受方的直接或者间接投资方、集团总部和区域总部的经营及资本运作有关的筹资活动。

(4)为集团决策、监管、控制、遵从需要所实施的财务、税务、人事、法务等活动。

(5)其他类似情形。

3. 劳务接受方从其关联方接受的,并非针对其具体实施的,只是因附属于企业集团而获得额外收益的劳务活动。该劳务活动主要包括:

(1)为劳务接受方带来资源整合效应和规模效应的法律形式改变、债务重组、股权收购、资产收购、合并、分立等集团重组活动。

(2)由于企业集团信用评级提高,为劳务接受方带来融资成本下降等利益的相关活动。

(3)其他类似情形。

4. 劳务接受方从其关联方接受的,已经在其他关联交易中给予补偿的劳务活动。该劳务活动主要包括:

(1)从特许权使用费支付中给予补偿的与专利权或者非专利技术相关的服务。

(2)从贷款利息支付中给予补偿的与贷款相关的服务。

(3)其他类似情形。

5. 与劳务接受方执行的功能和承担的风险无关,或者不符合劳务接受方经营需要的关联劳务活动。

6. 其他不能为劳务接受方带来直接或者间接经济利益,或者非关联方不愿意购买或者不愿意自行实施的关联劳务活动。

（十一）企业接受或者提供的受益性劳务应当充分考虑劳务的具体内容和特性,劳务提供方的功能、风险、成本和费用,劳务接受方的受益情况、市场环境,交易双方的财务状况,以及可比交易的定价情况等因素,按照本办法的有关规定选择合理的转让定价方法,并遵循以下原则:

1. 关联劳务能够分别按照各劳务接受方、劳务项目为核算单位归集相关劳务成本费用的,应当以劳务接受方、劳务项目合理的成本费用为基础,确定交易价格。

2. 关联劳务不能分别按照各劳务接受方、劳务项目为核算单位归集相关劳务成本费用的,应当采用合理标准和比例向各劳务接受方分配,并以分配的成本费用为基础,确定交易价格。分配标准应当根据劳务性质合理确定,可以根据实际情况采用营业收入、营运资产、人员数量、人员工资、设备使用量、数据流量、工作时间以及其他合理指标,分配结果应当与劳务接受方的受益程度相匹配。非受益性劳务的相关成本费用支出不得计入分配基数。

八、特别纳税调整。

（一）企业向未执行功能、承担风险,无实质性经营活动的境外关联方支付费用,不符合独立交易原则的,税务机关可以按照已税前扣除的金额全额实施特别纳税调整。

（二）实际税负相同的境内关联方之间的交易,只要该交易没有直接或者间接导致国家总体税收收入的减少,原则上不作特别纳税调整。

（三）经调查,税务机关未发现企业存在特别纳税调整问题的,应当作出特别纳税调查结论,并向企业送达《特别纳税调查结论通知书》。

（四）经调查,税务机关发现企业存在特别纳税调整问题的,应当按照以下程序实施调整:

1. 在测算、论证、可比性分析的基础上,拟定特别纳税调查调整方案。

2. 根据拟定调整方案与企业协商谈判,双方均应当指定主谈人,调查人员应当做好《协商内容记录》,并由双方主谈人签字确认。企业拒签的,税务机关调查人员（两名以上）应当注明。企业拒绝协商谈判的,税务机关向企业送达《特别纳税调查初步调整通知书》。

3. 协商谈判过程中,企业对拟定调整方案有异议的,应当在税务机关规定的期限内进一步提供相关资料。税务机关收到资料后,应当认真审议,并作出审议结论。根据审议结论,需要进行特别纳税调整的,税务机关应当形成初步调整方案,向企业送达《特别纳税调查初步调整通知书》。

4. 企业收到《特别纳税调查初步调整通知书》后有异议的,应当自收到通知书之日起 7 日内书面提出。税务机关收到企业意见后,应当再次协商、审议。根据审议结论,需要进行特别纳税调整,并形成最终调整方案的,税务机关应当向企业送达《特别纳税调查调整通知书》。

5. 企业收到《特别纳税调查初步调整通知书》后,在规定期限内未提出异议的,或者提出异议后又拒绝协商的,或者虽提出异议但经税务机关审议后不予采纳的,税务机关应当以初步调整方案作为最终调整方案,向企业送达《特别纳税调查调整通知书》。

九、对特别纳税调查调整异议的处理。

企业收到《特别纳税调查调整通知书》后有异议的,可以在依照《特别纳税调查调整通知书》缴纳或者解缴税款、利息、滞纳金或者提供相应的担保后,依法申请行政复议。

企业收到国家税务局送达的《特别纳税调查调整通知书》后有异议的,向其上一级国家税务局申请行政复议;企业收到地方税务局送达的《特别纳税调查调整通知书》后有异议的,可以选择向其上一级地方税务局或者本级人民政府申请行政复议。

对行政复议决定不服的,可以依法向人民法院提起行政诉讼。

十、向境外支付利息、租金、特许权使用费的特别纳税调整。

税务机关对企业实施特别纳税调整,涉及企业向境外关联方支付利息、租金、特许权使用费的,除另有规定外,不调整已扣缴的税款。

十一、缴纳税款的程序。

(一)企业可以在《特别纳税调查调整通知书》送达前自行缴纳税款。企业自行缴纳税款的,应当填报《特别纳税调整自行缴纳税款表》。

(二)税务机关对企业实施特别纳税调整的,应当根据企业所得税法及其实施条例的有关规定对2008年1月1日以后发生交易补征的企业所得税按日加收利息。

特别纳税调查调整补缴的税款,应当按照应补缴税款所属年度的先后顺序确定补缴税款的所属年度,以入库日为截止日,分别计算应加收的利息额:

1. 企业在《特别纳税调查调整通知书》送达前缴纳或者送达后补缴税款的,应当自税款所属纳税年度的次年6月1日起至缴纳或者补缴税款之日止计算加收利息。企业超过《特别纳税调查调整通知书》补缴税款期限仍未缴纳税款的,应当自补缴税款期限届满次日起按照税收征管法及其实施细则的有关规定加收滞纳金,在加收滞纳金期间不再加收利息。

2. 利息率按照税款所属纳税年度12月31日公布的与补税期间同期的中国人民银行人民币贷款基准利率(以下简称基准利率)加5个百分点计算,并按照一年365天折算日利息率。

3. 企业按照有关规定提供同期资料及有关资料的,或者按照有关规定不需要准备同期资料但根据税务机关要求提供其他相关资料的,可以只按照基准利率加收利息。

经税务机关调查,企业实际关联交易额达到准备同期资料标准,但未按照规定向税务机关提供同期资料的,税务机关补征税款加收利息,适用加5个百分点的规定。

(三)企业自行调整补税且主动提供同期资料等有关资料,或者按照有关规定不需要准备同期资料但根据税务机关要求提供其他相关资料的,其2008年1月1日以后发生交易的自行调整补税按照基准利率加收利息。

其他涉及国家之间关联交易的协调,可以查阅文件本身。本教材省略。

3.13 境外投资报告义务

《国家税务总局关于居民企业报告境外投资和所得信息有关问题的公告》(国家税务总局公告2014年第38号)规定,为规范居民企业境外投资和所得信息报告的内容和方式,根据《中华人民共和国税收征收管理法》(以下简称税收征管法)及其实施细则、《中华人民共和国企业所得税法》(以下简称企业所得税法)及其实施条例等有关规定,现就居民企业报告境外投资和所得信息有关问题公告如下：

一、境外投资报告义务确认条件。

居民企业成立或参股外国企业，或者处置已持有的外国企业股份或有表决权股份，符合以下情形之一，且按照中国会计制度可确认的，应当在办理企业所得税预缴申报时向主管税务机关填报《居民企业参股外国企业信息报告表》（附件1，略）：

（一）在本公告施行之日，居民企业直接或间接持有外国企业股份或有表决权股份达到10%（含）以上。

（二）在本公告施行之日后，居民企业在被投资外国企业中直接或间接持有的股份或有表决权股份自不足10%的状态改变为达到或超过10%的状态。

（三）在本公告施行之日后，居民企业在被投资外国企业中直接或间接持有的股份或有表决权股份自达到或超过10%的状态改变为不足10%的状态。

二、境外投资符合报告义务条件应当报送的资料。

居民企业在办理企业所得税年度申报时，还应附报以下与境外所得相关的资料信息：

（一）有适用企业所得税法第四十五条情形或者需要适用《特别纳税调整实施办法（试行）》（国税发〔2009〕2号文件印发）第八十四条规定的居民企业填报《受控外国企业信息报告表》（附件2，略）。

（二）纳入企业所得税法第二十四条规定抵免范围的外国企业或符合企业所得税法第四十五条规定的受控外国企业按照中国会计制度编报的年度独立财务报表。

三、税务稽查要求限期报告境外投资规定。

在税务检查（包括纳税评估、税务审计及特别纳税调整调查等）时，主管税务机关可以要求居民企业限期报告与其境外所得相关的必要信息。

四、延期提供资料。

居民企业能够提供合理理由，证明确实不能按照本办法规定期限报告境外投资和所得信息的，可以依法向主管税务机关提出延期要求。限制提供相关信息的境外法律规定、商业合同或协议，不构成合理理由。

五、保密措施。

主管税务机关应当为纳税人报告境外投资和所得信息提供便利，及时受理纳税人报告的各类信息，并依法保密。

六、未按规定报告的处理。

居民企业未按照本办法规定报告境外投资和所得信息，经主管税务机关责令限期改正，逾期仍不改正的，主管税务机关可根据税收征管法及其实施细则以及其他有关法律、法规的规定，按已有信息合理认定相关事实，并据以计算或调整应纳税款。

七、非居民企业参照执行。

非居民企业在境内设立机构、场所，取得发生在境外但与其所设机构、场所有实际联系的所得的，参照本公告规定报告相关信息。

八、执行时间及政策衔接。

本公告自2014年9月1日起施行。在施行之日以前发生，但与施行之日以后应报告信息相关或者属于施行之日以后纳税年度的应报告信息，仍适用本公告规定。《国家税务总局关于印发〈中华人民共和国企业年度关联业务往来报告表〉的通知》(国税发〔2008〕114号)所附《对外投资情况表》同时废止。

3.14 房地产企业所得税实务解析

3.14.1 今年收到上年度开具的发票且支付上年度的费用税前扣除问题

今年收到上年度开具的发票且支付上年度的费用,是否可以在今年税前扣除?

(1)《企业所得税法》第八条规定,企业实际发生的与取得收入有关的、合理的支出,包括成本、费用、税金、损失和其他支出,准予在计算应纳税所得额时扣除。

(2)《企业所得税法实施条例》第九条规定,企业应纳税所得额的计算,以权责发生制为原则,属于当期的收入和费用,不论款项是否收付,均作为当期的收入和费用;不属于当期的收入和费用,即使款项已经在当期收付,均不作为当期的收入和费用。本条例和国务院财政、税务主管部门另有规定的除外。

(3)《国家税务总局关于企业所得税若干问题的公告》(国家税务总局公告2011年第34号)文件关于企业提供有效凭证时间问题规定,企业当年度实际发生的相关成本、费用,由于各种原因未能及时取得该成本、费用的有效凭证,企业在预缴季度所得税时,可暂按账面发生金额进行核算;但在汇算清缴时,应补充提供该成本、费用的有效凭证。

因此,企业发生的上述费用是可以税前扣除的,由于该费用发生在2010年度,但发票是在2011年5月31日前取得,因此,2010年度所得税汇算清缴时,是不需要纳税调整的,应当重新计入2010年度的应纳税所得额扣除。具体应当按下列办法进行账务处理:

借:以前年度损益调整 20 000
　　贷:银行存款 20 000

附:2010年度11月份的发票(略)。

假设2010年度企业缴纳企业所得税的税率为25%,计算出多缴的所得税5 000元,作下列调整:

借:应交税费——应交所得税 5 000
　　贷:以前年度损益调整 5 000
借:利润分配——未分配利润 15 000
　　贷:以前年度损益调整 15 000

并冲减2010年度多提的公积金(略)。

3.14.2 职工公寓与职工食堂的折旧会计处理及税务处理问题

职工公寓与职工食堂的折旧在会计上记入什么科目核算?是否可以不单独设置账页核算?

1.《企业会计准则第9号——职工薪酬(2006)》(财会〔2006〕3号)第二条规定,职工薪

酬,是指企业为获得职工提供的服务而给予各种形式的报酬以及其他相关支出。职工薪酬包括:

(1) 职工工资、奖金、津贴和补贴。
(2) 职工福利费。
(3) 医疗保险费、养老保险费、失业保险费、工伤保险费和生育保险费等社会保险费。
(4) 住房公积金。
(5) 工会经费和职工教育经费。
(6) 非货币性福利。
(7) 因解除与职工的劳动关系给予的补偿。
(8) 其他与获得职工提供的服务相关的支出。

因此,福利费属于"应付职工薪酬"下属的二级科目。

在职工公寓和职工食堂提取折旧时:

借:管理费用——职工福利
  贷:应付职工薪酬——职工福利费

同时:

借:应付职工薪酬——职工福利费
  贷:累计折旧

2.《国家税务总局关于企业工资薪金及职工福利费扣除问题的通知》(国税函〔2009〕3号)第四条关于职工福利费核算问题的规定:企业发生的职工福利费,应该单独设置账册,进行准确核算。没有单独设置账册准确核算的,税务机关应责令企业在规定的期限内进行改正。逾期仍未改正的,税务机关可对企业发生的职工福利费进行合理的核定。

因此,税法要求对职工福利费单独设置账册核算,否则,税务机关要对企业的福利费进行核定扣除。

3.14.3 房地产企业销售地下车位收入缴纳企业所得税时其成本扣除问题

房地产企业销售地下车位收入如果缴纳企业所得税,其成本是否可以扣除?

房地产企业利用地下设施修建了地下车库,并将该车库转让取得收入。财税〔2009〕31号文件第三十三条规定,利用地下基础设施形成的停车场所,作为公共配套设施进行处理。那么,文件中所称"作为公共配套设施进行处理"是否指该车库无论是否对外销售,均一次性计入开发成本,待停车场出售时,一次性确认收入是否就不能再扣除成本了?

实质上,利用地下基础设施形成的停车场所,产权属于全体业主所有,原则上收入应当归业主委员会管理。但目前习惯上,房地产企业"销售"车位已经极为普遍。实质上类似于一种租赁业务。

《中华人民共和国企业所得税法实施条例》第二十八条规定,根据《国家税务总局关于印发〈房地产开发经营业务企业所得税处理办法〉的通知》(国税发〔2009〕31号)第三十三条的规定,利用地下基础设施形成的停车场所,作为公共配套设施进行处理。同时,该文件第二十七条规定,公共配套设施费包括在开发产品计税成本支出中。因此,利用地下基础设施形成的停车场所应计入开发成本,待停车场所出售时,一次性确认收入,会计上记入"其他业务收入——租赁收入"科目,同时不能再结转成本。

3.14.4　样板房的装修费用计入销售费用还是开发成本问题

《国家税务总局关于印发〈房地产开发经营业务企业所得税处理办法〉的通知》(国税发〔2009〕31号)第二十七条第六款规定,开发间接费指企业为直接组织和管理开发项目所发生的,且不能将其归属于特定成本对象的成本费用性支出。主要包括管理人员工资、职工福利费、折旧费、修理费、办公费、水电费、劳动保护费、工程管理费、周转房摊销以及项目营销设施建造费等。因此,房地产开发企业样板房装修费用应当计入开发间接费。

3.14.5　地下车库等地下建筑物到底要不要分摊土地成本

房地产企业开发的商品房,其中地下部分(包括地下车库、储藏室等)均不计算容积率。那么,在计算土地增值税时,地下建筑不计容是否应当分摊土地成本呢?

房地产企业开发的项目通常都有地下车库、地下室等地下建筑物,地下车库等是否需要分摊土地成本,长期以来存在争议,给企业的会计核算、涉税处理都带来困扰。现分析如下:

一、从会计制度对成本分摊的基本原则分析。

《关于印发〈企业产品成本核算制度(试行)〉的通知》(财会〔2013〕17号)第三十四条规定,企业所发生的费用,能确定由某一成本核算对象负担的,应当按照所对应的产品成本项目类别,直接计入产品成本核算对象的生产成本;由几个成本核算对象共同负担的,应当选择合理的分配标准分配计入。

开发项目中的住宅、商铺、写字楼都共同负担了土地成本,因此必须分摊,但地下车位、地下室等是否应当负担土地成本?有人认为地下车位也是建在土地之上,应当分摊土地成本。但这并不是理由。真实的原因应追溯到土地成本的构成原则。

二、从土地成本的容积率因素来分析。

土地出让金的计算通常与很多因素有关联,如土地使用性质、土地面积,还有土地容积率。土地容积率决定了未来土地上可以建设的房屋面积,直接影响开发商的收益,因此土地如果调整容积率,也必然涉及出让金补缴。如《国土资源部关于严格落实房地产用地调控政策促进土地市场健康发展有关问题的通知》(国土资发〔2010〕204号)的有关规定:"经依法批准调整容积率的,市、县国土资源主管部门应当按照批准调整时的土地市场楼面地价核定应补缴的土地出让价款。"

综上所述,如果地下建筑面积属于计容面积,则地下建筑应该分摊土地成本;如果地下车位建筑面积不属于计容面积,则不需要分摊土地成本。从全国情况看,地下车位的建筑面积基本上是不计入容积率的,因此按照配比原则要求,地下车位不需要分摊土地成本。

如《湖北省地方税务局关于进一步规范土地增值税征管工作的若干意见》(鄂地税发〔2013〕44号)规定:"房地产开发项目在取得土地使用权时,申报建设规划含地下建筑,且将地下建筑纳入项目容积率的计算范畴,并列入产权销售的,其地下建筑物可分摊项目对应的土地成本。

如交纳土地出让金的非人防地下车库,在整个开发项目的土地使用证中会标明地下车库的土地使用年限和起止日期,同时取得'车库销售许可证',在计算地下车库土地增值税扣除项目时可分摊土地成本。其他不纳入项目容积率计算范畴或不能提供与取得本项目土地使用权有关联证明的地下建筑物,不得进行土地成本分摊。"

所以,地下建筑不计容,相应不分摊土地成本,其中的土地成本包括取得土地使用权所支付的金额以及土地征用及拆迁补偿费。

三、对外销售的地下车位分摊土地成本对于土地增值税的影响。

《国家税务总局关于房地产开发企业土地增值税清算管理有关问题的通知》(国税发〔2006〕187号)第四条规定,土地增值税的扣除项目包括:

房地产开发企业开发建造的与清算项目配套的居委会和派出所用房、会所、停车场(库)、物业管理场所、变电站、热力站、水厂、文体场馆、学校、幼儿园、托儿所、医院、邮电通信等公共设施,按以下原则处理:

1. 建成后产权属于全体业主所有的,其成本、费用可以扣除。

2. 建成后无偿移交给政府、公用事业单位用于非营利性社会公共事业的,其成本、费用可以扣除。

3. 建成后有偿转让的,应计算收入,并准予扣除成本、费用。

属于多个房地产项目共同的成本费用,应按清算项目可售建筑面积占多个项目可售总建筑面积的比例或其他合理的方法,计算确定清算项目的扣除金额。

根据上述规定,结合土地增值税基本原则是对有产权的国有土地使用权、地上建筑物及附着物转让征收的一种税。因此,房地产企业建造的无产权的地下车位(库)、地下室等是否应分摊土地成本,要看其是否有产权且是否在可售面积内。如果其有产权且属于可售建筑面积,应当分摊土地成本;否则,则不用分摊土地成本。

3.14.6　房地产企业所得税汇算清缴时,地下建筑物、阁楼分摊施工成本等问题

房地产企业的地下室等地下建筑物单独作为成本对象时,分摊施工费等共同成本时,应当按全部地下室的建筑面积作为分摊预缴吗?

税收上对此没有具体的规定,但《建筑工程建筑面积计算规范》(中华人民共和国建设部公告2015年第326号)规定,单层建筑物的建筑面积,应按其外墙勒脚以上结构外围水平面积计算,并应符合下列规定:

1. 地下室:单层建筑物高度在2.20 m及以上者应计算全面积;高度不足2.20 m者应计算1/2面积。

2. 阁楼等:利用坡屋顶内空间时净高超过2.10 m的部位应计算全面积;净高在1.20 m至2.10 m的部位应计算1/2面积;净高不足1.20 m的部位不应计算面积。

综上所述,不管是有产权还是无产权的地下建筑物(包括地下车库、地下室等)和阁楼在分摊施工成本时,遵循的原则是:地下建筑物高度在2.2 m及以上的,按全面积参与分摊施工成本,高度在2.2 m以下的,按1/2面积参与分摊施工成本;阁楼净高超过2.1 m的,按全面积参与分摊施工成本,净高在1.2~2.1 m的,按1/2面积参与分摊施工成本,净高在2.1 m以下的,不参与分摊施工成本。

第 4 章　房地产企业财产税及行为税涉税政策解析

4.1　房地产企业房产税涉税政策解析

4.1.1　房产税的纳税义务人

4.1.1.1　房产税纳税义务人的基本规定

《中华人民共和国房产税暂行条例》第二条规定,房产税由产权所有人缴纳。产权属于全民所有的,由经营管理的单位缴纳。产权出典的,由承典人缴纳。产权所有人、承典人不在房产所在地的,或者产权未确定及租典纠纷未解决的,由房产代管人或者使用人缴纳。

前款列举的产权所有人、经营管理单位、承典人、房产代管人或者使用人,统称为纳税义务人(以下简称纳税人)。

《中华人民共和国国务院令第 546 号》(国务院令第 546 号)规定,1951 年 8 月 8 日政务院公布的《城市房地产税暂行条例》自 2009 年 1 月 1 日起废止。自 2009 年 1 月 1 日起,外商投资企业、外国企业和组织以及外籍个人,依照《中华人民共和国房产税暂行条例》缴纳房产税。

4.1.1.2　房屋产权未确定纳税义务人问题

《国家税务总局关于房屋产权未确定如何征收房产税问题的批复》(国税函〔1998〕426号)规定,企业在房改过程中,只购买房屋开发公司商品房的使用权,或者欲买产权,却由于各种原因,得不到产权证,形成"空中"产权,对此如何确定房产税纳税义务人的问题,经研究批复如下:房产税原则上应由房屋的产权所有人缴纳。对于房屋开发公司售出的房屋,不再在其会计账簿中记载及核算,而购买该房屋的单位未取得产权的,可暂按《中华人民共和国房产税暂行条例》第二条"产权未确定的,由使用人缴纳房产税"的规定,确定房产税的纳税人。

4.1.1.3　购销双方均未取得房屋产权证书期间纳税义务人问题

《国家税务总局关于未取得房屋产权证书期间如何确定房产税纳税人的批复》(国税函〔2002〕284号)规定,凡以分期付款方式购买使用商品房,且购销双方均未取得房屋产权证书期间,应确定房屋的实际使用人为房产税的纳税义务人,缴纳房产税。

4.1.1.4　个人房产对外出租纳税义务人问题

《财政部　税务总局关于房产税若干具体问题的解释和暂行规定》(财税地字〔1986〕8号)第十二条规定,个人出租的房产,不分用途,均应征收房产税。

4.1.1.5 以支付修理费抵交房产租金纳税义务人问题

《财政部 税务总局关于房产税若干具体问题的解释和暂行规定》(财税地字〔1986〕第008号)第二十三条规定,承租人使用房产,以支付修理费抵交房产租金,仍应由房产的产权所有人依照规定缴纳房产税。

4.1.1.6 纳税单位与免税单位共用房产纳税义务人问题

《财政部 税务总局关于房产税若干具体问题的解释和暂行规定》(财税地字〔1986〕第008号)第二十五条规定,纳税单位与免税单位共同使用的房屋,按各自使用的部分划分,分别征收或免征房产税。

4.1.1.7 出租房产免收租金期间纳税义务人问题

《财政部 国家税务总局关于安置残疾人就业单位城镇土地使用税等政策的通知》(财税〔2010〕121号)第二条规定,对出租房产,租赁双方签订的租赁合同约定有免收租金期限的,免收租金期间由产权所有人按照房产原值缴纳房产税。

4.1.1.8 无租使用房产

《财政部 国家税务总局关于房产税城镇土地使用税有关问题的通知》(财税〔2009〕128号)第一条规定,无租使用其他单位房产的应税单位和个人,依照房产余值代缴纳房产税。

需要注意的是,上述规定仅限于自始至终无租使用的行为,由使用人代为缴纳房产税;但对于合同约定免租金的房屋租赁行为,应当由产权人按房产余值缴纳房产税。

4.1.1.9 出典房产

《财政部 国家税务总局关于房产税城镇土地使用税有关问题的通知》(财税〔2009〕128号)第二条规定,产权出典的房产,由承典人依照房产余值缴纳房产税。

应当注意,房屋出典不同于房屋出租,两者的区别在于:

(1) 房屋出典中承典人取得的是用益物权,即房屋典权;房屋出租中承租人取得的是具有物权某些特征的债权,即租赁权。

(2) 房屋出典中出典人须通过返还典价款才能赎回房屋;房屋出租中出租人无须返还租金即可收回房屋。

(3) 房屋出典中承典人交付的典价不同于房屋出租中承租人支付的租金,这两者的性质、计算方法、支付方式都不同。

4.1.1.10 融资租赁房产

《财政部 国家税务总局关于房产税城镇土地使用税有关问题的通知》(财税〔2009〕128号)第三条规定,融资租赁的房产,由承租人自融资租赁合同约定开始日的次月起依照房产余值缴纳房产税。合同未约定开始日的,由承租人自合同签订的次月起依照房产余值缴纳房产税。

4.1.2 房产税的征税对象

4.1.2.1 房产税的征税对象为应税房产

《财政部 国家税务总局关于房产税和车船使用税几个业务问题的解释与法规》(财税地字〔1987〕3号)第一条规定,"房产"是以房屋形态表现的财产。房屋是指有屋面和围护结构(有墙或两边有柱),能够遮风避雨,可供人们在其中生产、工作、学习、娱乐、居住或储藏物资的场所。

独立于房屋之外的建筑物,如围墙、烟囱、水塔、变电塔、油池油柜、酒窖菜窖、酒精池、糖蜜池、室外游泳池、玻璃暖房、砖瓦石灰窑以及各种油气罐等,不属于房产。

《财政部 国家税务总局关于加油站罩棚房产税问题的通知》(财税〔2008〕123号)规定,加油站罩棚不属于房产,不征收房产税。以前各地已作出税收处理的,不追溯调整。

> **提 示**
>
> 从上述规定可以看出,确定是否缴纳房产税的房产,应当关注三点:
> 1. 必须符合房产的特征,即上边有顶或有棚,四周有柱有墙,能够遮风避雨。
> 2. 建造房产的目的必须用于列举的"可供人们在其中生产、工作、学习、娱乐、居住或储藏物资的场所"的用途。如公共厕所可能已经具备了房产的特征,但并不具列举的用途,因此,不属于房产税的征税范围。
> 3. 房产是否缴纳房产税,与是否取得产权证没有关系。

4.1.2.2 具有房屋功能的地下建筑

《财政部 国家税务总局关于具备房屋功能的地下建筑征收房产税的通知》(财税〔2005〕181号)规定,为了统一税收政策,规范税收管理,现将具备房屋功能的地下建筑的房产税政策明确如下:

1. 自2006年1月1日起,凡在房产税征收范围内的具备房屋功能的地下建筑,包括与地上房屋相连的地下建筑以及完全建在地面以下的建筑、地下人防设施等,均应当依照有关规定征收房产税。

上述具备房屋功能的地下建筑是指有屋面和维护结构,能够遮风避雨,可供人们在其中生产、经营、工作、学习、娱乐、居住或储藏物资的场所。

2. 自用的地下建筑,按以下方式计税:

(1) 工业用途房产,以房屋原价的50%~60%作为应税房产原值。

$$应纳房产税的税额=应税房产原值\times[1-(10\%-30\%)]\times1.2\%$$

(2) 商业和其他用途房产,以房屋原价的70%~80%作为应税房产原值。

$$应纳房产税的税额=应税房产原值\times[1-(10\%-30\%)]\times1.2\%$$

房屋原价折算为应税房产原值的具体比例,由各省、自治区、直辖市和计划单列市财政和地方税务部门在上述幅度内自行确定。

(3) 对于与地上房屋相连的地下建筑,如房屋的地下室、地下停车场、商场的地下部分等,应将地下部分与地上房屋视为一个整体,按照地上房屋建筑的有关规定计算征收房产税。

3. 出租的地下建筑,按照出租地上房屋建筑的有关规定计算征收房产税。

4.1.2.3 地下人防设施工程缴纳房产税

《国家税务总局关于新疆地下人防工程征收房产税问题的批复》(税总函〔2013〕602号)规定,按照现行房产税暂行条例有关规定,房产税由产权所有人缴纳。请示中所反映的地下人防工程,已按商品房销售并办理产权证,购房人即是产权所有人,应按规定缴纳房产税。

4.1.3 房产税的征税范围

4.1.3.1 征税范围的基本规定

《中华人民共和国房产税暂行条例》第一条规定,房产税在城市、县城、建制镇和工矿区征收。

根据《财政部 税务总局关于房产税若干具体问题的解释和暂行规定》(财税地字〔1986〕第 008 号)第一条对"城市,县城,建制镇,工矿区"作出解释:

1. 城市是指经国务院批准设立的市。城市的征税范围为市区,郊区和市辖县县城。不包括农村。

2. 县城是指未设立建制镇的县人民政府所在地。

3. 建制镇是指经省,自治区,直辖市人民政府批准设立的建制镇。建制镇的征税范围为镇人民政府所在地。不包括所辖的行政村。

根据《国家税务总局关于调整房产税和土地使用税具体征税范围解释规定的通知》(国税发〔1999〕44 号)规定,近接一些地区反映,原财政部、国家税务总局印发的《关于房产税若干具体问题的解释和暂行规定》(财税地字〔1986〕第 8 号)与原国家税务总局印发的《关于土地使用税若干具体问题的解释和暂行规定》(国税地字〔1988〕15 号),对有关房产税与土地使用税的具体征税范围的解释不尽一致,并且经济发展及城镇建设已发生很大变化,在实际执行中,不便于操作,经研究,现进一步解释和规定如下:(1)房产税、土地使用税在城市、县城、建制镇和工矿区征收,各地要遵照执行。(2)关于建制镇具体征税范围,由各省、自治区、直辖市地方税务局提出方案,经省、自治区、直辖市人民政府确定批准后执行,并报国家税务总局备案。

4. 工矿区是指工商业比较发达,人口比较集中,符合国务院规定的建制镇标准,但尚未设立镇建制的大中型工矿企业所在地。开征房产税的工矿区须经省、自治区、直辖市人民政府批准。

4.1.3.2 在开征地区范围之外的工厂、仓库,可否征收房产税

《财政部 国家税务总局关于房产税若干具体问题的解释和暂行规定》(财税地字〔1986〕第 008 号)第九条规定,根据房产税暂行条例的规定,不在开征地区范围之内的工厂,仓库,不应征收房产税。

4.1.4 房产税的计税依据

4.1.4.1 从价征税

《中华人民共和国房产税暂行条例》第三条规定,房产税依照房产原值一次减除 10%~30%后的余值计算缴纳。具体减除幅度,由省、自治区、直辖市人民政府规定。

没有房产原值作为依据的,由房产所在地税务机关参考同类房产核定。

计算公式为:

$$应纳房产税 = 房产余值 \times 1.2\%$$

$$房产余值 = 房产原值 \times 减征比例$$

> **提　示**
>
> 1. 减征比例由省级人民政府在10%～30%之间确定。目前大部分省市的减征比例为30%。
>
> 2. 房产原值如何确定。
>
> 《财政部　国家税务总局关于房产税城镇土地使用税有关问题的通知》(财税〔2008〕152号)规定,对依照房产原值计税的房产,不论是否记载在会计账簿固定资产科目中,均应按照房屋原价计算缴纳房产税。房屋原价应根据国家有关会计制度规定进行核算。对纳税人未按国家会计制度规定核算并记载的,应按规定予以调整或重新评估。
>
> 3. 房产原值是否包括房屋附属设备和配套设施。
>
> 《国家税务总局关于进一步明确房屋附属设备和配套设施计征房产税有关问题的通知》(国税发〔2005〕173号)规定:
>
> (1) 自2006年1月1日起,为了维持和增加房屋的使用功能或使房屋满足设计要求,凡以房屋为载体,不可随意移动的附属设备和配套设施,如给排水、采暖、消防、中央空调、电气及智能化楼宇设备等,无论在会计核算中是否单独记账与核算,都应计入房产原值,计征房产税。
>
> (2) 对于更换房屋附属设备和配套设施的,在将其价值计入房产原值时,可扣减原来相应设备和设施的价值;对附属设备和配套设施中易损坏、需要经常更换的零配件,更新后不再计入房产原值。
>
> 需要注意的是,在扣减原来相应设备和设施价值时,应当扣除的是原值,而不是净值。因为,房产税是按原值作为计税依据的。
>
> 4. 房产原值是否包括土地价值。
>
> 《财政部　国家税务总局关于安置残疾人就业单位城镇土地使用税等政策的通知》(财税〔2010〕121号)第三条规定,对按照房产原值计税的房产,无论会计上如何核算,房产原值均应包含地价,包括为取得土地使用权支付的价款、开发土地发生的成本费用等。宗地容积率低于0.5的,按房产建筑面积的2倍计算土地面积并据此确定计入房产原值的地价。
>
> 根据上述文件的规定,分两种情况确定房产税的计算公式如下:
>
> 第一种情况:如果小区的宗地容积率大于或等于0.5。
>
> 　　房产税=(房产价值+小区土地总面积×单位土地成本)×1.2%×70%
>
> 第二种情况:如果小区的宗地容积率小于0.5。
>
> 　　房产税=(房产价值+建筑面积×2×单位土地成本)×1.2%×70%
> 　　宗地容积率=建筑面积/占用土地面积
>
> 执行上述政策应当注意几点:
>
> (1) 纳税人有多处地块的,应分别计算容积率,分别确定计入房产原值的地价。
>
> (2) 纳税人在同一地块上分期进行开发建设,如能确定总的宗地容积率,则按完工建筑面积占总建筑面积的比例确定计入房产原值的地价;如不能确定总的宗地容积率,则应

分期计算容积率,分别确定计入房产原值的地价。

(3) 纳税人有出租房屋的,应划分出租与自用房屋建筑面积,并根据自用房屋建筑面积占总建筑面积的比例确定计入房产原值的地价。

(4) 纳税人以划拨方式取得土地使用权,后经批准改为出让方式的,应依法将补缴的土地出让金和其他出让费用并入房产原值。言外之意,划拨方式取得的土地使用权,如果没有改为出让方式的,由于没有成本,不需要计入房产价值缴纳房产税。

(5) 纳税人会计核算时已对地价进行摊销的,在确定房产税计税原值时,摊销额不得从地价中扣减。

(6) 对于未按会计法规核算或不提供、无法提供地价的纳税人,主管税务部门可委托中介机构进行评估。

(7) 在集体土地上建造的房产,暂不将土地价值作为房产税的计税依据。

例题 4-1 某纳税人有 A、B、C 三处地块,A 地块面积为 15 000 平方米、土地单价为 150 元/平方米、土地总价为 225 万元;B 地块面积为 10 000 平方米、土地单价为 200 元/平方米、土地总价为 200 万元;C 地块面积为 8 000 平方米、土地单价为 300 元/平方米、土地总价为 240 万元。计算 A、B、C 三块地计入房产原值的地价。

解析:

1. A 地块已完成开发建设,完工房屋建筑面积为 9 000 平方米,全部自用。

A 地块容积率=9 000÷15 000=0.60,则计入房产原值的地价应为 A 地块的土地总价 225 万元。

2. B 地块已完成开发建设,完工房屋建筑面积为 4 000 平方米,其中自用 1 000 平方米、出租 3 000 平方米。

B 地块容积率=4 000÷10 000=0.40,因自用房屋建筑面积与总建筑面积的比例为 1∶4,因此计入房产原值的地价=(2×4 000 平方米×200 元/平方米)÷4 000 平方米×1 000 平方米=40(万元)。

3. C 地块分四期开发建设,总规划建筑面积为 8 200 平方米,其中一期占地面积 5 000 平方米,已完成开发建设,完工房屋建筑面积为 6 000 平方米;二期占地 1 500 平方米,已完成开发建设,完工房屋建筑面积为 600 平方米;三期占地 1 000 平方米,规划建筑面积为 1 200 平方米,在建;四期占地 500 平方米,规划建筑面积为 400 平方米,尚未开工建设。

C 地块容积率=8 200÷8 000=1.025,则计入房产原值的地价=240 万元×(6 000 平方米+600 平方米)÷8 200 平方米=193.17(万元)。

4. C 地块分四期开发建设,其中一期占地面积 5 000 平方米,已完成开发建设,完工房屋建筑面积为 6 000 平方米;二期占地 1 500 平方米,已完成开发建设,完工房屋建筑面积为 600 平方米;三期占地 1 000 平方米,规划建筑面积为 1 200 平方米,在建;四期占地 500 平方米,尚未规划。

因不能确定 C 地块总的容积率,故应分期计算容积率,分别确定计入房产原值的地价。

C 地块一期容积率=6 000÷5 000=1.20,则计入房产原值的地价应为 C 地块一期占用土地的总价款,即 5 000 平方米×300 元/平方米=150(万元)。

C地块二期容积率＝600÷1 500＝0.40，则计入房产原值的地价＝2×600平方米×300元/平方米＝36(万元)。

C地块三期尚未完工，其对应的土地价款不计入房产原值。

C地块四期尚未规划，其对应的土地价款不计入房产原值。

4.1.4.2 从租征税

《中华人民共和国房产税暂行条例》第三条规定，房产出租的，以房产租金收入为房产税的计税依据。计算公式为：

$$应纳房产税＝租金收入×12\%$$

应当注意，租金收入为不含增值税的收入。

> **提 示**
>
> 1. 以房产联营业务。
>
> 《国家税务总局关于安徽省若干房产税业务问题的批复》(国税函发〔1993〕368号)第一条规定，对于投资联营的房产，应根据投资联营的具体情况，在计征房产税时予以区别对待。对于以房产投资联营，投资者参与投资利润分红，共担风险的情况，按房产原值作为计税依据计征房产税；对于以房产投资，收取固定收入，不承担联营风险的情况，实际上是以联营名义取得房产的租金，应根据《中华人民共和国房产税暂行条例》的有关规定由出租方按租金收入计缴房产税。
>
> 2. 业主共有的经营性房产。
>
> 《财政部 国家税务总局关于房产税、城镇土地使用税有关政策的通知》(财税〔2006〕186号)第一条规定，对居民住宅区内业主共有的经营性房产，由实际经营(包括自营和出租)的代管人或使用人缴纳房产税。其中自营的，依照房产原值减除10%～30%后的余值计征，没有房产原值或不能将业主共有房产与其他房产的原值准确划分开的，由房产所在地地方税务机关参照同类房产核定房产原值；出租的，依照租金收入计征。

4.1.5 房地产企业涉及的房产税优惠政策

4.1.5.1 基本免税范围

《中华人民共和国房产税暂行条例》第五条规定，下列房产免纳房产税：

1. 国家机关、人民团体、军队自用的房产。
2. 由国家财政部门拨付事业经费的单位自用的房产。
3. 宗教寺庙、公园、名胜古迹自用的房产。
4. 个人所有非营业用的房产。
5. 经财政部批准免税的其他房产。

4.1.5.2 学校、医院、托儿所、幼儿园自用的房产

《财政部 税务总局关于房产税若干具体问题的解释和暂行规定》(财税地字〔1986〕第008号)第十条规定，企业办的各类学校、医院、托儿所、幼儿园自用的房产，可以比照由国家财政部门拨付事业经费的单位自用的房产，免征房产税。

4.1.5.3 个人所有的居住房屋

《财政部 税务总局关于房产税若干具体问题的解释和暂行规定》(财税地字〔1986〕第008号)第十三条规定,根据房产税暂行条例规定,个人所有的非营业用的房产免征房产税。因此,对个人所有的居住用房,不分面积多少,均免征房产税。

4.1.5.4 房产税困难减免

《中华人民共和国房产税暂行条例》第六条规定,除本条例第五条规定者外,纳税人纳税确有困难的,可由省、自治区、直辖市人民政府确定,定期减征或者免征房产税。

4.1.5.5 公共租赁住房

《财政部 国家税务总局关于支持公共租赁住房建设和运营有关税收优惠政策的通知》(财税〔2010〕88号)第六条规定,对经营公租房所取得的租金收入,免征营业税、房产税。公租房租金收入与其他住房经营收入应单独核算,未单独核算的,不得享受免征营业税、房产税优惠政策。

4.1.5.6 房管部门经营住房

《财政部税务总局关于对房管部门经租的居民住房暂缓征收房产税的通知》(财税地字〔1987〕第30号)规定,为了有利于房租改革和照顾房管部门经租的居民住房目前收取租金偏低的实际情况,经研究确定:从1988年1月1日起,对房管部门经租的居民住房,在房租调整改革之前收取租金偏低的,可暂缓征收房产税;对房管部门经租的其他非营业用房,是否给予照顾,可由各省、自治区、直辖市根据当地具体情况按税收管理体制的规定办理。

4.1.5.7 公园、名胜古迹自用的房产

《财政部 税务总局关于房产税若干具体问题的解释和暂行规定》(财税地字〔1986〕第008号)第六条规定,公园、名胜古迹自用的房产,是指供公共参观游览的房屋及其管理单位的办公用房屋。但第二十二条规定,公园、名胜古迹中附设的营业单位,如影剧院、饮食部、茶社、照相馆等所使用的房产及出租的房产,应征收房产税。

4.1.5.8 毁损不堪居住的房屋和危险房屋

《财政部 税务总局关于房产税若干具体问题的解释和暂行规定》(财税地字〔1986〕第008号)第十六条规定,经有关部门鉴定,对毁损不堪居住的房屋和危险房屋,在停止使用后,可免征房产税。

4.1.5.9 基建工地的临时性房屋

《财政部 税务总局关于房产税若干具体问题的解释和暂行规定》(财税地字〔1986〕第008号)第二十一条规定,凡是在基建工地为基建工地服务的各种工棚、材料棚、休息棚和办公室、食堂、茶炉房、汽车房等临时性房屋,不论是施工企业自行建造还是由基建单位出资建造交施工企业使用的,在施工期间,一律免征房产税。但是,如果在基建工程结束以后,施工企业将这种临时性房屋交还或者估价转让给基建单位的,应当从基建单位接收的次月起,依照规定征收房产税。

需要注意的是,房地产企业的售楼处属于为销售服务的临时性房屋,而不是为基建工地服务的临时性房屋,企业应当缴纳房产税。

4.1.5.10 房屋大修停用

《财政部 税务总局关于房产税若干具体问题的解释和暂行规定》(财税地字〔1986〕第

008号)第二十四条规定,房屋大修停用在半年以上的,经纳税人申请,税务机关审核(注:根据国税函〔2004〕839号,已经取消审核),在大修期间可免征房产税。

需要注意的是,《国家税务总局关于房产税部分行政审批项目取消后加强后续管理工作的通知》(国税函〔2004〕839号)规定,自2004年7月1日起,为贯彻执行《国务院关于第三批取消和调整行政审批项目的决定》(国发〔2004〕16号),做好房产税有关行政审批项目取消后的管理工作,现就有关问题通知如下:

1. 对《财政部 税务总局关于房产税若干具体问题的解释和暂行规定》(〔86〕财税地字第8号)第二十四条关于"房屋大修停用在半年以上的,经纳税人申请,税务机关审核,在大修期间可免征房产税"的规定作适当修改,取消经税务机关审核的内容。

纳税人因房屋大修导致连续停用半年以上的,在房屋大修期间免征房产税,免征税额由纳税人在申报缴纳房产税时自行计算扣除,并在申报表附表或备注栏中作相应说明。

2. 纳税人房屋大修停用半年以上需要免征房产税的,应在房屋大修前向主管税务机关报送相关的证明材料,包括大修房屋的名称、坐落地点、产权证编号、房产原值、用途、房屋大修的原因、大修合同及大修的起止时间等信息和资料,以备税务机关查验。具体报送材料由各省、自治区、直辖市和计划单列市地方税务局确定。

3. 税务机关要加强房产税的税源管理,摸清纳税人房屋的使用状况,并设立房产税税源管理台账。有条件的地方要充分利用信息化手段,建立房产税信息管理系统,及时掌握房产税的申报、纳税、免税情况,加强税源管理。

4. 税务机关应对报告大修的房屋加强跟踪管理和检查,如发现虚假情况,按《中华人民共和国税收征收管理法》的有关规定处理。

4.1.5.11 农林牧渔业用地和农民居住用房屋及土地

《国家税务总局关于调整房产税和土地使用税具体征税范围解释规定的通知》(国税发〔1999〕44号)规定,对农林牧渔业用地和农民居住用房屋及土地,不征收房产税和土地使用税。

4.1.5.12 廉租住房、经济适用住房

《财政部 国家税务总局关于廉租住房、经济适用住房和住房租赁有关税收政策的通知》(财税〔2008〕24号)第一条第一款规定,对廉租住房经营管理单位按照政府规定价格、向规定保障对象出租廉租住房的租金收入,免征房产税。

4.1.5.13 向个人出租用于居住的住房

《财政部 国家税务总局关于廉租住房、经济适用住房和住房租赁有关税收政策的通知》(财税〔2008〕24号)第二条第四款规定,对企事业单位、社会团体以及其他组织按市场价格向个人出租用于居住的住房,减按4%的税率征收房产税。

4.1.5.14 体育场馆

《财政部 国家税务总局关于体育场馆房产税和城镇土地使用税政策的通知》(财税〔2015〕130号)规定,为贯彻落实《国务院关于加快发展体育产业促进体育消费的若干意见》(国发〔2014〕46号),现将体育场馆自用的房产和土地有关房产税和城镇土地使用税政策通知如下:

1. 国家机关、军队、人民团体、财政补助事业单位、居民委员会、村民委员会拥有的体育场馆,用于体育活动的房产、土地,免征房产税和城镇土地使用税。

2. 经费自理事业单位、体育社会团体、体育基金会、体育类民办非企业单位拥有并运营管理的体育场馆,同时符合下列条件的,其用于体育活动的房产、土地,免征房产税和城镇土地使用税:

(1)向社会开放,用于满足公众体育活动需要。

(2)体育场馆取得的收入主要用于场馆的维护、管理和事业发展。

(3)拥有体育场馆的体育社会团体、体育基金会及体育类民办非企业单位,除当年新设立或登记的以外,前一年度登记管理机关的检查结论为"合格"。

3. 企业拥有并运营管理的大型体育场馆,其用于体育活动的房产、土地,减半征收房产税和城镇土地使用税。

4. 本通知所称体育场馆,是指用于运动训练、运动竞赛及身体锻炼的专业性场所。

本通知所称大型体育场馆,是指由各级人民政府或社会力量投资建设、向公众开放、达到《体育建筑设计规范》(JGJ 31—2003)有关规模规定的体育场(观众座位数 20 000 座及以上)、体育馆(观众座位数 3 000 座及以上)、游泳馆、跳水馆(观众座位数 1 500 座及以上)等体育建筑。

5. 本通知所称用于体育活动的房产、土地,是指运动场地、看台、辅助用房(包括观众用房、运动员用房、竞赛管理用房、新闻媒介用房、广播电视用房、技术设备用房和场馆运营用房等)及占地,以及场馆配套设施(包括通道、道路、广场、绿化等)。

6. 享受上述税收优惠体育场馆的运动场地用于体育活动的天数不得低于全年自然天数的 70%。

体育场馆辅助用房及配套设施用于非体育活动的部分,不得享受上述税收优惠。

7. 高尔夫球、马术、汽车、卡丁车、摩托车的比赛场、训练场、练习场,除另有规定外,不得享受房产税、城镇土地使用税优惠政策。各省、自治区、直辖市财政、税务部门可根据本地区情况适时增加不得享受优惠体育场馆的类型。

8. 符合上述减免税条件的纳税人,应当按照税收减免管理规定,持相关材料向主管税务机关办理减免税备案手续。

9. 本通知自 2016 年 1 月 1 日起执行。此前规定与本通知规定不一致的,按本通知执行。

4.1.5.15　增值税小规模纳税人房产税等减免政策

《财政部　税务总局关于实施小微企业普惠性税收减免政策的通知》(财税〔2019〕13 号)规定,自 2019 年 1 月 1 日起,由省、自治区、直辖市人民政府根据本地区实际情况,以及宏观调控需要确定,对增值税小规模纳税人可以在 50% 的税额幅度内减征资源税、城市维护建设税、房产税、城镇土地使用税、印花税(不含证券交易印花税)、耕地占用税和教育费附加、地方教育附加。

《国家税务总局关于增值税小规模纳税人地方税种和相关附加减征政策有关征管问题的公告》(国家税务总局公告 2019 年第 5 号)明确如下:

(一)关于纳税人类别变化时减征政策适用时间的确定。

缴纳资源税、城市维护建设税、房产税、城镇土地使用税、印花税、耕地占用税、教育费附加和地方教育附加的增值税一般纳税人按规定转登记为小规模纳税人的,自成为小规模纳税税人的当月起适用减征优惠。增值税小规模纳税人按规定登记为一般纳税人的,自一般纳税人生效之日起不再适用减征优惠;增值税年应税销售额超过小规模纳税人标准应当登记为一般纳税人而未登记,经税务机关通知,逾期仍不办理登记的,自逾期次月起不再适用减征优惠。

(二)关于减征优惠的办理方式。

纳税人自行申报享受减征优惠,不需额外提交资料。

(三)关于纳税人未及时享受减征优惠的处理方式。

纳税人符合条件但未及时申报享受减征优惠的,可依法申请退税或者抵减以后纳税期的应纳税款。

4.1.6 房地产企业房产税的纳税义务发生时间

4.1.6.1 新建的房屋纳税义务发生时间

《财政部 税务总局关于房产税若干具体问题的解释和暂行规定》(财税地字〔1986〕第008号)第十九条规定:

1. 纳税人自建的房屋,自建成之次月起征收房产税。
2. 纳税人委托施工企业建设的房屋,从办理验收手续之次月起征收房产税。
3. 纳税人在办理验收手续前已使用或出租、出借的新建房屋,应按规定征收房产税。

4.1.6.2 房产税纳税义务截止时间

《财政部 国家税务总局关于房产税城镇土地使用税有关问题的通知》(财税〔2008〕152号)第三条规定,自2009年1月1日起纳税人因房产、土地的实物或权利状态发生变化而依法终止房产税纳税义务的,其应纳税款的计算应截止到房产的实物或权利状态发生变化的当月末。

4.1.7 房产税的纳税期限

《中华人民共和国房产税暂行条例》第七条规定,房产税按年征收、分期缴纳。纳税期限由省、自治区、直辖市人民政府规定。

4.1.8 房地产企业房产税实务解析

4.1.8.1 房产评估增值作为房产价值缴纳房产税问题

房产评估增值是否应当作为房产价值缴纳房产税?

根据《财政部 国家税务总局关于房产税城镇土地使用税有关问题的通知》(财税〔2008〕152号)规定,对依照房产原值计税的房产,不论是否记载在会计账簿固定资产科目中,均应按照房屋原价计算缴纳房产税。房屋原价应根据国家有关会计制度规定进行核算。因此,房产评估增值是否作为房屋原价缴纳房产税,关键看会计制度规定。

根据《财政部关于印发企业会计准则解释第2号的通知》(财会〔2008〕11号)规定,企业进行公司制改制的,应以经评估确认的资产、负债价值作为认定成本,该成本与其账面价值的差额,应当调整所有者权益;企业的子公司进行公司制改制的,母公司通常应当按照《企业会计准则解释第1号》的相关规定确定对子公司长期股权投资的成本,该成本与长期股权投资账面价值的差额,应当调整所有者权益。

《财政部关于印发〈小企业会计准则〉的通知》(财会〔2011〕17号)第二十八条第三款规定,投资者投入固定资产的成本,应当按照评估价值和相关税费确定。

综上所述,企业房产发生评估增值,除企业进行公司制改造对房产进行评估发生增值应当于评估的次月起按评估后的价值缴纳房产税,接受投资的房产按房产评估价值缴纳房产税外,其他情况下对房产进行评估发生的增值不需要作为房产税的计税依据,如为了向银行贷款而对本企业房产进行评估的,不需要按评估后的价值缴纳房产税。此外,如果属于无偿划拨的土地,即使按规定进行评估发生增值,也不能计入房产价值缴纳房产税。如《内蒙古自治区地方税务局关于对地价计入房产原值征收房产税有关问题的补充通知》(内地税字〔2011〕96号)第一条规定,对企业未支付土地出让金等开发成本、费用的无偿划拨土地(主要是老国有企业),虽以国家授权经营、作价入股等方式对土地进行了价值评估,该评估价值不属于取得土地使用权支付的价款,所以不计入房产原值征缴房产税。

4.1.8.2 集贸市场用房缴纳房产税问题

《财政部 国家税务总局关于房产税和车船使用税几个业务问题的解释与法规》(财税地字〔1987〕3号)第三条规定,工商行政管理部门的集贸市场用房,不属于工商部门自用的房产,按规定应征收房产税。但为了促进集贸市场的发展,省、自治区、直辖市可根据具体情况暂给予减税或免税照顾。

4.1.8.3 房地产企业租赁其他单位的沿街房作为售楼处缴纳房产税问题

根据《中华人民共和国房产税暂行条例》第二条规定,房产税由产权所有人缴纳。产权属于全民所有的,由经营管理的单位缴纳。产权出典的,由承典人缴纳。产权所有人、承典人不在房产所在地的,或者产权未确定及租典纠纷未解决的,由房产代管人或者使用人缴纳。

因此,该房地产企业租赁其他企业的房产,应当由出租方(产权人)缴纳房产税。如果承租方负担房产税,属于为他人负担税款,属于与取得收入无关的支出,在年度企业所得税汇算清缴时,还要纳税调增应纳税所得额缴纳企业所得税。

4.1.8.4 房地产企业将承租的房产转租给他人缴纳房产税问题

房产税属于财产税,应当以产权人作为纳税义务人。与流转额或流转的次数没有关系。因此,将承租的房产转租给他人,转租收入不需要缴纳房产税。目前多数省份已经明文废止转租收入缴纳房产税的规定,如《甘肃省地方税务局关于房屋出租征收房产税有关税收政策问题的通知》(甘地税发〔2009〕24号)第二条规定,房产税属财产类税收,产权所有人、房产管理人或房产代管人为房产税纳税义务人。因此,对房屋转租取得租金收入的行为自发文之日起不再征收房产税。

但也有部分省份对于转租收入要求按扣除支付的租赁费后的差额缴纳房产税,但这种做法违背房产税的基本性质。

4.2 房地产企业城镇土地使用税涉税政策解析

4.2.1 土地使用税的纳税人

《中华人民共和国土地使用税暂行条例》第二条规定,在城市、县城、建制镇、工矿区范围内使用土地的单位和个人,为城镇土地使用税(以下简称土地使用税)的纳税人,应当依照本条例的规定缴纳土地使用税。

前款所称单位,包括国有企业、集体企业、私营企业、股份制企业、外商投资企业、外国企业以及其他企业和事业单位、社会团体、国家机关、军队以及其他单位;所称个人,包括个体工商户以及其他个人。

4.2.2 土地使用税征税范围的特殊规定

4.2.2.1 地下建筑用地

《财政部 国家税务总局关于房产税城镇土地使用税有关问题的通知》(财税〔2009〕128号)第四条规定,自2009年12月1日起,对在城镇土地使用税征税范围内单独建造的地下建筑用地,按规定征收城镇土地使用税。其中,已取得地下土地使用权证的,按土地使用权证确认的土地面积计算应征税款;未取得地下土地使用权证或地下土地使用权证上未标明土地面积的,按地下建筑垂直投影面积计算应征税款。

对上述地下建筑用地暂按应征税款的50%征收城镇土地使用税。

4.2.2.2 集体土地

《财政部 国家税务总局关于集体土地城镇土地使用税有关政策的通知》(财税〔2006〕56号)规定,自2006年5月1日起,在城镇土地使用税征税范围内实际使用应税集体所有建设用地,但未办理土地使用权流转手续的,由实际使用集体土地的单位和个人按规定缴纳城镇土地使用税。

《财政部 国家税务总局关于承租集体土地城镇土地使用税有关政策的通知》(财税〔2017〕29号)规定,在城镇土地使用税征税范围内,承租集体所有建设用地的,由直接从集体经济组织承租土地的单位和个人,缴纳城镇土地使用税。

4.2.3 土地使用税的计税依据

《中华人民共和国土地使用税暂行条例》第三条规定,土地使用税以纳税人实际占用的土地面积为计税依据,依照规定税额计算征收。

前款土地占用面积的组织测量工作,由省、自治区、直辖市人民政府根据实际情况确定。

4.2.4 土地使用税的税额

4.2.4.1 单位税额

《中华人民共和国土地使用税暂行条例》第四条规定,土地使用税每平方米年税额如下:

1. 大城市1.5元至30元。
2. 中等城市1.2元至24元。
3. 小城市0.9元至18元。
4. 县城、建制镇、工矿区0.6元至12元。

4.2.4.2 税额的调整权限

《中华人民共和国土地使用税暂行条例》第五条规定,省、自治区、直辖市人民政府,应当在本条例第四条规定的税额幅度内,根据市政建设状况、经济繁荣程度等条件,确定所辖地区的适用税额幅度。

市、县人民政府应当根据实际情况，将本地区土地划分为若干等级，在省、自治区、直辖市人民政府确定的税额幅度内，制定相应的适用税额标准，报省、自治区、直辖市人民政府批准执行。

经省、自治区、直辖市人民政府批准，经济落后地区土地使用税的适用税额标准可以适当降低，但降低额不得超过本条例第四条规定最低税额的30%。经济发达地区土地使用税的适用税额标准可以适当提高，但须报经财政部批准。

4.2.5 房地产企业涉及的土地使用税的优惠政策

4.2.5.1 条例规定的免税范围

《中华人民共和国土地使用税暂行条例》第六条规定，下列土地免缴土地使用税：

1. 国家机关、人民团体、军队自用的土地。
2. 由国家财政部门拨付事业经费的单位自用的土地。
3. 宗教寺庙、公园、名胜古迹自用的土地。
4. 市政街道、广场、绿化地带等公共用地。
5. 直接用于农、林、牧、渔业的生产用地。
6. 经批准开山填海整治的土地和改造的废弃土地，从使用的月份起免缴土地使用税5年至10年。
7. 由财政部另行规定免税的能源、交通、水利设施用地和其他用地。

4.2.5.2 困难减免

《中华人民共和国土地使用税暂行条例》第七条规定，除本条例第六条规定外，纳税人缴纳土地使用税确有困难需要定期减免的，由省、自治区、直辖市税务机关审核后，报国家税务局批准。

《国家税务总局关于下放城镇土地使用税困难减免税审批权限有关事项的公告》（国家税务总局公告2014年第1号）规定，根据《国务院关于取消和下放一批行政审批项目的决定》（国发〔2013〕44号）及《国务院关于修改部分行政法规的决定》（国务院令第645号），决定把城镇土地使用税困难减免税（以下简称困难减免税）审批权限下放至县以上地方税务机关。现将有关事项公告如下：

1. 各省、自治区、直辖市和计划单列市地方税务机关（以下简称省地方税务机关）要根据纳税困难类型、减免税金额大小及本地区管理实际，按照减负提效、放管结合的原则，合理确定省、市、县地方税务机关的审批权限，做到审批严格规范、纳税人办理方便。
2. 困难减免税按年审批，纳税人申请困难减免税应在规定时限内向主管税务机关或有权审批的税务机关提交书面申请并报送相关资料。纳税人报送的资料应真实、准确、齐全。
3. 申请困难减免税的情形、办理流程、时限及其他事项由省地方税务机关确定。省地方税务机关在确定申请困难减免税情形时要符合国家关于调整产业结构和促进土地节约集约利用的要求。对因风、火、水、地震等造成的严重自然灾害或其他不可抗力因素遭受重大损失、从事国家鼓励和扶持产业或社会公益事业发生严重亏损，缴纳城镇土地使用税确有困难的，可给予定期减免税。对从事国家限制或不鼓励发展的产业不予减免税。

4. 省地方税务机关要按照本公告的要求尽快修订并公布本地区困难减免税审批管理办法,明确困难减免税的审批权限、申请困难减免税的情形、办理流程及时限等。同时,要加强困难减免税审批的后续管理和监督,坚决杜绝违法违规审批。要建立健全审批管理和风险防范制度。要加大检查力度,及时发现和解决问题,不断完善本地区困难减免税审批管理办法。

5. 负责困难减免税审批的地方税务机关要坚持服务与管理并重的原则,切实做好审批工作。要加强宣传和解释,及时让纳税人知晓申请困难减免税的情形、受理机关、办理流程、需报送的资料等。要优化困难减免税审批流程,简化审批手续,创新审批管理工作方式,推进网上审批。同时,要加强困难减免税审批的事中事后管理,明确各部门、各岗位的职责和权限,严格过错追究。要设立困难减免税审批台账,定期向上级地方税务机关报送困难减免税批准情况。要加强对困难减免税对象的动态管理,对经批准减免税的纳税人进行跟踪评估。对情形发生变化的,要重新进行审核;对骗取减免税的,应及时追缴税款并按规定予以处罚。

6. 本公告未涉及的事项,按照《国家税务总局关于印发〈税收减免管理办法(试行)〉的通知》(国税发〔2005〕129号)及有关规定执行。

本公告自2014年1月1日起施行。《国家税务总局关于下放城镇土地使用税困难减免审批项目管理层级后有关问题的通知》(国税函〔2004〕940号)同时废止。

文件将下放审批权限的级次赋予省级地税局。例如,《河南省地方税务局关于修改〈河南省地方税务局财产行为税减免管理办法〔暂行〕〉的公告》(河南省地方税务局公告2014年第1号)规定,纳税人申请报批的城镇土地使用税困难性减免,年减免税额在50万元以下的(含50万元),由县(市)、区地方税务局审批;50万元以上100万元以下(含100万元)的,由省辖市地方税务局审批;100万元以上的,由省地方税务局审批。又如,《陕西省地方税务局关于发布城镇土地使用税困难减免税有关事项的公告》(陕西省地方税务局公告2014年第2号)规定,城镇土地使用税困难减免税按年审批。按照减负提效、放管结合的原则,对困难减免税审批权限作如下规定:(1)对西安市、西咸新区范围内的纳税人年减免税额在20万元(含20万元)以下的,由各分局、区(县)地方税务局审批,抄报市地方税务局、西咸新区地方税务局备案;纳税人年减免税额在20万元以上500万元(含500万元)以下的,由市地方税务局、西咸新区地方税务局审批,抄报省地方税务局备案;纳税人年减免税额在500万元以上的,由省地方税务局审批。(2)对杨凌示范区范围内的纳税人减免税额在500万元(含500万元)以下的,由杨凌示范区地方税务局审批,抄报省地方税务局备案;纳税人年减免税额在500万元以上的,由省地方税务局审批。(3)对其他地市范围内的纳税人年减免税额在10万元(含10万元)以下的,由县(市、区)地方税务局审批,抄报市地方税务局备案;纳税人年减免税额在10万元以上500万元(含500万元)以下的,由市地方税务局审批,抄报省地方税务局备案;纳税人年减免税额在500万元以上的,由省地方税务局审批。(4)各级直接负责税款征收的地方税务征收机构,其管理范围内纳税人城镇土地使用税困难减免税,按照管理权限,由其上级地方税务机关审批。(5)省政府交办的城镇土地使用税困难减免税事项由省地方税局审批。再如,《山东省地方税务局关于明确城镇土地使用税困难减免税有关事项的公告》(山东省地方税务局公告2018年第6号)规定,自2018年1月1日起至2022年

12月31日止,为贯彻落实《国务院关于山东新旧动能转换综合试验区建设总体方案的批复》(国函〔2018〕1号)要求,助推新旧动能转换、乡村振兴,现就我省城镇土地使用税困难减免税有关事项公告如下:(1)纳税人符合下列情形之一,且缴纳城镇土地使用税确有困难的,可申请困难减免:①因风、火、水、地震等造成的严重自然灾害或者其他不可抗力因素遭受重大损失的;②依法进入破产程序或者因改制依法进入清算程序,土地闲置不用的;③全面停产、停业(依法被责令停产、停业的除外)连续超过6个月,土地闲置不用的;④因政府建设规划致使土地不能使用的;⑤承担县级以上人民政府任务的;⑥为推动新旧动能转换重大工程,经设区的市以上人民政府确定为重点扶持企业的;⑦受市场因素影响发生严重亏损的;⑧从事社会公益事业的。(2)下列情形不得享受城镇土地使用税困难减免:①除本公告第一条第一项规定的情形外,对从事国家限制类、淘汰类的产业不予减免税。国家限制类、淘汰类的产业具体范围按照国家产业结构调整指导目录等相关规定执行;②财政部、国家税务总局规定的其他情形。(3)纳税人申请困难减免税应当提供以下资料:①减免税申请报告及《纳税人减免税申请核准表》;②土地权属证书或者其他证明纳税人使用土地的资料;③证明纳税人纳税困难的相关资料;④因风、火、水、地震等造成的严重自然灾害或者其他不可抗力因素遭受重大损失的纳税人,应当提供保险公司理赔证明或者其他受灾损失证明;⑤依法进入破产程序的纳税人,应当提供人民法院出具的裁定受理文书;因改制依法进入清算程序的纳税人,应当提供有关改制清算证明资料;⑥全面停产、停业的纳税人,应当提供全面、连续停产或者停业导致土地闲置不用超过6个月的相关证明资料;⑦因政府建设规划致使土地不能使用的纳税人,应当提供县级以上人民政府有关部门出具的建设规划证明资料;⑧承担县级以上人民政府任务的纳税人,应当提供县级以上人民政府有关部门出具的证明资料;⑨为推动新旧动能转换重大工程,经设区的市以上人民政府确定为重点扶持企业的,应当提供设区的市以上人民政府有关部门出具的证明资料。纳税人对报送资料的真实性和合法性承担责任。(4)城镇土地使用税困难减免税由县税务机关负责核准。除此之外,各省基本上都有规定,不再一一列举。

4.2.5.3 公共租赁住房

《财政部 国家税务总局关于支持公共租赁住房建设和运营有关税收优惠政策的通知》(财税〔2010〕88号)第一条规定,对公租房建设期间用地及公租房建成后占地免征城镇土地使用税。在其他住房项目中配套建设公租房,依据政府部门出具的相关材料,可按公租房建筑面积占总建筑面积的比例免征建造、管理公租房涉及的城镇土地使用税。

4.2.5.4 经营采摘、观光农业

《财政部 国家税务总局关于房产税、城镇土地使用税有关政策的通知》(财税〔2006〕186号)第三条规定,在城镇土地使用税征收范围内经营采摘、观光农业的单位和个人,其直接用于采摘、观光的种植、养殖、饲养的土地,根据《中华人民共和国城镇土地使用税暂行条例》第六条中"直接用于农、林、牧、渔业的生产用地"的规定,免征城镇土地使用税。

4.2.5.5 度假村

《财政部 国家税务总局关于房产税、城镇土地使用税有关政策的通知》(财税〔2006〕186号)第四条规定,自2007年1月1日起,在城镇土地使用税征收范围内,利用林场土地兴建度假村等休闲娱乐场所的,其经营、办公和生活用地,应按规定征收城镇土地使用税。

4.2.5.6　廉租住房、经济适用住房

《财政部 国家税务总局关于廉租住房、经济适用住房和住房租赁有关税收政策的通知》(财税〔2008〕24号)第一条第二款规定,对廉租住房、经济适用住房建设用地以及廉租住房经营管理单位按照政府规定价格、向规定保障对象出租的廉租住房用地,免征城镇土地使用税。

开发商在经济适用住房、商品住房项目中配套建造廉租住房,在商品住房项目中配套建造经济适用住房,如能提供政府部门出具的相关材料,可按廉租住房、经济适用住房建筑面积占总建筑面积的比例免征开发商应缴纳的城镇土地使用税。

4.2.5.7　个人出租住房

《财政部 国家税务总局关于廉租住房、经济适用住房和住房租赁有关税收政策的通知》(财税〔2008〕24号)第二条第三款规定,对个人出租住房,不区分用途,免征城镇土地使用税。

4.2.5.8　城市和国有工矿棚户区改造项目

《财政部 国家税务总局关于城市和国有工矿棚户区改造项目有关税收优惠政策的通知》(财税〔2010〕42号)第一条第二款规定,在商品住房等开发项目中配套建造安置住房的,依据政府部门出具的相关材料和拆迁安置补偿协议,按改造安置住房建筑面积占总建筑面积的比例免征城镇土地使用税。

棚户区(下同)是指国有土地上集中连片建设的,简易结构房屋较多、建筑密度较大、房屋使用年限较长、使用功能不全、基础设施简陋的区域;棚户区改造是指列入省级人民政府批准的城市和国有工矿棚户区改造规划的建设项目;改造安置住房是指相关部门和单位与棚户区被拆迁人签订的拆迁安置协议中明确用于安置被拆迁人的住房。

4.2.5.9　物流企业自有或承租大宗商品仓储设施用地城镇土地使用税优惠政策

(一)自有。

《财政部 国家税务总局关于继续实施物流企业大宗商品仓储设施用地城镇土地使用税优惠政策的通知》(财税〔2017〕33号)规定,为进一步促进物流业健康发展,现就物流企业大宗商品仓储设施用地城镇土地使用税政策通知如下:

1. 自2017年1月1日起至2019年12月31日止,对物流企业自有的(包括自用和出租)大宗商品仓储设施用地,减按所属土地等级适用税额标准的50%计征城镇土地使用税。

2. 本通知所称物流企业,是指至少从事仓储或运输一种经营业务,为工农业生产、流通、进出口和居民生活提供仓储、配送等第三方物流服务,实行独立核算、独立承担民事责任,并在工商部门注册登记为物流、仓储或运输的专业物流企业。

3. 本通知所称大宗商品仓储设施,是指同一仓储设施占地面积在6 000平方米及以上,且主要储存粮食、棉花、油料、糖料、蔬菜、水果、肉类、水产品、化肥、农药、种子、饲料等农产品和农业生产资料,煤炭、焦炭、矿砂、非金属矿产品、原油、成品油、化工原料、木材、橡胶、纸浆及纸制品、钢材、水泥、有色金属、建材、塑料、纺织原料等矿产品和工业原材料的仓储设施。

仓储设施用地,包括仓库库区内的各类仓房(含配送中心)、油罐(池)、货场、晒场(堆场)、罩棚等储存设施和铁路专用线、码头、道路、装卸搬运区域等物流作业配套设施的用地。

4. 物流企业的办公、生活区用地及其他非直接从事大宗商品仓储的用地,不属于本通知规定的优惠范围,应按规定征收城镇土地使用税。

5. 非物流企业的内部仓库,不属于本通知规定的优惠范围,应按规定征收城镇土地使

用税。

6. 本通知印发之日前（注：2017年4月26日前）已征的应予减免的税款，在纳税人以后应缴税款中抵减或者予以退还。

7. 符合上述减税条件的物流企业需持相关材料向主管税务机关办理备案手续。

（二）承租。

《财政部 税务总局关于物流企业承租用于大宗商品仓储设施的土地城镇土地使用税优惠政策的通知》（财税〔2018〕62号）规定，自2018年5月1日起至2019年12月31日止，对物流企业承租用于大宗商品仓储设施的土地，减按所属土地等级适用税额标准的50%计征城镇土地使用税。

符合减税条件的纳税人需持相关材料向主管税务机关办理备案手续。

本通知所称的物流企业、大宗商品仓储设施范围及其他未尽事项，按照《财政部、税务总局关于继续实施物流企业大宗商品仓储设施用地城镇土地使用税优惠政策的通知》（财税〔2017〕33号）执行。

4.2.5.10 房改房

《财政部 国家税务总局关于房改房用地未办理土地使用权过户期间城镇土地使用税政策的通知》（财税〔2013〕44号）规定，经研究，现就房改房用地未办理土地使用权过户期间的城镇土地使用税政策通知如下：

应税单位按照国家住房制度改革有关规定，将住房出售给职工并按规定进行核销账务处理后，住房用地在未办理土地使用权过户期间的城镇土地使用税征免，比照各省、自治区、直辖市对个人所有住房用地的现行政策执行。

4.2.5.11 企业范围内荒山、林地、湖泊等占地城镇土地使用税有关政策

《财政部 国家税务总局关于企业范围内荒山 林地 湖泊等占地城镇土地使用税有关政策的通知》（财税〔2014〕1号）规定，为提高土地利用效率，促进节约集约用地，现将企业范围内的荒山、林地、湖泊等占地城镇土地使用税有关政策通知如下：

对已按规定免征城镇土地使用税的企业范围内荒山、林地、湖泊等占地，自2014年1月1日至2015年12月31日，按应纳税额减半征收城镇土地使用税；自2016年1月1日起，全额征收城镇土地使用税。

《国家税务局关于印发〈关于土地使用税若干具体问题的补充规定〉的通知》（国税地字〔1989〕第140号）中的第十二条规定，自2014年1月1日起废止。

4.2.6 纳税期限

《中华人民共和国土地使用税暂行条例》第八条规定，土地使用税按年计算、分期缴纳。缴纳期限由省、自治区、直辖市人民政府确定。

4.2.7 房地产企业土地使用税的纳税义务发生时间与终止时间

4.2.7.1 新征用的土地纳税义务发生时间和终止时间

《中华人民共和国土地使用税暂行条例》第九条规定，新征用的土地，依照下列规定缴纳土地使用税：

1. 征用的耕地，自批准征用之日起满 1 年时开始缴纳土地使用税。
2. 征用的非耕地，自批准征用次月起缴纳土地使用税。

4.2.7.2 有偿取得土地使用权纳税义务发生时间

《财政部 国家税务总局关于房产税、城镇土地使用税有关政策的通知》（财税〔2006〕186号）第二条规定，以出让或转让方式有偿取得土地使用权的，应由受让方从合同约定交付土地时间的次月起缴纳城镇土地使用税；合同未约定交付土地时间的，由受让方从合同签订的次月起缴纳城镇土地使用税。

《国家税务总局关于房产税、城镇土地使用税有关政策规定的通知》（国税发〔2003〕89号）第二条第四款中有关房地产开发企业城镇土地使用税纳税义务发生时间的规定同时废止。

4.2.7.3 城镇土地使用税纳税义务截止时间

《财政部 国家税务总局关于房产税城镇土地使用税有关问题的通知》（财税〔2008〕152号）第三条规定，自 2009 年 1 月 1 日起，纳税人因房产、土地的实物或权利状态发生变化而依法终止城镇土地使用税纳税义务的，其应纳税款的计算应截止到房产、土地的实物或权利状态发生变化的当月末。

《青岛市地方税务局关于明确房地产企业商品房开发期间城镇土地使用税有关问题的通知》（青地税函〔2009〕128号）第二条进一步明确，房地产企业开发商品房已经销售的，土地使用税纳税义务的截止时间为商品房实物或权利状态发生变化即商品房交付使用的当月末。商品房交付使用，是指房地产企业将已建成的房屋转移给买受人占有，其外在表现主要是将房屋的钥匙交付给买受人。

但部分省市规定，应当在房产证过户后，房地产企业才能终止土地使用税的纳税义务，如《重庆市地方税务局关于明确房地产开发企业城镇土地使用税有关政策问题的通知》（渝地税发〔2011〕111号）第二条"关于纳税义务终止时间"规定，房地产开发企业城镇土地使用税纳税义务终止时间，按照《财政部 国家税务总局关于房产税城镇土地使用税有关问题的通知》（财税〔2008〕152号）第三条的规定执行，即将开发产品交付给购买者并办理权属转移登记手续的次月。

还有部分省市规定，从购房合同生效的次月起房地产企业终止土地使用税的纳税义务，如《广西壮族自治区地方税务局关于房地产企业城镇土地使用税纳税义务终止时间的通知》（桂地税字〔2009〕117号）规定，对房地产开发企业建造的商品房用地，在商品房出售之前，应依照规定征收城镇土地使用税；终止缴纳的时间应为商品房出售双方签订销售合同生效的次月起。

安徽省则根据合同约定与实际交付时间，分别确定停止征收土地使用税的时间。《安徽省地方税务局关于若干税收政策问题的公告》（安徽省地方税务局公告 2012 年第 2 号）第五条规定，房地产开发企业销售新建商品房的城镇土地使用税纳税义务截止时间，为房屋交付使用的当月末。房屋交付使用的时间为合同约定时间。未按合同约定时间交付使用的，为房屋的实物或权利状态发生变化的当月末。

《最高人民法院关于审理建筑物区分所有权纠纷案件具体应用法律若干问题的解释》（法释〔2009〕7号）第一条规定，基于与建设单位之间的商品房买卖民事法律行为，已经合法占有建筑物专有部分，但尚未依法办理所有权登记的人，可以认定为物权法第六章所称的业主。基于该规定,笔者更赞成青岛市的规定。如果以房产证过户为准,实务操作中,因各种主观或客观原因不能或无法办理房产证的情况比比皆是。如果没有办理房产证,就一直缴纳土地使用税,对房地产企业是不公平的。而如果以签订购房合同为准,则只要房地产企业取得销售(预售)许可证,就可以签订,但真正交付时间有时候会延缓很长时间,此时如果停止缴纳土地使用税,显然与财税〔2008〕152号文件精神不符。

4.2.7.4　未能按照合同约定时间交付使用的土地使用税纳税义务发生时间

国家层面的税收法规没有具体的规定。但《安徽省地方税务局关于若干税收政策问题的公告》(安徽省地方税务局公告2012年第2号)第四条规定,对以有偿方式取得土地使用权,因政府拆迁等原因未能按照合同约定时间交付使用的,在未办理土地使用权属证明前,以其与土地管理部门签订的补充合同、协议或者以政府相关职能部门的补充证明上注明的交付土地时间的次月起计算缴纳城镇土地使用税。辽宁省也有类似的规定。此外,《山东省地方税务局关于明确城镇土地使用税困难减免税有关事项的公告》(山东省地方税务局公告2018年第6号)第一条第四款规定,因政府建设规划致使土地不能使用的,可以申请土地使用的困难减免。也有类似的含义。

4.2.7.5　通过招拍挂方式取得土地

《国家税务总局关于通过招拍挂方式取得土地缴纳城镇土地使用税问题的公告》(国家税务总局公告2014年第74号)规定,自2014年12月31日起,对以招标、拍卖、挂牌方式取得土地的城镇土地使用税问题公告如下:

通过招标、拍卖、挂牌方式取得的建设用地,不属于新征用的耕地,纳税人应按照《财政部　国家税务总局关于房产税　城镇土地使用税有关政策的通知》(财税〔2006〕186号)第二条规定,从合同约定交付土地时间的次月起缴纳城镇土地使用税;合同未约定交付土地时间的,从合同签订的次月起缴纳城镇土地使用税。

有人提出疑问,招拍挂建设用地属于"净地",土地出让金都缴纳了,怎么还要缴纳耕地占用税呢?退一步说,缴纳了耕地占用税之后是否可以一年之后才开始缴纳城镇土地使用税呢?耕地占用税该由谁缴纳?

对此问题,我们分析如下:

《中华人民共和国土地管理法》和《国务院关于促进节约集约用地的通知》(国发〔2008〕3号)规定,未利用的土地出让前,应当完成必要的前期开发,经过前期开发的土地,才能依法由市、县人民政府国土资源部门统一组织出让。

耕地占用税的纳税人是谁?原则上是谁占用谁纳税。土地储备中心是耕地的占用方,就构成耕地占用税的纳税人。既然如此,纳税人直接从该市国土局手里拍下的建设用地,不是农用地转用审批文件中标明的建设用地人,也不具备耕地占用税的纳税义务发生时间,为什么还要缴纳耕地占用税呢?

这与我国土地储备中心耕地占用税的处理方式有关。目前,地方土地储备中心征用耕地后,对应缴纳的耕地占用税有两种处理方式:一种方式是由地方土地储备中心收储土地时即缴纳耕地占用税,作为土地开发成本费用的一部分,体现在招拍挂的价格当中;企业招拍挂时,招拍挂价格已经包含耕地占用税,也就不存在补缴耕地占用税问题。另一种方式是地方土地储备中心收储土地时,没有缴纳耕地占用税,这种情况下,招拍挂价格是不包含耕地占用税的,而是由摘牌后的土地受让方缴纳耕地占用税。但这种情况实质上是土地受让方代为补缴耕地占用税,因此,不需要遵循缴纳耕地占用税一年后才缴纳土地使用税的原则。

4.2.8 房地产企业土地使用税实务解析

4.2.8.1 房地产企业在开发商品房前缴纳土地使用税问题

《国家税务总局关于进一步加强城镇土地使用税和土地增值税征收管理工作的通知》(国税发〔2004〕100号)第二条规定,除经批准开发建设经济适用房的用地外,对各类房地产开发用地一律不得减免城镇土地使用税。

但《辽宁省地方税务局关于明确房产税和城镇土地使用税有关业务问题的通知》(辽地税函〔2011〕225号)第二条则规定,对由于政府动迁不及时等原因,政府没有按照合同约定的时间将土地交付给受让者的,土地受让人应与出让者签订补充协议,重新明确交付土地的时间;也可由国土部门出具有效证明,证明该宗土地确因政府的原因改变交付土地的时间。经主管地方税务机关确认后,可按补充合同或政府有关部门证明的时间,确定城镇土地使用税纳税义务发生的时间。

4.2.8.2 开发小区内的绿地缴纳土地使用税问题

《中华人民共和国土地使用税暂行条例》第六条中,第四款规定,市政街道、广场、绿化地带等公共用地免征土地使用税。

《国家税务局关于印发〈关于土地使用税若干具体问题的补充规定〉的通知》(国税地字〔1989〕第140号)第十三条规定,对企业厂区(包括生产、办公及生活区)以内的绿化用地,应照章征收土地使用税,厂区以外的公共绿化用地和向社会开放的公园用地,暂免征收土地使用税。

4.2.8.3 没有过户的土地使用税纳税人问题

经法院判决土地产权归房地产企业,但一直没有过户,土地使用税该由谁缴纳?

《中华人民共和国物权法》第二十八条规定,因人民法院、仲裁委员会的法律文书或者人民政府的征收决定等,导致物权设立、变更、转让或者消灭的,自法律文书或者人民政府的征收决定等生效时发生效力。

因此,尽管一直没有办理过户手续,但产权已经从判决书生效日转移给了房地产企业,应当由房地产企业从判决书生效的次月起开始缴纳土地使用税。

4.3 房地产企业耕地占用税涉税政策解析

4.3.1 耕地占用税的纳税义务人

《中华人民共和国耕地占用税法》(中华人民共和国主席令13届第18号,下同)第二条规定,在中华人民共和国境内占用耕地建设建筑物、构筑物或者从事非农业建设的单位和个人,为耕地占用税的纳税人,应当依照本法规定缴纳耕地占用税。

本法所称耕地,是指用于种植农作物的土地。

4.3.1.1 占用耕地建设农田水利设施

《中华人民共和国耕地占用税法》(中华人民共和国主席令13届第18号,下同)第二条第二款规定,占用耕地建设农田水利设施的,不缴纳耕地占用税。

4.3.1.2　未经批准占用应税土地

《国家税务总局关于发布〈耕地占用税管理规程(试行)〉的公告》(国家税务总局公告2016年第2号)第十九条规定,未经批准占用应税土地的,纳税人为实际用地人。

城市和村庄、集镇建设用地审批中,按土地利用年度计划分批次批准的农用地转用审批,批准文件中未标明建设用地人且用地申请人为各级人民政府的,由同级土地储备中心履行耕地占用税申报纳税义务;没有设立土地储备中心的,由国土资源管理部门或政府委托的其他部门履行耕地占用税申报纳税义务。

4.3.1.3　关于纳税人的认定

《国家税务总局关于耕地占用税征收管理有关问题的通知》(国税发〔2007〕129号)第一条规定,耕地占用税纳税人应主要依据农用地转用审批文件认定。农用地转用审批文件中标明用地人的,用地人为纳税人;审批文件中未标明用地人的,应要求申请用地人举证实际用地人,实际用地人为纳税人;实际用地人尚未确定的,申请用地人为纳税人。占用耕地尚未经批准的,实际用地人为纳税人。

4.3.2　耕地占用税的征税范围

4.3.2.1　临时占用耕地

《中华人民共和国耕地占用税法》第十一条规定,纳税人因建设项目施工或者地质勘查临时占用耕地,应当依照本法的规定缴纳耕地占用税。纳税人在批准临时占用耕地期满之日起一年内依法复垦,恢复种植条件的,全额退还已经缴纳的耕地占用税。

4.3.2.2　占用园地、林地等建设建筑物、构筑物或者从事非农业建设

《中华人民共和国耕地占用税法》第十二条规定,占用园地、林地、草地、农田水利用地、养殖水面、渔业水域滩涂以及其他农用地建设建筑物、构筑物或者从事非农业建设的,依照本法的规定缴纳耕地占用税。

占用前款规定的农用地的,适用税额可以适当低于本地区按照本法第四条第二款确定的适用税额,但降低的部分不得超过50%。具体适用税额由省、自治区、直辖市人民政府提出,报同级人民代表大会常务委员会决定,并报全国人民代表大会常务委员会和国务院备案。

占用本条第一款规定的农用地建设直接为农业生产服务的生产设施的,不缴纳耕地占用税。

4.3.3　耕地占用税的计税依据

《中华人民共和国耕地占用税法》第三条规定,耕地占用税以纳税人实际占用的耕地面积为计税依据,按照规定的适用税额一次性征收,应纳税额为纳税人实际占用的耕地面积(平方米)乘以适用税额。用公式表示如下:

$$耕地占用税的应纳税额 = 实际占用的耕地面积(平方米) \times 适用税额$$

4.3.4　耕地占用税的适用税额

《中华人民共和国耕地占用税法》第四条规定,耕地占用税的税额如下:

(一)人均耕地不超过一亩的地区(以县、自治县、不设区的市、市辖区为单位,下同),每平方米为10元至50元。

(二)人均耕地超过1亩但不超过2亩的地区,每平方米为8元至40元。

(三)人均耕地超过2亩但不超过3亩的地区,每平方米为6元至30元。

(四)人均耕地超过3亩的地区,每平方米为5元至25元。

各地区耕地占用税的适用税额,由省、自治区、直辖市人民政府根据人均耕地面积和经济发展等情况,在前款规定的税额幅度内提出,报同级人民代表大会常务委员会决定,并报全国人民代表大会常务委员会和国务院备案。各省、自治区、直辖市耕地占用税适用税额的平均水平,不得低于本法所附《各省、自治区、直辖市耕地占用税平均税额表》规定的平均税额。

附 表

各省、自治区、直辖市耕地占用税平均税额表

省、自治区、直辖市	平均税额(元/平方米)
上海	45
北京	40
天津	35
江苏、浙江、福建、广东	30
辽宁、湖北、湖南	25
河北、安徽、江西、山东、河南、重庆、四川	22.5
广西、海南、贵州、云南、陕西	20
山西、吉林、黑龙江	17.5
内蒙古、西藏、甘肃、青海、宁夏、新疆	12.5

注:

(1)在人均耕地低于零点五亩的地区,省、自治区、直辖市可以根据当地经济发展情况,适当提高耕地占用税的适用税额,但提高的部分不得超过上表确定的适用税额的百分之五十。具体适用税额按照本法第四条第二款规定的程序确定。

(2)占用基本农田的,应当按照本法第四条第二款或者税法确定的当地适用税额,加按百分之一百五十征收。

4.3.5 耕地占用税法规定的免税政策

《中华人民共和国耕地占用税法》第七条规定:

1. 军事设施、学校、幼儿园、社会福利机构、医疗机构占用耕地,免征耕地占用税。

2. 铁路线路、公路线路、飞机场跑道、停机坪、港口、航道、水利工程占用耕地,减按每平方米二元的税额征收耕地占用税。

3. 农村居民在规定用地标准以内占用耕地新建自用住宅,按照当地适用税额减半征收耕地占用税;其中农村居民经批准搬迁,新建自用住宅占用耕地不超过原宅基地面积的部分,免征耕地占用税。

4. 农村烈士遗属、因公牺牲军人遗属、残疾军人以及符合农村最低生活保障条件的农村居民,在规定用地标准以内新建自用住宅,免征耕地占用税。

根据国民经济和社会发展的需要,国务院可以规定免征或者减征耕地占用税的其他情形,报全国人民代表大会常务委员会备案。

4.3.6 减免耕地占用税后改变用途

《中华人民共和国耕地占用税法》第八规定,依照本法第七条第一款、第二款规定免征或者减征耕地占用税后,纳税人改变原占地用途,不再属于免征或者减征耕地占用税情形的,应当按照当地适用税额补缴耕地占用税。

4.3.7 耕地占用税的征收机关

《中华人民共和国耕地占用税法》第九条规定,耕地占用税由税务机关负责征收。

4.3.8 耕地占用税的纳税义务发生时间

《中华人民共和国耕地占用税法》第十条规定,耕地占用税的纳税义务发生时间为纳税人收到自然资源主管部门办理占用耕地手续的书面通知的当日。纳税人应当自纳税义务发生之日起30日内申报缴纳耕地占用税。

自然资源主管部门凭耕地占用税完税凭证或者免税凭证和其他有关文件发放建设用地批准书。

4.3.9 耕地占用税涉税信息共享机制和工作配合机制

《中华人民共和国耕地占用税法》第十三条规定,税务机关应当与相关部门建立耕地占用税涉税信息共享机制和工作配合机制。县级以上地方人民政府自然资源、农业农村、水利等相关部门应当定期向税务机关提供农用地转用、临时占地等信息,协助税务机关加强耕地占用税征收管理。

税务机关发现纳税人的纳税申报数据资料异常或者纳税人未按照规定期限申报纳税的,可以提请相关部门进行复核,相关部门应当自收到税务机关复核申请之日起30日内向税务机关出具复核意见。

4.3.10 耕地占用税的征收管理

《中华人民共和国耕地占用税法》第十四条规定,耕地占用税的征收管理,依照本法和《中华人民共和国税收征收管理法》的规定执行。

4.3.11 法律责任

《中华人民共和国耕地占用税法》第十五条规定,纳税人、税务机关及其工作人员违反本法规定的,依照《中华人民共和国税收征收管理法》和有关法律法规的规定追究法律责任。

4.3.12 耕地占用税法的实施时间

本法自2019年9月1日起施行。2007年12月1日国务院公布的《中华人民共和国耕地占用税暂行条例》同时废止。

注：耕地占用税法出台后，后续的《中华人民共和国耕地占用税实施条例》即将下发，实施条例将会对具体的操作办法进行解释。

4.4 房地产企业契税涉税政策解析

4.4.1 契税的纳税义务人

《中华人民共和国契税暂行条例》第一条规定，在中华人民共和国境内转移土地、房屋权属，承受的单位和个人为契税的纳税人，应当依照本条例的规定缴纳契税。

4.4.1.1 土地、房屋权属

《中华人民共和国契税暂行条例实施细则》第二条规定，条例所称土地、房屋权属，是指土地使用权、房屋所有权。

4.4.1.2 承受

《中华人民共和国契税暂行条例实施细则》第三条规定，条例所称承受，是指以受让、购买、受赠、交换等方式取得土地、房屋权属的行为。

4.4.1.3 单位

《中华人民共和国契税暂行条例实施细则》第四条规定，条例所称单位，是指企业单位、事业单位、国家机关、军事单位和社会团体以及其他组织。

4.4.1.4 个人

《中华人民共和国契税暂行条例实施细则》第四条规定，条例所称个人，是指个体经营者及其他个人。

4.4.2 契税的征税对象

《中华人民共和国契税暂行条例》第二条规定，本条例所称转移土地、房屋权属是指如下行为。

4.4.2.1 国有土地使用权出让

《中华人民共和国契税暂行条例实施细则》第五条规定，条例所称国有土地使用权出让，是指土地使用者向国家交付土地使用权出让费用，国家将国有土地使用权在一定年限内让予土地使用者的行为。

4.4.2.2 土地使用权转让

土地使用权转让（不包括农村集体土地承包经营权的转移），包括出售、赠与和交换。

《中华人民共和国契税暂行条例实施细则》第六条规定，条例所称土地使用权转让，是指土地使用者以出售、赠与、交换或者其他方式将土地使用权转移给其他单位和个人的行为。

1. 土地使用权出售。

《中华人民共和国契税暂行条例实施细则》第六条规定，条例所称土地使用权出售，是指土地使用者以土地使用权作为交易条件，取得货币、实物、无形资产或者其他经济利益的行为。

2. 土地使用权赠与。

《中华人民共和国契税暂行条例实施细则》第六条规定,条例所称土地使用权赠与,是指土地使用者将其土地使用权无偿转让给受赠者的行为。

3. 土地使用权交换。

《中华人民共和国契税暂行条例实施细则》第六条规定,条例所称土地使用权交换,是指土地使用者之间相互交换土地使用权的行为。

4.4.2.3 房屋买卖

《中华人民共和国契税暂行条例实施细则》第七条规定,条例所称房屋买卖,是指房屋所有者将其房屋出售,由承受者交付货币、实物、无形资产或者其他经济利益的行为。

4.4.2.4 房屋赠与

《中华人民共和国契税暂行条例实施细则》第七条规定,条例所称房屋赠与,是指房屋所有者将其房屋无偿转让给受赠者的行为。

4.4.2.5 房屋交换

《中华人民共和国契税暂行条例实施细则》第七条规定,条例所称房屋交换,是指房屋所有者之间相互交换房屋的行为。

4.4.2.6 法院裁决房改房权属转移

《国家税务总局关于经法院调解的房屋权属转移征收契税的批复》(国税函〔2008〕718号)规定,居民个人根据国家房改政策购买的公有住房,并取得房改房产权证后,将名下的房屋产权转移给其子女,属于契税法规规定的赠与行为,应依照《中华人民共和国契税暂行条例》及其有关规定征收契税。

但《国家税务总局关于无效产权转移征收契税的批复》(国税函〔2008〕438号)规定,按照现行契税政策规定,对经法院判决的无效产权转移行为不征收契税。法院判决撤销房屋所有权证后,已纳契税款应予退还。

4.4.2.7 承受国有土地使用权所应支付的土地出让金

《国家税务总局关于免征土地出让金出让国有土地使用权征收契税的批复》(国税函〔2005〕436号)规定,对承受国有土地使用权所应支付的土地出让金,要计征契税。不得因减免土地出让金,而减免契税。

4.4.2.8 出售或租赁房屋使用权

《国家税务总局关于出售或租赁房屋使用权是否征收契税问题的批复》(国税函〔1999〕465号)规定,房屋使用权与房屋所有权是两种不同性质的权属。根据现行契税法规的规定,房屋使用权的转移行为不属于契税征收范围,不应征收契税。

4.4.2.9 离婚后房屋权属变化

《国家税务总局关于离婚后房屋权属变化是否征收契税的批复》(国税函〔1999〕391号)规定,根据我国婚姻法的规定,夫妻共有房屋属共同共有财产。因夫妻财产分割而将原共有房屋产权归属一方,是房产共有权的变动而不是现行契税政策规定征税的房屋产权转移行为。因此,对离婚后原共有房屋产权的归属人不征收契税。

4.4.2.10 委托代建房屋

《国家税务总局关于城镇居民委托代建房屋契税征免问题的批复》(国税函〔1998〕829

号)中指出,仙桃市居民赵明超通过与房屋开发商签订"双包代建"合同,由开发商承办规划许可证、准建证、土地使用证等手续,并由委托方按地价与房价之和向开发商付款的方式取得房屋所有权,实质上是一种以预付款方式购买商品房的行为,应照章征收契税。

4.4.3 契税的计税依据

《中华人民共和国契税暂行条例》第四条规定,契税的计税依据包括如下几种。

4.4.3.1 国有土地使用权出让、土地使用权出售、房屋买卖

国有土地使用权出让、土地使用权出售、房屋买卖,为成交价格。

《中华人民共和国契税暂行条例实施细则》第九条规定,条例所称成交价格,是指土地、房屋权属转移合同确定的价格,包括承受者应交付的货币、实物、无形资产或者其他经济利益。

《财政部 国家税务总局关于契税征收中几个问题的批复》(财税字〔1998〕096号)第一条规定,关于计税价格问题。根据《中华人民共和国契税暂行条例》第四条第(一)款及《中华人民共和国契税暂行条例细则》第九条的规定,土地使用权出让、土地使用权出售、房屋买卖的计税依据是成交价格,即土地、房屋权属转移合同确定的价格,包括承受者应交付的货币、实物、无形资产或者其他经济利益。因此,合同确定的成交价格中包含的所有价款都属于计税依据范围。土地使用权出让、土地使用权转让、房屋买卖的成交价格中所包含的行政事业性收费,属于成交价格的组成部分,不应从中剔除,纳税人应按合同确定的成交价格全额计算缴纳契税。

1. 以协议方式出让国有土地使用权的。

《财政部 国家税务总局关于国有土地使用权出让等有关契税问题的通知》(财税〔2004〕134号)第一条第一款规定,以协议方式出让的,其契税计税价格为成交价格。成交价格包括土地出让金、土地补偿费、安置补助费、地上附着物和青苗补偿费、拆迁补偿费、市政建设配套费等承受者应支付的货币、实物、无形资产及其他经济利益。

没有成交价格或者成交价格明显偏低的,征收机关可依次按下列两种方式确定:

(1) 评估价格:由政府批准设立的房地产评估机构根据相同地段、同类房地产进行综合评定,并经当地税务机关确认的价格。

(2) 土地基准地价:由县以上人民政府公示的土地基准地价。

2. 以竞价方式出让国有土地使用权的。

《财政部 国家税务总局关于国有土地使用权出让等有关契税问题的通知》(财税〔2004〕134号)第一条第二款规定,以竞价方式出让的,其契税计税价格,一般应确定为竞价的成交价格,土地出让金、市政建设配套费以及各种补偿费用应包括在内。

3. 先以划拨方式取得土地使用权,后经批准改为出让方式取得该土地使用权的。

《财政部 国家税务总局关于国有土地使用权出让等有关契税问题的通知》(财税〔2004〕134号)第二条规定,先以划拨方式取得土地使用权,后经批准改为出让方式取得该土地使用权的,应依法缴纳契税,其计税依据为应补缴的土地出让金和其他出让费用。

4. 已购公有住房经补缴土地出让金。

《财政部 国家税务总局关于国有土地使用权出让等有关契税问题的通知》(财税〔2004〕

134号)第三条规定,已购公有住房经补缴土地出让金和其他出让费用成为完全产权住房的,免征土地权属转移的契税。

4.4.3.2　土地使用权赠与、房屋赠与

土地使用权赠与、房屋赠与,由征收机关参照土地使用权出售、房屋买卖的市场价格核定。

4.4.3.3　土地使用权交换、房屋交换

土地使用权交换、房屋交换契税的依据,为所交换的土地使用权、房屋的价格的差额。

《中华人民共和国契税暂行条例实施细则》第十条规定,土地使用权交换、房屋交换,交换价格不相等的,由多交付货币、实物、无形资产或者其他经济利益的一方缴纳税款。交换价格相等的,免征契税。

土地使用权与房屋所有权之间相互交换,按照前款征税。

前款成交价格明显低于市场价格并且无正当理由的,或者所交换土地使用权、房屋的价格的差额明显不合理并且无正当理由的,由征收机关参照市场价格核定。

4.4.3.4　划拨方式取得土地使用权

《中华人民共和国契税暂行条例实施细则》第十一条规定,以划拨方式取得土地使用权的,经批准转让房地产时,应由房地产转让者补缴契税。其计税依据为补缴的土地使用权出让费用或者土地收益。

4.4.3.5　"招、拍、挂"程序承受国有土地使用权的

《国家税务总局关于明确国有土地使用权出让契税计税依据的批复》(国税函〔2009〕603号)规定,根据《财政部　国家税务总局关于土地使用权出让等有关契税问题的通知》(财税〔2004〕134号)的规定,出让国有土地使用权,契税计税价格为承受人为取得该土地使用权而支付的全部经济利益。对通过"招、拍、挂"程序承受国有土地使用权的,应按照土地成交总价款计征契税,其中的土地前期开发成本不得扣除。

4.4.3.6　改变国有土地使用权出让方式

《国家税务总局关于改变国有土地使用权出让方式征收契税的批复》(国税函〔2008〕662号)规定,对纳税人因改变土地用途而签订土地使用权出让合同变更协议或者重新签订土地使用权出让合同的,应征收契税。计税依据为因改变土地用途应补缴的土地收益金及应补缴政府的其他费用。

4.4.3.7　转让土地使用权同时转让附着物

《财政部　国家税务总局关于土地使用权转让契税计税依据的批复》(财税〔2007〕162号)规定,土地使用者将土地使用权及所附建筑物、构筑物等(包括在建的房屋、其他建筑物、构筑物和其他附着物)转让给他人的,应按照转让的总价款计征契税。

4.4.3.8　以项目换土地等方式承受土地使用权

《国家税务总局关于以项目换土地等方式承受土地使用权有关契税问题的批复》(国税函〔2002〕1094号)规定,土地使用权受让人通过完成土地使用权转让方约定的投资额度或投资特定项目,以此获取低价转让或无偿赠与的土地使用权,属于契税征收范围,其计税价格由征收机关参照纳税义务发生时当地的市场价格核定。

4.4.3.9 精装修房

《国家税务总局关于承受装修房屋契税计税价格问题的批复》(国税函〔2007〕606号)规定,房屋买卖的契税计税价格为房屋买卖合同的总价款,买卖装修的房屋,装修费用应包括在内。

4.4.3.10 房屋附属设施有关契税政策

《财政部 国家税务总局关于房屋附属设施有关契税政策的批复》(财税〔2004〕126号)规定:(1)对于承受与房屋相关的附属设施(包括停车位、汽车库、自行车库、顶层阁楼以及储藏室,下同)所有权或土地使用权的行为,按照契税法律、法规的规定征收契税;对于不涉及土地使用权和房屋所有权转移变动的,不征收契税。(2)采取分期付款方式购买房屋附属设施土地使用权、房屋所有权的,应按合同规定的总价款计征契税。(3)承受的房屋附属设施权属如为单独计价的,按照当地确定的适用税率征收契税;如与房屋统一计价的,适用与房屋相同的契税税率。

4.4.4 视同转让行为

4.4.4.1 基本规定

《中华人民共和国契税暂行条例实施细则》第八条规定,土地、房屋权属以下列方式转移的,视同土地使用权转让、房屋买卖或者房屋赠与征税:

1. 以土地、房屋权属作价投资、入股。
2. 以土地、房屋权属抵债。
3. 以获奖方式承受土地、房屋权属。
4. 以预购方式或者预付集资建房款方式承受土地、房屋权属。

4.4.4.2 以房换地

《国家税务总局关于以补偿征地款方式取得的房产征收契税的批复》(国税函〔1999〕737号)在批复广东省财政厅问题时,明确指出:广东省汕头市龙眼街道办事处征用属下南墩管理区土地与华乾工业园有限公司合建商品房,并在商品房建成后,将其中一部分商品房产权以补偿征地款方式转移给南墩管理区的居民。这种房地产转移方式实质上是一种以征地款购买房产的行为,应依法缴纳契税。

4.4.5 契税的税率

《中华人民共和国契税暂行条例》第三条规定,契税税率为3%～5%。

契税的适用税率,由省、自治区、直辖市人民政府在前款规定的幅度内按照本地区的实际情况确定,并报财政部和国家税务总局备案。

4.4.6 契税的优惠政策

《中华人民共和国契税暂行条例》第六条规定,有下列情形之一的,减征或者免征契税。

4.4.6.1 用于办公、教学、医疗、科研和军事设施的土地与房产

国家机关、事业单位、社会团体、军事单位承受土地、房屋用于办公、教学、医疗、科研和军事设施的,免征。

1. 用于办公。

《中华人民共和国契税暂行条例实施细则》第十二条规定,条例所称用于办公的,是指办公室(楼)以及其他直接用于办公的土地、房屋。

2. 用于教学。

《中华人民共和国契税暂行条例实施细则》第十二条规定,条例所称用于教学的,是指教室(教学楼)以及其他直接用于教学的土地、房屋。

3. 用于医疗。

《中华人民共和国契税暂行条例实施细则》第十二条规定,条例所称用于医疗的,是指门诊部以及其他直接用于医疗的土地、房屋。

4. 用于科研。

《中华人民共和国契税暂行条例实施细则》第十二条规定,条例所称用于科研的,是指科学试验的场所以及其他直接用于科研的土地、房屋。

5. 用于军事设施。

《中华人民共和国契税暂行条例实施细则》第十二条规定,条例所称用于军事设施的,是指:

(1) 地上和地下的军事指挥作战工程。
(2) 军用的机场、港口、码头。
(3) 军用的库房、营区、训练场、试验场。
(4) 军用的通信、导航、观测台站。
(5) 其他直接用于军事设施的土地、房屋。

本条所称其他直接用于办公、教学、医疗、科研的以及其他直接用于军事设施的土地、房屋的具体范围,由省、自治区、直辖市人民政府确定。

4.4.6.2 城镇职工按规定第一次购买公有住房

城镇职工按规定第一次购买公有住房的,免征。

《中华人民共和国契税暂行条例实施细则》第十三条规定,条例所称城镇职工按规定第一次购买公有住房的,是指经县以上人民政府批准,在国家规定标准面积以内购买的公有住房。城镇职工享受免征契税,仅限于第一次购买的公有住房。超过国家规定标准面积的部分,仍应按照规定缴纳契税。

4.4.6.3 因不可抗力灭失住房而重新购买住房

纳税人因不可抗力灭失住房而重新购买住房的,酌情准予减征或者免征。

《中华人民共和国契税暂行条例实施细则》第十四条规定,条例所称不可抗力,是指自然灾害、战争等不能预见、不能避免、并不能克服的客观情况。

4.4.6.4 财政部规定的其他减征、免征契税的项目

需要注意的是,《中华人民共和国契税暂行条例》第七条规定,经批准减征、免征契税的纳税人改变有关土地、房屋的用途,不再属于本条例第六条规定的减征、免征契税范围的,应当补缴已经减征、免征的税款。

4.4.6.5 承受荒山、荒沟、荒丘、荒滩土地使用权

《中华人民共和国契税暂行条例实施细则》第十五条第二款规定,纳税人承受荒山、荒

沟、荒丘、荒滩土地使用权,用于农、林、牧、渔业生产的,免征契税。

4.4.6.6 政府征用土地

《中华人民共和国契税暂行条例实施细则》第十五条第一款规定,土地、房屋被县级以上人民政府征用、占用后,重新承受土地、房屋权属的,是否减征或者免征契税,由省、自治区、直辖市人民政府确定。

4.4.6.7 企业改制

《财政部 国家税务总局关于继续支持企业事业单位改制重组有关契税政策的通知》(财税〔2018〕17号)规定,自2018年1月1日起至2020年12月31日期间,企业按照《中华人民共和国公司法》有关规定整体改制,包括非公司制企业改制为有限责任公司或股份有限公司,有限责任公司变更为股份有限公司,股份有限公司变更为有限责任公司,原企业投资主体存续并在改制(变更)后的公司中所持股权(股份)比例超过75%,且改制(变更)后公司承继原企业权利、义务的,对改制(变更)后公司承受原企业土地、房屋权属,免征契税。

投资主体存续,是指原企业、事业单位的出资人必须存在于改制重组后的企业,出资人的出资比例可以发生变动。

4.4.6.8 事业单位改制

《财政部 国家税务总局关于继续支持企业事业单位改制重组有关契税政策的通知》(财税〔2018〕17号)规定,自2018年1月1日起至2020年12月31日期间,事业单位按照国家有关规定改制为企业,原投资主体存续并在改制后企业中出资(股权、股份)比例超过50%的,对改制后企业承受原事业单位土地、房屋权属,免征契税。

投资主体存续,是指原企业、事业单位的出资人必须存在于改制重组后的企业,出资人的出资比例可以发生变动。

4.4.6.9 公司合并

《财政部 国家税务总局关于继续支持企业事业单位改制重组有关契税政策的通知》(财税〔2018〕17号)规定,自2018年1月1日起至2020年12月31日期间,两个或两个以上的公司,依照法律规定、合同约定,合并为一个公司,且原投资主体存续的,对合并后公司承受原合并各方土地、房屋权属,免征契税。

投资主体存续,是指原企业、事业单位的出资人必须存在于改制重组后的企业,出资人的出资比例可以发生变动。

4.4.6.10 公司分立

《财政部 国家税务总局关于继续支持企业事业单位改制重组有关契税政策的通知》(财税〔2018〕17号)规定,自2018年1月1日起至2020年12月31日期间,公司依照法律规定、合同约定分立为两个或两个以上与原公司投资主体相同的公司,对分立后公司承受原公司土地、房屋权属,免征契税。

投资主体相同,是指公司分立前后出资人不发生变动,出资人的出资比例可以发生变动。

4.4.6.11 企业破产

《财政部 国家税务总局关于继续支持企业事业单位改制重组有关契税政策的通知》

（财税〔2018〕17号）规定，自2018年1月1日起至2020年12月31日期间，企业依照有关法律法规规定实施破产，债权人（包括破产企业职工）承受破产企业抵偿债务的土地、房屋权属，免征契税；对非债权人承受破产企业土地、房屋权属，凡按照《中华人民共和国劳动法》等国家有关法律法规政策妥善安置原企业全部职工规定，与原企业全部职工签订服务年限不少于三年的劳动用工合同的，对其承受所购企业土地、房屋权属，免征契税；与原企业超过30%的职工签订服务年限不少于三年的劳动用工合同的，减半征收契税。

4.4.6.12　资产划转

《财政部 国家税务总局关于继续支持企业事业单位改制重组有关契税政策的通知》（财税〔2018〕17号）规定，自2018年1月1日起至2020年12月31日期间，对承受县级以上人民政府或国有资产管理部门按规定进行行政性调整、划转国有土地、房屋权属的单位，免征契税。

同一投资主体内部所属企业之间土地、房屋权属的划转，包括母公司与其全资子公司之间，同一公司所属全资子公司之间，同一自然人与其设立的个人独资企业、一人有限公司之间土地、房屋权属的划转，免征契税。

母公司以土地、房屋权属向其全资子公司增资，视同划转，免征契税。

4.4.6.13　债权转股权

《财政部 国家税务总局关于继续支持企业事业单位改制重组有关契税政策的通知》（财税〔2018〕17号）规定，自2018年1月1日起至2020年12月31日期间，经国务院批准实施债权转股权的企业，对债权转股权后新设立的公司承受原企业的土地、房屋权属，免征契税。

4.4.6.14　划拨用地出让或作价出资

《财政部 国家税务总局关于继续支持企业事业单位改制重组有关契税政策的通知》（财税〔2018〕17号）规定，自2018年1月1日起至2020年12月31日期间，以出让方式或国家作价出资（入股）方式承受原改制重组企业、事业单位划拨用地的，不属上述规定的免税范围，对承受方应按规定征收契税。

4.4.6.15　公司股权（股份）转让

《财政部 国家税务总局关于继续支持企业事业单位改制重组有关契税政策的通知》（财税〔2018〕17号）规定，自2018年1月1日起至2020年12月31日期间，在股权（股份）转让中，单位、个人承受公司股权（股份），公司土地、房屋权属不发生转移，不征收契税。

4.4.6.16　国家作价出资（入股）方式转移国有土地使用权

《财政部 国家税务总局关于企业改制过程中以国家作价出资（入股）方式转移国有土地使用权有关契税问题的通知》（财税〔2008〕129号）规定：（1）以土地、房屋权属作价投资、入股方式转移土地、房屋权属的，视同土地使用权转让征税。因此，对以国家作价出资（入股）方式转移国有土地使用权的行为，应视同土地使用权转让，由土地使用权的承受方按规定缴纳契税。（2）以国家作价出资（入股）方式转移国有土地使用权的行为不适用《财政部 国家税务总局关于企业改制重组若干契税政策的通知》（财税〔2003〕184号）。

4.4.6.17 股权变动发生房地产权属更名登记

《国家税务总局关于股权变动导致企业法人房地产权属更名登记不征契税的批复》(国税函〔2002〕771号)规定,宁波中百股份有限公司因北京首创集团受让其26.62%的股权而于2000年更名为宁波首创科技股份有限公司,2001年哈工大八达集团受让宁波首创科技股份有限公司16.62%的股权,企业再次更名为哈工大首创科技股份有限公司。上述由于股权变动引起企业法人名称变更,并因此进行相应土地、房屋权属人名称变更登记的过程中,土地、房屋权属不发生转移,不征收契税。

4.4.6.18 安居房、经济适用房、公租房

《财政部 国家税务总局关于契税征收中几个问题的批复》(财税字〔1998〕096号)第二条规定,关于购买安居房、经济适用住房的减免税问题。条例没有对这种情况给予减征或者免征契税的规定。因此,应对购买安居房、经济适用住房者照章征收契税。

《财政部 国家税务总局关于支持公共租赁住房建设和运营有关税收优惠政策的通知》(财税〔2010〕88号)第三条规定,对公租房经营管理单位购买住房作为公租房,免征契税、印花税。

《财政部 国家税务总局关于调整房地产交易环节税收政策的通知》(财税〔2008〕137号)第一条规定,对个人首次购买90平方米及以下普通住房的,契税税率暂统一下调到1%。首次购房证明由住房所在地县(区)住房建设主管部门出具。

4.4.6.19 经营性事业单位

《财政部 国家税务总局关于契税征收中几个问题的批复》(财税字〔1998〕096号)第三条规定,关于经营性事业单位的减免税问题。目前,我国对事业单位没有按是否经营性这一标准进行分类。根据条例第六条、细则第十二条和财政部1996年发布的《事业单位财务规则》的规定,对事业单位承受土地、房屋免征契税应同时符合两个条件:一是纳税人必须是按《事业单位财务规则》进行财务核算的事业单位;二是所承受的土地、房屋必须用于办公、教学、医疗、科研项目。凡不符合上述两个条件的,一律照章征收契税。对按《事业单位财务规则》第四十五条规定,应执行《企业财务通则》和同行业或相近行业企业财务制度的事业单位或者事业单位的特定项目,其承受的土地、房屋要照章征收契税。

4.4.6.20 继承土地、房屋权属

《国家税务总局关于继承土地、房屋权属有关契税问题的批复》(国税函〔2004〕1036号)规定:(1)对于《中华人民共和国继承法》规定的法定继承人(包括配偶、子女、父母、兄弟姐妹、祖父母、外祖父母)继承土地、房屋权属,不征契税。(2)按照《中华人民共和国继承法》规定,非法定继承人根据遗嘱承受死者生前的土地、房屋权属,属于赠与行为,应征收契税。

4.4.6.21 房改房

《财政部 国家税务总局关于公有制单位职工首次购买住房免征契税的通知》(财税〔2000〕130号)规定,对各类公有制单位为解决职工住房而采取集资建房方式建成的普通住房或由单位购买的普通商品住房,经当地县以上人民政府房改部门批准,按照国家房改政策出售给本单位职工的,如属职工首次购房,均比照《中华人民共和国契税暂行条例》第六条第二款"城镇职工按规定第一次购买公有住房的,免征"的规定,免征契税。

本规定从发文之日起实施,此前已征税款不予退还。

4.4.6.22 事业单位改制

《财政部 国家税务总局关于企业事业单位改制重组契税政策的通知》(财税〔2012〕4号)第十条规定,自 2012 年 1 月 1 日至 2014 年 12 月 31 日期间,以出让方式或国家作价出资(入股)方式承受原改制重组企业、事业单位划拨用地的,不属上述规定的免税范围,对承受方应按规定征收契税。

4.4.6.23 个人首次购买 90 平方米以下住房

《关于调整房地产交易环节税收政策的通知》(财税〔2008〕137 号)第一条规定,自 2008 年 11 月 1 日起,对个人首次购买 90 平方米及以下普通住房的,契税税率暂统一下调到 1%。首次购房证明由住房所在地县(区)住房建设主管部门出具。

但《财政部 国家税务总局关于首次购买普通住房有关契税政策的通知》(财税〔2010〕13 号)规定,对两个或两个以上个人共同购买 90 平方米及以下普通住房,其中一人或多人已有购房记录的,该套房产的共同购买人均不适用首次购买普通住房的契税优惠政策。

《财政部 国家税务总局关于城市和国有工矿棚户区改造项目有关税收优惠政策的通知》(财税〔2010〕42 号)第四条规定,个人首次购买 90 平方米以下改造安置住房,可按 1% 的税率计征契税;购买超过 90 平方米,但符合普通住房标准的改造安置住房,按法定税率减半计征契税。

个人取得的拆迁补偿款及因拆迁重新购置安置住房,可按有关规定享受个人所得税和契税减免。

4.4.6.24 以土地、房屋权属抵缴社会保险费

《国家税务总局关于以土地、房屋权属抵缴社会保险费免征契税的批复》(国税函〔2001〕483 号)规定,根据国务院发布的《社会保险费征缴暂行条例》(国务院第 259 号令)中关于"社会保险基金不计征税、费"的规定,对社会保险费(基本养老保险、基本医疗保险、失业保险)征收机构承受用以抵缴社会保险费的土地、房屋权属免征契税。

4.4.6.25 社会力量办学

《财政部 国家税务总局关于社会力量办学契税政策问题的通知》(财税〔2001〕156 号)规定,根据《中华人民共和国教育法》提出的"任何组织和个人不得以营利为目的举办学校及其他教育机构"的精神,以及国务院发布的《社会力量办学条例》中关于"社会力量举办的教育机构依法享有与国家举办的教育机构平等的法律地位"的规定,自 2001 年 10 月 1 日起,对县级以上人民政府教育行政主管部门或劳动行政主管部门批准并核发《社会力量办学许可证》,由企业事业组织、社会团体及其他社会组织和公民个人利用非国家财政性教育经费面向社会举办的教育机构,其承受的土地、房屋权属用于教学的,比照《中华人民共和国契税暂行条例》第六条第一款的规定,免征契税。

4.4.6.26 城市和国有工矿棚户区改造项目

《财政部 国家税务总局关于城市和国有工矿棚户区改造项目有关税收优惠政策的通知》(财税〔2010〕42 号)第三条规定,对经营管理单位回购已分配的改造安置住房继续作为改造安置房源的,免征契税。

4.4.6.27 房产加名

《财政部 国家税务总局关于房屋 土地权属由夫妻一方所有变更为夫妻双方共有契税

政策的通知》(财税〔2011〕82号)规定,婚姻关系存续期间,房屋、土地权属原归夫妻一方所有,变更为夫妻双方共有的,免征契税。

4.4.6.28　退房

《财政部 国家税务总局关于购房人办理退房有关契税问题的通知》(财税〔2011〕32号)规定,对已缴纳契税的购房单位和个人,在未办理房屋权属变更登记前退房的,退还已纳契税;在办理房屋权属变更登记后退房的,不予退还已纳契税。

但《国家税务总局关于办理期房退房手续后应退还已征契税的批复》(国税函〔2002〕622号)规定,购房者应在签订房屋买卖合同后、办理房屋所有权变更登记之前缴纳契税。对交易双方已签订房屋买卖合同,但由于各种原因最终未能完成交易的,如购房者已按规定缴纳契税,在办理期房退房手续后,对其已纳契税款应予以退还。

4.4.6.29　私立医院

《国家税务总局关于私立医院承受房屋权属征收契税的批复》(国税函〔2003〕1224号)规定,根据《中华人民共和国契税暂行条例》的规定,对事业单位性质的医院承受土地、房屋权属用于医疗,免征契税,其他性质的医疗单位不在免税之列。广西壮族自治区北海市先觉新医正骨医院不属于(公有)事业单位,对其购买房屋作为医疗用房应照章征收契税。

4.4.6.30　支持农村集体产权制度改革有关税收优惠政策

《财政部 国家税务总局关于支持农村集体产权制度改革有关税收政策的通知》(财税〔2017〕55号)规定,自2017年1月1日起,为落实中共中央、国务院《关于稳步推进农村集体产权制度改革的意见》要求,支持农村集体产权制度改革,现就有关契税、印花税政策通知如下:

一、对进行股份合作制改革后的农村集体经济组织承受原集体经济组织的土地、房屋权属,免征契税。

二、对农村集体经济组织以及代行集体经济组织职能的村民委员会、村民小组进行清产核资收回集体资产而承受土地、房屋权属,免征契税。

对因农村集体经济组织以及代行集体经济组织职能的村民委员会、村民小组进行清产核资收回集体资产而签订的产权转移书据,免征印花税。

三、对农村集体土地所有权、宅基地和集体建设用地使用权及地上房屋确权登记,不征收契税。

4.4.6.31　减免税的程序

《中华人民共和国契税暂行条例实施细则》第十六条规定,纳税人符合减征或者免征契税规定的,应当在签订土地、房屋权属转移合同后10日内,向土地、房屋所在地的契税征收机关办理减征或者免征契税手续。根据现行税收政策规定,计税金额在1亿元以上的,由省级征收机关办理免税、减税手续。

4.4.7　契税纳税义务发生时间

4.4.7.1　纳税期限

《中华人民共和国契税暂行条例》第九条规定,纳税人应当自纳税义务发生之日起10日内,向土地、房屋所在地的契税征收机关办理纳税申报,并在契税征收机关核定的期限内缴纳税款。

4.4.7.2 免税土地、房产改变用途

《中华人民共和国契税暂行条例实施细则》第十七条规定,纳税人因改变土地、房屋用途应当补缴已经减征、免征契税的,其纳税义务发生时间为改变有关土地、房屋用途的当天。

4.4.7.3 按揭、抵押贷款购买房屋

《国家税务总局关于抵押贷款购买商品房征收契税的批复》(国税函〔1999〕613号)规定,购房人以按揭、抵押贷款方式购买房屋,当其从银行取得抵押凭证时,购房人与原产权人之间的房屋产权转移已经完成,契税纳税义务已经发生,必须依法缴纳契税。

但《辽宁省地方税务局关于明确契税有关问题的通知》(辽地税发〔2008〕83号)第四条规定,对将房地产权属用于抵押,如果双方签订的是抵押合同,其房地产权属未发生转移,不征收契税;如果转给第三方签订的是转让合同,则要对第三方征收契税。

4.4.8 契税纳税地点

《中华人民共和国契税暂行条例》第十二条规定,契税征收机关为土地、房屋所在地的财政机关或者地方税务机关。具体征收机关由省、自治区、直辖市人民政府确定。

土地管理部门、房产管理部门应当向契税征收机关提供有关资料,并协助契税征收机关依法征收契税。

4.4.9 房地产企业契税实务解析

4.4.9.1 购买已经装修的房产契税的计税依据问题

购买已经装修的房产,缴纳契税的计税依据是否包括装修费?

《国家税务总局关于承受装修房屋契税计税价格问题的批复》(国税函〔2007〕606号)规定,房屋买卖的契税计税价格为房屋买卖合同的总价款,买卖装修的房屋,装修费用应包括在内。

4.4.9.2 支付土地出让金后,取得地方政府部分出让金返还,缴纳契税的计税依据问题

支付土地出让金后,地方政府又返还给企业一部分,在缴纳契税时,是否可以按减除返还金额后的差额缴纳?

《国家税务总局关于免征土地出让金出让国有土地使用权征收契税的批复》(国税函〔2005〕436号)规定,对承受国有土地使用权所应支付的土地出让金,要计征契税。不得因减免土地出让金,而减免契税。

4.5 房地产企业印花税涉税政策解析

4.5.1 房地产企业涉及需要缴纳印花税的合同

4.5.1.1 购房合同

《财政部 国家税务总局关于印花税若干政策的通知》(财税〔2006〕162号)第四条规定,对商品房销售合同按照产权转移书据征收印花税。

4.5.1.2 土地使用权出让合同

《财政部 国家税务总局关于印花税若干政策的通知》(财税〔2006〕162号)第三条规定,对土地使用权出让合同、土地使用权转让合同按产权转移书据征收印花税。

4.5.1.3 委托代理售房合同

《国家税务局关于印花税若干具体问题的解释和规定的通知》(国税发〔1991〕155号)第十四条规定,在代理业务中,代理单位与委托单位之间签订的委托代理合同,凡仅明确代理事项、权限和责任的,不属于应税凭证,不贴印花。

4.5.1.4 借款合同

1. 《中华人民共和国印花税暂行条例》规定,借款合同是指银行及其他金融组织和借款人(不包括银行同业拆借)所签订的借款合同。因此,借款合同缴纳印花税仅限于工商企业或个人与金融机构签订的合同。企业之间或企业与个人之间签订的借款合同不属于印花税的征税范围,不需要缴纳印花税。

2. 借款合同缴纳印花税应当注意如下几点:

根据《国家税务局关于对借款合同贴花问题的具体规定》(〔1988〕国税地字第30号):

(1) 关于以填开借据方式取得银行借款的借据贴花问题。

目前,各地银行办理信贷业务的手续不够统一,有的只签订合同,有的只填开借据,也有的既签订合同又填开借据。为此规定:凡一项信贷业务既签订借款合同又一次或分次填开借据的,只就借款合同按所载借款金额计税贴花;凡只填开借据并作为合同使用的,应按照借据所载借款金额计税,在借据上贴花。

(2) 关于对流动资金周转性借款合同的贴花问题。

借贷双方签订的流动资金周转性借款合同,一般按年(期)签订,规定最高限额,借款人在规定的期限和最高限额内随借随还。为此,在签订流动资金周转借款合同时,应按合同规定的最高借款限额计税贴花。以后,只要在限额内随借随还,不再签新合同的,就不另贴印花。

(3) 关于对抵押贷款合同的贴花问题。

借款方以财产作抵押,与贷款方签订的抵押借款合同,属于资金信贷业务,借贷双方应按"借款合同"计税贴花。因借款方无力偿还借款而将抵押财产转移给贷款方,应就双方书立的产权转移书据,按"产权转移书据"计税贴花。

(4) 关于对融资租赁合同的贴花问题。

银行及其金融机构经营的融资租赁业务,是一种以融物方式达到融资目的的业务,实际上是分期偿还的固定资金借款。因此,对融资租赁合同,可据合同所载的租金总额暂按"借款合同"计税贴花。

(5) 关于借款合同中既有应税金额又有免税金额的计税贴花问题。

有些借款合同,借款总额中既有应免税的金额,也有应纳税的金额。对这类"混合"借款合同,凡合同中能划分免税金额与应税金额的,只就应税金额计税贴花;不能划分清楚的,应按借款总金额计税贴花。

(6) 关于对借款方与银团"多头"签订借款合同的贴花问题。

在有的信贷业务中,贷方是由若干银行组成的银团,银团各方均承担一定的贷款数额,借款合同由借款方与银团各方共同书立,各执一份合同正本。对这类借款合同,借款方与贷款银团各方应分别在所执合同正本上按各自的借贷金额计税贴花。

(7) 关于对基建贷款中,先签订分合同,后签订总合同的贴花问题。

有些基本建设贷款,先按年度用款计划分年签订借款分合同,在最后一年按总概算签订借款总合同,总合同的借款金额中包括各分合同的借款金额。对这类基建借款合同,应按分合同分别贴花,最后签订的总合同,只就借款总额扣除分合同借款金额后的余额计税贴花。

(8) 展期合同。

《国家税务局关于印花税若干具体问题的解释和规定的通知》(国税发〔1991〕155号)第七条规定,对办理借款展期业务使用借款展期合同或其他凭证,按信贷制度规定,仅载明延期还款事项的,可暂不贴花。

4.5.1.5 财产租赁合同

《国家税务局关于印花税若干具体问题的规定》(〔1988〕国税地字第25号)第四条规定,只是规定了月(天)租金标准而却无租赁期限的财产租赁合同。对这类合同,可在签订时先按定额五元贴花,以后结算时再按实际金额计税,补贴印花。

4.5.1.6 融资租赁合同

《财政部 国家税务总局关于融资租赁合同有关印花税政策的通知》(财税〔2015〕144号)规定,根据《国务院办公厅关于加快融资租赁业发展的指导意见》(国办发〔2015〕68号)有关规定,自2015年12月24日起,为促进融资租赁业健康发展,公平税负,现就融资租赁合同有关印花税政策通知如下:

1. 对开展融资租赁业务签订的融资租赁合同(含融资性售后回租),统一按照其所载明的租金总额依照"借款合同"税目,按0.5‰的税率计税贴花。

2. 在融资性售后回租业务中,对承租人、出租人因出售租赁资产及购回租赁资产所签订的合同,不征收印花税。

3. 此前未处理的事项,按照本通知规定执行。

4.5.2 房地产企业涉及的其他印花税政策

4.5.2.1 资金账簿

《国家税务总局关于资金账簿印花税问题的通知》(国税发〔1994〕25号)规定:(1)生产经营单位执行"两则"后,其"记载资金的账簿"的印花税计税依据改为"实收资本"与"资本公积"两项的合计金额。(2)企业执行"两则"启用新账簿后,其"实收资本"和"资本公积"两项的合计金额大于原已贴花资金的,就增加的部分补贴印花。

《财政部 税务总局关于对营业账簿减免印花税的通知》(财税〔2018〕50号)规定,为减轻企业负担,鼓励投资创业,自2018年5月1日起,对按5‰税率贴花的资金账簿减半征收印花税,对按件贴花5元的其他账簿免征印花税。

4.5.2.2 房地产企业其他需要缴纳印花税的凭证

房地产企业取得的房屋产权证、工商营业执照、商标注册证、专利证、土地使用证,按件贴花5元。

4.5.3 房地产企业印花税的优惠政策

4.5.3.1 金融机构与小型微型企业签订借款合同

《财政部 国家税务总局关于金融机构与小型微型企业签订借款合同免征印花税的通知》(财税〔2014〕78号)规定,为鼓励金融机构对小型、微型企业提供金融支持,进一步促进小型、微型企业发展,现将有关印花税政策通知如下:

1. 自2014年11月1日至2017年12月31日,对金融机构与小型、微型企业签订的借款合同免征印花税。

2. 上述小型、微型企业的认定,按照《工业和信息化部国家统计局 国家发展和改革委员会财政部关于印发中小企业划型标准规定的通知》(工信部联企业〔2011〕300号)的有关规定执行。

4.5.3.2 公共租赁住房建设和运营

《财政部 国家税务总局关于支持公共租赁住房建设和运营有关税收优惠政策的通知》(财税〔2010〕88号)第二条、第三条规定,对公租房经营管理单位建造公租房涉及的印花税予以免征。在其他住房项目中配套建设公租房,依据政府部门出具的相关材料,可按公租房建筑面积占总建筑面积的比例免征建造、管理公租房涉及的印花税。对公租房经营管理单位购买住房作为公租房,免征印花税;对公租房租赁双方签订租赁协议涉及的印花税予以免征。

4.5.3.3 个人购销住房

《财政部 国家税务总局关于调整房地产交易环节税收政策的通知》(财税〔2008〕137号)第二条规定,对个人销售或购买住房暂免征收印花税。

4.5.3.4 廉租住房、经济适用住房和住房租赁

《财政部 国家税务总局关于廉租住房经济适用住房和住房租赁有关税收政策的通知》(财税〔2008〕24号)第一条第四款规定,对廉租住房、经济适用住房经营管理单位与廉租住房、经济适用住房相关的印花税以及廉租住房承租人、经济适用住房购买人涉及的印花税予以免征。

开发商在经济适用住房、商品住房项目中配套建造廉租住房,在商品住房项目中配套建造经济适用住房,如能提供政府部门出具的相关材料,可按廉租住房、经济适用住房建筑面积占总建筑面积的比例免征开发商应缴纳的印花税。

4.5.3.5 无息、贴息贷款合同

《中华人民共和国印花税暂行条例实施细则》(以下简称《印花税暂行条件实施细则》)第十三条规定,无息、贴息贷款合同免纳印花税。

4.5.3.6 企业改制

关于企业改制过程中涉及的印花税问题,根据《财政部 国家税务总局关于企业改制过程中有关印花税政策的通知》(财税〔2003〕183号)总结如下:

1. 关于资金账簿的印花税。

(1) 实行公司制改造的企业在改制过程中成立的新企业(重新办理法人登记的),其新启用的资金账簿记载的资金或因企业建立资本纽带关系而增加的资金,凡原已贴花的部分

可不再贴花,未贴花的部分和以后新增加的资金按规定贴花。

公司制改造包括国有企业依《公司法》整体改造成国有独资有限责任公司;企业通过增资扩股或者转让部分产权,实现他人对企业的参股,将企业改造成有限责任公司或股份有限公司;企业以其部分财产和相应债务与他人组建新公司;企业将债务留在原企业,而以其优质财产与他人组建的新公司。

(2) 以合并或分立方式成立的新企业,其新启用的资金账簿记载的资金,凡原已贴花的部分可不再贴花,未贴花的部分和以后新增加的资金按规定贴花。

合并包括吸收合并和新设合并。分立包括存续分立和新设分立。

(3) 企业债权转股权新增加的资金按规定贴花。

(4) 企业改制中经评估增加的资金按规定贴花。

(5) 企业其他会计科目记载的资金转为实收资本或资本公积的资金按规定贴花。

2. 关于各类应税合同的印花税。

企业改制前签订但尚未履行完的各类应税合同,改制后需要变更执行主体的,对仅改变执行主体、其余条款未作变动且改制前已贴花的,不再贴花。

3. 关于产权转移书据的印花税。

企业因改制签订的产权转移书据免予贴花。

4.5.3.7　城市和国有工矿棚户区改造项目

《财政部　国家税务总局关于城市和国有工矿棚户区改造项目有关税收优惠政策的通知》(财税〔2010〕42号)第一条规定,对改造安置住房经营管理单位、开发商与改造安置住房相关的印花税以及购买安置住房的个人涉及的印花税予以免征。

在商品住房等开发项目中配套建造安置住房的,依据政府部门出具的相关材料和拆迁安置补偿协议,按改造安置住房建筑面积占总建筑面积的比例免征印花税。

4.5.3.8　个人出租、承租住房

《财政部　国家税务总局关于廉租住房经济适用住房和住房租赁有关税收政策的通知》(财税〔2008〕24号)第二条第二款规定,对个人出租、承租住房签订的租赁合同,免征印花税。

4.5.4　违反印花税政策的罚则

《国家税务总局关于印花税违章处罚有关问题的通知》(国税发〔2004〕15号)规定,印花税纳税人有下列行为之一的,由税务机关根据情节轻重予以处罚:

1. 在应纳税凭证上未贴或者少贴印花税票的或者已粘贴在应税凭证上的印花税票未注销或者未画销的,适用《中华人民共和国税收征收管理法》(以下简称《税收征管法》)第六十四条的处罚规定。

2. 已贴用的印花税票揭下重用造成未缴或少缴印花税的,适用《税收征管法》第六十三条的处罚规定。

3. 伪造印花税票的,适用《中华人民共和国税收征收管理法实施细则》第九十一条的处罚规定。

4. 按期汇总缴纳印花税的纳税人,超过税务机关核定的纳税期限,未缴或少缴印花税款的,视其违章性质,适用《税收征管法》第六十三条或第六十四条的处罚规定,情节严重的,

同时撤销其汇缴许可证。

5. 纳税人违反以下规定的,适用《税收征管法》第六十条的处罚规定:

(1) 违反《印花税暂行条例施行细则》第二十三条的规定:"凡汇总缴纳印花税的凭证,应加注税务机关指定的汇缴戳记、编号并装订成册,将已贴印花或者缴款书的一联黏附册后,盖章注销,保存备查。"

(2) 违反《印花税暂行条例施行细则》第二十五条的规定:"纳税人对纳税凭证应妥善保存。凭证的保存期限,凡国家已有明确规定的,按规定办;没有明确规定的其余凭证均应在履行完毕后保存一年。"

4.5.5 印花税管理规程

《国家税务总局关于发布〈印花税管理规程(试行)〉的公告》(国家税务总局公告2016年第77号)规定,为进一步规范印花税管理,便利纳税人,根据《中华人民共和国税收征收管理法》(以下简称《征管法》)及其实施细则、《中华人民共和国印花税暂行条例》(以下简称《条例》)及其施行细则等相关法律法规,制定本规程,自2017年1月1日起施行。

一、适用范围。

本规程适用于除证券交易外的印花税税源管理、税款征收、减免税和退税管理、风险管理等事项,其他管理事项按照有关规定执行。

二、适用原则。

印花税管理应当坚持依法治税原则,按照法定权限与程序,严格执行相关法律法规和税收政策,坚决维护税法的权威性和严肃性,切实保护纳税人合法权益。

三、税源管理。

(一)纳税人应当如实提供、妥善保存印花税应纳税凭证(以下简称"应纳税凭证")等有关纳税资料,统一设置、登记和保管《印花税应纳税凭证登记簿》(以下简称《登记簿》),及时、准确、完整记录应纳税凭证的书立、领受情况。

《登记簿》的内容包括:应纳税凭证种类、应纳税凭证编号、凭证书立各方(或领受人)名称、书立(领受)时间、应纳税凭证金额、件数等。

应纳税凭证保存期限按照《征管法》的有关规定执行。

(二)税务机关可与银行、保险、工商、房地产管理等有关部门建立定期信息交换制度,利用相关信息加强印花税税源管理。

(三)税务机关应当通过多种渠道和方式广泛宣传印花税政策,强化纳税辅导,提高纳税人的纳税意识和税法遵从度。

四、税款征收。

(一)纳税人书立、领受或者使用《条例》列举的应纳税凭证和经财政部确定征税的其他凭证时,即发生纳税义务,应当根据应纳税凭证的性质,分别按《条例》所附《印花税税目税率表》对应的税目、税率,自行计算应纳税额,购买并一次贴足印花税票(以下简称"贴花")。

(二)一份凭证应纳税额超过500元的,纳税人可以采取将税收缴款书、完税证明其中一联粘贴在凭证上或者由地方税务机关在凭证上加注完税标记代替贴花。

(三)同一种类应纳税凭证,需频繁贴花的,可由纳税人根据实际情况自行决定是否采用按期汇总申报缴纳印花税的方式。汇总申报缴纳的期限不得超过一个月。

采用按期汇总申报缴纳方式的,一年内不得改变。

(四)纳税人应按规定据实计算、缴纳印花税。

(五)税务机关可以根据《征管法》及相关规定核定纳税人应纳税额。

(六)税务机关应分行业对纳税人历年印花税的纳税情况、主营业务收入情况、应税合同的签订情况等进行统计、测算,评估各行业印花税纳税状况及税负水平,确定本地区不同行业应纳税凭证的核定标准。

(七)实行核定征收印花税的,纳税期限为一个月,税额较小的,纳税期限可为一个季度,具体由主管税务机关确定。纳税人应当自纳税期满之日起 15 日内,填写国家税务总局统一制定的纳税申报表申报缴纳核定征收的印花税。

(八)纳税人对主管税务机关核定的应纳税额有异议的,或因生产经营情况发生变化需要重新核定的,可向主管税务机关提供相关证据,主管税务机关核实后进行调整。

(九)主管税务机关核定征收印花税,应当向纳税人送达《税务事项通知书》,并注明核定征收的方法和税款缴纳期限。

(十)税务机关应当建立印花税基础资料库,内容包括分行业印花税纳税情况、分户纳税资料等,并确定科学的印花税评估方法或模型,据此及时、合理地做好印花税征收管理工作。

(十一)税务机关根据印花税征收管理的需要,本着既加强源泉控管,又方便纳税人的原则,按照《国家税务总局关于发布〈委托代征管理办法〉的公告》(国家税务总局公告 2013 年第 24 号,以下简称《委托代征管理办法》)有关规定,可委托银行、保险、工商、房地产管理等有关部门,代征借款合同、财产保险合同、权利许可证照、产权转移书据、建设工程承包合同等的印花税。

(十二)税务机关和受托代征人应严格按照《委托代征管理办法》的规定履行各自职责。违反规定的,应当追究相应的法律责任。

(十三)税务机关在印花税征管中要加强部门协作,实现相关信息共享,构建综合治税机制。

五、减免税和退税管理。

(一)税务机关应当依照《条例》和相关规定做好印花税的减免税工作。

(二)印花税实行减免税备案管理,减免税备案资料应当包括:

1. 纳税人减免税备案登记表。

2.《登记簿》复印件。

3. 减免税依据的相关法律、法规规定的其他资料。

(三)印花税减免税备案管理的其他事项,按照《国家税务总局关于发布〈税收减免管理办法〉的公告》(国家税务总局公告 2015 年第 43 号)的有关规定执行。

(四)多贴印花税票的,不得申请退税或者抵用。

六、风险管理。

(一)税务机关应当按照国家税务总局关于税收风险管理的总体要求以及财产行为税风险管理工作的具体要求开展印花税风险管理工作,探索建立适合本地区的印花税风险管理指标,依托现代化信息技术,对印花税管理的风险点进行识别、预警、监控,做好风险应对工作。

(二)税务机关通过将掌握的涉税信息与纳税人申报(报告)的征收信息、减免税信息进行比对,分析查找印花税风险点。

1. 将纳税人分税目已缴纳印花税的信息与其对应的营业账簿、权利和许可证照、应税合同的应纳税款进行比对,防范少征该类账簿、证照、合同印花税的风险;

2. 将纳税人主营业务收入与其核定的应纳税额进行比对,防范纳税人少缴核定征收印花税的风险。

(三)税务机关要充分利用税收征管系统中已有信息、第三方信息等资源,不断加强和完善印花税管理,提高印花税管理的信息化水平。

4.5.6 印花税实务解析

4.5.6.1 没有兑现的合同印花税问题

房地产企业与购房者签订的购房合同不兑现或不按期兑现的合同,是否贴花?

《国家税务局关于印花税若干具体问题的规定》(国税地字〔1988〕第25号)第七条规定,依照印花税暂行条例规定,合同签订时即应贴花,履行完税手续。因此,不论合同是否兑现或能否按期兑现,都一律按照规定贴花。

4.5.6.2 合同金额与结算金额不一致时的印花税问题

某些合同履行后,实际结算金额与合同所载金额不一致的,应否补贴印花?

《国家税务局关于印花税若干具体问题的规定》(国税地字〔1988〕第25号)第九条规定,依照印花税暂行条例规定,纳税人应在合同签订时按合同所载金额计税贴花。因此,对已履行并贴花的合同,发现实际结算金额与合同所载金额不一致的,一般不再补贴印花。

4.5.6.3 企业与主管部门等签订的租赁承包经营合同印花税问题

《国家税务局关于印花税若干具体问题的规定》(国税地字〔1988〕第25号)第十条规定,企业与主管部门等签订的租赁承包经营合同,不属于财产租赁合同,不应贴花。

4.5.6.4 已缴纳印花税合同的正本遗失印花税问题

已缴纳印花税凭证的正本遗失或毁损,以副本替代,是否缴纳印花税?

《国家税务局关于印花税若干具体问题的规定》(国税地字〔1988〕第25号)第十二条规定,纳税人的已缴纳印花税凭证的正本遗失或毁损,而以副本替代的,即为副本视同正本使用,应另贴印花。

4.5.6.5 拆迁补偿费协议印花税问题

房地产企业与被拆迁户签订的拆迁补偿协议是否缴纳印花税?

《中华人民共和国印花税暂行条例》(以下简称《印花税暂行条例》)第十条规定,印花税只对税目税率表中列举的凭证和经财政部确定征税的其他凭证征收。房地产企业与被拆迁户签订的拆迁补偿协议不属于列举的凭证,也不属于产权转移书据,仅仅作为经济补偿的依据,因此,不需要缴纳印花税。

4.5.6.6 银行授信合同印花税问题

银行授信合同仅是银行对某一借款人在一定期间内允许融资的额度计划,不属于《印花税暂行条例》及《印花税实施细则》规定的应税凭证,不用贴花。银行及借款人应在签订每笔借款合同时缴纳印花税。

4.5.6.7 委托贷款合同印花税问题

房地产企业将自有资金委托银行贷款给第三方企业合同是否缴纳印花税?

印花税相关规定中的"借款合同"是指:银行及其他金融组织和借款人(不包括银行同业拆借)所签订的借款合同,按借款金额万分之零点五贴花。如为非金融企业之间的借款合同则不需要贴花。

而《国家税务局关于印花税若干具体问题的解释和规定的通知》(国税发〔1991〕155号)第十四条规定,在代理业务中,代理单位与委托单位之间签订的委托代理合同,凡仅明确代理事项、权限和责任,不属于应税凭证,不贴印花。

综上所述,房地产企业委托银行将资金借给第三方企业使用的合同,当事三方均不需要缴纳印花税。

4.5.6.8 股权投资协议印花税问题

股权投资协议是投资各方在投资前签订的协议,只是一种投资的约定,不属于印花税的征税范围,不需要缴纳印花税;但股权转让协议应当按"产权转移书据"缴纳印花税。

4.5.6.9 建设工程监理合同印花税问题

建设工程监理合同的全称叫建设工程委托监理合同,也简称为监理合同,是指工程建设单位聘请监理单位代其对工程项目进行管理,明确双方权利、义务的协议。建设单位称委托人、监理单位称受托人。

因此,建设工程监理合同属于委托合同,根据《国家税务局关于印花税若干具体问题的解释和规定的通知》(国税发〔1991〕155号)第十四条的规定,不需要缴纳印花税。

4.5.6.10 预售合同印花税问题

房地产开发企业签预售房合同时缴纳印花税吗?

《印花税暂行条例》第七条规定,应纳税凭证应当于书立或者领受时贴花。而《财政部 国家税务总局关于印花税若干政策的通知》(财税〔2006〕162号)第四条规定,对商品房销售合同按照产权转移书据征收印花税。

根据上述规定,原则上应当在签订正式购房合同时缴纳印花税。但上海市《关于〈商品房预售合同〉和〈商品房出售合同〉征收印花税问题的通知》(沪税地〔1994〕36号)规定,鉴于《商品房预售合同》和《商品房出售合同》(以下简称"预售合同""出售合同")是按市房管部门规定在一次购(销)房中,分两次签约的同属一项买卖的合同,且市房管部门又行使对商品房出售过程中的管理职能,因此,在"预售合同"按购销合同计算贴花后,对其相关的"出售合同"可对比前已贴花的"预售合同"的购销金额,就其增加的部分贴花。

因此,如果税务机关已经要求按预售合同缴纳了印花税的,本着"税不重征"原则,签订正式购房合同后仅就其增加的金额缴纳印花税。具体请咨询当地主管税务机关。

第 5 章 房地产企业个人所得税涉税政策解析

5.1 个人所得税法概述

5.1.1 个人所得税的概念

个人所得税是以个人(自然人)取得的综合所得、经营所得及其他列举的所得为征税对象所征收的一种税。

5.1.2 个人所得税的征收类型

世界各国的个人所得税制大体分为三种类型:

一、分类所得税制。

它是指对税法所特定列举的所得种类按不同税率课征所得税,对于非税法所明确的所得类别不课征所得税,个人各类所得亦不合并计算。我国修订前的个人所得税采用的是分类所得税制,即将个人取得的各种所得划分为 11 类,分别适用不同的费用减除规定、不同的税率和不同的计算方法。

分类所得税制的优点是:第一,更适用于征收管理效率较低的国家,因为其课税简便,能够进行源泉控制,能有效地防止偷漏税;第二,征管简便,可以通过源泉扣缴的办法,一次性征收,减少征纳成本;第三,可按照不同性质的所得分别课征,实行区别对待,贯彻特定的政策意图。

分类所得税制存在的缺陷是:第一,不能按纳税人真正的纳税能力课征,无法有效地贯彻税收的公平原则要求,实际上造成了纳税人的税负不公平;第二,分类征收容易导致纳税人行为的变化,产生逃避税问题和经济效率的扭曲。

二、综合所得税制。

它是指对纳税人个人的各种应税所得(如工薪收入、利息、股息、财产所得等)综合征收。这种税制多采用累进税率,并以申报法征收。

综合所得税制的优点是:只有综合纳税人全年的各项所得并减去各项法定宽免额和扣除额后得出的应税所得,才最能体现纳税人的实际负担水平,公平税负。

综合所得税制的缺陷是:计税依据的确定较为复杂和困难,征税成本较高,不便实行源泉扣缴,税收逃避现象较为严重。这种税制需要纳税人纳税意识强、服从程度高,征收机关征管手段先进、工作效率高。综合所得税最先出现于德国,现为世界许多国家采用。

三、混合所得税制。

它是指对纳税人就其所得性质分不同来源设置不同的征收方式和税率。如 2019 年实行的新《中华人民共和国个人所得税法》就是遵循这种税制。将劳动所得合并为综合所得，将个体工商户生产经营所得、承包及承租经营所得等合并为经营所得，将财产租赁所得和财产转让所得及股息、红利、利息所得等单独作为一项所得课税。

混合所得税制的优点是：兼顾了公平与效率。

混合所得税制的缺陷是：由于仍旧存在分项课税的情况，会使得纳税申报较为繁杂。

5.1.3　新个人所得税法的主要变化

一、建立对综合所得按年计税的制度。

此次改革将工资薪金、劳务报酬、稿酬和特许权使用费4项劳动性所得纳入综合征税范围，在按年计税的基础上，实行"代扣代缴、自行申报，汇算清缴、多退少补，优化服务、事后抽查"的征管制度。一方面，解决原分类税制下，个人收入不均衡、不同所得项目税负有差异等问题；另一方面，此次改革纳入综合征税范围的4项所得，涵盖了绝大多数纳税人及其主要所得，对其适用统一的超额累进税率，更好地体现量能负担原则。此外，新税制进一步与国际惯例接轨，有利于"引进来"和"走出去"，支持我国"一带一路"倡议的全面实施。

二、适当提高基本减除费用标准。

综合考虑居民基本生活消费支出的变化，兼顾一定前瞻性，将综合所得的基本减除费用从原来的3 500元/月提高至5 000元/月（每年6万元），使新税制更好地体现以人民为中心的理念。

三、首次设立专项附加扣除。

在提高基本减除费用的基础上，增加子女教育、继续教育、大病医疗、住房贷款利息或者住房租金、赡养老人等支出，进一步增强税制的公平性。

四、调整优化个人所得税税率结构。

以改革前工薪所得3%～45%七级超额累进税率为基础，扩大3%、10%、20%三档低税率的级距，缩小25%税率的级距，保持30%、35%、45%较高税率级距不变。改革后，广大纳税人都能够不同程度享受到减税的红利，特别是中低收入群体获益更大。

五、增设反避税条款。

为维护国家税收权益，根据自然人避税的特点，借鉴企业所得税法反避税的经验，增设了反避税条款，对个人不按独立交易原则而减少本人或者其关联方应纳税额且无正当理由的、实施不具有合理商业目的的安排而获取不当税收利益等行为的，税务机关有权按合理方法进行纳税调整，营造公平、透明、有序的税收环境。

六、健全个人所得税征管制度。

实施综合与分类相结合的个人所得税制，必须建立相应的配套征管制度，对综合所得按年计税，实行"代扣代缴、自行申报，汇算清缴、多退少补，优化服务、事后抽查"模式。同时，打造了六个方面的征管制度创新：一是自行申报制度；二是纳税人识别号；三是反避税条款；四是部门信息共享；五是部门源头协同管理；六是纳税信用运用。

上述制度安排，使个人所得税制更加适应以按劳分配为主、多种收入分配为辅的收入分配方式，加强了个人所得税调节收入分配的作用。

七、删除"其他所得"征税项目。

基于应纳税所得的范围属于个人所得税的税制基本要素，考虑到目前个人所得税法中列明的所得范围已经比较全面，可不必再由国务院或其有关部门确定"其他所得"，因此，本次修订税法时，删除了现行《个人所得税法》第二条"下列各项个人所得，应纳个人所得税"最后一项（第十一项）关于"经国务院财政部门确定征税的其他所得"的规定。

这就意味着具有38年历史的个人所得税"其他所得"征税项目，将在2019年1月1日，正式退出个人所得税的舞台。

迄今为止，现行《个人所得税法》第二条第十一项"经国务院财政部门确定征税的其他所得（简称'其他所得'）"，究竟包括了哪些所得项目呢？

现行（从1995年至2018年8月）税收政策规定应按"其他所得"缴纳个人所得税的有如下11类项目：

（一）银行部门以超过国家规定利率和保值贴补率支付给储户的揽储奖金。[《财政部 国家税务总局关于银行部门以超过国家利率支付给储户的揽储奖金征收个人所得税问题的批复》（财税字〔1995〕64号）]

（二）中国科学院院士荣誉奖金。[《国家税务总局关于对中国科学院院士荣誉奖金征收个人所得税问题的复函》（国税函〔1995〕351号）]

（三）保险公司按投保金额，以银行同期储蓄存款利率支付给在保期内未出险的人寿保险保户的利息（或以其他名义支付的类似收入）。[《国家税务总局关于未分配的投资者收益和个人人寿保险收入征收个人所得税问题的批复》（国税函〔1998〕546号文）]

（四）个人因任职单位缴纳有关保险费用而取得的无赔款优待收入。[《国家税务总局关于个人所得税有关政策问题的通知》（国税发〔1999〕58号文）]

（五）股民个人从证券公司取得的交易手续费返还收入、回扣收入。[《国家税务总局关于股民从证券公司取得的回扣收入征收个人所得税问题的批复》（国税函〔1999〕627号）]

（六）个人为单位或他人提供担保获得报酬。[《财政部 国家税务总局关于个人所得税有关问题的批复》（财税〔2005〕94号文）]

（七）商品房买卖过程中，有的房地产公司因未协调好与按揭银行的合作关系，造成购房人不能按合同约定办妥按揭贷款手续，从而无法缴纳后续房屋价款，致使房屋买卖合同难以继续履行，房地产公司因双方协商解除商品房买卖合同而向购房人支付违约金。购房个人因上述原因从房地产公司取得的违约金收入。[《国家税务总局关于个人取得解除商品房买卖合同违约金征收个人所得税问题的批复》（国税函〔2006〕865号文）]

（八）除规定情形（房屋产权所有人将房屋产权无偿赠与配偶、父母、子女、祖父母、外祖父母、孙子女、外孙子女、兄弟姐妹；房屋产权所有人将房屋产权无偿赠与对其承担直接抚养或者赡养义务的抚养人或者赡养人；房屋产权所有人死亡，依法取得房屋产权的法定继承人、遗嘱继承人或者受遗赠人）以外，房屋产权所有人将房屋产权无偿赠与他人的，受赠人因无偿受赠房屋取得的受赠所得，按照"经国务院财政部门确定征税的其他所得"项目缴纳个人所得税，税率为20%。[《财政部 国家税务总局关于个人无偿受赠房屋有关个人所得税问题的通知》（财税〔2009〕78号）]

（九）企业在业务宣传、广告等活动中，随机向本单位以外的个人赠送礼品，对个人取得的礼品所得，按照"其他所得"项目，全额适用20%的税率缴纳个人所得税。[《财政部 国家

税务总局关于企业促销展业赠送礼品有关个人所得税问题的通知》(财税〔2011〕50号)]

（十）企业在年会、座谈会、庆典以及其他活动中向本单位以外的个人赠送礼品，对个人取得的礼品所得按照"其他所得"项目，全额适用20%的税率缴纳个人所得税。[《财政部 国家税务总局关于企业促销展业赠送礼品有关个人所得税问题的通知》(财税〔2011〕50号)]

（十一）个人达到规定条件时领取"个人税收递延型商业养老保险"的商业养老金收入，其中25%部分予以免税，其余75%部分按照10%的比例税率计算缴纳个人所得税，税款计入"其他所得"项目。[《财政部 税务总局 人力资源社会保障部 中国银行 保险监督管理委员会 证监会关于开展个人税收递延型商业养老保险试点的通知》(财税〔2018〕22号)]

5.2 个人所得税纳税人

《中华人民共和国个人所得税法》将个人所得税的纳税人分为居民个人和非居民个人两类。

5.2.1 居民个人及其纳税义务

5.2.1.1 居民个人的界定原则

根据《中华人民共和国个人所得税法》第一条规定，在中国境内有住所，或者无住所而一个纳税年度内在中国境内居住累计满183天的个人，为居民个人。

《中华人民共和国个人所得税法实施条例》第二条规定，个人所得税法所称在中国境内有住所，是指因户籍、家庭、经济利益关系而在中国境内习惯性居住。

> **提 示**
>
> 如何理解《中华人民共和国个人所得税法》第一条规定的"无住所而一个纳税年度内在中国境内居住累计满一百八十三天"中的"纳税年度"？
>
> 需要明确的，一个纳税年度≠365天。而必须在一个完整的会计年度内（即：1月1日—12月31日）居住满183天，才能构成居民个人。
>
> 如，约翰逊2019年10月1日来华，没有住所，2020年4月10日离开中国。由于2019年1月1日至2019年1月31日期间居住91天，不超过183天，约翰逊在2019年度不构成居民个人，只承担有限纳税义务。同理，2020年居住100天，不超过183天，2020年度也不构成居民个人，也只承担有限纳税义务。
>
> 但如果2020年9月10日离开中国呢？由于2019年1月1日至2019年1月31日期间居住91天，仍旧不超过183天，约翰逊在2019年度不构成居民个人，只承担有限纳税义务。但2020年居住253天，超过183天，因此，约翰逊在2020年度构成中国的居民个人，承担无限纳税义务。

5.2.1.2 居民个人的纳税义务

根据《中华人民共和国个人所得税法》第一条规定，居民个人从中国境内和境外取得的所得，依照个人所得税法规定缴纳个人所得税。

（一）中国境内和境外取得的所得的界定原则。

《中华人民共和国个人所得税法实施条例》第二条规定,所称从中国境内和境外取得的所得,分别是指来源于中国境内的所得和来源于中国境外的所得。

(二)居民个人纳税义务的豁免。

《中华人民共和国个人所得税法实施条例》第四条规定,在中国境内无住所的个人,在中国境内居住累计满183天的年度连续不满6年的,经向主管税务机关备案,其来源于中国境外且由境外单位或者个人支付的所得,免予缴纳个人所得税;在中国境内居住累计满183天的任一年度中有一次离境超过30天的,其在中国境内居住累计满183天的年度的连续年限重新起算。

1. "累计满183天的年度"中居住天数的确定原则。

《财政部 税务总局关于在中国境内无住所的个人居住时间判定标准的公告》(财政部 税务总局公告2019年第34号)第二条规定,无住所个人一个纳税年度内在中国境内累计居住天数,按照个人在中国境内累计停留的天数计算。在中国境内停留的当天满24小时的,计入中国境内居住天数,在中国境内停留的当天不足24小时的,不计入中国境内居住天数。

> **提 示**
>
> 新的个人所得税法将居民个人的时间判定标准由境内居住满1年调整为满183天,为了吸引外资和鼓励外籍人员来华工作,促进对外交流,新的个人所得税法实施条例继续保留了原条例对境外支付的境外所得免予征税优惠制度安排,并进一步放宽了免税条件:
>
> 一是将免税条件由构成居民纳税人不满5年,放宽到连续不满6年。
>
> 二是在任一年度中,只要有一次离境超过30天的,就重新计算连续居住年限。
>
> 三是将管理方式由主管税务机关批准改为备案,简化了流程,方便了纳税人。
>
> 《公告》明确,在中国境内停留的当天满24小时的,计入境内居住天数;不足24小时的,不计入境内居住天数。
>
> 举例来说,李先生为香港居民,在深圳工作,每周一早上来深圳上班,周五晚上回香港。周一和周五当天停留都不足24小时,因此不计入境内居住天数,再加上周六、周日2天也不计入,这样,每周可计入的天数仅为3天,按全年52周计算,李先生全年在境内居住天数为156天,未超过183天,不构成居民个人,李先生取得的全部境外所得,就可免缴个人所得税。

2. "连续不满六年"的确定原则。

《财政部 税务总局关于在中国境内无住所的个人居住时间判定标准的公告》(财政部 税务总局公告2019年第34号)第一条规定,无住所个人一个纳税年度在中国境内累计居住满183天的,如果此前6年在中国境内每年累计居住天数都满183天而且没有任何一年单次离境超过30天,该纳税年度来源于中国境内、境外所得应当缴纳个人所得税;如果此前6年的任一年在中国境内累计居住天数不满183天或者单次离境超过30天,该纳税年度来源于中国境外且由境外单位或者个人支付的所得,免予缴纳个人所得税。

前款所称此前6年,是指该纳税年度的前1年至前6年的连续六个年度,此前6年的起始年度自2019年(含)以后年度开始计算。

> **提 示**
>
> 在境内居住累计满183天的年度连续"满六年"的起点,是自2019年(含)以后年度开始计算,2018年(含)之前已经居住的年度一律"清零",不计算在内。
>
> 按此规定,2024年(含)之前,所有无住所个人在境内居住年限都不满6年,其取得境外支付的境外所得都能享受免税优惠。
>
> 此外,自2019年起任一年度如果有单次离境超过30天的情形,此前连续年限"清零",重新计算。
>
> 根据上述判断原则,2019—2024年每个年度都满183天,且没有一个单年一次离境超过30天,第7年满183天就是完全税收居民。但如果第8年也是满183天的,是否也是完全税收居民,那不一定。因为要看第7年虽然是满183天,但是否有一次离境超过30天情况,有就不是,没有就还是完全税收居民。同样,第9年也要这么看。

例题 5-1 张先生为香港居民,2013年1月1日来深圳工作,2026年8月30日回到香港工作,在此期间,除2025年2月1日至3月15日(43天)临时回香港处理公务外,其余时间一直停留在深圳。

(1)张先生在境内居住累计满183天的年度,如果从2013年开始计算,实际上已经满6年,但是由于2018年之前的年限一律"清零",自2019年开始计算,因此,2019年至2024年期间,张先生在境内居住累计满183天的年度连续不满6年,其取得的境外支付的境外所得,就可免缴个人所得税。

(2)2025年,张先生在境内居住满183天,且从2019年开始计算,他在境内居住累计满183天的年度已经连续满6年(2019年至2024年),且没有单次离境超过30天的情形,2025年,张先生应就在境内和境外取得的所得缴纳个人所得税。

(3)2026年,由于张先生2025年有单次离境超过30天的情形(2025年2月1日至3月15日),其在内地居住累计满183天的连续年限清零,重新起算,2026年当年张先生取得的境外支付的境外所得,可以免缴个人所得税。

5.2.2 非居民个人及其纳税义务

5.2.2.1 非居民个人界定原则

根据《中华人民共和国个人所得税法》第一条规定,在中国境内无住所又不居住,或者无住所而一个纳税年度内在中国境内居住累计不满183天的个人,为非居民个人。

5.2.2.2 非居民个人的纳税义务

根据《中华人民共和国个人所得税法》第一条规定,非居民个人从中国境内取得的所得,依照个人所得税法规定缴纳个人所得税。

5.2.2.3 非居民个人纳税义务的豁免

根据《中华人民共和国个人所得税法》第五条规定,在中国境内无住所的个人,在一个纳税年度内在中国境内居住累计不超过90天的,其来源于中国境内的所得,由境外雇主支付并且不由该雇主在中国境内的机构、场所负担的部分,免予缴纳个人所得税。

> **提示**
>
> 根据居民个人和非居民个人界定及纳税义务的确定原则，总结如下表：

纳税人性质		境内所得		境外所得	
		境内支付	境外支付	境内支付	境外支付
有住所	居民个人	√	√	√	√
无住所	居住≤90 天	√	×	×	×
	90 天＜居住≤183 天	√	√	×	×
	183 天＜居住≤6 年	√	√	√	×
	居住＞6 年	√	√	√	√

注：√表示负有纳税义务；×表示不负有纳税义务。

5.2.3 所得来源地的确定原则

5.2.3.1 关于工资薪金所得来源地的规定

《财政部　国家税务总局关于非居民个人和无住所居民个人有关个人所得税政策的公告》(财政部　税务总局公告 2019 年第 35 号，简称"35 号公告")第一条第一款规定，个人取得归属于中国境内(以下称境内)工作期间的工资薪金所得为来源于境内的工资薪金所得。境内工作期间按照个人在境内工作天数计算，包括其在境内的实际工作日以及境内工作期间在境内、境外享受的公休假、个人休假、接受培训的天数。在境内、境外单位同时担任职务或者仅在境外单位任职的个人，在境内停留的当天不足 24 小时的，按照半天计算境内工作天数。

无住所个人在境内、境外单位同时担任职务或者仅在境外单位任职，且当期同时在境内、境外工作的，按照工资薪金所属境内、境外工作天数占当期公历天数的比例计算确定来源于境内、境外工资薪金所得的收入额。境外工作天数按照当期公历天数减去当期境内工作天数计算。

> **提示**
>
> 名词解释：
>
> 1. 非居民个人，是指在中国境内无住所，且一个纳税年度内在中国境内居住不满 183 天的个人。
>
> 2. 无住所居民个人，是指无住所，但一个纳税年度内在中国境内居满 183 天的个人。

5.2.3.2 关于数月奖金以及股权激励所得来源地的规定

《财政部　国家税务总局关于非居民个人和无住所居民个人有关个人所得税政策的公告》(财政部　税务总局公告 2019 年第 35 号)第一条第二款规定，无住所个人取得的数月奖金或者股权激励所得按照"工资薪金所得来源地的规定"确定所得来源地的，无住所个人在境内履职或者执行职务时收到的数月奖金或者股权激励所得，归属于境外工作期间的部分，为来源于境外的工资薪金所得；无住所个人停止在境内履约或者执行职务离境后收到的数月奖金或者股权激励所得，对属于境内工作期间的部分，为来源于境内的工资薪金所得。具体计算方法为:数月奖金或者股权激励乘以数月奖金或者股权激励所属工作期间境内工作天数与所属工作期间公历天数之比。

无住所个人一个月内取得的境内外数月奖金或者股权激励包含归属于不同期间的多笔所得的,应当先分别按照本公告规定计算不同归属期间来源于境内的所得,然后再加总计算当月来源于境内的数月奖金或者股权激励收入额。

该公告所称数月奖金是指一次取得归属于数月的奖金、年终加薪、分红等工资薪金所得,不包括每月固定发放的奖金及一次性发放的数月工资。该公告所称股权激励包括股票期权、股权期权、限制性股票、股票增值权、股权奖励以及其他因认购股票等有价证券而从雇主取得的折扣或者补贴。

5.2.3.3　关于董事、监事及高层管理人员取得报酬所得来源地的规定

《财政部　国家税务总局关于非居民个人和无住所居民个人有关个人所得税政策的公告》(财政部　税务总局公告2019年第35号)第一条第三款规定,对于担任境内居民企业的董事、监事及高层管理职务的个人(以下统称高管人员),无论是否在境内履行职务,取得由境内居民企业支付或者负担的董事费、监事费、工资薪金或者其他类似报酬(以下统称高管人员报酬,包含数月奖金和股权激励),属于来源于境内的所得。

该公告所称高层管理职务包括企业正、副(总)经理、各职能总师、总监及其他类似公司管理层的职务。

5.2.3.4　关于稿酬所得来源地的规定

《财政部　国家税务总局关于非居民个人和无住所居民个人有关个人所得税政策的公告》(财政部　税务总局公告2019年第35号)第一条第四款规定,由境内企业、事业单位、其他组织支付或者负担的稿酬所得,为来源于境内的所得。

5.2.3.5　所得来源地的特别规定

根据《中华人民共和国个人所得税法》第三条规定,除国务院财政、税务主管部门另有规定外,下列所得,不论支付地点是否在中国境内,均为来源于中国境内的所得:

(一)因任职、受雇、履约等在中国境内提供劳务取得的所得。

(二)将财产出租给承租人在中国境内使用而取得的所得。

(三)许可各种特许权在中国境内使用而取得的所得。

(四)转让中国境内的不动产等财产或者在中国境内转让其他财产取得的所得。

(五)从中国境内企业、事业单位、其他组织以及居民个人取得的利息、股息、红利所得。

5.2.4　无住所个人工资薪金所得收入额计算

《财政部　国家税务总局关于非居民个人和无住所居民个人有关个人所得税政策的公告》(财政部　税务总局公告2019年第35号)第二条规定,无住所个人取得工资薪金所得,按以下规定计算在境内应纳税的工资薪金所得的收入额(以下称工资薪金收入额)。

5.2.4.1　无住所个人为非居民个人的情形

非居民个人取得工资薪金所得,除无住所个人为高管人员的情形以外,当月工资薪金收入额分别按照以下两种情形计算:

1. 非居民个人境内居住时间累计不超过90天的情形。

在一个纳税年度内,在境内累计居住不超过 90 天的非居民个人,仅就归属于境内工作期间并由境内雇主支付或者负担的工资薪金所得计算缴纳个人所得税。当月工资薪金收入额的计算公式如下(公式一):

$$当月工资薪金收入额 = 当月境内外工资薪金总额 \times \left(当月境内支付工资薪金数额 \div 当月境内外工资薪金总额\right) \times \left(当月工资薪金所属工作期间境内工作天数 \div 当月工资薪金所属工作期间公历天数\right)$$

该公告所称境内雇主包括雇佣员工的境内单位和个人以及境外单位或者个人在境内的机构、场所。凡境内雇主采取核定征收所得税或者无营业收入未征收所得税的,无住所个人为其工作取得工资薪金所得,不论是否在该境内雇主会计账簿中记载,均视为由该境内雇主支付或者负担。该公告所称工资薪金所属工作期间的公历天数,是指无住所个人取得工资薪金所属工作期间按公历计算的天数。

该公告所列公式中当月境内外工资薪金包含归属于不同期间的多笔工资薪金的,应当先分别按照该公告规定计算不同归属期间工资薪金收入额,然后再加总计算当月工资薪金收入额。

例题 5-2 甲企业是一家设立在青岛市的日资独资公司,小野是其被日本公司总部委派到中国甲企业任财务总监,同时还兼任日本总部的财务科长,同时负责两边的工作事宜。按照合同约定,每个月中国发放他折合 40 000 元人民币的工资,日本发放他折合 30 000 元人民币的工资。截至 2019 年 10 月,小野在中国境内居住 85 天。10 月份,该日本人在境内工作 20 天,在日本工作 10 天。除基本减除费用外,小野 10 月份没有可以减除其他费用。计算小野 2019 年 10 月份应当向中国政府申报缴纳的个人所得税是多少。

(1) 应税收入 = (40 000 + 30 000) × 40 000 ÷ 70 000 × 20 ÷ 31 = 25 806.45(元)
(2) 应纳税所得额 = 25 806.45 − 5 000 = 20 806.45(元)
(3) 应纳个人所得税 = 20 806.45 × 20% − 1 410 = 2 751.29(元)

2. 非居民个人境内居住时间累计超过 90 天不满 183 天的情形。

在一个纳税年度内,在境内累计居住超过 90 天但不满 183 天的非居民个人,取得归属于境内工作期间的工资薪金所得,均应当计算缴纳个人所得税;其取得归属于境外工作期间的工资薪金所得,不征收个人所得税。当月工资薪金收入额的计算公式如下(公式二):

$$当月工资薪金收入额 = 当月境内外工资薪金总额 \times \left(当月工资薪金所属工作期间境内工作天数 \div 当月工资薪金所属工作期间公历天数\right)$$

5.2.4.2 无住所个人为居民个人的情形

在一个纳税年度内,在境内累计居住满 183 天的无住所居民个人取得工资薪金所得,当月工资薪金收入额按照以下规定计算:

1. 无住所居民个人在境内居住累计满 183 天的年度连续不满 6 年的情形。

在境内居住累计满 183 天的年度连续不满 6 年的无住所居民个人,符合实施条例第四条优惠条件的,其取得的全部工资薪金所得,除归属于境外工作期间且由境外单位或者个人支付的工资薪金所得部分外,均应计算缴纳个人所得税。工资薪金所得收入额的计算公式

如下(公式三):

$$\text{当月工资薪金收入额} = \text{当月境内外工资薪金总额} \times \left(1 - \frac{\text{当月境外支付工资薪金数额}}{\text{当月境内外工资薪金总额}} \times \frac{\text{当月工资薪金所属工作期间境外工作天数}}{\text{当月工资薪金所属工作期间公历天数}}\right)$$

2. 无住所居民个人在境内居住累计满 183 天的年度连续满 6 年的情形。

在境内居住累计满 183 天的年度连续满 6 年后,不符合实施条例第四条优惠条件的无住所居民个人,其从境内、境外取得的全部工资薪金所得均应计算缴纳个人所得税。

5.2.4.3 无住所个人为高管人员的情形

无住所居民个人为高管人员的,工资薪金收入额按照"无住所个人为居民个人的情形"规定计算纳税。非居民个人为高管人员的,按照以下规定处理:

1. 高管人员在境内居住时间累计不超过 90 天的情形。

在一个纳税年度内,在境内累计居住不超过 90 天的高管人员,其取得由境内雇主支付或者负担的工资薪金所得应当计算缴纳个人所得税;不是由境内雇主支付或者负担的工资薪金所得,不缴纳个人所得税。当月工资薪金收入额为当月境内支付或者负担的工资薪金收入额。

2. 高管人员在境内居住时间累计超过 90 天不满 183 天的情形。

在一个纳税年度内,在境内居住累计超过 90 天但不满 183 天的高管人员,其取得的工资薪金所得,除归属于境外工作期间且不是由境内雇主支付或者负担的部分外,应当计算缴纳个人所得税。当月工资薪金收入额计算适用该公告公式三(即无住所居民个人在境内居住累计满 183 天的年度连续不满 6 年的情形的计算公式)。

> **提示**
>
> 根据上述规定,无住所个人取得收入的征免范围如下表所示(不考虑税收协定):
>
> **表 1 工资薪金和劳务报酬**
>
> | 居住时间 | 来源于境内的所得 | | 来源于境外的所得 | |
> |---|---|---|---|---|
> | | 境内支付 | 境外支付 | 境内支付 | 境外支付 |
> | 不超过 90 天 | 征税 | 工资薪金免税 劳务报酬征税 | 无纳税义务 | 无纳税义务 |
> | 90~183 天 | 征税 | 征税 | 无纳税义务 | 无纳税义务 |
> | 满 183 天不满 6 年 | 征税 | 征税 | 征税 | 免税 |
> | 满 183 天满 6 年 | 征税 | 征税 | 征税 | 征税 |
>
> **表 2 其他所得**
>
> | 居住时间 | 来源于境内的所得 | | 来源于境外的所得 | |
> |---|---|---|---|---|
> | | 境内支付 | 境外支付 | 境内支付 | 境外支付 |
> | 不超过 183 天 | 征税 | 征税 | 无纳税义务 | 无纳税义务 |
> | 满 183 天不满 6 年 | 征税 | 征税 | 征税 | 免税 |
> | 满 183 天满 6 年 | 征税 | 征税 | 征税 | 征税 |

5.2.5 无住所个人税款计算

《财政部 国家税务总局关于非居民个人和无住所居民个人有关个人所得税政策的公告》(财政部 税务总局公告2019年第35号)第三条规定如下文所示。

5.2.5.1 关于无住所居民个人税款计算的规定

无住所居民个人取得综合所得,年度终了后,应按年计算个人所得税;有扣缴义务人的,由扣缴义务人按月或者按次预扣预缴税款;需要办理汇算清缴的,按照规定办理汇算清缴,年度综合所得应纳税额计算公式如下(公式四):

$$\text{年度综合所得应纳税额} = (\text{年度工资薪金收入额} + \text{年度劳务报酬收入额} + \text{年度稿酬收入额} + \text{年度特许权使用费收入额} - \text{减除费用} - \text{专项扣除} - \text{专项附加扣除} - \text{依法确定的其他扣除}) \times \text{适用税率} - \text{速算扣除数}$$

无住所居民个人为外籍个人的,2022年1月1日前计算工资薪金收入额时,已经按规定减除住房补贴、子女教育费、语言训练费等八项津补贴的,不能同时享受专项附加扣除。

年度工资薪金、劳务报酬、稿酬、特许权使用费收入额分别按年度内每月工资薪金以及每次劳务报酬、稿酬、特许权使用费收入额合计数额计算。

> **提示**
> 文件所称"外籍个人"是指在35号公告中这个语境下的"外籍个人",即"无住所居民个人为外籍个人的,2022年1月1日前计算工资薪金收入额时,已经按规定减除住房补贴、子女教育费、语言训练费等八项津补贴的,不能同时享受专项附加扣除"。这里的外籍个人是指"无住所居民个人"中的非中国国籍个人。简而言之,八项补贴个人所得税优惠政策只适用于外籍个人,华侨不能享受。

5.2.5.2 关于非居民个人税款计算的规定

1. 非居民个人当月取得工资薪金所得,以按照该公告第二条规定计算的当月收入额,减去税法规定的减除费用后的余额,为应纳税所得额,适用本公告所附按月换算后的综合所得税率表(以下称月度税率表)计算应纳税额。

附件

按月换算后的综合所得税率表

级数	全月应纳税所得额	税率	速算扣除数
1	不超过3 000元的	3%	0
2	超过3 000元至12 000元的部分	10%	210
3	超过12 000元至25 000元的部分	20%	1 410
4	超过25 000元至35 000元的部分	25%	2 660
5	超过35 000元至55 000元的部分	30%	4 410
6	超过55 000元至80 000元的部分	35%	7 160
7	超过80 000元的部分	45%	15 160

2. 非居民个人一个月内取得数月奖金,单独按照该公告第二条规定计算当月收入额,不与当月其他工资薪金合并,按6个月分摊计税,不减除费用,适用月度税率表计算应纳税额,在一个公历年度内,对每一个非居民个人,该计税办法只允许适用一次。计算公式如下(公式五):

$$当月数月奖金应纳税额 = [(数月奖金收入额 \div 6) \times 适用税率 - 速算扣除数] \times 6$$

3. 非居民个人一个月内取得股权激励所得,单独按照该公告第二条规定计算当月收入额,不与当月其他工资薪金合并,按6个月分摊计税(一个公历年度内的股权激励所得应合并计算),不减除费用,适应月度税率表计算应纳税额,计算公式如下(公式六):

$$当月股权激励所得应纳税额 = [(本公历年度内股权激励所得合计额 \div 6) \times 适用税率 - 速算扣除数] \times 6 - 本公历年度内股权激励所得已纳税额$$

4. 非居民个人取得来源于境内的劳务报酬所得、稿酬所得、特许权使用费所得,以税法规定的每次收入额为应纳税所得额,适用月度税率表计算应纳税额。

5.2.6 无住所个人适用税收协定

《财政部 国家税务总局关于非居民个人和无住所居民个人有关个人所得税政策的公告》(财政部 税务总局公告2019年第35号)第四条规定,按照我国政府签订的避免双重征税协定,内地与香港、澳门签订的避免双重征税安排(以下称税收协定)居民条款规定为缔约对方税收居民的个人(以下称对方税收居民个人),可以按照税收协定及财政部、税务总局有关规定享受税收协定待遇,也可以选择不享受税收协定待遇计算纳税。除税收协定及财政部、税务总局另有规定外,无住所个人适用税收协定的,按照以下规定执行:

(一)关于无住所个人适用受雇所得条款的规定。

1. 无住所个人享受境外受雇所得协定待遇。

该公告所称境外受雇所得协定待遇,是指按照税收协定受雇所得条款规定,对方税收居民个人在境外从事受雇活动取得的受雇所得,可不缴纳个人所得税。

无住所个人为对方税收居民个人,其取得的工资薪金所得可享受境外受雇所得协定待遇的,可不缴纳个人所得税。工资薪金收入额计算适用该公告公式二。

无住所居民个人为对方税收居民个人的,可在预扣预缴和汇算清缴时按前款规定享受协定待遇;非居民个人为对方税收居民个人的,可在取得所得时按前款规定享受协定待遇。

2. 无住所个人享受境内受雇所得协定待遇。

该公告所称境内受雇所得协定待遇,是指按照税收协定受雇所得条款规定,在税收协定规定的期间内境内停留天数不超过183天的对方税收居民个人,在境内从事受雇活动取得受雇所得,不是由境内居民雇主支付或者代其支付的,也不是由雇主在境内常设机构负担的,可不缴纳个人所得税。

无住所个人为对方税收居民个人,其取得的工资薪金所得可享受境内受雇所得协定待遇的,可不缴纳个人所得税。工资薪金收入额计算适用本公告公式一。

无住所居民个人为对方税收居民个人的,可在预扣预缴和汇算清缴时按前款规定享受协定待遇;非居民个人为对方税收居民个人的,可在取得所得时按前款规定享受协定待遇。

(二) 关于无住所个人适用独立个人劳务或者营业利润条款的规定。

本公告所称独立个人劳务或者营业利润协定待遇,是指按照税收协定独立个人劳务或者营业利润条款规定,对方税收居民个人取得的独立个人劳务所得或者营业利润符合税收协定规定条件的,可不缴纳个人所得税。

无住所居民个人为对方税收居民个人,其取得的劳务报酬所得、稿酬所得可享受独立个人劳务或者营业利润协定待遇的,在预扣预缴和汇算清缴时,可不缴纳个人所得税。

非居民个人为对方税收居民个人,其取得的劳务报酬所得、稿酬所得可享受独立个人劳务或者营业利润协定待遇的,在取得所得时可不缴纳个人所得税。

(三) 关于无住所个人适用董事费条款的规定。

对方税收居民个人为高管人员,该个人适用的税收协定未纳入董事费条款,或者虽然纳入董事费条款但该个人不适用董事费条款,且该个人取得的高管人员报酬可享受税收协定受雇所得、独立个人劳务或者营业利润条款规定待遇的,该个人取得的高管人员报酬可不适用本公告第二条第(三)项规定,分别按照本条第(一)项、第(二)项规定执行。

对方税收居民个人为高管人员,该个人取得的高管人员报酬按照税收协定董事费条款规定可以在境内征收个人所得税的,应按照有关工资薪金所得或者劳务报酬所得规定缴纳个人所得税。

(四) 关于无住所个人适用特许权使用费或者技术服务费条款的规定。

该公告所称特许权使用费或者技术服务费协定待遇,是指按照税收协定特许权使用费或者技术服务费条款规定,对方税收居民个人取得符合规定的特许权使用费或者技术服务费,可按照税收协定规定的计税所得额和征税比例计算纳税。

无住所居民个人为对方税收居民个人,其取得的特许权使用费所得、稿酬所得或者劳务报酬所得可享受特许权使用费或者技术服务费协定待遇的,可不纳入综合所得,在取得当月按照税收协定规定的计税所得额和征税比例计算应纳税额,并预扣预缴税款。年度汇算清缴时,该个人取得的已享受特许权使用费或者技术服务费协定待遇的所得不纳入年度综合所得,单独按照税收协定规定的计税所得额和征税比例计算年度应纳税额及补退税额。

非居民个人为对方税收居民个人,其取得的特许权使用费所得、稿酬所得或者劳务报酬所得可享受特许权使用费或者技术服务费协定待遇的,可按照税收协定规定的计税所得额和征税比例计算应纳税额。

5.2.7 关于无住所个人相关征管规定

5.2.7.1 关于无住所个人预计境内居住时间的规定

无住所个人在一个纳税年度内首次申报时,应当根据合同约定等情况预计一个纳税年度内境内居住天数以及在税收协定规定的期间内境内停留天数,按照预计情况计算缴纳税款。实际情况与预计情况不符的,分别按照以下规定处理:

1. 无住所个人预先判定为非居民个人,因延长居住天数达到居民个人条件的,一个纳税年度内税款扣缴方法保持不变,年度终了后按照居民个人有关规定办理汇算清缴,但该个人在当年离境且预计年度内不再入境的,可以选择在离境之前办理汇算清缴。

2. 无住所个人预先判定为居民个人,因缩短居住天数不能达到居民个人条件的,在不能达到居民个人条件之日起至年度终了15天内,应当向主管税务机关报告,按照非居民个人重新计算应纳税额,申报补缴税款,不加收税收滞纳金。需要退税的,按照规定办理。

3. 无住所个人预计一个纳税年度内境内居住天数累计不超过90天,但实际累计居住天数超过90天的,或者对方税收居民个人预计在税收协定规定的期间内境内停留天数不超过183天,但实际停留天数超过183天的,待达到90天或者183天的月度终了后15天内,应当向主管税务机关报告,就以前月份工资薪金所得重新计算应纳税款,并补缴税款,不加收税收滞纳金。

> **提 示**
>
> 35号公告重新确立了预判制度:无住所个人在一个纳税年度内首次申报时,应当根据合同约定等情况预计一个纳税年度内境内居住天数以及在税收协定规定的期间内境内停留天数,按照预计情况计算缴纳税款。就是说,无住所个人可以借助就业合同等约定条款,初步判断自己在境内停留的天数,是否会达到居民个人的时间条件。如果预计情况与实际执行情况一致,自然不需要调整。如果实际情况与预计情况不符的,分别按照以下规定处理:
>
> 第一种情况:预判为非居民个人。
>
> 1. 扣缴申报。
>
> 无住所个人预先判定为非居民个人,因延长居住天数达到居民个人条件的,一个纳税年度内税款扣缴方法保持不变,年度终了后按照居民个人有关规定办理汇算清缴。
>
> 2. 特殊处理。
>
> 该个人在当年离境且预计年度内不再入境的,可以选择在离境之前办理汇算清缴。
>
> 3. 扣缴申报方式。
>
> 预判为非居民的情形,按月扣缴适用月度税率表。非居民个人的工资、薪金所得,以每月收入额减除费用五千元后的余额为应纳税所得额。这里按照个人所得税法规定仅能扣除固定费用5 000元,不能扣除依法缴纳的社会保险费。
>
> 第二种情况:预判为居民个人。
>
> 1. 扣缴申报。
>
> 无住所个人预先判定为居民个人,因缩短居住天数不能达到居民个人条件的,在不能达到居民个人条件之日起至年度终了15天内,应当向主管税务机关报告,按照非居民个人重新计算应纳税额,申报补缴税款,不加收税收滞纳金。
>
> 2. 特殊处理。
>
> 需要退税的,按照规定办理。
>
> 3. 扣缴申报方式。
>
> 预判为居民,无住所居民个人取得的工资薪金所得采用累计预扣法处理,扣除项目相对较多,且适用年度税率表,可能会出现预扣预缴金额较少较小的情形,但是后来发现居住天数不足,需要向税务机关报告调整补税,此时不加收滞纳金。
>
> 第三种情况:预判不超过90/183天。
>
> 1. 扣缴申报。

无住所个人预计一个纳税年度境内居住天数累计不超过90天,但实际累计居住天数超过90天的,或者对方税收居民个人预计在税收协定规定的期间内境内停留天数不超过183天,但实际停留天数超过183天的,待达到90天或者183天的月度终了后15天内,应当向主管税务机关报告,就以前月份工资薪金所得重新计算应纳税款,并补缴税款,不加收税收滞纳金。

2. 特殊处理。

90天的是居住天数,183天的是协定规定的停留天数。

3. 扣缴申报方式。

预判居住天数/停留天数累计不超过90天/183天,但实际居住天数超过预判天数,前期一般未做扣缴,超过预判天数后应当向税务机关报告并补缴税款,也同样不加收税收滞纳金。

5.2.7.2 关于无住所个人境内雇主报告境外关联方支付工资薪金所得的规定

无住所个人在境内任职、受雇取得来源于境内的工资薪金所得,凡境内雇主与境外单位或者个人存在关联关系,将本应由境内雇主支付的工资薪金所得,部分或者全部由境外关联方支付的,无住所个人可以自行申报缴纳税款,也可以委托境内雇主代为缴纳税款。无住所个人未委托境内雇主代为缴纳税款的,境内雇主应当在相关所得支付当月终了后15天内向主管税务机关报告相关信息,包括境内雇主与境外关联方对无住所个人的工作安排、境外支付情况以及无住所个人的联系方式等信息。

5.2.8 于非居民个人和无住所居民个人有关个人所得税政策的衔接

35号公告自2019年1月1日起施行,非居民个人2019年1月1日后取得所得,按原有规定多缴纳税款的,可以依法申请办理退税。

5.3 个人所得税征税对象

根据《个人所得税法》第二条规定,居民个人取得的工资、薪金所得、劳务报酬所得、稿酬所得和特许权使用所得,都属于以劳动方式取得的所得,通称为综合所得,按纳税年度合并计算个人所得税

5.3.1 综合所得

5.3.1.1 综合所得的计税方法

居民个人取得综合所得,按年计算个人所得税。

5.3.1.2 综合所得包括的内容

综合所得包括以下内容:

(1) 工资、薪金所得,是指个人因任职或者受雇取得的工资、薪金、奖金、年终加薪、劳动分红、津贴、补贴以及与任职或者受雇有关的其他所得。

(2) 劳务报酬所得,是指个人从事劳务取得的所得,包括从事设计、装潢、安装、制图、化

验、测试、医疗、法律、会计、咨询、讲学、翻译、审稿、书画、雕刻、影视、录音、录像、演出、表演、广告、展览、技术服务、介绍服务、经纪服务、代办服务以及其他劳务取得的所得。

劳务报酬所得以收入减除20%的费用后的余额为收入额。

(3) 稿酬所得,是指个人因其作品以图书、报刊等形式出版、发表而取得的所得。

稿酬所得以收入减除20%的费用后的余额为收入额,在此基础上,稿酬所得的收入额减按70%计算。实质上相当于将稿酬所得按56%计入综合所得收入额。

(4) 特许权使用费所得,是指个人提供专利权、商标权、著作权、非专利技术以及其他特许权的使用权取得的所得;提供著作权的使用权取得的所得,不包括稿酬所得。

特许权使用费所得以收入减除20%的费用后的余额为收入额。

5.3.1.3　工资、薪金所得与劳务报酬所得的区分问题

根据《财政部　税务总局关于继续有效的个人所得税优惠政策目录的公告》(财政部　税务总局公告2018年第177号)及《国家税务总局关于明确个人所得税若干政策执行问题的通知》(国税发〔1994〕89号)规定,工资、薪金所得是属于非独立个人劳务活动,即在机关、团体、学校、部队、企事业单位及其他组织中任职、受雇而得到的报酬;劳务报酬所得则是个人独立从事各种技艺、提供各项劳务取得的报酬。两者的主要区别在于,前者存在雇佣与被雇佣关系,后者则不存在这种关系。

5.3.1.4　稿酬所得的征税问题

根据《财政部　税务总局关于继续有效的个人所得税优惠政策目录的公告》(财政部　税务总局公告2018年第177号)及《国家税务总局关于明确个人所得税若干政策执行问题的通知》(国税发〔1994〕89号)规定:

(一) 个人每次以图书、报刊方式出版、发表同一作品(文字作品、书画作品、摄影作品以及其他作品),不论出版单位是预付还是分笔支付稿酬,或者加印该作品后再付稿酬,均应合并其稿酬所得按一次计征个人所得税。在两处或两处以上出版、发表或再版同一作品而取得稿酬所得,则可分别各处取得的所得或再版所得按分次所得计征个人所得税。

(二) 个人的同一作品在报刊上连载,应合并其因连载而取得的所有稿酬所得为一次,按税法法规计征个人所得税。在其连载之后又出书取得稿酬所得,或先出书后连载取得稿酬所得,应视同再版稿酬分次计征个人所得税。

(三) 作者去世后,对取得其遗作稿酬的个人,按稿酬所得征收个人所得税。

5.3.1.5　拍卖文稿所得的征税问题

根据《财政部　税务总局关于继续有效的个人所得税优惠政策目录的公告》(财政部　税务总局公告2018年第177号)及《国家税务总局关于明确个人所得税若干政策执行问题的通知》(国税发〔1994〕89号)规定,作者将自己的文字作品手稿原件或复印件公开拍卖(竞价)取得的所得,应按特许权使用费所得项目征收个人所得税。

5.3.1.6　董事费征税问题

根据《财政部　税务总局关于继续有效的个人所得税优惠政策目录的公告》(财政部　税务总局公告2018年第177号)及《国家税务总局关于明确个人所得税若干政策执行问题的通知》(国税发〔1994〕89号)、《国家税务总局关于明确个人所得税若干政策执行问题的通知》(国税发〔2009〕121号)规定,董事费按下列原则确定计入综合所得的收入额:

(一)《国家税务总局关于印发〈征收个人所得税若干问题的规定〉的通知》(国税发〔1994〕89号)第八条规定的董事费按劳务报酬所得项目征税方法,仅适用于个人担任公司董事、监事,且不在公司任职、受雇的情形。

(二)个人在公司(包括关联公司)任职、受雇,同时兼任董事、监事的,应将董事费、监事费与个人工资收入合并,统一按工资、薪金所得项目缴纳个人所得税。

5.3.1.7 综合所得应纳税所得额的计算公式

居民个人的综合所得,以每一纳税年度的收入额减除费用六万元以及专项扣除、专项附加扣除和依法确定的其他扣除后的余额,为应纳税所得额。

《中华人民共和国个人所得税法实施条例》第十三条规定,个人所得税法第六条第一款第一项所称依法确定的其他扣除,包括个人缴付符合国家规定的企业年金、职业年金,个人购买符合国家规定的商业健康保险、税收递延型商业养老保险的支出,以及国务院规定可以扣除的其他项目。

专项扣除、专项附加扣除和依法确定的其他扣除,以居民个人一个纳税年度的应纳税所得额为限额;一个纳税年度扣除不完的,不结转以后年度扣除。

> **提 示**
>
> 综上所述,综合所得应纳税所得额的计算公式可以总结如下:
>
> 应纳税所得额=工资薪金收入+(劳务报酬收入+特许权使用费收入)×80%
> +稿酬收入×56%−60 000−专项扣除−专项附加扣除
> −依法确定的其他扣除
>
> 例如,李某2019年取得工资薪金84 000元,提供咨询服务取得劳务报酬18 000元,发表一篇微博被许多报纸杂志采用,取得稿酬150 000元。符合条件的专项扣除和专项附加扣除合计35 000元。计算李某2019年度个人所得税。
>
> 1. 收入总额=84 000+18 000×80%+150 000×56%=182 400(元)
> 2. 应纳税所得额=182 400−60 000−35 000=87 400(元)
> 3. 应纳个人所得税=87 400×10%−2 520=6 220(元)

5.3.1.8 营销员提成

《国家税务总局关于印发〈征收个人所得税若干问题的规定〉的通知》(国税发〔1994〕89号)关于工资、薪金所得与劳务报酬所得的区分问题规定,工资、薪金所得是属于非独立个人劳务活动,即在机关、团体、学校、部队、企事业单位及其他组织中任职、受雇而得到的报酬;劳务报酬所得则是个人独立从事各种技艺、提供各项劳务取得的报酬。两者的主要区别在于,前者存在雇佣与被雇佣关系,后者则不存在这种关系。

因此,营销员的提成应当按下列原则确定个人所得税征税项目。如果属于在本企业任职或受雇人员取得的提成,应当并入工资薪金所得缴纳个人所得税;如果没有在本企业任职或受雇,应当作为劳务报酬所得缴纳个人所得税。

5.3.1.9 单位或个人为纳税义务人负担税款的计征办法

根据《财政部 税务总局关于继续有效的个人所得税优惠政策目录的公告》(财政部

税务总局公告 2018 年第 177 号)及《国家税务总局关于明确个人所得税若干政策执行问题的通知》(国税发〔1994〕89 号)规定,单位或个人为纳税义务人负担个人所得税税款,应将纳税义务人取得的不含税收入换算为应纳税所得额,计算征收个人所得税。计算公式如下:

(一) 应纳税所得额=(不含税收入额-费用扣除标准-速算扣除数)÷(1-税率)

(二) 应纳税额=应纳税所得额×适用税率-速算扣除数

公式(一)中的税率,是指不含税所得按不含税级距对应的税率;公式(二)中的税率,是指应纳税所得额按含税级距对应的税率。

5.3.2 经营所得

5.3.2.1 经营所得包括的范围

1. 个体工商户从事生产、经营活动取得的所得,个人独资企业投资人、合伙企业的个人合伙人来源于境内注册的个人独资企业、合伙企业生产、经营的所得。
2. 个人依法从事办学、医疗、咨询以及其他有偿服务活动取得的所得。
3. 个人对企业、事业单位承包经营、承租经营以及转包、转租取得的所得。
4. 个人从事其他生产、经营活动取得的所得。

5.3.2.2 承包、承租期不足一年如何计征税款的问题

根据《财政部 税务总局关于继续有效的个人所得税优惠政策目录的公告》(财政部 税务总局公告 2018 年第 177 号)及《国家税务总局关于明确个人所得税若干政策执行问题的通知》(国税发〔1994〕89 号)规定,实行承包、承租经营的纳税义务人,应以每一纳税年度取得的承包、承租经营所得计算纳税,在一个纳税年度内、承包、承租经营不足 12 个月的,以其实际承包、承租经营的月份数为一个纳税年度计算纳税。计算公式为:

应纳税所得额=该年度承包、承租经营收入额-(5 000×该年度实际承包、承租经营月份数)

应纳税额=应纳税所得额×适用税率-速算扣除数

5.3.2.3 企业发包(出租)经营的税务处理

根据《国家税务总局关于个人对企事业单位实行承包经营、承租经营取得所得征税问题的通知》(国税发〔1994〕179 号)规定:

一、企业实行个人承包、承租经营后,如果工商登记仍为企业的,不管其分配方式如何,均应先按照企业所得税的有关规定缴纳企业所得税。承包经营、承租经营者按照承包、承租经营合同(协议)规定取得的所得,依照个人所得税法的有关规定缴纳个人所得税,具体为:

(一) 承包、承租人对企业经营成果不拥有所有权,仅是按合同(协议)规定取得一定所得的,其所得按工资、薪金所得项目征税,适用 3%~45%的七级超额累进税率。

(二) 承包、承租人按合同(协议)的规定只向发包、出租方交纳一定费用后,企业经营成果归其所有的,承包、承租人取得的所得,按对企事业单位的承包经营、承租经营所得项目,适用 5%~35%的五级超额累进税率征税。

二、企业实行个人承包、承租经营后,如工商登记改变为个体工商户的,应依照个体工

商户的生产、经营所得项目计征个人所得税,不再征收企业所得税。

三、企业实行承包经营、承租经营后,不能提供完整、准确的纳税资料、正确计算应纳税所得额的,由主管税务机关核定其应纳税所得额,并依据《中华人民共和国税收征收管理法》的有关规定,自行确定征收方式。

5.3.3 利息、股息、红利所得

5.3.3.1 利息、股息、红利所得的概念

利息、股息、红利所得,是指个人拥有债权、股权等而取得的利息、股息、红利所得。

5.3.3.2 派发红股的征税问题

根据《财政部 税务总局关于继续有效的个人所得税优惠政策目录的公告》(财政部 税务总局公告2018年第177号)及《国家税务总局关于明确个人所得税若干政策执行问题的通知》(国税发〔1994〕89号)规定,股份制企业在分配股息、红利时,以股票形式向股东个人支付应得的股息、红利(即派发红股),应以派发红股的股票票面金额为收入额,按利息、股息、红利项目计征个人所得税。

5.3.3.3 股东取得债务债权形式的股份分红

《国家税务总局关于个人股东取得公司债权债务形式的股份分红计征个人所得税问题的批复》(国税函〔2008〕267号)个人取得的股份分红所得包括债权、债务形式的应收账款、应付账款相抵后的所得。个人股东取得公司债权、债务形式的股份分红,应以其债权形式应收账款的账面价值减去债务形式应付账款的账面价值的余额,加上实际分红所得为应纳税所得,按照规定缴纳个人所得税。

5.3.3.4 资本公积金转增个人股本

根据《财政部 税务总局关于继续有效的个人所得税优惠政策目录的公告》(财政部 税务总局公告2018年第177号)及《国家税务总局关于股份制企业转增股本和派发红股征免个人所得税的通知》(国税发〔1997〕198号)规定,近接一些地区和单位来文、来电请示,要求对股份制企业用资本公积金转增个人股本是否征收个人所得税的问题作出明确法规。经研究,现明确如下:

一、股份制企业用资本公积金转增股本不属于股息、红利性质的分配,对个人取得的转增股本数额,不作为个人所得,不征收个人所得税。

而《国家税务总局关于原城市信用社在转制为城市合作银行过程中个人股增值所得应纳个人所得税的批复》(国税函〔1998〕289号)规定,《国家税务总局关于股份制企业转增股本和派发红股征免个人所得税的通知》(国税发〔1997〕198号)中所表述的"资本公积金"是指股份制企业股票溢价发行收入所形成的资本公积金。将此转增股本由个人取得的数额,不作为应税所得征收个人所得税。而与此不相符合的其他资本公积金分配个人所得部分,应当依法征收个人所得税。

> **提 示**
>
> 股份制企业以"资本公积——股票溢价"转增个人股本,不征收个人所得税,那么,如果属于有限公司资本溢价转增注册资本是否缴纳个人所得税呢?实务操作中一直存在争议。笔者认为,有限公司将"资本公积——资本溢价"转增个人的注册资本,也不征收个人

所得税,理由如下:

第一,从企业会计准则来看,根据《企业会计准则附录:会计科目和主要账务处理》(财会〔2006〕18号):4002资本公积:二、本科目应当分别"资本溢价(股本溢价)""其他资本公积"进行明细核算。也就是说,从企业会计准则的角度,资本溢价和股本溢价是等同的,而其他资本公积是除了资本溢价(股本溢价)以外的资本公积。"资本公积"属于一级会计科目,"其他资本公积"和"资本溢价(股本溢价)"是二级会计科目,这几个词语都属于会计专业术语,而不是税务专业术语,对会计专业术语的理解,应该是《企业会计准则》更有发言权。

下面通过一个实例进一步说明。

例:某公司股东A、B各投入100万元组建甲公司,公司注册资本为200万元。其后,股东C投入160万元,其中,注册资本为100万元,60万元为资本溢价。公司实收资本合计300万元,资本公积——资本溢价60万元,之后,公司将资本溢价60万元转增注册资本,这60万元资本溢价转增个人注册资本的行为是否缴纳个人所得税呢?

转增资本前,股东A、B、C各占1/3的份额,这60万元,股东A、B、C各自享有20万元,也就是说,转增资本后,A、B、C的实收资本分别增加到120万元。首先来看C,C总共投入160万元,却只享有120万元的资本,让C缴纳个人所得税显然不合适,A和B都投入100万元,也享有120万元的资本,貌似增加了,但是增加的20万元是哪里来的,并不是公司的利润形成的,而是从C那里得来的,实际上还是属于股东的投资,只是在股东之间转换(不是转让)了一下。三位股东总共投资了360万元,资本溢价转增注册资本后的实际注册资本也是360万元,并没有增加。对于A和B,即使要交个人所得税,也要等到A或B将股权转让后按照股权转让所得缴纳个人所得税,且允许减除的成本仍旧是100万元,而不是120万元。由此可见,有限公司的资本溢价转增注册资本缴纳个人所得税缺乏法理基础。

第二,从税收公平原则的考虑,国税发〔1997〕198号规定:股份制企业用资本公积金转增股本不属于股息、红利性质的分配,对个人取得的转增股本数额,不作为应税所得,不征收个人所得税。值得注意的是,这里强调的是不征收个人所得税,而不是免征个人所得税。"不征收"的含义是,以股票溢价转增个人股本,不属于征收个人所得税的范围,压根儿不需要征税;而"免征"的含义是,属于个人所得税的征税范围,但税法处于特殊目的给予免除纳税义务。通俗地说,就是股份制企业用资本公积金转增股本,不属于个人所得税的征税项目。那么有限责任公司用资本公积金转增资本,就属于个人所得税的征税项目了吗?那这两者有什么本质的区别吗?显然是没有。二者都是用投资者投入超过股本(注册资本)的金额转增股本(注册资本),如需纳税,纳税义务人和征税对象也应该一致。既然法规明确规定了股票溢价收入转增股本不属于个人所得税应税所得,那么资本溢价转增注册资本,也不应该算作个人所得税应税所得,否则对于同类性质的所得,有两种不同的定性及税务处理,违反了税收公平主义和实质课税原则。

第三,从《中华人民共和国个人所得税法实施条例》关于"利息、股息、红利所得"解释来看,利息、股息、红利所得,是指个人拥有债权、股权等而取得的利息、股息、红利所得。因此,按股息缴纳个人所得税是基于股权获得的股息、红利所得。而股票溢价或资本溢价转增个人股本或注册资本,均不属于依附于"拥有股权"取得的所得,纳税自然于法无据。此外,2018年8月31日通过的《全国人民代表大会常务委员会关于修改〈中华人民共和国个人所得税法〉的决定》中,将第十一项"经国务院财政部门确定征税的其他所得"删除,理由是根据税收法定的原则,应纳税所得的范围属于个人所得税的税制基本要素,国务院财政部门无权对此作出规定。从立法变化,我们可以看出国家对税收法定原则的收紧及重视。如上,既然有限责任公司资本溢价形成的资本公积转增股本归属于个人的数额不属于个人所得税法的任何一项,根据税收法定的原则,该行为不应征收个人所得税。

综上所述,无论从具体实例、会计准则还是立法原则,有限公司以资本溢价形成的资本公积转增资本的个人所得税应该和股份制企业以股票溢价发行形成的资本公积转增股本一致,都不属于个人所得税的征税范围。

二、股份制企业用盈余公积金派发红股属于股息、红利性质的分配,对个人取得的红股数额,应作为个人所得征税。

各地要严格按照《国家税务总局关于印发〈征收个人所得税若干问题的法规〉的通知》(国税发〔1994〕89号)的有关法规执行,没有执行的要尽快纠正。派发红股的股份制企业作为支付所得的单位应按照税法法规履行扣缴义务。

5.3.4 财产租赁所得

5.3.4.1 财产租赁所得的概念

财产租赁所得,是指个人出租不动产、机器设备、车船以及其他财产取得的所得。

5.3.4.2 财产租赁所得的征税问题

根据《财政部 税务总局关于继续有效的个人所得税优惠政策目录的公告》(财政部 税务总局公告2018年第177号)及《国家税务总局关于明确个人所得税若干政策执行问题的通知》(国税发〔1994〕89号)规定:

(一)纳税义务人在出租财产过程中缴纳的税金和国家能源交通重点建设基金、国家预算调节基金、教育费附加,可持完税(缴款)凭证,从其财产租赁收入中扣除。

(二)纳税义务人出租财产取得财产租赁收入,在计算征税时,除可依法减除规定费用和有关税、费外,还准予扣除能够提供有效、准确凭证,证明由纳税义务人负担的该出租财产实际开支的修缮费用。允许扣除的修缮费用,以每次800元为限,一次扣除不完的,准予在下一次继续扣除,直至扣完为止。

(三)确认财产租赁所得的纳税义务人,应以产权凭证为依据。无产权凭证的,由主管税务机关根据实际情况确定纳税义务人。

(四)产权所有人死亡,在未办理产权继承手续期间,该财产出租而有租金收入的,以领取租金的个人为纳税义务人。

5.3.5 财产转让所得

5.3.5.1 财产转让所得的概念

财产转让所得,是指个人转让有价证券、股权、合伙企业中的财产份额、不动产、机器设备、车船以及其他财产取得的所得。

5.3.5.2 如何确定转让债权财产原值的问题

根据《财政部 税务总局关于继续有效的个人所得税优惠政策目录的公告》(财政部 税务总局公告2018年第177号)及《国家税务总局关于明确个人所得税若干政策执行问题的通知》(国税发〔1994〕89号)规定:

转让债权,采用"加权平均法"确定其应予减除的财产原值和合理费用。即以纳税人购进的同一种类债券买入价和买进过程中缴纳的税费总和,除以纳税人购进的该种类债券数量之和,乘以纳税人卖出的该种类债券数量,再加上卖出的该种类债券过程中缴纳的税费。用公式表示为:

一次卖出某一种类债券允许扣除的买入价和费用=(纳税人购进的该种类债券买入价和买进过程中缴纳的税费总和÷纳税人购进的该种类债券总数量)×一次卖出的该种类债券的数量+卖出的该种类债券过程中缴纳的税费

5.3.5.3 股票转让所得个人所得税征税办法

对股票转让所得征收个人所得税的办法,由国务院另行规定,并报全国人民代表大会常务委员会备案。

5.3.5.4 股权转让个人所得税的基本规定

《国家税务总局关于股权转让收入征收个人所得税问题的批复》(国税函〔2007〕244号)规定:

1. 公司原全体股东,通过签订股权转让协议,以转让公司全部资产方式将股权转让给新股东,协议约定时间以前的债权债务由原股东负责,协议约定时间以后的债权债务由新股东负责。根据《中华人民共和国个人所得税法》及其实施条例的规定,原股东取得股权转让所得,应按"财产转让所得"项目征收个人所得税。

2. 应纳税所得额的计算:

(1) 对于原股东取得转让收入后,根据持股比例先清收债权、归还债务后,再对每个股东进行分配的,应纳税所得额的计算公式为:

$$应纳税所得额 = (原股东股权转让总收入 - 原股东承担的债务总额 + 原股东所收回的债权总额 - 注册资本额 - 股权转让过程中的有关税费) × 原股东持股比例$$

其中,原股东承担的债务不包括应付未付股东的利润(下同)。

(2) 对于原股东取得转让收入后,根据持股比例对股权转让收入、债权债务进行分配的,应纳税所得额的计算公式为:应纳税所得额=原股东分配取得股权转让收入+原股东清收公司债权收入-原股东承担公司债务支出-原股东向公司投资成本。

5.3.5.5 股权转让过程中取得的违约金收入

《国家税务总局关于个人股权转让过程中取得违约金收入征收个人所得税问题的批复》

(国税函〔2006〕866号)规定,股权成功转让后,转让方个人因受让方个人未按规定期限支付价款而取得的违约金收入,属于因财产转让而产生的收入。转让方个人取得的该违约金应并入财产转让收入,按照"财产转让所得"项目计算缴纳个人所得税,税款由取得所得的转让方个人向主管税务机关自行申报缴纳。

5.3.5.6 以股权参与上市公司定向增发

《国家税务总局关于个人以股权参与上市公司定向增发征收个人所得税问题的批复》(国税函〔2011〕89号)规定,南京浦东建设发展有限公司自然人以其所持该公司股权评估增值后,参与苏宁环球股份有限公司定向增发股票,属于股权转让行为,其取得所得,应按照"财产转让所得"项目缴纳个人所得税。

5.3.5.7 收回转让的股权

《国家税务总局关于纳税人收回转让的股权征收个人所得税问题的批复》(国税函〔2005〕130号)规定:

(1) 股权转让合同履行完毕、股权已作变更登记,且所得已经实现的,转让人取得的股权转让收入应当依法缴纳个人所得税。转让行为结束后,当事人双方签订并执行解除原股权转让合同、退回股权的协议,是另一次股权转让行为,对前次转让行为征收的个人所得税款不予退回。

(2) 股权转让合同未履行完毕,因执行仲裁委员会作出的解除股权转让合同及补充协议的裁决、停止执行原股权转让合同,并原价收回已转让股权的,由于其股权转让行为尚未完成、收入未完全实现,随着股权转让关系的解除,股权收益不复存在,根据个人所得税法和征管法的有关规定,以及从行政行为合理性原则出发,纳税人不应缴纳个人所得税。

5.3.5.8 终止投资经营收回款项

《国家税务总局关于个人终止投资经营收回款项征收个人所得税问题的公告》(国家税务总局公告2011年第41号)规定:

个人因各种原因终止投资、联营、经营合作等行为,从被投资企业或合作项目、被投资企业的其他投资者以及合作项目的经营合作人取得股权转让收入、违约金、补偿金、赔偿金及以其他名目收回的款项等,均属于个人所得税应税收入,应按照"财产转让所得"项目适用的规定计算缴纳个人所得税。

应纳税所得额的计算公式如下:

$$应纳税所得额 = 个人取得的股权转让收入、违约金、补偿金、赔偿金及以其他名目收回款项合计数 - 原实际出资额(投入额)及相关税费$$

5.3.5.9 个人投资者收购企业股权后将原盈余积累转增股本个人所得税

《国家税务总局关于个人投资者收购企业股权后将原盈余积累转增股本个人所得税问题的公告》(国家税务总局公告2013年第23号)规定,对个人投资者收购企业股权后,将企业原有盈余积累转增股本有关个人所得税问题公告如下:

1. 1名或多名个人投资者以股权收购方式取得被收购企业100%股权,股权收购前,被收购企业原账面金额中的"资本公积、盈余公积、未分配利润"等盈余积累未转增股本,而在股权交易时将其一并计入股权转让价格并履行了所得税纳税义务。股权收购后,企业将原

账面金额中的盈余积累向个人投资者(新股东,下同)转增股本,有关个人所得税问题区分以下情形处理:

(1) 新股东以不低于净资产价格收购股权的,企业原盈余积累已全部计入股权交易价格,新股东取得盈余积累转增股本的部分,不征收个人所得税。

(2) 新股东以低于净资产价格收购股权的,企业原盈余积累中,对于股权收购价格减去原股本的差额部分已经计入股权交易价格,新股东取得盈余积累转增股本的部分,不征收个人所得税;对于股权收购价格低于原所有者权益的差额部分未计入股权交易价格,新股东取得盈余积累转增股本的部分,应按照"利息、股息、红利所得"项目征收个人所得税。

新股东以低于净资产价格收购企业股权后转增股本,应按照下列顺序进行,即:先转增应税的盈余积累部分,然后再转增免税的盈余积累部分。

2. 新股东将所持股权转让时,其财产原值为其收购企业股权实际支付的对价及相关税费。

3. 企业发生股权交易及转增股本等事项后,应在次月15日内,将股东及其股权变化情况、股权交易前原账面记载的盈余积累数额、转增股本数额及扣缴税款情况报告主管税务机关。

4. 本公告自发布后30日(注:2013年6月6日)起施行。此前尚未处理的涉税事项按本公告执行。

提 示

关于自然人个人收购企业股权后,被收购企业以盈余公积转增股本个人所得税问题,可以按下列表述理解:

1. 自然人以高于被收购企业净资产的价格收购被收购企业后,被收购企业将被收购前的盈余积累转增个人股本的,免征个人所得税。

2. 自然人以低于被收购企业净资产的价格收购被收购企业后,被收购企业将被收购前的盈余积累转增个人股本的:

(1) 收购价格减除实收资本后的差额部分由于已经计入收购价格,不再缴纳个人所得税。

(2) 但盈余积累减除上述差额后的余额部分,由于没有计入收购价格,视同被收购企业向新股东的捐赠,如果新股东将其转增个人股本,应当按"股息、利息、红利所得"项目,缴纳个人所得税。

例题 5-3 甲企业原账面资产总额8 000万元,负债3 000万元,所有者权益5 000万元,其中:实收资本(股本)1 000万元,资本公积、盈余公积、未分配利润等盈余积累合计4 000万元。假定多名自然人投资者(新股东)向甲企业原股东购买该企业100%股权,股权收购价4 500万元,新股东收购企业后,甲企业将资本公积、盈余公积、未分配利润等盈余积累4 000万元向新股东转增实收资本。则:

(1) 收购价格4 500—实收资本1 000=3 500万元,由于已经包含在收购价格中,免征个人所得税

(2) 盈余积累 4 000－3 500＝500 万元，这部分金额没有计入收购价格，视为被投资方向股东个人分配股息，应当按"利息、股息、红利所得"代扣代缴个人所得税。

但如果自然人股东以 5 500 万元收购甲企业，甲企业以盈余积累 4 000 万元向自然人股东转增股本，则不需要代扣代缴个人所得税。

5.3.5.10 股权转让所得个人所得税管理

关于股权转让所得个人所得税管理，根据《国家税务总局关于发布〈股权转让所得个人所得税管理办法（试行）〉的公告》（国家税务总局公告 2014 年第 67 号）总结如下：

一、股权转让的范围。

股权转让是指个人将股权转让给其他个人或法人的行为，包括以下情形：

（一）出售股权。

（二）公司回购股权。

（三）发行人首次公开发行新股时，被投资企业股东将其持有的股份以公开发行方式一并向投资者发售。

（四）股权被司法或行政机关强制过户。

（五）以股权对外投资或进行其他非货币性交易。

（六）以股权抵偿债务。

（七）其他股权转移行为。

二、股权转让个人所得税应纳税所得额的确定。

个人转让股权，以股权转让收入减除股权原值和合理费用后的余额为应纳税所得额，按"财产转让所得"缴纳个人所得税。

合理费用是指股权转让时按照规定支付的有关税费。

三、股权转让所得个人所得税的扣缴义务人。

（一）个人股权转让所得个人所得税，以股权转让方为纳税人，以受让方为扣缴义务人。

（二）扣缴义务人应于股权转让相关协议签订后 5 个工作日内，将股权转让的有关情况报告主管税务机关。

被投资企业应当详细记录股东持有本企业股权的相关成本，如实向税务机关提供与股权转让有关的信息，协助税务机关依法执行公务。

四、股权转让收入的确认。

（一）股权转让收入的概念及注意事项。

1. 股权转让收入是指转让方因股权转让而获得的现金、实物、有价证券和其他形式的经济利益。

2. 转让方取得与股权转让相关的各种款项，包括违约金、补偿金以及其他名目的款项、资产、权益等，均应当并入股权转让收入。

3. 纳税人按照合同约定，在满足约定条件后取得的后续收入，应当作为股权转让收入。

4. 股权转让收入应当按照公平交易原则确定。

（二）核定股权转让收入的情形。

符合下列情形之一的，主管税务机关可以核定股权转让收入：

1. 申报的股权转让收入明显偏低且无正当理由的。

2. 未按照规定期限办理纳税申报,经税务机关责令限期申报,逾期仍不申报的。

3. 转让方无法提供或拒不提供股权转让收入的有关资料。

4. 其他应核定股权转让收入的情形。

(三)股权转让收入明显偏低的情形。

符合下列情形之一,视为股权转让收入明显偏低:

1. 申报的股权转让收入低于股权对应的净资产份额的。其中,被投资企业拥有土地使用权、房屋、房地产企业未销售房产、知识产权、探矿权、采矿权、股权等资产的,申报的股权转让收入低于股权对应的净资产公允价值份额的。

2. 申报的股权转让收入低于初始投资成本或低于取得该股权所支付的价款及相关税费的。

3. 申报的股权转让收入低于相同或类似条件下同一企业同一股东或其他股东股权转让收入的。

4. 申报的股权转让收入低于相同或类似条件下同类行业的企业股权转让收入的。

5. 不具合理性的无偿让渡股权或股份。

6. 主管税务机关认定的其他情形。

(四)低价转让股权的正当理由。

符合下列条件之一的股权转让收入明显偏低,视为有正当理由:

1. 能出具有效文件,证明被投资企业因国家政策调整,生产经营受到重大影响,导致低价转让股权。

2. 继承或将股权转让给其能提供具有法律效力身份关系证明的配偶、父母、子女、祖父母、外祖父母、孙子女、外孙子女、兄弟姐妹以及对转让人承担直接抚养或者赡养义务的抚养人或者赡养人。

3. 相关法律、政府文件或企业章程规定,并有相关资料充分证明转让价格合理且真实的本企业员工持有的不能对外转让股权的内部转让。

4. 股权转让双方能够提供有效证据证明其合理性的其他合理情形。

(五)股权转让收入的核定方法。

主管税务机关应依次按照下列方法核定股权转让收入:

1. 净资产核定法。

股权转让收入按照每股净资产或股权对应的净资产份额核定。

被投资企业的土地使用权、房屋、房地产企业未销售房产、知识产权、探矿权、采矿权、股权等资产占企业总资产比例超过20%的,主管税务机关可参照纳税人提供的具有法定资质的中介机构出具的资产评估报告核定股权转让收入。

6个月内再次发生股权转让且被投资企业净资产未发生重大变化的,主管税务机关可参照上一次股权转让时被投资企业的资产评估报告核定此次股权转让收入。

> **提　示**
>
> (1)如果被投资企业的土地使用权、房屋、房地产企业未销售房产、知识产权、探矿权、采矿权、股权等资产(以下简称"七项资产")占企业总资产比例不超过20%的:
>
> 税务机关核定的股权转让收入＝被投资方全部净资产×转让股权占比

(2) 如果被投资企业的土地使用权、房屋、房地产企业未销售房产、知识产权、探矿权、采矿权、股权等资产占企业总资产比例超过20%的：

$$\text{税务机关核定的股权转让收入} = \left(\text{被投资方全部净资产} - \text{七项资产净值} + \text{七项资产的评估价值}\right) \times \text{转让股权占比}$$

例如，李某将其持有的M企业股权以100万元价格转让给王某。李某投资时的成本100万元（占M企业30%），转让时，M企业净资产的账面价值1 000万元，其中，房屋建筑物和土地使用权账面净值300万元，评估价值1 500万元。

由于七项资产/全部净资产=300/1 000=30%大于20%

税务机关核定李某的股权转让收入=(1 000-300+1 500)×30%=660(万元)

2. 类比法。

(1) 参照相同或类似条件下同一企业同一股东或其他股东股权转让收入核定。

(2) 参照相同或类似条件下同类行业企业股权转让收入核定。

3. 其他合理方法。

主管税务机关采用以上方法核定股权转让收入存在困难的，可以采取其他合理方法核定。

五、股权原值的确认。

(一) 个人转让股权原值的确认方法。

个人转让股权的原值依照以下方法确认：

1. 以现金出资方式取得的股权，按照实际支付的价款与取得股权直接相关的合理税费之和确认股权原值。

2. 以非货币性资产出资方式取得的股权，按照税务机关认可或核定的投资入股时非货币性资产价格与取得股权直接相关的合理税费之和确认股权原值。

3. 通过无偿让渡方式取得股权，具备本办法第十三条第二项所列情形的，按取得股权发生的合理税费与原持有人的股权原值之和确认股权原值。

4. 被投资企业以资本公积、盈余公积、未分配利润转增股本，个人股东已依法缴纳个人所得税的，以转增额和相关税费之和确认其新转增股本的股权原值。

5. 除以上情形外，由主管税务机关按照避免重复征收个人所得税的原则合理确认股权原值。

6. 股权转让人已被主管税务机关核定股权转让收入并依法征收个人所得税的，该股权受让人的股权原值以取得股权时发生的合理税费与股权转让人被主管税务机关核定的股权转让收入之和确认。

(二) 未提供股权原值凭证的税务处理。

个人转让股权未提供完整、准确的股权原值凭证，不能正确计算股权原值的，由主管税务机关核定其股权原值。

(三) 多次取得同一被投资企业股权原值的确认。

对个人多次取得同一被投资企业股权的，转让部分股权时，采用"加权平均法"确定其股权原值。

六、纳税申报。

（一）个人股权转让的纳税地点。

个人股权转让所得个人所得税以被投资企业所在地地税机关为主管税务机关。

（二）纳税申报条件及期限。

具有下列情形之一的，扣缴义务人、纳税人应当依法在次月15日内向主管税务机关申报纳税：

1. 受让方已支付或部分支付股权转让价款的。
2. 股权转让协议已签订生效的。
3. 受让方已经实际履行股东职责或者享受股东权益的。
4. 国家有关部门判决、登记或公告生效的。
5. 本办法第三条第四至第七项行为已完成的。
6. 税务机关认定的其他有证据表明股权已发生转移的情形。

（三）股权转让纳税申报时纳税人、扣缴义务人应当报送的资料。

纳税人、扣缴义务人向主管税务机关办理股权转让纳税（扣缴）申报时，还应当报送以下资料：

1. 股权转让合同（协议）。
2. 股权转让双方身份证明。
3. 按规定需要进行资产评估的，需提供具有法定资质的中介机构出具的净资产或土地房产等资产价值评估报告。
4. 计税依据明显偏低但有正当理由的证明材料。
5. 主管税务机关要求报送的其他材料。

（四）被投资企业应当报送的资料。

被投资企业应当在董事会或股东会结束后5个工作日内，向主管税务机关报送与股权变动事项相关的董事会或股东会决议、会议纪要等资料。

被投资企业发生个人股东变动或者个人股东所持股权变动的，应当在次月15日内向主管税务机关报送含有股东变动信息的《个人所得税基础信息表（A表）》及股东变更情况说明。

主管税务机关应当及时向被投资企业核实其股权变动情况，并确认相关转让所得，及时督促扣缴义务人和纳税人履行法定义务。

（五）外币折算。

转让的股权以人民币以外的货币结算的，按照结算当日人民币汇率中间价，折算成人民币计算应纳税所得额。

七、征收管理。

（一）部门配合。

税务机关应加强与工商部门合作，落实和完善股权信息交换制度，积极开展股权转让信息共享工作。

（二）电子台账。

税务机关应当建立股权转让个人所得税电子台账，将个人股东的相关信息录入征管信息系统,强化对每次股权转让间股权转让收入和股权原值的逻辑审核,对股权转让实施链条式动态管理。

(三)购买中介服务。

各地可通过政府购买服务的方式,引入中介机构参与股权转让过程中相关资产的评估工作。

八、排除事项。

个人在上海证券交易所、深圳证券交易所转让从上市公司公开发行和转让市场取得的上市公司股票,转让限售股,以及其他有特别规定的股权转让,不适用本办法。

5.3.6 偶然所得

偶然所得,是指个人得奖、中奖、中彩以及其他偶然性质的所得。

5.3.6.1 体育彩票中奖所得

根据《财政部 税务总局关于继续有效的个人所得税优惠政策目录的公告》(财政部 税务总局公告2018年第177号)及《财政部 国家税务总局关于个人取得体育彩票中奖所得征免个人所得税问题的通知》(财税字〔1998〕12号)规定,为了有利于动员全社会力量资助和发展我国的体育事业,经研究决定,对个人购买体育彩票中奖收入的所得税政策作如下调整:

凡一次中奖收入不超过1万元的,暂免征收个人所得税;超过1万元的,应按税法规定全额征收个人所得税。

5.3.6.2 社会福利有奖募捐发行收入

根据《财政部 税务总局关于继续有效的个人所得税优惠政策目录的公告》(财政部 税务总局公告2018年第177号)及《国家税务总局关于社会福利有奖募捐发行收入税收问题的通知》(国税发〔1994〕127号)第二条规定,对个人购买社会福利有奖募捐奖券一次中奖收入不超过10 000元的暂免征收个人所得税,对一次中奖收入超过10 000元的,应按税法法规全额征税。

5.3.6.3 企业向个人支付的不竞争款项所得

根据《财政部 国家税务总局关于企业向个人支付不竞争款项征收个人所得税问题的批复》(财税〔2007〕102号)规定:

不竞争款项是指资产购买方企业与资产出售方企业自然人股东之间在资产购买交易中,通过签订保密和不竞争协议等方式,约定资产出售方企业自然人股东在交易完成后一定期限内,承诺不从事有市场竞争的相关业务,并负有相关技术资料的保密义务,资产购买方企业则在约定期限内,按一定方式向资产出售方企业自然人股东所支付的款项。

鉴于资产购买方企业向个人支付的不竞争款项,属于个人因偶然因素取得的一次性所得,为此,资产出售方企业自然人股东取得的所得,应按照《中华人民共和国个人所得税法》第二条第九项"偶然所得"项目计算缴纳个人所得税,税款由资产购买方企业在向资产出售方企业自然人股东支付不竞争款项时代扣代缴。

5.3.7 难以界定应纳税所得项目的处理

个人取得的所得,难以界定应纳税所得项目的,由国务院税务主管部门确定。

5.3.8 个人所得的形式

个人所得的形式,包括现金、实物、有价证券和其他形式的经济利益;所得为实物的,应当按照取得的凭证上所注明的价格计算应纳税所得额,无凭证的实物或者凭证上所注明的价格明显偏低的,参照市场价格核定应纳税所得额;所得为有价证券的,根据票面价格和市场价格核定应纳税所得额;所得为其他形式的经济利益的,参照市场价格核定应纳税所得额。

5.3.9 两个以上个人共同取得同一项目收入的处理

两个以上的个人共同取得同一项目收入的,应当对每个人取得的收入分别按照个人所得税法的规定计算纳税。

5.3.10 同时取得境内所得和境外所得的处理

《中华人民共和国个人所得税法实施条例》第二十条规定,居民个人从中国境内和境外取得的综合所得、经营所得,应当分别合并计算应纳税额;从中国境内和境外取得的其他所得,应当分别单独计算应纳税额。

5.4 个人所得税税率

按《中华人民共和国个人所得税法》规定,新个人所得税法针对不同的所得项目,分别适用超额累进税率和比例税率征收个人所得税。

5.4.1 超额累进税率

一、综合所得,适用3%～45%的超额累进税率(税率表附后)。

个人所得税税率表一
(综合所得适用)

级数	全年应纳税所得额	税率(%)
1	不超过36 000元的	3
2	超过36 000元至144 000元的部分	10
3	超过144 000元至300 000元的部分	20
4	超过300 000元至420 000元的部分	25
5	超过420 000元至660 000元的部分	30
6	超过660 000元至960 000元的部分	35
7	超过960 000元的部分	45

(注1:本表所称全年应纳税所得额是指依照本法第六条的规定,居民个人取得综合所得以每一纳税年度收入额减除费用六万元以及专项扣除、专项附加扣除和依法确定的其他扣除后的余额。

注2:非居民个人取得工资、薪金所得,劳务报酬所得,稿酬所得和特许权使用费所得,依照本表按月换算后计算应纳税额。)

二、经营所得,适用 5%～35% 的超额累进税率(税率表附后)。

个人所得税税率表二
(经营所得适用)

级数	全年应纳税所得额	税率(%)
1	不超过 30 000 元的	5
2	超过 30 000 元至 90 000 元的部分	10
3	超过 90 000 元至 300 000 元的部分	20
4	超过 300 000 元至 500 000 元的部分	30
5	超过 500 000 元的部分	35

(注:本表所称全年应纳税所得额是指依照本法第六条的规定,以每一纳税年度的收入总额减除成本、费用以及损失后的余额。)

5.4.2 比例税率

下列所得项目,一律按 20% 比例税率征收个人所得税。
1. 利息、股息、红利所得。
2. 财产租赁所得。
3. 财产转让所得。
4. 偶然所得,适用比例税率,税率为 20%。

5.5 个人所得税综合所得应纳税所得额的计算

$$\text{综合所得应纳税所得额} = \text{收入额} - 60\,000 - \text{专项扣除} - \text{专项附加扣除} - \text{依法确定的其他扣除}$$

5.5.1 专项扣除

5.5.1.1 专项扣除包括的内容

《中华人民共和国个人所得税法》第六条规定,专项扣除包括居民个人按照国家规定的范围和标准缴纳的基本养老保险、基本医疗保险、失业保险等社会保险费和住房公积金等。

5.5.1.2 基本养老保险费、基本医疗保险费、失业保险费、住房公积金

根据《财政部 税务总局关于继续有效的个人所得税优惠政策目录的公告》(财政部 税务总局公告 2018 年第 177 号)及《财政部、国家税务总局关于基本养老保险费基本医疗保险费失业保险费住房公积金有关个人所得税政策的通知》(财税〔2006〕10 号)规定:

一、企事业单位按照国家或省(自治区、直辖市)人民政府规定的缴费比例或办法实际缴付的基本养老保险费、基本医疗保险费和失业保险费,免征个人所得税;个人按照国家或省(自治区、直辖市)人民政府规定的缴费比例或办法实际缴付的基本养老保险费、基本医疗保险费和失业保险费,允许在个人应纳税所得额中扣除。

企事业单位和个人超过规定的比例和标准缴付的基本养老保险费、基本医疗保险费和失业保险费,应将超过部分并入个人当期的工资、薪金收入,计征个人所得税。

二、根据《住房公积金管理条例》及《建设部 财政部 中国人民银行关于住房公积金管

理若干具体问题的指导意见》（建金管〔2005〕5号）等规定精神，单位和个人分别在不超过职工本人上一年度月平均工资12%的幅度内，其实际缴存的住房公积金，允许在个人应纳税所得额中扣除。单位和职工个人缴存住房公积金的月平均工资不得超过职工工作地所在设区城市上一年度职工月平均工资的3倍，具体标准按照各地有关规定执行。

单位和个人超过上述规定比例和标准缴付的住房公积金，应将超过部分并入个人当期的工资、薪金收入，计征个人所得税。

三、个人实际领（支）取原提存的基本养老保险金、基本医疗保险金、失业保险金和住房公积金时，免征个人所得税。

四、上述职工工资口径按照国家统计局规定列入工资总额统计的项目计算。

五、各级财政、税务机关要按照依法治税的要求，严格执行本通知的各项规定。对于各地擅自提高上述保险费和住房公积金税前扣除标准的，财政、税务机关应予坚决纠正。

5.5.1.3　生育津贴和生育医疗费

根据《财政部　税务总局关于继续有效的个人所得税优惠政策目录的公告》（财政部　税务总局公告2018年第177号）及《财政部　国家税务总局关于生育津贴和生育医疗费有关个人所得税政策的通知》（财税〔2008〕8号）规定，生育妇女按照县级以上人民政府根据国家有关规定制定的生育保险办法，取得的生育津贴、生育医疗费或其他属于生育保险性质的津贴、补贴，免征个人所得税。

5.5.1.4　工伤保险

根据《财政部　税务总局关于继续有效的个人所得税优惠政策目录的公告》（财政部　税务总局公告2018年第177号）及《财政部　国家税务总局关于工伤职工取得的工伤保险待遇有关个人所得税政策的通知》（财税〔2012〕40号）规定，为贯彻落实《工伤保险条例》（国务院令第586号），根据个人所得税法第四条中"经国务院财政部门批准免税的所得"的规定，现就工伤职工取得的工伤保险待遇有关个人所得税政策通知如下：

（1）对工伤职工及其近亲属按照《工伤保险条例》（国务院令第586号）规定取得的工伤保险待遇，免征个人所得税。

（2）上述所称的工伤保险待遇，包括工伤职工按照《工伤保险条例》（国务院令第586号）规定取得的一次性伤残补助金、伤残津贴、一次性工伤医疗补助金、一次性伤残就业补助金、工伤医疗待遇、住院伙食补助费、外地就医交通食宿费用、工伤康复费用、辅助器具费用、生活护理费等，以及职工因工死亡，其近亲属按照《工伤保险条例》（国务院令第586号）规定取得的丧葬补助金、供养亲属抚恤金和一次性工亡补助金等。

（3）上述规定自2011年1月1日起执行。对2011年1月1日之后已征税款，由纳税人向主管税务机关提出申请，主管税务机关按相关规定予以退还。

5.5.1.5　异地缴纳社会保险费是否可以免征个人所得税

可以参照《广州市地方税务局关于印发个人所得税若干征税业务指引（2009年）的通知》（穗地税发〔2009〕148号）第四条规定，个人因社保关系在外地而在异地缴纳的社会保险费（包括基本养老保险费、基本医疗保险费），如果能够提供相关缴费凭证或证明文件的，可按现行有关规定给予税前扣除。对采取全年一次性缴纳社会保险费的，纳税人可以从缴交当月起按照实际缴费月份数进行分摊扣除。但本地是否执行，建议咨询主管税务机关确认。

5.5.2 专项附加扣除

《国务院关于印发个人所得税专项附加扣除暂行办法的通知》(国发〔2018〕41号)第二条规定,个人所得税专项附加扣除,是指个人所得税法规定的子女教育、继续教育、大病医疗、住房贷款利息或者住房租金、赡养老人等6项专项附加扣除。

5.5.2.1 六项专项附加扣除项目

(一)子女教育支出。

1. 扣除范围与标准。

《国务院关于印发个人所得税专项附加扣除暂行办法的通知》(国发〔2018〕41号)第五条规定,纳税人的子女接受全日制学历教育的相关支出,按照每个子女每月1 000元的标准定额扣除。学历教育包括义务教育(小学、初中教育)、高中阶段教育(普通高中、中等职业、技工教育)、高等教育(大学专科、大学本科、硕士研究生、博士研究生教育)。年满3岁至小学入学前处于学前教育阶段的子女,按本条第一款规定执行。

2. 扣除方式。

父母可以选择由其中一方按扣除标准的100%扣除,也可以选择由双方分别按扣除标准的50%扣除,具体扣除方式在一个纳税年度内不能变更。

3. 扣除期间。

《国家税务总局关于发布〈个人所得税专项附加扣除操作办法(试行)〉的公告》(国家税务总局公告2018年第60号)第三条规定,纳税人享受符合规定的子女教育专项附加扣除的计算时间分别为:学前教育阶段,为子女年满3周岁当月至小学入学前一月。学历教育,为子女接受全日制学历教育入学的当月至全日制学历教育结束的当月。

上述规定的学历教育和学历(学位)继续教育的期间,包含因病或其他非主观原因休学但学籍继续保留的休学期间,以及施教机构按规定组织实施的寒暑假等假期。

4. 留存备查资料。

(1)纳税人享受子女教育专项附加扣除,应当填报配偶及子女的姓名、身份证件类型及号码、子女当前受教育阶段及起止时间、子女就读学校以及本人与配偶之间扣除分配比例等信息。

(2)纳税人需要留存备查资料包括:子女在境外接受教育的,应当留存境外学校录取通知书、留学签证等境外教育佐证资料。

提 示

1. 享受扣除范围包括:

(1)学前教育。

满3周岁当月至小学入学前的当月,不管是否在幼儿园学习,均可以按规定扣除。

例题1:

李某2019年3月份向所在单位申报其上幼儿园的4岁孩子信息,则3月份可以扣除的金额=3×1 000=3 000(元)。

即:由于在新个人所得税生效前,李某的孩子已经超过3周岁,允许在3月份一并扣除2019年1月、2月、3月的金额。

例题2：

李某女儿2019年3月份刚满3周岁，在2019年3月份向所在单位申报信息，则3月份可以扣除的金额＝1 000×1＝1 000（元）。

即：只允许扣除满周岁当月的金额。

例题3：

李某2019年3月份是新入职员工，2019年5月份向所在单位申报其4岁女儿信息，则2019年5月份可以扣除的金额包括3、4、5三个月的金额＝1 000×3＝3 000（元）。

即：对于入职时孩子已经满3周岁的，允许扣除入职月份至申报月份的金额。

（2）全日制学历教育。

① 义务教育（小学、初中教育）。

② 高中阶段教育（普通高中、中等职业、技工教育）。

③ 高等教育（大学专科、大学本科、硕士研究生、博士研究生教育）。

对于学生寒暑假、法定节假日或因病等原因休学期间是否可以专项附加扣除？《国家税务总局关于发布〈个人所得税专项附加扣除操作办法（试行）〉的公告》（国家税务总局公告2018年第60号）规定，因病或其他非主观原因休学但学籍继续保留的期间，以及按规定安排的寒暑假等假期，可以连续扣除。

2. 标准：

按每个子女每月1 000元的标准定额扣除。多个子女可以叠加享受扣除政策。

3. 谁来扣：

可以由父母双方各扣50%；也可以约定由父母一方全部扣除。一旦选择，一年内不能改变。

需要注意的是，父母不能自由约定扣除比例，如父亲扣除80%，母亲扣除20%，是不允许的。

此外，上述扣除比例是站在孩子的角度来确定的。如，父母有两个孩子，第一个孩子约定各自扣除50%，第二个孩子可以100%由父母一方全扣。依此类推。

4. 备查资料：

（1）境内接受教育：不需要特别留存资料，因为信息交换能够获得；申报时需要填写配偶信息。

（2）境外接受教育：应当保留境外学校录取通知书；留学签证等相关教育的证明资料。

（二）继续教育支出。

1. 扣除范围和标准。

《国务院关于印发个人所得税专项附加扣除暂行办法的通知》（国发〔2018〕41号）第八条至十条规定，纳税人在中国境内接受学历（学位）继续教育的支出，在学历（学位）教育期间按照每月400元定额扣除。同一学历（学位）继续教育的扣除期限不能超过48个月。纳税人接受技能人员职业资格继续教育、专业技术人员职业资格继续教育的支出，在取得相关证书的当年，按照3 600元定额扣除。

2. 扣除方式。

(1) 个人接受本科及以下学历(学位)继续教育,符合本办法规定扣除条件的,可以选择由其父母扣除,也可以选择由本人扣除。

(2) 职业资格继续教育、专业技术人员职业资格继续教育只能由纳税人本人扣除。

3. 扣除期间。

《国家税务总局关于发布〈个人所得税专项附加扣除操作办法(试行)〉的公告》(国家税务总局公告2018年第60号)第三条规定,纳税人享受符合规定的继续教育专项附加扣除的计算时间为:学历(学位)继续教育,为在中国境内接受学历(学位)继续教育入学的当月至学历(学位)继续教育结束的当月,同一学历(学位)继续教育的扣除期限最长不得超过48个月。技能人员职业资格继续教育、专业技术人员职业资格继续教育,为取得相关证书的当年。

其中,学历教育和学历(学位)继续教育的期间,包含因病或其他非主观原因休学但学籍继续保留的休学期间,以及施教机构按规定组织实施的寒暑假等假期。

4. 留存备查资料。

(1) 纳税人接受技能人员职业资格继续教育、专业技术人员职业资格继续教育的,应当留存相关证书等资料备查。

(2) 纳税人享受继续教育专项附加扣除,接受学历(学位)继续教育的,应当填报教育起止时间、教育阶段等信息;接受技能人员或者专业技术人员职业资格继续教育的,应当填报证书名称、证书编号、发证机关、发证(批准)时间等信息。

纳税人需要留存备查资料包括:纳税人接受技能人员职业资格继续教育、专业技术人员职业资格继续教育的,应当留存职业资格相关证书等资料。

> **提 示**
>
> 1. 享受扣除的范围:
> (1) 学历(学位)继续教育。
> (2) 技能人员职业资格继续教育、专业技术人员职业资格继续教育。
> 2. 标准:
> (1) 学历(学位)继续教育。
>
> 从入学当月起,每月扣除400元至教育结束当月。同一学历(学位)继续教育扣除期限不能超过48个月,目的是为了避免故意留级增加扣除的漏洞。
>
> 值得注意的是,个人接受本科(含)以下学历(学位)继续教育,可以由父母扣除,也可以由本人扣除,但不能重复扣除。研究生以上学历不能由父母扣除。这样处理的出发点主要考虑纳税能力问题。
>
> (2) 接受技能人员职业资格继续教育、专业技术人员职业资格继续教育的支出,在取得相关证书的当年,按照3 600元定额扣除。
>
> 注意五点:
>
> 第一,如果一年纳税年度内取得多个资格证书,不能叠加扣除。同时接受多个学历继续教育或者取得多个专业技术人员职业资格证书,只填写其中一条即可。因为多个学历(学位)继续教育不可同时享受,多个职业资格继续教育不可同时享受。

> 第二，接受职业资格继续教育、专业技术人员职业资格继续教育培训支出只能由本人扣除。
>
> 第三，根据《财政部 全国总工会 国家发改委教育部 科技部 国防科工委人事部劳动保障部 国务院国资委国家税务总局 全国工商联关于印发〈关于企业职工教育经费提取与使用管理的意见〉的通知》(财建〔2006〕317号)第三条第九款规定，企业职工参加社会上的学历教育以及个人为取得学位而参加的在职教育，所需费用应由个人承担，不能挤占企业的职工教育培训经费。因此，如果企业要为职工负担学历教育或学位教育的学费，建议通过学习补贴的形式发放在工资表中，既可以全额申报在企业所得税前扣除，也不影响个人所得税的缴纳金额。
>
> 第四，学历(学位)继续教育与职业资格继续教育可以同时享受专项附加扣除。
>
> 第五，学历(学位)教育，凭学籍信息扣除，不考察最终是否取得毕业证书，都可以享受专项附加扣除，但同一学历(学位)最长扣除48个月。如果48个月后，可以重新按第二次参加学历(学位)继续教育扣除，还可以继续再扣48个月。
>
> 3. 备查资料
>
> (1) 学历(学位)继续教育：不需要备查资料，通过学籍信息交换可以获得。
>
> (2) 职业资格继续教育：执业资格继续教育、专业技术人员资格证书等相关资料。

（三）大病医疗支出。

1. 扣除范围和标准。

《国务院关于印发个人所得税专项附加扣除暂行办法的通知》(国发〔2018〕41号)第十一条规定，在一个纳税年度内，纳税人发生的与基本医保相关的医药费用支出，扣除医保报销后个人负担(指医保目录范围内的自付部分)累计超过15 000元的部分，由纳税人在办理年度汇算清缴时，在80 000元限额内据实扣除。

2. 扣除方式。

纳税人发生的医药费用支出可以选择由本人或者其配偶扣除；未成年子女发生的医药费用支出可以选择由其父母一方扣除。纳税人及其配偶、未成年子女发生的医药费用支出，按本办法第十一条规定分别计算扣除额。

3. 扣除期限。

《国家税务总局关于发布〈个人所得税专项附加扣除操作办法(试行)〉的公告》(国家税务总局公告2018年第60号)第三条规定，纳税人享受符合规定的大病医疗专项附加扣除的计算时间为：为医疗保障信息系统记录的医药费用实际支出的当年。

4. 留存备查资料。

(1) 纳税人享受大病医疗专项附加扣除，应当填报患者姓名、身份证件类型及号码、与纳税人关系、与基本医保相关的医药费用总金额、医保目录范围内个人负担的自付金额等信息。

(2) 纳税人需要留存备查资料包括：大病患者医药服务收费及医保报销相关票据原件或复印件，或者医疗保障部门出具的纳税年度医药费用清单等资料。

> **提 示**
>
> 1. 范围:
>
> 医保目录范围内的自付部分。
>
> 2. 起止时间及标准:
>
> 每年1月1日至12月31日期间发生的大病医疗支出中的自付部分,扣除1.5万元后的剩余部分,不超过8万元内据实扣除。
>
> 注:国家税务总局特别强调,1.5万元不包括在8万元以内。
>
> 3. 谁来扣除?
>
> (1) 可以选择由本人或者其配偶扣除。
>
> (2) 未成年子女可以选择由其父母一方扣除。
>
> 值得注意的是,纳税人及其配偶、未成年子女发生的医药费用支出,按规定分别计算扣除额。如,每一个人的大病医疗支出分别超过1.5万元,扣除额度可以叠加;但不能按每一个人发生的自费部分合计超过1.5万元计算扣除。
>
> 例题:
>
> 李某和王某是夫妻,有两个小孩A和B。
>
> 情况1:
>
> A发生自付部分8 000元;B发生自付部分10 000元,尽管合计18 000元超过15 000元,但可以专项附加扣除的金额为0。
>
> 情况2:
>
> A发生自付部分8 000元;B发生自付部分30 000元,则B发生的部分超过15 000元的部分可以扣除,因此,可以专项附加扣除的金额=15 000(元)。
>
> 情况3:
>
> A发生自付部分50 000元;B发生自付部分70 000元,均可以享受专项附加扣除优惠,可以专项附加扣除的金额=(50 000-15 000)+(70 000-15 000)=90 000(元)。
>
> 4. 何时扣除?
>
> 预扣预缴时,不允许扣除,只能在汇算清缴时扣除。主要考虑到医疗报销的自付部分在一个年度内随时变化,无法准确确定金额。
>
> 5. 备查资料(具备其一即可):
>
> (1) 患者医药服务收费及医保报销相关票据相关原件或复印件。
>
> (2) 医疗保障部门出具的医药费用清单等。

(四) 住房贷款利息。

1. 扣除范围和标准。

《国务院关于印发个人所得税专项附加扣除暂行办法的通知》(国发〔2018〕41号)第十四条至十六条规定,纳税人本人或者配偶单独或者共同使用商业银行或者住房公积金个人住房贷款为本人或者其配偶购买中国境内住房,发生的首套住房贷款利息支出,在实际发生贷款利息的年度,按照每月1 000元的标准定额扣除,扣除期限最长不超过240个月。纳税人只能享受一次首套住房贷款的利息扣除。本办法所称首套住房贷款是指购买住房享受首套住房贷款利率的住房贷款。

2. 扣除方式。

经夫妻双方约定,可以选择由其中一方扣除,具体扣除方式在一个纳税年度内不能变更。夫妻双方婚前分别购买住房发生的首套住房贷款,其贷款利息支出,婚后可以选择其中一套购买的住房,由购买方按扣除标准的100%扣除,也可以由夫妻双方对各自购买的住房分别按扣除标准的50%扣除,具体扣除方式在一个纳税年度内不能变更。

3. 扣除期限。

《国家税务总局关于发布〈个人所得税专项附加扣除操作办法(试行)〉的公告》(国家税务总局公告2018年第60号)第三条规定,纳税人享受符合规定的住房贷款利息专项附加扣除的计算时间为:为贷款合同约定开始还款的当月至贷款全部归还或贷款合同终止的当月,扣除期限最长不得超过240个月。

4. 留存备查资料。

(1) 纳税人享受住房贷款利息专项附加扣除,应当填报住房权属信息、住房坐落地址、贷款方式、贷款银行、贷款合同编号、贷款期限、首次还款日期等信息;纳税人有配偶的,填写配偶姓名、身份证件类型及号码。

(2) 纳税人需要留存备查资料包括:住房贷款合同、贷款还款支出凭证等资料。

> **提 示**
>
> (1) 住房贷款利息专项附加扣除的范围:
>
> 仅限于首套住房,且纳税人只能享受一次首套住房贷款的利息扣除。
>
> 首套住房贷款是指购买住房享受首套住房贷款利率的住房贷款(通过贷款银行可以查询)。
>
> (2) 起止时间:
>
> 单独或共同首套住房贷款合同约定还款的当月至贷款全部归还或贷款合同终止的当月,每月扣除1 000元。
>
> (3) 婚前夫妻双方各自购买的住房如何处理?
>
> 婚前夫妻双方各自贷款购买的住房,婚后可以选择其中一套住房贷款利息继续扣除,但夫妻双方扣除总额不能超过1 000元。扣除时,可以约定由夫妻双方一方扣除1 000元,也可以由夫妻双方各自对各自购买的住房分别扣除500元。扣除方法一经选定,一年内不能改变。
>
> (4) 贷款资金来源:
>
> 既可以是公积金贷款,也可以是商业贷款。但利用民间借贷方式发生的住房贷款利息不允许享受专项附加扣除优惠。
>
> 值得注意的是,住房公积金属于专项扣除范围,而住房贷款利息属于专项附加扣除范围,因此,均可以据实扣除。
>
> (5) 扣除期限:
>
> 不得超过240个月。
>
> (6) 备查资料:
>
> 保留住房贷款合同及贷款还款支出凭证备查。

（五）住房租金支出。

1. 扣除范围和标准。

《国务院关于印发个人所得税专项附加扣除暂行办法的通知》(国发〔2018〕41号)第十七条至二十一条规定,纳税人在主要工作城市没有自有住房而发生的住房租金支出,可以按照以下标准定额扣除:(1)直辖市、省会(首府)城市、计划单列市以及国务院确定的其他城市,扣除标准为每月1 500元;(2)除第一项所列城市以外,市辖区户籍人口超过100万的城市,扣除标准为每月1 100元;市辖区户籍人口不超过100万的城市,扣除标准为每月800元。纳税人的配偶在纳税人的主要工作城市有自有住房的,视同纳税人在主要工作城市有自有住房。市辖区户籍人口,以国家统计局公布的数据为准。

本办法所称主要工作城市是指纳税人任职受雇的直辖市、计划单列市、副省级城市、地级市(地区、州、盟)全部行政区域范围;纳税人无任职受雇单位的,为受理其综合所得汇算清缴的税务机关所在城市。夫妻双方主要工作城市相同的,只能由一方扣除住房租金支出。

2. 扣除方式。

(1)住房租金支出由签订租赁住房合同的承租人扣除。

(2)纳税人及其配偶在一个纳税年度内不能同时分别享受住房贷款利息和住房租金专项附加扣除。

3. 扣除期限。

《国家税务总局关于发布〈个人所得税专项附加扣除操作办法(试行)〉的公告》(国家税务总局公告2018年第60号)第三条规定,纳税人享受符合规定的住房租金专项附加扣除的计算时间为租赁合同(协议)约定的房屋租赁期开始的当月至租赁期结束的当月。提前终止合同(协议)的,以实际租赁期限为准。

4. 留存备查资料。

(1)纳税人享受住房租金专项附加扣除,应当填报主要工作城市、租赁住房坐落地址、出租人姓名及身份证件类型和号码或者出租方单位名称及纳税人识别号(社会统一信用代码)、租赁起止时间等信息;纳税人有配偶的,填写配偶姓名、身份证件类型及号码。

(2)纳税人需要留存备查资料包括:住房租赁合同或协议等资料。

> **提 示**
>
> (1)住房租金专项附加扣除的适用范围:
>
> 主要工作城市没有住房的纳税人。
>
> 主要工作城市包括:任职受雇所在城市;没有任职受雇单位的,受理其综合所得个人所得税的税务机关所在城市。
>
> 值得注意的是:
>
> 第一,纳税人的配偶在纳税人的主要工作城市有自有住房的,视同纳税人在主要工作城市有自有住房。
>
> 第二,夫妻双方主要工作城市相同的,只能由一方扣除住房租金支出。
>
> 第三,提前结束住房租赁的,以实际终止租赁的月份为止。

(2) 扣除标准:

直辖市、省会(首府)城市、计划单列市以及国务院确定的其他城市,扣除标准为每月1 500元;其他城市(地级及以上城市的全域):

① 市辖区户籍人口超过100万的城市,扣除标准为每月1 100元。

② 市辖区户籍人口不超过100万的城市,扣除标准为每月800元。

(3) 谁扣除?

① 夫妻双方在同一个城市工作的,由签订租赁合同一方扣除。

② 两地分居的,分别扣除。

(4) 备查资料:

住房租赁合同或协议等。但没有规定需要提供住房租金发票。

(六) 赡养老人支出。

1. 扣除范围和标准。

《国务院关于印发个人所得税专项附加扣除暂行办法的通知》(国发〔2018〕41号)第二十二条至二十三条规定,纳税人赡养一位及以上被赡养人的赡养支出,统一按照以下标准定额扣除:(1)纳税人为独生子女的,按照每月2 000元的标准定额扣除;(2)纳税人为非独生子女的,由其与兄弟姐妹分摊每月2 000元的扣除额度,每人分摊的额度不能超过每月1 000元。可以由赡养人均摊或者约定分摊,也可以由被赡养人指定分摊。约定或者指定分摊的须签订书面分摊协议,指定分摊优先于约定分摊。具体分摊方式和额度在一个纳税年度内不能变更。

本办法所称被赡养人是指年满60岁的父母,以及子女均已去世的年满60岁的祖父母、外祖父母。

2. 扣除期限。

《国家税务总局关于发布〈个人所得税专项附加扣除操作办法(试行)〉的公告》(国家税务总局公告2018年第60号)第三条规定,纳税人享受符合规定的赡养老人支出专项附加扣除的计算时间为:为被赡养人年满60周岁的当月至赡养义务终止的年末。

3. 留存备查资料。

(1) 纳税人享受赡养老人专项附加扣除,应当填报纳税人是否为独生子女、月扣除金额、被赡养人姓名及身份证件类型和号码、与纳税人关系;有共同赡养人的,需填报分摊方式、共同赡养人姓名及身份证件类型和号码等信息。

(2) 纳税人需要留存备查资料包括:约定或指定分摊的书面分摊协议等资料。

提 示

1. 享受专项附加扣除的范围:

(1) 被赡养人年满60周岁(含),不管是否退休。

(2) 包括父母(生父母、继父母、养父母)及子女均已去世的祖父母、外祖父母。

2. 标准:

赡养一位及以上被赡养人的赡养支出,统一按照下列标准定额扣除(赡养老人数量不叠加扣除):

(1) 独生子女:每人每月2 000元。
(2) 非独生子女:分摊每月2 000元的扣除额,但每人每月扣除的金额不能超过1 000元。
3. 分摊方法:

赡养人原则上应当平均分摊,但被赡养人也可以指定分摊,赡养人也可以约定分摊。

值得注意的是,约定或者指定分摊的须签订书面分摊协议并提交给扣缴义务人,指定分摊优先于约定分摊。分摊方法一经确定,一年内不能改变。

4. 扣除时限:

满60周岁的当月至赡养义务终止的年末。

5. 备查资料:
(1) 需要约定或指定分摊的,应当留存分摊协议。
(2) 非独生子女的,必须申报兄弟姐妹或其他赡养人的信息。

5.5.2.2 专项附加扣除申报与扣除

《国家税务总局关于发布〈个人所得税专项附加扣除操作办法(试行)〉的公告》(国家税务总局公告2018年第60号)第四条 享受子女教育、继续教育、住房贷款利息或者住房租金、赡养老人专项附加扣除的纳税人,自符合条件开始,可以向支付工资、薪金所得的扣缴义务人提供上述专项附加扣除有关信息,由扣缴义务人在预扣预缴税款时,按其在本单位本年可享受的累计扣除额办理扣除;也可以在次年3月1日至6月30日内,向汇缴地主管税务机关办理汇算清缴申报时扣除。

纳税人同时从两处以上取得工资、薪金所得,并由扣缴义务人办理上述专项附加扣除的,对同一专项附加扣除项目,一个纳税年度内,纳税人只能选择从其中一处扣除。

享受大病医疗专项附加扣除的纳税人,由其在次年3月1日至6月30日内,自行向汇缴地主管税务机关办理汇算清缴申报时扣除。

根据《中华人民共和国个人所得税法》第十一条规定,居民个人向扣缴义务人提供专项附加扣除信息的,扣缴义务人按月预扣预缴税款时应当按照规定予以扣除,不得拒绝。

5.5.2.3 预扣预缴时专项附加扣除信息的提供

1. 《中华人民共和国个人所得税法实施条例》第二十八条规定,居民个人取得工资、薪金所得时,可以向扣缴义务人提供专项附加扣除有关信息,由扣缴义务人扣缴税款时减除专项附加扣除。纳税人同时从两处以上取得工资、薪金所得,并由扣缴义务人减除专项附加扣除的,对同一专项附加扣除项目,在一个纳税年度内只能选择从一处取得的所得中减除。

《国家税务总局关于发布〈个人所得税专项附加扣除操作办法(试行)〉的公告》(国家税务总局公告2018年第60号)第五条规定,扣缴义务人办理工资、薪金所得预扣预缴税款时,应当根据纳税人报送的《个人所得税专项附加扣除信息表》[以下简称《扣除信息表》,见附件(略)]为纳税人办理专项附加扣除。

纳税人年度中间更换工作单位的,在原单位任职、受雇期间已享受的专项附加扣除金额,不得在新任职、受雇单位扣除。原扣缴义务人应当自纳税人离职不再发放工资薪金所得的当月起,停止为其办理专项附加扣除。

2. 居民个人取得劳务报酬所得、稿酬所得、特许权使用费所得,应当在汇算清缴时向税务机关提供有关信息,减除专项附加扣除。

《国家税务总局关于发布〈个人所得税专项附加扣除操作办法(试行)〉的公告》(国家税务总局公告2018年第60号)第六条进一步明确,纳税人未取得工资、薪金所得,仅取得劳务报酬所得、稿酬所得、特许权使用费所得需要享受专项附加扣除的,应当在次年3月1日至6月30日内,自行向汇缴地主管税务机关报送《扣除信息表》,并在办理汇算清缴申报时扣除。

> **提 示**
>
> (1)取得工资、薪金所得的,可以在预扣预缴环节进行专项附加扣除;但没有工资、薪金收到,仅取得劳务报酬所得、稿酬所得、特许权使用费所得中的一项或多项的,只能年度办理汇算清缴时才能享受专项附加扣除优惠。
>
> (2)存在问题:如果没有工资、薪金所得,但有其他三项综合所得,且不符合年度汇算清缴条件的,支付人支付上述所得时多扣除的个人所得税,无法办理退税,且应当享受的专项附加扣除优惠政策无法得到实现,有待明确。

5.5.2.4 扣缴义务人对纳税人提供专项附加扣除信息的处理要求

《中华人民共和国个人所得税法实施条例》第三十条规定:

1. 扣缴义务人应当按照纳税人提供的信息计算办理扣缴申报,不得擅自更改纳税人提供的信息。

2. 纳税人发现扣缴义务人提供或者扣缴申报的个人信息、所得、扣缴税款等与实际情况不符的,有权要求扣缴义务人修改。扣缴义务人拒绝修改的,纳税人应当报告税务机关,税务机关应当及时处理。

3. 纳税人、扣缴义务人应当按照规定保存与专项附加扣除相关的资料。税务机关可以对纳税人提供的专项附加扣除信息进行抽查,具体办法由国务院税务主管部门另行规定。税务机关发现纳税人提供虚假信息的,应当责令改正并通知扣缴义务人;情节严重的,有关部门应当依法予以处理,纳入信用信息系统并实施联合惩戒。

5.5.2.5 未享受专项附加扣除的后续处理

《国家税务总局关于发布〈个人所得税专项附加扣除操作办法(试行)〉的公告》(国家税务总局公告2018年第60号)第七条规定,一个纳税年度内,纳税人在扣缴义务人预扣预缴税款环节未享受或未足额享受专项附加扣除的,可以在当年内向支付工资、薪金的扣缴义务人申请在剩余月份发放工资、薪金时补充扣除,也可以在次年3月1日至6月30日内,向汇缴地主管税务机关办理汇算清缴时申报扣除。

5.5.2.6 专项附加扣除报送信息及留存备查资料

根据《国家税务总局关于发布〈个人所得税专项附加扣除操作办法(试行)〉的公告》(国家税务总局公告2018年第60号)第八条至十八条总结如下:

(一)专项附加扣除信息报送时间。

1. 选择在发放工资、薪金环节扣除的。

(1)纳税人选择在扣缴义务人发放工资、薪金所得时享受专项附加扣除的,首次享受时应当填写并向扣缴义务人报送《扣除信息表》;纳税年度中间相关信息发生变化的,纳税人应当更新《扣除信息表》相应栏次,并及时报送给扣缴义务人。

更换工作单位的纳税人,需要由新任职、受雇扣缴义务人办理专项附加扣除的,应当在入职的当月,填写并向扣缴义务人报送《扣除信息表》。

(2)纳税人次年需要由扣缴义务人继续办理专项附加扣除的,应当于每年12月份对次年享受专项附加扣除的内容进行确认,并报送至扣缴义务人。纳税人未及时确认的,扣缴义务人于次年1月起暂停扣除,待纳税人确认后再行办理专项附加扣除。

扣缴义务人应当将纳税人报送的专项附加扣除信息,在次月办理扣缴申报时一并报送至主管税务机关。

2. 选择在汇算清缴环节扣除的。

纳税人选择在汇算清缴申报时享受专项附加扣除的,应当填写并向汇缴地主管税务机关报送《扣除信息表》。

(二)税务机关或扣缴义务人对专项附加扣除信息的受理。

纳税人将需要享受的专项附加扣除项目信息填报至《扣除信息表》相应栏次。填报要素完整的,扣缴义务人或者主管税务机关应当受理;填报要素不完整的,扣缴义务人或者主管税务机关应当及时告知纳税人补正或重新填报。纳税人未补正或重新填报的,暂不办理相关专项附加扣除,待纳税人补正或重新填报后再行办理。

(三)对纳税人报送的专项附加扣除信息的要求。

纳税人应当对报送的专项附加扣除信息的真实性、准确性、完整性负责。

5.5.2.7　信息报送方式

根据《国家税务总局关于发布〈个人所得税专项附加扣除操作办法(试行)〉的公告》(国家税务总局公告2018年第60号)规定,纳税人可以通过远程办税端、电子或者纸质报表等方式,向扣缴义务人或者主管税务机关报送个人专项附加扣除信息。

1. 纳税人选择纳税年度内由扣缴义务人办理专项附加扣除的,按下列规定办理:

(1)纳税人通过远程办税端选择扣缴义务人并报送专项附加扣除信息的,扣缴义务人根据接收的扣除信息办理扣除。

(2)纳税人通过填写电子或者纸质《扣除信息表》直接报送扣缴义务人的,扣缴义务人将相关信息导入或者录入扣缴端软件,并在次月办理扣缴申报时提交给主管税务机关。《扣除信息表》应当一式两份,纳税人和扣缴义务人签字(章)后分别留存备查。

2. 纳税人选择年度终了后办理汇算清缴申报时享受专项附加扣除的,既可以通过远程办税端报送专项附加扣除信息,也可以将电子或者纸质《扣除信息表》(一式两份)报送给汇缴地主管税务机关。

报送电子《扣除信息表》的,主管税务机关受理打印,交由纳税人签字后,一份由纳税人留存备查,一份由税务机关留存;报送纸质《扣除信息表》的,纳税人签字确认、主管税务机关受理签章后,一份退还纳税人留存备查,一份由税务机关留存。

3. 扣缴义务人和税务机关应当告知纳税人办理专项附加扣除的方式和渠道,鼓励并引导纳税人采用远程办税端报送信息。

5.5.2.8　专项附加扣除的后续管理

根据《国家税务总局关于发布〈个人所得税专项附加扣除操作办法(试行)〉的公告》(国家税务总局公告2018年第60号)规定:

1. 纳税人应当将《扣除信息表》及相关留存备查资料，自法定汇算清缴期结束后保存5年。

纳税人报送给扣缴义务人的《扣除信息表》，扣缴义务人应当自预扣预缴年度的次年起留存5年。

2. 纳税人向扣缴义务人提供专项附加扣除信息的，扣缴义务人应当按照规定予以扣除，不得拒绝。扣缴义务人应当为纳税人报送的专项附加扣除信息保密。

3. 扣缴义务人应当及时按照纳税人提供的信息计算办理扣缴申报，不得擅自更改纳税人提供的相关信息。

扣缴义务人发现纳税人提供的信息与实际情况不符，可以要求纳税人修改。纳税人拒绝修改的，扣缴义务人应当向主管税务机关报告，税务机关应当及时处理。

除纳税人另有要求外，扣缴义务人应当于年度终了后2个月内，向纳税人提供已办理的专项附加扣除项目及金额等信息。

4. 税务机关定期对纳税人提供的专项附加扣除信息开展抽查。

5. 税务机关核查时，纳税人无法提供留存备查资料，或者留存备查资料不能支持相关情况的，税务机关可以要求纳税人提供其他佐证；不能提供其他佐证材料，或者佐证材料仍不足以支持的，不得享受相关专项附加扣除。

6. 税务机关核查专项附加扣除情况时，可以提请有关单位和个人协助核查，相关单位和个人应当协助。

7. 纳税人有下列情形之一的，主管税务机关应当责令其改正；情形严重的，应当纳入有关信用信息系统，并按照国家有关规定实施联合惩戒；涉及违反税收征管法等法律法规的，税务机关依法进行处理：

（1）报送虚假专项附加扣除信息。
（2）重复享受专项附加扣除。
（3）超范围或标准享受专项附加扣除。
（4）拒不提供留存备查资料。
（5）税务总局规定的其他情形。

纳税人在任职、受雇单位报送虚假扣除信息的，税务机关责令改正的同时，通知扣缴义务人。

5.5.2.9 个人所得税专项附加扣除简表

扣除项目	扣除范围	扣除标准	扣除办法		扣除时点	留存资料
子女教育	学历：小学到博士	1 000/月·子女	一方扣100%	双方分别扣50%	入学当月～学历教育结束当月	境外学校录取通知书、留学签证等
	学前：3岁至小学前				满3周岁当月/小学入学前月	
继续教育	学历教育	400元/月（48个月内）	本人扣	父母扣（本科以下）	入学当月～学历教育结束当月	无需相关资料
	职业技能	3 600元/年	本人扣	—	取得相关证书的当年	相关证书

(续表)

扣除项目	扣除范围	扣除标准	扣除办法	扣除时点	留存资料
个人所得税专项附加扣除简表					
大病医疗	纳税人、配偶、未成年子女	自付部分超过15 000元后的部分在80 000元限额内据实	本人或配偶	未成年子女选择父母一方扣	医药费用实际支出的当年	医药收费及医保报销相关票据
房贷利息	首套住房贷款利息	1 000元/月(240个月内)	可选一方扣	婚前各一套，婚后可一方扣，也可各扣50%	开始还款当月~还款终止当月	住房贷款合同、贷款还款支出凭证
住房租金	主要工作城市无住房的住房租金支出	1 500元/月：省会/直辖/计单 1 100元/月：100万人以上 800元/月：100万人以下	承租人扣	同一城市一方扣，非同一城市分别扣	起租当月~租期结束当月	住房租赁合同、协议
赡养老人	赡养一位及以上被赡养人	独生子女：2 000元/月 非独生子女：分摊2 000元/月，最高不得超过1 000元/月	独生子女扣	兄弟姐妹分摊扣	满60周岁当月~赡养义务终止的年末	约定或者指定分摊书面协议

5.5.2.10 个人所得税专项附加扣除信息表填表案例

专项附加扣除表格填写帮助文档

填写说明

序号	说明内容
1	模版适用范围。本模版适用于个人在扣除年度内，填写并向扣缴义务人(支付工资薪金的单位)提供符合税法规定的子女教育、继续教育、住房贷款利息或住房租金、赡养老人专项附加扣除信息，在工资薪金所得预扣预缴时进行税前扣除。
2	专项附加扣除报送方式。个人可将采集的信息提供给扣缴义务人，在扣缴个人所得税时，进行专项附加扣除；也可在年终汇算清缴自行申报时，自行办理专项附加扣除。
3	不涉及专项附加扣除的个人，无需填写本模版。
4	请勿修改模版已有的内容，包括底部标签页的名称；请勿手动修改或填写背景色为灰色的单元格。
5	填写模版时，请关注模版每页的顶部说明和单元框的提示说明。
6	信息采集失败的处理。如因填写不规范，可能导致扣缴义务人信息采集失败，影响个人享受专项附加扣除。如遇到扣缴义务人未及时为个人办理专项附加扣除的情况，可与扣缴义务人核实确认。
7	信息变化的处理。个人填写的专项附加扣除信息发生变化的，应及时变更相关信息项，并重新提供给扣缴义务人。

本说明涉及的人员、房产、入学、养老、证书等信息均为虚构，请勿对号入座。您填写时，请依法如实填报。

首页

*扣除年度	请输入四位格式年度，最小年度为2019	*纳税人姓名	填写纳税人姓名
*纳税人身份证件类型	选择： 居民身份证 中国护照 港澳居民来往内地通行证 港澳居民居住证 台湾居民来往大陆通行证 台湾居民居住证 外国护照 外国人永久居留身份证 外国人工作许可证（A类、B类、C类） 其他个人证件	*纳税人身份证件号码	若身份证件为居民身份证，请输入18位身份证件号码
*手机号码	请输入11位的手机号码	纳税人识别号	非必填项
联系地址	非必填项	电子邮箱	请输入正确的电子邮箱格式如：××××@qq.com
扣缴义务人名称（支付工资薪金的单位）	将本表直接提交给任职受雇单位的纳税人可不填写本项	扣缴义务人纳税人识别号（统一社会信用代码）	将本表直接提交给任职受雇单位的纳税人可不填写本项
*配偶情况	选择： 有配偶 无配偶	配偶姓名	填写配偶姓名
配偶身份证件类型	选择： 居民身份证 中国护照 港澳居民来往内地通行证 港澳居民居住证 台湾居民来往大陆通行证 台湾居民居住证 外国护照 外国人永久居留身份证 外国人工作许可证（A类、B类、C类） 其他个人证件	配偶身份证件号码	若身份证件为居民身份证，请输入15位或18位身份证件号码
本人承诺：我已仔细阅读填写说明，并根据《中华人民共和国个人所得税法》及其实施条例、《个人所得税专项附加扣除暂行办法》《个人所得税专项附加扣除操作办法（试行）》等相关法律法规规定填写。本人已就所填扣除信息进行了核实，并对所填内容的真实性、准确性、完整性负责。 纳税人签字：　　　　　　　　　　　　　　　　　年　月　日			
扣缴义务人签章： 经办人签字： 接收日期：　年　月　日	代理机构签章： 代理机构统一社会信用代码： 代理机构（人）经办人 经办人身份证件号码：		受理人： 受理税务机关（章）： 受理日期：　年　月　日

首页填写范例

项目	内容	项目	内容
*扣除年度	2019	*纳税人姓名	赵一成
*纳税人身份证件类型	居民身份证	*纳税人身份证件号码	310000198808070007
*手机号码	18000000006	纳税人识别号	非必填项
联系地址	江苏省南京市北楼区洲南路109号米桥小区1单元1201	电子邮箱	z00000@00F.com
扣缴义务人名称（支付工资薪金的单位）	将本表直接提交给任职受雇单位的纳税人可不填写本项	扣缴义务人纳税人识别号（统一社会信用代码）	将本表直接提交给任职受雇单位的纳税人可不填写本项
*配偶情况	有配偶	*配偶姓名	徐端
*配偶身份类型	居民身份证	配偶身份证号码	320000199006150004

401

专项附加扣除信息采集表—子女教育支出

政策适用条件：
1. 有子女符合以下两个条件之一：(1) 扣除年度有子女满3岁且处于小学入学前阶段；(2) 扣除年度有子女正接受全日制学历教育。
2. 同一子女的父亲和母亲扣除比例合计共100%。

不符合上述条件者请勿填写本页，否则可能导致政策适用错误，影响个人纳税信用甚至违反税收法律。

序号	填写子女姓名	*子女姓名	*身份证件类型	*身份证件号码	*出生日期	*国籍（地区）	*当前受教育阶段	*当前受教育阶段起始时间	*当前受教育阶段结束时间	教育终止时间	*当前就读国家（地区）名称	*当前就读学校	*本人扣除比例
1			选择： 居民身份证 中国护照 港澳居民来往内地通行证 港澳居民居住证 台湾居民来往大陆通行证 台湾居民居住证 外国人永久居留身份证 其他个人证件	若身份证件为居民身份证，请输入15位或18位身份证件号码	与身份证件号码一致		选择： 学前教育 义务教育 高中阶段教育 高等教育 （同一子女，同一当前受教育阶段只能采集1条）	格式为：年月 如：2019-01	格式为：年月 如：2019-01	格式为：年月 如：2019-01 （子女因其他原因不再继续接受全日制学历教育时填写，否则请勿填写。从教育终止时间次月起，不能再享受该子女的此项扣除。）	选择：国籍（地区）名称。 1. 填写当前阶段受教育国家（地区）。同一教育阶段内变更的，不用分两行填写。 2. 学前教育接受教育机构所在的国家（地区）。	1. 填写当前阶段的学校名称。同一教育阶段内变更学校的，不用分两行填写，可修改为变更后的学校。 2. 学前教育阶段可填写子女接受教育机构的名称或"无"。	选择： 50% 100% 【同一子女在一个纳税年度内本人扣除比例不得变更。该项扣除全部由本人（填报人）享受的，选100%；约定由该子女的父母分别扣除的，选择各50%；同一子女的父母合计该项扣除不能超过100%】
2													

子女教育支出填写范例

序号	*子女姓名	*身份证件类型	*身份证件号码	*出生日期	*国籍（地区）	*当前受教育阶段	*当前受教育阶段起始时间	*当前受教育阶段结束时间	教育终止时间	*当前就读国家（地区）	*当前就读学校	*本人扣除比例
1	赵薪新	居民身份证	320000201208120005	2012-08-12	中国	义务教育	2018-09			中国	南京市伏蓄小学	100%
2	赵莹莹	居民身份证	320000201502180008	2015-02-18	中国	学前教育阶段	2018-02	2024-07		中国	无	100%

专项附加扣除信息采集表—继续教育支出

学历(学位)继续教育政策适用条件：
1. 扣除年度内在中国境内接受学历(学位)继续教育。
职业资格继续教育政策适用条件：
1. 扣除年度取得职业资格或者专业技术人员职业资格相关证书。
不符合上述条件者请勿填写本页，否则可能导致政策适用错误，影响个人纳税信用甚至违反税收法律。

学历(学位)继续教育

序号	*当前继续教育起始时间	*(预计)当前继续教育结束时间	*教育阶段	—	—
1	格式为:年-月 如:2019-01	输入大于[当前继续教育起始时间]的日期，格式为:年-月，如 2019-09	选择： 专科 本科 硕士研究生 博士研究生 其他		

职业资格继续教育

序号	*继续教育类型	*发证(批准)日期	*证书名称	*证书编号	*发证机关
1	选择： 技能人员职业资格 专业技术人员职业资格	格式为:年-月-日，如:2019-01-01	选择 证书名称	填写证书编号	填写发证机关
2					

继续教育支出填写范例

学历(学位)继续教育					
序号	*当前继续教育起始时间	*(预计)当前继续教育结束时间	*教育阶段	—	—
1	2017-03	2020-07	硕士研究生	—	—
职业资格继续教育					
序号	*继续教育类型	*发证(批准)日期	*证书名称	*证书编号	*发证机关
1	专业技术人员职业资格	2019-11-03	中华人民共和国注册会计师证书	B00100001	中华人民共和国财政部
2					

专项附加扣除信息采集表—住房贷款利息支出

政策适用条件：
1. 本人或者配偶购买的中国境内住房；
2. 属于首套住房贷款（可咨询贷款银行），且扣除年度仍在还贷；
3. 住房租金支出和住房贷款利息支出未同时扣除；

不符合上述条件者请勿填写本页，否则可能导致政策适用错误，影响个人纳税信用甚至违反税收法律。已填写住房租金支出信息的请勿填写本页，否则可能导致信息导入失败，无法享受该政策。

序号	* 房屋坐落地址	* 本人是否借款人	* 房屋证书类型	* 房屋证书号码	是否婚前各自首套贷款，且婚后分别扣除50%	选择：是 否（夫妻双方婚前分别购房并均为首套贷款，婚后选择双方均享受该项扣除的，选择"是"）
			选择： 房屋所有权证 不动产权证 房屋买卖合同 房屋预售合同	填写 房屋证书号码		
		* 贷款类型	贷款银行	* 贷款合同编号	* 首次还款日期	* 贷款期限（月数）
	请填写房屋的详细地址。如：×省×市×区县×小区×栋×单元×号	选择： 是 否	选择： 公积金贷款 商业贷款 组合贷款（组合贷款的，分两行分别填写商业贷款和住房公积金贷款）	（公积金贷款此项不填。贷款类型为"商业贷款"时，贷款银行必填。请填写银行名称，如"中国银行"）	填写 贷款合同编号	格式为：年-月-日 如：2019-01-01	（请输入大于0的整数。按合同约定还款月数填写，如果提前结清贷款，填写实际还款月数）
1							
2							

注：组合贷款的，分两行分别填写商业贷款和住房公积金贷款。

第5章 房地产企业个人所得税涉税政策解析

住房贷款利息支出填写范例

*房屋坐落地址		江苏省南京市北楼区洲南路109号米桥小区1单元1201		
*本人是否借款人	是	*房屋证书类型	房屋所有权证	*房屋证书号码	苏房地(宁)字(2017)第000000号	是否婚前各自首套贷款,且婚后分别扣除50%	是
序号	*贷款类型	贷款银行	*贷款合同编号	*首次还款日期	*贷款期限(月数)
1	公积金贷款		20171000003	2017-10-01	360
2	商业贷款	中国建设银行	20170000006	2017-10-01	240

405

专项附加扣除信息采集表—住房租金支出

政策适用条件：
1. 本人及配偶在主要工作城市无自有住房；
2. 本人及配偶扣除年度未扣除住房贷款利息支出；
3. 本人及配偶主要工作城市相同的，该扣除年度配偶未享受过住房租金支出扣除。

不符合上述条件者请勿填写本页，否则可能导致政策适用错误，影响个人纳税信用甚至违反税收法律。
已填写住房贷款利息支出信息的请勿填写本页，否则可能导致信息导入失败，无法享受政策。

| 序号 | *主要工作省份 | *主要工作城市 | 出租方信息 | | | *住房坐落地址 | 租赁信息 | | |
			*类型	*出租方姓名（组织名称）	出租方证件类型	*身份证件号码（统一社会信用代码）		住房租赁合同编号	*租赁期起	*租赁期止
1	选择：省份	（在扣缴义务人处办理该项扣除的，填写任职受雇单位所在的城市）（出租方为个人的选择"个人"，否则选择"组织"）	选择：个人 组织	若类型为个人，输入个人姓名；若类型为组织，输入组织名称	选择：居民身份证 中国护照 港澳居民来往内地通行证 港澳居民居住证 台湾居民来往大陆通行证 台湾居民居住证 外国护照 外国人永久居留身份证 外国人工作许可证（A类、B类、C类） 其他个人证件	若类型为个人，则输入身份证件号码（若身份证件类型为居民身份证，请输入15位或18位身份证件号码）；若类型为组织，则输入统一社会信用代码。	请填写房屋的详细地址，如：×省×市×区×县×小区×栋×单元×号	填写住房租赁合同编号（非必填）	格式为：年月，如：2019-01（不同的住房租金信息的租赁起止不允许交叉）	格式为：年月，如：2019-01（不同的住房租金信息的租赁起止不允许交叉）
2										

住房租金支出填写范例

出租方为个人

序号	＊主要工作省份	＊主要工作城市	出租方信息				＊住房坐落地址	租赁信息		
			＊类型	＊出租方姓名（组织名称）	出租方证件类型	＊身份证件号码（统一社会信用代码）		住房租赁合同编号	＊租赁期起	＊租赁期止
1	浙江省	杭州市	个人	陈尔栋	居民身份证	330000197810040007	浙江省杭州市横竖区建岩苑小区 33 栋 10 单元 1902 号		2018-02	2022-02

出租方为组织

序号	＊主要工作省份	＊主要工作城市	出租方信息				＊住房坐落地址	租赁信息		
			＊类型	＊出租方姓名（组织名称）	出租方证件类型	＊身份证件号码（统一社会信用代码）		住房租赁合同编号	＊租赁期起	＊租赁期止
1	浙江省	杭州市	组织	杭州利么多有限公司		913300000000000086	浙江省杭州市横竖区建山苑小区 22 栋 8 单元 1202 号		2018-02	2022-02

专项附加扣除信息采集表—赡养老人支出

政策适用条件：
1. 扣除年度有一位被赡养人年满60(含)岁(被赡养人包括：①父母；②子女均已去世的祖父母或外祖父母)。
2. 纳税人为非独生子女，且属于赡养人约定分摊的或被赡养人指定分摊的，需已经签订书面分摊协议。
不符合上述条件者请勿填写本页，否则可能导致政策适用错误，影响个人纳税信用甚至违反税收法律。

*是否独生子女	选择： 是 否	分摊方式	选择： 赡养人平均分摊 赡养人约定分摊 被赡养人指定分摊	*本年度月扣除金额	独生子女默认为2 000，不可修改；非独生子女不得超过1 000

被赡养人信息

序号	*姓名	*身份证件类型	*身份证件号码	*国籍(地区)	*关系	*出生日期
1	填写被赡养人姓名	选择： 居民身份证 中国护照 港澳居民来往内地通行证 港澳居民居住证 台湾居民来往大陆通行证 台湾居民居住证 外国护照 外国人永久居留身份证 外国人工作许可证(A类、B类、C类) 其他个人证件	若身份证件类型为居民身份证，请输入15位或18位身份证件号码	选择： 国籍(地区)名称	选择： 父母 其他	格式为：年-月-日，如：1950-01-02
2						

共同赡养人信息

序号	姓名	身份证件类型	身份证件号码	国籍(地区)	—	—
1	填写共同赡养人姓名	选择： 居民身份证 中国护照 港澳居民来往内地通行证 港澳居民居住证 台湾居民来往大陆通行证 台湾居民居住证 外国护照 外国人永久居留身份证 外国人工作许可证(A类、B类、C类) 其他个人证件	若身份证件类型为居民身份证，请输入15位或18位身份证件号码	选择： 国籍(地区)名称	—	—
2					—	—

赡养老人支出填写范例

独生子女

*是否独生子女	是	分摊方式		*本年度月扣除金额	2 000.00

被赡养人信息

序号	*姓名	*身份证件类型	*身份证件号码	*国籍（地区）	*关系	*出生日期
1	赵春忆	居民身份证	320000195506160005	中国	父母	1955-06-16
2						

非独生子女

*是否独生子女	否	分摊方式		赡养人约定分摊		*本年度月扣除金额	1 000.00

被赡养人信息

序号	*姓名	*身份证件类型	*身份证件号码	*国籍（地区）	*关系	*出生日期
1	赵冬柏	居民身份证	210000195704250003	中国	父母	1957-04-25
2						

共同赡养人信息

序号	姓名	身份证件类型	身份证件号码	国籍（地区）	—	—
1	赵曼婷	居民身份证	360000198506180006	中国	—	—
2					—	—

5.5.2.11 月工资没有达到5 000元的专项附加扣除信息采集

月度工资薪金不到5 000元,但如果纳税人判断自己全年四项综合所得的合计收入额减除相关扣除后为正值,那么就应积极采集专项附加扣除;为负值的,可不采集专项附加扣除。

5.5.2.12 丈夫去世,妻子独自赡养公婆专项附加扣除问题

丈夫去世,妻子独自赡养公婆的,不允许享受专项附加扣除。根据《国务院关于印发个人所得税专项附加扣除暂行办法的通知》(国发〔2018〕41号):"第二十三条 本办法所称被赡养人是指年满60岁的父母,以及子女均已去世的年满60岁的祖父母、外祖父母。……第二十九条 本办法所称父母,是指生父母、继父母、养父母。"

5.5.3 依法确定的其他扣除

5.5.3.1 企业年金或职业年金

《财政部 人力资源社会保障部 国家税务总局关于企业年金 职业年金个人所得税有关问题的通知》(财税〔2013〕103号)规定,为促进我国多层次养老保险体系的发展,自2014年1月1日起,根据个人所得税法相关规定,现就企业年金和职业年金个人所得税有关问题通知如下:

1. 企业年金和职业年金缴费的个人所得税处理。

(1) 企业和事业单位(以下统称单位)根据国家有关政策规定的办法和标准,为在本单位任职或者受雇的全体职工缴付的企业年金或职业年金(以下统称年金)单位缴费部分,在计入个人账户时,个人暂不缴纳个人所得税。

(2) 个人根据国家有关政策规定缴付的年金个人缴费部分,在不超过本人缴费工资计税基数的4%标准内的部分,暂从个人当期的应纳税所得额中扣除。

(3) 超过本通知第一条第1项和第2项规定的标准缴付的年金单位缴费和个人缴费部分,应并入个人当期的工资、薪金所得,依法计征个人所得税。税款由建立年金的单位代扣代缴,并向主管税务机关申报解缴。

(4) 企业年金个人缴费工资计税基数为本人上一年度月平均工资。月平均工资按国家统计局规定列入工资总额统计的项目计算。月平均工资超过职工工作地所在设区城市上一年度职工月平均工资300%以上的部分,不计入个人缴费工资计税基数。

职业年金个人缴费工资计税基数为职工岗位工资和薪级工资之和。职工岗位工资和薪级工资之和超过职工工作地所在设区城市上一年度职工月平均工资300%以上的部分,不计入个人缴费工资计税基数。

2. 年金基金投资运营收益的个人所得税处理。

年金基金投资运营收益分配计入个人账户时,个人暂不缴纳个人所得税。

3. 领取年金的个人所得税处理。

(1) 个人达到国家规定的退休年龄,在本通知实施之后按月领取的年金,全额按照"工资、薪金所得"项目适用的税率,计征个人所得税;在本通知实施之后按年或按季领取的年金,平均分摊计入各月,每月领取额全额按照"工资、薪金所得"项目适用的税率,计征个人所得税。

（2）对单位和个人在本通知实施之前开始缴付年金缴费，个人在本通知实施之后领取年金的，允许其从领取的年金中减除在本通知实施之前缴付的年金单位缴费和个人缴费且已经缴纳个人所得税的部分，就其余额按照本通知第三条第1项的规定征税。在个人分期领取年金的情况下，可按本通知实施之前缴付的年金缴费金额占全部缴费金额的百分比减计当期的应纳税所得额，减计后的余额，按照本通知第三条第1项的规定，计算缴纳个人所得税。

（3）对个人因出境定居而一次性领取的年金个人账户资金，或个人死亡后，其指定的受益人或法定继承人一次性领取的年金个人账户余额，允许领取人将一次性领取的年金个人账户资金或余额按12个月分摊到各月，就其每月分摊额，按照本通知第三条第1项和第2项的规定计算缴纳个人所得税。对个人除上述特殊原因外一次性领取年金个人账户资金或余额的，则不允许采取分摊的方法，而是就其一次性领取的总额，单独作为一个月的工资薪金所得，按照本通知第三条第1项和第2项的规定，计算缴纳个人所得税。

（4）个人领取年金时，其应纳税款由受托人代表委托人委托托管人代扣代缴。年金账户管理人应及时向托管人提供个人年金缴费及对应的个人所得税纳税明细。托管人根据受托人指令及账户管理人提供的资料，按照规定计算扣缴个人当期领取年金待遇的应纳税款，并向托管人所在地主管税务机关申报解缴。

（5）建立年金计划的单位、年金托管人，应按照个人所得税法和税收征收管理法的有关规定，实行全员全额扣缴明细申报。受托人有责任协调相关管理人依法向税务机关办理扣缴申报、提供相关资料。

4. 建立年金计划的单位应于建立年金计划的次月15日内，向其所在地主管税务机关报送年金方案、人力资源社会保障部门出具的方案备案函、计划确认函以及主管税务机关要求报送的其他相关资料。年金方案、受托人、托管人发生变化的，应于发生变化的次月15日内重新向其主管税务机关报送上述资料。

5. 财政、税务、人力资源社会保障等相关部门以及年金机构之间要加强协调，通力合作，共同做好政策实施各项工作。

6. 本通知所称企业年金，是指根据《企业年金试行办法》（原劳动和社会保障部令第20号）的规定，企业及其职工在依法参加基本养老保险的基础上，自愿建立的补充养老保险制度。所称职业年金是指根据《事业单位职业年金试行办法》（国办发〔2011〕37号）的规定，事业单位及其工作人员在依法参加基本养老保险的基础上，建立的补充养老保险制度。

5.5.3.2 商业健康保险

一、基本规定。

《财政部 税务总局 保监会关于将商业健康保险个人所得税试点政策推广到全国范围实施的通知》（财税〔2017〕39号）规定，自2017年7月1日起，将商业健康保险个人所得税试点政策推广到全国范围实施。现将有关问题通知如下：

（一）关于政策内容。

对个人购买符合规定的商业健康保险产品的支出，允许在当年（月）计算应纳税所得额时予以税前扣除，扣除限额为2 400元/年（200元/月）。单位统一为员工购买符合规定的商业健康保险产品的支出，应分别计入员工个人工资薪金，视同个人购买，按上述限额予以扣除。

2 400元/年(200元/月)的限额扣除为个人所得税法规定减除费用标准之外的扣除。

(二)关于适用对象。

适用商业健康保险税收优惠政策的纳税人,是指取得工资薪金所得、连续性劳务报酬所得的个人,以及取得个体工商户生产经营所得、对企事业单位的承包承租经营所得的个体工商户业主、个人独资企业投资者、合伙企业合伙人和承包承租经营者。

(三)关于商业健康保险产品的规范和条件。

符合规定的商业健康保险产品,是指保险公司参照个人税收优惠型健康保险产品指引框架及示范条款(见附件,略)开发的、符合下列条件的健康保险产品:

1. 健康保险产品采取具有保障功能并设立有最低保证收益账户的万能险方式,包含医疗保险和个人账户积累两项责任。被保险人个人账户由其所投保的保险公司负责管理维护。

2. 被保险人为16周岁以上、未满法定退休年龄的纳税人群。保险公司不得因被保险人既往病史拒保,并保证续保。

3. 医疗保险保障责任范围包括被保险人医保所在地基本医疗保险基金支付范围内的自付费用及部分基本医疗保险基金支付范围外的费用,费用的报销范围、比例和额度由各保险公司根据具体产品特点自行确定。

4. 同一款健康保险产品,可依据被保险人的不同情况,设置不同的保险金额,具体保险金额下限由保监会规定。

5. 健康保险产品坚持"保本微利"原则,对医疗保险部分的简单赔付率低于规定比例的,保险公司要将实际赔付率与规定比例之间的差额部分返还到被保险人的个人账户。

根据目标人群已有保障项目和保障需求的不同,符合规定的健康保险产品共有三类,分别适用于:1. 对公费医疗或基本医疗保险报销后个人负担的医疗费用有报销意愿的人群;2. 对公费医疗或基本医疗保险报销后个人负担的特定大额医疗费用有报销意愿的人群;3. 未参加公费医疗或基本医疗保险,对个人负担的医疗费用有报销意愿的人群。

符合上述条件的个人税收优惠型健康保险产品,保险公司应按《保险法》规定程序上报保监会审批。

(四)关于税收征管。

1. 单位统一组织为员工购买或者单位和个人共同负担购买符合规定的商业健康保险产品,单位负担部分应当实名计入个人工资薪金明细清单,视同个人购买,并自购买产品次月起,在不超过200元/月的标准内按月扣除。一年内保费金额超过2 400元的部分,不得税前扣除。以后年度续保时,按上述规定执行。个人自行退保时,应及时告知扣缴单位。个人相关退保信息保险公司应及时传递给税务机关。

2. 取得工资薪金所得或连续性劳务报酬所得的个人,自行购买符合规定的商业健康保险产品的,应当及时向代扣代缴单位提供保单凭证。扣缴单位自个人提交保单凭证的次月起,在不超过200元/月的标准内按月扣除。一年内保费金额超过2 400元的部分,不得税前扣除。以后年度续保时,按上述规定执行。个人自行退保时,应及时告知扣缴义务人。

3. 个体工商户业主、企事业单位承包承租经营者、个人独资和合伙企业投资者自行购买符合条件的商业健康保险产品的,在不超过2 400元/年的标准内据实扣除。一年内保费金额超过2 400元的部分,不得税前扣除。以后年度续保时,按上述规定执行。

(五)关于部门协作。

商业健康保险个人所得税税前扣除政策涉及环节和部门多,各相关部门应密切配合,切实落实好商业健康保险个人所得税政策。

1. 财政、税务、保监部门要做好商业健康保险个人所得税优惠政策宣传解释,优化服务。税务、保监部门应建立信息共享机制,及时共享商业健康保险涉税信息。

2. 保险公司在销售商业健康保险产品时,要为购买健康保险的个人开具发票和保单凭证,载明产品名称及缴费金额等信息,作为个人税前扣除的凭据。保险公司要与商业健康保险信息平台保持实时对接,保证信息真实准确。

3. 扣缴单位应按照本通知及税务机关有关要求,认真落实商业健康保险个人所得税前扣除政策。

4. 保险公司或商业健康保险信息平台应向税务机关提供个人购买商业健康保险的相关信息,并配合税务机关做好相关税收征管工作。

(六)关于实施时间。

本通知自2017年7月1日起执行。自2016年1月1日起开展商业健康保险个人所得税政策试点的地区,自2017年7月1日起继续按本通知规定的政策执行。《财政部 国家税务总局 保监会关于开展商业健康保险个人所得税政策试点工作的通知》(财税〔2015〕56号)、《财政部 国家税务总局 保监会关于实施商业健康保险个人所得税政策试点的通知》(财税〔2015〕126号)同时废止。

二、有关征管问题。

《国家税务总局关于推广实施商业健康保险个人所得税政策有关征管问题的公告》(国家税务总局公告2017年第17号)规定,为贯彻落实《财政部 税务总局 保监会关于将商业健康保险个人所得税试点政策推广到全国范围实施的通知》(财税〔2017〕39号,以下简称《通知》),现就有关征管问题公告如下:

(一)取得工资薪金所得、连续性劳务报酬所得的个人,以及取得个体工商户的生产经营所得、对企事业单位的承包承租经营所得的个体工商户业主、个人独资企业投资者、合伙企业个人合伙人和承包承租经营者,对其购买符合规定的商业健康保险产品支出,可按照《通知》规定标准在个人所得税前扣除。

(二)《通知》所称取得连续性劳务报酬所得,是指个人连续3个月以上(含3个月)为同一单位提供劳务而取得的所得。

(三)有扣缴义务人的个人自行购买、单位统一组织为员工购买或者单位和个人共同负担购买符合规定的商业健康保险产品,扣缴义务人在填报《扣缴个人所得税报告表》或《特定行业个人所得税年度申报表》时,应将当期扣除的个人购买商业健康保险支出金额填至申报表"税前扣除项目"的"其他"列中(需注明商业健康保险扣除金额),并同时填报《商业健康保险税前扣除情况明细表》(见附件,略)。

其中,个人自行购买符合规定的商业健康保险产品的,应及时向扣缴义务人提供保单凭证,扣缴义务人应当依法为其税前扣除,不得拒绝。个人从中国境内两处或者两处以上取得工资薪金所得,且自行购买商业健康保险的,只能选择在其中一处扣除。

个人未续保或退保的,应于未续保或退保当月告知扣缴义务人终止商业健康保险税前扣除。

(四)个体工商户业主、个人独资企业投资者、合伙企业个人合伙人和企事业单位承包承租经营者购买符合规定的商业健康保险产品支出,在年度申报填报《个人所得税生产经营所得纳税申报表(B表)》、享受商业健康保险税前扣除政策时,应将商业健康保险税前扣除金额填至"允许扣除的其他费用"行(需注明商业健康保险扣除金额),并同时填报《商业健康保险税前扣除情况明细表》。

实行核定征收的纳税人,应向主管税务机关报送《商业健康保险税前扣除情况明细表》,主管税务机关按程序相应调减其应纳税所得额或应纳税额。纳税人未续保或退保的,应当及时告知主管税务机关,终止商业健康保险税前扣除。

(五)保险公司销售符合规定的商业健康保险产品,及时为购买保险的个人开具发票和保单凭证,并在保单凭证上注明税优识别码。

个人购买商业健康保险未获得税优识别码的,其支出金额不得税前扣除。

(六)本公告所称税优识别码,是指为确保税收优惠商业健康保险保单的唯一性、真实性和有效性,由商业健康保险信息平台按照"一人一单一码"的原则对投保人进行校验后,下发给保险公司,并在保单凭证上打印的数字识别码。

5.5.3.3 税收递延型商业养老保险

根据《财政部 税务总局关于继续有效的个人所得税优惠政策目录的公告》(财政部 税务总局公告 2018 年第 177 号)及《财政部 税务总局 人力资源社会保障部 中国银行保险监督管理委员会 证监会关于开展个人税收递延型商业养老保险试点的通知》(财税〔2018〕22 号)规定,为贯彻落实党的十九大精神,推进多层次养老保险体系建设,对养老保险第三支柱进行有益探索,现就开展个人税收递延型商业养老保险试点有关问题通知如下:

一、关于试点政策。

(一)试点地区及时间。

自 2018 年 5 月 1 日起,在上海市、福建省(含厦门市)和苏州工业园区实施个人税收递延型商业养老保险试点。试点期限暂定一年。

(二)试点政策内容。

对试点地区个人通过个人商业养老资金账户购买符合规定的商业养老保险产品的支出,允许在一定标准内税前扣除;计入个人商业养老资金账户的投资收益,暂不征收个人所得税;个人领取商业养老金时再征收个人所得税。具体规定如下:

1. 个人缴费税前扣除标准。

取得工资薪金、连续性劳务报酬所得的个人,其缴纳的保费准予在申报扣除当月计算应纳税所得额时予以限额据实扣除,扣除限额按照当月工资薪金、连续性劳务报酬收入的 6% 和 1 000 元孰低办法确定。取得个体工商户生产经营所得、对企事业单位的承包承租经营所得的个体工商户业主、个人独资企业投资者、合伙企业自然人合伙人和承包承租经营者,其缴纳的保费准予在申报扣除当年计算应纳税所得额时予以限额据实扣除,扣除限额按照不超过当年应税收入的 6% 和 12 000 元孰低办法确定。

2. 账户资金收益暂不征税。

计入个人商业养老资金账户的投资收益,在缴费期间暂不征收个人所得税。

3. 个人领取商业养老金征税。

个人达到国家规定的退休年龄时,可按月或按年领取商业养老金,领取期限原则上为终身或不少于15年。个人身故、发生保险合同约定的全残或罹患重大疾病的,可以一次性领取商业养老金。

对个人达到规定条件时领取的商业养老金收入,其中25%部分予以免税,其余75%部分按照10%的比例税率计算缴纳个人所得税,税款计入"其他所得"项目。

> **提 示**
>
> 修订后的个人所得税法删除了"其他所得"征税项目。财税〔2018〕22号文件规定的政策,自2018年5月1日起,在上海市、福建省(含厦门市)和苏州工业园区试行(暂定一年)。对于本项所得,文件规定的是直接按照10%的税率,而并非按其他所得适用的20%税率减半征收,同时又规定将依此计算的应纳税款计入"其他所得"项目。当属"其他所得"的特殊情形。至于试点一年后是否进行调整,有待进一步明确。

(三)试点政策适用对象。

适用试点税收政策的纳税人,是指在试点地区取得工资薪金、连续性劳务报酬所得的个人,以及取得个体工商户生产经营所得、对企事业单位的承包承租经营所得的个体工商户业主、个人独资企业投资者、合伙企业自然人合伙人和承包承租经营者,其工资薪金、连续性劳务报酬的个人所得税扣缴单位,或者个体工商户、承包承租单位、个人独资企业、合伙企业的实际经营地均位于试点地区内。

取得连续性劳务报酬所得,是指纳税人连续6个月以上(含6个月)为同一单位提供劳务而取得的所得。

(四)试点期间个人商业养老资金账户和信息平台。

1. 个人商业养老资金账户是由纳税人指定的、用于归集税收递延型商业养老保险缴费、收益以及资金领取等的商业银行个人专用账户。该账户封闭运行,与居民身份证件绑定,具有唯一性。

2. 试点期间使用中国保险信息技术管理有限责任公司建立的信息平台(以下简称"中保信平台")。个人商业养老资金账户在中保信平台进行登记,校验其唯一性。个人商业养老资金账户变更银行须经中保信平台校验后,进行账户结转,每年允许结转一次。中保信平台与税务系统、商业保险机构和商业银行对接,提供账户管理、信息查询、税务稽核、外部监管等基础性服务。

(五)试点期间商业养老保险产品及管理。

个人商业养老保险产品按稳健型产品为主、风险型产品为辅的原则选择,采取名录方式确定。试点期间的产品是指由保险公司开发,符合"收益稳健、长期锁定、终身领取、精算平衡"原则,满足参保人对养老账户资金安全性、收益性和长期性管理要求的商业养老保险产品。具体商业养老保险产品指引由中国银行保险监督管理委员会提出,商财政部、人社部、税务总局后发布。

(六)试点期间税收征管。

1. 关于缴费税前扣除。

个人购买符合规定的商业养老保险产品、享受递延纳税优惠时,以中保信平台出具的税延养老扣除凭证为扣税凭据。取得工资、薪金所得和连续性劳务报酬所得的个人,应及时将相关凭证提供给扣缴单位。扣缴单位应按照本通知有关要求,认真落实个人税收递延型商业养老保险试点政策,为纳税人办理税前扣除有关事项。

个人在试点地区范围内从两处或者两处以上取得所得的,只能选择在其中一处享受试点政策。

2. 关于领取商业养老金时的税款征收。

个人按规定领取商业养老金时,由保险公司代扣代缴其应缴的个人所得税。

二、试点期间其他相关准备工作。

试点期间,中国银行保险监督管理委员会、证监会做好相关准备工作,完善养老账户管理制度,制定银行、公募基金类产品指引等相关规定,指导相关金融机构产品开发。做好中国证券登记结算有限责任公司信息平台(以下简称"中登公司平台")与商业银行、税务等信息系统的对接准备工作。同时,由人社部、财政部牵头,联合税务总局、中国银行保险监督管理委员会、证监会等单位,共同研究建立第三支柱制度和管理服务信息平台。

试点结束后,根据试点情况,结合养老保险第三支柱制度建设的有关情况,有序扩大参与的金融机构和产品范围,将公募基金等产品纳入个人商业养老账户投资范围,相应将中登公司平台作为信息平台,与中保信平台同步运行。第三支柱制度和管理服务信息平台建成以后,中登公司平台、中保信平台与第三支柱制度和管理服务信息平台对接,实现养老保险第三支柱宏观监管。

三、部门协作。

(一)信息平台应向税务机关提供个人税收递延型商业养老保险有关信息,并配合税务机关做好相关税收征管工作。

(二)保险公司在销售个人税收递延型商业养老保险产品时,应为购买商业养老保险产品的个人开具发票和保单凭证,载明产品名称及缴费金额等信息。保险公司与信息平台实时对接,保证信息真实准确。

(三)试点地区财政、人社、税务、金融监管等相关部门应各司其职,密切配合,认真组织落实本通知,并及时总结、动态评估试点经验。对实施过程中遇到的困难和问题,及时向财政部、人社部、税务总局和金融监管部门反映。

5.5.3.4 公益慈善事业捐赠扣除

《中华人民共和国个人所得税法》第六条规定,个人将其所得对教育、扶贫、济困等公益慈善事业进行捐赠,捐赠额未超过纳税人申报的应纳税所得额30%的部分,可以从其应纳税所得额中扣除;国务院规定对公益慈善事业捐赠实行全额税前扣除的,从其规定。

《中华人民共和国个人所得税法实施条例》第十九条规定,个人所得税法第六条第三款所称个人将其所得对教育、扶贫、济困等公益慈善事业进行捐赠,是指个人将其所得通过中国境内的公益性社会组织、国家机关向教育、扶贫、济困等公益慈善事业的捐赠;所称应纳税所得额,是指计算扣除捐赠额之前的应纳税所得额。

> **提 示**
>
> 公益慈善事业捐赠扣除限额＝应纳税所得额×30%
>
> 计算基数应纳税所得额确定时,不得扣除捐赠额,包括公益慈善事业捐赠及非公益性捐赠在内。
>
> 情况之一:以综合所得进行的公益慈善事业捐赠。
>
> 应纳税所得额＝综合所得－60 000
>
> 例如,李某2019年取得工资薪金96 000元,稿酬所得3 000元,劳务报酬所得8 000元。当年通过非营利组织向寿光灾区捐赠15 000元。计算李某2019年度缴纳的个人所得税。假设李某没有专项扣除和专项附加扣除项目。
>
> (1) 应纳税所得额＝96 000＋3 000×56%＋8 000×80%－60 000＝44 080(元)
> (2) 公益慈善事业捐赠扣除限额＝44 080×30%＝13 224(元)
> (3) 实际应纳所得额＝44 080－13 224＝30 856(元)
> (4) 应纳个人所得税＝30 856×3%＝925.68(元)
>
> 情况之二:以经营所得进行的公益慈善事业捐赠。
>
> 经营所得涉及公益慈善事业捐赠扣除限额的计算步骤。
>
> (1) 先计算出经营所得的会计利润。
> (2) 应纳税所得额＝会计利润＋纳税调增(注:不考虑捐赠额纳税调增)－纳税调减＋公益慈善事业捐赠
> (3) 扣除限额＝(2)×30%
>
> 例如,李某经营一家个体工商户,2019年实现收入总额5 000 000元(其中,销售收入1 000 000元,国债利息收入100 000元),成本3 000 000元,期间费用500 000元(其中包括业务招待费10 000元)。直接面向某小学捐赠50 000元,通过公益慈善组织向寿光灾区捐赠600 000元。
>
> 计算该个体工商户2019年度应当缴纳的个人所得税是多少。
>
> 1. 会计利润＝5 000 000－3 000 000－500 000－50 000－600 000＝850 000(元)
> 2. 纳税调增。
>
> 业务招待费扣除限额＝1 000 000×0.5%＝5 000(元)<6 000元(注:10 000×60%)
> 业务招待费应当纳税调增＝10 000－5 000＝5 000(元)
> 纳税调增合计＝5 000(元)
>
> 3. 纳税调减。
>
> 国债利息收入纳税调减100 000元。
>
> 4. 公益慈善事业捐赠扣除限额的计算基数＝会计利润850 000＋纳税调增5 000－纳税调减100 000＋捐赠额650 000＝1 455 000(元)
> 5. 公益慈善事业捐赠扣除限额＝1 455 000×30%＝436 500(元)<650 000(元)
>
> 捐赠额纳税调增＝650 000－4 306 500＝2 103 500(元)
>
> 6. 应纳税所得额＝850 000＋(5 000＋213 500)－100 000＝968 500(元)

7. 应纳个人所得税＝968 500×35%－66 500＝272 475(元)

情况之三：以偶然所得进行的公益慈善事业捐赠。

$$应纳税所得额＝偶然所得$$

例如，李某将福利彩票取得的奖金5 000 000元中的1 000 000元通过慈善组织捐赠给某小学。计算李某应当缴纳的个人所得税。

(1) 应纳税所得额＝5 000 000(元)
(2) 公益性捐赠扣除限额＝5 000 000×30%＝1 500 000(元)＞1 000 000元
(3) 个人所得税＝(5 000 000－1 000 000)×20%＝800 000(元)

情况之四：其他所得项目公益慈善事业捐赠的扣除限额的计算基数为：

(1) 以财产转让所得进行的公益慈善事业捐赠扣除限额计算基数＝财产转让收入－财产原值－合理费用
(2) 以财产租赁所得进行的公益慈善事业捐赠扣除限额计算基数为：
① 每月租金收入不超过4 000元。

$$扣除限额的计算基数＝租金收入－800$$

② 每月租金收入超过4 000元。

$$扣除限额的计算基数＝租金收入×(1－20\%)$$

本次修订存在的问题是：一个纳税人如果同时有多项所得，发生公益慈善事业捐赠时，应当以哪一个所得项目的应纳税所得额作为扣除限额的计算基数，其计算的结果一定不一样。如何处理？纳税人是否具有选择权？

如果按全年各项所得的应纳税所得额×30%与捐赠额比较，准予扣除的慈善捐赠应当从哪一项所得中扣除？是否可以给予纳税人的选择权？有待进一步明确。

预扣预缴时，可能由于某项所得没有取得，导致扣除限额较小，得不到扣除，但年度汇算清缴时，预缴时多交的个人所得税极可能涉及退税问题。

5.5.3.5 中介费扣除

根据《财政部　税务总局关于继续有效的个人所得税优惠政策目录的公告》(财政部　税务总局公告2018年第177号)及《财政部　国家税务总局关于个人所得税若干政策问题的通知》(财税字〔1994〕第20号)规定，对个人从事技术转让、提供劳务等过程中所支付的中介费，如能提供有效、合法凭证的，允许从纳税税其所得中扣除。

5.5.3.6 公务交通、通讯补贴收入征税问题

根据《财政部　税务总局关于继续有效的个人所得税优惠政策目录的公告》(财政部　税务总局公告2018年第177号)及《国家税务总局关于个人所得税有关政策问题的通知》(国税发〔1999〕58号)第二条规定，个人因公务用车和通讯制度改革而取得的公务用车、通讯补贴收入，扣除一定标准的公务费用后，按照"工资、薪金"所得项目计征个人所得税。按月发放的，并入当月"工资、薪金"所得计征个人所得税；不按月发放的，分解到所属月份并与该月份"工资、薪金"所得合并后计征个人所得税。

第5章 房地产企业个人所得税涉税政策解析

公务费用的扣除标准,由省级地方税务局(注:国地税合并后,改为"税务局",下同)根据纳税人公务交通、通讯费用的实际发生情况调查测算,报经省级人民政府批准后确定,并报国家税务总局备案。

> **提示**
>
> 由于国家税务总局将公务交通和通讯费用扣除标准赋予省级地税局确定,因此各省地税局根据国家税务总局授权发布的有关文件仍旧属于有效文件。现列举部分省市规定如下:
>
> 1.《山东省地方税务局关于公务通讯补贴个人所得税费用扣除问题的通知》(鲁地税函〔2005〕33号)规定:(1)因公务通讯制度改革而发放给个人的公务通讯补贴,扣除一定标准的公务费用后,按照工资、薪金所得项目计征个人所得税。按月发放的,并入当月工资、薪金所得计征个人所得税;不按月发放的,分解到所属月份并与该月工资、薪金所得合并后计征个人所得税。(2)行政单位按照各级人民政府或同级财政部门统一规定的标准,发放给个人的公务通讯补贴,每月不超过500元(含500元)的部分可在个人所得税前据实扣除,超过部分并入当月工资、薪金所得计征个人所得税。(3)企事业单位自行制定标准发放给个人的公务通讯补贴,其中:法人代表、总经理每月不超过500元(含500元)、其他人员每月不超过300元(含300元)的部分,可在个人所得税前据实扣除。超过部分并入当月工资、薪金所得计征个人所得税。取得公务通讯补贴,同时又在单位报销相同性质通讯费用的,其取得的公务通讯补贴不得在个人所得税前扣除。(4)凡发放公务通讯补贴的单位,应将本单位发放标准及范围的文件或规定等材料报送主管税务机关备案。主管税务机关应加强对个人收入项目的管理,对于擅自改变工资构成,造成国家税款损失的,应按照《中华人民共和国税收征收管理法》及其实施细则的有关规定,进行处理。
>
> 2.《河北省地方税务局关于个人所得税若干业务问题的通知》(冀地税发〔2009〕46号)规定:(1)各单位向职工个人发放的交通补贴(包括报销、现金等形式),按交通补贴全额的30%作为个人收入并入当月工资薪金所得征收个人所得税。(2)各级行政事业单位按照当地政府(县以上)规定标准向职工个人发放的通讯补贴(包括报销、现金等形式)暂免征收个人所得税,超过标准部分并入当月工资薪金所得计算征收个人所得税;各类企业单位,参照当地行政事业单位标准执行,但企业职工个人取得通讯补贴的标准最高不得超过每人每月500元,在标准内据实扣除,超过当地政府规定的标准或超过每人每月500元最高限额的,并入当月工资薪金所得计算征收个人所得税;当地政府未规定具体标准的,按通讯补贴(包括报销、现金等形式)全额的20%并入当月工资薪金所得计算征收个人所得税。
>
> 3.《天津市地方税务局关于〈关于单位为个人负担办公通讯费征收个人所得税问题的通知〉的补充通知》(津地税个所〔2009〕5号)规定:对单位向有关人员发放与业务工作有关的电话费补助等,凡不具有福利性质,即非全体人员都有的补助项目,不再征收个人所得税。
>
> 4.《北京市地方税务局关于对公司员工报销手机费征收个人所得税问题的批复》(京地税个〔2002〕116号)规定:(1)单位为个人通讯工具(因公需要)负担通讯费采取金额实报实销或限额实报实销部分的,可不并入当月工资、薪金征收个人所得税。(2)单位为个人通讯工具负担通讯费采取发放补贴形式的,应并入当月工资、薪金计征个人所得税。

在国地税合并后,部分省市再次强调,按国税发〔1999〕58号文件颁布的通讯补贴扣除标准仍旧有效,列示如下:

(1) 西藏:《国家税务总局西藏自治区税务局明确个税扣除标准》:按藏国税发〔2006〕83号规定,公务用车补贴每人每月600元及通讯费补贴每人每月400元仍然继续执行。

(2) 重庆:国家税务总局重庆市税务局明确,渝地税发〔2008〕3号关于通讯补贴收入个税公务费用的扣除标准每人每月400元(含400元)继续执行。

(3) 广西:国家税务总局广西壮族自治区税务局公告2018年第13号明确,自2018年9月1日起,通讯费补贴个税税前扣除标准由每人每月360元降为每人每月240元。

(4) 浙江:国家税务总局浙江省税务局明确,按浙地税发〔2001〕118号规定,企事业单位主要负责人取得通讯费补贴收入每月500元额度内按实际取得数在个税中扣除继续有效。

(5) 宁波:《国家税务总局宁波市税务局关于发布继续执行的税收规范性文件目录的公告》(国家税务总局宁波市税务局公告2018年第2号)明确,甬地税一〔2003〕181号对实行通讯制度改革的单位,其个人从任职单位取得的通讯补贴收入,在按实扣除每人每月300元公务费用后,按照"工资、薪金"所得项目计征个人所得税。

(6) 甘肃:《甘肃省财政厅甘肃省地方税务局关于公务交通补贴等个人所得税问题的通知》(甘财税法〔2018〕15号)明确,每人每月不得超过300元,且仅限一人一号。

(7) 贵州:国家税务总局贵州省税务局明确,按原《贵州省地方税务局关于个人取得通讯补贴有关个人所得税前扣除问题的公告》(国家税务总局贵州省税务局公告2018年第4号)规定,个人取得通讯补贴可在300元以内据实在个人所得税前扣除继续有效。

(8) 陕西:国家税务总局陕西省税务局明确,陕西省地方税务局公告2017年第2号规定的,通讯补贴征收个人所得税公务费用税前扣除限额为每人每月300元继续有效。

(9) 广州:国家税务总局广州市税务局明确,穗地税发〔2007〕201号规定的通讯补贴高管每人每月500元(其他人员300元)内凭发票报销的准予在个税前扣除仍然有效。

(10) 内蒙古:国家税务总局内蒙古自治区税务局明确,内地税字〔2007〕355号规定的,企业实际发放或报销的通讯补贴收入每人每月200元以内的可在个税前扣除仍然有效。

(11) 黑龙江:国家税务总局黑龙江省税务局明确,黑地税函〔2006〕11号规定个税扣除标准:交通费用补贴每人每月1 000元及通讯费补贴每人每月400元继续有效

(12) 湖南:国家税务总局湖南省税务局明确,湖南省地方税务局公告2018年第2号规定,单位为个人通讯工具(因公需要)负担通讯费采取实报实销可免征个税的规定仍然有效。

(13) 湖北:国家税务总局湖北省税务局明确,鄂地税发〔2005〕137号对于省直机关人员按照标准所取得的移动通讯补贴收入允许在个人所得税税前扣除的规定仍然有效。

(14) 金华:国家税务总局金华市税务局明确,金市地税政〔2001〕167号规定的,通讯费补贴个税扣除标准:单位主要负责人每月500元及其他人员每月300元额度内继续有效。等等。

应当注意的是,如果本省市没有下发通讯补贴标准的文件,只要属于实报实销与生产经营有关的通讯费发票,多数省市不需要并入工资薪金缴纳个人所得税。

5.6 经营所得应纳税所得额的计算

5.6.1 经营所得

经营所得,以每一纳税年度的收入总额减除成本、费用以及损失后的余额,为应纳税所得额。

《中华人民共和国个人所得税法实施条例》第十五条规定,个人所得税法第六条第一款第三项所称成本、费用,是指生产、经营活动中发生的各项直接支出和分配计入成本的间接费用以及销售费用、管理费用、财务费用;所称损失,是指生产、经营活动中发生的固定资产和存货的盘亏、毁损、报废损失,转让财产损失,坏账损失,自然灾害等不可抗力因素造成的损失以及其他损失。

取得经营所得的个人,没有综合所得的,计算其每一纳税年度的应纳税所得额时,应当减除费用6万元、专项扣除、专项附加扣除以及依法确定的其他扣除。专项附加扣除在办理汇算清缴时减除。

> **提 示**
>
> 言外之意,如果取得经营所得的个人有综合所得的,6万元的费用、专项扣除和专项附加扣除及依法确定的其他扣除,应当在计算综合所得个人所得税时扣除,不能在经营所得中扣除。

从事生产、经营活动,未提供完整、准确的纳税资料,不能正确计算应纳税所得额的,由主管税务机关核定应纳税所得额或者应纳税额。

5.6.2 个体工商户与企业联营而分得的利润

根据《财政部 税务总局关于继续有效的个人所得税优惠政策目录的公告》(财政部 税务总局公告2018年第177号)及《财政部 国家税务总局关于个人所得税若干政策问题的通知》(〔1994〕财税字第20号)规定,个体工商户与企业联营而分得的利润,按利息、股息、红利所得项目征收个人所得税。

5.6.3 投资者兴办两个及以上独资企业

根据《财政部 税务总局关于继续有效的个人所得税优惠政策目录的公告》(财政部 税务总局公告2018年第177号)及《国家税务总局关于〈关于个人独资企业和合伙企业投资者征收个人所得税的规定〉执行口径的通知》(国税函〔2001〕84号)规定,投资者兴办两个或两个以上企业,并且企业性质全部是独资的,年度终了后汇算清缴时,应纳税款的计算按以下方法进行:汇总其投资兴办的所有企业的经营所得作为应纳税所得额,以此确定适用税率,计算出全年经营所得的应纳税额,再根据每个企业的经营所得占所有企业经营所得的比例,分别计算出每个企业的应纳税额和应补缴税额。计算公式如下:

应纳税所得额＝∑各个企业的经营所得

应纳税额＝应纳税所得额×税率－速算扣除数

本企业应纳税额＝应纳税额×本企业的经营所得÷∑各个企业的经营所得

本企业应补缴的税额＝本企业应纳税额－本企业预缴的税额

5.6.4 个人独资企业和合伙企业对外投资分回利息、股息、红利的征税问题

根据《财政部 税务总局关于继续有效的个人所得税优惠政策目录的公告》(财政部 税务总局公告2018年第177号)及《国家税务总局关于〈关于个人独资企业和合伙企业投资者征收个人所得税的规定〉执行口径的通知》(国税函〔2001〕84号)规定,个人独资企业和合伙企业对外投资分回的利息或者股息、红利,不并入企业的收入,而应单独作为投资者个人取得的利息、股息、红利所得,按"利息、股息、红利所得"应税项目计算缴纳个人所得税。

以合伙企业名义对外投资分回利息或者股息、红利的,应按《财政部 国家税务总局关于印发〈关于个人独资企业和合伙企业投资者征收个人所得税的规定〉的通知》(财税〔2000〕91号)所附规定的第五条精神确定各个投资者的利息、股息、红利所得,分别按"利息、股息、红利所得"应税项目计算缴纳个人所得税。

5.6.5 查账征税改为核定征税方式未弥补完的经营亏损弥补问题

根据《财政部 税务总局关于继续有效的个人所得税优惠政策目录的公告》(财政部 税务总局公告2018年第177号)及《国家税务总局关于〈关于个人独资企业和合伙企业投资者征收个人所得税的规定〉执行口径的通知》(国税函〔2001〕84号)规定,实行查账征税方式的个人独资企业和合伙企业改为核定征税方式后,在查账征税方式下认定的年度经营亏损未弥补完的部分,不得再继续弥补。

5.7 财产租赁所得

5.7.1 财产租赁所得应纳税所得额的计算

财产租赁所得,每次收入不超过4 000元的,减除费用800元;4 000元以上的,减除20%的费用,其余额为应纳税所得额。

《中华人民共和国个人所得税法实施条例》第十四条规定,财产租赁所得,以一个月内取得的收入为一次。

5.7.2 房产转租个人所得税

《国家税务总局关于个人转租房屋取得收入征收个人所得税问题的通知》(国税函〔2009〕639号)规定:

1. 个人将承租房屋转租取得的租金收入,属于个人所得税应税所得,应按"财产租赁所得"项目计算缴纳个人所得税。

2. 取得转租收入的个人向房屋出租方支付的租金,凭房屋租赁合同和合法支付凭据允

许在计算个人所得税时,从该项转租收入中扣除。

3.《国家税务总局关于个人所得税若干业务问题的批复》(国税函〔2002〕146号)有关财产租赁所得个人所得税前扣除税费的扣除次序调整为:

(1) 财产租赁过程中缴纳的税费。
(2) 向出租方支付的租金。
(3) 由纳税人负担的租赁财产实际开支的修缮费用。
(4) 税法规定的费用扣除标准。

应当注意的是,转租房屋应当就其取得的全部租金收入缴纳营业税,不得减除支付的租金;在房产税方面,由于房产税属于财产税,与流转额没有关系,因此,多数省份对转租房产行为不征收房产税。但部分省市规定,按差额缴纳房产税,如《山东省地方税务局关于房产税、城镇土地使用税若干政策规定的通知》(鲁地税函〔1999〕282号)第三条规定,对承租人转租的房产,由转租人按其所得租金收入扣除转租房产所支付的租金后的余额计算缴纳房产税。《吉林省地方税务局关于明确房产税土地使用税有关政策的通知》(吉地税发〔2006〕42号)第二条也规定,承租人转租的房屋,按转租人取得的租金收入减去支付租金后的余额计算缴纳房产税。

5.7.3 酒店产权式经营业主在约定时间内提供房产取得的租金收入

《国家税务总局关于酒店产权式经营业主税收问题的批复》(国税函〔2006〕478号)规定,酒店产权式经营业主在约定的时间内提供房产使用权与酒店进行合作经营,如房产产权并未归属新的经济实体,业主按照约定取得的固定收入和分红收入均应视为租金收入,根据有关税收法律、行政法规的规定,应按照"服务业—租赁业"征收营业税,按照财产租赁所得项目征收个人所得税。

5.7.4 个人出租居民住房

根据《财政部 税务总局关于继续有效的个人所得税优惠政策目录的公告》(财政部 税务总局公告2018年第177号)及《财政部 国家税务总局关于调整住房租赁市场税收政策的通知》(财税〔2000〕125号)第三条规定,对个人出租房屋取得的所得暂减按10%的税率征收个人所得税。

5.8 财产转让所得

5.8.1 财产转让所得的概念

财产转让所得,以一次转让财产的收入额减除财产原值和合理费用后的余额,为应纳税所得额。

5.8.2 财产原值的确定方法

《中华人民共和国个人所得税法实施条例》第十六条规定,个人所得税法第六条第一款

第五项规定的财产原值,按照下列方法确定:

(一)有价证券,为买入价以及买入时按照规定交纳的有关费用。

(二)建筑物,为建造费或者购进价格以及其他有关费用。

(三)土地使用权,为取得土地使用权所支付的金额、开发土地的费用以及其他有关费用。

(四)机器设备、车船,为购进价格、运输费、安装费以及其他有关费用。

其他财产,参照前款规定的方法确定财产原值。

纳税人未提供完整、准确的财产原值凭证,不能按照本条第一款规定的方法确定财产原值的,由主管税务机关核定财产原值。

个人所得税法第六条第一款第五项所称合理费用,是指卖出财产时按照规定支付的有关税费。

5.8.3 非货币性资产投资

根据《财政部 税务总局关于继续有效的个人所得税优惠政策目录的公告》(财政部 税务总局公告2018年第177号)及《财政部 国家税务总局关于个人非货币性资产投资有关个人所得税政策的通知》(财税〔2015〕41号)规定,为进一步鼓励和引导民间个人投资,经国务院批准,将在上海自由贸易试验区试点的个人非货币性资产投资分期缴税政策推广至全国。现就个人非货币性资产投资有关个人所得税政策通知如下:

一、个人以非货币性资产投资,属于个人转让非货币性资产和投资同时发生。对个人转让非货币性资产的所得,应按照"财产转让所得"项目,依法计算缴纳个人所得税。

二、个人以非货币性资产投资,应按评估后的公允价值确认非货币性资产转让收入。非货币性资产转让收入减除该资产原值及合理税费后的余额为应纳税所得额。

个人以非货币性资产投资,应于非货币性资产转让、取得被投资企业股权时,确认非货币性资产转让收入的实现。

三、个人应在发生上述应税行为的次月15日内向主管税务机关申报纳税。

纳税人一次性缴税有困难的,可合理确定分期缴纳计划并报主管税务机关备案后,自发生上述应税行为之日起不超过5个公历年度内(含)分期缴纳个人所得税。

四、个人以非货币性资产投资交易过程中取得现金补价的,现金部分应优先用于缴税;现金不足以缴纳的部分,可分期缴纳。

个人在分期缴税期间转让其持有的上述全部或部分股权,并取得现金收入的,该现金收入应优先用于缴纳尚未缴清的税款。

五、本通知所称非货币性资产,是指现金、银行存款等货币性资产以外的资产,包括股权、不动产、技术发明成果以及其他形式的非货币性资产。

本通知所称非货币性资产投资,包括以非货币性资产出资设立新的企业,以及以非货币性资产出资参与企业增资扩股、定向增发股票、股权置换、重组改制等投资行为。

六、本通知规定的分期缴税政策自2015年4月1日起施行。

对2015年4月1日之前发生的个人非货币性资产投资,尚未进行税收处理且自发生上述应税行为之日起期限未超过5年的,可在剩余的期限内分期缴纳其应纳税款。

> **提 示**
>
> 该政策的衔接办法一定程度上违背了法律适用原则。本着"实体从旧"原则,该政策不能对 2015 年 4 月 1 日前的个人非货币资产对外投资行为进行征税,否则,对纳税人是不公平的。更何况文件要求追溯五年。按此规定,只要自然人个人以非货币资产对外投资行为发生在 2010 年 4 月 1 日后,税务机关均可以追缴个人所得税,但《国家税务总局关于公布全文失效废止部分条款失效废止的税收规范性文件目录的公告》(国家税务总局公告 2011 年第 2 号)文件出台日期是 2011 年 1 月 4 日,也就是说,非货币资产个人所得税追溯征收的时间居然在国税函〔2005〕319 号文件有效期内,十分荒唐。

5.9 利息、股息、红利所得和偶然所得应纳税所得额的计算

5.9.1 利息、股息、红利所得和偶然所得应纳税所得额的确定

利息、股息、红利所得和偶然所得,以每次收入额为应纳税所得额。

《中华人民共和国个人所得税法实施条例》第十四条规定,利息、股息、红利所得,以支付利息、股息、红利时取得的收入为一次。偶然所得,以每次取得该项收入为一次。

5.9.2 上市公司股息红利差别化个人所得税政策

根据《财政部 税务总局关于继续有效的个人所得税优惠政策目录的公告》(财政部 税务总局公告 2018 年第 177 号)及《财政部 国家税务总局 证监会关于上市公司股息红利差别化个人所得税政策有关问题的通知》(财税〔2015〕101 号)规定,经国务院批准,现就上市公司股息红利差别化个人所得税政策等有关问题通知如下:

一、个人从公开发行和转让市场取得的上市公司股票,持股期限超过 1 年的,股息红利所得暂免征收个人所得税。

个人从公开发行和转让市场取得的上市公司股票,持股期限在 1 个月以内(含 1 个月)的,其股息红利所得全额计入应纳税所得额;持股期限在 1 个月以上至 1 年(含 1 年)的,暂减按 50% 计入应纳税所得额;上述所得统一适用 20% 的税率计征个人所得税。

二、上市公司派发股息红利时,对个人持股 1 年以内(含 1 年)的,上市公司暂不扣缴个人所得税;待个人转让股票时,证券登记结算公司根据其持股期限计算应纳税额,由证券公司等股份托管机构从个人资金账户中扣收并划付证券登记结算公司,证券登记结算公司应于次月 5 个工作日内划付上市公司,上市公司在收到税款当月的法定申报期内向主管税务机关申报缴纳。

三、上市公司股息红利差别化个人所得税政策其他有关操作事项,按照《财政部 国家税务总局 证监会关于实施上市公司股息红利差别化个人所得税政策有关问题的通知》(财税〔2012〕85 号)的相关规定执行。

四、全国中小企业股份转让系统挂牌公司股息红利差别化个人所得税政策,按照本通知规定执行。其他有关操作事项,按照《财政部 国家税务总局 证监会关于实施全国中小企业股份转让系统挂牌公司股息红利差别化个人所得税政策有关问题的通知》(财税〔2014〕

48号)的相关规定执行。

五、本通知自 2015 年 9 月 8 日起施行。

上市公司派发股息红利,股权登记日在 2015 年 9 月 8 日之后的,股息红利所得按照本通知的规定执行。本通知实施之日个人投资者证券账户已持有的上市公司股票,其持股时间自取得之日起计算。

5.9.3 退房补偿款

《国家税务总局关于房屋买受人按照约定退房取得的补偿款有关个人所得税问题的批复》(税总函〔2013〕748号)规定,房屋买受人在未办理房屋产权证的情况下,按照与房地产公司约定条件(如对房屋的占有、使用、收益和处分权进行限制)在一定时期后无条件退房而取得的补偿款,应按照"利息、股息、红利所得"项目缴纳个人所得税,税款由支付补偿款的房地产公司代扣代缴。

5.9.4 投资者借款不还

《财政部 国家税务总局关于规范个人投资者个人所得税征收管理的通知》(财税〔2003〕158号)第二条规定,纳税年度内个人投资者从其投资的企业(个人独资企业、合伙企业除外)借款,在该纳税年度终了后既不归还,又未用于企业生产经营的,其未归还的借款可视为企业对个人投资者的红利分配,依照"利息、股息、红利所得"项目计征个人所得税。

5.10 非居民个人应纳税所得额的计算

5.10.1 工资、薪金所得

非居民个人的工资、薪金所得,以每月收入额减除费用 5 000 元后的余额为应纳税所得额。

5.10.2 劳务报酬所得、稿酬所得、特许权使用费所得

劳务报酬所得、稿酬所得、特许权使用费所得,以每次收入额为应纳税所得额。

劳务报酬所得、稿酬所得、特许权使用费所得以收入减除 20% 的费用后的余额为收入额。稿酬所得的收入额减按 70% 计算。

《中华人民共和国个人所得税法实施条例》第十四条规定,劳务报酬所得、稿酬所得、特许权使用费所得,属于一次性收入的,以取得该项收入为一次;属于同一项目连续性收入的,以一个月内取得的收入为一次。

5.11 个人所得税的优惠政策

5.11.1 免税项目

下列各项个人所得,免征个人所得税:

（一）省级人民政府、国务院部委和中国人民解放军军以上单位，以及外国组织、国际组织颁发的科学、教育、技术、文化、卫生、体育、环境保护等方面的奖金。

（二）国债和国家发行的金融债券利息。

《中华人民共和国个人所得税法实施条例》第九条规定，国债利息，是指个人持有中华人民共和国财政部发行的债券而取得的利息；所称国家发行的金融债券利息，是指个人持有经国务院批准发行的金融债券而取得的利息。

（三）按照国家统一规定发给的补贴、津贴。

《中华人民共和国个人所得税法实施条例》第十条规定，个人所得税法第四条第一款第三项所称按照国家统一规定发给的补贴、津贴，是指按照国务院规定发给的政府特殊津贴、院士津贴，以及国务院规定免予缴纳个人所得税的其他补贴、津贴。

根据《财政部 税务总局关于继续有效的个人所得税优惠政策目录的公告》（财政部 税务总局公告 2018 年第 177 号）及《国家税务总局关于印发〈征收个人所得税若干问题的规定〉的通知》（国税发〔1994〕089 号）规定，对按照国务院法规发给的政府特殊津贴和国务院法规免纳个人所得税的补贴、津贴，免于征收个人所得税。其他各种补贴、津贴均应计入工资、薪金所得项目征税。

（四）福利费、抚恤金、救济金。

《中华人民共和国个人所得税法实施条例》第十一条规定，个人所得税法第四条第一款第四项所称福利费，是指根据国家有关规定，从企业、事业单位、国家机关、社会组织提留的福利费或者工会经费中支付给个人的生活补助费；所称救济金，是指各级人民政府民政部门支付给个人的生活困难补助费。

（五）保险赔款。

（六）军人的转业费、复员费、退役金。

（七）按照国家统一规定发给干部、职工的安家费、退职费、基本养老金或者退休费、离休费、离休生活补助费。

（八）依照有关法律规定应予免税的各国驻华使馆、领事馆的外交代表、领事官员和其他人员的所得。

《中华人民共和国个人所得税法实施条例》第十二条规定，个人所得税法第四条第一款第八项所称依照有关法律规定应予免税的各国驻华使馆、领事馆的外交代表、领事官员和其他人员的所得，是指依照《中华人民共和国外交特权与豁免条例》和《中华人民共和国领事特权与豁免条例》规定免税的所得。

（九）中国政府参加的国际公约、签订的协议中规定免税的所得。

（十）国务院规定的其他免税所得。

前款第（十）项免税规定，由国务院报全国人民代表大会常务委员会备案。

5.11.2 减税项目

有下列情形之一的，可以减征个人所得税，具体幅度和期限，由省、自治区、直辖市人民政府规定，并报同级人民代表大会常务委员会备案：

（一）残疾、孤老人员和烈属的所得。

(二) 因自然灾害遭受重大损失的。

国务院可以规定其他减税情形,报全国人民代表大会常务委员会备案。

5.11.3 储蓄存款利息

对储蓄存款利息所得开征、减征、停征个人所得税及其具体办法,由国务院规定,并报全国人民代表大会常务委员会备案。

根据《财政部 税务总局关于继续有效的个人所得税优惠政策目录的公告》(财政部 税务总局公告 2018 年第 177 号)及《财政部 国家税务总局关于储蓄存款利息所得有关个人所得税政策的通知》(财税〔2008〕132 号)规定,为配合国家宏观调控政策需要,经国务院批准,自 2008 年 10 月 9 日起,对储蓄存款利息所得暂免征收个人所得税。

5.11.4 境外所得抵免

居民个人从中国境外取得的所得,可以从其应纳税额中抵免已在境外缴纳的个人所得税税额,但抵免额不得超过该纳税人境外所得依照本法规定计算的应纳税额。

《中华人民共和国个人所得税法实施条例》第二十一条规定,个人所得税法第七条所称已在境外缴纳的个人所得税税额,是指居民个人来源于中国境外的所得,依照该所得来源国家(地区)的法律应当缴纳并且实际已经缴纳的所得税税额。

个人所得税法第七条所称纳税人境外所得依照本法规定计算的应纳税额,是居民个人抵免已在境外缴纳的综合所得、经营所得以及其他所得的所得税税额的限额(以下简称抵免限额)。除国务院财政、税务主管部门另有规定外,来源于中国境外一个国家(地区)的综合所得抵免限额、经营所得抵免限额以及其他抵免限额之和,为来源于该国家(地区)所得的抵免限额。

居民个人在中国境外一个国家(地区)实际已经缴纳的个人所得税税额,低于依照前款规定计算出的来源于该国家(地区)所得的抵免限额的,应当在中国缴纳差额部分的税款;超过来源于该国家(地区)所得的抵免限额的,其超过部分不得在本纳税年度的应纳税额中抵免,但是可以在以后纳税年度来源于该国家(地区)所得的抵免限额的余额中补扣。补扣期限最长不得超过五年。

《中华人民共和国个人所得税法实施条例》第二十二条规定,居民个人申请抵免已在境外缴纳的个人所得税税额,应当提供境外税务机关出具的税款所属年度的有关纳税凭证。

> **提 示**
>
> 1. 来源于境外所得在境外缴纳的个人所得税的抵免限额采取"分国也分项"原则,即来源于同一个国家或地区的所得,应当分别综合所得、经营所得和其他所得分别计算抵免限额后累加,就是来源国的抵免限额。
>
> 2. 来源于中国境外所得应当与来源于中国境内所得合并计算个人所得税,但境外所得在境外实际缴纳的个人所得税准予抵免,抵免税额不得超过境外所得按《中华人民共和国个人所得税法》计算的应纳税额(即抵免限额)。
>
> 3. 境外所得在境外实际缴纳的个人所得税低于抵免限额的,按实际缴纳的个人所得

税享受抵免；超过抵免限额的部分，当年不能抵免，但可以结转到以后年度用来源于该国的抵免限额的余额补抵，补抵年限不得超过5年。

4. 境外所得在境外缴纳的个人所得税享受抵免，必须提供境外税务机关出具的纳税凭证（原件或复印件）。

5. 境外个人所得税抵免的计算步骤：

（1）分国分项计算抵免限额＝中国境内、境外所得依照个人所得税法和本条例的规定计算的应纳税总额×来源于该国（地区）的收入额÷中国境内、境外收入总额

（2）确定来源国的抵免限额合计＝∑（1）

（3）确定抵免税额。

① 境外实际缴纳的个人所得税小于（2）时：

抵免税额＝实际缴纳的个人所得税

② 境外实际缴纳的个人所得税大于（2）时：

抵免税额＝（2）

（4）计算境内外所得合计应当缴纳的个人所得税。

例如，王某2019年境内取得工资薪金所得100 000元，稿酬所得300 000元；从美国取得偶然所得工资薪金所得200 000元，已纳个人所得税35 000元，从美国取得稿酬所得50 000元，已经缴纳个人所得税7 000元；从美国一家企业取得利息80 000元，已经缴纳个人所得税8 000元。计算王某2019年度应当缴纳的个人所得税＝？

1. 计算抵免限额合计。

（1）综合所得抵免限额＝中国境内、境外综合所得依照个人所得税法和本条例的规定计算的综合所得应纳税总额×来源于该国（地区）的综合所得收入额÷中国境内、境外综合所得收入总额＝{[(100 000＋200 000)＋(300 000＋50 000)×56％－60 000]×30％－52 920}×(200 000＋50 000×56％)÷[(100 000＋200 000)＋(300 000＋50 000)×56％]＝35 799.68（元）

（2）股息所得抵免限额＝80 000×20％＝16 000（元）

抵免限额合计＝35 799.68＋16 000＝51 799.68（元）

2. 确定抵免税额。

境外所得实际缴纳的个人所得税＝35 000＋7 000＋8 000＝50 000（元）＜51 799.68元

抵免税额＝50 000（元）

3. 李某2019年应当缴纳的个人所得税＝{[(100 000＋200 000)＋(300 000＋50 000)×56％－60 000]×30％－52 920}＋(80 000×20％)－50 000＝77 880＋16 000－50 000＝43 880（元）

5.11.5 全年一次性奖金

《财政部关于个人所得税法修改后有关优惠政策衔接问题的通知》（财税〔2018〕164号）第一条规定，居民个人取得全年一次性奖金，符合《国家税务总局关于调整个人取得全年一次性奖金等计算征收个人所得税方法问题的通知》（国税发〔2005〕9号）规定的，在2021年

12月31日前,不并入当年综合所得,以全年一次性奖金收入除以12个月得到的数额,按照本通知所附按月换算后的综合所得税率表(以下简称月度税率表),确定适用税率和速算扣除数,单独计算纳税。计算公式为:

$$应纳税额 = 全年一次性奖金收入 \times 适用税率 - 速算扣除数$$

居民个人取得全年一次性奖金,也可以选择并入当年综合所得计算纳税。

自2022年1月1日起,居民个人取得全年一次性奖金,应并入当年综合所得计算缴纳个人所得税。

按月换算后的综合所得税率表

级数	全月应纳税所得额	税率(%)	速算扣除数
1	不超过3 000元的	3	0
2	超过3 000元至12 000元的部分	10	210
3	超过12 000元至25 000元的部分	20	1 410
4	超过25 000元至35 000元的部分	25	2 660
5	超过35 000元至55 000元的部分	30	4 410
6	超过55 000元至80 000元的部分	35	7 160
7	超过80 000元的部分	45	15160

> **提 示**
>
> 需要注意的是,按年终奖金办法缴纳的个人所得税不一定比并入综合所得缴纳的个人所得税少。
>
> 例如,李某2019年12月扣除"三险一金"后的工资薪金为7 000元。一次性获得奖金200 000元。
>
> 方法之一:
>
> 按国税发〔2005〕9号文件:
>
> $$工资薪金个人所得税 = (7\,000 - 5\,000) \times 3\% = 60(元)$$
>
> 假设12个月工资薪金一致:
>
> $$全年工资薪金个人所得税 = 60 \times 12 = 720(元)$$
>
> 年终奖金个人所得税:
>
> $$200\,000/12 = 16\,667(元)$$
>
> $$年终奖金个人所得税 = 200\,000 \times 20\% - 1\,410 = 38\,590(元)$$
>
> $$全年合计 = 720 + 38\,590 = 39\,310(元)$$
>
> 方法之二:
>
> 将年终奖金并入全年按综合所得缴纳个人所得税 $= (7\,000 \times 12 + 200\,000 - 60\,000) \times 20\% - 16\,920 = 27\,880(元)$

方法之二较方法之一少缴交个人所得税＝27 880－38 590＝－10 710(元)

降低＝10 710÷38 590＝28％

综上所述：

此政策下，有两点税收陷阱需特别关注，使用不当，将会造成额外纳税。

第一，收入不高者，应选择不适用年终奖优惠政策。

根据年终奖公式，其政策无基本费用减除，故最低适用税率为3％。

而收入不高者，计入综合所得可应用基本费用减除5 000元和其他各项扣除，月减免额可达到7 000～10 000元，以7 000元估计，年收入额在8.4万元左右的纳税人，全部采用综合所得，将不纳税，而采用年终奖优惠将按3％纳税。

例如，小王每月工资6 000元，每月基本扣除费用5 000元，其他各项扣除3 000元，年终奖2万元。

(1) 如果不采用年终奖优惠，则全年应纳税所得额＝72 000＋20 000－60 000－36 000＝－4 000(元)，不纳税。

(2) 如果采用年终奖优惠，年终奖金＝20 000÷12＝1 666.67(元)，适用税率3％。

则全年应纳税额＝0＋20 000×3％＝600(元)。

根据我国目前收入结构，中小城市有众多工薪群体恰好属于月薪几千元，年终奖几万元的群体，若错误适用政策，将导致额外纳税。

第二，年终奖陷阱区间。

根据目前年终奖计算方法，采用了和以前一样的不完全的速算扣除数，将导致在临界点附近的年终奖额外纳税。

例如，小王获得年终奖36 000元，小李获得年终奖36 001元，小李比小王多1元。

(1) 则小王36 000/12＝3 000元，适用3％档次税率

应纳税额＝36 000×3％＝1 080(元)

实际到手＝36 000－1 080＝34 920(元)

(2) 小李36 001/12＝3 000.08元，适用10％档次税率

应纳税额＝36 001×10％－210＝3 390.1(元)

实际到手＝36 001－3 390.1＝32 610.9(元)

小李多发1元奖金，多交个人所得税＝3 390.1－1 080＝2 310.1(元)。

实际到手的收入减少金额＝32 610.9－34 920＝－2 309.1(元)。

通过测算，年终奖金的陷阱区间为：

陷阱区域	具体数值
3.6万元附近	36 000～38 567
14.4万元附近	14 400～160 500
30万元附近	300 000～318 333
42万元附近	420 000～447 500
66万元附近	660 000～706 539
96万元附近	960 000～1 120 000

5.11.6 中央企业负责人取得年度绩效薪金延期兑现收入和任期奖励

《财政部关于个人所得税法修改后有关优惠政策衔接问题的通知》(财税〔2018〕164号)第一条规定,中央企业负责人取得年度绩效薪金延期兑现收入和任期奖励,符合《国家税务总局关于中央企业负责人年度绩效薪金延期兑现收入和任期奖励征收个人所得税问题的通知》(国税发〔2007〕118号)规定的,在 2021 年 12 月 31 日前,参照年终奖金办法执行;2022年 1 月 1 日之后的政策另行明确。

5.11.7 股权激励

5.11.7.1 股票期权

(一)什么是股票期权?

《财政部 国家税务总局关于个人股票期权所得征收个人所得税问题的通知》(财税〔2005〕35号)第一条第二款和第三款规定,企业员工股票期权(以下简称股票期权)是指上市公司按照规定的程序授予本公司及其控股企业员工的一项权利,该权利允许被授权员工在未来时间内以某一特定价格购买本公司一定数量的股票。

上述"某一特定价格"被称为"授予价"或"施权价",即根据股票期权计划可以购买股票的价格,一般为股票期权授予日的市场价格或该价格的折扣价格,也可以是按照事先设定的计算方法约定的价格;"授予日",也称"授权日",是指公司授予员工上述权利的日期;"行权",也称"执行",是指员工根据股票期权计划选择购买股票的过程;员工行使上述权利的当日为"行权日",也称"购买日"。

(二)股票期权个人所得税的税收政策。

《财政部 国家税务总局关于个人股票期权所得征收个人所得税问题的通知》(财税〔2005〕35号)第一条第一款规定,自 2005 年 7 月 1 日起,实施股票期权计划企业授予该企业员工的股票期权所得,应按《中华人民共和国个人所得税法》及其实施条例有关规定征收个人所得税。

(三)关于股票期权所得性质的确认及其具体征税规定。

1.员工接受实施股票期权计划企业授予的股票期权时,除另有规定外,一般不作为应税所得征税。

《国家税务总局关于个人股票期权所得缴纳个人所得税有关问题的补充通知》(国税函〔2006〕902号)第六条规定,部分股票期权在授权时即约定可以转让,且在境内或境外存在公开市场及挂牌价格(以下称可公开交易的股票期权)。员工接受该可公开交易的股票期权时,应作为上述的另有规定情形,按以下规定进行税务处理:

(1)员工取得可公开交易的股票期权,属于员工已实际取得有确定价值的财产,应按授权日股票期权的市场价格,作为员工授权日所在月份的工资薪金所得,并按财税〔2005〕35号文件第四条第(一)项规定计算缴纳个人所得税。如果员工以折价购入方式取得股票期权的,可以授权日股票期权的市场价格扣除折价购入股票期权时实际支付的价款后的余额,作为授权日所在月份的工资薪金所得。

(2)员工取得上述可公开交易的股票期权后,实际行使该股票期权购买股票时,不再计算缴纳个人所得税。

2. 员工行权时,其从企业取得股票的实际购买价(施权价)低于购买日公平市场价(指该股票当日的收盘价,下同)的差额,是因员工在企业的表现和业绩情况而取得的与任职、受雇有关的所得,应按"工资、薪金所得"适用的规定计算缴纳个人所得税。

对因特殊情况,员工在行权日之前将股票期权转让的,以股票期权的转让净收入,作为工资薪金所得征收个人所得税。

员工行权日所在期间的工资薪金所得,应按下列公式计算工资薪金应纳税所得额:

$$\text{股票期权形式的工资薪金应纳税所得额} = \left(\text{行权股票的每股市场价} - \text{员工取得该股票期权支付的每股施权价}\right) \times \text{股票数量}$$

《国家税务总局关于个人股票期权所得缴纳个人所得税有关问题的补充通知》(国税函〔2006〕902号)第三条规定,公式中所述"员工取得该股票期权支付的每股施权价",一般是指员工行使股票期权购买股票实际支付的每股价格。如果员工以折价购入方式取得股票期权的,上述施权价可包括员工折价购入股票期权时实际支付的价格。

3. 员工将行权后的股票再转让时获得的高于购买日公平市场价的差额,是因个人在证券二级市场上转让股票等有价证券而获得的所得,应按照"财产转让所得"适用的征免规定计算缴纳个人所得税。

4. 员工因拥有股权而参与企业税后利润分配取得的所得,应按照"利息、股息、红利所得"适用的规定计算缴纳个人所得税。

(四)关于工资薪金所得境内外来源划分。

按照《国家税务局关于在中国境内无住所个人以有价证券形式取得工资薪金所得确定纳税义务有关问题的通知》(国税函〔2000〕190号)有关规定,需对员工因参加企业股票期权计划而取得的工资薪金所得确定境内或境外来源的,应按照该员工据以取得上述工资薪金所得的境内、外工作期间月份数比例计算划分。

《国家税务总局关于个人股票期权所得缴纳个人所得税有关问题的补充通知》(国税函〔2006〕902号)第五条规定,在确定员工取得股票期权所得的来源地时,按照财税〔2005〕35号文件第三条规定需划分境、内外工作期间月份数。该境、内外工作期间月份总数是指员工按企业股票期权计划规定,在可行权以前须履行工作义务的月份总数。

(五)关于应纳税款的计算。

1. 转让股票(销售)取得所得的税款计算。对于员工转让股票等有价证券取得的所得,应按现行税法和政策规定征免个人所得税。即:个人将行权后的境内上市公司股票再行转让而取得的所得,暂不征收个人所得税;个人转让境外上市公司的股票而取得的所得,应按税法的规定计算应纳税所得额和应纳税额,依法缴纳税款。

《国家税务总局关于个人股票期权所得缴纳个人所得税有关问题的补充通知》(国税函〔2006〕902号)第六条第二款规定,员工取得可公开交易的股票期权后,转让该股票期权所取得的所得,属于财产转让所得,按上述规定进行税务处理。

2. 参与税后利润分配取得所得的税款计算。员工因拥有股权参与税后利润分配而取得的股息、红利所得,除依照有关规定可以免税或减税的外,应全额按规定税率计算纳税。

需要注意的是,《国家税务总局关于个人股票期权所得缴纳个人所得税有关问题的补充通知》(国税函〔2006〕902号)第四条规定,凡取得股票期权的员工在行权日不实际买卖股票,而按行权日股票期权所指定股票的市场价与施权价之间的差额,直接从授权企业取得价差收益的,该项价差收益应作为员工取得的股票期权形式的工资薪金所得,按照财税〔2005〕35号文件的有关规定计算缴纳个人所得税。

(六)关于征收管理。

1. 扣缴义务人。实施股票期权计划的境内企业为个人所得税的扣缴义务人,应按税法规定履行代扣代缴个人所得税的义务。

2. 自行申报纳税。员工从两处或两处以上取得股票期权形式的工资薪金所得和没有扣缴义务人的,该个人应在个人所得税法规定的纳税申报期限内自行申报缴纳税款。

3. 报送有关资料。实施股票期权计划的境内企业,应在股票期权计划实施之前,将企业的股票期权计划或实施方案、股票期权协议书、授权通知书等资料报送主管税务机关;应在员工行权之前,将股票期权行权通知书和行权调整通知书等资料报送主管税务机关。

扣缴义务人和自行申报纳税的个人在申报纳税或代扣代缴税款时,应在税法规定的纳税申报期限内,将个人接受或转让的股票期权以及认购的股票情况(包括种类、数量、施权价格、行权价格、市场价格、转让价格等)报送主管税务机关。

4. 处罚。实施股票期权计划的企业和因股票期权计划而取得应税所得的自行申报员工,未按规定报送上述有关报表和资料,未履行申报纳税义务或者扣缴税款义务的,按《中华人民共和国税收征收管理法》及其实施细则的有关规定进行处理。

(七)上市公司高管人员股票期权所得。

《财政部 国家税务总局关于上市公司高管人员股票期权所得缴纳个人所得税有关问题的通知》(财税〔2009〕40号)规定:

1. 上市公司高管人员取得股票期权所得,应按照《财政部 国家税务总局关于个人股票期权所得征收个人所得税问题的通知》(财税〔2005〕35号)和《国家税务总局关于个人股票期权所得缴纳个人所得税有关问题的补充通知》(国税函〔2006〕902号)的有关规定,计算个人所得税应纳税额。

2. 对上市公司高管人员取得股票期权在行权时,纳税确有困难的,经主管税务机关审核,可自其股票期权行权之日起,在不超过6个月的期限内分期缴纳个人所得税。

3. 其他股权激励方式参照本通知规定执行。

5.11.7.2 股票增值权所得和限制性股票所得

(一)《财政部 国家税务总局关于股票增值权所得和限制性股票所得征收个人所得税有关问题的通知》(财税〔2009〕5号)规定:

1. 对于个人从上市公司(含境内、外上市公司,下同)取得的股票增值权所得和限制性股票所得,比照《财政部 国家税务总局关于个人股票期权所得征收个人所得税问题的通知》(财税〔2005〕35号)、《国家税务总局关于个人股票期权所得缴纳个人所得税有关问题的补充通知》(国税函〔2006〕902号)的有关规定,计算征收个人所得税。

2. 本通知所称股票增值权,是指上市公司授予公司员工在未来一定时期和约定条件下,获得规定数量的股票价格上升所带来收益的权利。被授权人在约定条件下行权,上市公司按照行权日与授权日二级市场股票差价乘以授权股票数量,发放给被授权人现金。

3. 本通知所称限制性股票,是指上市公司按照股权激励计划约定的条件,授予公司员工一定数量本公司的股票。

4. 实施股票增值权计划或限制性股票计划的境内上市公司,应在向中国证监会报备的同时,将企业股票增值权计划、限制性股票计划或实施方案等有关资料报送主管税务机关备案。

5. 实施股票增值权计划或限制性股票计划的境内上市公司,应在做好个人所得税扣缴工作的同时,按照《国家税务总局关于印发〈个人所得税全员全额扣缴申报管理暂行办法〉的通知》(国税发〔2005〕205号)的有关规定,向主管税务机关报送其员工行权等涉税信息。

(二)股权激励。

《国家税务总局关于股权激励有关个人所得税问题的通知》(国税函〔2009〕461号)规定:

1. 关于股权激励所得项目和计税方法的确定。

根据个人所得税法及其实施条例和财税〔2009〕5号文件等规定,个人因任职、受雇从上市公司取得的股票增值权所得和限制性股票所得,由上市公司或其境内机构按照"工资、薪金所得"项目和股票期权所得个人所得税计税方法,依法扣缴其个人所得税。

2. 关于股票增值权应纳税所得额的确定。

股票增值权被授权人获取的收益,是由上市公司根据授权日与行权日股票差价乘以被授权股数,直接向被授权人支付的现金。上市公司应于向股票增值权被授权人兑现时依法扣缴其个人所得税。被授权人股票增值权应纳税所得额计算公式为:

股票增值权某次行权应纳税所得额=(行权日股票价格-授权日股票价格)×行权股票份数

3. 关于限制性股票应纳税所得额的确定。

按照个人所得税法及其实施条例等有关规定,原则上应在限制性股票所有权归属于被激励对象时确认其限制性股票所得的应纳税所得额。即:上市公司实施限制性股票计划时,应以被激励对象限制性股票在中国证券登记结算公司(境外为证券登记托管机构)进行股票登记日期的股票市价(指当日收盘价,下同)和本批次解禁股票当日市价(指当日收盘价,下同)的平均价格乘以本批次解禁股票份数,减去被激励对象本批次解禁股份数所对应的为获取限制性股票实际支付资金数额,其差额为应纳税所得额。被激励对象限制性股票应纳税所得额计算公式为:

应纳税所得额=(股票登记日股票市价+本批次解禁股票当日市价)÷2
　　　　　　×本批次解禁股票份数-被激励对象实际支付的资金总额
　　　　　　×(本批次解禁股票份数÷被激励对象获取的限制性股票总份数)

4. 关于股权激励所得应纳税额的计算。

(1)个人在纳税年度内第一次取得股票期权、股票增值权所得和限制性股票所得的,上市公司应按照财税〔2005〕35号文件第四条第一项所列公式计算扣缴其个人所得税。

(2)个人在纳税年度内两次以上(含两次)取得股票期权、股票增值权和限制性股票等所得,包括两次以上(含两次)取得同一种股权激励形式所得或者同时兼有不同股权激励形式所得的,上市公司应将其纳税年度内各次股权激励所得合并,按照《国家税务总局关于个人股票期权所得缴纳个人所得税有关问题的补充通知》(国税函〔2006〕902号)第七条、第八条所列公式计算扣缴个人所得税。

5. 关于纳税义务发生时间。

(1) 股票增值权个人所得税纳税义务发生时间为上市公司向被授权人兑现股票增值权所得的日期。

(2) 限制性股票个人所得税纳税义务发生时间为每一批次限制性股票解禁的日期。

6. 关于报送资料的规定。

(1) 实施股票期权、股票增值权计划的境内上市公司,应按照财税〔2005〕35号文件第五条第(三)项规定报送有关资料。

(2) 实施限制性股票计划的境内上市公司,应在中国证券登记结算公司(境外为证券登记托管机构)进行股票登记、并经上市公司公示后15日内,将本公司限制性股票计划或实施方案、协议书、授权通知书、股票登记日期及当日收盘价、禁售期限和股权激励人员名单等资料报送主管税务机关备案。

境外上市公司的境内机构,应向其主管税务机关报送境外上市公司实施股权激励计划的中(外)文资料备案。

(3) 扣缴义务人和自行申报纳税的个人在代扣代缴税款或申报纳税时,应在税法规定的纳税申报期限内,将个人接受或转让的股权以及认购的股票情况(包括种类、数量、施权价格、行权价格、市场价格、转让价格等)、股权激励人员名单、应纳税所得额、应纳税额等资料报送主管税务机关。

7. 其他有关问题的规定

(1) 财税〔2005〕35号、国税函〔2006〕902号和财税〔2009〕5号以及本通知有关股权激励个人所得税政策,适用于上市公司(含所属分支机构)和上市公司控股企业的员工,其中上市公司占控股企业股份比例最低为30%。

值得注意的是,根据《国家税务总局关于个人所得税有关问题的公告》(国家税务总局公告2011年第27号)第一条,企业由上市公司持股比例不低于30%的,其员工以股权激励方式持有上市公司股权的,可以按照《国家税务总局关于股权激励有关个人所得税问题的通知》(国税函〔2009〕461号)规定的计算方法,计算应扣缴的股权激励个人所得税,不再受上市公司控股企业层级限制。

(2) 具有下列情形之一的股权激励所得,不适用本通知规定的优惠计税方法,直接计入个人当期所得征收个人所得税:

① 除本条第(1)项规定之外的集团公司、非上市公司员工取得的股权激励所得。

② 公司上市之前设立股权激励计划,待公司上市后取得的股权激励所得。

③ 上市公司未按照本通知第6条"关于报送资料的规定"向其主管税务机关报备有关资料的。

(3) 被激励对象为缴纳个人所得税款而出售股票,其出售价格与原计税价格不一致的,按原计税价格计算其应纳税所得额和税额。

例如,2016年10月1日,某上市公司与总经理刘某签订股票期权计划,约定2019年10月1日起,刘某可以按照每股2元的价格购买该公司的股票20万股。2019年10月31日,该公司的股票市场价格每股20元。刘某在2019年10月31日行使股票期权,以每股2元价格购买20万股。刘某从公司获得的就是股票期权。

(1) 2016年10月1日,公司与刘某签订股票期权计划时,是否应当缴纳个人所得税?

根据财税〔2005〕35号规定,刘某接受该集团授予的股票期权时,除另有规定外,一般不作为其个人的应税所得征税。

因为此时的刘某只是获得了一个日后以较低价格购买公司股份的机会,但是这个机会是否会真的成为现实还无法确定。因此,在授权日刘某没有从该集团取得"所得",不存在缴纳个人所得税的义务。

(2) 2019年10月31日,按行权日收盘价,刘某获利360万元,是否应当缴纳个人所得税?按什么税目缴纳个人所得税?

根据文件规定,应当就其行权日支付的购买价格与收盘价的差额,作为刘某当期的工资薪金所得缴纳个人所得税。

股票期权形式的工资薪金应纳税所得额=(行权股票的每股市场价-员工取得该股票期权支付的每股施权价)×股票数量=(20-2)×20万=360(万元)

员工取得股权激励所得的应纳税额计算公式为:

应纳个人所得税税额=(股票期权形式的工资薪金应纳税所得额/规定月份数×适用税率-速算扣除数)×规定月份数

规定月份数,是指员工取得来源于中国境内的股票期权形式工资、薪金所得的境内工作期间月份数,长于12个月的,按12个月计算。

照此计算,刘某的应纳税额=(3 600 000÷12×45%-13 505)×12=1 457 940(元)

注意:企业由上市公司持股比例不低于30%的,其员工以股权激励方式持有上市公司股权的,可以按照《国家税务总局关于股权激励有关个人所得税问题的通知》(国税函〔2009〕461号)规定的计算方法,计算应扣缴的股权激励个人所得税,不再受上市公司控股企业层级限制。《关于个人以股权参与上市公司定向增发征收个人所得税问题的批复》(国税函〔2011〕89号)规定,根据《中华人民共和国个人所得税法》及其实施条例等规定,南京浦东建设发展有限公司自然人以其所持该公司股权评估增值后,参与苏宁环球股份有限公司定向增发股票,属于股权转让行为,其取得所得,应按照"财产转让所得"项目缴纳个人所得税。

5.11.7.3 股权奖励

(一) 股权奖励个人所得税政策。

《财政部 国家税务总局关于将国家自主创新示范区有关税收试点政策推广到全国范围实施的通知》(财税〔2015〕116号)第四条规定:

1. 自2016年1月1日起,全国范围内的高新技术企业转化科技成果,给予本企业相关技术人员的股权奖励,个人一次缴纳税款有困难的,可根据实际情况自行制定分期缴税计划,在不超过5个公历年度内(含)分期缴纳,并将有关资料报主管税务机关备案。

2. 个人获得股权奖励时,按照"工资薪金所得"项目,参照《财政部 国家税务总局关于个人股票期权所得征收个人所得税问题的通知》(财税〔2005〕35号)有关规定计算确定应纳税额。股权奖励的计税价格参照获得股权时的公平市场价格确定。

3. 技术人员转让奖励的股权(含奖励股权孳生的送、转股)并取得现金收入的,该现金收入应优先用于缴纳尚未缴清的税款。

4. 技术人员在转让奖励的股权之前企业依法宣告破产,技术人员进行相关权益处置后没有取得收益或资产,或取得的收益和资产不足以缴纳其取得股权尚未缴纳的应纳税款的部分,税务机关可不予追征。

5. 本通知所称相关技术人员,是指经公司董事会和股东大会决议批准获得股权奖励的以下两类人员:

(1) 对企业科技成果研发和产业化作出突出贡献的技术人员,包括企业内关键职务科技成果的主要完成人、重大开发项目的负责人、对主导产品或者核心技术、工艺流程作出重大创新或者改进的主要技术人员。

(2) 对企业发展作出突出贡献的经营管理人员,包括主持企业全面生产经营工作的高级管理人员,负责企业主要产品(服务)生产经营合计占主营业务收入(或者主营业务利润)50%以上的中、高级经营管理人员。

企业面向全体员工实施的股权奖励,不得按本通知规定的税收政策执行。

6. 本通知所称股权奖励,是指企业无偿授予相关技术人员一定份额的股权或一定数量的股份。

7. 本通知所称高新技术企业,是指实行查账征收、经省级高新技术企业认定管理机构认定的高新技术企业。

(二) 股权奖励个人所得税征收管理。

《国家税务总局关于股权奖励和转增股本个人所得税征管问题的公告》(国家税务总局公告 2015 年第 80 号)规定:

1. 股权奖励的计税价格参照获得股权时的公平市场价格确定,具体按以下方法确定:

(1) 上市公司股票的公平市场价格,按照取得股票当日的收盘价确定。取得股票当日为非交易时间的,按照上一个交易日收盘价确定。

(2) 非上市公司股权的公平市场价格,依次按照净资产法、类比法和其他合理方法确定。

2. 计算股权奖励应纳税额时,规定月份数按员工在企业的实际工作月份数确定。员工在企业工作月份数超过 12 个月的,按 12 个月计算。

3. 备案办理。

(1) 获得股权奖励的企业技术人员、企业转增股本涉及的股东需要分期缴纳个人所得税的,应自行制定分期缴税计划,由企业于发生股权奖励、转增股本的次月 15 日内,向主管税务机关办理分期缴税备案手续。

办理股权奖励分期缴税,企业应向主管税务机关报送高新技术企业认定证书、股东大会或董事会决议、《个人所得税分期缴纳备案表(股权奖励)》、相关技术人员参与技术活动的说明材料、企业股权奖励计划、能够证明股权或股票价格的有关材料、企业转化科技成果的说明、最近一期企业财务报表等。

(2) 纳税人分期缴税期间需要变更原分期缴税计划的,应重新制定分期缴税计划,由企业向主管税务机关重新报送《个人所得税分期缴纳备案表》。

4. 代扣代缴。

(1) 企业在填写《扣缴个人所得税报告表》时,应将纳税人取得股权奖励情况单独填列,并在"备注"栏中注明"股权奖励"或"转增股本"字样。

(2) 纳税人在分期缴税期间取得分红或转让股权的,企业应及时代扣股权奖励尚未缴清的个人所得税,并于次月15日内向主管税务机关申报纳税。

5.11.7.4 对上市公司股票期权、限制性股票和股权奖励适当延长纳税期限

根据《财政部 税务总局关于继续有效的个人所得税优惠政策目录的公告》(财政部 税务总局公告2018年第177号)及《财政部 国家税务总局关于完善股权激励和技术入股有关所得税政策的通知》(财税〔2016〕101号)规定,上市公司授予个人的股票期权、限制性股票和股权奖励,经向主管税务机关备案,个人可自股票期权行权、限制性股票解禁或取得股权奖励之日起,在不超过12个月的期限内缴纳个人所得税。《财政部 国家税务总局关于上市公司高管人员股票期权所得缴纳个人所得税有关问题的通知》(财税〔2009〕40号)自本通知施行之日起废止。

5.11.7.5 个人所得税法修改后有关股权激励优惠政策衔接

《财政部关于个人所得税法修改后有关优惠政策衔接问题的通知》(财税〔2018〕164号)第二条规定:

(一) 居民个人取得股票期权、股票增值权、限制性股票、股权奖励等股权激励(以下简称股权激励),符合《财政部 国家税务总局关于个人股票期权所得征收个人所得税问题的通知》(财税〔2005〕35号)、《财政部 国家税务总局关于股票增值权所得和限制性股票所得征收个人所得税有关问题的通知》(财税〔2009〕5号)、《财政部 国家税务总局关于将国家自主创新示范区有关税收试点政策推广到全国范围实施的通知》(财税〔2015〕116号)第四条、《财政部 国家税务总局关于完善股权激励和技术入股有关所得税政策的通知》(财税〔2016〕101号)第四条第(一)项规定的相关条件的,在2021年12月31日前,不并入当年综合所得,全额单独适用综合所得税率表,计算纳税。计算公式为:

$$应纳税额 = 股权激励收入 \times 适用税率 - 速算扣除数$$

(二) 居民个人一个纳税年度内取得两次以上(含两次)股权激励的,应合并按本通知第二条第(一)项规定计算纳税。

(三) 2022年1月1日之后的股权激励政策另行明确。

5.11.7.6 非上市公司股权激励

根据《财政部 税务总局关于继续有效的个人所得税优惠政策目录的公告》(财政部 税务总局公告2018年第177号)及《财政部 国家税务总局关于完善股权激励和技术入股有关所得税政策的通知》(财税〔2016〕101号)规定,对符合条件的非上市公司股票期权、股权期权、限制性股票和股权奖励实行递延纳税政策。

(一) 非上市公司授予本公司员工的股票期权、股权期权、限制性股票和股权奖励,符合规定条件的,经向主管税务机关备案,可实行递延纳税政策,即员工在取得股权激励时可暂不纳税,递延至转让该股权时纳税;股权转让时,按照股权转让收入减除股权取得成本以及合理费用后的差额,适用"财产转让所得"项目,按照20%的税率计算缴纳个人所得税。

股权转让时,股票(权)期权取得成本按行权价确定,限制性股票取得成本按实际出资额

确定,股权奖励取得成本为 0。

(二)享受递延纳税政策的非上市公司股权激励(包括股票期权、股权期权、限制性股票和股权奖励,下同)须同时满足以下条件:

1. 属于境内居民企业的股权激励计划。

2. 股权激励计划经公司董事会、股东(大)会审议通过。未设股东(大)会的国有单位,经上级主管部门审核批准。股权激励计划应列明激励目的、对象、标的、有效期、各类价格的确定方法、激励对象获取权益的条件、程序等。

3. 激励标的应为境内居民企业的本公司股权。股权奖励的标的可以是技术成果投资入股到其他境内居民企业所取得的股权。激励标的股票(权)包括通过增发、大股东直接让渡以及法律法规允许的其他合理方式授予激励对象的股票(权)。

4. 激励对象应为公司董事会或股东(大)会决定的技术骨干和高级管理人员,激励对象人数累计不得超过本公司最近 6 个月在职职工平均人数的 30%。

5. 股票(权)期权自授予日起应持有满 3 年,且自行权日起持有满 1 年;限制性股票自授予日起应持有满 3 年,且解禁后持有满 1 年;股权奖励自获得奖励之日起持有满 3 年。上述时间条件须在股权激励计划中列明。

6. 股票(权)期权自授予日至行权日的时间不得超过 10 年。

7. 实施股权奖励的公司及其奖励股权标的公司所属行业均不属于《股权奖励税收优惠政策限制性行业目录》范围(见附件)。公司所属行业按公司上一纳税年度主营业务收入占比最高的行业确定。

(三)本通知所称股票(权)期权是指公司给予激励对象在一定期限内以事先约定的价格购买本公司股票(权)的权利;所称限制性股票是指公司按照预先确定的条件授予激励对象一定数量的本公司股权,激励对象只有工作年限或业绩目标符合股权激励计划规定条件的才可以处置该股权;所称股权奖励是指企业无偿授予激励对象一定份额的股权或一定数量的股份。

(四)股权激励计划所列内容不同时满足第一条第(二)款规定的全部条件,或递延纳税期间公司情况发生变化,不再符合第一条第(二)款第 4 至 6 项条件的,不得享受递延纳税优惠,应按规定计算缴纳个人所得税。

5.11.8 企业年金、职业年金

5.11.8.1 企业年金、职业年金个人所得税相关政策

根据《财政部 税务总局关于继续有效的个人所得税优惠政策目录的公告》(财政部 税务总局公告 2018 年第 177 号)及《财政部 人力资源社会保障部 国家税务总局关于企业年金职业年金个人所得税有关问题的通知》(财税〔2013〕103 号)规定,为促进我国多层次养老保险体系的发展,根据个人所得税法相关规定,现就企业年金和职业年金个人所得税有关问题通知如下:

一、企业年金和职业年金缴费的个人所得税处理。

1. 企业和事业单位(以下统称单位)根据国家有关政策规定的办法和标准,为在本单位任职或者受雇的全体职工缴付的企业年金或职业年金(以下统称年金)单位缴费部分,在计

入个人账户时,个人暂不缴纳个人所得税。

2. 个人根据国家有关政策规定缴付的年金个人缴费部分,在不超过本人缴费工资计税基数的4％标准内的部分,暂从个人当期的应纳税所得额中扣除。

3. 超过本通知第一条第1项和第2项规定的标准缴付的年金单位缴费和个人缴费部分,应并入个人当期的工资、薪金所得,依法计征个人所得税。税款由建立年金的单位代扣代缴,并向主管税务机关申报解缴。

4. 企业年金个人缴费工资计税基数为本人上一年度月平均工资。月平均工资按国家统计局规定列入工资总额统计的项目计算。月平均工资超过职工工作地所在设区城市上一年度职工月平均工资300％以上的部分,不计入个人缴费工资计税基数。

职业年金个人缴费工资计税基数为职工岗位工资和薪级工资之和。职工岗位工资和薪级工资之和超过职工工作地所在设区城市上一年度职工月平均工资300％以上的部分,不计入个人缴费工资计税基数。

二、年金基金投资运营收益的个人所得税处理。

年金基金投资运营收益分配计入个人账户时,个人暂不缴纳个人所得税。

三、领取年金的个人所得税处理。

1. 个人达到国家规定的退休年龄,在本通知实施之后按月领取的年金,全额按照"工资、薪金所得"项目适用的税率,计征个人所得税;在本通知实施之后按年或按季领取的年金,平均分摊计入各月,每月领取额全额按照"工资、薪金所得"项目适用的税率,计征个人所得税。

2. 对单位和个人在本通知实施之前开始缴付年金缴费,个人在本通知实施之后领取年金的,允许其从领取的年金中减除在本通知实施之前缴付的年金单位缴费和个人缴费且已经缴纳个人所得税的部分,就其余额按照本通知第三条第1项的规定征税。在个人分期领取年金的情况下,可按本通知实施之前缴付的年金缴费金额占全部缴费金额的百分比减计当期的应纳税所得额,减计后的余额,按照本通知第三条第1项的规定,计算缴纳个人所得税。

3. 对个人因出境定居而一次性领取的年金个人账户资金,或个人死亡后,其指定的受益人或法定继承人一次性领取的年金个人账户余额,允许领取人将一次性领取的年金个人账户资金或余额按12个月分摊到各月,就其每月分摊额,按照本通知第三条第1项和第2项的规定计算缴纳个人所得税。对个人除上述特殊原因外一次性领取年金个人账户资金或余额的,则不允许采取分摊的方法,而是就其一次性领取的总额,单独作为一个月的工资薪金所得,按照本通知第三条第1项和第2项的规定,计算缴纳个人所得税。

4. 个人领取年金时,其应纳税款由受托人代表委托人委托托管人代扣代缴。年金账户管理人应及时向托管人提供个人年金缴费及对应的个人所得税纳税明细。托管人根据受托人指令及账户管理人提供的资料,按照规定计算扣缴个人当期领取年金待遇的应纳税款,并向托管人所在地主管税务机关申报解缴。

5. 建立年金计划的单位、年金托管人,应按照个人所得税法和税收征收管理法的有关规定,实行全员全额扣缴明细申报。受托人有责任协调相关管理人依法向税务机关办理扣缴申报、提供相关资料。

四、建立年金计划的单位应于建立年金计划的次月15日内,向其所在地主管税务机关报送年金方案、人力资源社会保障部门出具的方案备案函、计划确认函以及主管税务机关要求报送的其他相关资料。年金方案、受托人、托管人发生变化的,应于发生变化的次月 15 日内重新向其主管税务机关报送上述资料。

五、财政、税务、人力资源社会保障等相关部门以及年金机构之间要加强协调,通力合作,共同做好政策实施各项工作。

六、本通知所称企业年金,是指根据《企业年金试行办法》(原劳动和社会保障部令第 20 号)的规定,企业及其职工在依法参加基本养老保险的基础上,自愿建立的补充养老保险制度。所称职业年金是指根据《事业单位职业年金试行办法》(国办发〔2011〕37 号)的规定,事业单位及其工作人员在依法参加基本养老保险的基础上,建立的补充养老保险制度。

5.11.8.2 企业年金、职业年金个人所得税衔接办法

《财政部关于个人所得税法修改后有关优惠政策衔接问题的通知》(财税〔2018〕164 号)第四条规定,个人达到国家规定的退休年龄,领取的企业年金、职业年金,符合《财政部 人力资源社会保障部 国家税务总局关于企业年金职业年金个人所得税有关问题的通知》(财税〔2013〕103 号)规定的,不并入综合所得,全额单独计算应纳税款。其中按月领取的,适用月度税率表计算纳税;按季领取的,平均分摊计入各月,按每月领取额适用月度税率表计算纳税;按年领取的,适用综合所得税率表计算纳税。

个人因出境定居而一次性领取的年金个人账户资金,或个人死亡后,其指定的受益人或法定继承人一次性领取的年金个人账户余额,适用综合所得税率表计算纳税。对个人除上述特殊原因外一次性领取年金个人账户资金或余额的,适用月度税率表计算纳税。

5.11.9 解除劳动关系的一次性补偿收入

《财政部关于个人所得税法修改后有关优惠政策衔接问题的通知》(财税〔2018〕164 号)第五条规定,个人与用人单位解除劳动关系取得一次性补偿收入(包括用人单位发放的经济补偿金、生活补助费和其他补助费),在当地上年职工平均工资 3 倍数额以内的部分,免征个人所得税;超过 3 倍数额的部分,不并入当年综合所得,单独适用综合所得税率表,计算纳税。

> **提 示**
>
> 具体的计算公式:
>
> 1. 先计算税率确定基数=(补偿金收入−当地上年平均工资×3−实际缴纳的基本社会保险费和住房公积金)÷工龄
>
> 2. 按上述基数确定税率档次。
>
> 3. 应纳税额={[(补偿金收入−当地上年平均工资×3−实际缴纳的基本社会保险费和住房公积金)−费用扣除标准]×税率−速算扣除数}×工龄
>
> 实际执行过程中应当注意如下几点:
>
> (1) 计算公式中的"工龄"按实际工龄计算,工龄超过 12 年的,按 12 年计算。
>
> (2) 补偿金的支付标准:
>
> 《中华人民共和国劳动合同法》第四十七条规定,经济补偿按劳动者在本单位工作的年限,每满 1 年支付 1 个月工资的标准向劳动者支付。6 个月以上不满 1 年的,按 1 年计算;不满 6 个月的,向劳动者支付半个月工资的经济补偿。

劳动者月工资高于用人单位所在直辖市、设区的市级人民政府公布的本地区上年度职工月平均工资3倍的,向其支付经济补偿的标准按职工月平均工资3倍的数额支付,向其支付经济补偿的年限最高不超过12年。

本条所称月工资是指劳动者在劳动合同解除或者终止前12个月的平均工资。

该法第八十七条规定,用人单位违反本法规定解除或者终止劳动合同的,应当依照本法第四十七条规定的经济补偿标准的2倍向劳动者支付赔偿金。

根据《财政部 税务总局关于继续有效的个人所得税优惠政策目录的公告》(财政部 税务总局公告2018年第177号)及《财政部 国家税务总局关于个人与用人单位解除劳动关系取得的一次性补偿收入征免个人所得税问题的通知》(财税〔2001〕157号)规定,个人领取一次性补偿收入时按照国家和地方政府规定的比例实际缴纳的住房公积金、医疗保险费、基本养老保险费、失业保险费,可以在计征其一次性补偿收入的个人所得税时予以扣除。

5.11.10 提前退休的一次性补偿收入

《财政部关于个人所得税法修改后有关优惠政策衔接问题的通知》(财税〔2018〕164号)第五条规定,个人办理提前退休手续而取得的一次性补贴收入,应按照办理提前退休手续至法定离退休年龄之间实际年度数平均分摊,确定适用税率和速算扣除数,单独适用综合所得税率表,计算纳税。计算公式:

应纳税额 = {[(一次性补贴收入÷办理提前退休手续至法定退休年龄的实际年度数)
－费用扣除标准]×适用税率－速算扣除数}
×办理提前退休手续至法定退休年龄的实际年度数

5.11.11 内部退养的一次性补偿收入

《财政部关于个人所得税法修改后有关优惠政策衔接问题的通知》(财税〔2018〕164号)第五条规定,个人办理内部退养手续而取得的一次性补贴收入,按照《国家税务总局关于个人所得税有关政策问题的通知》(国税发〔1999〕58号)规定计算纳税。即:实行内部退养的个人在其办理内部退养手续后至法定离退休年龄之间从原任职单位取得的工资、薪金,不属于离退休工资,应按"工资、薪金所得"项目计征个人所得税。

个人在办理内部退养手续后从原任职单位取得的一次性收入,应按办理内部退养手续后至法定离退休年龄之间的所属月份进行平均,并与领取当月的"工资、薪金"所得合并后减除当月费用扣除标准,以余额为基数确定适用税率,再将当月工资、薪金加上取得的一次性收入,减去费用扣除标准,按适用税率计征个人所得税。

个人在办理内部退养手续后至法定离退休年龄之间重新就业取得的"工资、薪金"所得,应与其从原任职单位取得的同一月份的"工资、薪金"所得合并,并依法自行向主管税务机关申报缴纳个人所得税。

5.11.12 单位低价向职工售房

《财政部关于个人所得税法修改后有关优惠政策衔接问题的通知》(财税〔2018〕164号)

第六条规定,单位按低于购置或建造成本价格出售住房给职工,职工因此而少支出的差价部分,符合《财政部 国家税务总局关于单位低价向职工售房有关个人所得税问题的通知》(财税〔2007〕13号)第二条(注:单位按低于购置或建造成本价格出售住房给职工,职工因此而少支出的差价部分,属于个人所得税应税所得,应按照"工资、薪金所得"项目缴纳个人所得税。前款所称差价部分,是指职工实际支付的购房价款低于该房屋的购置或建造成本价格的差额)规定的,不并入当年综合所得,以差价收入除以12个月得到的数额,按照月度税率表确定适用税率和速算扣除数,单独计算纳税。计算公式为:

$$应纳税额 = 职工实际支付的购房价款低于该房屋的购置或建造成本价格的差额 \times 适用税率 - 速算扣除数$$

5.11.13 种植业、养殖业、饲养业、捕捞业

1. 根据《财政部 税务总局关于继续有效的个人所得税优惠政策目录的公告》(财政部 税务总局公告2018年第177号)及《财政部国家税务总局关于个人所得税若干政策问题的通知》(财税字〔1994〕第20号)第一条规定,个体工商户或个人专营种植业、养殖业、饲养业、捕捞业,其经营项目属于农业税(包括农业特产税,下同)、牧业税征税范围并已征收了农业税、牧业税的,不再征收个人所得税;不属于农业税、牧业税征税范围的,应对其所得征收个人所得税。兼营上述四业并四业的所得单独核算的,比照上述原则办理,对于属于征收个人所得税的,应与其他行业的生产、经营所得合并计征个人所得税;对于四业的所得不能单独核算的,应就其全部所得计征个人所得税。

2. 根据《财政部 税务总局关于继续有效的个人所得税优惠政策目录的公告》(财政部 税务总局公告2018年第177号)及《财政部 国家税务总局关于个人独资企业和合伙企业投资者取得种植业 养殖业饲养业 捕捞业所得有关个人所得税问题的批复》(财税〔2010〕96号)规定,对个人独资企业和合伙企业从事种植业、养殖业、饲养业和捕捞业(以下简称"四业"),其投资者取得的"四业"所得暂不征收个人所得税。

3. 根据《财政部 税务总局关于继续有效的个人所得税优惠政策目录的公告》(财政部 税务总局公告2018年第177号)及《财政部 国家税务总局关于农村税费改革试点地区有关个人所得税问题的通知》(财税〔2004〕30号)规定,对个人或个体户从事种植业、养殖业、饲养业、捕捞业,其取得的"四业"所得暂不征收个人所得税。

5.11.14 个人举报、协查各种违法、犯罪行为而获得的奖金

根据《财政部 税务总局关于继续有效的个人所得税优惠政策目录的公告》(财政部 税务总局公告2018年第177号)及《财政部 国家税务总局关于个人所得税若干政策问题的通知》(财税字〔1994〕第20号)规定,个人举报、协查各种违法、犯罪行为而获得的奖金,免征个人所得税。

5.11.15 代扣代缴税款手续费

根据《国家税务总局关于发布〈个人所得税扣缴申报管理办法(试行)〉的公告》(国家税务总局公告2018年第61号)规定:

1. 对扣缴义务人按照规定扣缴的税款,按年付给2%的手续费。不包括税务机关、司法机关等查补或者责令补扣的税款。

2. 扣缴义务人领取的扣缴手续费可用于提升办税能力、奖励办税人员。

3. 代扣代缴个人所得税取得的手续费收入是否缴纳个人所得税?

4. 根据《财政部 税务总局关于继续有效的个人所得税优惠政策目录的公告》(财政部 税务总局公告2018年第177号)及《财政部国家税务总局关于个人所得税若干政策问题的通知》(财税字〔1994〕第20号)规定,个人办理代扣代缴税款手续,按规定取得的扣缴手续费,免征个人所得税。

5.11.16 转让家庭生活用房

根据《财政部 税务总局关于继续有效的个人所得税优惠政策目录的公告》(财政部 税务总局公告2018年第177号)及《财政部 国家税务总局关于个人所得税若干政策问题的通知》(财税字〔1994〕第20号)规定,个人转让自用达5年以上、并且是唯一的家庭生活用房取得的所得,免征个人所得税。

5.11.17 高级专家延长离休退休期间的工资、薪金所得

根据《财政部 税务总局关于继续有效的个人所得税优惠政策目录的公告》(财政部 税务总局公告2018年第177号)及《财政部国家税务总局关于个人所得税若干政策问题的通知》(财税字〔1994〕第20号)规定,对按国发〔1983〕141号《国务院关于高级专家离休退休若干问题的暂行规定》和国办发〔1991〕40号《国务院办公厅关于杰出高级专家暂缓离退休审批问题的通知》精神,达到离休、退休年龄,但确因工作需要,适当延长离休退休年龄的高级专家(指享受国家发放的政府特殊津贴的专家、学者),其在延长离休退休期间的工资、薪金所得,视同退休工资、离休工资免征个人所得税。

《财政部 国家税务总局关于高级专家延长离休退休期间取得工资薪金所得有关个人所得税问题的通知》(财税〔2008〕7号)对高级专家及免征个人所得税的政策口径明确如下:

1. 延长离休退休年龄的高级专家是指:

(1) 享受国家发放的政府特殊津贴的专家、学者。

(2) 中国科学院、中国工程院院士。

2 高级专家延长离休退休期间取得的工资薪金所得,其免征个人所得税政策口径按下列标准执行:

(1) 对高级专家从其劳动人事关系所在单位取得的,单位按国家有关规定向职工统一发放的工资、薪金、奖金、津贴、补贴等收入,视同离休、退休工资,免征个人所得税。

(2) 除上述第(1)项所述收入以外各种名目的津补贴收入等,以及高级专家从其劳动人事关系所在单位之外的其他地方取得的培训费、讲课费、顾问费、稿酬等各种收入,依法计征个人所得税。

3. 高级专家从两处以上取得应税工资、薪金所得以及具有税法规定应当自行纳税申报的其他情形的,应在税法规定的期限内自行向主管税务机关办理纳税申报。

5.11.18 青苗补偿费收入

根据《财政部 税务总局关于继续有效的个人所得税优惠政策目录的公告》(财政部 税务总局公告2018年第177号)及《国家税务总局关于个人取得青苗补偿费收入征免个人所得税的批复》(国税函发〔1995〕79号)规定,乡镇企业的职工和农民取得的青苗补偿费,属种植业的收益范围,同时,也属经济损失的补偿性收入,因此,对他们取得的青苗补偿费收入暂不征收个人所得税。

5.11.19 免征个人所得税的补贴、津贴

根据《财政部 税务总局关于继续有效的个人所得税优惠政策目录的公告》(财政部 税务总局公告2018年第177号)及《国家税务总局关于印发〈征收个人所得税若干问题的规定〉的通知》(国税发〔1994〕089号)规定,下列不属于工资、薪金性质的补贴、津贴或者不属于纳税人本人工资、薪金所得项目的收入,不征税:

1. 独生子女补贴。
2. 执行公务员工资制度未纳入基本工资总额的补贴、津贴差额和家属成员的副食品补贴。
3. 托儿补助费。
4. 差旅费津贴、误餐补助。

> **提 示**
>
> 至于差旅费津贴免征个人所得税的标准,各省及计划单列市规定有所不同,如《大连市地方税务局关于明确个人所得税若干政策问题的通知》(大地税发〔2003〕222号)第五条规定,境内、外差旅费津贴标准,执行纳税人所在单位的董事会决议(或内部管理方案)规定的标准。没有董事会决议(或内部管理方案)的,比照《印发〈关于大连市国家机关、事业单位工作人员差旅费开支规定〉的通知》(大财文字〔1996〕250号)和《财政部、外交部关于印发〈临时出国人员费用开支标准和管理办法〉的通知》(财行〔2001〕73号)规定的标准执行。标准内津贴不并入个人工资薪金所得征收个人所得税。而《广州市地方税务局关于印发个人所得税若干征税业务指引(2009年)的通知》(穗地税发〔2009〕148号)第一条则规定,国家机关、企事业单位、社会团体、民办非企业单位按照广东省财政厅《关于印发省直党政机关和事业单位差旅费管理办法的通知》(粤财行〔2007〕229号)规定,以出差自然(日历)天数和标准(每人每天50元)计算,为自行负担出差伙食费的员工发放或报销的出差伙食补助费,不计入员工个人工资薪金所得项目收入。对超标准发放或报销的出差伙食费补助,则应将超标准的部分并入员工个人当月工资薪金所得项目征收个人所得税;对出差期间个人未负担伙食费用的,应将出差伙食补助费全额并入个人当月工资薪金所得项目征收个人所得税。原我局《关于个人取得劳务报酬等收入征收个人所得税问题的通知》(穗地税发〔2003〕46号)第七点规定同时停止执行。《广西壮族自治区地方税务局关于调整差旅费个人所得税税前扣除限额的公告》(广西壮族自治区地方税务局公告2012年第9号)规定:(1)实行实报实销办法的,出差人员取得的出差补助在以下限额内免

征个人所得税：区内出差的每人每天 60 元、区外出差的每人每天 80 元。超出限额的部分，并入当月发放的工资、薪金所得计征个人所得税。(2)实行差旅费包干使用办法的，在凭合法票据扣除实际发生的交通费后，在以下限额内免征个人所得税：区内出差的每人每天 280 元、区外出差的每人每天 300 元。超出限额的部分，并入当月发放的工资、薪金所得计征个人所得税。

笔者建议：本省或计划单列市人民政府或财税部门明确规定了差旅费津贴标准的，从其规定；没有规定标准的，可以参照《财政部关于印发〈中央和国家机关差旅费管理办法〉的通知》(财行〔2013〕531 号)规定执行。其中，第二十条规定，市内交通费按出差自然(日历)天数计算，每人每天 80 元包干使用。第十七条规定，财政部分地区制定伙食补助费标准。各省、自治区、直辖市和计划单列市财政厅(局)负责根据当地经济社会发展水平、市场价格、消费水平等因素，参照所在市公务接待工作餐、会议用餐等标准提出伙食补助费标准报财政部，经财政部统筹研究提出意见反馈地方审核确认后，由财政部统一发布作为中央单位工作人员到相关地区出差的伙食补助费标准。根据 531 号文件附件，每人每天伙食补助费标准除到西藏、青海、新疆为 120 元外，其他地区一律为 100 元。

5.11.20　误餐补助

《财政部　国家税务总局关于误餐补助范围确定问题的通知》(财税字〔1995〕82 号)规定，国税发〔1994〕89 号文件规定不征税的误餐补助，是指按财政部门规定，个人因公在城区、郊区工作，不能在工作单位或返回就餐，确实需要在外就餐的，根据实际误餐顿数，按规定的标准领取的误餐费。一些单位以误餐补助名义发给职工的补贴、津贴，应当并入当月工资、薪金所得计征个人所得税。

具体免征个人所得税的误餐补贴标准，以各省人民政府或财税部门规定为准。如广东省《转发关于印发征收个人所得税若干问题规定的通知》(税二〔1994〕278 号)第一条规定，对纳税人取得的误餐补助收入，以每人每月 26 天计算，每人每天不超过 10 元标准范围内的，不征个人所得税；对超过上述标准的一律并入工资、薪金所得项目计算征收个人所得税。

5.11.21　棚户区改造取得的拆迁补偿款

根据《财政部　税务总局关于继续有效的个人所得税优惠政策目录的公告》(财政部　税务总局公告 2018 年第 177 号)及《财政部　国家税务总局关于棚户区改造有关税收政策的通知》(财税〔2013〕101 号)规定，个人取得的拆迁补偿款按有关规定免征个人所得税。

5.11.22　易地扶贫搬迁个人所得税优惠政策

根据《财政部　税务总局关于继续有效的个人所得税优惠政策目录的公告》(财政部　税务总局公告 2018 年第 177 号)及《财政部　国家税务总局关于易地扶贫搬迁税收优惠政策的通知》(财税〔2018〕135 号)规定，对易地扶贫搬迁贫困人口按规定取得的住房建设补助资金、拆旧复垦奖励资金等与易地扶贫搬迁相关的货币化补偿和易地扶贫搬迁安置住房，免征个人所得税。

（一）易地扶贫搬迁项目、项目实施主体、易地扶贫搬迁贫困人口、相关安置住房等信息由易地扶贫搬迁工作主管部门确定。县级易地扶贫搬迁工作主管部门应当将上述信息及时提供给同级税务部门。

（二）本通知执行期限为2018年1月1日至2020年12月31日。

5.11.23　住房公积金、医疗保险金、基本养老保险金、失业保险基金个人账户存款利息所得

根据《财政部　税务总局关于继续有效的个人所得税优惠政策目录的公告》（财政部　税务总局公告2018年第177号）及《财政部　国家税务总局关于住房公积金、医疗保险金、基本养老保险金、失业保险基金个人账户存款利息所得免征个人所得税的通知》（财税字〔1999〕267号）规定，根据国务院《对储蓄存款利息所得征收个人所得税的实施办法》第五条对个人取得的教育储蓄存款利息所得以及国务院财政部门确定的其他专项储蓄存款或者储蓄性专项基金存款的利息所得，免征个人所得税的规定，为了保证和支持社会保障制度和住房制度改革的顺利实施，现明确按照国家或省级地方政府规定的比例缴付的下列专项基金或资金存入银行个人账户所取得的利息收入免征个人所得税：

一、住房公积金。

二、医疗保险金。

三、基本养老保险金。

四、失业保险基金。

5.11.24　企业改组改制过程中个人取得的量化资产

根据《财政部　税务总局关于继续有效的个人所得税优惠政策目录的公告》（财政部　税务总局公告2018年第177号）及《国家税务总局关于企业改组改制过程中个人取得的量化资产征收个人所得税问题的通知》（国税发〔2000〕60号）规定，根据国家有关规定，允许集体所有制企业在改制为股份合作制企业时可以将有关资产量化给职工个人。为了支持企业改组改制的顺利进行，对于企业在这一改革过程中个人取得量化资产的有关个人所得税问题，现明确如下：

一、对职工个人以股份形式取得的仅作为分红依据，不拥有所有权的企业量化资产，不征收个人所得税。

二、对职工个人以股份形式取得的拥有所有权的企业量化资产，暂缓征收个人所得税；待个人将股份转让时，就其转让收入额，减除个人取得该股份时实际支付的费用支出和合理转让费用后的余额，按"财产转让所得"项目计征个人所得税。

三、对职工个人以股份形式取得的企业量化资产参与企业分配而获得的股息、红利，应按"利息、股息、红利"项目征收个人所得税。

5.11.25　从基层供销社、农村信用社取得的利息或股息、红利收入

根据《财政部　税务总局关于继续有效的个人所得税优惠政策目录的公告》（财政部　税务总局公告2018年第177号）及《财政部　国家税务总局关于个人所得税若干政策问题的通知》（财税字〔1994〕第20号）规定，对个人从基层供销社、农村信用社取得的利息或股息、

红利收入是否征收个人所得税,由各省、自治区、直辖市税务局报请政府确定,报财政部、国家税务总局备案。

5.11.26　来源于西藏自治区所得

(一)根据《财政部　税务总局关于继续有效的个人所得税优惠政策目录的公告》(财政部　税务总局公告 2018 年第 177 号)及《财政部　国家税务总局关于西藏自治区贯彻施行〈中华人民共和国个人所得税法〉有关问题的批复》(财税字〔1994〕021 号)规定,为了照顾西藏的实际情况,保持国家对西藏的特别优惠政策,对个人从西藏自治区内取得的下列所得,免征个人所得税:

1. 艰苦边远地区津贴。
2. 经国家批准或者同意,由自治区人民政府或者有关部门发给在藏长期工作的人员和大中专毕业生的浮动工资,增发的工龄工资,离退休人员的安家费和建房补贴费。

(二)西藏特殊津贴。

根据《财政部　税务总局关于继续有效的个人所得税优惠政策目录的公告》(财政部　税务总局公告 2018 年第 177 号)及《财政部　国家税务总局关于西藏特殊津贴免征个人所得税的批复》(财税字〔1996〕91 号)规定:"经国务院批准,自 1994 年 1 月 1 日起发放的西藏特殊津贴,体现了党中央、国务院对西藏各族职工的关怀,对进一步促进西藏的改革、发展和稳定具有重要意义,因此,根据《中华人民共和国个人所得税法》和《中华人民共和国个人所得税法实施条例》的规定,对在你区区域内工作的机关、事业单位职工、按照国家统一规定取得的西藏特殊津贴,免征个人所得税。"

5.11.27　房改房

根据《财政部　税务总局关于继续有效的个人所得税优惠政策目录的公告》(财政部　税务总局公告 2018 年第 177 号)及《财政部　国家税务总局关于单位低价向职工售房有关个人所得税问题的通知》(财税〔2007〕13 号)规定,根据住房制度改革政策的有关规定,国家机关、企事业单位及其他组织在住房制度改革期间,按照所在地县级以上人民政府规定的房改成本价格向职工出售公有住房,职工因支付的房改成本价格低于房屋建造成本价格或市场价格而取得的差价收益,免征个人所得税。

5.11.28　个人转让股票(包括新三板)所得

根据《财政部　税务总局关于继续有效的个人所得税优惠政策目录的公告》(财政部　税务总局公告 2018 年第 177 号)及《财政部　国家税务总局关于个人转让股票所得继续暂免征收个人所得税的通知》(财税字〔1998〕61 号)规定,为了配合企业改制,促进股票市场的稳健发展,经报国务院批准,从 1997 年 1 月 1 日起,对个人转让上市公司股票取得的所得继续暂免征收个人所得税。

《财政部　国家税务总局　中国证券监督管理委员会关于个人转让全国中小企业股份转让系统挂牌公司股票有关个人所得税政策的通知》(财税〔2018〕137 号)规定,为促进全国中小企业股份转让系统(以下简称新三板)长期稳定发展,现就个人转让新三板挂牌公司股票有关个人所得税政策通知如下：

一、自 2018 年 11 月 1 日（含）起，对个人转让新三板挂牌公司非原始股取得的所得，暂免征收个人所得税。

本通知所称非原始股是指个人在新三板挂牌公司挂牌后取得的股票，以及由上述股票孳生的送、转股。

二、对个人转让新三板挂牌公司原始股取得的所得，按照"财产转让所得"，适用 20％的比例税率征收个人所得税。

本通知所称原始股是指个人在新三板挂牌公司挂牌前取得的股票，以及在该公司挂牌前和挂牌后由上述股票孳生的送、转股。

三、2019 年 9 月 1 日之前，个人转让新三板挂牌公司原始股的个人所得税，征收管理办法按照现行股权转让所得有关规定执行，以股票受让方为扣缴义务人，由被投资企业所在地税务机关负责征收管理。

自 2019 年 9 月 1 日（含）起，个人转让新三板挂牌公司原始股的个人所得税，以股票托管的证券机构为扣缴义务人，由股票托管的证券机构所在地主管税务机关负责征收管理。具体征收管理办法参照《财政部 国家税务总局 证监会关于个人转让上市公司限售股所得征收个人所得税有关问题的通知》（财税〔2009〕167 号）和《财政部 国家税务总局 证监会关于个人转让上市公司限售股所得征收个人所得税有关问题的补充通知》（财税〔2010〕70 号）有关规定执行。

四、2018 年 11 月 1 日之前，个人转让新三板挂牌公司非原始股，尚未进行税收处理的，可比照本通知第一条规定执行，已经进行相关税收处理的，不再进行税收调整。

五、中国证券登记结算公司应当在登记结算系统内明确区分新三板原始股和非原始股。中国证券登记结算公司、证券公司及其分支机构应当积极配合财政、税务部门做好相关工作。

5.11.29 促进科技成果转化

5.11.29.1 促进科技成果转化有关税收政策

（一）根据《财政部 税务总局关于继续有效的个人所得税优惠政策目录的公告》（财政部 税务总局公告 2018 年第 177 号）及《财政部 国家税务总局关于促进科技成果转化有关税收政策的通知》（财税字〔1999〕45 号）第三条规定，自 1999 年 7 月 1 日起，科研机构、高等学校转化职务科技成果以股份或出资比例等股权形式给予个人奖励，获奖人在取得股份、出资比例时，暂不缴纳个人所得税；取得按股份、出资比例分红或转让股权、出资比例所得时，应依法缴纳个人所得税。有关此项的具体操作规定，由国家税务总局另行制定。

（二）根据《财政部 税务总局关于继续有效的个人所得税优惠政策目录的公告》（财政部 税务总局公告 2018 年第 177 号）及《国家税务总局关于促进科技成果转化有关个人所得税问题的通知》（国税发〔1999〕125 号）规定，为便于《财政部 国家税务总局关于促进科技成果转化有关税收政策的通知》（财税字〔1999〕45 号）的贯彻执行，现将有关个人所得税的问题明确如下：

1. 科研机构、高等学校转化职务科技成果以股份或出资比例等股权形式给予科技人员个人奖励,经主管税务机关审核后,暂不征收个人所得税。

为了便于主管税务机关审核,奖励单位或获奖人应向主管税务机关提供有关部门根据国家科委和国家工商行政管理局联合制定的《关于以高新技术成果出资入股若干问题的规定》(国科发政字〔1997〕326号)和科学技术部和国家工商行政管理局联合制定的《科学技术部　国家工商行政管理局关于印发〈关于以高新技术成果出资入股若干问题的规定〉实施办法〉的通知》(国科发政字〔1998〕171号)出具的《出资入股高新技术成果认定书》、工商行政管理部门办理的企业登记手续及经工商行政管理机关登记注册的评估机构的技术成果价值评估报告和确认书。不提供上述资料的,不得享受暂不征收个人所得税优惠政策。

上述科研机构是指按中央机构编制委员会和国家科学技术委员会《关于科研事业单位机构设置审批事项的通知》(中编办发〔1997〕14号)的规定设置审批的自然科学研究事业单位机构。

上述高等学校是指全日制普通高等学校(包括大学、专门学院和高等专科学校)。

2. 在获奖人按股份、出资比例获得分红时,对其所得按"利息、股息、红利所得"应税项目征收个人所得税。

3. 获奖人转让股权、出资比例,对其所得按"财产转让所得"应税项目征收个人所得税,财产原值为零。

4. 享受上述优惠政策的科技人员必须是科研机构和高等学校的在编正式职工。

提示

文件中涉及的两个重要文件摘要:

《国家科委　国家工商行政管理局印发〈关于以高新技术成果出资入股若干问题的规定〉的通知》(国科发政字〔1997〕326号):

为了规范以高新技术成果出资入股行为,促进高新技术产业的发展,根据《公司法》和其他法律、法规,我们研究制定了《关于以高新技术成果出资入股若干问题的规定》。现印发给你们,请遵照执行,并将执行中的情况及时告知。

关于以高新技术成果出资入股若干问题的规定

第一条　为了规范以高新技术成果出资入股行为,促进高新技术产业的发展,根据《公司法》和其他法律、法规,制定本规定。

第二条　以高新技术成果向有限责任公司出资入股,适用本规定。

第三条　以高新技术成果出资入股,作价总金额可以超过公司注册资本的20%,但不得超过35%。

第四条　出资入股的高新技术成果,应当符合下列条件:

(一)属于国家科委颁布的高新技术范围。

(二)为公司主营产品的核心技术。

(三)技术成果的出资者对该项技术合法享有出资入股的处分权利,保证公司对该项技术的财产权可以对抗任何第三人。

(四)已经通过国家科委或省级科技管理部门的认定。

第五条　科技管理部门在下列范围内认定高新技术:

（一）微电子科学和电子信息技术。
（二）空间科学和航空航天技术。
（三）光电科学和光机电一体化技术。
（四）生命科学和生物工程技术。
（五）材料科学和新材料技术。
（六）能源科学和新能源、高效节能技术。
（七）生态科学和环境保护技术。
（八）地球科学和海洋工程技术。
（九）基本物质科学和辐射技术。
（十）医药科学和生物医学工程。
（十一）其他在传统产业基础上应用的新工艺、新技术。

本高新技术范围将根据国内外高新技术的不断发展，由国家科委进行补充和修订。

第六条　以高新技术成果出资入股，成果出资者应当与其他出资者协议约定该项成果入股使用的范围、成果出资者对该项技术保留的权利范围，以及违约责任等。

第七条　出资入股的高新技术成果需由经工商行政管理机关登记注册的评估机构评估作价。国有资产评估结果依法需由有关行政主管部门进行确认的，还应办理确认手续。作价金额超过公司注册资本20%的，需提交下列文件，报省级以上科技管理部门认定：

（一）技术成果出资申请书：载明技术成果的权利状态，使用权的出让情况及其实施效果。

（二）出资人对该项成果享有权利的证明文件，包括专利证书、软件登记证书、植物新品种登记证书、专利权受让合同、技术合同等有关法律文件。

（三）技术入股协议书，以及公司实施该项成果的立项批文或投产计划。

（四）技术成果价值评估报告和确认书。

（五）科技管理部门要求提供的其他文件。

第八条　经科技管理部门审查认定后，公司股东应就高新技术成果入股作价金额达成协议，并将该项技术成果及与之相当的出资额写入章程。

第九条　公司股东应当根据国家关于有限责任公司设立登记或变更登记的规定，持省级以上科技管理部门出具的有关高新技术成果出资入股的审查认定文件和其他文件，到工商行政管理机关办理公司设立登记或变更登记。

第十条　高新技术成果的出资者在公司成立后，应当根据出资协议，办理高新技术成果的权利转移手续，提供技术资料，并协助高新技术成果的应用实施。违反协议约定，不履行高新技术成果交付义务，或超出协议约定保留的技术成果权利范围使用该成果的，应当向其他出资者承担违约责任。

第十一条　高新技术成果出资入股的评估人员、有关审一核和登记人员应当为出资者保守技术秘密和商业秘密。

第十二条　中外合资经营企业、中外合作经营企业中外，双方以高新技术成果投资或提供合作条件的，适用本规定；高新技术成果应按出资期限一次性出资到位。

第十三条　具有法人资格的非公司制科技开发型企业以高新技术成果出资入股的,参照本规定执行。

《科学技术部　国家工商行政管理局关于印发〈《关于以高新技术成果出资入股若干问题的规定》实施办法〉的通知》(国科发政字〔1998〕171号):

《关于以高新技术成果出资入股若干问题的规定》实施办法

第一条　为了做好高新技术审查认定工作,规范高新技术成果出资入股行为,根据《关于以高新技术成果出资入股若干问题的规定》(以下简称《规定》)第七条,制定本办法。

第二条　以高新技术成果出资入股,作价金额超过有限责任公司或科技开发型企业(以下统称企业)注册资本20%的,由技术出资方或企业出资各方共同委托的代表,向科技管理部门提出高新技术成果审查认定申请,并按照《规定》和本办法要求,如实提交相关文件和资料。

第三条　科学技术部负责审查认定在国家工商行政管理局登记注册的企业;省、自治区、直辖市和计划单列市科技管理部门,负责审查认定在本辖区工商行政管理机关登记注册的企业。

第四条　审查认定高新技术,以《规定》第五条规定的技术范围为依据,具体参照科学技术部最新颁布的高新技术产品目录。

对于高新技术产品目录未能涵盖的高新技术成果,应当组织专家委员会审查认定,并将审查认定结果报科学技术部批准。

第五条　技术成果的出资者应当保证对该项技术合法拥有出资入股的权利,并在申请审查认定时按照本办要求提交证明文件。

第六条　科技管理部门自接到全部文件之日起,2个月内作出审查认定决定。如发现所提交文件不符合规定,有权要求限期补交或修改,否则不予认定。

发生本办法第四条第二款情形的,省级科技管理部门审查同意后,应当在前款规定期限截止前20天报科学技术部批准。

第七条　科技管理部门对符合条件的高新技术成果,出具《出资入股高新技术成果认定书》(以下简称《认定书》);对不符合条件的,应将审查意见函告申请人。

《认定书》只适用于本次出资入股行为。

第八条　企业出资者应当在收到《认定书》后3个月内,按照国家关于企业登记的有关规定,持科技管理部门的《认定书》和其他文件,到工商行政管理机关办理企业登记手续。逾期申请登记的,应当报审查认定机关确认原认定文件的效力或者另行报批。

第九条　在高新技术成果申请审查过程中隐瞒真实情况、提供虚假材料或采取其他欺诈手段骗取高新技术认定书的,由审查认定机关撤销认定书,并通报企业登记机关,由登记机关责令企业改正,属于公司的,依据《公司登记管理条例》第五十九条予以处罚;属于非公司企业的,依据《企业法人登记管理条例实施细则》第六十六条(二)项予以处罚。

5.11.29.2　科技人员取得职务科技成果转化现金奖励有关个人所得税政策

根据《财政部　税务总局关于继续有效的个人所得税优惠政策目录的公告》(财政部　税务总局公告2018年第177号)及《财政部　税务总局　科技部关于科技人员取得职务科技成

果转化现金奖励有关个人所得税政策的通知》（财税〔2018〕58号）规定，为进一步支持国家大众创业、万众创新战略的实施，促进科技成果转化，现将科技人员取得职务科技成果转化现金奖励有关个人所得税政策通知如下：

一、依法批准设立的非营利性研究开发机构和高等学校（以下简称非营利性科研机构和高校）根据《中华人民共和国促进科技成果转化法》规定，从职务科技成果转化收入中给予科技人员的现金奖励，可减按50%计入科技人员当月"工资、薪金所得"，依法缴纳个人所得税。

二、非营利性科研机构和高校包括国家设立的科研机构和高校、民办非营利性科研机构和高校。

三、国家设立的科研机构和高校是指利用财政性资金设立的、取得《事业单位法人证书》的科研机构和公办高校，包括中央和地方所属科研机构和高校。

四、民办非营利性科研机构和高校，是指同时满足以下条件的科研机构和高校：

（一）根据《民办非企业单位登记管理暂行条例》在民政部门登记，并取得《民办非企业单位登记证书》。

（二）对于民办非营利性科研机构，其《民办非企业单位登记证书》记载的业务范围应属于"科学研究与技术开发、成果转让、科技咨询与服务、科技成果评估"范围。对业务范围存在争议的，由税务机关转请县级（含）以上科技行政主管部门确认。

对于民办非营利性高校，应取得教育主管部门颁发的《民办学校办学许可证》，《民办学校办学许可证》记载学校类型为"高等学校"。

（三）经认定取得企业所得税非营利组织免税资格。

五、科技人员享受本通知规定税收优惠政策，须同时符合以下条件：

（一）科技人员是指非营利性科研机构和高校中对完成或转化职务科技成果作出重要贡献的人员。非营利性科研机构和高校应按规定公示有关科技人员名单及相关信息（国防专利转化除外），具体公示办法由科技部会同财政部、税务总局制定。

（二）科技成果是指专利技术（含国防专利）、计算机软件著作权、集成电路布图设计专有权、植物新品种权、生物医药新品种，以及科技部、财政部、税务总局确定的其他技术成果。

（三）科技成果转化是指非营利性科研机构和高校向他人转让科技成果或者许可他人使用科技成果。现金奖励是指非营利性科研机构和高校在取得科技成果转化收入三年（36个月）内奖励给科技人员的现金。

（四）非营利性科研机构和高校转化科技成果，应当签订技术合同，并根据《技术合同认定登记管理办法》，在技术合同登记机构进行审核登记，并取得技术合同认定登记证明。

非营利性科研机构和高校应健全科技成果转化的资金核算，不得将正常工资、奖金等收入列入科技人员职务科技成果转化现金奖励享受税收优惠。

六、非营利性科研机构和高校向科技人员发放现金奖励时，应按个人所得税法规定代扣代缴个人所得税，并按规定向税务机关履行备案手续。

七、本通知自2018年7月1日起施行。本通知施行前非营利性科研机构和高校取得的科技成果转化收入，自施行后36个月内给科技人员发放现金奖励，符合本通知规定的其他条件的，适用本通知。

5.11.30 职工从破产企业取得的一次性安置费收入

根据《财政部 税务总局关于继续有效的个人所得税优惠政策目录的公告》(财政部 税务总局公告 2018 年第 177 号)及《财政部 国家税务总局关于个人与用人单位解除劳动关系取得的一次性补偿收入征免个人所得税问题的通知》(财税〔2001〕157 号)规定,企业依照国家有关法律规定宣告破产,企业职工从该破产企业取得的一次性安置费收入,免征个人所得税。

5.11.31 城镇房屋拆迁

根据《财政部 税务总局关于继续有效的个人所得税优惠政策目录的公告》(财政部 税务总局公告 2018 年第 177 号)及《财政部 国家税务总局关于城镇房屋拆迁有关税收政策的通知》(财税〔2005〕45 号)规定,对被拆迁人按照国家有关城镇房屋拆迁管理办法规定的标准取得的拆迁补偿款,免征个人所得税。

5.11.32 股权分置试点改革

根据《财政部 税务总局关于继续有效的个人所得税优惠政策目录的公告》(财政部 税务总局公告 2018 年第 177 号)及《财政部 国家税务总局关于股权分置试点改革有关税收政策问题的通知》(财税〔2005〕103 号)规定,股权分置改革中非流通股股东通过对价方式向流通股股东支付的股份、现金等收入,暂免征收流通股股东应缴纳的个人所得税

根据《财政部、国家税务总局关于企业所得税若干优惠政策的通知》(财税〔2008〕1 号)规定,本文执行到股权分置试点改革结束。

5.11.33 个人无偿受赠房屋

根据《财政部 税务总局关于继续有效的个人所得税优惠政策目录的公告》(财政部 税务总局公告 2018 年第 177 号)及《财政部 国家税务总局关于个人无偿受赠房屋有关个人所得税问题的通知》(财税〔2009〕78 号)规定:

一、以下情形的房屋产权无偿赠与,对当事双方不征收个人所得税:

(一)房屋产权所有人将房屋产权无偿赠与配偶、父母、子女、祖父母、外祖父母、孙子女、外孙子女、兄弟姐妹。

(二)房屋产权所有人将房屋产权无偿赠与对其承担直接抚养或者赡养义务的抚养人或者赡养人。

(三)房屋产权所有人死亡,依法取得房屋产权的法定继承人、遗嘱继承人或者受遗赠人。

二、赠与双方办理免税手续时,应向税务机关提交以下资料:

(一)《国家税务总局关于加强房地产交易个人无偿赠与不动产税收管理有关问题的通知》(国税发〔2006〕144 号)第一条规定的相关证明材料。

(二)赠与双方当事人的有效身份证件。

(三)属于本通知第一条第(一)项规定情形的,还须提供公证机构出具的赠与人和受赠

人亲属关系的公证书(原件)。

（四）属于本通知第一条第(二)项规定情形的,还须提供公证机构出具的抚养关系或者赡养关系公证书(原件),或者乡镇政府或街道办事处出具的抚养关系或者赡养关系证明。

税务机关应当认真审核赠与双方提供的上述资料,资料齐全并且填写正确的,在提交的《个人无偿赠与不动产登记表》上签字盖章后复印留存,原件退还提交人,同时办理个人所得税不征税手续。

5.11.34 个人转让离婚析产房屋的征税问题

根据《财政部 税务总局关于继续有效的个人所得税优惠政策目录的公告》（财政部 税务总局公告2018年第177号）及《国家税务总局关于明确个人所得税若干政策执行问题的通知》（国税发〔2009〕121号）规定：

（一）通过离婚析产的方式分割房屋产权是夫妻双方对共同共有财产的处置,个人因离婚办理房屋产权过户手续,不征收个人所得税。

（二）个人转让离婚析产房屋所取得的收入,允许扣除其相应的财产原值和合理费用后,余额按照规定的税率缴纳个人所得税；其相应的财产原值,为房屋初次购置全部原值和相关税费之和乘以转让者占房屋所有权的比例。

（三）个人转让离婚析产房屋所取得的收入,符合家庭生活自用五年以上唯一住房的,可以申请免征个人所得税,其购置时间按照《国家税务总局关于房地产税收政策执行中几个具体问题的通知》（国税发〔2005〕172号）执行。

5.11.35 企业促销展业赠送礼品

根据《财政部 税务总局关于继续有效的个人所得税优惠政策目录的公告》（财政部 税务总局公告2018年第177号）及《财政部 国家税务总局关于企业促销展业赠送礼品有关个人所得税问题的通知》（财税〔2011〕50号）规定,企业在销售商品(产品)和提供服务过程中向个人赠送礼品,属于下列情形之一的,不征收个人所得税：

1. 企业通过价格折扣、折让方式向个人销售商品(产品)和提供服务。

2. 企业在向个人销售商品(产品)和提供服务的同时给予赠品,如通信企业对个人购买手机赠话费、入网费,或者购话费赠手机等。

3. 企业对累积消费达到一定额度的个人按消费积分反馈礼品。

5.11.36 地方政府债券利息

根据《财政部 税务总局关于继续有效的个人所得税优惠政策目录的公告》（财政部 税务总局公告2018年第177号）及《财政部 国家税务总局关于地方政府债券利息免征所得税问题的通知》（财税〔2013〕5号）规定,对企业和个人取得的2012年及以后年度发行的地方政府债券利息收入,免征企业所得税和个人所得税。

地方政府债券是指经国务院批准同意,以省、自治区、直辖市、计划单列市政府为发行和偿还主体的债券。

5.11.37 国家自主创新示范区个人所得税优惠政策

根据《财政部 税务总局关于继续有效的个人所得税优惠政策目录的公告》(财政部 税务总局公告 2018 年第 177 号)及《财政部 国家税务总局关于将国家自主创新示范区有关税收试点政策推广到全国范围实施的通知》(财税〔2015〕116 号)规定,根据国务院常务会议决定精神,将国家自主创新示范区试点的四项所得税政策推广至全国范围实施。现就有关税收政策问题明确如下:

一、关于企业转增股本个人所得税政策。

1. 自 2016 年 1 月 1 日起,全国范围内的中小高新技术企业以未分配利润、盈余公积、资本公积向个人股东转增股本时,个人股东一次缴纳个人所得税确有困难的,可根据实际情况自行制定分期缴税计划,在不超过 5 个公历年度内(含)分期缴纳,并将有关资料报主管税务机关备案。

2. 个人股东获得转增的股本,应按照"利息、股息、红利所得"项目,适用 20% 税率征收个人所得税。

3. 股东转让股权并取得现金收入的,该现金收入应优先用于缴纳尚未缴清的税款。

4. 在股东转让该部分股权之前,企业依法宣告破产,股东进行相关权益处置后没有取得收益或收益小于初始投资额的,主管税务机关对其尚未缴纳的个人所得税可不予追征。

5. 本通知所称中小高新技术企业,是指注册在中国境内实行查账征收的、经认定取得高新技术企业资格,且年销售额和资产总额均不超过 2 亿元、从业人数不超过 500 人的企业。

6. 上市中小高新技术企业或在全国中小企业股份转让系统挂牌的中小高新技术企业向个人股东转增股本,股东应纳的个人所得税,继续按照现行有关股息红利差别化个人所得税政策执行,不适用本通知规定的分期纳税政策。

二、关于股权奖励个人所得税政策。

1. 自 2016 年 1 月 1 日起,全国范围内的高新技术企业转化科技成果,给予本企业相关技术人员的股权奖励,个人一次缴纳税款有困难的,可根据实际情况自行制定分期缴税计划,在不超过 5 个公历年度内(含)分期缴纳,并将有关资料报主管税务机关备案。

2. 个人获得股权奖励时,按照"工资薪金所得"项目,参照《财政部 国家税务总局关于个人股票期权所得征收个人所得税问题的通知》(财税〔2005〕35 号)有关规定计算确定应纳税额。股权奖励的计税价格参照获得股权时的公平市场价格确定。

3. 技术人员转让奖励的股权(含奖励股权孳生的送、转股)并取得现金收入的,该现金收入应优先用于缴纳尚未缴清的税款。

4. 技术人员在转让奖励的股权之前企业依法宣告破产,技术人员进行相关权益处置后没有取得收益或资产,或取得的收益和资产不足以缴纳其取得股权尚未缴纳的应纳税款的部分,税务机关可不予追征。

5. 本通知所称相关技术人员,是指经公司董事会和股东大会决议批准获得股权奖励的以下两类人员:

(1) 对企业科技成果研发和产业化作出突出贡献的技术人员,包括企业内关键职务科技成果的主要完成人、重大开发项目的负责人、对主导产品或者核心技术、工艺流程作出重大创新或者改进的主要技术人员。

(2) 对企业发展作出突出贡献的经营管理人员,包括主持企业全面生产经营工作的高级管理人员,负责企业主要产品(服务)生产经营合计占主营业务收入(或者主营业务利润)50%以上的中、高级经营管理人员。

企业面向全体员工实施的股权奖励,不得按本通知规定的税收政策执行。

6. 本通知所称股权奖励,是指企业无偿授予相关技术人员一定份额的股权或一定数量的股份。

7. 本通知所称高新技术企业,是指实行查账征收、经省级高新技术企业认定管理机构认定的高新技术企业。

5.11.38 行政和解金

根据《财政部 税务总局关于继续有效的个人所得税优惠政策目录的公告》(财政部 税务总局公告 2018 年第 177 号)及《财政部 国家税务总局关于行政和解金有关税收政策问题的通知》(财税〔2016〕100 号)规定,对个人投资者从投保基金公司取得的行政和解金,暂免征收个人所得税。

5.11.39 支持和促进重点群体创业就业有关税收政策

根据《财政部 税务总局关于进一步支持和促进重点群体创业就业有关税收政策的通知》(财税〔2019〕22 号)规定,为进一步支持和促进重点群体创业就业,现将有关税收政策通知如下:

一、建档立卡贫困人口、持《就业创业证》(注明"自主创业税收政策"或"毕业年度内自主创业税收政策")或《就业失业登记证》(注明"自主创业税收政策")的人员,从事个体经营的,自办理个体工商户登记当月起,在 3 年(36 个月,下同)内按每户每年 12000 元为限额依次扣减其当年实际应缴纳的增值税、城市维护建设税、教育费附加、地方教育附加和个人所得税。限额标准最高可上浮 20%,各省、自治区、直辖市人民政府可根据本地区实际情况在此幅度内确定具体限额标准。

纳税人年度应缴纳税款小于上述扣减限额的,减免税额以其实际缴纳的税款为限;大于上述扣减限额的,以上述扣减限额为限。

上述人员具体包括:1. 纳入全国扶贫开发信息系统的建档立卡贫困人口;2. 在人力资源社会保障部门公共就业服务机构登记失业半年以上的人员;3. 零就业家庭、享受城市居民最低生活保障家庭劳动年龄内的登记失业人员;4. 毕业年度内高校毕业生。高校毕业生是指实施高等学历教育的普通高等学校、成人高等学校应届毕业的学生;毕业年度是指毕业所在自然年,即 1 月 1 日至 12 月 31 日。

二、企业招用建档立卡贫困人口,以及在人力资源社会保障部门公共就业服务机构登记失业半年以上且持《就业创业证》或《就业失业登记证》(注明"企业吸纳税收政策")的人员,与其签订 1 年以上期限劳动合同并依法缴纳社会保险费的,自签订劳动合同并缴纳社会保险当月起,在 3 年内按实际招用人数予以定额依次扣减增值税、城市维护建设税、教育费附加、地方教育附加和企业所得税优惠。定额标准为每人每年6000元,最高可上浮30%,各省、自治区、直辖市人民政府可根据本地区实际情况在此幅度内确定具体定额标准。城市维护建设税、教育费附加、地方教育附加的计税依据是享受本项税收优惠政策前的增值税应纳税额。

按上述标准计算的税收扣减额应在企业当年实际应缴纳的增值税、城市维护建设税、教育费附加、地方教育附加和企业所得税税额中扣减,当年扣减不完的,不得结转下年使用。

本通知所称企业是指属于增值税纳税人或企业所得税纳税人的企业等单位。

三、国务院扶贫办在每年1月15日前将建档立卡贫困人口名单及相关信息提供给人力资源社会保障部、税务总局,税务总局将相关信息转发给各省、自治区、直辖市税务部门。人力资源社会保障部门依托全国扶贫开发信息系统核实建档立卡贫困人口身份信息。

四、企业招用就业人员既可以适用本通知规定的税收优惠政策,又可以适用其他扶持就业专项税收优惠政策的,企业可以选择适用最优惠的政策,但不得重复享受。

五、本通知规定的税收政策执行期限为2019年1月1日至2021年12月31日。纳税人在2021年12月31日享受本通知规定税收优惠政策未满3年的,可继续享受至3年期满为止。

本通知所述人员,以前年度已享受重点群体创业就业税收优惠政策满3年的,不得再享受本通知规定的税收优惠政策;以前年度享受重点群体创业就业税收优惠政策未满3年且符合本通知规定条件的,可按本通知规定享受优惠至3年期满。

各地财政、税务、人力资源社会保障部门、扶贫办要加强领导、周密部署,把大力支持和促进重点群体创业就业工作作为一项重要任务,主动做好政策宣传和解释工作,加强部门间的协调配合,确保政策落实到位。同时,要密切关注税收政策的执行情况,对发现的问题及时逐级向财政部、税务总局、人力资源社会保障部、国务院扶贫办反映。

5.11.40 创业投资企业和天使投资个人有关税收政策

根据《财政部 税务总局关于继续有效的个人所得税优惠政策目录的公告》(财政部 税务总局公告2018年第177号)及《财政部 税务总局关于创业投资企业和天使投资个人有关税收政策的通知》(财税〔2018〕55号)规定,为进一步支持创业投资发展,现就创业投资企业和天使投资个人有关税收政策问题通知如下:

一、税收政策内容。

(一)有限合伙制创业投资企业(以下简称合伙创投企业)采取股权投资方式直接投资于初创科技型企业满2年的,个人合伙人可以按照对初创科技型企业投资额的70%抵扣个人合伙人从合伙创投企业分得的经营所得;当年不足抵扣的,可以在以后纳税年度结转抵扣。

例题5-4 甲企业(创业投资企业)和李某个人成立了有限合伙创投企业M,双方各出资50%,同时约定按六四比例分成。2017年5月M投资1 000万到初创科技型企业乙企业,这时候,从2017年5月到2018年5月、2019年5月,正好满24个月。然后在2019年,李某从合伙企业M分回应纳税所得额600万。

李某可以抵扣的投资额=1 000×50%（合伙人出资比例）×70%=350（万元）<600万元

因此，李某可以抵免350万元，余下的250万元（600－350）按经营所得规定计算个人所得税。

同样的，假设李某分回应纳税所得额是200万元，则只能抵免200万元，剩余的150万元可以用以后年度来源于M的应纳税所得额继续抵免。

（二）天使投资个人采取股权投资方式直接投资于初创科技型企业满2年的，可以按照投资额的70%抵扣转让该初创科技型企业股权取得的应纳税所得额；当期不足抵扣的，可以在以后取得转让该初创科技型企业股权的应纳税所得额时结转抵扣。

例题5-5 李某是天使投资人，2017年5月投资1 000万元到初创科技型企业乙企业，这时候，从2017年5月到2018年5月、2019年5月，正好满24个月。李某在2019年5月转让该股权，假如转让价是2 000万元。

李某原来投资成本是1 000万元。

没有享受优惠政策时，应当缴纳股权转让个税=（2 000－1 000）×20%=200（万元）。

但李某是天使投资人，准予抵免的投资额=1 000×70%=700（万元）。

李某股权转让应当缴纳的个人所得税=（2 000－1 000－700）×20%=60（万元）。

天使投资个人投资多个初创科技型企业的，对其中办理注销清算的初创科技型企业，天使投资个人对其投资额的70%尚未抵扣完的，可自注销清算之日起36个月内抵扣天使投资个人转让其他初创科技型企业股权取得的应纳税所得额。

例题5-6 承[例5-3]，李某是天使投资人，2017年5月投资1 000万元到初创科技型企业乙企业，投资2 000万元到初创科技型企业丙企业，然后2018年5月乙企业经营失败，注销清算，李某分回500万元，相当于投了1 000万元，分回500万元，亏了500万元。

同时，李某在2019年5月转让丙企业股权，假如转让价是5 000万元。

如果不考虑上述优惠政策，李某转让丙企业股权应当缴纳的个人所得税=（5 000－2 000）×20%=600（万元）。

但因为李某是天使投资人，允许按投资额的70%进行抵免，抵免金额=2 000×70%=1 400（万元）。

同时，投资甲公司，因为李某投入的1 000万的70%一分没抵扣，而从2018年5月到未来36个月内，可以抵扣其他天使投资收益额，所以又可以再抵扣1 000×70%=700（万元）。

李某转让丙企业股权应当缴纳的个人所得税=（5 000－2 000－1 400－700）×20%=180（万元）。

二、相关政策条件。

（一）本通知所称初创科技型企业，应同时符合以下条件：

1. 在中国境内（不包括港、澳、台地区）注册成立、实行查账征收的居民企业。

2. 接受投资时，从业人数不超过200人，其中具有大学本科以上学历的从业人数不低于30%；资产总额和年销售收入均不超过3 000万元。

3. 接受投资时设立时间不超过5年（60个月）。

4. 接受投资时以及接受投资后 2 年内未在境内外证券交易所上市。

5. 接受投资当年及下一纳税年度,研发费用总额占成本费用支出的比例不低于 20%。

(二)享受本通知规定的税收政策的天使投资个人,应同时符合以下条件:

1. 不属于被投资初创科技型企业的发起人、雇员或其亲属(包括配偶、父母、子女、祖父母、外祖父母、孙子女、外孙子女、兄弟姐妹,下同),且与被投资初创科技型企业不存在劳务派遣等关系。

2. 投资后 2 年内,本人及其亲属持有被投资初创科技型企业股权比例合计应低于 50%。

(三)享受本通知规定的税收政策的投资,仅限于通过向被投资初创科技型企业直接支付现金方式取得的股权投资,不包括受让其他股东的存量股权。

三、管理事项及管理要求

(一)本通知所称研发费用口径,按照《财政部 国家税务总局科技部关于完善研究开发费用税前加计扣除政策的通知》(财税〔2015〕119 号)等规定执行。

(二)本通知所称从业人数,包括与企业建立劳动关系的职工人员及企业接受的劳务派遣人员。从业人数和资产总额指标,按照企业接受投资前连续 12 个月的平均数计算,不足 12 个月的,按实际月数平均计算。

本通知所称销售收入,包括主营业务收入与其他业务收入;年销售收入指标,按照企业接受投资前连续 12 个月的累计数计算,不足 12 个月的,按实际月数累计计算。

本通知所称成本费用,包括主营业务成本、其他业务成本、销售费用、管理费用、财务费用。

(三)本通知所称投资额,按照创业投资企业或天使投资个人对初创科技型企业的实缴投资额确定。

合伙创投企业的合伙人对初创科技型企业的投资额,按照合伙创投企业对初创科技型企业的实缴投资额和合伙协议约定的合伙人占合伙创投企业的出资比例计算确定。合伙人从合伙创投企业分得的所得,按照《财政部 国家税务总局关于合伙企业合伙人所得税问题的通知》(财税〔2008〕159 号)规定计算。

(四)天使投资个人、公司制创业投资企业、合伙创投企业、合伙创投企业法人合伙人、被投资初创科技型企业应按规定办理优惠手续。

(五)初创科技型企业接受天使投资个人投资满 2 年,在上海证券交易所、深圳证券交易所上市的,天使投资个人转让该企业股票时,按照现行限售股有关规定执行,其尚未抵扣的投资额,在税款清算时一并计算抵扣。

(六)享受本通知规定的税收政策的纳税人,其主管税务机关对被投资企业是否符合初创科技型企业条件有异议的,可以转请被投资企业主管税务机关提供相关材料。对纳税人提供虚假资料,违规享受税收政策的,应按税收征管法相关规定处理,并将其列入失信纳税人名单,按规定实施联合惩戒措施。

四、执行时间。

本通知规定的天使投资个人所得税政策自 2018 年 7 月 1 日起执行,其他各项政策自 2018 年 1 月 1 日起执行。执行日期前 2 年内发生的投资,在执行日期后投资满 2 年,且符合本通知规定的其他条件的,可以适用本通知规定的税收政策。

5.11.41 创业投资企业个人合伙人所得税政策

根据《财政部 国家发展和改革委员会 国家税务总局 中国证券监督管理委员会关于创业投资企业个人合伙人所得税政策问题的通知》(财税〔2019〕8号,简称"8号文件")规定,为进一步支持创业投资企业(含创投基金,以下统称创投企业)发展,现将有关个人所得税政策问题通知如下:

一、创投企业可以选择按单一投资基金核算或者按创投企业年度所得整体核算两种方式之一,对其个人合伙人来源于创投企业的所得计算个人所得税应纳税额。

该通知所称创投企业,是指符合《创业投资企业管理暂行办法》(发展改革委等10部门令第39号)或者《私募投资基金监督管理暂行办法》(证监会令第105号)关于创业投资企业(基金)的有关规定,并按照上述规定完成备案且规范运作的合伙制创业投资企业(基金)。

二、创投企业选择按单一投资基金核算的,其个人合伙人从该基金应分得的股权转让所得和股息红利所得,按照20%税率计算缴纳个人所得税。

创投企业选择按年度所得整体核算的,其个人合伙人应从创投企业取得的所得,按照"经营所得"项目、5%~35%的超额累进税率计算缴纳个人所得税。

三、单一投资基金核算,是指单一投资基金(包括不以基金名义设立的创投企业)在一个纳税年度内从不同创业投资项目取得的股权转让所得和股息红利所得按下述方法分别核算纳税:

(一)股权转让所得。单个投资项目的股权转让所得,按年度股权转让收入扣除对应股权原值和转让环节合理费用后的余额计算,股权原值和转让环节合理费用的确定方法,参照股权转让所得个人所得税有关政策规定执行;单一投资基金的股权转让所得,按一个纳税年度内不同投资项目的所得和损失相互抵减后的余额计算,余额大于或等于零的,即确认为该基金的年度股权转让所得;余额小于零的,该基金年度股权转让所得按零计算且不能跨年结转。

个人合伙人按照其应从基金年度股权转让所得中分得的份额计算其应纳税额,并由创投企业在次年3月31日前代扣代缴个人所得税。如符合《财政部 税务总局关于创业投资企业和天使投资个人有关税收政策的通知》(财税〔2018〕55号)规定条件的,创投企业个人合伙人可以按照被转让项目对应投资额的70%抵扣其应从基金年度股权转让所得中分得的份额后再计算其应纳税额,当期不足抵扣的,不得向以后年度结转。

(二)股息红利所得。单一投资基金的股息红利所得,以其来源于所投资项目分配的股息、红利收入以及其他固定收益类证券等收入的全额计算。

个人合伙人按照其应从基金股息红利所得中分得的份额计算其应纳税额,并由创投企业按次代扣代缴个人所得税。

(三)除前述可以扣除的成本、费用之外,单一投资基金发生的包括投资基金管理人的管理费和业绩报酬在内的其他支出,不得在核算时扣除。

本条规定的单一投资基金核算方法仅适用于计算创投企业个人合伙人的应纳税额。

四、创投企业年度所得整体核算,是指将创投企业以每一纳税年度的收入总额减除成本、费用以及损失后,计算应分配给个人合伙人的所得。如符合《财政部 税务总局关于创业投资企业和天使投资个人有关税收政策的通知》(财税〔2018〕55号)规定条件的,创投企业个人合伙人可以按照被转让项目对应投资额的70%抵扣其可以从创投企业应分得的经营所得后再计算其应纳税额。年度核算亏损的,准予按有关规定向以后年度结转。

按照"经营所得"项目计税的个人合伙人,没有综合所得的,可依法减除基本减除费用、专项扣除、专项附加扣除以及国务院确定的其他扣除。从多处取得经营所得的,应汇总计算个人所得税,只减除一次上述费用和扣除。

五、创投企业选择按单一投资基金核算或按创投企业年度所得整体核算后,3年内不能变更。

六、创投企业选择按单一投资基金核算的,应当在按照本通知第一条规定完成备案的30日内,向主管税务机关进行核算方式备案;未按规定备案的,视同选择按创投企业年度所得整体核算。2019年1月1日前已经完成备案的创投企业,选择按单一投资基金核算的,应当在2019年3月1日前向主管税务机关进行核算方式备案。创投企业选择一种核算方式满3年需要调整的,应当在满3年的次年1月31日前,重新向主管税务机关备案。

七、税务部门依法开展税收征管和后续管理工作,可转请发展改革部门、证券监督管理部门对创投企业及其所投项目是否符合有关规定进行核查,发展改革部门、证券监督管理部门应当予以配合。

八、本通知执行期限为2019年1月1日起至2023年12月31日止。

> **提 示**
>
> 执行上述政策应当掌握如下要点:
>
> 1. 适用上述税收优惠的创投企业包括两类:一是按照发改委要求设立的创业投资企业;二是按照证监会私募基金管理要求设立的创投基金。理论上讲创投基金可以是契约型私募基金,但是8号文件目前暂不涉及契约型基金。
>
> 2. 创投企业税务核算模式包括两类:一是单一投资基金核算模式,其实就是要求针对创投企业所投的股权投资项目仅针对股权转让所得、股息红利所得纳税,适用20%的比例税率。二是创投企业整体核算模式,其实就是针对创投企业的整体经营所得计税,适用5%~35%的累进税率。其中在计算经营所得的应纳税所得额时,符合条件的个人合伙人还可以扣除新所得税法带来的四大扣除(基本减除费用、专项扣除、专项附加扣除、其他扣除)。
>
> 3. 单一基金核算模式下需要考虑两种所得:一是股权转让所得,其基本计算模式是股权转让收入—股权原值—合理费用,其实就是现行个人所得税法中对财产转让所得的应纳税所得额的确定方式。不同项目的股权转让所得和股权转让损失可以盈亏互抵。这里的股权转让损失无需税务机关备案确认。二是股息红利所得,实际上应该理解为个人所得税法中的利息、股息、红利所得。在创业投资企业中投资贷款项目的很少,但会涉及一些固定收益类的投资收益,其实就是利息。需要注意的是,股息红利所得和股权转让所得之间通常不能盈亏互抵,也就是不能用股息红利收益去抵减股权转让损失。如果创业投资企业以减资的方式从被投资企业退出,就会引发股权退出环节股权转让所得和股息红利所得是否要区分的问题。但8号文件并没有象企业所得税一样给出明确。

4. 纳税申报方式包括两种。对于单一基金核算模式下的股权转让所得和股息红利所得，采取源泉扣缴的方式，由创投企业来进行代扣代缴。由于股权转让所得是按照年度计算的，因此对股权转让所得的部分的代扣代缴也是按年扣缴。如果对合伙人按照项目提前分配，需要预留必要的纳税资金。对于整体核算模式下的经营所得，应当采取自行申报的方式，先按月按季度预缴，在年度终了后规定时间内进行汇算清缴。

5. 文件规定了两类核算模式的优惠，与《财政部 税务总局关于创业投资企业和天使投资个人有关税收政策的通知》（财税〔2018〕55号）文给予的投资额抵扣的优惠可以叠加使用。只要符合条件，在计算单一基金核算模式的股权转让所得和整体核算模式的经营所得时都可以按照政策规定进行投资额抵扣，这样个人合伙人就有机会最大限度的适用税收优惠，起到国家税收政策对创业投资企业的扶持作用。

6. 执行上述优惠政策，必须按规定需要履行两个层面的备案手续。一个是行政监管层面的备案，创投企业向发改委备案，创投基金向基金协会备案。另外一个是税收层面的核算方式备案。其中核算方式的备案是8号文件推出的新政策，值得关注。

5.11.42 涉及外籍个人的个人所得税优惠政策

5.11.42.1 外籍个人从外商投资企业取得的股息、红利所得

根据《财政部 税务总局关于继续有效的个人所得税优惠政策目录的公告》（财政部 税务总局公告2018年第177号）及《财政部 国家税务总局关于个人所得税若干政策问题的通知》（财税字〔1994〕第20号）规定，外籍个人从外商投资企业取得的股息、红利所得，免征个人所得税。

提 示

《国务院批转发展改革委等部门关于深化收入分配制度改革若干意见的通知》（国发〔2013〕6号）规定，加强个人所得税调节。加快建立综合与分类相结合的个人所得税制度。完善高收入者个人所得税的征收、管理和处罚措施，将各项收入全部纳入征收范围，建立健全个人收入双向申报制度和全国统一的纳税人识别号制度，依法做到应收尽收。取消对外籍个人从外商投资企业取得的股息、红利所得免征个人所得税等税收优惠。

由于国务院的上述文件，财政部和国家税务总局均没有转发，因此，各地对该文件的处理存在较大的差异，如广东省在2014年网站答疑时明确，根据财政部、国家税务局下发的《财政部 国家税务总局关于个人所得税若干政策问题的通知》（财税字〔1994〕20号）第二条规定：外籍个人从外商投资企业取得的股息、红利所得可暂免征个人所得税。该文件仍然有效。即外籍个人从外商投资企业取得的股息、红利所得可暂免征个人所得税。注意的是适用对象仅限于外籍个人；适用范围仅限于外籍个人从投资企业取得的股息、红利所得。如果是利息所得则不适用；对于从内资企业取得的股息、红利也不适用。而《湖北省地方税务局关于对外籍个人从外商投资企业取得股息红利所得征收个人所得税问题的公告》（湖北省地方税务局公告2013年第1号）规定，根据《国务院批转发展改革委等部门关于深化收入分配制度改革若干意见的通知》（国发〔2013〕6号）精神，现将外籍个人从外

商投资企业取得股息、红利所得征收个人所得税的有关问题公告如下：取消对外籍个人从外商投资企业取得的股息、红利所得免征个人所得税税收优惠。对取得上述所得的外籍个人，按照"利息、股息、红利"的所得项目征收个人所得税。但在2018年国地税合并后，上述政策以《国家税务总局湖北省税务局关于公布现行有效和全文失效废止税收规范性文件目录的公告》（国家税务总局湖北省税务局公告2018年第5号）予以废止，言外之意，继续遵循免征个人所得税政策。实务操作中，由于《财政部 税务总局关于继续有效的个人所得税优惠政策目录的公告》（财政部 税务总局公告2018年第177号）明确该文件的优惠政策继续有效，因此，应当理解为国家税务总局认可继续免税规定。

5.11.42.2　外籍专家取得的工资、薪金所得

根据《财政部 税务总局关于继续有效的个人所得税优惠政策目录的公告》（财政部 税务总局公告2018年第177号）及《财政部 国家税务总局关于个人所得税若干政策问题的通知》（财税字〔1994〕第20号）规定，凡符合下列条件之一的外籍专家取得的工资、薪金所得可免征个人所得税：

1. 根据世界银行专项贷款协议由世界银行直接派往我国工作的外国专家。
2. 联合国组织直接派往我国工作的专家。
3. 为联合国援助项目来华工作的专家。
4. 援助国派往我国专为该国无偿援助项目工作的专家。
5. 根据两国政府签订文化交流项目来华工作两年以内的文教专家，其工资、薪金所得由该国负担的。
6. 根据我国大专院校国际交流项目来华工作两年以内的文教专家，其工资、薪金所得由该国负担的。
7. 通过民间科研协定来华工作的专家，其工资、薪金所得由该国政府机构负担的。

5.11.42.3　外籍个人有关津补贴

《财政部关于个人所得税法修改后有关优惠政策衔接问题的通知》（财税〔2018〕164号）第七条规定：

（一）2019年1月1日至2021年12月31日期间，外籍个人符合居民个人条件的，可以选择享受个人所得税专项附加扣除，也可以选择按照《财政部 国家税务总局关于个人所得税若干政策问题的通知》（财税〔1994〕20号）、《国家税务总局关于外籍个人取得有关补贴征免个人所得税执行问题的通知》（国税发〔1997〕54号）和《财政部 国家税务总局关于外籍个人取得港澳地区住房等补贴征免个人所得税的通知》（财税〔2004〕29号）规定，享受住房补贴、语言训练费、子女教育费等津补贴免税优惠政策，但不得同时享受。外籍个人一经选择，在一个纳税年度内不得变更。

（二）自2022年1月1日起，外籍个人不再享受住房补贴、语言训练费、子女教育费津补贴免税优惠政策，应按规定享受专项附加扣除。

5.11.42.4　外国来华工作人员个人所得税优惠政策

根据《财政部 税务总局关于继续有效的个人所得税优惠政策目录的公告》（财政部 税务总局公告2018年第177号）及《财政部关于外国来华工作人员缴纳个人所得税问题的通

知》(财税字〔1980〕第 189 号)规定,有关单位对外国来华工作人员如何缴纳个人所得税,反映一些问题,经研究暂作如下规定:

(一)援助国派往我国专为该国无偿援助我国的建设项目服务的工作人员,取得的工资、生活津贴,不论是我方支付或外国支付,均可免征个人所得税。

(二)外国来华文教专家,在我国服务期间,由我方发工资、薪金,并对其住房、使用汽车、医疗实行免费"三包",可只就工资、薪金所得按照税法规定征收个人所得税;对我方免费提供的住房、使用汽车、医疗,可免予计算纳税。

(三)外国来华工作人员,在我国服务而取得的工资、薪金,不论是我方支付、外国支付、我方和外国共同支付,均属于来源于中国的所得,除上述第(一)项规定给予免税优惠外,其他均应按规定征收个人所得税。但对在中国境内连续居住不超过 90 天的,可只就我方支付的工资、薪金部分计算纳税,对外国支付的工资、薪金部分免予征税。

(四)外国来华留学生,领取的生活津贴费、奖学金,不属于工资、薪金范畴,不征个人所得税。

(五)外国来华工作人员,由外国派出单位发给包干款项,其中包括个人工资、公用经费(邮电费、办公费、广告费、业务上往来必要的交际费)、生活津贴费(住房费、差旅费),凡对上述所得能够划分清楚的,可只就工资薪金所得部分按照规定征收个人所得税。

5.11.42.5 外籍个人取得的住房补贴、伙食补贴、搬迁费、洗衣费

根据《财政部 税务总局关于继续有效的个人所得税优惠政策目录的公告》(财政部 税务总局公告 2018 年第 177 号)及《财政部 国家税务总局关于个人所得税若干政策问题的通知》(财税字〔1994〕第 20 号)规定,2021 年 12 月 31 日前,外籍个人以非现金形式或实报实销形式取得的住房补贴、伙食补贴、搬迁费、洗衣费,免征个人所得税。

> **提　示**
>
> 实务中如何掌握"非现金"和"实报实销"形式?
>
> 非现金和实报实销可以理解成为除为个人实际发放现金补助形式以外的其他形式,如外籍个人在企业凭发票报销上述各种费用,或者由企业为其提供上述情况的服务等。
>
> 企业尤其需要注意的是,如果企业不是凭相应发票进行报销的形式而采取了直接发放现金补助的形式,则不属于减免项目,应并入当月工资薪金所得缴纳个人所得税,而且企业需要注意,对于这些报销项目应符合实际发生原则,费用额度要合理,否则按照国税发〔2004〕80 号文件相关规定,税务机关有权给予纳税调整,对其进行征税。

5.11.42.6 外籍个人取得的境内、外出差补贴

根据《财政部 税务总局关于继续有效的个人所得税优惠政策目录的公告》(财政部 税务总局公告 2018 年第 177 号)及《财政部 国家税务总局关于个人所得税若干政策问题的通知》(财税字〔1994〕第 20 号)规定,2021 年 12 月 31 日前,外籍个人按合理标准取得的境内、外出差补贴,免征个人所得税。

5.11.42.7 外籍个人取得的探亲费、语言训练费、子女教育费

根据《财政部 税务总局关于继续有效的个人所得税优惠政策目录的公告》(财政部 税务总局公告 2018 年第 177 号)及《财政部 国家税务总局关于个人所得税若干政策问题的

通知》(财税字〔1994〕第 20 号)规定,2021 年 12 月 31 日前,外籍个人取得的探亲费、语言训练费、子女教育费等,经当地税务机关审核批准为合理的部分,免征个人所得税。

5.11.42.8　外籍个人取得港澳地区住房等补贴

根据《财政部　税务总局关于继续有效的个人所得税优惠政策目录的公告》(财政部　税务总局公告 2018 年第 177 号)及《财政部　国家税务总局关于外籍个人取得港澳地区住房等补贴征免个人所得税的通知》(财税〔2004〕29 号)规定,香港、澳门地区与内地地理位置毗邻,交通便利,在内地企业工作的部分外籍人员选择居住在港、澳地区,每个工作日往返于内地与港澳之间。对此类外籍个人在港澳专区居住时公司给予住房、伙食、洗衣等非现金形式或实报实销形式的补贴,能否按照有关规定免予征收个人所得税问题,经研究,现明确如下:

一、受雇于我国境内企业的外籍个人(不包括香港澳门居民个人),因家庭等原因居住在香港、澳门,每个工作日往返于内地与香港、澳门等地区,由此境内企业(包括其关联企业)给予在香港或澳门住房、伙食、洗衣、搬迁等非现金形式或实报实销形式的补贴,凡能提供有效凭证的,经主管税务机关审核确认后,可以依照《财政部　国家税务总局关于个人所得税若干政策问题的通知》(财税字〔1994〕第 20 号)第二条以及《国家税务总局关于外籍个人取得有关补贴征免个人所得税执行问题的通知》(国税发〔1997〕54 号)第一条、第二条的规定,免予征收个人所得税。

二、第一条所述外籍个人就其在香港或澳门进行语言培训、子女教育而取得的费用补贴,凡能提供有效支出凭证等材料的,经主管税务机关审核确认为合理的部分,可以依照上述财税字〔1994〕第 20 号通知第二条以及国税发〔1997〕54 号通知第五条的规定,免予征收个人所得税。

5.11.42.9　广东横琴新区工作的香港、澳门居民个人所得税优惠政策

根据《财政部　税务总局关于继续有效的个人所得税优惠政策目录的公告》(财政部　税务总局公告 2018 年第 177 号)及《财政部　国家税务总局关于广东横琴新区个人所得税优惠政策的通知》(财税〔2014〕23 号)规定:

一、在横琴新区工作的香港、澳门居民,应按照《中华人民共和国个人所得税法》的有关规定,缴纳个人所得税。

二、广东省人民政府根据《国务院关于横琴开发有关政策的批复》(国函〔2011〕85 号)有关规定,分别按不超过内地与港、澳地区个人所得税负差额,给予在横琴新区工作的香港、澳门居民的补贴,免征个人所得税。

5.11.42.10　平潭综合实验区工作的台湾居民个人所得税优惠政策

根据《财政部　税务总局关于继续有效的个人所得税优惠政策目录的公告》(财政部　税务总局公告 2018 年第 177 号)及《财政部　国家税务总局关于福建平潭综合实验区个人所得税优惠政策的通知》(财税〔2014〕24 号)规定:

一、在平潭综合实验区工作的台湾居民,应按照《中华人民共和国个人所得税法》的有关规定,缴纳个人所得税。

二、福建省人民政府根据《国务院关于平潭综合实验区总体发展规划的批复》(国函〔2011〕142 号)以及《平潭综合实验区总体发展规划》有关规定,按不超过内地与台湾地区个人所得税负差额,给予在平潭综合实验区工作的台湾居民的补贴,免征个人所得税。

三、本通知所称台湾居民,是指持有《台湾居民来往大陆通行证》的个人。

四、本通知所称平潭综合实验区是指国务院 2011 年 11 月批复的《平潭综合实验区总体发展规划》规划的平潭综合实验区范围。

5.11.42.11　沪港股票市场交易互联互通机制试点个人所得税政策

根据《财政部　税务总局关于继续有效的个人所得税优惠政策目录的公告》(财政部　税务总局公告 2018 年第 177 号)及《财政部　国家税务总局　证监会关于沪港股票市场交易互联互通机制试点有关税收政策的通知》(财税〔2014〕81 号)规定,经国务院批准,现就沪港股票市场交易互联互通机制试点涉及的有关税收政策问题明确如下:

一、关于内地投资者通过沪港通投资香港联合交易所有限公司(以下简称香港联交所)上市股票的所得税问题。

(一)内地个人投资者通过沪港通投资香港联交所上市股票的转让差价所得税。

对内地个人投资者通过沪港通投资香港联交所上市股票取得的转让差价所得,自 2014 年 11 月 17 日起至 2017 年 11 月 16 日止,暂免征收个人所得税。

(二)内地个人投资者通过沪港通投资香港联交所上市股票的股息红利所得税。

对内地个人投资者通过沪港通投资香港联交所上市 H 股取得的股息红利,H 股公司应向中国证券登记结算有限责任公司(以下简称中国结算)提出申请,由中国结算向 H 股公司提供内地个人投资者名册,H 股公司按照 20% 的税率代扣个人所得税。内地个人投资者通过沪港通投资香港联交所上市的非 H 股取得的股息红利,由中国结算按照 20% 的税率代扣个人所得税。个人投资者在国外已缴纳的预提税,可持有效扣税凭证到中国结算的主管税务机关申请税收抵免。

对内地证券投资基金通过沪港通投资香港联交所上市股票取得的股息红利所得,按照上述规定计征个人所得税。

二、关于香港市场投资者通过沪港通投资上海证券交易所(以下简称上交所)上市 A 股的所得税问题。

1. 对香港市场投资者(包括企业和个人)投资上交所上市 A 股取得的转让差价所得,暂免征收所得税。

2. 对香港市场投资者(包括企业和个人)投资上交所上市 A 股取得的股息红利所得,在香港中央结算有限公司(以下简称香港结算)不具备向中国结算提供投资者的身份及持股时间等明细数据的条件之前,暂不执行按持股时间实行差别化征税政策,由上市公司按照 10% 的税率代扣所得税,并向其主管税务机关办理扣缴申报。对于香港投资者中属于其他国家税收居民且其所在国与中国签订的税收协定规定股息红利所得税率低于 10% 的,企业或个人可以自行或委托代扣代缴义务人,向上市公司主管税务机关提出享受税收协定待遇的申请,主管税务机关审核后,应按已征税款和根据税收协定税率计算的应纳税款的差额予以退税。

中国结算和香港结算可互相代收上述税款。

5.11.42.12　内地与香港基金互认有关税收政策

根据《财政部　税务总局关于继续有效的个人所得税优惠政策目录的公告》(财政部　税务总局公告 2018 年第 177 号)及《财政部　国家税务总局　证监会关于内地与香港基金互认

有关税收政策的通知》(财税〔2015〕125号)规定,经国务院批准,现就内地与香港基金互认涉及的有关税收政策问题明确如下:

一、关于内地投资者通过基金互认买卖香港基金份额的所得税问题。

1. 对内地个人投资者通过基金互认买卖香港基金份额取得的转让差价所得,自2015年12月18日起至2018年12月17日止,3年内暂免征收个人所得税。

2. 对内地企业投资者通过基金互认买卖香港基金份额取得的转让差价所得,计入其收入总额,依法征收企业所得税。

3. 内地个人投资者通过基金互认从香港基金分配取得的收益,由该香港基金在内地的代理人按照20%的税率代扣代缴个人所得税。

前款所称代理人是指依法取得中国证监会核准的公募基金管理资格或托管资格,根据香港基金管理人的委托,代为办理该香港基金内地事务的机构。

4. 对内地企业投资者通过基金互认从香港基金分配取得的收益,计入其收入总额,依法征收企业所得税。

二、关于香港市场投资者通过基金互认买卖内地基金份额的所得税问题。

1. 对香港市场投资者(包括企业和个人)通过基金互认买卖内地基金份额取得的转让差价所得,暂免征收所得税。

2. 对香港市场投资者(包括企业和个人)通过基金互认从内地基金分配取得的收益,由内地上市公司向该内地基金分配股息红利时,对香港市场投资者按照10%的税率代扣所得税;或发行债券的企业向该内地基金分配利息时,对香港市场投资者按照7%的税率代扣所得税,并由内地上市公司或发行债券的企业向其主管税务机关办理扣缴申报。该内地基金向投资者分配收益时,不再扣缴所得税。

内地基金管理人应当向相关证券登记结算机构提供内地基金的香港市场投资者的相关信息。

三、关于内地投资者通过基金互认买卖香港基金份额和香港市场投资者通过基金互认买卖内地基金份额的印花税问题。

1. 对香港市场投资者通过基金互认买卖、继承、赠与内地基金份额,按照内地现行税制规定,暂不征收印花税。

2. 对内地投资者通过基金互认买卖、继承、赠与香港基金份额,按照香港特别行政区现行印花税税法规定执行。

四、财政、税务、证监等部门要加强协调,通力合作,切实做好政策实施的各项工作。

基金管理人、基金代理机构、相关证券登记结算机构以及上市公司和发行债券的企业,应依照法律法规积极配合税务机关做好基金互认税收的扣缴申报、征管及纳税服务工作。

五、本通知所称基金互认,是指内地基金或香港基金经香港证监会认可或中国证监会注册,在双方司法管辖区内向公众销售。所称内地基金,是指中国证监会根据《中华人民共和国证券投资基金法》注册的公开募集证券投资基金。所称香港基金,是指香港证监会根据香港法律认可公开销售的单位信托、互惠基金或者其他形式的集体投资计划。所称买卖基金份额,包括申购与赎回、交易。

5.11.42.13　继续执行内地与香港基金互认有关个人所得税政策

根据《财政部　税务总局关于继续有效的个人所得税优惠政策目录的公告》(财政部　税务总局公告 2018 年第 177 号)及《财政部　国家税务总局关于继续执行内地与香港基金互认有关个人所得税政策的通知》(财税〔2018〕154 号)规定,对内地个人投资者通过基金互认买卖香港基金份额取得的转让差价所得,自 2018 年 12 月 18 日起至 2019 年 12 月 4 日止,继续暂免征收个人所得税。

5.11.42.14　深港股票市场交易互联互通机制试点有关税收政策

根据《财政部　税务总局关于继续有效的个人所得税优惠政策目录的公告》(财政部　税务总局公告 2018 年第 177 号)及《财政部　国家税务总局　证监会关于深港股票市场交易互联互通机制试点有关税收政策的通知》(财税〔2016〕127 号)规定,经国务院批准,现就深港股票市场交易互联互通机制试点(以下简称深港通)涉及的有关税收政策问题明确如下:

一、关于内地投资者通过深港通投资香港联合交易所有限公司(以下简称香港联交所)上市股票的所得税问题。

(一)内地个人投资者通过深港通投资香港联交所上市股票的转让差价所得税。

对内地个人投资者通过深港通投资香港联交所上市股票取得的转让差价所得,自 2016 年 12 月 5 日起至 2019 年 12 月 4 日止,暂免征收个人所得税。

(二)内地个人投资者通过深港通投资香港联交所上市股票的股息红利所得税。

对内地个人投资者通过深港通投资香港联交所上市 H 股取得的股息红利,H 股公司应向中国证券登记结算有限责任公司(以下简称中国结算)提出申请,由中国结算向 H 股公司提供内地个人投资者名册,H 股公司按照 20% 的税率代扣个人所得税。内地个人投资者通过深港通投资香港联交所上市的非 H 股取得的股息红利,由中国结算按照 20% 的税率代扣个人所得税。个人投资者在国外已缴纳的预提税,可持有效扣税凭证到中国结算的主管税务机关申请税收抵免。

对内地证券投资基金通过深港通投资香港联交所上市股票取得的股息红利所得,按照上述规定计征个人所得税。

二、关于香港市场投资者通过深港通投资深圳证券交易所(以下简称深交所)上市 A 股的所得税问题。

1. 对香港市场投资者(包括企业和个人)投资深交所上市 A 股取得的转让差价所得,暂免征收所得税。

2. 对香港市场投资者(包括企业和个人)投资深交所上市 A 股取得的股息红利所得,在香港中央结算有限公司(以下简称香港结算)不具备向中国结算提供投资者的身份及持股时间等明细数据的条件之前,暂不执行按持股时间实行差别化征税政策,由上市公司按照 10% 的税率代扣所得税,并向其主管税务机关办理扣缴申报。对于香港投资者中属于其他国家税收居民且其所在国与中国签订的税收协定规定股息红利所得税率低于 10% 的,企业或个人可以自行或委托代扣代缴义务人,向上市公司主管税务机关提出享受税收协定待遇退还多缴税款的申请,主管税务机关查实后,对符合退税条件的,应按已征税款和根据税收协定税率计算的应纳税款的差额予以退税。

5.11.42.15 继续执行沪港股票市场交易互联互通机制有关个人所得税政策

根据《财政部 税务总局关于继续有效的个人所得税优惠政策目录的公告》(财政部 税务总局公告 2018 年第 177 号)及《财政部 国家税务总局 中国证券监督管理委员会关于继续执行沪港股票市场交易互联互通机制有关个人所得税政策的通知》(财税〔2017〕78 号)规定,对内地个人投资者通过沪港通投资香港联交所上市股票取得的转让差价所得,自 2017 年 11 月 17 日起至 2019 年 12 月 4 日止,继续暂免征收个人所得税。

5.11.42.16 外籍纳税人在中国几地工作如何确纳税地点的问题

根据《财政部 税务总局关于继续有效的个人所得税优惠政策目录的公告》(财政部 税务总局公告 2018 年第 177 号)及《国家税务总局关于明确个人所得税若干政策执行问题的通知》(国税发〔1994〕89 号)规定:

(一)在几地工作或提供劳务的临时来华人员,应以税法所法规的申报纳税的日期为准,在某一地达到申报纳税的日期,即在该地申报纳税。但准予其提出申请,经批准后,也可固定在一地申报纳税。

(二)凡由在华企业或办事机构发放工资、薪金的外籍纳税人,由在华企业或办事机构集中向当地税务机关申报纳税。

5.12 个人所得税的征收管理

5.12.1 个人所得税的纳税年度

纳税年度是指自公历 1 月 1 日起至 12 月 31 日止。

5.12.2 纳税调整

有下列情形之一的,税务机关有权按照合理方法进行纳税调整:

(一)个人与其关联方之间的业务往来不符合独立交易原则而减少本人或者其关联方应纳税额,且无正当理由。

(二)居民个人控制的,或者居民个人和居民企业共同控制的设立在实际税负明显偏低的国家(地区)的企业,无合理经营需要,对应当归属于居民个人的利润不作分配或者减少分配。

(三)个人实施其他不具有合理商业目的的安排而获取不当税收利益。

税务机关依照前款规定作出纳税调整,需要补征税款的,应当补征税款,并依法加收利息。

《中华人民共和国个人所得税法实施条例》第二十三条规定,个人所得税法第八条第二款规定的利息,应当按照税款所属纳税申报期最后一日中国人民银行公布的与补税期间同期的人民币贷款基准利率计算,自税款纳税申报期满次日起至补缴税款期限届满之日止按日加收。纳税人在补缴税款期限届满前补缴税款的,利息加收至补缴税款之日。

5.12.3 扣缴义务人

1. 个人所得税以所得人为纳税人,以支付所得的单位或者个人为扣缴义务人。纳税人取得利息、股息、红利所得,财产租赁所得,财产转让所得和偶然所得,按月或者按次计算个人所得税,有扣缴义务人的,由扣缴义务人按月或者按次代扣代缴税款。

> **提　示**
> 　　上述所得在扣缴义务人按规定履行代扣代缴义务后,纳税人不需要向税务机关办理汇算清缴手续。

2. 有扣缴义务人的,由扣缴义务人按月或者按次预扣预缴税款。

《中华人民共和国个人所得税法实施条例》第二十四条规定,扣缴义务人向个人支付应税款项时,应当依照个人所得税法规定预扣或者代扣税款,按时缴库,并专项记载备查。

前款所称支付,包括现金支付、汇拨支付、转账支付和以有价证券、实物以及其他形式的支付。

3. 扣缴义务人应当按照国家规定办理全员全额扣缴申报,并向纳税人提供其个人所得和已扣缴税款等信息。

《中华人民共和国个人所得税法实施条例》第二十六条规定,个人所得税法第十条第二款所称全员全额扣缴申报,是指扣缴义务人在代扣税款的次月 15 日内,向主管税务机关报送其支付所得的所有个人的有关信息、支付所得数额、扣除事项和数额、扣缴税款的具体数额和总额以及其他相关涉税信息资料。

4. 纳税人取得应税所得没有扣缴义务人的,应当在取得所得的次月 15 日内向税务机关报送纳税申报表,并缴纳税款。

5. 纳税人取得应税所得,扣缴义务人未扣缴税款的,纳税人应当在取得所得的次年 6 月 30 日前,缴纳税款;税务机关通知限期缴纳的,纳税人应当按照期限缴纳税款。

6. 非居民个人取得工资、薪金所得,劳务报酬所得,稿酬所得和特许权使用费所得,有扣缴义务人的,由扣缴义务人按月或者按次代扣代缴税款,不办理汇算清缴。

7. 扣缴义务人每月或者每次预扣、代扣的税款,应当在次月 15 日内缴入国库,并向税务机关报送扣缴个人所得税申报表。

8. 对扣缴义务人按照所扣缴的税款,付给 2% 的手续费。

《中华人民共和国个人所得税法实施条例》第三十三条:税务机关按照个人所得税法第十七条的规定付给扣缴义务人手续费,应当填开退还书;扣缴义务人凭退还书,按照国库管理有关规定办理退库手续。

5.12.4　纳税人识别号

纳税人有中国公民身份号码的,以中国公民身份号码为纳税人识别号;纳税人没有中国公民身份号码的,由税务机关赋予其纳税人识别号。扣缴义务人扣缴税款时,纳税人应当向扣缴义务人提供纳税人识别号。

关于纳税人识别号,《国家税务总局关于自然人纳税人识别号有关事项的公告》(国家税务总局公告 2018 年第 59 号)规定:

1. 自然人纳税人识别号,是自然人纳税人办理各类涉税事项的唯一代码标识。
2. 纳税人首次办理涉税事项时,应当向税务机关或者扣缴义务人出示有效身份证件,并报送相关基础信息。

"有效身份证件",是指:

(1) 纳税人为中国公民且持有有效《中华人民共和国居民身份证》(以下简称"居民身份证")的,为居民身份证。

(2) 纳税人为华侨且没有居民身份证的,为有效的《中华人民共和国护照》和华侨身份证明。

(3) 纳税人为港澳居民的,为有效的《港澳居民来往内地通行证》或《中华人民共和国港澳居民居住证》。

(4) 纳税人为台湾居民的,为有效的《台湾居民来往大陆通行证》或《中华人民共和国台湾居民居住证》。

(5) 纳税人为持有有效《中华人民共和国外国人永久居留身份证》(以下简称永久居留证)的外籍个人的,为永久居留证和外国护照;未持有永久居留证但持有有效《中华人民共和国外国人工作许可证》(以下简称工作许可证)的,为工作许可证和外国护照;其他外籍个人,为有效的外国护照。

3. 税务机关应当在赋予自然人纳税人识别号后告知或者通过扣缴义务人告知纳税人其纳税人识别号,并为自然人纳税人查询本人纳税人识别号提供便利。

4. 自然人纳税人办理纳税申报、税款缴纳、申请退税、开具完税凭证、纳税查询等涉税事项时应当向税务机关或扣缴义务人提供纳税人识别号。

5.12.5 自行纳税申报

5.12.5.1 应当依法办理纳税申报的情形

根据《中华人民共和国个人所得税法》第十条规定,有下列情形之一的,纳税人应当依法办理纳税申报:

(一) 取得综合所得需要办理汇算清缴。

(二) 取得应税所得没有扣缴义务人。

(三) 取得应税所得,扣缴义务人未扣缴税款。

(四) 取得境外所得。

(五) 因移居境外注销中国户籍。

(六) 非居民个人在中国境内从两处以上取得工资、薪金所得。

(七) 国务院规定的其他情形。

5.12.5.2 取得综合所得需要办理汇算清缴的纳税申报

根据《国家税务总局关于个人所得税自行纳税申报有关问题的公告》(国家税务总局公告 2018 年第 62 号)第一条规定,取得综合所得且符合下列情形之一的纳税人,应当依法办理汇算清缴:

(一) 从两处以上取得综合所得,且综合所得年收入额减除专项扣除后的余额超过 6 万元。

例题 5-7 李某 2019 年从任职的甲企业取得工资薪金所得 5 万元,在乙企业兼职,取得劳务报酬所得 2 万元,由甲企业按规定缴纳并由李某个人负担的"三险一金"0.2 万元,符合条件的专项附加扣除合计1.9万元。李某2019年度是否需要进行个人所得税汇算清缴?

分析

需要注意的是,综合所得只要减除"专项扣除"后的余额超过6万元,就应当办理个人所得税汇算清缴。不要扣掉专项附加扣除金额。

综合所得扣除专项扣除的余额=50 000+20 000×80%−2 000=64 000(元)

超过6万元,因此,李某2019年度符合汇算清缴个人所得税的条件。

(二)取得劳务报酬所得、稿酬所得、特许权使用费所得中一项或者多项所得,且综合所得年收入额减除专项扣除的余额超过6万元。

> **提 示**
>
> 1. 纳税人没有任职受雇单位,取得上述所得,判断是否需要汇算清缴的计算公式:
>
> 判断标准=(劳务报酬收入+特许权使用费收入)×80%+稿酬收入×56%−"三险一金"
>
> 上述计算结果只要超过6万元,应当办理个人所得税汇算清缴。
>
> 2. 如果上述三项所得减除专项扣除后的余额达不到6万元,预缴税款时多交的个人所得税是否可以办理退还?
>
> 当然可以。根据《国家税务总局关于个人所得税自行纳税申报有关问题的公告》(国家税务总局公告2018年第62号)第一条第四款规定,涉及纳税人申请退税的,也可以选择汇算清缴。但如果纳税人主动放弃申请退税,也可以不予选择汇算清缴。

(三)纳税年度内预缴税额低于应纳税额。

(四)纳税人申请退税。

需要办理汇算清缴的纳税人,应当在取得所得的次年3月1日至6月30日内,向任职、受雇单位所在地主管税务机关办理纳税申报,并报送《个人所得税年度自行纳税申报表》。纳税人有两处以上任职、受雇单位的,选择向其中一处任职、受雇单位所在地主管税务机关办理纳税申报;纳税人没有任职、受雇单位的,向户籍所在地或经常居住地主管税务机关办理纳税申报。

纳税人办理综合所得汇算清缴,应当准备与收入、专项扣除、专项附加扣除、依法确定的其他扣除、捐赠、享受税收优惠等相关的资料,并按规定留存备查或报送。

纳税人取得综合所得办理汇算清缴的具体办法,另行公告。

根据《中华人民共和国个人所得税法实施条例》第二十五条规定,纳税人申请退税,应当提供其在中国境内开设的银行账户,并在汇算清缴地就地办理税款退库。

5.12.5.3 取得经营所得的纳税申报

根据《国家税务总局关于个人所得税自行纳税申报有关问题的公告》(国家税务总局公告2018年第62号)第二条规定,个体工商户业主、个人独资企业投资者、合伙企业个人合伙人、承包承租经营者个人以及其他从事生产、经营活动的个人取得经营所得,包括以下情形:

(一)个体工商户从事生产、经营活动取得的所得,个人独资企业投资人、合伙企业的个人合伙人来源于境内注册的个人独资企业、合伙企业生产、经营的所得。

(二)个人依法从事办学、医疗、咨询以及其他有偿服务活动取得的所得。

> **提示**
>
> 劳务报酬所得和经营所得的解释中,均包含了从事"医疗"内容,两者的主体都是个人,应如何区分劳务报酬所得还是经营所得呢?
>
> 分析:
>
> 劳务报酬所得中的列举项,在现行法律法规框架下是无需办理批准或登记手续,以自然人身份即可独立开展的独立劳务;而经营所得中的列举项,则必须依法(经过批准或登记手续)开展经营。
>
> 个人从事医疗服务收入应当按劳务报酬所得还是按经营所得缴纳个人所得税,关键看是否"依法"取得从业资质。如果不需要取得从业资质,而是利用他人资质从业取得的收入,就是劳务报酬所得;如果必须取得从业资质,从事医疗服务取得的收入应当按经营所得缴纳个人所得税。
>
> 例如,某专家医生,除了在一家医院按时上班之外,还在一周内有两个半天到其他医院临时上班(走穴坐诊)。那么,他这部分走穴收入如何认定是劳务报酬所得中的医疗报酬所得,还是经营所得中的医疗所得呢?
>
> 该医生在受雇医院上班取得的报酬应该属于个人所得税法上的工资薪金所得;到其他医院临时上班(走穴坐诊)取得的收入,应该属于个税法上的劳务报酬所得。
>
> 假如该医生精力充沛,还经过有关部门批准或登记利用业余时间以自己的名义在家开设私人门诊,则其取得的该部分收入应该属于个人所得税法上的经营所得。

(三)个人对企业、事业单位承包经营、承租经营以及转包、转租取得的所得。

(四)个人从事其他生产、经营活动取得的所得。

纳税人取得经营所得,按年计算个人所得税,由纳税人在月度或季度终了后15日内,向经营管理所在地主管税务机关办理预缴纳税申报,并报送《个人所得税经营所得纳税申报表(A表)》。在取得所得的次年3月31日前,向经营管理所在地主管税务机关办理汇算清缴,并报送《个人所得税经营所得纳税申报表(B表)》;从两处以上取得经营所得的,选择向其中一处经营管理所在地主管税务机关办理年度汇总申报,并报送《个人所得税经营所得纳税申报表(C表)》。

5.12.5.4 取得应税所得,扣缴义务人未扣缴税款的纳税申报

根据《国家税务总局关于个人所得税自行纳税申报有关问题的公告》(国家税务总局公告2018年第62号)第三条规定,纳税人取得应税所得,扣缴义务人未扣缴税款的,应当区别以下情形办理纳税申报:

(一)居民个人取得综合所得的,按照规定在次年3月1日至6月30日期间自行办理汇算清缴。

(二)非居民个人取得工资、薪金所得,劳务报酬所得,稿酬所得,特许权使用费所得的,应当在取得所得的次年6月30日前,向扣缴义务人所在地主管税务机关办理纳税申报,并报送《个人所得税自行纳税申报表(A表)》。有两个以上扣缴义务人均未扣缴税款的,选择向其中一处扣缴义务人所在地主管税务机关办理纳税申报。

非居民个人在次年6月30日前离境(临时离境除外)的,应当在离境前办理纳税申报。

(三)纳税人取得利息、股息、红利所得,财产租赁所得,财产转让所得和偶然所得的,应当在取得所得的次年6月30日前,按相关规定向主管税务机关办理纳税申报,并报送《个人所得税自行纳税申报表(A表)》。

税务机关通知限期缴纳的,纳税人应当按照期限缴纳税款。

5.12.5.5　取得境外所得的纳税申报

根据《国家税务总局关于个人所得税自行纳税申报有关问题的公告》(国家税务总局公告2018年第62号)第四条规定,居民个人从中国境外取得所得的,应当在取得所得的次年3月1日至6月30日内,向中国境内任职、受雇单位所在地主管税务机关办理纳税申报;在中国境内没有任职、受雇单位的,向户籍所在地或中国境内经常居住地主管税务机关办理纳税申报;户籍所在地与中国境内经常居住地不一致的,选择其中一地主管税务机关办理纳税申报;在中国境内没有户籍的,向中国境内经常居住地主管税务机关办理纳税申报。

纳税人取得境外所得办理纳税申报的具体规定,另行公告。

5.12.5.6　因移居境外注销中国户籍的纳税申报

纳税人因移居境外注销中国户籍的,应当在申请注销中国户籍前,向户籍所在地主管税务机关办理纳税申报,进行税款清算。

(一)纳税人在注销户籍年度取得综合所得的,应当在注销户籍前,办理当年综合所得的汇算清缴,并报送《个人所得税年度自行纳税申报表》。尚未办理上一年度综合所得汇算清缴的,应当在办理注销户籍纳税申报时一并办理。

(二)纳税人在注销户籍年度取得经营所得的,应当在注销户籍前,办理当年经营所得的汇算清缴,并报送《个人所得税经营所得纳税申报表(B表)》。从两处以上取得经营所得的,还应当一并报送《个人所得税经营所得纳税申报表(C表)》。尚未办理上一年度经营所得汇算清缴的,应当在办理注销户籍纳税申报时一并办理。

(三)纳税人在注销户籍当年取得利息、股息、红利所得,财产租赁所得,财产转让所得和偶然所得的,应当在注销户籍前,申报当年上述所得的完税情况,并报送《个人所得税自行纳税申报表(A表)》。

(四)纳税人有未缴或者少缴税款的,应当在注销户籍前,结清欠缴或未缴的税款。纳税人存在分期缴税且未缴纳完毕的,应当在注销户籍前,结清尚未缴纳的税款。

(五)纳税人办理注销户籍纳税申报时,需要办理专项附加扣除、依法确定的其他扣除的,应当向税务机关报送《个人所得税专项附加扣除信息表》《商业健康保险税前扣除情况明细表》《个人税收递延型商业养老保险税前扣除情况明细表》等。

5.12.5.7　非居民个人在中国境内从两处以上取得工资、薪金所得的纳税申报

非居民个人在中国境内从两处以上取得工资、薪金所得的,应当在取得所得的次月15日内,向其中一处任职、受雇单位所在地主管税务机关办理纳税申报,并报送《个人所得税自行纳税申报表(A表)》。

5.12.5.8　纳税申报方式

纳税人可以采用远程办税端、邮寄等方式申报,也可以直接到主管税务机关申报。

5.12.5.9 自行纳税申报的其他有关问题

（一）纳税人办理自行纳税申报时，应当一并报送税务机关要求报送的其他有关资料。首次申报或者个人基础信息发生变化的，还应报送《个人所得税基础信息表（B表）》。

本公告涉及的有关表证单书，由国家税务总局统一制定式样，另行公告。

（二）纳税人在办理纳税申报时需要享受税收协定待遇的，按照享受税收协定待遇有关办法办理。

5.12.6 扣缴义务人扣缴申报

根据《国家税务总局关于发布〈个人所得税扣缴申报管理办法（试行）〉的公告》（国家税务总局公告2018年第61号）规定，现将个人所得税扣缴申报相关政策总结如下：

5.12.6.1 扣缴义务人

扣缴义务人，是指向个人支付所得的单位或者个人。扣缴义务人应当依法办理全员全额扣缴申报。

5.12.6.2 全员全额扣缴申报

全员全额扣缴申报，是指扣缴义务人应当在代扣税款的次月15日内，向主管税务机关报送其支付所得的所有个人的有关信息、支付所得数额、扣除事项和数额、扣缴税款的具体数额和总额以及其他相关涉税信息资料。

5.12.6.3 全员全额扣缴申报的应税所得项目

实行个人所得税全员全额扣缴申报的应税所得包括：

（一）工资、薪金所得。

（二）劳务报酬所得。

（三）稿酬所得。

（四）特许权使用费所得；

（五）利息、股息、红利所得。

（六）财产租赁所得。

（七）财产转让所得。

（八）偶然所得。

5.12.6.4 工资、薪金所得的预扣预缴及累计预扣法

扣缴义务人向居民个人支付工资、薪金所得时，应当按照累计预扣法计算预扣税款，并按月办理扣缴申报。

累计预扣法，是指扣缴义务人在一个纳税年度内预扣预缴税款时，以纳税人在本单位截至当前月份工资、薪金所得累计收入减除累计免税收入、累计减除费用、累计专项扣除、累计专项附加扣除和累计依法确定的其他扣除后的余额为累计预扣预缴应纳税所得额，适用个人所得税预扣率表一（见附件），计算累计应预扣预缴税额，再减除累计减免税额和累计已预扣预缴税额，其余额为本期应预扣预缴税额。余额为负值时，暂不退税。纳税年度终了后余额仍为负值时，由纳税人通过办理综合所得年度汇算清缴，税款多退少补。

具体计算公式如下：

$$\text{本期应预扣预缴税额} = \left(\text{累计预扣预缴应纳税所得额} \times \text{预扣率} - \text{速算扣除数}\right) - \text{累计减免税额} - \text{累计已预扣预缴税额}$$

$$\text{累计预扣预缴应纳税所得额} = \text{累计收入} - \text{累计免税收入} - \text{累计减除费用} - \text{累计专项扣除} - \text{累计专项附加扣除} - \text{累计依法确定的其他扣除}$$

其中：累计减除费用，按照 5 000 元/月乘以纳税人当年截至本月在本单位的任职受雇月份数计算。

居民个人向扣缴义务人提供有关信息并依法要求办理专项附加扣除的，扣缴义务人应当按照规定在工资、薪金所得按月预扣预缴税款时予以扣除，不得拒绝。

例题 5-8 假设李某月工资薪金 1 万元，子女教育专项附加扣除每月 1 000 元。

1月份：

$$\text{应纳税所得额} = 10\,000 - 5\,000 \times 1 - 1\,000 \times 1 = 4\,000(元)$$
$$\text{预扣预缴个人所得税} = 4\,000 \times 3\% = 120(元)$$

2月份：

$$\text{应纳税所得额} = 20\,000 - 5\,000 \times 2 - 1\,000 \times 2 = 8\,000(元)$$
$$\text{预扣预缴个人所得税} = 8\,000 \times 3\% - 120 = 120(元)$$

3月份至9月份依此类推，每月代扣代缴个人所得税 120 元。

10月份：

$$\text{应纳税所得额} = 100\,000 - 5\,000 \times 10 - 1\,000 \times 10 = 40\,000(元)$$
$$\text{预扣预缴个人所得税} = 40\,000 \times 10\% - 2\,520 - 1\,080 = 400(元)$$

11月份：

$$\text{应纳税所得额} = 110\,000 - 5\,000 \times 11 - 1\,000 \times 11 = 44\,000(元)$$
$$\text{预扣预缴个人所得税} = 44\,000 \times 10\% - 2\,520 - 1\,480 = 400(元)$$

12月份：

$$\text{应纳税所得额} = 120\,000 - 5\,000 \times 12 - 1\,000 \times 12 = 48\,000(元)$$
$$\text{预扣预缴个人所得税} = 48\,000 \times 10\% - 2\,520 - 1\,880 = 400(元)$$

假设12月份发放年终奖金 50 000，则：

方法之一：可以将12月份的年终奖金计入当年综合所得一并缴纳个人所得税。

12月份应纳税所得额 = (120 000 + 50 000) − 5 000 × 12 − 1 000 × 12 = 98 000(元)
12月份预扣预缴个人所得税 = 98 000 × 10% − 2 520 − 1 880 = 5 400(元)

方法之二：也可以将12月份的年终奖金按国税发〔2005〕9号文件继续个人所得税，则：

$$50\,000/12 = 4\,166.67(元)$$

按月税率表确定，适用税率为 10%，速算扣除数为 210 元。

年终奖金个人所得税＝50 000×10％－210＝4 790(元)

12月份合计缴纳个人所得税＝400＋4 790＝5 190(元)

比年终奖金计入综合所得少缴个人所得税＝5 400－5 190＝210(元)

5.12.6.5 居民个人劳务报酬所得、稿酬所得、特许权使用费所得的预扣预缴

扣缴义务人向居民个人支付劳务报酬所得、稿酬所得、特许权使用费所得时,应当按照以下方法按次或者按月预扣预缴税款:

劳务报酬所得、稿酬所得、特许权使用费所得以收入减除费用后的余额为收入额;其中,稿酬所得的收入额减按70％计算。

减除费用:预扣预缴税款时,劳务报酬所得、稿酬所得、特许权使用费所得每次收入不超过4 000元的,减除费用按800元计算;每次收入4 000元以上的,减除费用按收入的20％计算。

应纳税所得额:劳务报酬所得、稿酬所得、特许权使用费所得,以每次收入额为预扣预缴应纳税所得额,计算应预扣预缴税额。劳务报酬所得适用个人所得税预扣率表二(见附件),稿酬所得、特许权使用费所得适用20％的比例预扣率。

居民个人办理年度综合所得汇算清缴时,应当依法计算劳务报酬所得、稿酬所得、特许权使用费所得的收入额,并入年度综合所得计算应纳税款,税款多退少补。

例题5-9 承上例,如果李某除上述工资薪金所得外,当年取得劳务报酬60 000元,稿酬所得80 000元。

(1)劳务报酬的支付方代扣代缴的劳务报酬所得个人所得税＝60 000×80％×30％－2 000＝12 400(元)

(2)稿酬所得的支付方代扣代缴稿酬个人所得税＝80 000×80％×20％×70％＝8 960(元)

(3)李某年度汇算清缴时申报的应纳税所得额＝(120 000＋60 000×80％＋80 000×56％)－5 000×12－1 000×12＝140 800(元)

汇算清缴时应当缴纳的个人所得税＝140 800×10％－2 520－1 880－(12 400＋8 960)＝－11 680(元)

由于汇算清缴结果为负值,应当办理退税手续。但在预扣环节不办理退税,年度汇算清缴时,才能办理。

5.12.6.6 非居民个人劳务报酬所得、稿酬所得、特许权使用费所得的预扣预缴

扣缴义务人向非居民个人支付工资、薪金所得,劳务报酬所得,稿酬所得和特许权使用费所得时,应当按照以下方法按月或者按次代扣代缴税款:

1. 非居民个人的工资、薪金所得,以每月收入额减除费用5 000元后的余额为应纳税所得额;

2. 劳务报酬所得、稿酬所得、特许权使用费所得,以每次收入额为应纳税所得额,适用个人所得税税率表三(见附件)计算应纳税额。

劳务报酬所得、稿酬所得、特许权使用费所得以收入减除20％的费用后的余额为收入额;其中,稿酬所得的收入额减按70％计算。

附件

个人所得税预扣率表一

(居民个人工资、薪金所得预扣预缴适用)

级数	累计预扣预缴应纳税所得额	预扣率(%)	速算扣除数
1	不超过 36 000 元	3	0
2	超过 36 000 元至 144 000 元的部分	10	2 520
3	超过 144 000 元至 300 000 元的部分	20	16 920
4	超过 300 000 元至 420 000 元的部分	25	31 920
5	超过 420 000 元至 660 000 元的部分	30	52 920
6	超过 660 000 元至 960 000 元的部分	35	85 920
7	超过 960 000 元的部分	45	181 920

个人所得税预扣率表二

(居民个人劳务报酬所得预扣预缴适用)

级数	预扣预缴应纳税所得额	预扣率(%)	速算扣除数
1	不超过 20 000 元	20	0
2	超过 20 000 元至 50 000 元的部分	30	2 000
3	超过 50 000 元的部分	40	7 000

个人所得税税率表三

(非居民个人工资、薪金所得,劳务报酬所得,稿酬所得,特许权使用费所得适用)

级数	应纳税所得额	税率(%)	速算扣除数
1	不超过 3 000 元	3	0
2	超过 3 000 元至 12 000 元的部分	10	210
3	超过 12 000 元至 25 000 元的部分	20	1 410
4	超过 25 000 元至 35 000 元的部分	25	2 660
5	超过 35 000 元至 55 000 元的部分	30	4 410
6	超过 55 000 元至 80 000 元的部分	35	7 160
7	超过 80 000 元的部分	45	15 160

> **提 示**
>
> 非居民个人与居民个人个人所得税计算的不同点:
> (一)居民个人综合所得存在年度汇算清缴问题;但非居民个人不需要汇算清缴。
> (二)居民个人存在预扣预缴问题,非居民个人不存在。
> (三)非居民个人取得的劳务报酬所得、稿酬所得、特许权使用费所得在计算时不存在按 4 000 元的临界点分别使用不同的减除办法;居民个人在预扣预缴时则存在。

5.12.6.7　非居民个人达到居民个人条件时的扣缴衔接

非居民个人在一个纳税年度内税款扣缴方法保持不变,达到居民个人条件时,应当告知扣缴义务人基础信息变化情况,年度终了后按照居民个人有关规定办理汇算清缴。

5.12.6.8　利息、股息、红利所得,财产租赁所得,财产转让所得或者偶然所得的代扣代缴

扣缴义务人支付利息、股息、红利所得,财产租赁所得,财产转让所得或者偶然所得时,应当依法按次或者按月代扣代缴税款。

5.12.6.9　"按次"代扣代缴时"次"的确定

1. 劳务报酬所得、稿酬所得、特许权使用费所得。

（1）属于一次性收入的,以取得该项收入为一次。

（2）属于同一项目连续性收入的,以一个月内取得的收入为一次。

2. 财产租赁所得。

以一个月内取得的收入为一次。

3. 利息、股息、红利所得。

以支付利息、股息、红利时取得的收入为一次。

4. 偶然所得。

以每次取得该项收入为一次。

5.12.6.10　代扣代缴时如何享受税收协定待遇

纳税人需要享受税收协定待遇的,应当在取得应税所得时主动向扣缴义务人提出,并提交相关信息、资料,扣缴义务人代扣代缴税款时按照享受税收协定待遇有关办法办理。

5.12.6.11　已扣缴税款信息的获取

1. 支付工资、薪金所得的扣缴义务人应当于年度终了后两个月内,向纳税人提供其个人所得和已扣缴税款等信息。纳税人年度中间需要提供上述信息的,扣缴义务人应当提供。

2. 纳税人取得除工资、薪金所得以外的其他所得,扣缴义务人应当在扣缴税款后,及时向纳税人提供其个人所得和已扣缴税款等信息。

5.12.6.12　不得擅自更改纳税人信息

1. 扣缴义务人应当按照纳税人提供的信息计算税款、办理扣缴申报,不得擅自更改纳税人提供的信息。

2. 扣缴义务人发现纳税人提供的信息与实际情况不符的,可以要求纳税人修改。纳税人拒绝修改的,扣缴义务人应当报告税务机关,税务机关应当及时处理。

3. 纳税人发现扣缴义务人提供或者扣缴申报的个人信息、支付所得、扣缴税款等信息与实际情况不符的,有权要求扣缴义务人修改。扣缴义务人拒绝修改的,纳税人应当报告税务机关,税务机关应当及时处理。

5.12.6.13　专项附加扣除信息表等资料的管理要求

1. 扣缴义务人对纳税人提供的《个人所得税专项附加扣除信息表》,应当按照规定妥善保存备查。

2. 扣缴义务人应当依法对纳税人报送的专项附加扣除等相关涉税信息和资料保密。

5.12.6.14　纳税人拒绝代扣代缴的处理

扣缴义务人依法履行代扣代缴义务,纳税人不得拒绝。纳税人拒绝的,扣缴义务人应当

及时报告税务机关。

5.12.6.15　扣缴税款的缴库时限

扣缴义务人每月或者每次预扣、代扣的税款,应当在次月15日内缴入国库,并向税务机关报送《个人所得税扣缴申报表》。

5.12.6.16　纳税人识别号等基础信息报送

扣缴义务人首次向纳税人支付所得时,应当按照纳税人提供的纳税人识别号等基础信息,填写《个人所得税基础信息表(A 表)》,并于次月扣缴申报时向税务机关报送。

扣缴义务人对纳税人向其报告的相关基础信息变化情况,应当于次月扣缴申报时向税务机关报送。

5.12.6.17　扣缴义务人的法律责任

扣缴义务人有未按照规定向税务机关报送资料和信息、未按照纳税人提供信息虚报虚扣专项附加扣除、应扣未扣税款、不缴或少缴已扣税款、借用或冒用他人身份等行为的,依照《中华人民共和国税收征收管理法》等相关法律、行政法规处理。

5.12.7　汇算清缴期限

5.12.7.1　综合所得的汇算清缴期限

居民个人取得综合所得,需要办理汇算清缴的,应当在取得所得的次年3月1日至6月30日内办理汇算清缴。

5.12.7.2　经营所得的汇算清缴期限

纳税人取得经营所得,按年计算个人所得税,由纳税人在月度或者季度终了后15日内向税务机关报送纳税申报表,并预缴税款;在取得所得的次年3月31日前办理汇算清缴。

5.12.7.3　居民个人取得境外所得

居民个人从中国境外取得所得的,应当在取得所得的次年3月1日至6月30日内申报纳税。

5.12.7.4　移居境外

纳税人因移居境外注销中国户籍的,应当在注销中国户籍前办理税款清算。

5.12.7.5　委托汇算清缴

《中华人民共和国个人所得税法实施条例》第二十九条规定,纳税人可以委托扣缴义务人或者其他单位和个人办理汇算清缴。

5.12.8　非居民个人申报期限

1. 非居民个人取得工资、薪金所得,劳务报酬所得,稿酬所得和特许权使用费所得,有扣缴义务人的,由扣缴义务人按月或者按次代扣代缴税款,不办理汇算清缴。

2. 非居民个人在中国境内从两处以上取得工资、薪金所得的,应当在取得所得的次月15日内申报纳税。

5.12.9　退税

纳税人办理汇算清缴退税或者扣缴义务人为纳税人办理汇算清缴退税的,税务机关审核后,按照国库管理的有关规定办理退税。

《中华人民共和国个人所得税法实施条例》第三十一条规定,纳税人申请退税时提供的汇算清缴信息有错误的,税务机关应当告知其更正;纳税人更正的,税务机关应当及时办理退税。

扣缴义务人未将扣缴的税款解缴入库的,不影响纳税人按照规定申请退税,税务机关应当凭纳税人提供的有关资料办理退税。

5.12.10 协税

公安、人民银行、金融监督管理等相关部门应当协助税务机关确认纳税人的身份、金融账户信息。教育、卫生、医疗保障、民政、人力资源社会保障、住房城乡建设、公安、人民银行、金融监督管理等相关部门应当向税务机关提供纳税人子女教育、继续教育、大病医疗、住房贷款利息、住房租金、赡养老人等专项附加扣除信息。

个人转让不动产的,税务机关应当根据不动产登记等相关信息核验应缴的个人所得税,登记机构办理转移登记时,应当查验与该不动产转让相关的个人所得税的完税凭证。个人转让股权办理变更登记的,市场主体登记机关应当查验与该股权交易相关的个人所得税的完税凭证。

有关部门依法将纳税人、扣缴义务人遵守本法的情况纳入信用信息系统,并实施联合激励或者惩戒。

5.12.11 外币折算

各项所得的计算,以人民币为单位。所得为人民币以外的货币的,按照人民币汇率中间价折合成人民币缴纳税款。

《中华人民共和国个人所得税法实施条例》第三十二条规定,所得为人民币以外货币的,按照办理纳税申报或者扣缴申报的上一月最后一日人民币汇率中间价,折合成人民币计算应纳税所得额。年度终了后办理汇算清缴的,对已经按月、按季或者按次预缴税款的人民币以外货币所得,不再重新折算;对应当补缴税款的所得部分,按照上一纳税年度最后一日人民币汇率中间价,折合成人民币计算应纳税所得额。

5.12.12 法律责任

纳税人、扣缴义务人和税务机关及其工作人员违反本法规定的,依照《中华人民共和国税收征收管理法》和有关法律法规的规定追究法律责任。

5.12.13 征收管理措施

个人所得税的征收管理,依照《中华人民共和国个人所得税法》和《中华人民共和国税收征收管理法》的规定执行。

5.12.14 实施条例的制定权

国务院根据本法制定实施条例。

5.12.15 纳税申报及汇算清缴申报地点

《中华人民共和国个人所得税法实施条例》第二十七条规定,纳税人办理纳税申报的地点以及其他有关事项的具体办法,由国务院税务主管部门制定。

5.12.16 纳税记录

根据《国家税务总局关于将个人所得税〈税收完税证明〉(文书式)调整为〈纳税记录〉有关事项的公告》(国家税务总局公告2018年第55号)规定,为配合个人所得税制度改革,进一步落实国务院减证便民要求,优化纳税服务,国家税务总局决定将个人所得税《税收完税证明》(文书式)调整为《纳税记录》。现将有关事项公告如下:

一、从2019年1月1日起,纳税人申请开具税款所属期为2019年1月1日(含)以后的个人所得税缴(退)税情况证明的,税务机关不再开具《税收完税证明》(文书式),调整为开具《纳税记录》(具体内容及式样见附件,略);纳税人申请开具税款所属期为2018年12月31日(含)以前个人所得税缴(退)税情况证明的,税务机关继续开具《税收完税证明》(文书式)。

二、纳税人2019年1月1日以后取得应税所得并由扣缴义务人向税务机关办理了全员全额扣缴申报,或根据税法规定自行向税务机关办理纳税申报的,不论是否实际缴纳税款,均可以申请开具《纳税记录》。

三、纳税人可以通过电子税务局、手机APP申请开具本人的个人所得税《纳税记录》,也可到办税服务厅申请开具。

四、纳税人可以委托他人持下列证件和资料到办税服务厅代为开具个人所得税《纳税记录》:

(一) 委托人及受托人有效身份证件原件。

(二) 委托人书面授权资料。

五、纳税人对个人所得税《纳税记录》存在异议的,可以向该项记录中列明的税务机关申请核实。

六、税务机关提供个人所得税《纳税记录》的验证服务,支持通过电子税务局、手机APP等方式进行验证。具体验证方法见个人所得税《纳税记录》中的相关说明。

5.13 房地产企业个人所得税实务解析

5.13.1 房地产企业补扣或代为缴纳应扣未扣的个人所得税时,是否需要加收滞纳金

《国家税务总局关于贯彻〈中华人民共和国税收征收管理法〉及其实施细则若干具体问题的通知》(国税发〔2003〕47号)第二条规定,扣缴义务人违反征管法及其实施细则规定应扣未扣、应收未收税款的,税务机关除按征管法及其实施细则的有关规定对其给予处罚(注:按应当代扣代缴税款处以50%以上3倍以下罚款)外,应当责成扣缴义务人限期将应扣未扣、应收未收的税款补扣或补收。

《国家税务总局关于行政机关应扣未扣个人所得税问题的批复》(国税函〔2004〕1199号)第三条规定,按照《征管法》规定的原则,扣缴义务人应扣未扣税款,无论适用修订前还是

修订后的《征管法》,均不得向纳税人或扣缴义务人加收滞纳金。

5.13.2 跨省施工的建筑公司如何代扣代缴个人所得税

《国家税务总局 关于建筑安装业跨省异地工程作业人员个人所得税征收管理问题的公告》(国家税务总局公告 2015 年第 52 号)规定,为规范和加强建筑安装业跨省(自治区、直辖市和计划单列市,下同)异地工程作业人员个人所得税征收管理,根据《中华人民共和国个人所得税法》等相关法律法规规定,现就有关问题公告如下:

一、总承包企业、分承包企业派驻跨省异地工程项目的管理人员、技术人员和其他工作人员在异地工作期间的工资、薪金所得个人所得税,由总承包企业、分承包企业依法代扣代缴并向工程作业所在地税务机关申报缴纳。

总承包企业和分承包企业通过劳务派遣公司聘用劳务人员跨省异地工作期间的工资、薪金所得个人所得税,由劳务派遣公司依法代扣代缴并向工程作业所在地税务机关申报缴纳。

二、跨省异地施工单位应就其所支付的工程作业人员工资、薪金所得,向工程作业所在地税务机关办理全员全额扣缴明细申报。凡实行全员全额扣缴明细申报的,工程作业所在地税务机关不得核定征收个人所得税。

三、总承包企业、分承包企业和劳务派遣公司机构所在地税务机关需要掌握异地工程作业人员工资、薪金所得个人所得税缴纳情况的,工程作业所在地税务机关应及时提供。总承包企业、分承包企业和劳务派遣公司机构所在地税务机关不得对异地工程作业人员已纳税工资、薪金所得重复征税。两地税务机关应加强沟通协调,切实维护纳税人权益。

四、建筑安装业省内异地施工作业人员个人所得税征收管理参照本公告执行。

五、本公告自 2015 年 9 月 1 日起施行。

此外,《国家税务总局关于建筑安装企业扣缴个人所得税有关问题的批复》(国税函〔2001〕505 号)第一条规定,到外地从事建筑安装工程作业的建筑安装企业,已在异地扣缴个人所得税(不管采取何种方法计算)的,机构所在地主管税务机关不得再对在异地从事建筑安装业务而取得收入的人员实行查账或其他方式征收个人所得税。但对不直接在异地从事建筑安装业务而取得收入的企业管理、工程技术等人员,机构所在地主管税务机关应据实征收其个人所得税。第二条规定,建筑安装企业在本地和外地都有工程作业,两地的主管税务机关可根据企业和工程作业的实际情况,各自确定征收方式并按规定征收个人所得税。第三条规定,按工程价款的一定比例计算扣缴个人所得税,税款在纳税人之间如何分摊由企业决定,在支付个人收入时扣缴;如未扣缴,则认定为企业为个人代付税款,应按个人所得税的有关规定计算缴纳企业代付的税款。

5.13.3 企业为促销或广告宣传发放的网络红包是否缴纳个人所得税

《国家税务总局关于加强网络红包个人所得税征收管理的通知》(税总函〔2015〕409 号)规定,近来,不少企业为广告、宣传或扩大企业用户等目的而通过网络随机向个人派发红包(以下简称网络红包)。为进一步规范和加强网络红包个人所得税征收管理,依据个人所得税法及其实施条例规定,现就网络红包个人所得税征收管理问题明确如下:

一、对个人取得企业派发的现金网络红包,应按照偶然所得项目计算缴纳个人所得税,税款由派发网络红包的企业代扣代缴。

二、对个人取得企业派发的且用于购买该企业商品(产品)或服务才能使用的非现金网络红包,包括各种消费券、代金券、抵用券、优惠券等,以及个人因购买该企业商品或服务达到一定额度而取得企业返还的现金网络红包,属于企业销售商品(产品)或提供服务的价格折扣、折让,不征收个人所得税。

三、个人之间派发的现金网络红包,不属于个人所得税法规定的应税所得,不征收个人所得税。

四、各单位要掌握本地区企业派发网络红包的情况,做好纳税咨询、政策辅导等纳税服务,指导企业依法履行代扣代缴义务,切实做好网络红包个人所得税征收管理工作。

5.13.4　子女教育专项附加扣除实务解析

5.13.4.1　外籍个人符合居民个人条件时是否可以享受专项附加扣除

问题:外籍个人在中国境内居住累计满 183 天,属于居民纳税人,能否享受专项附加扣除?其子女在国外接受的学历教育支出能否扣除?其本人在国外发生的大病医疗费用呢?

答:居民个人可以享受专项附加扣除。

纳税人子女在中国境外接受教育的可以扣除,根据《国务院关于印发个人所得税专项附加扣除暂行办法的通知》(国发〔2018〕41号):"第七条　纳税人子女在中国境外接受教育的,纳税人应当留存境外学校录取通知书、留学签证等相关教育的证明资料备查。"

纳税人在国外发生的大病医疗费用与基本医保无关,不得扣除,根据《国务院关于印发个人所得税专项附加扣除暂行办法的通知》(国发〔2018〕41号):"第十一条　在一个纳税年度内,纳税人发生的与基本医保相关的医药费用支出,扣除医保报销后个人负担(指医保目录范围内的自付部分)累计超过 15 000 元的部分,由纳税人在办理年度汇算清缴时,在 80 000 元限额内据实扣除。"

5.13.4.2　子女高中毕业后出国留学,在高中到本科之间会在国外读一年的语言学校,就读语言学校期间能否享受子女教育专项附加扣除

根据《国务院关于印发个人所得税专项附加扣除暂行办法的通知》(国发〔2018〕41号):"第五条　纳税人的子女接受全日制学历教育的相关支出,按照每个子女每月 1 000 元的标准定额扣除。……"

因此,需要判断该国外语言学校是否属于全日制学历教育,属于接受全日制学历教育的相关支出才能扣除。

5.13.4.3　孩子本科期间保留学籍参军,参军结束后返校继续读本科,参军期间能否继续扣除子女教育支出

根据《国家税务总局关于发布〈个人所得税专项附加扣除操作办法(试行)〉的公告》(国家税务总局公告 2018 年第 60 号):"第三条　……前款第一项、第二项规定的学历教育和学历(学位)继续教育的期间,包含因病或其他非主观原因休学但学籍继续保留的休学期间,以及施教机构按规定组织实施的寒暑假等假期。"参军一般属于自主选择,因而属于主观原因,不能继续扣除。

5.13.4.4　子女已经年满 15 岁但是因为身体残疾生活不能自理,无法接受教育,是否可以

享受子女教育专项附加扣除

不可以。根据《国家税务总局关于发布〈个人所得税专项附加扣除操作办法(试行)〉的公告》(国家税务总局公告 2018 年第 60 号):"第五条　纳税人的子女接受全日制学历教育的相关支出,按照每个子女每月 1 000 元的标准定额扣除。

学历教育包括义务教育(小学、初中教育)、高中阶段教育(普通高中、中等职业、技工教育)、高等教育(大学专科、大学本科、硕士研究生、博士研究生教育)。"因此,该情况不符合政策规定的扣除条件,不能享受子女教育专项附加扣除。

5.13.4.5　父母是中国国籍的居民个人,但孩子是外国国籍,孩子在中国境内接受全日制的学历教育,是否可以扣除子女教育支出

可以。根据《国务院关于印发个人所得税专项附加扣除暂行办法的通知》(国发〔2018〕41 号):"第五条　纳税人的子女接受全日制学历教育的相关支出,按照每个子女每月 1 000 元的标准定额扣除。"父母为居民个人,其子女在境内接受全日制学历教育,可以享受子女教育专项附加扣除。

5.13.4.6　我们夫妻有 2 个孩子,一个在上私立幼儿园,一个已经读国际小学了,我是否可以享受子女教育扣除

通俗地讲,纳税人有受教育的子女,可以享受子女教育专项附加扣除。具体包括四个阶段:一是年满 3 岁至小学入学前处于学前教育阶段,二是义务教育(小学、初中教育)阶段,三是高中阶段教育(普通高中、中等职业、技工教育),四是高等教育(大学专科、大学本科、硕士研究生、博士研究生教育)。无论子女上的是公立学校还是私立学校,是境外学校还是境内学校,父母都可以享受扣除。

因此,您可以享受每个孩子 1 000 元/月的扣除,两个孩子可以享受 2 000 元/月的扣除。扣除方式有两种:您可以选择由夫妻中的一方按扣除标准的 100%扣除,也可以选择由双方分别按扣除标准的 50%扣除。

5.13.4.7　再婚之后对方带来的子女是否可以享受子女教育支出专项附加扣除

可以。根据《国务院关于印发个人所得税专项附加扣除暂行办法的通知》(国发〔2018〕41 号):"第二十九条　……本办法所称子女,是指婚生子女、非婚生子女、继子女、养子女。父母之外的其他人担任未成年人的监护人的,比照本办法规定执行。"

5.13.4.8　复读可以扣吗?是否只要有学籍就可以扣

对于未进入下一阶段学习的复读情形,可以由父母按子女教育进行扣除。

5.13.5　住房贷款利息或住房租金专项附加扣除实务解析

5.13.5.1　父母给孩子买的住房,预售合同/销售合同上写的是孩子的名字,但是还款人是父母双方,房子还没有办房产证,这种情况下,父母是否可以扣除住房贷款利息

不可以。根据《国务院关于印发个人所得税专项附加扣除暂行办法的通知》(国发〔2018〕41 号):"第十四条　纳税人本人或者配偶单独或者共同使用商业银行或者住房公积金个人住房贷款为本人或者其配偶购买中国境内住房,发生的首套住房贷款利息支出,在实际发生贷款利息的年度,按照每月 1 000 元的标准定额扣除,扣除期限最长不超过 240 个月。纳税人只能享受一次首套住房贷款的利息扣除。纳税人只能享受一次首套住房贷款的利息扣除。"该情况不属于为本人或者其配偶购买中国境内住房。

5.13.5.2 婚前男方贷款购买的住房，婚后是否可以由女方享受首套住房贷款利息扣除

可以。根据《国务院关于印发个人所得税专项附加扣除暂行办法的通知》（国发〔2018〕41号）："第十五条　经夫妻双方约定，可以选择由其中一方扣除，具体扣除方式在一个纳税年度内不能变更。……"

5.13.5.3 夫妻双方中，一方在北京工作有住房，享受住房贷款利息扣除，另一方在上海工作无房，产生的住房租金是否可以扣除

不可以。根据《国务院关于印发个人所得税专项附加扣除暂行办法的通知》（国发〔2018〕41号）："第二十条　纳税人及其配偶在一个纳税年度内不能同时分别享受住房贷款利息和住房租金专项附加扣除。"

5.13.5.4 夫妻双方婚前分别购买住房发生了首套住房贷款利息支出，婚后能否选择其中一套房子，由双方分别按照50%的比例扣除

不可以，只能由该套住房的购买方按照100%扣除。

根据《国务院关于印发个人所得税专项附加扣除暂行办法的通知》（国发〔2018〕41号）："第十五条　经夫妻双方约定，可以选择由其中一方扣除，具体扣除方式在一个纳税年度内不能变更。夫妻双方婚前分别购买住房发生的首套住房贷款，其贷款利息支出，婚后可以选择其中一套购买的住房，由购买方按扣除标准的100%扣除，也可以由夫妻双方对各自购买的住房分别按扣除标准的50%扣除，具体扣除方式在一个纳税年度内不能变更。"

5.13.5.5 个人在主要工作城市无自有住房，在父母家居住，与父母签订了租赁合同且支付租金，是否可以享受住房租金专项附加扣除

可以。根据《国务院关于印发个人所得税专项附加扣除暂行办法的通知》（国发〔2018〕41号）："第十七条　纳税人在主要工作城市没有自有住房而发生的住房租金支出，可以按照以下标准定额扣除：……"因此，满足政策规定条件即可扣除。

5.13.5.6 丈夫在济南市历下区工作，妻子在章丘区工作，夫妻双方在济南无住房，各自租房居住，双方是否可以分别扣除住房租金

只能由一方扣除。根据《国务院关于印发个人所得税专项附加扣除暂行办法的通知》（国发〔2018〕41号）："第十八条　本办法所称主要工作城市是指纳税人任职受雇的直辖市、计划单列市、副省级城市、地级市（地区、州、盟）全部行政区域范围；纳税人无任职受雇单位的，为受理其综合所得汇算清缴的税务机关所在城市。夫妻双方主要工作城市相同的，只能由一方扣除住房租金支出。"

5.13.5.7 纳税人与其朋友共同购买了一套住房，均享受首套住房贷款利息，如何进行住房贷款利息专项附加扣除

根据《国务院关于印发个人所得税专项附加扣除暂行办法的通知》（国发〔2018〕41号）："第十四条　纳税人本人或者配偶单独或者共同使用商业银行或者住房公积金个人住房贷款为本人或者其配偶购买中国境内住房，发生的首套住房贷款利息支出，在实际发生贷款利息的年度，按照每月1 000元的标准定额扣除，扣除期限最长不超过240个月。纳税人只能享受一次首套住房贷款的利息扣除。

本办法所称首套住房贷款是指购买住房享受首套住房贷款利率的住房贷款。"因此,若双方均符合首款住房贷款利息支出的扣除条件,则可分别享受该项专项附加扣除。

5.13.5.8 无租使用的房子,有租赁合同,能否享受住房租金扣除

根据《国务院关于印发个人所得税专项附加扣除暂行办法的通知》(国发〔2018〕41号):"第十七条 纳税人在主要工作城市没有自有住房而发生的住房租金支出,可以按照以下标准定额扣除:……"无租使用房屋,因未发生住房租金支出,故不能扣除。

5.13.5.9 个人租赁住房产生租金支出,但工作单位后续会为其报销房屋租金,该情况下是否可以享受住房租金专项附加扣除

可以。根据《国务院关于印发个人所得税专项附加扣除暂行办法的通知》(国发〔2018〕41号):"第十七条 纳税人在主要工作城市没有自有住房而发生的住房租金支出,可以按照以下标准定额扣除:……"若符合文件规定的扣除条件,属于在主要工作城市没有自有住房而发生的住房租金支出,不管其单位是否报销,均可享受住房租金专项附加扣除。

5.13.5.10 住房租金支出扣除中"主要工作城市"的范围是什么?某市下属县有住房,到该市市区工作的租房支出能否享受扣除

根据《国务院关于印发个人所得税专项附加扣除暂行办法的通知》(国发〔2018〕41号):"第十八条 本办法所称主要工作城市是指纳税人任职受雇的直辖市、计划单列市、副省级城市、地级市(地区、州、盟)全部行政区域范围;纳税人无任职受雇单位的,为受理其综合所得汇算清缴的税务机关所在城市。……"在工作城市下属县有住房的,属于在主要工作城市有住房,不可以扣除租金支出。

5.13.5.11 我们夫妻给儿子在老家的省会,用贷款买了一套房子供他结婚时用,房本写的是我们和儿子共有,是否可以享受住房贷款利息扣除,怎么扣除

您买房时的贷款,如符合《暂行办法》的相关规定,则可以享受住房贷款利息扣除。扣除方式是:经夫妻双方约定,住房贷款可以选择由其中一方扣除,具体扣除方式在一个纳税年度内不能变更。

5.13.5.12 我们单位员工流动性比较大,一年换几个城市租赁住房,或者当年度一直外派并在当地租房子,如何申报住房租金专项附加扣除

如果您单位为外派员工解决了住宿问题的,您单位员工就不能享受住房租金扣除,因为员工本人并未就租房发生房屋租金支出。如果外派员工自行解决租房问题的,如一年内多次变换工作地点的,个人应及时向扣缴义务人或者税务机关更新专项附加扣除相关信息,允许一年内按照更换工作地点的情况分别进行扣除。扣除标准,以主要工作地城市的标准进行扣除。

5.13.6 赡养老人专项附加扣除实务解析

5.13.6.1 纳税人从小被过继收养,养父再婚,现在养父去世,纳税人照顾养父再婚妻子发生的赡养支出,可否享受赡养老人专项附加扣除

可以。根据《国务院关于印发个人所得税专项附加扣除暂行办法的通知》(国发〔2018〕41号):"第二十三条 本办法所称被赡养人是指年满60岁的父母,以及子女均已去世的年满60岁的祖父母、外祖父母。……第二十九条 本办法所称父母,是指生父母、继父母、养父母……"如果养母符合条件即可扣除。

5.13.6.2 我家里有两位上了60岁的老人需要赡养,如果要享受扣除,我要报送哪些资料

您在享受赡养老人专项附加扣除时,需要填报相关信息,主要包括是否为独生子女、月扣除金额,被赡养人姓名及身份证类型和号码,以及与您的关系。此外,如有共同赡养人的,还要填报分摊方式、共同赡养人姓名及身份证类型和号码等信息。

5.13.6.3 独生子女家庭,父母离异后再婚的,如何享受赡养老人专项附加扣除

对于独生子女家庭,父母离异后重新组建家庭,在新组建的两个家庭中,如果纳税人对其亲生父母、继父母中的任何一人是唯一法定赡养人,则纳税人可以按照独生子女标准享受每月2 000元赡养老人专项附加扣除。除上述情形外,不能按照独生子女享受扣除。在填写专项附加扣除信息表时,纳税人需注明与被赡养人的关系。

5.13.7 大病医疗专项附加扣除实务解析

5.13.7.1 丈夫和妻子同时发生大病医疗支出,选择全部由丈夫扣除大病医疗专项附加扣除时,扣除额是合并计算还是分别计算

根据《国务院关于印发个人所得税专项附加扣除暂行办法的通知》(国发〔2018〕41号)第十二条规定,纳税人发生的医药费用支出可以选择由本人或者其配偶扣除……纳税人及其配偶、未成年子女发生的医药费用支出,按本办法第十一条规定分别计算扣除额。第十一条规定,在一个纳税年度内,纳税人发生的与基本医保相关的医药费用支出,扣除医保报销后个人负担(指医保目录范围内的自付部分)累计超过15 000元的部分,由纳税人在办理年度汇算清缴时,在80 000元限额内据实扣除。

综上所述,只要不超过规定标准,可以合并计算扣除。

5.13.7.2 我是去年12月20日入院治疗肠胃炎,今年(2019年)1月5日出院的,我这种跨年度的医疗费用,如何计算扣除额?是否分两个年度分别扣除

纳税人年末住院,第二年年初出院,一般是在出院时才进行医疗费用的结算。纳税人申报享受大病医疗扣除,以医疗费用结算单上的结算时间为准,因此该医疗支出属于是第二年的医疗费用,到2019年结束时,如果达到大病医疗扣除的"起付线",可以在2020年汇算清缴时享受扣除。

5.13.8 继续教育专项附加扣除实务解析

5.13.8.1 自学考试能否扣除?可以的话从何时开始扣除

只要报名后,考籍录到教育部门的系统里就可以开始享受继续教育每月400元的扣除,扣除期限最长不不得超过48个月。

5.13.8.2 同一学历继续教育,扣除时间≤48个月,这个时间从什么时候开始?接受教育还是2019年1月1日

学历(学位)继续教育,为在中国境内接收学历(学位)继续教育入学的当月至学历(学位)继续教育结束的当月,同一学历(学位)继续教育的扣除期限最长不得超过48个月。也就是说,2018年12月31日前入学的,应当从2019年1月1日至毕业的剩余月份每月按规定标准进行专项附加扣除。

5.13.8.3 假设我在2019年考过的注册会计师,2020年5月之前取得证书,请问是在2019年汇算清缴期扣还是可以选择在2020年扣除

您2019年考过注会,2020年5月取得证书,则应在2020年享受职业资格继续教育3 600元扣除。

5.13.9 专项附加扣除其他实务解析

5.13.9.1 我在实际工作中有两个以上的任职受雇单位,我该怎么去办理专项附加扣除

如果您同时有两个以上发放工资的单位,对同一个专项附加扣除项目,在一个纳税年度内,您只能选择其中的一个单位办理扣除。

5.13.9.2 我是单位的财务人员,我们单位该如何获取员工填写的专项附加扣除信息

员工选择在扣缴单位办理专项附加扣除的,可以直接将纸质表或电子模板提交给扣缴单位财务或者人力资源部门,也可通过手机APP或互联网WEB网页填写后选择推送给扣缴单位。

员工通过纸质表或电子模板填写的专项附加扣除信息,需要您录入/导入到扣缴客户端软件;员工通过手机APP或互联网WEB网页填写的专项附加扣除信息,您可以使用扣缴客户端软件,在专项附加扣除信息采集模块中,通过"下载更新"功能进行下载。

5.13.9.3 我填报和提交了专项附加扣除信息,但如果没有及时享受到扣除,应该怎么办

您可以先与扣缴义务人联系,核实是否收到您报送的相关专项附加扣除信息,并进行税款计算。万一出现问题,可由扣缴义务人在接下来的月份代扣个人所得税时进行调整。如果是软件操作或者政策执行方面疑问,请您及时咨询专业人士或当地税务机关。

5.13.9.4 我在申请专项附加扣除时,为什么还要提供配偶信息

根据政策规定,个人在享受子女教育、住房贷款利息、住房租金等专项附加扣除时,均涉及配偶相关情况。因此,您在填报专项附加扣除时,需要如实填写配偶信息。

5.13.10 专项附加扣除申报系统实务问题

5.13.10.1 如果在"个人所得税"APP的任职受雇信息中发现某公司不是自己曾经任职受雇的单位或早已离职的,该如何处理

只要该公司给您做过雇员个人信息报送,且未填报离职日期的,该公司就会出现在您"个人所得税"APP的任职受雇信息中。解决办法如下:

(1) 如果是您曾经任职的单位,您可在"个人所得税"APP个人中心的任职受雇信息中点开该公司,然后在右上角点击"申诉",选择"曾经任职"方式。税务机关会将信息反馈给该公司,由该公司在扣缴客户端软件中把人员信息修改成离职状态即可;

(2) 如果是您从未任职的单位冒用的,您可在"个人所得税"APP个人中心的任职受雇信息中点开该公司,然后在右上角点击"申诉",选择"从未任职"方式,把情况反馈给该公司的主管税务机关,由税务机关展开调查。

您点击申诉后,"个人所得税"APP相关任职信息将不再显示。后续处理结果会通过"个人所得税"APP主页的消息提醒反馈给您,敬请留意。

5.13.10.2 "个人所得税"APP卸载后,数据是否还在

"个人所得税"APP采集的数据都存储在税务机关的服务器上,卸载手机APP后,手机

上的数据会清除,但税务机关服务器上的数据依然会保留。同一手机再次安装或换其他手机另行安装"个人所得税"APP,登录依然可以看到登录身份人员原来填报的数据。

5.13.10.3 个人租赁他人转租的住房,在填写《专项附加扣除信息采集表——住房租金支出》中的出租方信息时,填写房主信息还是转租人信息

应填写与该承租方签订租赁住房合同的出租人信息。

根据《国家税务总局关于发布〈个人所得税专项附加扣除操作办法(试行)〉的公告》(国家税务总局公告2018年第60号)附件《个人所得税专项附加扣除信息表及填表说明》的规定,应具体填写住房租赁合同中的出租方姓名、有效身份证件名称及号码。

5.13.10.4 注册个人所得税APP时,验证码过了一个多小时才收到,请问是什么原因?如何解决

目前由于个人所得税APP正式投入使用不久,注册人数过多,导致系统繁忙,税务机关正积极联系运营商处理,目前已逐步解决。对于仍然不能及时收到验证码的情况,建议您在注册人数较少时尝试注册,或者到税务大厅索要注册码。

5.13.10.5 目前在扣缴客户端导入专项附加扣除信息表时,支持哪些版本的Excel表

目前专项附加扣除电子采集模板不支持Excel2003及以下版本填写,使用Excel2007版时也会存在个别兼容问题(打印显示不全),建议使用Excel2010及以上版本或高版本的WPS表格填写。已提优化建议。

5.13.10.6 赡养老人专项附加扣除中,3个子女均摊2 000元,但是除不尽,在填表的时候怎么填写

按常规保留小数点后两位,据实填写即可(内网环境下测试系统自动进为整数)。

5.13.10.7 住房贷款利息支出采集表中需要填写"房屋证书号码",但现在尚未办理房产证,只有房屋代码、合同编号和买卖合同,应该如何处理?填写"贷款期限"时,总是提示日期格式不正确

该表"房屋证书号码"前面一项是"房屋证书类型",证书类型包括:房屋所有权证、不动产权证、房屋买卖合同、房屋预售合同,"房屋证书号码"对应填写首套贷款房屋的产权证、不动产登记证、商品房买卖合同或预售合同中的号码。如所购买住房已取得房屋产权证的,填写产权证号或不动产登记号;所购住房尚未取得房屋产权证的,填写商品房买卖合同号或预售合同号。"贷款期限(月数)"应输入大于0的整数。按合同约定还款月数填写,如果提前结清贷款,填写实际还款月数。

5.13.10.8 电子模板填报完毕后,扣缴义务人应该如何进行导入操作

扣缴义务人将收集到电子模板放至指定的文件夹,登录自然人税收管理系统扣缴客户端后,进入专项附加扣除信息采集菜单,选择其中的任意一项专项附加扣除,点击导入按钮,选取"导入文件",选择对应的文件夹,即可导入相应的电子模板数据。

扣缴义务人在导入电子模板时,为提升模板导入以及问题排查效率,需要提醒员工进行规范的文件命名,如:单位名称+员工姓名+身份证件号码;人员比较多的单位建议分部门建文件夹;同时,为确保导入模板的成功率,建议限制每个文件夹的文件数量。

5.13.10.9 专项附加扣除模板是否可以重复多次导入

可以多次导入,不会造成信息重复采集。如果批量导入后,仍有提示导入失败的模板文件,建议尝试再次导入。

5.13.10.10　个人购买住房发生首套住房贷款利息支出,但是由于银行方面的原因放款晚了3个月,在填报《专项附加扣除信息采集表——住房贷款利息支出》中的"首次还款日期"时,应填写实际还款日期还是贷款合同约定的还款日期

根据《国家税务总局关于发布〈个人所得税专项附加扣除操作办法(试行)〉的公告》(国家税务总局公告2018年第60号)附件《个人所得税专项附加扣除信息表及填表说明》的规定,"首次还款日期"应填写住房贷款合同上注明的首次还款日期。

5.13.10.11　在个人所得税APP中填写住房贷款利息时,贷款合同编号系统默认只能输入数字,编号中有汉字如何处理

个人所得税APP不断进行版本升级,升级后的最新版本已解决此问题,建议纳税人更新到最新版本后再进行填报。

5.13.10.12　自然人在APP、WEB端、大厅端分别填报了个人所得税专项附加扣除信息,以哪个为准

自然人分别在APP端、WEB端、办税服务厅报送扣除信息,因数据互通,以最后修改为准。

5.13.10.13　个税APP系统如何下载？如何进行注册等操作

一、关于个税APP如何下载？

为便于广大纳税人下载个人所得税APP,项目组提供以下下载渠道：

(一)苹果APP Store　苹果APP Store上架应用名为"个人所得税"。可在APP Store中搜索"个人所得税",点"获取"进行下载。

(二)安卓终端应用。

(1)广大纳税人可通过山东省电子税务局入口,跳转到自然人办税服务网站后,进行手机APP扫码下载。

(2)各大手机应用市场。目前已经在华为、小米、VIVO、OPPO等应用市场上架,应用名为"个人所得税",后续会上架更多应用市场。广大纳税人可以在上述应用商店搜索"个人所得税"下载安装,如应用市场下载出现问题,则建议使用上述二维码扫码下载方式进行安装。

二、关于个税APP如何注册？当前,个税APP支持以下两种注册模式：

(一)人脸识别认证注册模式(此模式只支持中国大陆居民),即通过输入居民身份证号码和姓名,然后与公安系统动态人脸识别,验证通过后再填写账号和手机号码,短信验证通过后完成注册。

(二)大厅注册码注册模式,即纳税人到任一办税服务大厅,经办税服务厅人员验证人证一致后,登记个人证件信息并派发注册码。纳税人再选择此模式,输入注册码、证件类型、证件号码和姓名等信息,验证通过后再填写账号和手机号码,短信验证通过后完成注册。

5.13.10.14　是否个人通过"个人所得税"APP填报专项附加扣除信息就不用再报给扣缴单位

通过"个人所得税"APP成功填报的专项附加扣除信息,若填报时指定由某扣缴单位申报的,该扣缴单位可在您提交的第三天后通过扣缴客户端的"下载更新"功能下载到您所填报的信息,无需再向该扣缴单位另行填报。

5.13.10.15　如果在"个人所得税"APP的任职受雇信息中发现自己当前任职的单位并不在列表中,该如何处理

"个人所得税"APP"个人中心"里自动带出的任职受雇信息是根据全国各地各扣缴单位报送的自然人基础信息A表形成,只要扣缴单位当前的税务登记状态不为非正常或者注销,而且扣缴单位报送信息中将您标记为在职雇员,正常就会将该单位显示出来。

如果显示不出来,有可能是您的任职受雇单位没有将您的个人任职受雇信息报送给主管税务机关或所报送的任职受雇信息有误,也有可能是您的任职受雇单位在税务机关的登记状态注销或非正常,或者没有将您的个人信息选择为雇员,或者填写了离职日期。请联系您当前的任职受雇单位财务人员通过扣缴客户端处理。

5.13.10.16　个人信息需要填写哪些项目?是否全部需要填写完整

当前,"个人所得税"APP的个人信息中有以下栏目:

(1)用户基础信息:系统自动带出,使用居民身份证外的其他证照号码注册,需要填写出生年月和性别。

(2)户籍所在地/现居住地址:需选择省市地区,乡/镇/街道为选填项,手动填写详细地址(如街道、小区、楼栋、单元室等)。

(3)学历和民族:选填项,但建议完整填写。

(4)其他:电子邮箱和境外任职受雇国家默认无,可根据实际情况选填。

(5)税收优惠信息:分为残疾、烈属、孤老三种情形,根据实际情况勾选,对于残疾、烈属需要填报相关证号并上传证件的电子图片资料,其中残疾证号为必录,烈属的证号为非必录。

附件——棚户区改造有关税收政策

根据《财政部 国家税务总局关于棚户区改造有关税收政策的通知》(财税〔2013〕101号)规定,为贯彻落实《国务院关于加快棚户区改造工作的意见》(国发〔2013〕25号)有关要求,现将棚户区改造相关税收政策通知如下:

一、对改造安置住房建设用地免征城镇土地使用税。对改造安置住房经营管理单位、开发商与改造安置住房相关的印花税以及购买安置住房的个人涉及的印花税予以免征。

在商品住房等开发项目中配套建造安置住房的,依据政府部门出具的相关材料、房屋征收(拆迁)补偿协议或棚户区改造合同(协议),按改造安置住房建筑面积占总建筑面积的比例免征城镇土地使用税、印花税。

二、企事业单位、社会团体以及其他组织转让旧房作为改造安置住房房源且增值额未超过扣除项目金额20%的,免征土地增值税。

三、对经营管理单位回购已分配的改造安置住房继续作为改造安置房源的,免征契税。

四、个人首次购买90平方米以下改造安置住房,按1%的税率计征契税;购买超过90平方米,但符合普通住房标准的改造安置住房,按法定税率减半计征契税。

五、个人因房屋被征收而取得货币补偿并用于购买改造安置住房,或因房屋被征收而进行房屋产权调换并取得改造安置住房,按有关规定减免契税。个人取得的拆迁补偿款按有关规定免征个人所得税。

六、本通知所称棚户区是指简易结构房屋较多、建筑密度较大、房屋使用年限较长、使用功能不全、基础设施简陋的区域,具体包括城市棚户区、国有工矿(含煤矿)棚户区、国有林区棚户区和国有林场危旧房、国有垦区危房。棚户区改造是指列入省级人民政府批准的棚户区改造规划或年度改造计划的改造项目;改造安置住房是指相关部门和单位与棚户区被征收人签订的房屋征收(拆迁)补偿协议或棚户区改造合同(协议)中明确用于安置被征收人的住房或通过改建、扩建、翻建等方式实施改造的住房。

七、本通知自2013年7月4日起执行。《财政部 国家税务总局关于城市和国有工矿棚户区改造项目有关税收优惠政策的通知》(财税〔2010〕42号)同时废止。2013年7月4日至文到之日的已征税款,按有关规定予以退税。